中国上市公司投资价值
动态比较分析研究（一）

Dynamic Comparative Analysis
on Investment Value of Listed Companies
in China（1）

赵惠芳　等著

立信会计出版社
LIXIN ACCOUNTING PUBLISHING HOUSE

图书在版编目(CIP)数据

中国上市公司投资价值动态比较分析研究.一/赵惠芳
等著.—上海:立信会计出版社,2017.8
ISBN 978-7-5429-5503-6

Ⅰ.①中… Ⅱ.①赵… Ⅲ.①上市公司—投资效率—
研究—中国 Ⅳ.①F279.246

中国版本图书馆 CIP 数据核字(2017)第 203232 号

策划编辑 张巧玲 杨 帆
责任编辑 张巧玲
封面设计 南房间

中国上市公司投资价值动态比较分析研究(一)

出版发行	立信会计出版社			
地 址	上海市中山西路 2230 号	邮政编码	200235	
电 话	(021)64411389	传 真	(021)64411325	
网 址	www.lixinaph.com	电子邮箱	lxaph@sh163.net	
网上书店	www.shlx.net	电 话	(021)64411071	
经 销	各地新华书店			
印 刷	江苏凤凰数码印务有限公司			
开 本	890 毫米×1240 毫米	1/16		
印 张	27.25	插 页	1	
字 数	759 千字			
版 次	2017 年 8 月第 1 版			
印 次	2017 年 8 月第 1 次			
书 号	ISBN 978-7-5429-5503-6/F			
定 价	79.00 元			

如有印订差错,请与本社联系调换

前　言

一、成因

本书是继《中国上市公司投资价值分析研究》[1]和《中国上市公司投资价值比较分析研究》[2]之后本人所写的系列丛书之三。

伴随着经济的迅猛发展,中国股市经历了前所未有的高速发展。目前,中国股市市值在全球股市中排名第二,美国股市第一。但与美国股市不同,中国股市近几年来发展奇异、扑朔迷离、跌宕起伏、险象环生。因此,中国股市必须改革。近几年来,与经济改革转型相适应,投资者的理念正在向价值投资转变。如何准确分析上市公司的内在投资价值成为投资者需要研究的必要课题。然而要从众多上市公司中选取具有良好前景的投资对象绝非易事。为了适应中国经济转型升级的需要,方便投融资双方融通资金,结合当前股票市场的实际状况,引导广大投资者进行价值投资,在一定程度上解决股票市场、上市公司和股民存在的诸多问题,本人设计了该系列丛书。

《中国上市公司投资价值分析研究》,是以价值投资理论为指导,以深沪两市 2014 年第 1 季度证监会公布的 17 个大类、90 个行业的 2 466 家 A 股上市公司为对象,通过有效分类汇总为 39 个行业,以 2013 年度财务报告数据为基础,选取 13 个能够综合反映财务能力、体现公司价值的指标,作为评估各上市公司投资价值的指标体系,建立指标模型,运用 SPSS 软件,采用因子分析法与聚类分析法进行投资价值分析研究,确定分析对象的投资价值总量及排名,并合理划分层级,联系实际进行深入分析研究,得出量与质有机结合的投资价值结论,为投资者提供参考,以降低其投资风险,提高投资收益,并提供了价值投资具体操作方法和环境保障分析。

《中国上市公司投资价值比较分析研究》,是在《中国上市公司投资价值分析研究》的基础上,采用与之相同的上市公司分类标准、理论依据和分析研究方法,以 2 483 家 A 股上市公司的 2014 年度财务报告数据为基础,结合 2013 年分析研究结果进行比较分析研究,得出量与质有机结合的投资价值结论。此外,又进行了有效扩展,在对上市公司的投资价值进行比较分析研究的基础上,论述了上市公司市值管理存在的问题及对策,提出了依据上市公司投资价值,结合投资时的市值,计算市值偏离度,确定投资顺序的价值投资操作方法。

对连续两年的上市公司投资价值进行比较分析研究,能够比较客观全面地反映出上市公司的投资价值情况,为广大投资者提供可以随时直接采用的价值投资操作方法。但由于证券市场千变万化,各家上市公司的生产经营方针政策、财务状况、经营成果等也必然不断发生着变化,相应地,依据财务报告所估算的上市公司投资价值也必然发生着变化,加之财务报告的滞后性,往往会使估算出的上市公司的投资价值不能太适应投资者投资时的实际。为便于投资者及时了解上市公司的投资价值发展变化状况,作出切实有效的价值投资决策,我们以 2015 年度财务报告资料为主要依据,采用与前述两本书相同的上市公司分类标准、理论依据和分析研究方法,对 A 股上市公司投资价值进行分析研究,并在此基础上进行有效扩展,得出量与质有机结合的投资价值结论,并与 2013、2014 两个年度的投资价值分析研究结果进行有效动态比较分析,以消除或缩小由于财务报告信息滞后使得出的结论可能与实际产生偏离的程度,反映出上市公司投资价值变动态势,为广大投资者提供适时进行价值投资的、更加全面具体的决策依据和具体操作方法。

进行上市公司投资价值动态比较分析研究,可以引导广大投资者进行价值投资、注重上市公司内含价值和未来发展,有利于吸引社会积累资金、尤其城乡居民存款更多地投向股市,投向有内含价值和发展潜力的上市公司;有利于促进社会资源的有效配置,促进股市不断完善、健康发展;有利于中国股市更大范围地走向世界,并吸引世界范围的投资者走入中国股市,支持中国的经济建设,为中国的经济发展注入资金活力。

二、架构

本书全部内容可谓是一个特大实证研究系统,目的是提供可供股票投资者进行比较价值投资所依据的相关信息,共分三个部分。

第一部分,理论分析研究。该部分主要通过论述股市与股价 VS 投资价值、投机与投资 VS 价值投资,提出了本书及系列丛书采用的比较价值投资理论。该理论将比较原理有机运用到价值投资之中,提出了比较投资价值、比较市价、比较价值投资概念,阐述了投机、投资与价值投资的关系以及比较价值投资理论体系与实际意义,突破了现行价值投资理论的局限性,为投资者有效指导价值投资提供了新的、更为有效的理论指导,开拓了价值投资的新领域,并论述了中国上市公司投资价值动态比较分析研究的基本程序、内容和方法。

第二部分,实证分析研究。该部分是本书重点内容,首先,按照 2014 年证监会对上市公司的分类标准,将全部上市公司 17 个大行业 90 个小行业,合理划分为 39 个行业(详见《中国上市公司投资价值分析研究》前言);其次,对 39 个行业的 A 股上市公司,均以 2015 年度财务报告数据为基础,参考同花顺数据库信息,整理计算得出分析研究所需的 13 个能够综合反映财务能力,体现公司投资价值的指标,进行投资价值动态比较分析研究;再次,在对各个行业的分析研究中,将有特殊情况的公司予以说明,如停牌的,而对于不具备可比性的公司,如上市不足一年的,由于不具备可比性,将其剔除,最终选入对比分析研究的上市公司只有 2 802 家;最后,对各个行业内部上市公司进行打分排名和聚类分析,并结合 2013 年、2014 年的相关分析研究结果进行动态比较分析研究,以减小由于会计政策变更等带来的财务报告信息的偏离程度,提供连续反应上市公司投资价值的比较投资价值信息。在各个行业的分析研究中,数据的整理、计算以及运用 SPSS 软件进行的处理等工作,主要由郝福新、金娟霞和杜赛赛等在读研究生同学完成,详见各章节末"参著"。

第三部分,比较价值投资决策要素与操作方法。该部分主要研究比较价值投资决策要素和以投资时各个行业上市公司市价为依据确定比较市价的方法,以及运用各个行业的比较投资价值排名、比较市价排名,计算得出比较价值投资排名顺序并据以进行价值投资的比较价值投资操作方法;并进行举例说明,以作为投资参考。

三、简化

本书初稿约 180 万字,过于庞大,考虑到各个行业均运用相同的分析要素、假设条件、分析方法、指标体系及各个指标的计量单位等,为避免重复,节省版面,方便阅读运用,所有行业一律不再对其加以论述。简化了除农、林、牧、渔业之外的所有行业的初始数据(扫描二维码可获取)、标准化数据、趋势化数据和树状图等内容。它们均由初始数据运用 SPSS 软件作业生成,是自动生成过渡性数据和图形,不可或缺,但一般情况下,读者不容易过多关注,若确有需要者,可与本人或出版社联系。对各个行业打分排名结果所进行的动态比较分析,主要选择了其中排名靠前和靠后的部分,即一般选取排名前十和后十名的公司;聚类分析的对象也有所选择和侧重；其他未重点分析的公司，敬请读者自行参照分析。同时，本书简化了涉及诸多共享性资料的资料来源，如各个上市公司的财务报告，以及《中国上市公司投资价值分析研究》和《中国上市公司投资价值比较分析研究》的引用内容。重复引用的参考文献除在农、林、牧、渔业上市公司投资价值分析研究附注之外，不再标注出处。

四、声明

本书构想、设计、组织、协调、总纂等均由本人一人完成。行业划分和分析指标的选择难免具有主观性，采用的软件也难以尽善尽美，将创业板和成分指数放在一起，以实名制形式为全部上市公司分行业打分、排名、聚类，有可能使研究结果存在不同程度的偏离实际，尽管动态比较分析研究是在分析研究和比较分析研究的基础上进行，会使得出的结论更加符合实际，但难免还会存在研究结果难以反映出完全真实的情况。希望读者在阅读使用时能够充分考虑并剔除各项可能的偏离带来的影响，尤其是将几个相近但有些许不同的规模较小的行业合并为一个行业进行分析研究的情况下的影响。由于著者水平所限，加之时间仓促，书中差错和问题在所难免，敬请读者朋友批评指正，不吝赐教。

五、感谢

本书能够成行，离不开诸多好心人的支持和帮助。在此，特别感谢儿子王克柔的陪伴和后勤服务，感谢钱陈红同学所做的相关基础工作，感谢郭德贵老师的理解和建议，感谢邓川老师、梁飞媛老师的关心、帮助和支持，感谢所有参与、关心及有助于本书写作、出版发行的同行友人，感谢所有热心付出的读者朋友们，愿本书真正成为你们投资获益的良朋密友。

浙江财经大学会计学院

赵惠芳

2017 年 8 月 5 日

参考文献

[1] 赵惠芳,等. 中国上市公司投资价值分析研究[M].北京:中国财富出版社,2015.

[2] 赵惠芳,杨健兰,等. 中国上市公司投资价值比较分析研究[M].北京:中国财富出版社,2016.

目 录

第 一 部 分

第 二 部 分

第 三 部 分

第一部分

1

第一章　股市与股价 VS 投资价值

股市是股票交易的市场,股价是股票在股市上交易的价格,投资价值是股票发行公司的内含价值。三者之间的关系既简单又复杂。简单在于,三者的根本在于股票发行公司的投资价值,即股票发行公司的投资价值决定其股票价格,股票价格决定股市状况。也就是说,股市取决于股价,股价取决于投资价值。复杂在于,就目前中国股市而言,很大程度上,股市是被人操纵的市场,股票发行公司的投资价值不能决定其股票价格,股票价格也不能决定股市状况。因此,本该由市场规律操纵的股市,变成了被无数人或团体各有其目的或目标操纵的混乱的"最不可信股市"。这是中国股市,也是广大股民乃至上市公司的悲哀。拨乱反正、正本清源,是必由之路。本章重在研究中国股市弱势化的表现及弱势市场中的股价的偏离程度,继而提出以比较投资价值为依据的价值投资观念。

第一节　股　市

一、股市的含义、分类及功能

(一)股市的含义

股市,即股票市场的简称,是股票发行和交易的场所。股市的雏形源于 1602 年荷兰人在阿姆斯特河大桥上进行荷属东印度公司股票的买卖。1773 年,在伦敦柴思胡同的约那森咖啡馆,英国第一个证券交易所正式成立,以后演变为伦敦证券交易所。1792 年,24 名经纪人在纽约华尔街的一棵梧桐树下订立协定,形成了经纪人联盟,它就是纽约证券交易所的前身。1878 年,东京股票交易所正式创立。它是东京证券交易所的前身。1891 年,中国香港成立了香港股票经纪协会,后发展为香港证券交易所;1914 年,中国当时的北洋政府颁布证券交易所法,1917 年,成立了北京证券交易所。[1] 新中国股市自 1984 年 11 月 14 日,上海飞乐音响股份有限公司发行第一只股票起,至今已有 30 多年历史。

股市是投资者和投机者双双活跃的地方,是一个国家或地区经济和金融活动的晴雨表。一方面,它是股份公司通过面向社会发行股票,迅速集中大量资金,实现生产的规模经营;而社会上分散的资金盈余者本着"利益共享、风险共担"的原则投资股份公司,谋求财富的增值。另一方面,股市的不良操控,如无货沽空等,可以导致股灾等各种危害的产生。股市唯一不变的是变化,时时刻刻都在变化,故而难以掌控。

(二)股市的分类

按照性质不同,股市可分为发行市场和流通市场两部分。

1. 发行市场

发行市场又称一级市场或初级市场或首发市场,是某公司股票首次发行的市场。股票发行是发行公司向投资者推销新发行股票的活动。股票发行大多无固定的场所,而是在证券商品柜台上或通过交易网络进行。发行市场的交易规模反映一国资本形成的规模。股票发行目的一是为新设立的公司筹措资金,二是为已有的公司扩充资本。发行方式有两种:①由新建公司自己发行,或要求投资公司、信托公司以及其他承销商给予适当协助。该发行方式发行费用较低,但筹资时间往往较长。②由证券承销商(信托投资公司或证券公司)承包发行。该发行方式筹资时间一般较短,但付给承销商的发行费用较高。

2. 流通市场

流通市场是已发行股票进行交易的市场,又称"二级市场"。股票流通市场包含了股票流通的一切活动。股票流通市场的存在和发展为股票发行者创造了有利的筹资环境,投资者也可以根据自己的投资计划和市场变动情况,随时买卖股票。由于解除了投资者的后顾之忧,他们可以放心地参加股票发行市场的认购活动,有利于公司筹措长期资金;股票流通的顺畅也为股票发行起了积极的推动作用。对于投资者来说,通过股票流通市场的活动,可以使长期投资短期化,在股票和现金之间随时转换,同时又增强了股票的流动性和安全性。与发行市场的一次性行为不同,在流通市场上股票可以不断地进行交易。

按照交易场所不同,流通市场可分为场外市场和场内市场。场外市场又称店头市场或柜台市场。它与场内市场共同构成一个完整的证券交易市场体系。场外交易市场实际上是由千万家证券商行组成的抽象的证券买卖市场。在场外市场内,每个证券商行大都同时具有经纪人和自营商双重身份,随时与买卖证券的投资者通过直接接触或电话、电邮等方式迅速达成交易。作为自营商,证券商具有创造市场的功能。证券商往往根据自身的特点,选择几个交易对象,以顾客的代理人身份替顾客与某证券的交易商行进行交易,不承担任何风险,只收取少量手续费。场内市场又称证券交易所市场或集中交易市场,是指由证券交易所组织的集中交易市场,有固定的交易场所和交易活动时间,在多数国家它还是全国唯一的证券交易场所,因此,又是全国最重要、最集中的证券交易市场。证券交易所接受和办理符合有关法令规定的证券上市买卖,投资者则通过证券商在证券交易所进行证券买卖。场内市场即人们通常所说的股市。在股市中,由于股价的走向取决于资金的运动,资金实力雄厚的机构大户就能在一定程度上影响甚至操纵股价的涨跌,他们可以利用自身的资金实力,采取多种方式制造虚假的行情并从中获利,因而使得股票市场有投机的一面。但这并不能代表股市的全部,也不能反映股市的实质。

(三)股市的功能

股市对推动国民经济加速增长和世界经济一体化进程作用巨大。正常情况下,股市具有以下功能。

1. 一般市场功能

股市作为股票交易的场所,能够为一级股票市场的股票发行提供保障;同时,由于股市的交易价格能比较客观地反映出股市的供求关系,也能为一级市场股票的发行提供价格及数量等方面的参考依据;它还能反映股市的性质、特征,刺激人们购买股票的欲望。在市场经济社会中,股市作为以资本为交易对象的金融市场,具有一般市场的基本功能,表现在以下四个方面:

(1)积聚资本。积聚资本是股市的首要功能。股份公司通过在股市上发行股票,把分散在社会上的闲置资金集中起来,流入股市和发行股票公司,形成巨额的、可供其长期使用的资本,促进资本的集中,提高公司资本的有机构成,以用于支持社会化大生产和大规模经营。股市所能达到的筹资规模和速度是公司依靠自身积累和举债所无法比拟的。

(2)定价资本。股票是上市公司自有资本的主要存在形式,股票的价格实际上是股票所代表的资本的价格。在股市上,所有股票都能由股市自由定价。企业经营好坏影响股价,股价高低牵动筹资者和投资者。若经营不善,股价下滑,会造成其资本减低,甚至可能导致公司被第三者收购。股市定价比实物商品在其市场上的定价更加客观公允,因为股市比一般实物商品市场更加集中,且有来自社会的多方监督和制约,特别是会计师事务所、律师事务所、证券交易所和社会舆论等的监督和制约。所有这些监督和制约促使上市公司必须改善和健全内部运作机制,以提升其产业资本的内含价值,从而优化资本定价。

(3)转让资本。股市为股票的流通转让提供了场所,使股票的发行得以延续。这是由股票的基本性质决定的。当一个投资者选择购买了股票,他就成了公司的股东,此后,他既不能要求发行股票的公司退股,也不能要求其赎回,如果没有股市交易,其投资就变成了"死钱",无论多么急需,也无法兑现。如此,人们对股票投资就会有后顾之忧,股票的发行就会出现困难。有了股市,股民就可以随时将持有的股票在股市上转让,按公允价格将股票兑现,使死钱变为活钱。

（4）转化资本。股市在股票买卖者之间架起了一座桥梁,为非资本的货币向资本的转化提供必要的条件,从而使非资本的货币资金转化为生产资本。股市的这一职能对资本的追加、促进公司乃至社会的经济发展有着极为重要的意义。

2. 资源优化配置功能

股市是实现资源优化配置的重要场所,因为:①股市为投资者和筹资者提供了灵活方便的投融资机制,从而实现资源的优化配置并减少了资源流动的成本。②效益高、前景好的公司,股价高,能筹集到更多的资金;效益低、前景差的公司,股价低,难以筹集到更多的资金。这种机制自然起到了优胜劣汰的作用。③股市的资源配置功能促使社会资本向高质量的上市公司倾斜,而其资本不断优化是社会资源配置优化的前提。④该功能与上市公司的质量及信息披露的真实性密切相关。如果上市公司质量低劣,信息披露虚假,就会折损甚至丧失这一功能,导致股市堕落为赌场。

3. 晴雨表功能

资本市场不仅是一个资本和物质生产要素的配置场所,而且是一个国家乃至世界经济、政治、军事、文化信息的集散地。股票二级市场的价格与这些信息的质量呈正相关。股市的风向标和晴雨表功能,从表象上看,是市场经济条件下,人们进行评估、交易重要的参照系;而从实质上看,它反映的是社会经济、政治形势的稳定和发展情势。

尽管由于政策导市、机构操作等种种原因,某些时期,大盘和个股会走出与其经济、政治等形势不相吻合的走势,但从长期看,在较为正常的形势下,股市是具有晴雨表功能的,股市价格与其价值乃至经济、政治等形势应该是一致的。

4. 价值发现功能

价值发现功能是指在资本市场上,通过交易可以发现一只股票的现实和潜在价值。从社会的角度说,它所表现的是一家上市公司对社会和股东在现实与未来的贡献度。这一功能与企业真实的信息反馈和评价密切相关。这种价值发现使人们能够看到某一公司、某一行业甚至某一地区或国家的投资价值,从而对未来作出理性判断,如美国股市发现了中国阿里公司的潜在投资价值,便对其高价投资。基于投资者利益的考虑,股市的价值发现过程是以理性为前提的,因而,这也标志着一个社会经济的理性走向。

在市场经济条件下,个体趋利避害的无形之手,引导股市向前发展且日趋健康和完善。因此,要普及整体利益、局部利益与个体利益一致的思想,倡导个体利益与局部利益、整体利益的一致性,其奥妙在于私人在追求自身利益的同时,要具备社会要求的理性和道德,遵守法律,恪守诚信。不然,价值发现功能将被扭曲,发现的价值将背离实际。

5. 价值增值功能

股市的增值功能主要体现在股票的增值功能上,表现为股价。股价有三种,即票面价格、账面价格和交易价格。在论证股票增值功能时,票面价格无意义,交易价格不能自证己身,唯有账面价格能说明问题,其实,账面价格与交易价格的差额才能真正说明问题。

股票的账面价格是发行股票公司发行在外的普通股的账面净值。作为整体,是公司的净资产,由股本、资本公积、盈余公积和未分配利润组成。现行分配制度规定,股份公司分配利润,必须先提取法定盈余公积金,从而使上市公司每股净资产含量不断提高。这是股市价值增值功能存在的前提或基础,或称为股市增值功能的内生变量。与此相应,上市公司通过增发和配股所导致的每股净资产的增值功能,则是外生变量。这两个变量能从财务分析上直观看到股票的本金增长的事实,但却都不是真正的股市价值增值功能的体现。真正的股市价值增值功能体现在,股市上某只股票的交易价格往往远远高于其账面价格。当前者高于后者几倍甚至数倍,才是股市增值功能的具体体现。而股票账面价格增长导致其本金的增长,股市增值功能的基础变量、外生变量和交易价格的增长才是股市的价值增值功能的体现。这主要是账面价格是遵循历史成本原则进行会计核算的结果,而交易价格则是广大投资者充分预估未来现金流量并据以决策的结果,也是股市的潜力和魅力所在及体现。

股市具备增值功能是与赌场最根本的区别。运用得好,市场规范,能较正常反映出上市公司的内含价值及未来价值,实现投融资双方与市场共赢的局面。这也是投资人摒弃投机,学会分析和评估,做理性价值投资人的理论依据。否则,只能多方共输。

6. 分散风险功能

股票市场在给投资者和融资者提供了投融资渠道的同时,也提供了分散风险的途径。从资金需求者来看,通过发行股票筹集了资金,同时将其经营风险部分地转移和分散给投资者,实现了风险的社会化转化。从投资者角度看,可以根据个人承担风险的程度,通过买卖股票和建立投资组合来转移和分散风险,同时,解决资金余绌及获利问题。分散风险的同时,实现了股权分置。股权分置是中国经济所有制形式脱胎换骨的革命。而这一点在股市上表现得尤为明晰。

7. 信号传递功能

股市作为一个国家和地区国民经济发展状况的"晴雨表",必然会随着国家货币政策紧缩和松动等的不断变化,通过股票价格上的波动反映出来。由于获利的需要,股票交易会不断进行,相应地,股市内外自然会拥有大量专业人员长期从事股份公司及市场行情的分析研究和预测,并与各级各类相关单位和人员建立各种联系或关系,以能了解公司发展动向和市场走势,从而,股市便成了个体上市公司、经济、政治制度、政策及发展态势的信息(情报)的集结地和传输地。

二、股市构成要素

从股市的参与者角度来看,股市主要由市场主体、证券交易所、中介机构、自律性组织和监管机构构成。

(一)市场主体

市场主体是股市交易的主体,包括股票发行者(即融资者)和股票购买者(即投资者)。融资者是指按照《中华人民共和国公司法》(以下简称《公司法》)等国家有关法律规定,具备发行条件公开发行股票的股份有限公司,是股票卖方;投资者是在股市上投资股票者,是股票买方,包括个人投资者、企业、各类金融机构、各种社会基金、外国投资者等。在我国现行股市上,个人投资者占有绝对比重,约90%以上;而外国投资人只能投资于 B 股——境内外资股。

(二)证券交易所

证券交易所是指为股票交易提供流通、转让便利条件的信用中介操作机构,如股票交易所和证券公司。股票交易所习惯称之为证券交易所。目前,中国大陆有上海和深圳两个证券交易所。按照《中华人民共和国证券法》(以下简称《证券法》)的规定,证券交易所是不以营利为目的的法人。交易所市场是股票流通市场的最重要的组成部分,也是交易所会员、证券自营商或证券经纪人在证券市场内集中买卖上市股票的场所,是二级市场的主体。它具有固定的交易场所和固定的交易时间,接受和办理符合有关法律规定的股票上市买卖,使原股票持有人和投资者有机会在市场上通过经纪人进行自由买卖、成交、结算和交割。证券公司也是二级市场上重要的金融中介机构之一,其最重要的职能是为投资者买卖股票等证券,并提供为客户保存证券、为客户融资融券、证券投资信息等业务服务。

(三)中介机构

中介机构指参与到股票发行、交易过程中的有关机构,包括:证券承销商和证券经纪商;证券交易所以及证券交易中心;具有证券律师资格的律师事务所;具有证券从业资格的会计师事务所或审计师事务所;资产评估机构;证券评级机构;证券投资咨询与服务机构等。

(四)自律性组织

自律性组织指按照行业规定,实施自我监管,以保证市场公平、有效的组织。其一般包括行业协会、证券交易所等,目前我国的自律组织主要有中国证券业协会、上海证券交易所和深圳证券交易所。

(五)监管机构

监管机构指按照证券法规和行业规定,对证券发行、交易活动及市场参与者行为实施监督和管理的机构。目前,我国对证券市场进行监管的机构主要是中国证券监督管理委员会(简称证监会)。

三、中国股市弱质化

股市作为资本市场,有其独特的功能,发挥得好,可以起到融通资金,优化资源配置等正向作用;但若发挥不好,则会产生负向作用。中国股市由于种种原因,如政策股市、腐败股市,没能发挥其正常功能,致使一贯表现不佳。享有"中国经济学家的良心"之称的吴敬琏早在 2001 年,曾毫不留情地发出过"中国股市连一个规范的赌场都不如"的论断,由此拉开了中国股市大讨论的序幕。之后还曾多次批评中国股市处于"强盗贵族时代"。随着中国股市的不断发展,其影响也逐渐扩大,但状况未曾有过实质性改变。历经 30 年的不断发展和完善,这一状况仍未得到彻底改善,呈现出显著的独到的弱质化特点,主要表现在以下几个方面。

(一)市场运作失常

中国股市是全世界唯一的以公有制经济为主体、多种所有制经济共同发展的证券市场,尽管上市公司中民营企业为数不少,但从股数的权重比例来讲,79%是公有制公司的股票,因此它与西方股市就有很大差异。[2]这是股市长期功能失常的根本原因,主要表现在以下几点。

1. 积聚资本偏移

股市上,无论何种性质的上市公司都有强烈的"资本饥渴症",都渴望圈钱。这表现为:一方面,无论何种盈利能力的上市公司都极力融资,且多多益善;不论牛市、熊市,在股市圈到的钱都比搞实业获利要快、要多。2015 年股市共募资 1.4 万亿元。另一方面,新股(IPO)太多、太快、太猛,是传统计划经济"资本饥渴症"的反映,8 年就上了 800 只股票,而美国股市 100 年获准上市的只有 800 只。这种非正常的募资,偏离了股市发展规律及经济规律,是造成股市弱质的根源之一。

为了圈钱,上市公司靠造假、欺诈手段上市的现象普遍存在。很多公司在上市之前,将财务报表粉饰一新,以便能在市场上估个好价钱。而一旦上市之后,业绩往往大幅滑坡,原来估价的基础荡然无存,投资价值急剧下跌,广大股民尤其中小股民常常为其买单,损失惨重。

2. 定价资本扭曲

正常情况下,股市有涨有跌是自然状态,若股市下跌,在可以做空的市场有一部分人就可以盈利,一部分人亏损。而中国股市一旦下跌,全民都会被套牢。为什么没有做空机制呢?其原因在于,中国股市设立起初的一大宗旨是为国有企业服务,让国有企业的股价高一点,对发新股有利。而这样做便没有了做空机制,股价就会偏高,股民只能买进,或全抛离场,不能卖空。如此,中国股市定价资本功能严重扭曲。

A 股市场估值整体偏高,大大削弱了价值投资基础。目前 A 股 IPO 还是实行核准制,而通过核准上市的资源肯定相对比较稀缺。于是拟上市公司一旦获得上市资格后,马上与券商勾结肆意抬高新股发行价格,这造成了二级市场上的新股价格早已透支了公司的未来,削弱了价值投资的基础。这也是价值投资难以实施的原因之一。

3. 转让资本失实

与集聚资本相对应,中国股市相当长时间搞股权分置,使得很便宜的国家股、法人股仍源源不断上市兑现,成为熊市一大杀手。上市公司减持问题,也一直困扰着股市。本来,上市公司大股东为资本追逐利益最大化正当减持,属正常业务,无可厚非。但有些上市公司的高管却喜欢编造诸如"改善生活质量""给子女支付出国学费"等各种荒诞的理由减持。而当大股东的资金成功逃离,股价就会步入漫漫熊途,致使接盘者损失惨重。另外,内幕交易盛行。因违法成本过低,亏损的只有广大股民。还有的大股东利用关联交易、高买低卖、资金占用、资产腾挪、违规担保等手段不断侵蚀上市公司的利益,很多上市公司在经过多年经营后发现,自己已只剩下一个空壳,已经失去了投资价值。为了借壳营运,便迎合某些公司需要,借壳上市,可一旦借壳失败,也只能沦为 ST 公司,成为股价暴跌的主要对象。

这种普遍存在的股市交易,加剧了整个市场的不稳定性,使股民们叫苦不迭。

4. 转化资本迷途

股市具有将非生产资本转化为生产资本的功能,在经济不断发展的中国,该功能应得以充分发挥,这是股市的正常状况。可据商业见地网最新消息,2015年以来股市暴跌,在经历了股灾1.0、2.0和3.0后,很多投资者市值大幅减少,从超级散户变成大户、大户变成中户、中户变成小散户的大有人在。股市已经成为地道的财富绞杀机,财富削骨器。最近一年时间,持10万元市值以上股票的股民减少了276.6万人,而持500万元至1 000万元市值股票的股民数量减少幅度最大,一年里减少44%。大资金投资者大幅减少。[3]出现此种状况,应该是股市转化资本的负向反映,即资本从股市退出,转向了投资价值更大的对象或渠道。但奇怪的是国内投资渠道也相对匮乏。目前的中国已经进入负利率时代,存钱肯定是起不到保值、增值效果,只能越存越少;同时,银行理财产品刚性兑付也被打破;而买国债也被瞬间"秒杀",根本买不到。股市转化资本的去处成迷。

其实,中国股市并不缺乏资金来源,中国居民存款高达数十万亿元,储蓄率高达35%,是美国的两倍,数万亿元养老金也在等着进场实现保值、增值,数千亿元企业年基金也在等待机会,数万亿元保险资金也在寻求出路。只要外围资金些许流入A股市场,那股市马上会再度大幅度增长,回归牛市。

(二)社会资源错配

截至2016年6月22日,沪深两市A股市场共有2 964家上市公司,其中上海证券交易所(以下简称上交所)上市1 150家,深圳证券交易所(以下简称深交所)上市1 814家。沪市A股总市值为24.69万亿元,深市A股总市值为20.36万亿元。沪深两市的股票账户合计高达1.89亿户,其中有效账户为1.47亿户。[4]众所周知,中国股市是政策股市,包装和保护着上市公司发展起来,从股权、股票的份额看,以国企和国企控股最多,且这一状况将长期不会改变。在诸多国企和国企控股公司中,还有未改革好的企业,表现是产权不清、效益不高,成为中国股市熊市跌得快、牛市涨得慢的一个铁一般的板块。例如,工商银行(简称工行)3 564亿股(流通股本2 696亿股),刚上市时的苏宁电器(现苏宁云商,简称苏宁)2 000万股,工商银行是苏宁云商1万多倍,4元一股犹如4万元一股,又无法送股,很难涨得动,而当年的苏宁电器6年涨了39倍。故有人喜小厌大,也是市场所致。另有许多很有潜力的公司却由于种种原因难以上市,如阿里巴巴数次申请不过关而只能到美国上市。如此,非生产资本便通过股市流向了那些不一定最有实力的、也不一定最有产业发展前途的上市公司,造成资源错配。

(三)晴雨表误报

股市是实体经济、宏观经济状况的晴雨表,全世界股市基本都是如此,但中国股市则不一样。一方面,上涨迟缓,从1978年至2015年,GDP翻了183.68倍,而中国股市早在20世纪90年代就到过1 500点(上证);20年过去了,截至2016年年末,也才刚刚达到2倍。另一方面,中国股票市价严重偏高,一度曾是美国股市同类股票价格的3倍、香港同类股票价格的4倍,大多数股票是香港股票价格的1.5至2倍。中国股市不是实体经济的晴雨表,实体经济即使非常好,股市也总是忽高忽低且跌多涨少。

中国股市不是西方国家成熟市场经典意义上的实体经济、宏观经济的晴雨表;实体经济、宏观经济上升,股市可能涨也可能不涨;实体经济、宏观经济下降,股市一定下跌。这既是由于股市弱化造成的,也是由于人民币不能自由兑换、国内货币与准货币增长较快等原因所致。

但中国股市却是某些腐败堕落分子攫取利益的晴雨表,表现为:一些利益集团、消息灵通人士利用内幕消息和自己的资金优势,大量攫取非法利益,从市场掠走大量财富,让中小投资者成为买单者。因此,市场消息不对称造成的结果往往是七亏二平一利。

(四)价值发现失真

上市公司的价值应是其未来现金流量的现值。在股市上,其价值主要通过股利和市价反映出来。但在相当长一段时间中,由于相当多上市公司效益低下,不肯分红,分不出红,也不想分红,成为多数公司的积习。股民也多将关注点集中在股价上涨上,以获得资本利得。因此,投机炒作股价成为不少大股东关注的焦点,从而使股市的资本价值发现功能受到破坏。

发现上市公司的价值,应通过正常分析研究评估得来,分析重点在于:①环境分析重宏观分析;②微观分析重基本分析;③操盘应该懂得止盈止损,在熊市中不该轻率地抢反弹,仓位不可过重。但这一切却是大多数股民未曾学习过的新课程。跟风操作、盲目投机等不良行为,不仅导致自己亏本,还为扰乱股市助了一己之力,致使股市基本没能反映出上市公司的真实价值。

(五)价值增值失实

改革开放以来,中国经济连续近四十年迅速发展,举世瞩目。政府创建股市的初衷是借助股市的繁荣,让更多的企业通过上市渠道融通资金,来解决融资难问题;同时,增加国民收入,促使民间消费的崛起,形成经济发展的良性循环。从理论上说,中国股市从0开始,应是一座含金量最高的金矿,但实际上却并非此。股市沦为广大投资者的伤心地,即便是效益好的公司也难以实现增值功能,这与监管当局的初衷不相吻合。

中国股市中确有相当多的公司效益低下,不想分红,分不出红,也不愿分红;也确有相当多的公司效益很好,是行业的领头羊和旗帜,但也不愿分红或分红寥寥无几。机构与股民投资者也对此已不抱过多奢望,而是寄希望于股市上涨,做差价,获得资本利得(国家也不征资本利得税)。这也给人为操纵股价带来了契机。

(六)分散风险失衡

中国股市的最大特点是:股权分置。所谓股权分置,是由于特定的历史原因和政治原因,从1990年中国股市成立起,中国的所有上市公司都必须实行的一种分割股权的所有制形式。股权包括国家股、法人股和公众股。其中,国家股、法人股不可以流通,允许流通的只是占33%左右的公众股。有的股价涨不动,就是由于不断有非流通股被放出来;而有的公司流通股少,如吉林敖东,其股价就能不断上涨。

由于股权分置,上市公司从上市那天起就由少数大股东无偿地占有了中小散户、公众股的大量利益。2005年,在国务院的领导下,进行了坚决的、大规模的股权分置改革,释放了部分国家股和法人股,取得了历史性的成就,但仍有大约25%的国家股、法人股仍未完全流通,造成许多中小股民仍在源源不断地被套现。这是所谓"同股、同权、同价、同利"原则的不同体现,也是风险分散失衡的根源。

现在处于后股权分置改革时代,期待股市分权分置改革尽早顺利完成,还股市以公平、公正和公允。

(七)信号传递失灵

中国政府对股市的调控能力极强,成效显著,突出表现在股市变动与货币政策关系极其密切:利息涨,股市跌;利息跌,股市涨。实行宽松货币政策,股市可以直上6 000点,实行从紧货币政策,股市可以从6 100点跌到1 600多点。但其与财政政策的关系就不那么密切。总的来看,宏观调控水平相差很大。如熔断机制,几天就夭折了。再如以市值申购新股的规定,人人都可以免费申报,中签认购。这似乎避免了一次次股市波动,但中签率极低,有时只有万分之几,与福利彩票中奖率相差无几。退市制度的执行也是绵软无力,致使诸多垃圾股仍然存在。

中国股市的规则、法规、政策至今还处在不稳定的变动完善之中,如新股发行制度、新股二级市场抑价政策;上海股市ST的跌多涨少等不对称规定,也不像美国从20世纪30年代至今无大变。这是证券市场初级阶段的突出表现。如今,股市规模已达20多万亿元,股市运作也逐渐规范,将股市交托给"股市"使其以股市规律自行运作是发展的必由之路。

其实,股市信号传递功能主要应体现在投资对象即上市公司的投资价值上,也即上市公司的投资价值是否以及多大程度地保值、增值了。但这个信号却是最不尽如人意的。

另外,中国股市没有合法的坐市商制度,但在相当长时间里,庄家横行,10个股票9个庄(现在经过清理,已经少多了,但还是有庄家存在)。中国股市没有真正的、经典意义的做空机制,股指期货门槛很高,参与者寥寥,因此也没有西方国家成熟市场的套期保值功能,阻碍了大资金入市安全运作。而没有实质性的做空机制却有利于新股发高价、多融资。

中国股市没有真正的、经典意义上的退市机制,导致上市公司进得很多、很快,出得极少,如一潭死水。而美国股市是大进大出,"流水不腐,户枢不蠹"。并且往往一家上市公司影响一方水土、一方经济,地方政府与它有千丝万缕的联系,因此总想保壳成功,对它的去留非常敏感和重视。

总之,中国股市尚处于初级阶段,是一个功能不健全的、有缺陷的、正在发育成长和完善之中的奋进青壮年。30 年来,它身负重任,功勋卓著,中小散户忍辱负重、贡献巨大。它是一个对中国经济影响很大的、不可或缺的、前途远大的新兴资本市场。为此,投资者不应冷漠,更不应放弃,而应更加关注、关心、关爱。

第二节 股　价

一、股价的含义、分类和特点

(一) 股价的含义

股价是股票在股市上的交易价格。中国上市公司的股票依据股票的上市地点和所面对的投资者不同可分为 A 股、B 股、H 股、N 股和 S 股等,其中以 A 股为主。A 股不是实物股票,以无纸化电子记账,实行"T+1"交割制度,有涨跌幅(10%)限制(ST 股为 5%),参与投资者为中国大陆机构或个人。B 股又名人民币特种股票,它是以人民币表现面值,以外币认购和买卖,在境内(上海和深圳)证券交易所上市交易的股票。H 股是在内地注册,在香港上市交易的外资股。因香港的英文 Hong Kong 而称 H 股。N 股一般指那些在中国大陆注册、在纽约(New York)上市的外资股。S 股则指在新加坡(Singapore)上市的股票。本书所述股价为 A 股股价,即 A 股在深、沪两市的股票交易价格。

股价应是反映经济动向的晴雨表,能够灵敏地反映出资金供求状况、市场供求、行业前景和政治形势的变化,是进行分析、评估和预测的重要指标。对于上市公司来说,股价和股市行情是其经营状况的信息显示器和指向器,有助于其改善经营管理,作出更加合理的经营决策。

(二) 股价的分类

股票交易的方法和形式称为股票交易方式。它是股票流通交易的基本环节。不同的交易方式形成了不同的股价,现代股市的交易方式种类繁多,主要有以下几种。

1. 市场价格和理论价格

按照反映股票性质的不同,股价分为市场价格(简称股价)和理论价格。

股价即股票在股市上交易的价格。股市可分为发行市场和流通市场,因而,股价也就有发行价格和流通价格的区分。股票在发行市场的发行价格就是发行公司与证券承销商议定的价格,简称发行价;股票在流通市场的交易价格就是流通价格,简称市价。股票的发行价应该是股票的票面价值,实际常以股票在流通市场上的价格为基准来确定,在股票面值与市场流通价之间选择确定。国际市场上确定股票发行价通常要考虑若干影响因素,如利率、股息、流通市场的股票价格等,值得借鉴。参考公式:

$$股票发行价格 = 市盈率还原值 \times 40\% + 股息还原率 \times 20\% + 每股净值 \times 20\% + 预计当年股息与一年期存款利率还原值 \times 20\%$$

股票在流通市场上的价格即市价,才是完全意义上的股票市价,具体表现为开盘价、收盘价、最高价、最低价等形式。其中收盘价最重要,是分析股市行情时采用的基本数据。

股票的理论价格,是股东为获得股息、红利收入的要求权而付出的代价,是股息的资本化表现。股票代表的是持有者的股东权益。其直接经济利益,表现为股息、红利收入。静态地看,股息收入与利息收入具有同样的意义。投资者将资金投资于股票还是债券,或存于银行,首先取决于其收益率孰高。按照等量资本获得等量收入理论,如果股息率高于利息率,人们对股票的投资就会增加,股票价格就会上涨,从而股息率就会下降;反之亦然,一直降到股息率与市场利率大体持平为止。依此分析,可得出股票的理论价格公式:

$$股票理论价格 = \frac{股息红利收益}{市场利率}$$

股票的理论价格不等于其市价,二者甚至有相当大的差距。但是,股票的理论价格为预测市价变动趋势提供了重要依据,也是股价形成的一个基础性因素。

2. 议价和竞价

按交易双方决定价格的不同,股价分为议价和竞价。议价就是交易双方一对一地面谈,通过讨价还价达成买卖交易的价格。议价交易是场外交易中常用的方式,一般在股票上不了市、交易量少,需要保密或为了节省佣金等情况下采用。因此,议价应用也相应较少。竞价是指当交易双方都是由若干人组成的群体,双方公开进行双向竞争交易的价格,即交易不仅在双方之间有出价和要价的竞争,而且在买者群体和卖者群体内部也存在着激烈的竞争,最后在买方出价最高者和卖方要价最低者之间成交。在这种竞价中,买方或卖方,均可以自由地选择卖方或买方,使交易比较公平,产生的价格也比较合理。竞价是证券交易所中交易股票的主要价格,被广泛采用,本书所述的股价即指竞价。

3. 直接交易价和间接交易价

按达成交易的方式不同,股票交易分为直接交易和间接交易,直接交易达成的价格即直接交易价,间接交易达成的价格即间接交易价。直接交易是交易双方直接洽谈,股票也由双方自行清算交割,在整个交易过程中不涉及任何中介的交易方式。场外交易绝大部分是直接交易。由于直接交易较少,直接交易价应用也相对较少。间接交易是买卖双方不直接见面和联系,而是委托中介人进行股票买卖的交易方式。证券交易所中的经纪人制度,就是典型的间接交易。

4. 现货交易价和期货交易价

按交割期限不同,股票交易分为现货交易和期货交易,现货交易的交易价格即现货交易价,期货交易的交易价格即期货交易价。现货交易是指股票交易成交以后,马上办理交割清算手续,当场钱货两清。期货交易则是股票成交后按合同中规定的价格、数量,过一定时期再进行交割清算的交易方式。现行股市的股指期货交易的价格就是典型的期货交易价。

(三) 股价的特点

股票作为所有权凭证,本身并无价值,虽然股票如同商品一样在股市上流通,但其价格的高低与其所代表的资本的价值的大小并无直接关系。股价只有在进入股市后才表现出来,且往往与其票面金额不同。票面金额是股票持有人参与发行股票公司红利分配的依据,并不等于其本身所代表的真实资本价值,也不是股票价格的基础。在股市上,股价有可能高于也有可能低于其票面金额。某只股票的价格取决于该股票的预期收益、市场利率以及供求关系等多种因素。但前提是在股市上交易,如果没有股市交易,无论预期收益如何,市场利率及供求关系如何变化,也不会对股价造成任何影响。所以说,股市具有赋予股票价格的职能。

股价恒久波动是其基本特征,股价波动的直接依据应是其内含价值,但在股市上却受诸多因素的影响,从而表现出诸多异常。

二、股价的影响因素

股价的影响因素很多,有广义和狭义之分。广义上,横向而言,所有经济、政治、文化、交通,国内国外的一切因素均影响股市,影响股价;纵向而言,历史的、现时的、将来的各种因素均影响股市,影响股价。狭义上,仅指直接影响股价的国内外现时因素,以经济因素为主,也包括政治因素和其他因素。以股市为核心,股价的影响因素可分为宏观因素和微观因素。

(一) 宏观因素

宏观因素包括经济因素和政治因素两大方面。

1. 经济因素

经济因素既包括国内经济因素也包括国外经济因素,就对股价的影响程度而言,国内的经济因素影响比国外其他国家或地区的更大。就国内影响因素而言,经济因素主要包括以下几个方面。

1) 经济周期

股市通常被称为虚拟经济,与之相对的现实经济称为实物经济。二者关系密切,相互反映。正常情况下,股市是经济的晴雨表,股价的变动不仅随经济周期的变化而变化,也能一定程度上预示经济周期的变化。由于受资源限制、人们预期等多种内外部因素的影响,经济运行通常处于不均衡状态,相应地,股市乃至股价运行也具有上下波动的特点。一般情况下,股价波动与经济波动呈正相关关系,但也会有滞后或超前情形,而且往往较为凸显。如2015年上半年的股价急剧上升和之后的急转直下,就是前几年经济连续增长的突出反映,以及经济转型升级前景不甚清晰的表现。股价预示经济周期变化,主要是由于投资者对经济周期的一致判断所引起,是投资者的预见能力的体现。

2) 经济政策

经济政策如产业政策、货币政策、税收政策,对上市公司、股市乃至股价都有重大影响。国家重点扶持、迅速发展的产业,其股价会被推高,而国家抑制发展的产业,股价会受到不利影响,相对低迷。例如,国家对社会公用事业的产品和劳务实行限价,包括交通运输、煤气、水电等,从而直接影响公用事业的盈利水准,导致公用事业公司股价下跌;国家实行宽松的货币政策,会引起市场利率发生相应变化,从而也会引起股价变化;税收政策方面,能够享受国家减免税优惠的上市公司,其股票价格会出现上升趋势,而调高个人所得税,则会使社会消费水准下跌,引起其商品的滞销,从而影响公司生产规模和盈利水平,导致股价下跌。

财政政策是经济政策的主要组成内容。其对股价的影响比其他经济政策更加显著。财政是国家为实现其职能对一部分社会产品进行的分配活动,它体现着国家与其有关各方面的经济利益关系。财政规模和采取的财政方针对股市有着直接影响。如财政规模扩大,只要国家采取积极的财政方针,股价就会上涨;相反,国家财政规模缩小,或者显示将要紧缩财政的预兆,则投资者会预测到未来弱势而减少投资,使股价下跌。虽然股价反应的程度会依当时的股价水准而有所不同,但投资者可根据财政规模的变动,作为股价变动的辨认根据之一。投资者之所以能够依据财政政策辨认股价变动,是因为不同财政政策,对公司生产经营乃至业绩有很大影响。假如,政府采取产业倾斜政策,重点向电气通讯、房地产有关的产业投资,则这类产业的股价就会受到影响而上升。

3) 物价变动

物价变动取决于市场供求关系,也受物价政策的影响。股价与普通商品的价格相同,其变动与市场供求和物价政策相辅相成。具体来说,市场供应不足,政策宽松,物价上涨,股价上涨;相反,市场供应充足,政策紧缩,物价下跌,股价也下跌。受供求关系、物价政策的影响,一般商品价格对股价的影响,主要表现在四个方面:①商品价格出现缓慢小幅上涨,且物价上涨幅度大于借贷利率的上涨幅度时,公司存货价格上升;由于商品价格上涨的幅度高于借贷成本的上涨幅度时,公司利润会上升,股票价格也会因此而上升。②商品价格上涨幅度过大,股价没有相应上升,甚至反而可能下降。这是因为,物价上涨引起公司生产成本上升,而上升的成本又无法通过商品销售完全转嫁出去,从而使公司的利润下降,股价也随之下降。③物价上涨,商品市场的交易呈现繁荣兴旺时,人们热衷于即期消费,淡漠股市投资,使股价下跌;当商品市场呈现繁荣回跌时,反而成了投资股票的最好时机,从而引起股价上涨。④物价持续上涨,股票投资者防范风险意识加强,使其从股市中抽出资金,转而投向实物资本市场,带来股市资金短缺,使股价下跌。

4) 通货膨胀

通货膨胀是流通中的货币量大于其所对应的实物资产价值量所造成的经济现象,表现为物价指数上涨过大,超过了正常经济发展需要。一般情况下,物价指数在3%左右最有助于促进经济发展,达到6%视为通货膨胀,超过9%为恶性通货膨胀。通货膨胀是影响股价的一个重要宏观经济因素。这一因素对股价的影响比较复杂,它既有刺激股价的作用,又有压抑股价的作用。货币供应量与股价一般呈正相关关系,即货币供给量增大使股票价格上升;货币供给量缩小则使股票价格下降。这主要有以下三种表现：①货币供给量增加，一方面可以支持生产扶持物价，提升利润；另一方面对股票的需求增加，又成为拉升股价的重要因素。②货币供给量增加引起社会商品的价格上涨，股份公司的销售乃至利润相应增加，使得现金股利很可能增加，从而使股票需求增加，股价也相应提升。③货币供给量的过量增加引起通货膨胀，通货膨胀带来的往往是虚假的市场繁荣，最终出现公司利润上升的假象，保值意识使人们倾向于将货币投向贵重金属、不动产和短期证券，股票需求量也会增加，从而使股票价格相应增加。但通货膨胀到一定程度，甚至超过了两位数，将会推动利率上涨，从而使股价下跌，这是其对股价作用的另一面。

总之，当刺激作用大时，股票市场的趋势与通货膨胀的趋势一致；当压抑作用大时，股票市场的趋势与通货膨胀趋势相反。

5）利率和汇率变动

利率和汇率是财政政策之中两个重要的金融政策指标。利率是一定期间（一般一年）存贷款利息与其本金的比值。一般情况下，利率的升降与股价的变化呈反向变化关系。这主要因为：①利率上升，贷款成本增加，上市公司筹资难度增加，生产规模会相应消减，利润也会相应消减，因此造成股价下跌；反之，股价则会上涨。②利率上升，投资者评估股价所用的折现率也会上升，股票现值会因此下降，从而使股票价格相应下降；反之，利率下降则会使股价上升。③利率上升，一部分资金从投向股市转向银行储蓄和购买债券，从而会减少股市资金，使股价下跌；反之，利率下降，储蓄的获利能力降低，一部分资金又可能从银行和债券市场流向股市，从而使股价上升。特殊情况下，如股市混乱，股价失灵，利率的升降与股价的变化难以呈现出有规律的变化关系。利率与股价的关系告诫投资者，应密切关注利率的升降，并对利率的走向进行必要的预测，以便在利率变动之前，抢得理想股价，从中获利。

汇率是指两种货币相兑换的比率，是一种货币用另一种货币表示的价格。外汇行情与股票价格有密切联系。一般来说，如果一国的货币实行升值政策，股价便会上涨，一旦其货币贬值，股价即随之下跌，所以外汇行情对股市有很大的影响。在世界经济一体化程度越来越高，国际贸易日益频繁的当代经济社会中，汇率对一国经济的影响越来越大，其影响程度取决于该国的对外开放程度，但最直接的是进出口贸易的程度。一般情况下，若本国货币升值，进口业受益，亦即依赖海外供给原料的企业受益；相反，出口业由于竞争力降低，而导致亏损。但当本国货币贬值时，情形恰恰相反。但不论是升值还是贬值，对上市公司业绩以及经济局势的影响，都各有利弊。所以，不能单凭汇率的升降而买入或卖出股票，这样做就会过于简单化。因此，投资者可根据汇率变动对股价的上述一般影响，并参考其他因素的变化进行正确的投资选择。

2. 政治因素

股价的波动，除受经济因素影响外，还受政治因素的影响，并且，该因素对股价的影响是全面的、敏感的和整体的。政治因素泛指那些对股价具有一定影响的国内外政治因素，如国际形势的变化、国内外重大政治活动、战争等。政治形势的变化，在股市上的反映越来越敏感，对股价产生的影响越来越大。其主要表现在以下几个方面。

1）国际形势的变化

国际政治形势瞬息万变，不同的变化不仅影响国家的政治、经济、文化、交通等各种宏观因素，也影响股市，影响股价，如外交关系的改善会使有关跨国上市公司的股价上升。为此，投资者应在外交关系改善时，不失时机地购进相关跨国公司的股票。反之，则应售出。

2）重大政治事件

政治风波等也会对股票产生影响。先对股票投资者的心理产生影响，从而间接地影响股价。随着世界经济一体化的进程，再加上现代化的通信手段的使用，国际上重大政治事件对一国股市的影响越来越大。2001年9月11日，恐怖组织袭击美国世贸大厦事件使英股指数疯狂下跌。对国家政治决策有重要影响力的国家领导人的言行，会对股市产生突发性甚至连续性的影响，如1992年邓小平南巡讲话，使上证指数连续上涨。

3）战争的影响

战争使各国政治经济不稳定，人心动荡，股价下跌，这是战争造成的广泛影响。但是战争对不同行业的股票价格影响又不同，比如，战争使军需工业兴盛，那么凡是与军需工业有关的公司的股票价格必然上涨。因此，投资者应适时购进军需及其相关工业的股票，售出容易在战争中受损的行业的股票。1990年伊拉克入侵科威特，美股指数从3 024.3点快速下跌至2 344.3点。

（二）微观因素

股市微观因素主要包括构成股市的三大主体的因素，即股市因素、上市公司因素和股民因素。

1. 股市因素

股市因素较多，包括股市周期、股市政策等因素。

1）股市周期

受经济、政治等多方面因素的影响，股价往往不断地上下波动。根据波动幅度的大小，股价波动可分为日常波动和大规模波动。其中，日常波动是股市开市期间的股价的不间断波动，高高低低、上上下下；大规模波动，即股市周期是指股市长期或较长期升势与跌势更替出现、不断循环反复的过程，既是股价上涨下跌的一个大循环过程，也是牛市与熊市不断更替的过程。一个股市周期大致经历牛市——高位盘整市阶段和熊市——低位牛皮市阶段两个阶段。股市周期是股价日常波动的长期或较长期积累的能动结果；是股价整体趋于一致的运动，而不是个别股票、个别板块的逆势运动；是基本大势的反转或逆转，而不是股价指数短期的或局部的反弹或回调；是股市在运动中性质的变化，即由牛市转为熊市或由熊市转为牛市，而不是股价指数单纯的个别或局部数量的逆向变化，是股指大势发生质的转变。中国股市周期的详细论述及其分析研究参见本书系列丛书《中国上市公司投资价值分析研究》第一章和《中国上市公司投资价值比较分析研究》第一章。

2）股市政策

股市政策有广义和狭义之分，广义股市政策包括影响股市交易的所有政策，包括之前所述经济政策；狭义股市政策仅指根据市场的发展要求而出台的一些新的规范股市行为的政策法规，如扩容政策规定、交易规则、基金管理等。前者一般称为宏观经济政策（简称宏观政策），后者称为股市政策。宏观政策和股市政策交替影响股市行情发展。此处所指股市政策是狭义股市政策，如已经推出的"沪港通""深港通"政策。

股市宏观政策是政府调整股市的重要手段，通常以方针政策形式颁布实施。与宏观经济政策不同，在不同时期出台的股市政策基本上都是以股市的制度建设为着眼点的。股市政策所包含的内容十分丰富，涉及从上市公司的信息披露到整个资本发展规划等诸多方面。在宏观政策和股市政策的关系上，宏观政策总体上决定着股市政策，股市政策为宏观政策服务。但由于宏观政策相对稳定，股市政策的调节相对频繁，因而有时会出现股市政策与宏观政策间的背离，即宏观政策从紧，股市政策可能放松；宏观政策放松，股市政策可能从紧。例如，在宏观调控背景下所出台的支持资本市场发展的相关政策就属于前一种情况。

股市政策影响股价，主要由于股市政策和宏观经济政策可以左右上市公司的盈利预期和市场供求关系，进而影响着行情趋势的变化。股市政策着重在解决股市制度建设问题的过程中，通过投资者的投资信心影响市场中的供求关系，从而影响股价。但与其相关的具体措施仅仅是奠定了股市未来健康发展的基础，并不能对上市公司业绩产生直接影响和发挥作用。股市政策与股价的中短期走势呈显著的正相关关系。它比宏观政策对中短期股价具有更直接的决定作用。例如，股市政策趋紧将导致资金流出，股价和股票指数就会下跌；股市政策宽松，会产生向好的预期，就会有大量场外资金回流股市，股价以及股票指数就会上涨。但应当注意的是，股市政策是借助投资者的心理因素对股价产生影响的，而宏观经济政策却通过改变上市公司的盈利状况直接影响着股票的估值。虽然股市政策是影响市场波动的直接因素，但宏观政策和上市公司的基本面却是制约股市主要趋势的最根本因素。

由于市场供求关系的变化并不能对上市公司业绩产生影响，仅能对中短期趋势产生影响，不会改变股指运行的长期趋势。因此，市场大周期的运行趋势还主要取决于宏观政策的取向，股市政策对市场的影响力度只能对中短期走势发挥刺激作用。

2. 上市公司因素

上市公司因素主要包括公司价值即投资价值、行业寿命周期。

1) 公司价值

唯物辩证法认为,事物的变化发展是内因和外因共同作用的结果。内因,是事物发展变化的根据和第一位的原因。它是事物存在的深刻基础,决定着事物变化的基本过程和基本方向。外因,是事物变化发展的条件和第二位的原因。外因的作用必须通过内因才能发挥出来。内因和外因关系决定我们在观察分析问题时,既要看到内因,又要看到外因,坚持内因和外因相结合的观点,并首先要重视内因的作用。

股价的诸多影响因素,按照其在股价变化中的作用的性质不同,分为内因和外因。其中股票发行公司的内含价值即投资价值,简称公司价值,是内因,其余因素均为外因。股价的提升主要靠股票发行公司的主观努力所取得的公司业绩和相应的价值增值;此外不能忽视外因的作用,股价在提升过程中外部环境既有有利因素又有不利因素,因此必须作"一分为二"的分析。

评估公司价值的方法较多,VAF 模型是迄今为止最科学合理的企业价值评估模型,详见《上市公司投资价值比较分析研究》第三章。公司价值有相对公司价值和绝对公司价值之分,它们在价值投资中的作用和选择应用详见本书第二章。公司价值在股市上以股价反映出来,股价有相对股价和绝对股价之分,它们在价值投资中的作用和选择应用详见本书第二十一章。

2) 行业寿命周期

任何一个行业一般都有其存在的寿命周期,由于行业寿命周期的存在,使行业内各上市公司的股价深受行业发展阶段的影响。行业寿命周期阶段有:①开创期。一个行业尚处于开创期,往往是技术革新时期,由于前景光明,易于吸引多家公司进入,并大量投资到新技术新产品的创新和改造的潮流中。此一时期的产品市场迅速扩展,但存在着较大不稳定性。②成长期。一个行业在成长期,技术进步非常迅速,利润极为可观,风险也最大,因此,其股价往往会起伏不定,出现大起大落的现象。③扩张期。这一时期,经过一段时间的市场竞争,优胜劣汰,行业发展日趋稳定,少数大公司已基本上控制了该行业,它们经过创业阶段的资本累积和技术上的不断改进,已经取得了雄厚财力和较高的经济效益,技术更新在平缓的发展,公司规模的不断扩大使利润平稳增长。这一时期公司股价基本处于稳定上升的态势。投资者如能在扩张期的适当价位入市,则其收益会随着公司效益的增长而上升。④滞长期。由于市场开始趋向饱和,使行业的规模成长开始受阻,甚至出现收缩和衰退,但这一时期该行业内部的各家公司并未放弃竞争,因而利润出现了下降趋势。所以在这一时期,该行业的股票行情表现平淡或出现下跌,有些行业甚至因为产品过时而遭淘汰,投资者应在此时,不失时机地售出股票,并将其收益投向成长期的行业中有前景的公司。

3. 股民因素

股民即投资者,是决定股价的主体方。影响股民价值投资决策的因素很多,主要有专业技术水平、投资心理两个方面。

1) 专业技术水平

影响股价的专业技术水平,是指股票投资者对股票市场所反映的各种资讯进行收集、整理、综合等,运用适宜的专业技术方法和估价模型,借以了解和预测股票价格走势,进而作出相应的价值投资决策,以降低其投资风险,提高其投资收益的投资技术决策水平。股民的技术水平取决于股民自身的专业修养水平。日前,中国股民尤其散户股民的专业技术水平较低,原因诸多,提高股民价值投资水平的对策详见《中国股市上市公司投资价值比较分析研究》第二章。

股票投资分析的主要内容包括股价基本因素分析和技术因素分析。其中,股价基本因素分析是以上市公司内含价值为主要分析对象的分析,是进行价值投资常用的分析方法;技术因素分析方法是针对股价波动等市场状况所进行的分析,是进行股票投机常用的分析方法。它们各有利弊,其中,基本因素分析由于以上市公司财务报告等信息为主进行分析,能够较大程度反映出上市公司的实力,相应的投资决策结果——股价也会相对稳定并较能反映公司的内含价值,可信度较高;技术因素分析方法由于以市价为分析基础,甚至仅以 K 线图为据"看图说话",故而常为投机者采用,也常被人为操纵,难以正确反映出上市公司实力,相应的投资决策结果——股价也会相对随意并难以反映公司真正的内含价值,可信度较低。投资与投机的区别详见本书第二章。本书采用以基本因素分析为主的二者有机结合但异于其他方法的全新的比较价值投资决策方法,详见本书第二章理论分析,第三章上市公司投资价值动态比较分析研究的基本内容、程序和方法,第四到第二十章各个行业的上市公司投资价值动态比较分析研究,以及第二十一章价值投资决策要素和第二十二章价值投资操作方法。

2)投资心理

投资心理决定投资行为。投资获利几乎是所有投资者的目标,且越大越好。获利越大说明投资越成功,因此,许多投资者便借助于股市初级阶段存在诸多不完善的"机遇"大发横财,且看似合理合法,无懈可击。若干年来,股价长期基本脱离经济实际剧烈涨跌,除了受经济、政治等因素影响外,还存在某些投机者(含机构)为求私利在背后人为操纵股价的因素。这是由异常投机心理决定的人为操纵。

一般来说,在正常的股票市场上,能操纵股价的往往不是个人,而是一个或几个大集团,它们运用财势,在股价上兴风作浪,促使某些股价时而狂涨,时而暴跌,从中渔利,而使一些中、小股东在股价剧烈波动中倾家荡产。

在政策股市的大前提下,上述因素中,经常遇到的是国家经济政策和管理措施的调整。这会影响到上市公司的外部经济环境、经营方向、经营成本、盈利以及分配等方面,从而直接影响股价。

三、弱质市场中的股价

在弱质股市中,股价不能反映出正常经济状况,各家上市公司股价也不能正常反映出其价值,但却能反映出社会现实状况,包括经济的、政治的、内部的、外部的,行为的、心理的,有形的、无形的,宏观的、中观的、微观的,过去的、现在的、将来的,等等。这是弱质股市中的股价的最强势表现。不可否认,股价失常了。其主要表现如下。

(一) 波动异常剧烈

中国股市虽有 30 年的发展历史,经历了大幅的波动,但总的来看还是一个不成熟股市。股价暴涨暴跌时有发生,如从 2005 年 6 月 6 日的 998 点到 2007 年 10 月 16 日的 6 124 点,从 2012 年 1 月 6 日的 2 132.63 点到 2015 年 6 月 12 日的 5 178.19 点,详见《中国上市公司投资价值比较分析研究》第一章。自 2016 年以来,股市基本是保守沉稳、萎靡不振,没有大的波动。但环境依旧,影响因素依旧,异常波动在所难免。当下,中国面临的是国内、国际,经济、政治,多头转折的机遇与挑战,迎来的是 21 世纪世界最强经济实体的大国盛世。但这个时期并非刹那之间而是要经历一段时期,大约 3～5 年时间。2016 年 12 月 11 日,世贸组织给予中国的金融保护期已过,股市必将面临新的机遇和挑战。未来货币战争必然要发生,管理当局手段的规范,投资者心理的成熟、资金的团结、行为的归正,是股市成熟的必要因素。

(二) 偏向性特征显著

股价的偏向性特征指股价总体上具有不断向上增长的长期历史趋势,这是基金长期投资能够获利的重要理论依据。偏向性特征的表现形式主要有两种:总体性,即它是一种总体表现上的特征,而非个体表现上的特征;长期性,即它是一种长期历史趋势,如长达 30 年、50 年,甚至 100 年、200 年这样的历史跨度,而非短期市场现象。偏向性特征的影响因素主要有两个:推动力,体现在整体中最活跃的处于生命周期上升阶段上市公司的股价波动,是偏向性的主要推动力;接替力,即上述推动过程中以"接力"方式形成的不断接替的动力。股价波动的偏向性的实质是以大量公司在激烈的市场竞争中被淘汰为代价而获得的。不理解这一点,投资者就只能从股价波动的偏向性特征中,直接推导出粗略的、长期持有的股票投资战略。如果没有相应的、更加精确的投资风险分散化的资金管理措施,股价波动的偏向性并不能保证投资者获得满意的投资回报。[5]中国股市中,股价的推动力和接替力往往来自政策及人为操纵等因素,因而表现出局部期间的强势,甚至超强势特征,但总的来看,股价还是体现出不断向上的长期历史特征,详见《中国上市公司投资价值比较分析研究》第一章。

（三）偏离上市公司业绩

股市应是经济状况的晴雨表,股价是股市状况的具体表现。一只股票的价格也应是该股票发行公司经济状况主要是经营业绩状况的晴雨表。所以在股市上,股价与上市公司的经营业绩应呈正相关关系,业绩越好,股价就越高;业绩越差,股价就越低。股价与公司业绩的关系取决于股价的本质和构成原理。股价的本质是公司价值,公司经营业绩好,公司价值大,股价上涨;公司经营业绩差,公司价值减少,股价下跌。股价的构成原理是公司价值的估值,取决于"公司内在价值"与"市场情绪"两个因素。公司内在价值即股票的内在价值,包含了公司所有有形和无形资产的内在价值,也包含了一切能为公司未来业绩持续增长的因素。市场情绪是股市投资者被股市行情、各种信息激发出来的情绪,是许多决策买卖的直接依据,甚至是决定因素。由于人性贪婪和厌恶风险的弱点,市场投资者一般总是在股价上涨时买入从而导致股价高于公司内在价值,又在股价下跌时卖出而导致股价低于公司内在价值。理性的投资者通常基于公司的内在价值对股价进行合理估值,然后决策买卖。但由于投资者专业技术水平不同,估值的正确程度也不同,所获得的投资回报也不相同。短期来看,股价主要由市场情绪决定,因此不少投资者对股价估值的判断依据为市场情绪,从而造成股价偏离,有时甚至大大偏离其实际价值。不少人认为,公司业绩和股价的关系不大,因为散户为主的A股市场投机氛围太浓了,甚至有人表示,股价与公司业绩没有必要的联系,只与主力资金和上市公司的谋划和推动有必然的关系;但真正擅长投资的人通常是不在乎市场情绪的,如李嘉诚、巴菲特等。长期来看,价格总是围绕价值来回波动,并反映价值的。公司长期股价是随由业绩变化的内在价值增减变动,从而推动公司股价的长期变化。虽然中国股市以散户为主,市场情绪的影响非常大,不过随着市场的不断规范以及投资者的逐步成熟,股价回归公司内在价值的趋势必能实现。

股价偏离业绩的表现,可结合 2015 年年报和刚发布的 2016 年三季报情况分析看出。2015 年净利润增长超过 10 倍及 2016 年三季报净利润增长超过 1.5 倍的上市公司股价表现情况,[6]如表 1-1 和表 1-2 所示。

表 1-1　2015 年净利润增长 10 倍以上上市公司股价情况汇总表

证券代码	证券简称	2015 年净利润（同比增长率）	2015 年净利润（万元）	2016-01-01 至 2016-10-19 股价涨跌幅	所属行业
000673 SZ	当代东方	20 335.792 7%	11 578.475 6	−26.501 5%	传媒
600310 SH	桂东电力	9 601.312 5%	39 925.465 7	19.197 1%	公用事业
002102 SZ	冠福股份	5 882.687 0%	19 130.190 2	17.810 0%	轻工制造
600136 SH	当代明诚	5 079.276 1%	6 869.783 5	−36.818 5%	传媒
600753 SH	东方银星	4 451.226 2%	3 886.739 1	−7.777 8%	建筑材料
002239 SZ	奥特佳	3 747.180 9%	22 321.618 5	−14.355 9%	汽车
002425 SZ	恺撒文化	3 185.937 6%	5 013.938 2	−19.530 3%	纺织服装
000008 SZ	神州高铁	2 345.265 4%	18 990.916 0	−17.741 9%	有色金属
002619 SZ	巨龙管业	2 135.044 3%	15 891.987 9	91.218 1%	传媒
300317 SZ	珈伟股份	2 113.679 0%	13 623.624 5	61.668 0%	电子
600609 SH	金杯汽车	1 968.474 3%	19 725.538 4	33.864 5%	汽车
002600 SZ	江粉磁材	1 812.032 1%	5 996.141 5	−9.206 2%	有色金属
000576 SZ	广东甘化	1 672.078 7%	17 730.644 2	−21.377 6%	轻工制造
002395 SZ	双象股份	1 621.096 7%	3 068.996 2	−16.656 5%	化工
300033 SZ	同花顺	1 483.350 6%	95 722.281 0	−3.765 1%	计算机
002555 SZ	三七互娱	1 472.743 5%	92 173.709 3	−20.022 7%	传媒
600533 SH	栖霞建设	1 323.392 5%	17 647.056 7	−18.348 3%	房地产

证券代码	证券简称	2015 年净利润（同比增长率）	2015 年净利润（万元）	2016-01-01 至2016-10-19 股价涨跌幅	所属行业
300242 SZ	名家联合	1 250.151 2%	5 533.757 6	−31.746 4%	传媒
600889 SH	南京化纤	1 128.252 7%	45 792.092 6	−23.404 0%	化工
300063 SZ	天龙集团	1 106.014 8%	4 293.727 2	−27.948 5%	传媒
000632 SZ	三木集团	1 096.520 2%	3 586.572 6	−12.266 9%	综合
600970 SH	中材国际	1 064.755 9%	64 942.551 1	−9.071 0%	建筑材料
002193 SZ	山东如意	1 054.102 5%	1 711.836 1	9.032 8%	纺织服装
600191 SH	华资实业	1 047.113 0%	14 758.925 0	−28.078 9%	农林牧渔
002099 SZ	海翔药业	1 040.895 4%	50 949.669 7	−14.879 6%	医药生物
000931 SZ	中关村	1 027.852 6%	15 448.202 1	−33.228 3%	房地产
300059 SZ	东方财富	1 015.788 3%	184 851.382 2	−33.164 3%	传媒

表 1-2　2016 年三季报净利润增长 1.5 倍以上的上市公司股价情况汇总表

证券代码	证券简称	2016 年三季报净利润（同比增长率）	2016 年三季报净利润（万元）	2016-01-01 至2016-10-19 股价涨跌幅	所属行业
000766 SZ	通化金马	1 756.304 5%		168.152 0%	医药生物
002407 SZ	多氟多	1 433.211 2%	38 499.315 3	140.380 2%	化工
000952 SZ	广济药业	645.803 0%	17 164.283 2	88.380 2%	医药生物
300131 SZ	英唐智控	430.519 6%	15 984.843 6	228.544 1%	电子
300343 SZ	联创互联	397.295 6%	15 605.489 7	527.515 4%	传媒
300221 SZ	银禧科技	341.319 5%	15 494.997 6	514.705 2%	化工
002458 SZ	益生股份	280.277 4%	37 856.274 4	192.077 4%	农林牧渔
600986 SH	科达股份	243.777 1%	33 143.311 0	104.446 7%	建筑装饰
600073 SH	上海梅林	225.693 9%	56 860.183 4	78.101 2%	食品饮料
600812 SH	华北制药	222.072 3%	9 447.752 1	−57.268 0%	医药生物
300469 SZ	信息发展	202.404 0%	3 943.894 2	528.357 6%	计算机
000825 SZ	太钢不锈	190.698 2%	−224 740.674 1	−26.828 3%	钢铁
300308 SZ	中际装备	177.993 8%	1 506.420 4	323.983 8%	电气设备
600595 SH	中孚实业	170.637 0%	−60 076.264 0	−54.054 3%	有色金属
300069 SZ	金利华电	164.768 6%		173.257 2%	电气设备
601015 SH	陕西黑猫	158.798 6%	−44 184.734 1	39.623 1%	采掘

根据表 1-1 和表 1-2 可以发现，参入比较的公司数不同，净利润变动程度也不同，2015 年 27 家净利润增长超过 10 倍，2016 年 16 家净利润增长超过 1.5 倍。这是由于 2015 年股市波动较大，上市公司业绩也受股市情绪影响相应波动较大，而 2016 年都相对稳定，较为正常。通过比较可以发现，2015 年年报的业绩表现惊人，而 2016 年三季报关口的股价表现不俗。由表 1-1 可以看出，2015 年 27 家净利润增长超过 10 倍的公司在 2016 年前三个季度（截至 2016 年 10 月 19 日）没有相应较好的股价表现，绝大多数（21家）股价下跌，只有 6 家股价上涨，涨跌幅度都不是很大。这说明它们的业绩与股价不尽吻合一致，且偏离较大，股价严重背离业绩是其突出表现。由表 1-2 可以看出，2016 年 16 家净利润增长超过 1.5 倍的公

司在 2016 年前三个季度(截至 2016 年 10 月 19 日)基本都有相应的好的股价表现,绝大多数(13 家)股价上涨,且幅度较大,有 3 家公司超过 5 倍以上,远远超过其业绩增长,这应该是股价提前异动的表现;另有 3 家股价下跌,且幅度较小。这说明它们的业绩与股价偏离不大,较为吻合一致。通过表 1-1 和表 1-2 所反映的情况可见,股价有超常表现的较多,有较为正常表现的较少。

关于股价与公司业绩的关系,陈奋涛认为:公司业绩是否具有信息含量,即研究公司未预期盈余(业绩)对公司股价的影响。采用事件分析法,选取符合标准的 7 个行业,按照未预期盈余对每个行业样本股票分组,并统计样本股票在各事件窗口的累积异常收益率。结论表明:我国沪深两市股票的未预期业绩与累计异常收益率存在较为显著的正相关关系,即业绩盈余具有信息含量,并且股价存在提前异动,该结论与已有文献基本相符。他进一步分析发现:周期行业股价提前异动的现象更加明显。[7]

股价提前异动,或受市场情绪及投资技术水平等影响偏离公司业绩的情况客观存在。市值偏离度及其确认与计量见《中国上市公司投资价值比较分析研究》第二十二章第一节。根据对农林牧渔业 2016 年 1 月 14 日上市公司市价与其内涵价值的比较分析发现:每家上市公司在各该行业的股价排名与其内含价值,即依据业绩所计算确定的投资价值排名每一年都是不能完全吻合一致的,差距大小不同,详见《中国上市公司投资价值比较分析研究》第二十二章。股价排名高于或低于其投资价值排名是客观的,也是市场对上市公司估值的前瞻性与偏离性的体现,而这也正是价值投资的直接依据。比较价值投资法就是利用二者的差别进行价值投资的有效方法。

(四) 市盈率高且不稳定

市盈率是上市公司股价与每股收益(年)的比值,即:市盈率=股价/每股收益(年)。其中,每股收益可以是当年数据,也可以是历史一定时期的平均数据,还可以是未来预期内的平均数据,相应地,市盈率有当期市盈率、历史市盈率和预期市盈率。一般所说市盈率即指当期市盈率,简称市盈率。市盈率是一个衡量上市公司股价与投资收益即公司价值的指标,一般情况下,市盈率越高,股价与其价值的背离程度就越高;市盈率越低,股价与其价值的背离程度就越低。可以简单地认为,市盈率越高,股票就越有投资价值。计算时,股价通常取最新收盘价。市盈率将股价和盈利联系起来,反映了公司股票的近期表现即投资价值情况。可以归纳为以下四种基本情况:若股价上升,盈利不变,或下降,则市盈率大幅度上升,投资价值大幅度降低;若股价上升,盈利较小幅度上升,则市盈率较小幅度上升,投资价值较小幅度降低;若股价下跌,盈利不变,或上升,则市盈率下降,投资价值提高;若股价下跌,盈利更大幅度下跌,则市盈率较小幅度上升,投资价值较小幅度上升。运用市盈率指标评估上市公司价值的基本标准如表 1-3 所示。

表 1-3　市盈率评估公司价值的标准

市盈率(倍)	0~13	14~20	21~28	28 以上
公司价值评估	低估	正常	高估	出现投机性泡沫

市盈率是衡量投资价值的重要指标,可以简单理解为按照当年回报率需要投资返本的年限。如某股票市价 10 元,每股利润 1 元,则其市盈率为 10/1=10 倍。也就是说投资这个股票 10 年(不考虑其他变数的话)才能收回成本。市盈率越低投资回报时间越短,如果一只股票的市盈率很高,像现在市场里的有些股票市盈率超过 100 倍、甚至几百倍,若公司业绩持续稳定不变,从理论上讲,要想收回成本就要 100 年以上。很显然,它的价格被高估了。上证与深证近三年的市盈率情况如表 1-4 所示。

表 1-4　市盈率情况汇总表

时间	2014 年 12 月 31 日	2015 年 12 月 31 日	2016 年 12 月 31 日
上证 A 股	15.99	17.61	15.94
深证 A 股	34.59	53.34	41.21

由表 1-4 可以看出，股市市盈率，尤其深市市盈率显然被高估了，这从理论上说，是成长性公司的未来前景乐观的表现，即成长性好的公司肯定被投资者看好，因为它们的业绩连年增长，投资者就会产生很高的预期，认定这个公司的业绩将来还会大幅增长（它的市盈率也会随之大幅下降，这就产生了所谓的"动态市盈率"）。即使公司股票的市盈率远远高于市场的平均市盈率，投资者依然敢于买入。因此，导致了公司股票的市盈率居高不下。实际上，很可能是投机者受股市情绪等因素影响引起的盲目投资的结果。

但从实际财务状况来看，市盈率超高的股票如高科技股并不一定得不到满意的回报；相反，市盈率超低（如银行股）的股票并不一定有令人满意的回报。因为影响市盈率的因素很多，经常发放红利只是其中一方面，其他影响因素的变动也会使市盈率下降，造成回报高的假象。

与市盈率相关的一个指标是市净率。市净率是股价与每股净资产的比值。净资产是全体股东共同享有的权益，包括公司资本金、资本公积金、资本公益金、法定公积金、任意公积金、未分配盈余等，净资产的多少是由上市公司经营状况决定的，上市公司的经营业绩越好，其资产增值越快，股票净值就越高，因此股东所拥有的权益也越多。在标准状态下的理想投资环境中，市净率与投资价值呈负相关关系，即市净率越低的股票，投资价值越高；市净率越高的股票，投资价值越低。但在判断投资价值时还要考虑当时的市场环境以及公司经营情况、盈利能力等因素。市净率是一个静态节点数据，只能说明股价和实际价值的关系，并不能说明股票价格的波动变化。

（五）人为操控明显

人为操纵股价是指，某些股票投资者为了获得巨额盈利，通过控制其他投资者具有参考意义的股票投资信息，控制股票价格走势的行为。操纵股价不一定是机构，也可能是公司内部管理人员、大股东、隐形股东、个人等，只要集中资金优势、内部信息优势、管理优势等其他投资不具备的特殊条件，达到使股票价格可持续的改变，为自己获得不正当的巨额利润的行为均属于人为操纵股价。

众所周知，股市是政策股市，受政策影响巨大，甚至在一定时期完全受其掌控。政策股市导向下的股价也不可避免地带有强烈的政策蕴意，这是人为操控股市的大前提。关于这一点在《中国上市公司投资价值分析研究》第一章有较详细论述。股市在一定程度上被某些大股东、券商等不同程度地操控着，他们利用自己雄厚的资金实力通过大批量的买进或卖出，来拉抬或打压股价，使某些股票在市场上时而狂涨，时而暴跌，从中渔利，如沪市的某上市公司曾经在一天之内将自己的股价炒高了一倍，而更有甚者，深市的一家券商在临收市前的几分钟之内就将某只股票的价格拉高一倍多，使一些中、小股东在这场恶战中损失惨重甚至倾家荡产。

操纵股价的方法较多，如"联手""对敲""套牢"，其中最常见、最普遍的方法，就是一些金融集团利用股市在疲软之时，低价大量买进，然后设法哄抬价格，以便高位卖出。一般在哄抬股价的过程中，仍在不断买进，并散发各种似是而非的谣言，以引诱散户跟进，从而使股市形成一种"利多"气氛效应，待股价达到相当高的价位时，再不声不响地将低价购进的股票卖出，这样大进大出就赚取了巨额暴利。相反，某机构也可以在股价高峰，不断卖出，并设法压底行情，造成一种股价下跌的气氛，等股价低到某一价位时，再把高价卖出的股票全部买回，以达到高出低进的目的，这一出一进就可使操纵者获取暴利。这种方法，主要是通过哄抬股价或压低股价来达到目的。但不论哄抬或压低行情，都必须造成有利于诱惑散户盲目跟进的市场环境才行，最终获利的是操纵者，而吃亏的是盲目跟进的中、小股东。

机构大户操纵股价的行为能够得逞，主要是利用中小散户的直线思维，即看到股价上涨往往就认为它还会涨，而看到股价下跌时则往往认为它还会跌，使其跟风炒作；而机构大户将股票炒到一定价位必然要抛出，将股价打压到一定程度后必然要买进，以从中赚取差价，但跟风买卖的股民却往往遭受巨额损失。所以，每个投资者要善于观风向，时刻保持清醒头脑和警惕性，杜绝盲目跟进，认真地研判股市大势，审慎进行价值投资。

《证券法》第 77 条规定："禁止任何人以下列手段操纵证券市场：（一）单独或者通过合谋，集中资金优势、持股优势或者利用信息优势联合或者连续买卖，操纵证券交易价格或者证券交易量；（二）与他人串通,以事先约定的时间、价格和方式相互进行证券交易,影响证券交易价格或者证券交易量;(三)在自己实际控制的账户之间进行证券交易,影响证券交易价格或者证券交易量;(四)以其他手段操纵证券市场。操纵证券市场行为给投资者造成损失的,行为人应当依法承担赔偿责任。"因此,因股价被操纵而遭受损失的投资者,有权向行为人提起民事赔偿责任。

第三节　投资价值

一、投资价值的含义及影响因素

(一)投资价值的含义

投资价值(Investment Value)是指评估对象对于具有明确投资目标的投资者或某一类投资者所具有的价值,亦称特定投资者价值。投资对象可以是一项资产、一个项目或一个企业,此处是一只股票或一家上市公司。上市公司的投资价值有内含价值和市场价值之分。

评估上市公司内含价值的方法(模型)较多,现行主要有价值派模型、折现现金流量模型、经济增加值(EVA)模型和市场增加值(MVA)模型等,它们各有利弊,本书主张采用上市公司价值动态评估(VAF)模型,详见《中国上市公司投资价值比较分析研究》第三章。在股市基本分析中,常结合股市情况使用市盈率、市净率、市销率等一系列量化指标,来衡量一家企业的内在投资价值。

(二)影响投资价值的因素

影响上市公司投资价值的因素较多,既有内部因素,也有外部因素。

1. 内部因素

影响上市公司投资价值的内部因素较多,如上市公司的经营状况、其所处行业地位、资产价值、收益及其变动、股利政策、增资、减资、新产品新技术的开发、供求关系、股东构成变化、主力机构(如基金公司、券商参股)、持股比例、未来3年业绩预测、市盈率、合并与收购等。其主要有以下几个因素。

1)净资产

净资产是资产负债表上总资产减去总负债后的差额。理论上讲,股价波动与净资产应呈显著正相关关系,并保持一定差距,即净值增加,股价上涨,净值减少,股价下跌,至于涨跌幅度及二者的差距则随不同市场状况和公司状况等的不同而不尽相同。

2)盈利水平

公司盈利增加,可分配的股利相应增加,股票的市场价格上涨;公司盈利减少,可分配的股利相应减少,股票的市场价格下降。但要注意,股票价格的涨跌和公司盈利的变化并不完全同时发生。

3)股利政策

股利与股票价格应呈正相关关系,即股利越高,股价越涨,股利越低,股价越跌。但具体情况由于受多种因素影响而在不同时点不尽相同。

4)股份分割

股份分割一般在年度决策月份进行,分割后股数增加,每股市价相应降低,会吸引更多投资者,因此通常会刺激股价相对上升。由于股市投机者诸多,股份分割往往比增加股利分配对股价上涨的刺激作用更大。

5)增资和减资

公司生产经营状况千变万化,不同时期对资金的需求量也不尽相同,一方面,公司会因业务发展需要增加资本而发行新股。增发后,由于股数增加,一般情况下,在没有产生相应效益前将使每股净资产下降,因而会促使股价下跌;但对那些业绩优良、财务结构合理、具有发展潜力的公司而言,增资扩股意味着将增加公司经营实力,会给股东带来更多回报,此种情况下,股价不仅不会下跌,还可能会上涨。另一方面,公司因经营不善、亏损严重、规模缩小等宣布减资,则往往导致股价大幅下跌。

6）资产重组

重组一般有债务重组、机构重组、资产注入等,重组对上市公司的股票价格具有绝对影响,此处只讲资产重组。理论上,股价是由公司的资产和对公司发展的预期决定的。因此,在一定程度上说,资产重组是决定股价变动方向的决定因素。重组对股价的影响源于其对公司资产和负债的影响,表现在两个方面:一方面,优质资产和现金流注入对上市公司的盈利能力有良性影响,因此重组对于上市公司属于利好,会带动股价上涨。另一方面,由于重组审批等程序上的法律依据较为单薄,违规操作较多,造成较多庄家和主力利用一些假重组或者非实质性重组,操纵重组公司,使其显现出高额盈利,继而股价上升,股价波动,接下来很可能股价下跌。

2. 外部因素

影响上市公司投资价值的外部因素较多,主要有以下几个。

1）宏观经济因素

影响投资价值的宏观经济因素较多,如国家的财政状况、金融环境等,宏观经济因素包括经济增长、经济周期、通货变动及国际经济市场的变化等,此外国家的货币政策、财政政策、收入分配政策、对证券市场的监管政策及国家汇率的调整等宏观经济因素也会对股票的投资价值产生影响。

2）行业因素

行业的发展状况和趋势对于该行业上市公司的影响是巨大的,因而行业的发展状况和趋势、国家对行业的产业政策、相关行业的发展状况等都会对该产业上市公司的股票投资价值产生影响。另外,行业的寿命周期（包括开创期、成长期、扩张期、滞长期）不同,会使处在不同阶段的行业有不同的投资价值表现。行业在国民经济中地位的变更,行业的发展前景和发展潜力,新兴行业引来的冲击等,以及上市公司在行业中所处的位置、经营业绩、经营状况、资金组合的改变及领导层人事变动等都会影响相关股票的价格。

3）市场因素

市场因素包括市场外因素和市场内因素。市场外因素主要包括:政治、社会形势;社会大事件;突发性大事件;宏观经济景气动向以及国际经济景气动向;金融、财政政策;汇率、物价以及预期"消息"甚或是无中生有的"消息"等。市场内因素主要包括:市场供求关系;机构法人、个人投资者的动向;券商、外国投资者的动向;证券行政权的行使;股价政策;税金等。

4）投资者心理预期

证券市场上投资者对股票走势的心理预期会对股票价格走势产生重要影响。如果投资者对股市前景预期悲观,他们可能会不断抛售手中的股票,致使股价下跌;而如果投资者对某种股票的行市前景持乐观态度,他们就会持续买进,这将推动股价上涨。当投资者对行情预期存在分歧时,买方和卖方势均力敌,股价就会形成盘整格局。投资人在受到各个方面的影响后产生心理状态改变,往往情绪波动,判断失误,作出盲目追随大户、狂抛抢购行为,这往往也是引起股价狂跌暴涨的重要因素。

5）政治因素

政治因素如国家的政策调整或改变,领导人更迭,国际政治频仍,在国际舞台上扮演较为重要的国家政权转移,国家间发生战事,某些国家发生劳资纠纷甚至罢工风潮等都经常导致股价波动。

6）其他因素

自然灾害等不可抗拒因素,民族矛盾、战争等风云变幻,都会不同程度影响上市公司的投资价值。

二、投资价值评估

评估上市公司投资价值的模型较多,主要有价值派模型、折现现金流量模型、经济增加值（EVA）模型、市场增加值（MVA）模型和托宾 q 值模型等。这些模型各具优点，被较多应用，但也各有缺陷，其共同的问题在于：一是它们都是基于交易的信息系统的评估模型，而现行交易信息系统存在诸多局限性；二是缺乏可操作性。为此，笔者发现了可以同时解决各个模型及其共同存在的问题的 VAF 模型，即上市公司投资价值动态评估模型。该模型简明易懂，易于操作，具有全面性、客观性、动态性特点，能够较准确地估算出任何一家上市公司（包括非上市公司企业）任一时点的投资价值。详见《中国上市公司投资价值比较分析研究》第三章。

三、弱质市场中的股价 VS 投资价值

股市与股价的关系，上市公司经营业绩、股价与平均利润率的关系，股价与净资产含量的关系等，都是股价变动的理性动因。因为这些动因，股民才会调动资金买入或抛售股票以追求更高的投资收益。但实际上，股票的涨跌本质是上市公司资本运动的结果，上市公司运动中的资本带来盈利，实现增值，才使其具有投资价值。因为这些动因，股民才会买进或者卖出其股票，引起供求关系的变化，从而导致股价的涨跌。

如前所述，弱质中的股市与股价均呈现出异乎寻常的特点或弱点，股价在很大程度上失去了其应有功能，表现为较大程度地偏离其实质，因此，难以反映出其投资价值。那么，究竟股价与投资价值，哪一个可信度更大？谁能更确切地反映出上市公司的内含价值或投资价值？投资者当作何选择更为实际？这要看股价与投资价值的表现形式及形成机理，谁更具有可靠性和真实性。

（一）股价

股价应是上市公司的市场价值。股价作为上市公司股票在股市上的交易价格，有随行就市的特点，每天、每时、每分、每秒都各不相同，千变万化，有时变化巨大。在弱质股市中，更是变化无常，甚至千奇百怪，难以真实反映出上市公司真实市场价值。股价偏离其市场价值的程度随着股市的无序和混乱而更加无序和混乱。在股市弱质状态下，股价也必然呈现出弱质态势，难以反映出上市公司真实价值，可信度很低，尤其短期。"人类对于金融市场波动规律的认知，是一个极具挑战性的世界级难题。迄今为止，尚没有任何一种理论和方法能够令人信服并且经得起时间检验——2013 年，瑞典皇家科学院在授予罗伯特·席勒等人该年度诺贝尔经济学奖时指出：几乎没什么方法能准确预测未来几天或几周股市债市的走向，但也许可以通过研究对三年以上的价格进行预测。"[8]

（二）投资价值

按照传统观念，股票的投资价值是由其上市公司的基本面决定的，如果某股业绩优良，成长性好，出现上市公司价值高于其股价现象时，该股票就有了投资价值。而上市公司的基本面，即是上市公司资本运动的结果。按照格雷厄姆的价值投资理论："我的声誉——无论是一直以来的，还是最近被赋予的，似乎全都与'价值'这个概念有关。但是，我事实上真正感兴趣的仅仅是其中用直观而且确凿的方式呈现的那一部分，从盈利能力开始，到资产负债为止。至于每个季度的销售额增长率变动，或者所谓的"主营业务收入"包含还是不包含某些具体副业，类似模棱两可的事情，我从来不放在心上。最重要的是，我面向过去，背对未来，从来不做预测。"[9]格雷厄姆所关注的投资价值，其实就是依据"用直观而且确凿的方式呈现的"财务报告（主要是利润表和资产负债表）中的数据所计算的盈利能力等指标，他发现的预测成长股价值的经典公式：投资价值＝当期利润×（8.5＋两倍的预期年增长率），曾为许多人借用，也是以盈利能力即"当期利润"为直接依据的。迄今为止，世界范围内，普遍认为：财务报告是最为直接反映企业价值的报告文件，而且规范一致，具有可比性，纵使若干年来财务报告受到了这样那样的批评，也仍然未能动摇其作用和地位而为世人普遍公认。本书以财务报告为基础所选择、确定、计算得出的反映上市公司盈利能力、营运能力、偿债能力和发展能力的指标模型，是反映上市公司投资价值的较好选择。

股价与投资价值比较，投资价值更能反映上市公司的内含价值，据以确定上市公司投资价值更具有可靠性。

（三）市盈率——股价与投资价值的有机结合

为了解决股价和投资价值均有失真的问题，人们常用市盈率指标将二者结合起来，用以判断上市公司投资价值。用市盈率来判断股票投资价值的基本原则是：市盈率高时，股票的投资价值就低；市盈率低时，股票的投资价值就高。当将股票与其他投资工具相比较时，可使用下列公式：$P=$市盈率×其他投资的平均收益率，当 $P>1$ 时，股票投资的市盈率较高，股票的投资价值要小于相比较的投资工具；当 $P=1$ 时，股票投资的市盈率适中，股票的投资价值与相比较的投资工具相当；当 $P<1$ 时，股票投资的市盈率较低，股票的投资价值将会高于相比较的投资工具。这也就是通常所说的，股票具有了投资价值。需要说明的是，应用市盈率来衡量股票的投资价值不完全准确，因为市盈率是一个静态指标，它衡量的仅是股票某一个年份的投资价值，而上市公司的经营业绩是随着经营环境或管理水平等因素而变化的。所以在用市盈率来衡量一只股票的投资价值时，首先要考察上市公司的经营历史，如果上市公司的经营比较稳定，就可用市盈率来估算投资价值；否则，就不便于使用。市盈率指标作为股价与投资价值有机结合的指标，具有较大参考价值。但就当下股市的市盈率指标，由于种种因素的影响，仍难以真实反映出上市公司的投资价值，因为它在一定程度上将不同盈利能力的上市公司的市盈率平均化了，一方面通过平均的方法，可将这些超常因素予以综合和抵消，从而较为准确地反映一个股市的投资价值；但另一方面却难以反映出不同上市公司的业绩参差不齐、投资价值此消彼长的状况。

四、绝对投资价值与相对投资价值

投资价值按照是否具有可比性可分为绝对投资价值和相对投资价值。二者的含义、内容及优缺点各不相同，在价值投资中的作用和运用方法也不相同。

（一）绝对投资价值及其存在的问题

绝对投资价值即前述投资价值，它是通过上市公司财务报告反映或显示、计算出来的账面价值，有直接依据会计报表计算和运用估价模型估算价值两种情况。运用会计报表数据直接计算的上市公司内含价值较为简单，有总值和每股价值两个衡量指标，总值即是资产负债表上的股东权益价值；每股价值是股东权益与流通在外普通股的加权平均数的比值。每股价值是决策是否投资的直接依据。股票内含价值的估算模型主要有价值派模型、折现现金流量模型、经济增加值（EVA）模型、市场增加值（MVA）模型等。

计算或估算、判断上市公司的投资价值并据以决策是否投资，是传统的价值投资操作方法，也是现行教科书上普遍讲授的方法。判断是否投资的基本原则是：若某只股票的内含价值大于其市价，说明未来有升值空间和潜力，决策购买；否则放弃。如此决策，简明扼要、易于操作，但可用范围很小，可信度更小。一是因为，在股市上，每股价值大于市价的股票很少，根据市盈率资料，几乎没有。根据表1-3和表1-4数据，按照市盈率指标判断原则，股市市盈率均值早已经大于正常水平，存在普遍高估现象。按照平均值来看，股市已经没有其内含价值大于其股价的股票。考虑到特殊情况和个别因素，可能还有某些"垃圾股"，还有其内含价值大于其股价的股票，而若投资于这些股票是很难获利的。也就是说，现在所介绍的尤其财务管理类教科书上所介绍的价值投资操作方法，已经或基本已经失去了其原来的效用。

（二）相对价值投资及其作用

相对投资价值也可称为比较投资价值，是在一定期间和一定区域内通过评估对象综合能力估算打分排名所确定的投资价值顺序数值。一定期间可以是一年，也可以是半年或一个季度或一个月，甚至可以是一天，本书后续分析估算是一年；一定区域即为估算对象区域，可以是某一地区、某一国家，也可以是某一行业，或某几家公司，本书是将所有上市公司划分为39个行业进行的估算；综合能力即是评估对象的综合实力，可采用前述投资价值确定模型之一进行确定，先估算出各个对象的总值，再计算确定其单位价值，然后，按照一定方法对其打分确定排名。考虑到信息的可得性、可靠性以及可比性，为简便起见，本书采用SPSS软件，选择13个能够综合反映分析对象财务能力的指标进行估算，其基本程序、内容和方法详见本书第三章，其实例详见本书第二部分。

与绝对投资价值相比,相对投资价值优点突出,主要表现在:①符合比较优势理论;②能够在一定程度上解决依据绝对投资价值进行决策带来的一系列问题。详见本书第二章第三节。

参考文献

[1] 飞乐音响.百度百科,http://baike.baidu.com/item/.

[2] 谢百三.中国股市的十大特点和熊市及反弹的思考[N].金融投资报,2016.

[3] 张平.中国股市为何沦为财富绞杀机?商业见地网,2016-07-13.

[4] A股一共有多少只股票?中国有多少股民? http://mt.sohu.com/20160623/n455908162.shtml,2016-06-23.

[5] 股票价格 MBA.智库百科,http://wiki.mbalib.com/wiki/%E8%82%A1%E7%A5%A8%E4%BB%B7%E6%A0%BC.

[6] 说说股价与业绩的关系.搜狐公众平台,http://mt.sohu.com/20161019/n470728766.shtml,2016-10-19.

[7] 陈奋涛.中国上市公司业绩与公司股价的相关性研究[D].复旦大学,2014.

[8] [9] 格雷厄姆的价值投资理论.百度百科,http://baike.baidu.com/item/.

第二章　投机与投资 VS 价值投资

投机、投资与价值投资，是三个迥然不同但却密切相关的概念，常常令人难以分辨，莫衷一是，给人们带来困扰，继而导致其在实践中的表现错综复杂。分析研究上市公司投资价值，引导广大投资者进行价值投资，应先分清三者及其关系，以便于广大投资者能有效运用，使价值投资落到实处。

第一节　投　　机

一、投机的含义、分类及特点

（一）投机的含义

什么是投机？商务印书馆《英汉证券投资词典》解释为——英语 speculate。①做投机交易、投机倒把、冒一定风险从事证券和商品买卖。即购买股票、商品后希望价格迅速增长，然后卖掉获利，如此周而复始。②利用不对称信息和时机在市场交易中获利的行为。尤指甘于承担风险，在市场上以获取差价收益为目的交易。

在经济领域，按照《新帕尔格雷夫经济学辞典》的定义，投机是指"为了再出售（或再购买）而不是为了使用而暂时买进（或暂时售出）商品，以期从价格变化中获利"的经济行为，因为从价格变化中获利必须把握好买卖时机，因此称之为"投机"。显然，投机实质上是一种投入资金获取非生产性财富的经济行为。

在金融市场上，投机就是指交易者根据自己的判断，为了赚取利益，甘愿承担相应风险，所从事的以金融资产为标的物的交易活动。交易者即投机者，可以"买空"，也可以"卖空"，通过买卖价差获利，很少考虑标的物的实际价值。其手法多为低买高卖、快进快出。

（二）投机的分类

1. 根据持有证券期长短，投机可分为长线投机和短线投机

（1）长线投机。长线投机指在买入或卖出标的物后，通常将其持有几天、几周甚至几个月，待市价对其有利时才将其卖出或买入，以获取价差利益。这里说的长期，也就是几个月或几天而已，否则就不是投机而是投资了。

（2）短线投机。短线投机指在买入或卖出标的物后，通常在次日或当日就将其卖出或买入，即持仓不过夜，通过频繁交易获取价差利益。

2. 根据投机实体不同，投机可分为实体经济投机和虚拟经济投机

（1）实体经济投机。实体经济投机是以实体经济为基础进行的投机，如股市上以上市公司发行的股票为依托进行的证券投机。

（2）虚拟经济投机。虚拟经济投机是以虚拟经济为基础进行的投机。虚拟经济即不存在经济实体的虚构实体经济，如网络上有一种以模拟公司为主体，通过出售模拟产品如"模拟机器人"为依托进行的投机。

其中,内涵最丰富和复杂的无疑是证券投机。它是指人们通过各种专业分析手段,对影响证券价格波动的各种信息进行分析来研究其市场波动规律,以从中获取价差收益的行为。

(三) 投机的特点

1. 高收益

投机的目的就是通过投入的一定量资金的买卖价差获益,而非通过将资金投入生产经营所创造的增值获益。投机交易往往频繁,甚至"持仓不过夜",只要抓住市场或标的物获利时机,就可买卖,即使每笔交易获利不大,但由于交易频繁,日积月累,往往都会获得高于平均投资收益的较高收益。这也是股市上投机普遍存在、屡禁不止的根本原因。

2. 高风险

按照收益与风险均衡原则,进行投机交易,必然冒高于平均投资风险水平以上的风险。收益与风险均衡,并非收益与风险等量。即二者很可能不等量发生,投机者的企图是获得其利益而非承担其风险。结果如何,视乎投机者的投机水平,主要是风险管理水平而定,也与大盘波动方向有关。但无论如何,投机的风险高于一般投资的风险,且在股市上,这种风险实现的可能性也远远大于一般投资的风险。因为,投机的盈亏博弈实际是负和博弈。这也是诸多股民,尤其诸多散户股民常常怨声载道的原因。

3. 负和博弈

有种观点认为,投机是零和博弈,即从整个股票市场来看,投机获利等于投机损失,即有多少人获得了多少收益,就有相应的另一部分人获得了多少损失。这符合收益与均衡原则。但实际上没有那么乐观,在股票市场上,投机的收益与风险原则是,收益小于风险,或风险大于收益原则。因为股市运作是需要资金的,每笔交易都必须支付维持运作的费用,这些费用由证券交易所直接依据交易额按照既定比例扣除,从而使总收益低于其相应风险,零和博弈成了负和博弈。在负和博弈下,投机者承担的风险就更大了。

4. 高境界

投机二字,按照《新华词典》的解释"投"有"瞅准、有目标"的意思;"机"是"能够迅速适应事物的变化,灵活"的意思。如果将它们综合起来,意思就是"能够瞅准机会抓住迅速变化的事物本质"的意思。如此看来,"投机"作为金融市场交易行为,并不是"贬义词",而是"中性词",即"投"市场之"机",冒险获利的行为。事实上,人们不断地在股市学习、进步、提高,不正是为了能够抓住迅速变化的时机进行交易获利吗?但投机毕竟不以"正和"为前提,因此,投机应是投资的较高境界,但非最高境界。最高境界应是投机与价值投资的有机结合。

二、投机的目的、机制与方法

1. 投机目的

投机者冒高风险投机的目的就是为了获取高于平均投资收益的高额收益,多多益善。投机在股市中客观存在。在成熟健康的股市中,投机活跃,投机的程度由市场规律决定,不可能盛行,因为负和博弈就是其最好的遏制手段。但在中国股市,却投机成风。其原因在于:原本中国建立资本市场的目的,是要确立依靠市场机制来合理分配社会资源的机制;推行股份制的目的,是为了用股份制来改造国有企业,使之成为适合市场经济需要的微观基础。可是,在实践中,基于诸多利益考虑,人们却给资本市场、股份制定错了位,把它们仅当作给国有企业融资、解困的工具。为此,国有企业,特别是国有上市公司,不能不继续依赖国家所提供的庇护或"隐性担保",从而导致并助长了人们不怕风险的投机心理,并为投机行为提供了切实保障。庇护或"隐性担保"使投机由负和博弈成了正和博弈,继而导致中国股市投机行为久盛不衰。

2. 投机机制

市场应当是按市场规律运作的自由市场,涨涨跌跌,出出进进,从其规律。但中国股市长期没有退出机制,致使有些资质不好、亏损连连、长期分不了红、甚至资不抵债的上市公司仍然安在,尤其一些国营上市公司,有的长期享受庇护或"隐性担保",但却没有一家公司曾因为经营不善而被摘牌,其中有部分"包装上市"的亏损公司通常通过被兼并、收购、重组而继续存在,"郑百文"几经风雨,就是一个典型例子。这长此以往,就形成了中国股市的投机机制。于是,投机者便可以放心大胆炒作,将股价越炒越高,将市盈率炒到海角天涯。

3. 投机方法

证券投机的前提是分析证券市场及证券市场上的各种证券,并在分析的基础上选择投机对象,进行交易。证券分析方法主要有如下三种:基本分析、技术分析、演化分析。

(1) 基本分析(Fundamental Analysis)。基本分析法是以传统经济学理论为基础,以企业价值作为主要研究对象,通过对决定企业内在价值和影响股票价格的宏观经济形势、行业发展前景、企业经营状况等进行详尽分析,以大概测算上市公司的长期投资价值和安全边际,并与当前的股票价格进行比较,形成相应的投资建议。基本分析认为股价波动不可能被准确预测,而只能在有足够安全边际的情况下买入股票并长期持有。

(2) 技术分析(Technical Analysis)。技术分析法是以传统证券学理论为基础,以股票价格作为主要研究对象,以预测股价波动趋势为主要目的,从股价变化的历史图表入手,对股票市场波动规律进行分析的方法总和。技术分析理论认为市场行为包容消化一切,股价波动可以定量分析和预测,如道氏理论、波浪理论、江恩理论等。

(3) 演化分析(Evolutionary Analysis)。演化分析法是以演化证券学理论为基础,将股市波动的生命运动特性作为主要研究对象,从股市的代谢性、趋利性、适应性、可塑性、应激性、变异性和节律性等方面入手,对市场波动方向与空间进行动态跟踪研究,为股票交易决策提供机会和风险评估的方法总和。演化分析认为股价波动无法准确预测,因此它属于模糊分析范畴,并不试图为股价波动轨迹提供定量描述和预测,而是着重为投资人建立一种科学观察和理解股市波动逻辑的全新的分析框架。

基本分析主要应用于交易标的物的价值判断和选择上;技术分析和演化分析则主要应用于具体交易操作的时间和空间判断上,作为提高证券投资分析有效性和可靠性的重要手段。基本分析主要应用于投资和价值投资;技术分析主要应用于投机;演化分析则主要应用于股价波动规律的探寻研究。

上述技术分析法是建立在心理分析法的基础之上的。心理分析法基于市场交易者的行为规律,预测股票价格的未来走势,理论基础是社会心理学、行为金融学,主要理论包括庄家理论、现代心理分析法,主要代表作为《聪明的投机客》。

不少人认为,只要熟练地掌握技术分析就可以做到无往不胜。这种想法是十分幼稚的,正确的策略是成功绝不可缺的基石,没有正确的操作策略,绝不可能获得长期的成功。真正实用的方法,必须建立在对市场全面了解、理解和有效把握的基础上,才能有较高的成功率。

三、投机的现状、风险与规避

(一) 投机现状

市盈率是每股市价与每股收益的比值。市盈率是衡量股市投机程度的重要指标,一般而言,市盈率越高,投机程度越大;市盈率越低,投机程度越小。世界各国的市盈率平均一般在 20 倍左右,峰值也不过 25~30 倍。而中国股市的市盈率一般高达 40 倍,比西方国家高很多。最近十年的上证综指的市盈率还比较正常,2015 年 4 月最高点也不过 23.4 倍,和纳斯达克的 25 倍、标普 500 的 18.5 倍接近。但是,中小板和创业板的偏高仍旧非常严重,其中中小板的市盈率 83 倍,已经接近 2007 年 10 月 85 倍的水平,而创业板更离谱,2015 年 5 月市盈率高达 133.76 倍。横向来看,美国股市历史上也有过这样的疯狂时刻,而且距离现在并不遥远。2000 年的科技股泡沫,使得纳斯达克综合指数市盈率最高达 500 多倍。而标普 500 作为一个存在了 100 多年的指数,相对来说理性一些。[1]

（二）投机风险

投机风险是指既可能产生收益也可能造成损失的不确定性。这类风险的结果有三种可能:有损失,没有损失,盈利。如股票投资,投资者购买某种股票后,可能会由于股票价格上升而获得收益,也可能由于股票价格下降而蒙受损失,但股票的价格到底是上升还是下降,幅度有多大,都是不确定的,因而这类风险就属于投机风险。投机风险的发生常常与个人投资(或者说投机)决策的选择密切相关,同时也与社会经济环境的变化紧密相连。

投机风险很难规避,一旦发生也难以得到补偿。与投机风险不同,纯粹风险(pure risk)是指可能造成损失的风险。这种风险所导致的结果只有两种情况:没有损失;遭受损失。换句话说,它只存在受损的可能性,而没有获利的机会。人们通常概念中的风险——自然灾害以及意外事故,都属于纯粹风险,如疾病、火灾、交通事故,以及失窃等。只有纯粹风险才能从保险公司得到风险赔偿。

投机风险可分为直接风险和联动风险。

1. 直接风险

直接风险是投机者持有股票未来价格的不确定性带来的风险。它是投机者必须直接承担的风险,属个别风险。由于市场信息的不确定性,以及投机者的风险偏好程度不同,投机者所承担的直接风险也不相同。

2. 联动风险

股市是股票交易市场,也即股票投融资市场。股市涉及股票交易双方,也即涉及投融资双方,其中,买方即投资方;卖方即融资方。投融资双方是股市直接利益相关者,也是直接风险承担者。但股市不仅涉及投融资双方,还涉及股市监管机构和监管者,上市公司及其员工。广义说,股市、股东和上市公司的所有经济关系单位和个人,都是其连带者。相应地,这些连带者也会面对投机连带风险。股市还会涉及相关方针政策、制度准则、法律法规,它们也都是"连带者",应承担连带投机风险。这统称为联动风险。联动风险按照发生的程度不同,可分为初步风险、中度风险和严重风险。它们的危害程度不同,一般而言,初步风险往往导致市场混乱,如中国股市自开市以来近三十年的状况;中度风险往往是由长期市场混乱造成的金融危机,如中国金融市场的隐性危机,由于大量印发货币而仿佛未见,但却早已客观存在;严重风险则是由于金融危机而导致的局部乃至全面经济崩溃,表现为经济危机,如当下已经开始的中国经济新常态可谓是经济危机的美名。

经济危机是由于生产能力过剩但却没有在经济系统中产生足够的消费价值而导致的危机。经济危机可分为被动型经济危机与主动型经济危机两种类型。被动型经济危机是指国家宏观经济管理当局在没有准备的情况下,出现经济的严重衰退或大幅度的货币贬值,从而引发金融危机进而演化为经济危机的情况。如果危机的性质属于这种被动型的,很难认为这种货币在危机之后还会回升,危机过程实际上是对该国货币价值重新寻求和确认的过程。主动型经济危机是指国家宏观经济管理当局为了达到某种目的采取的政策行为的结果。危机的产生完全在管理当局的预料之中,危机或经济衰退可以视作改革的机会成本。两种危机的范围和程度均可不同,但其共同点是:商品滞销,利润减少,导致生产(主要是工业生产)急剧下降,失业大量增加,企业开工不足并大批倒闭,生产力和产品遭到严重的破坏和损失,社会经济陷入瘫痪、混乱和倒退状态。[2]经济危机通常是一个较长期的动态过程,可能的口号是:去产能、去库存,经济转型。

金融危机和经济危机的基本关系是:经济是个整体概念,基本内容包括两项,即金融和财政,公式:经济＝金融＋财政。所以,经济危机＝金融危机＋财政危机。金融是货币和信贷的总和;财政是国家的收支。所以金融危机是经济危机的一部分,比经济危机小得多。如因美国次贷引发的金融危机,因第二次世界大战引发的世界经济危机。

（三）规避策略

1. 宏观策略

凤凰国际 iMarkets,2015 年 6 月 5 日消息,美国一知名交易员发文"请远离被投机快感驱动的中国股市"。可见,中国股市 2015 年的牛市是被投机驱动起来的。其实,股市投机是货币投机的直接结果。治标治本,规避股市投机应从根本着手,全面治理。早在 2013 年 8 月 20 日,新浪财经就转发了中国财经报发表的戴金平（南开大学国家经济研究院副院长）的文章"人民币已具备一系列被投机资本冲击条件"。文中提出：当前种种迹象表明，针对人民币的投机性货币冲击已经发生。正确的对策是：加强流动性管理，控制信贷与货币扩张速度，维持股市、汇市与房地产市场的基本稳定，谨慎推行利率与汇率市场化改革，放缓资本市场开放与资本项下人民币可自由兑换的速度，避免宏观调控政策的多变性，增强政策的透明度，加强舆论引导，正确引导预期。国际投机资金规模之庞大已经超越了我们的理性想象，而其高杠杆撬动更大规模短期资金的能力更是超乎寻常。今天，正值人民币连续升值逾8年、我国加速推进利率、汇率市场化改革、资本账户自由兑换和人民币国际化之际，我们必须警惕国际资本对人民币的投机性货币冲击。面对国际投机资本的冲击，我们应该采取以下对策：

（1）稳定预期。针对引导悲观预期的舆论，引导舆论客观真实地反映事实。我们也要动员我们的舆论工具，尤其是网络工具，加强对我们改革开放成绩和制度优势的宣传，对制度存在的问题进行客观分析，正确引导预期。尤其是加强各政府部门的信息披露和信息引导，故意隐瞒行为有助于做空中国言论的盛行。

（2）谨慎运用宏观调控手段和政策。当前要进一步增强宏观调控政策的稳定性和透明度。目前市场对政策高度敏感，往往容易误读，政策的多变和波动会刺激市场剧烈波动。所以在这个关键时刻，要尽量避免宏观调控政策多变，朝令夕改。同时一定要增强政策的透明度，任何模糊政策的行为都会助长做空舆论。

（3）谨慎推行短期改革和开放政策。在当前的市场条件下，过激的改革行为和过快的开放步伐都会带来剧烈的反应和市场波动，促进股市、汇市和房地产市场的做空行为。尤其是资本市场的开放和资本项下自由兑换的步伐在短期可以放慢速度，尽量增加国际投机资本流动的难度和成本，加大货币冲击的难度。利率和汇率市场化也需要谨慎推进。综合考虑系统性风险和微观主体的承受力。

（4）加强对流动性和社会融资规模的管理。银行要时刻跟踪市场流动性的波动情况，根据市场日常流动性的需求调节流动性供给，保障市场流动性充裕。发改委、中国人民银行、银监会、保监会、证监会等各部门要同时加强对影子银行、信贷规模、社会融资规模的调控，防止进一步扩张，尤其是防止地方融资平台和影子银行规模的无序扩张。对于违规和违法行为，要严格管理和加大惩罚力度。对违规和违法行为的整治不能与流动性调控手段混在一起。既要严格惩治违规和违法，又要保障市场流动性充裕。

（5）要维护股票市场、房地产市场和人民币汇率市场的稳定。外汇市场、股票市场、房地产市场是任何一个投机性冲击的目标。目前维护这些市场的基本稳定，是我们维护社会和经济稳定的核心任务。这些市场是我们与国际投机资本对决的战场。我们要防止股票市场崩溃，防止房地产市场剧烈波动，防止人民币剧烈贬值。任何破坏市场和刺激市场波动的政策都暂时不要推开。

长期来看，一定要推进人民币汇率市场化和人民币国际化。人民币汇率市场化和人民币国际化可以从根本上消除投机性货币冲击的可能，也可以在一定程度上抑制其他利用其国际货币地位，大肆操控国际资本市场，操控石油、黄金和国际大宗商品价格，并从中牟取暴利的行为。人民币国际化和提升人民币的国际影响力是中国的长期战略。

2. 微观策略

作为个体投资者，应对投机风险的策略主要有以下几点：

（1）解除误会。投机行为常常被人误解，冠以"投机分析"之名。投机被人误解的一个原因是，大多数投资人认为它是在短期行情中漫无目的地进进出出，伺机随意交易。其实，投机行为并不像大多人所认为的一样，是在短期行情中交易。在股市真正经典书中，投机行为大都是以中级行情的变动进行交易，而不是在短期行情中交易。只有交易者才会选择短期行情进行交易。当你真正明白投机的内涵，就可以相当容易地在投资与投机之间转换角色，投机就是投资中的投资。换言之，就是投资经验的最终浓缩。

（2）承认投机与被投机的现实。被海内外媒体誉为"索罗斯的中国门徒"的金岩石，有他独到的投资理念：被投机是投资的最高境界。他提到索罗斯总结自己一生成功的秘诀时说：我是一个失败的哲学家，成功的投机人。

（3）提高投机必备的素质。要想成为一个真正意义上的投机者，绝非是一件简单的事。只有通过辛勤的劳动、大量的学习从中找到事物发展中本质的、必然的联系，才能抓住最佳时机进行买卖交易。投机需要必备的素质，并不仅仅是专业的知识（了解股票波动的内在本质规律），它还需正确的投资态度、良好的投资策略和调节内心冲突的能力，以及执行既定原则的决心。只要我们通过辛勤的研究、客观的分析，并认真地观察历史的发展，投机行为就会使我们收获丰厚的回损。

第二节　投　　资

一、投资的含义、分类及特点

（一）投资的含义

投资既可作动词（invest），也可作名词（investment），在经济领域有多个相关的含义。它主要指通过财产的累积以求在未来得到收益。技术上来说，这个词意味着"将某物品放入其他地方的行动"。费雪范畴内的投资是消费在时间上的权衡轻重（Investment is the balancing of consumption over time）。从另一个角度看：收入是不削减财富的最高可能消费（Income is potential consumption without trenching on wealth）。[3]

从金融学角度来讲，投资是特定经济主体为了在未来一定时间段内获得某种比较持续稳定的现金流收益，将一定数额的资金或实物的货币等价物投入某金融资产的经济行为。

（二）投资的分类

1. 投资品种

投资的品种很多，目前中国投资品种主要有：房产、债券、股票、贵金属、保险、基金、银行短期理财产品、信托、钱币古董的收藏、民间借贷等。

2. 投资的种类

投资种类很多，按照不同标准分类，结果不同，主要有以下几种。

1）按照投资性质不同，投资可分为权益性投资和债权性投资

权益性投资是指为取得对另一企业净资产的所有权而进行的投资。其主要是股权投资，其收益与企业的经营效益挂钩，以投资额为限分享企业的盈利并承担企业的损失。根据《公司法》的规定，不经法定程序，在公司存续期间投资不得撤回，因此权益性投资一般无还本日期，企业如果想结束权益性投资并收回本金，则只能依法将所持股份转让。债权性投资是指为取得债权而进行的投资，如购买国债、企业债券等。债券是以合同形式明确规定投资企业与被投资企业的债权债务关系，约定投资企业在合同到期时收回本金已经按约定利率计算的利息，从而获得投资回报，其风险和收益率被固定，属于风险和收益相对较小的投资方式。

2）按照投资对象不同，投资可分为实物投资、资本投资和证券投资

实物投资是以实物资产如机器设备投入企业，通过生产经营活动取得一定利润的投资。资本投资是指投资者以其资本（包括实物资本和货币资本）投入企业经营，以获取利润分配收益的投资。投资资本表现为企业全部资金的账面价值，包括债务资本和股本资本。其中，债务资本是指债权人提供的短期和长期贷款，不包括应付账款、应付票据、其他应付款等商业信用负债。投资资本也是企业全部资产减去其商业信用债务后的净值。证券投资是指投资者（法人或自然人）购买股票、债券、基金等有价证券以及有价证券的衍生品，以获取红利、利息及资本利得的投资行为和投资过程，是间接投资的重要形式。

3）按照投资目的不同，投资可分为短期投资和长期投资

短期投资是指预期在一年内(含一年)收回的各种投资。如企业的各种流动资产及各类短期证券。短期投资周转快,流动性较好,风险也较低,从长远来讲,其盈利能力低于长期投资。长期投资是指投资预期在一年以上的各类投资事项。如对企业厂房和设备投资,对长期金融资产的投资。长期投资耗费多,回收期长,变现能力较差,故风险较高,但其长期盈利能力较强。

(三)投资的特点

投资的特点既有共性,也有个性。

1. 投资的共同特点

(1)投资是以让渡其他资产而换取的另一项资产。

(2)投资是企业在生产经营过程之外持有的资产。

(3)投资是一种以权利为表现形式的资产。

(4)投资是一种具有财务风险的资产。

(5)投资周期很漫长,一般为1～10年,甚至更长,不漫长的叫投机。

2. 证券投资的特点

不同投资的特点不同,本书重点研究证券投资,证券投资的特点除有投资的共同特点外,还主要具有以下几个特点:

(1)它是企业筹资的重要渠道。

(2)它有利于调节资金投向,提高资金使用效率,从而引导资源合理流动,实现资源的优化配置。

(3)它有利于改善企业经营管理,提高声誉,促进企业的行为合理化。

(4)它为中央银行进行金融宏观调控提供了重要手段,对国民经济的持续、高效发展具有重要意义。

二、投资的理论支持

投资作为经济行为,涉及的理论较多,广义上,凡是经济理论都是投资的理论支持者,如委托代理理论、信息不对称理论、契约理论等。以下简单介绍两个基本理论。

(一)有效市场假说(EMH)

1965年,美国芝加哥大学金融学教授尤金·法玛(Eugene Fama),发表了一篇题为《股票市场价格行为》的论文,于1970年对该理论进行了深化,并提出有效市场假说(Efficient Markets Hypothesis,简称EMH)。有效市场假说有一个颇受质疑的前提假设,即参与市场的投资者有足够的理性,并且能够迅速对所有市场信息作出合理反应。该理论认为,在法律健全、功能良好、透明度高、竞争充分的股票市场,一切有价值的信息已经及时、准确、充分地反映在股价走势当中,其中包括企业当前和未来的价值,除非存在市场操纵,否则投资者不可能通过分析以往价格获得高于市场平均水平的超额利润。

(二)行为金融学(BF)

1979年,美国普林斯顿大学的心理学教授丹尼尔·卡纳曼(Daniel Kahneman)等人发表了题为《期望理论:风险状态下的决策分析》的文章,建立了人类风险决策过程的心理学理论,成为行为金融学发展史上的一个里程碑。

行为金融学(Behavioral Finance,简称BF)是金融学、心理学、人类学等有机结合的综合理论,力图揭示金融市场的非理性行为和决策规律。该理论认为,股票价格并非只由企业的内在价值所决定,还在很大程度上受到投资者主体行为的影响,即投资者心理与行为对证券市场的价格决定及其变动具有重大影响。它是和有效市场假说相对应的一种学说,主要内容可分为套利限制和心理学两部分。

三、投资与投机的关系

(一)投资与投机的区别

投资与投机是一对既有本质区别又有密切联系的概念。其区别体现在诸多方面,如表2-1所示。

表 2-1　投资与投机的区别

序号	比较内容	投资	投机
1	动机	资本增值获利	"对赌"获利
2	理论依据	绝对价值投资理论	投机理论
3	心理	正常投资心理	赌徒心理
4	对象	有潜质股票	价格低估,有利可图股票
5	标的连动物	现金流	市场价格波动
6	合法性	合法	不合法但也不违法
7	德性	比较道德	相对不道德
8	理性	一般理性	通常不理性
9	关注重点	资产变化	股价变化
10	策略	估值	预测
11	分析方法	基本财务分析法	市场分析法
12	持有期限	一般长期	通常频繁交易
13	回报(收益)	稳定良好	不稳定,一般亏损
14	风险	较小,整体盈利	较大,整体亏损
15	博弈	正和博弈	零和或负和博弈
16	经济意义	以正面影响为主:宏观上,引导资本投向有投资价值的对象,有利于资源合理配置;微观上,有利于上市公司关注其投资价值和股价	以负面影响为主;宏观上,引导资本投向价格低或有利可图的对象,有利于投机者获利,不利于资源合理配置;微观上,往往使上市公司过度关注股价,而非投资价值
17	对股市及社会的影响	以正面影响为主:能在一定程度上解决股市存在的问题;缓和社会矛盾	以负面影响为主:易于造成人为操控股市,搅乱金融市场;危及社会安定

(二)投资与投机的联系

投资与投机的区别并非绝对,二者会随着标的物及市场环境等的变化而不断变化或转化。广义上,投机是投资的组成部分,或说投机是投资的一种类型。没有投机的纯粹证券市场投资是不存在的,只有投机没有投资的证券市场也是不存在的,即使偶尔存在,也是难以持久的。从操作行为角度看,投资不一定盈利,投机不一定亏损;即使是同样的交易对象和时间,对有些人而言是投机,但对另一些人而言则是投资。有时甚至连当事人自己也难以分清楚是投机还是投资。所以,在前边曾经将投机理解为"中性词"而非"贬义词"。因此,在实践中,应把握好投资和投机,使二者有机结合,以获得利益最大化,具体操作方法是:

(1)根据基本财务分析确定投资对象的内含价值;根据市场动态和投资对象的市价确定买卖时机。这是二者有机结合的前提。

(2)以投资方式买入以获得稳定收益,以投机方式卖出以获得资产涨跌差价收益。

(3)选择最佳买卖时机。

四、投资陷阱及防范措施

投资是发展的前提,没有投资就没有发展。投资是企业寻找新的盈利机会的唯一途径,也贯穿于其生产经营的始终,如项目建设投资、营运资本投资、参股控股投资。每一项投资都是发展的机遇,蕴含着新的希望,同时也面临着风险——对于投资者,尤其对上市公司而言,一旦投资失败,必然面临巨大损失。

在股市上，对投资者，尤其业余的新股民而言，一波行情，一个行业，一家公司，就像浩瀚大海上空的海市蜃楼，犹如仙境，美不胜收；但当了解，尤其体验之后，才知道美丽的远景只是各种光线融汇交织而成的图景而已，可望而不可及。优惠政策、垄断行业、高新技术、获利板块等信息铺天盖地，不绝于耳，若没有实实在在的调查研究和基本财务分析，及抗风险准备，都只是一个美丽的陷阱。这是已被无数股民尤其中小股民证实了的事实。为此，投资者必须采取相应措施，加以有效识别、防范和控制。中国股市的投资陷阱及相应建议主要归纳为以下几点。

（一）政策机遇

中国股市是政策股市。新政策的出台、老政策的调整，都对相关产业及股市发展方向产生巨大影响。政策机会是投资者不愿错失的获利契机。不少企业因为适应了政策需求而迅速崛起。中国沿海大量民营企业就是充分利用了国家改革开放政策的机会，形成了中国最具活力的经济区域。但对政策机遇的盲目追求却常使投资者在毫无准备的时候，一步一步踏进其陷阱之中。

针对政策性陷阱，国家经贸委博士后研究员赵晓给投资者的建议是：

（1）加强与政府沟通，保证政策信息来得更快更准确，因为政策的确包含着巨大的商机。

（2）忌贪小便宜吃大亏，不能仅仅因为政策优厚而不顾投资的其他条件。

（3）提高对政策的应用水平，不要把宝全押在政策商机上，要根据自己的实力进行投资。

（4）政策应用适当，不要过头，留心政策的变化。

（二）非市场竞争

股市作为市场，有其运行规律。规律不以人的意志为转移。股市规律既是投融资双方的保护者，也是双方必须并自然的遵循者；一旦规律被破坏，双方会成为必然的受害者，并因角色不同而受害程度不同。投资者和上市公司是股市的主体或（和）客体，只能在股市规律中生存。市场的生态环境一旦被破坏，竞争失去了平衡，投融资双方就都要岌岌可危了。在股市中，垄断部门的市场壁垒是一个极大的投资陷阱。

这类非市场竞争陷阱在市政环保、自来水、影视、教育、天然气、电信、银行等垄断性行业，以及律师事务所、审计师事务所、会计师事务所等中介行业中均不同程度地存在，如券商为上市公司实行配股包销使券商们"变成了股东"，纷纷陷入资金紧张或赔本甩卖的案例。与其说是激烈的市场竞争使然，不如说是券商与上市公司之间不平等的地位造成，如利用政府补贴进行降价、利用计划经济时制定的标准进行经营方面的限制等。

针对非市场竞争陷阱，解决的办法非常简单，就是取消垄断部门的市场壁垒，改变股市作为圈钱工具的游戏规则，把市场交给市场，由市场规律自由指导，使股市回归为真正自由、公平、公正、公开的投融资和交易平台。关键是有关权力部门及其当权者是否真的愿意放权以及何时放权。这毕竟需要他们付出太大的机会成本。

（三）人文环境

伴随着经济的不断高速发展，环境问题一直是中国经济建设面临的巨大问题。为了维护自然环境，促进环境建设形成良好循环发展态势，1999年，国家经贸委发布"禁白令"，明确未来将取缔一次性发泡塑料餐具。为此，一大批企业敏锐地发现了其中蕴含的巨大商机，一头扎进了绿色环保餐具行业。可几年过去了，绿色环保餐具因成本较高几乎无人使用，全国各地餐饮单位及相关人员，仍然违规使用一次性发泡塑料餐具及后来上市的"环保"替代品——一次性PP餐具。致使全国170家左右的绿色环保餐具生产企业，大约有2/3以上停（待）产，处于岌岌可危状态，它们作为投资者是掉进了人文环境陷阱之中。

投资的人文环境包括的内容较多，如政府开放程度、投融资环境、市场消费习惯、员工文化素质、地方保护等，投资者尤其企业一旦与之失合，要调整则会花费巨额成本，如近两年的中外合资改独资潮、多家民营企业搬迁等。

由于人文环境涉及面广，形成因素复杂，治理难度极大，因此，针对人文环境陷阱，采取的防范措施主要应在宏观层面和精神文明建设及信仰上面下工夫。制定相关法律法规，并加强精神文明建设，提升国民的道德意识水平,有效引导、合理保障我们的社会交易理念向着重契约、守规范的方向转化,实现长治久安。

(四) 技术与人才

科学技术是生产力。决定的因素是人不是物。在资本时代,科学技术和人才是大大优于物质资本、确保企业竞争获胜的两大法宝。进入21世纪以来,国民对高新技术及高精尖人才的追求已经成为一种时尚。企业在投资行为中为了保持自己的独特优势和核心竞争力,往往不惜重金购买技术、不吝高价引进人才。一般而言,拥有成熟先进的技术和相关人才是所有投资者投资的前提,问题是,技术能否保证成熟先进? 人才是否确能创造高额价值? 一旦对其把握不当,反而会成为颠覆整个投资行为的主因。

这类陷阱有一个共同特征:为企业经营所必备,易于从市场获得,所以投资者往往不太重视,但评判其是否适宜却较为困难,往往成为新投资项目成败的关键。针对技术与人才陷阱,应努力做到:

(1) 拓展新领域优先考虑熟悉产业的相关性,尽量避免进入陌生行业。

(2) 对还处于实验阶段的新技术,必须由小到大逐渐进行实验,再到小规模的投产试验。

(3) 对专家、顾问等人才不能盲从,应重实力而非文凭;信任他们,但要验证。

(4) 技术和人才的投资以适应企业规模和投资能力、适应目标市场需求为主要标准;过高或过低的技术、人才要求并不适当。

(五) 求新求异

历史的车轮滚滚向前,新生事物层出不穷,困难和问题客观存在。逆水行舟,不进则退。市场发展快速,传统产业竞争白热化,这都使人们不得不将眼光投向一个个未知的领域——求新求异,以求胜。但也可能在不知不觉中踏入求新求异的陷阱,如一度被炒得沸沸扬扬的生物制药、环保产业等。企业投资求新求异,必然面临二律背反的难题:不求新求异是等死,但求新求异也许是找死。如2000年全国首家发泄公司在江西南昌关门,2001年海南首家"人体克隆"店停业,高估了市场对新事物的接受能力是重要原因。

企业要避免求新求异的投资陷阱,要点在于:

(1) 明确目的,充分预测,计划周详。投资的目的在于实现企业价值最大化。围绕该目的,确定投资对象,首先得有充分预测,有具体、详细、深入的调查研究,还要制订切实可行的实施规划,避免被各种时尚潮流所迷惑。

(2) 充分考虑环境接受程度。任何一种新奇的项目,既要弄明白其中的法律禁区,还得考虑人们的消费习惯和对新鲜事物的接受程度。

(3) 立足当前,放眼未来。新的项目一般很难被消费者一下子接受,因此一方面有失败的承受能力,还得做好持久战的准备。站在潮流的背后,关注新奇项目的发展,后发制人。

(六) 规模经济

投资规范要适当,而非越大越好。但有众多投资者盲目追求投资规模,追求规模效益,如有的企业肆意扩张、包装上市,有的搞连锁以及多元化经营。在市场竞争中,规模效益确实存在,但不可过分。对投资者而言,以规模扩张为投资出发点或过分追求投资规模,都是一种有害的倾向。

针对规模经济陷阱,投资者主要应采取以下防范措施:

(1) 充分估计自身的人财物力及市场动态,有效选择投资对象,合理确定投资规模,以避免造成投资资源匮乏,无力迅速调整战略以重新面对新的市场的被动局面。

(2) 有效控制投资成本,最大限度降低投资支出,使投资对象的相关人、财、物和管理模式有机衔接,相互协调,确保运作畅通,最终实现投资目标。

(七) 短期利润

投资者的基本目标是利润,但短期利润的诱惑却常常使投资者放弃获得长期利润的机会。如企业对金融性交易资产利润的追逐会使其有限资源越摊越薄,在人、财、物和精力等方面稀释主业的供给。在越来越专业化的市场竞争中,市场演化速度越来越快,每一个产业链上都汇聚了太多虎视眈眈的分食者,且不说短线产品本身所具有的风险,企业即使获得了可以对主业项目形成资金支持的短期利润,其在主业市场的影响力、管理者精力以及综合竞争力的衰减都是不可弥补的损失。项目运作、品牌延伸及并购,也都是陷入短期利润陷阱的机会。

针对短期利润陷阱,投资者应把握好以下几点:

(1) 明确投资目标,实行战略投资管理,将短期目标、中期目标与长期目标有机结合起来,整体规划,安全运作。

(2) 重视主业经营,适当投资于证券市场,通过"委托理财"追逐资本利得等行为要加以限制,以避开短期利润陷阱。

(3) 克服侥幸心理,意识到短、平、快投资既可能获得较高利润,也伴随着较大风险。在证券市场上,秉持价值投资理念,坚定不移。

(八) 项目运作

项目运作给现代企业提供了丰富的机会和可能,而且往往是收益颇丰,相对实业投资而言,其财富聚集的速度是数十甚至数百倍,如包装上市。在今天,将进行项目运作称为一种时尚亦不为过,但项目运作是有钱人的游戏,其中的陷阱埋葬了太多希望空手套白狼的追求者。资金链断裂是项目运作最大的陷阱。利用超市的巨额现金流量进行项目运作即是一种主要操作方式,其中的典型案例是闹得全国媒体沸沸扬扬的东北最大超市万集源猝死案。

针对项目运作陷阱,投资者应采取以下措施:

(1) 克服侥幸心理,稳扎稳打,不要被项目运作的高额利润所迷惑,做到有把握的运作,没有把握的放弃。

(2) 通过可行性研究,确定投资项目,通过正常渠道,采用规范融资方式融资。若找不到项目可投便草率确定投资项目,将直接影响长远战略目标实现。

(九) 品牌延伸

企业培育一个成功的品牌往往需要花费几年、十几年甚至几十年、上百年的时间和努力。当它拥有一个有一定知名度的品牌后,很自然会想到充分发挥既有品牌的效用,如用既有品牌投资发展关联产品,直接出售商标权,以延伸品牌获利。事实上,品牌延伸是许多著名企业成功扩张的经验,甚至成为不少西方企业发展战略的核心。一项针对美国超级市场快速流通商品的研究显示,成功品牌(年销售额在1500万美元以上)有2/3属于延伸品牌。但品牌延伸把握不好,也会带来意想不到的结果。一些企业过度拓展产品阵容,使原有品牌的个性被稀释,从而使消费者感到疑虑,也就失去了与原有品牌的连接点,品牌资产损失惨重。

针对品牌延伸陷阱,在延伸品牌过程中应做到以下几点:

(1) 营销的精髓就是在消费者心目中建立品牌形象。延伸品牌时,应使知名品牌与其延伸品牌的品牌定位一致。定位是指使品牌在顾客的心中占据一个有利的地位。

(2) 破坏一个品牌形象最简单的办法就是把所有的东西都打上这个名称。延伸品牌时,应确保知名品牌与其延伸品牌的目标市场、价格档次应一致或相近。

(3) 延伸品牌时,应确保知名品牌与其延伸品牌的服务系统相同。

(4) 品牌延伸应根据企业和产品的现状而定,不能盲目扩张。

(十) 并购

并购是规模扩张的有效途径,成本低,收效快。但并购必须适时适当,充分考虑并购后的实际情况,以避免并购带来的后患,如影响了企业声誉、品牌和实力,使企业误入陷阱。从历史案例来看,并购中主要存在着两大陷阱:一是债务陷阱,即被并购企业中存在的隐形债务;二是被并购企业的文化不能完全融入并购企业,从而产生文化冲突。如三株在并购过程中就屡次尝到这方面的苦头,其军事化管理不断遭受被并购方的责难和抵制,有的甚至直接导致并购活动失败,落入文化冲突的陷阱。

要避免并购的陷阱,经济学家盛洪的建议是:

（1）在产权受到严格保护的市场经济中,并购最好的方式是严格按照法律程序办事,但在产权保护体系还不完善的制度环境下,在获得相关主管部门的支持后,需要注意先接管后转让或先租赁经营后转让甚至合资经营等非常方式的采用。

（2）聘请中立权威的会计师事务所进行财务审计,同时在产权交易合约中明确规定收购方承担的债务范围。

（3）在并购企业中进行文化融合而不是企业文化的替代。

（4）借助合适的中介机构进行并购。合适的中介机构标准是:业绩好,历史长,专业化程度高,人员构成合理,规模大。

（十一）空头

所谓空头陷阱,简单地说就是市场主流资金大力做空,通过盘面中显现出明显疲弱的形态,诱使投资者得出股市将继续大幅下跌的结论,并恐慌性抛售的市场情况。如自 2015 年 6 月起的半年多时间,大盘急转直下,龙头股纷纷跳水,指数连续快速下跌,这时投资者更要谨防空头陷阱。

对于空头陷阱,主要应从消息面、资金面、宏观基本面、技术和市场人气等方面进行综合分析判断并防范:

（1）消息面分析。主力资金业主往往市场信息比较充分,常常会利用宣传的优势营造做空氛围,以便低价位建仓。所以当投资者遇到市场利空不断时,反而要谨慎,因为,利空的过程即是利好的孕育过程,切莫抛掷过急。可行的做法是持有并审慎建仓。

（2）资金面分析。随着股价的持续性下跌,量能往往处于不规则萎缩中,甚至可能会出现无量空跌或暴跌现象,盘中成交萎靡,呈现出阴跌走势遥遥无期的状态。此时,主力往往可以轻松地逢低建仓,从而构成空头陷阱。对此,投资者应采取与消息面空头陷阱同样的态度和做法。

（3）宏观基本面分析。投资者需要经常了解影响大盘走强的政策面因素和宏观基本面因素,分析是否有实质性利空因素,如果没有特别的实质性做空因素,而股价却持续性下跌甚至暴跌,就较易形成空头陷阱。一旦发现利空陷阱,就应持有并审慎建仓,而非跟风抛售。

（4）技术分析。空头陷阱往往表现为 K 线走势上的特征是连续几根长阴线暴跌,贯穿各种强支撑位,有时甚至伴随跳空缺口,引发市场恐慌情绪。在形态上常常会故意引发技术形态的破位,让投资者误以为后市下跌空间巨大,而纷纷抛售,从而使主力在低位接手;在技术指标方面常常会导致技术指标上出现严重的背离特征,而且不是其中一两种指标的背离现象,而是多种指标的多重周期的同步背离。此时,投资者应持有并建仓。

（5）市场人气分析。股市长期下跌必然会人气大减,套牢盘居多,缺乏耐心的投资者往往会退出。然而这一过程往往是股市离真正的底部渐近的过程,是持有建仓的过程。值得注意的是,在经历近三十年的"八牛八熊"的反复跌宕后,指数大幅下跌的系统性风险已经越来越小,过度看空后市,难免会陷入新的空头陷阱中。

第三节　价值投资

本书所述价值投资并非一般而言的价值投资,一般而言的价值投资,本书称为绝对价值投资,本书所述价值投资则为相对或比较价值投资。

一、价值投资的含义及特点

一般而言,价值投资（Value Investing）,就是投资者选择市场上低于投资价值的上市公司的股票进行投资。其目的是获利。进行价值投资应以投资价值为基础。具体操作办法是,若投资价值大于市价,购买;否则放弃。这也就是通常所说的投资。至于人们常常所称的价值投资,主要是基于强调"价值"的重要性而得出的结果。

本书所说的价值投资与之不同,主要表现在以下几点:

(1)基础不同。投资价值作为价值投资的基础或标准,有相对投资价值和绝对投资价值,如本书第一章第三节所述,本书所述指相对投资价值。

(2)市价不同。市价是股票在市场上的交易价格,虽然变化莫测,但一个时间点只有一个。不过,市价也有绝对市价和相对市价,具体如本书第二十二章所述。本书所述指相对市价。

(3)价值投资观不同。本书所说的价值投资,是指投资者选择市场上最大程度(可运用市价通过行业内比较得出)低于相对投资价值的上市公司的股票进行投资。

因此,本书所说的价值投资应为相对价值投资。相对价值投资也称比较价值投资,是指选择市场上最大程度低于比较投资价值的股票进行投资。它是运用比较原理,将一定范围内投资对象的比较投资价值与比较市价进行比较,以确定投资对象的比较安全边码和比较风险区域,继而确定投资顺序并据以进行投资决策的一种价值投资方法,简称价值投资。按照这种方法,可以选择出行业内最具有投资价值的股票,并且可以作出最佳投资决策,获取最大程度的收益。

二、价值投资的理论支持

价值投资涉及的理论较多,广义上,凡是经济理论都是价值投资的理论支持者,如委托代理理论、信息不对称理论、契约理论,以及前边介绍过的有效市场假说和行为金融学等。此处,本书所说的价值投资理论,是还未曾在股市运用过的、进行相对价值投资的理论。它是通过研究股市与上市公司,加深对其认知程度,选择相对市价低于相对投资价值的最优股票投资的一种基本分析理论。该理论的精髓有三个:一是股票的价值,无论是整体价值还是单位价值,无论是现在价值还是未来价值,都是可以估算的。这是价值投资的基础。二是股票价格围绕其价值上下波动,且从长期来看,总体上是向价值回归的。三是当股票价格低于其价值,就具有了投资机会,且差价越大,获利机会越大。这个差价是可以计量的。

(一)相对价值投资理论确立的依据

理论源于实践,又反过来指导实践。价值投资理论来源于价值投资实践,是价值投资行为的经验总结;又能在以后长期或较长期内指导其实践。其关键在于:如何估算股票(即上市公司)的价值。为此,越能准确估算股票价值的理论,就能越有效地指导实践,也就是越优秀的价值投资理论。传统认为,一个企业的价值有三个:账面价值、市值、内含价值。账面价值是资产负债表上的股东权益价值,由于会计政策等原因,形成的数据难以真实反映上市公司价值。市值即市价,存在的问题前已述及,也难以反映出上市公司的真实价值。内含价值又称为内在价值,是公认的衡量企业价值最为准确可靠的指标,常以此作为判断是否具有投资价值的依据,因此又称为投资价值。贴现模型和EVA模型,是现行估算投资价值的两个常用公认模型,但因二者自身的局限,都难以应用于中国股市上市公司的价值估算。也就是说,中国股市目前没有切实可行的衡量企业投资价值的模型,也没有指导价值投资的理论。这也是导致中国股市价值投资滞后且难以有效实施的根本原因之一。

价值投资按照投资价值和市值的计量方法不同,分为绝对价值投资和相对价值投资。依据绝对投资价值和市值,确定投资对象并进行价值投资,为绝对价值投资。依据相对投资价值和市值,确定投资对象并进行价值投资,为相对价值投资。传统价值投资均为绝对价值投资;本书所述价值投资为相对价值投资或比较价值投资。

相对价值投资理论又可称为比较价值投资理论。它是通过估算投资对象的比较投资价值、比较市价,并据以确定价值投资顺序的价值投资理论。该理论认为,投资对象(即上市公司)及其股票在股市上的差别,是相对差别而非绝对差别,没有比较就没有差别。每个投资者都是趋利的,都会根据"两利相权取其重,两弊相权取其轻"的原则,选择具有"比较优势"的股票投资,放弃"比较劣势"的股票投资。这里的"两利相权取其重,两弊相权取其轻",仅是原则而非操作行为,也就是说,比较的对象即投资对象不应限于两只股票之间,一是因为若股票两两进行比较选优,股市近三千只股票,这样一个"集体"下,不具有可行性;二是因为上市公司所属的行业不同,性质特点及发展状况等都不相同,不是任何两只股票都具有可比性的。比较价值投资理论是在更广泛的、具有可比性的投资对象的基础上进行比较,得出各投资对象在其中的相对投资价值,合理并进一步解释了集中选优、优中选优的比较优势理论。相对价值投资理论是在绝对价值投资理论的基础上发现的,是本书及系列丛书首次运用的价值投资理论,是对比较优势原理的有效运用和发展完善。

(二) 相对价值投资理论的基础(假设)

(1) 股市中有同行业或相近行业可以比较其投资价值的多家上市公司。即这些公司性质相同或相近,具有可比性。

(2) 同行业或相近行业的上市公司都居于公开且完全竞争的市场环境,市场规律和价值规律在市场上得到完全贯彻。

(3) 这些上市公司的投资价值都可以采用同类或同种数据或指标加以衡量或估算,具有可比性。

(4) 股市及上市公司均遵循持续经营观念。

以此为基础,提出相对价值投资理论。

(三) 相对价值投资理论的内容

1. 投资价值估价模型(VAF 模型)

VAF 模型是上市公司投资价值动态评估模型。该模型是基于并修正目前的价值信息系统,以资本增值为基础,而发现的切实可行的模型。它是首次提出评估企业未实现人力资本增值的动态模型,并在此基础上得出评估企业价值的模型,能够解决现行模型存在的诸多不足,是迄今为止较为切实可行的模型。其基本公式为:企业价值=货币资本价值+人力资本价值=货币资本价值+已实现人力资本价值+未实现人力资本价值。其中,货币资本价值与已实现人力资本价值已经在财务报告上体现出来,即资产负债表(the Balance Sheet)上的资产(Assets)或权益(Rights)总额,用 A 表示,它包括了货币资本增值、已实现人力资本增值及投入资本,是评估企业价值时的全部资本价值,包括股东权益资本和债务资本;未实现人力资本价值是以货币资本价值和已实现人力资本价值为基础所将要实现的人力资本增值,即 F;若企业价值用 V 表示,则:

$$V = A + F = A + p(1+i)^n$$

该模型称为 VAF 模型。该模型简明易懂,具有以下特点:①全面性。运用该模型能够估计未来任一时点的人力资本价值及企业价值。②客观性。依据历史资料推演计算得出的模型,能够反映企业的客观实际。③动态性。不同时期的各种资本增值不同。因此,不同时点的未实现资本增值及企业价值也不相同,符合实际(详见《中国上市公司投资价值比较分析研究》第二章)。

2. 相对投资价值理论

尽管 VAF 模型可以基本解决现有模型存在的问题,可作为企业价值评估模型广泛应用。但运用 VAF 模型所计算出的企业价值是绝对投资价值。在股市上,运用绝对投资价值,可与相应市价比较,得出是否具有投资价值的结论,但也只能得出该结论,而不能得出投资价值大小的结论,也就是说,只能解决有没有投资价值的问题,而不能解决投资价值大小及程度的问题。

作为投资者,在选择股票时,若仅仅得出有没有投资价值的结论是远远不够的,因为,如果如此,就将所有股票分为了两大类,即有投资价值与没有投资价值。那么接下来怎么操作呢? 在有投资价值的一类中随意选择买卖吗? 还是更进一步,将有投资价值的股票的投资价值及单位投资价值都计算出来,与其市价比较得出差值,按差值大小决策,取大者为优? 可即便这样,也不能确保作出的决策是最优决策。因为,许多公司不属于同一行业,而不同行业的市盈率差距很大,不能以此作为比较选择的依据。因此,必须采取新的、更加具体有效并切实可行的理论指导。相对投资价值理论就能够解决这样的问题。

投资价值分为绝对投资价值和相对投资价值。绝对投资价值是依据投资模型计算出的投资价值,如依据 VAF 模型可计算出任何一个企业的任何一个时点的投资价值。相对投资价值理论,也可称为比较投资价值理论,是采用一定方法计算或估算出比较局域内具有可比性的(如同行业或同地区)投资对象的投资价值,并予以打分排名确定投资价值序数值,以作为投资决策先后顺序直接依据的理论。

相对投资价值的估价方法可以有多种,如以资本增值为基础的动态估算法(VAF)、指标模型估算法。其中,VAF 模型全面、客观、动态,但必须将计算得出的绝对价值转换成相对价值,按照比较局域重新组合成相对序数值。这个过程复杂,计算量巨大,需要运用大数据软件来解决这一问题。指标模型估算法即本书及其系列丛书采用的方法。该法相对来说,操作方法简单,得出的结论反映了质与量有机结合的实际情况,但由于指标有限,不能反映出全面的投资价值情况,也不能反映出未来的投资价值情况,还会由于会计政策变更等因素,使得出的结论难免有偏离实际的情况。因此,采用连续多年的系列数据加以计算,进行动态比较分析研究,可以在一定程度上消除偏离的程度。

3. 相对市价理论

市价是上市公司的市场价格总值,又可称为市值。它有总值、单价(或股价)和比较值三种形式。其中,总值是股数和单价的乘积,它只能反映上市公司的市值规模,不能反映其投资价值。单价是股票的交易价格,它可与每股内含价值比较,判断投资价值,股神巴菲特就是以此作为价值投资的主要依据。其突出特点是随行就市,千变万化,较适用于个体但难以进行比较。比较值是市值在一定范围内(如行业内或地区内)相互比较按照一定顺序排列的序数值。它是个相对数,又可称为相对市值或相对市价,因此可以排列出范围内上市公司的市值大小的顺序,是与其相对投资价值比较确定市值偏离度的依据,本书所述的市值即如此。

以相对市值为市值,是基于价值投资的实际操作而言的,投资者在确定股票的投资价值时,往往不是仅就某只股票而定,而是通过比较确定,因为,单凭一只股票是难以或无法确定其投资价值大小的,而大小是比较得来的,即将一部分具有比较价值的股票(一般是同行业股票)的市值进行比较判断高低,确定投资价值大小。

相对市值与相对投资价值,具有可比性。二者比较得出的投资价值,即为相对投资价值,依据相对投资价值进行的投资内相对价值投资。

4. 相对价值投资理论

与绝对价值投资理论相对应,相对价值投资理论,又叫比较价值投资理论,是以相对投资价值理论和相对市价理论为基础,通过计算出相对市价偏离相对投资价值的程度,来确定相对投资价值大小,并确定比较安全边际和比较风险区域(详见本书第二十一章第一节),继而确定投资顺序的价值投资理论。从这个意义上说,相对投资价值理论和相对市价理论都是相对价值投资理论的组成部分。

相对价值投资理论既可以是静态理论也可以是动态理论,静态理论是指仅运用于一个时点或(和)一个时期的数据或指标所计算的比较对象的比较投资价值,与比较市价比较所确定的比较价值投资序列理论。动态理论是指运用于两个及以上时点或(和)时期的数据或指标所计算的比较对象的两个及以上比较投资价值,与其相应比较市价比较所确定的两个及以上比较价值投资序列理论。本书所进行的中国上市公司投资价值动态比较分析研究,所依据的就是动态理论。

(四)相对价值投资理论实践检验的结果

《中国上市公司投资价值分析研究》和《中国上市公司投资价值比较分析研究》都是采用这一理论对股市全部上市公司分成 39 个行业进行的分析研究,其中,农林牧渔业上市公司是连续两年被选为案例进行比较价值投资操作示范的行业,根据比较价值投资得出的结论(详见《中国上市公司投资价值比较分析研究》第二十二章表 22-1),该行业 40 家上市公司中,连续两年比较投资价值排名第一位的海南橡胶,2015 年 2 月 14 日开盘价 5.92 元,之后其股价便基本一路上扬,到 2016 年 11 月 22 日,达到 7.97 元,10 个多月上涨了 34.63%,而这段时间的大盘基本呈"稳定"状态,之后,随着其价位的提升,比较投资价值相对减低,其股价也有所下降,这完全符合相对价值投资理论。

当然,股价的变动不一定在每时每刻都与其理论完全一致,但从长期看是一致或基本一致的,这是由股市规律决定的。

(五)相对价值投资理论的意义

相对价值投资理论的意义体现在该理论本身与其经济意义上。

1. 理论意义

整体来看,比较价值投资理论在指导投资者进行价值投资方面所起的作用是很难替代的。它对价值投资理论的最大贡献是,首次为比较价值投资提供了理论支持和有力证据,并从投资对象投资价值比较和市价比较差异的角度,成功地解释了比较价值投资发生的重要起因和客观结果。可以预见,在未来较长时期内,这将是指导投资者进行价值投资的主要理论依据。与现行价值投资理论比较,它克服了个别性、片面性、静态性及可操作性差的不足,呈现出整体性(或行业性)、全面性、动态性和易于操作的优势。

1) 整体性(或行业性)

从投资对象的角度看,相对价值投资理论将投资对象由传统价值投资理论下的个别投资对象的内含价值与市价比较决策,或两家公司比较决策,扩展到一个整体或同行业,进行"多元"比较决策,既可应用于某个股市中同一或相近行业投资对象的价值投资比较,也可应用于不同股市甚至不同国家或地区股市的同一或相近行业投资对象的价值投资比较,大大拓宽了应用范围。

2) 全面性

从投资者的角度看,该理论为广大投资者提供了一个可据以进行比较价值投资的决策平台。具体来说:①提供了一个世界范围的上市公司价值投资分析决策平台,可用于中国有关部门如中国证券监督管理委员会(简称证监会),全面、具体地了解上市公司及其在各个行业的投资价值情况,为其制定相应指导、监督、管理资本市场的有关政策制度等提供参考依据。②使各家上市公司明确其在各个行业乃至资本市场的地位,及投资价值发展状况和变动趋势,为其财务预测、决策、计划、控制、分析、考核等提供参考依据。③为除上市公司以外的广大股票投资者以及潜在股票投资者的投资决策提供参考依据和决策方法。④为社会各级各类监督机构如注册会计师事务所,检查、监督各家上市公司的财务状况和投资价值等提供参考依据。⑤为国外投资者(含潜在投资者)分析研究中国上市公司投资价值、进行价值投资提供参考依据,有利于推进中国股市国际化进程。⑥为相关研究人员提供参考依据。⑦为更加广泛、深入地进行相关研究打下坚实基础。由此,可以认为该理论具有普适性特点。

3) 动态性

相对价值投资理论包括静态相对价值投资理论和动态相对价值投资理论。动态相对价值投资理论适应于两年及以上时期,从而可以反映出某一整体内各个投资对象的动态比较投资价值和动态比较价值投资状况,继而可以反映出其变化情况,从中发现变动趋势,探寻变化规律,帮助投资者作出更加有利的投资决策。还能以此进行不同股市乃至不同国家和地区的同行业或相近行业之间的比较,从中找出差异,继而发现和分析原因,探寻解决办法。动态性还可以体现在缩短数据指标选择及估算期间上,一般情况下,以一年为一个区间,但也能以一个月为一个区间。从理论上说,期间越短,结果越准确,但区间越短,估算也越复杂。

4) 易于操作

比较投资价值理论及方法是指导投资的一个工具。作为一个投资工具,它可使每位使用者从中看到各上市公司的投资价值并满足其投资所需。如同"傻瓜相机",它将上市公司的投资价值采用"高科技技术"(本书投资价值估算方法)"拍成照片"(打分排名聚类分析研究结论即各公司投资价值的映像)并且提供了"适时修理"(依据投资者投资时的市价,确认市值离散度并列示投资顺序的操作方法是对"不变"的价值投资结论的有效修补)的完善技能,简便好学、易于操作,是名副其实的"价值投资指南,股民获利宝典"。

2. 经济意义

比较价值投资理论,其实是能够比较出投资对象的投资价值的大小程度的理论。投资对象的投资价值大小，依据其相对投资价值和相对市价得来。其实，决定投资对象投资价值和市价的根本因素是投资对象的内含价值或经济实力，投资价值是其概括表现，市价是其市场表现，即市场价格。按照价格围绕价值波动规律，市价应围绕投资价值波动，按照股市规律，股价应在其上方或下方或围绕投资价值波动。具体来说，有些股票的股价会在其投资价值上方（大于投资价值）波动，有些股票的股价会在其投资价值下方（小于投资价值）波动，有些股票的股价会围绕投资价值上下波动。按照现行市盈率状况，第一种情况较多。这也就是说，股价所反映出的上市公司内含价值或经济价值，一般大于甚至远远大于其实际价值，而且可能呈现出一定时期一定程度的混乱状态。但即使如此，股价反映或者必将反映其内含价值或经济价值是必然的。以此为基础，比较价值投资理论的意义体现在投资者、受资者（上市公司）、国家或社会及世界经济多个层面上。

1）对于投资者的意义

对于投资者而言，最具有投资价值的股票并不是投资价值最大或最小的股票，也不是市价最大或最小的股票，而是比较投资价值最大程度大于其比较市价的股票。比较价值投资理论指导下的投资决策，必然会使投资者倾向于比较投资价值更大于其比较市价的投资对象，以获得最佳投资收益。

2）对于受资者（上市公司）的意义

投资者的最佳投资决策，使投资资本自然流入内含价值或经济价值最优厚的上市公司，扩大了其资本规模，充裕的资金支持使其获得了充分的内生增值优势，也更加有利于该投资对象（上市公司）合理有效改善生产经营管理，不断提升生产经营管理水平，革新技术，拓展市场，从而不断提升其内含价值或经济价值，使优者更优，形成良性循环。同时，促使处于劣势地位的上市公司不断反观自省，改变、完善产业方向，不断提高生产技术和管理水平，优化资本结构，提高资金使用效率，提高内含价值，促使其逐步走向良性循环的轨道。

3）对于国家或社会经济的意义

投资者与受资者的合理乃至最佳选择，使投资资本不断地流向产品技术性能良好、适销对路、发展前景广阔的上市公司，从而有效地促进了社会资源的合理流动，促进了社会资源的有效配置，提高了社会资源的利用率，也增加了社会经济价值。

在一定程度上说，国家经济增长源于劳动分工的演进和劳动生产率的不断提高。在金融市场上，有效的投资理论的广泛应用，其初期效益体现在，由于投融资决策优化带来的双方收益流的贴现值高于其投融资成本。但随着时间的推移，资本的优势必然转化成人力资本的优势，体现在劳动分工的演进、劳动者技术水平的不断提高上，继而表现为劳动生产率的不断提高；劳动生产率效应将使专业化和资本化带来的收益逐渐增加，因此将会出现一个较高的专业化和资本化水平，内生比较优势随之不断增强。这是比较价值投资理论对于国家经济的意义。

该理论能以投资者投资收益不断提高和筹资者内含价值不断提高为导向，将投融资双方引入到比较价值投资的轨道上来，在一定程度上抑制投机行为，克服股市一系列问题，规范股市，将股市逐步导向市场规律主导下的自然运行的轨道上。

4）对于世界经济的意义

世界范围内，国家间的比较竞争优势主要取决于并体现在投资收益上。随着世界经济一体化的形成，世界金融市场也必将逐步走向一体化。比较价值投资理论可以从金融视角通过资本合理流动和有效配置反映出国家间的比较优势。该理论也是一个具有相似要素的国家间金融资本竞争理论，它能够有效地分析资本的分配比较优势及其对国家经济的影响。通过该理论的有效运用可以发现，具有相对同质资本的国家，资本的分配与使用将以人力资本之间的互补性为特征，即金融资本的优势必将通过人力资本增值体现出来。因此，一方面，高效率的生产组织要求具有相似并较高才能的人力资本匹配，这在有同质人力资本的国家更容易实现。另一方面，对于具有异质人力资本的国家，其资本的分配和技术的相对落后将以人力资本之间的替代性为特征，从而削弱人力资本的增值能力。无论哪个方面，该理论都是其不可或缺也不可替代的投资理论之一，也是经济理论之一。

（六）相对价值投资理论的缺陷

事无完美,相对价值投资理论也存在着理论上的"硬伤",或者说,存在理论分析上的"死角",主要表现在横向和纵向两个方面。

1. 横向上:一视同仁

在理论分析中,比较优势之所以能够成立,是在一系列假设的基础之上,一定整体内的投资对象具有可比性,且一视同仁。实际上,任何两家投资对象,由于它们所处的发展阶段不同、从事的具体业务不同、采用的技术不同、管理水平不同、所处的地域不同、执行的具体会计政策和各项生产经营政策等不同,从严格意义上说,都不具有可比性。因此,将它们置于一个平台之上予以比较,必然存在一定程度的偏离。若将不同股市的某行业或相近行业的投资对象进行动态比较,偏离会更加明显。

2. 纵向上:一如既往

比较价值投资理论将投资对象的"历史"(依据财务报告数据为原始依据计算确定)与投资时的"现实"(市价)进行比较,不在同一个时点,具有时点差异。这个"时间差"可能较短,若假定即日能够运用该理论进行投资决策,最短为上市公司财务报告年度年末至资产负债表报出日;最长可以是一年甚至几年,即上市公司财务报告年度年末至投资日。这是该理论无力克服的"时弊",尽管动态比较会在相当大程度上抵消时点差异带来的偏离程度,而且随着时期的增加而越来越小,但偏离仍然存在。

三、投机主导下的投资 ＶＳ 相对价值投资

1. 投机主导下的投资与相对价值投资的异同

投机主导下的投资与相对价值投资,都是投资,但在投资动机、理论依据、心理、对象等方面都不相同,如表 2-2 所示。

表 2-2　投机主导下的投资与相对价值投资的区别

序号	比较内容	投　资	相对价值投资
1	动机	资本增值获利	"最优"资本增值获利
2	理论依据	绝对价值投资理论	相对价值投资理论
3	心理	正常投资心理	价值投资心理
4	对象	有潜质股票	价格最低估,潜质最大股票
5	标的连动物	现金流	现金流向与流量
6	合法性	合法	合法合情合理
7	德性	比较道德	道德
8	理性	一般理性	理性
9	关注重点	资产变化	价值变化
10	策略	估值	科学估算相对投资价值
11	分析方法	基本财务分析法	相对价值投资法
12	持有期限	一般长期	一般长期
13	回报(收益)	稳定良好	稳定,一般较大获利
14	风险	较小,整体盈利	很小,整体较大或很大盈利
15	博弈	正和博弈	最大正和博弈
16	经济意义	以正面影响为主:宏观上,引导资本投向有投资价值的对象,有利于资源合理配置;微观上,有利于上市公司关注其投资价值和股价	正面影响:宏观上,引导资本投向具有最大投资价值的对象,有利于资源合理有效配置;微观上,促使上市公司更加关注其价值管理,关注价值增值,而非市价
17	对股市和社会的影响	能在一定程度上解决股市存在的问题;缓和社会矛盾	能在较大甚至很大程度上解决股市存在的问题;解决社会矛盾,维护社会安定

2. 相对价值投资的意义

由表 2-2 可以看出，无论在哪个方面，相对价值投资都具有绝对价值投资无可比拟的优势，归纳为以下几点。

1）投资目的是通过"最优"资本增值获利

相对价值投资法，通过对上市公司按照相对投资价值排序获得的名次与按照相对市价排序获得的名次求差，再按照差值排序，能够反映出整个比较区域如某行业内部上市公司的投资价值的大小顺序，便于投资者选择最优投资对象进行投资，从而确保通过"最优"资本增值获利。

2）理论依据为最优价值投资理论

由前述分析可见，在所有价值投资理论中，本书发现的相对价值投资理论堪称最优价值投资理论。

3）价值投资心理

投资者的心理状态在一定程度上取决于投资的动机、对象和态度等。进行相对价值投资可以确保其依据最优价值投资理论，选择最具潜力股票，通过"最优"资本增值获利，投资者也会有良好的心理。

4）投资对象最优

运用该法确定选择的股票是价格最低估，潜质最大股票。

5）关注标的物价值及其变化

该法引导投资者将关注重点转向最优价值的标的物，且通过对上市公司投资价值进行长期动态比较分析研究得出其变化情况，结合不断变化的市价，及时调整，从而能够确保作出最优价值投资决策。

6）合法、道德、理性

运用该法投资不仅合法，而且合情合理；合乎道德规范；避免了投机带来的一系列弊端，克服了绝对价值投资可能出现的问题；是一种理性的价值投资。

7）策略和方法可行、可靠

相对价值投资法是运用被广泛认可并普遍使用的股价模型科学估算相对投资价值，结合相对市价，进行的价值投资决策，不仅可行，而且可靠。

8）最大正和博弈，长期稳定获利

该法可以确保投资对象最具潜质，最快发展并最小风险，所获得的收益源于对象公司发展盈利，买卖双方都可以此法决策，确保了投资者之间的最大正和博弈和长期稳定获利。

9）经济意义

运用该法投资，除对投资者的经济意义外，对行业经济、区域经济乃至国家整体宏观经济，都带来正面影响：不仅能够引导资本投向具有最大投资价值的对象，有利于资源合理有效配置，还能够促使上市公司更加关注其价值管理，关注价值增值，而非市价。

10）对股市和社会的影响

能在较大甚至很大程度上解决股市存在的问题。

相对价值投资决策法的运用，对于垃圾股来说是不利的。垃圾股唯一的出路在于，不断改进经营管理，提升公司价值，增加投资价值，变成为比较价值投资优势股。而这也恰恰是该方法的内涵驱动力和生命活力。

本书下述价值投资均为相对或比较价值投资，投资价值均为相对或比较投资价值。

参考文献

［1］大道至简之精髓，从市盈率看股市牛熊. 新浪博客，http://www.baidu.com，2015-4-4.

［2］世界经济危机. http://baike.sogou.com.

［3］张五常. 经济解释[M]. 北京：中信出版社，2010：43.

第三章　中国上市公司价值投资的基本程序、内容和方法

本书主旨在于,首先,对中国深沪两市 2 636 家上市公司以 2015 年财务报告为例,选取 13 个能够综合反映财务能力的财务指标,作为评估各上市公司投资价值的指标体系。其次,建立指标模型,运用 SPSS 软件,采用因子分析法与聚类分析法进行投资价值实证分析,确定公司的投资价值总量及其排名,并合理划分层级,结合实际情况进行深入分析,再结合 2014 年、2013 年具体情况进行动态比较分析研究,得出量与质有机结合的投资价值结论,然后采用投资时的市价,得出其排名。最后,依据投资价值和市价排名得出价值投资排名顺序的结论,以为投资者提供参考,降低其投资风险,提高投资收益。

解决上述问题应遵循以下三个前提条件:一是证券市场相当成熟。投资者能够随时在证券市场上公开交易。二是分析对象具有可比性。为此,应以同一行业或同一区域或同等科技水平等内部的多个对象进行分析对比。三是财务报表数据可信、可得。其主要表现为能够反映分析对象的实际状况,且易于获得。如前所述,中国证券市场受宏观、行业背景及区位因素的影响较大,还存在这样那样的问题,但总的来看,已经基本具备了上述条件。

按照中国证券市场的现状,宏观背景因素主要包括宏观经济环境,财政货币政策,利率、汇率及存款准备金率,自然文化背景。行业背景与区位因素主要包括产业规模、产业政策、行业周期、行业关联和区位经济因素。这些因素的状况、变动及其发展趋势,都直接或间接并不同程度地影响上市公司的发展状况及投资决策,并通过经营状况,主要以财务报告体现出来。因此,上市公司财务报告是综合反映投资价值各要素状况的载体,是进行投资价值分析的基础和依据。

一、基本方法

本书总的来看,是一个较大实证研究系统,主要采用实证研究方法。具体分析,它涉及多种相互联系的研究方法,可以说是一个理论与实证研究有机结合的完整的方法体系。

(一) 比较价值投资理论研究方法

比较价值投资理论,是本书首先提出并贯穿应用于本书始终的主要理论研究方法,包括两部分内容:

(1) 比较价值投资理论。本部分对该理论进行较全面具体深入的分析研究,提出将全部上市公司分别行业的各家公司的比较投资价值与比较市值有机衔接、协调,确定比较投资价值的理论。

(2) 比较安全边际和比较风险区域理论。本部分论述了比较安全边际和比较风险区域的形成原理、含义、确认及计量理论。本理论是对现行价值投资理论的重大实质性突破,能够克服现行价值投资理论存在的诸多问题,是确定投资对象的投资顺序的直接依据。

(二) 投资价值实证分析方法

在对上市公司投资价值进行实证分析的过程中,需要使用涵盖各个财务数据的系列指标进行全面、系统的分析,才能从中发现规律。然而复杂的大量数据给分析带来了很大难度。为此,本书对各个行业上市公司均使用与 2013 年、2014 年相同的因子分析与系统聚类分析的多元统计方法来进行实证分析研究。

1. 数据统计分析方法

1) 因子分析法

因子分析法旨在找出某些共同因素,使用尽可能少的因子来取代庞大的原始数据,同时又能够反映

原始数据中的大部分或绝大部分信息。这样,可以使各个指标间的相关关系进行重叠信息的归类,选取具有代表性的指标,即综合指标来分析数据,可以使复杂问题简单化,也有助于得出主要结论。

因子分析的一般模型如模型(3.1)所示:

$$\begin{cases} X_1 = a_{11}f_1 + a_{12}f_2 + \cdots + a_{1m}f_m + \xi_1 \\ X_2 = a_{21}f_1 + a_{22}f_2 + \cdots + a_{2m}f_m + \xi_2 \\ \vdots \\ X_p = a_{p1}f_1 + a_{p2}f_2 + \cdots + a_{pm}f_m + \xi_p \end{cases} \tag{3.1}$$

在因子分析模型的矩阵表达式 $X = af + \xi$ 中,X 为变量;f 为因子;a 为因子载荷矩阵;ξ 为原有变量不能被因子解释的部分。因子分析的目的即为通过此表达式来简化变量的维数,将相关性大的变量归为一类,而该类别即成为一个因子。[1]

本书使用因子分析中的主成分因子法,通过得出的少数主成分因子来解释多个变量。

2)系统聚类分析法

系统聚类分析法就是利用一定的数学方法将样品或变量(所分析的项目)归并为若干不同的类别,使得每一类别内的所有个体之间具有较密切的关系,而各类别之间的相互关系相对地比较疏远。系统聚类分析最后得到一个反映个体间亲疏关系的自然谱系,它比较客观地描述了分类对象的各个体之间的差异和联系。[2]根据分类目的的不同,系统聚类分析可分为两类:一类是对变量分类,称为 R 型分析;另一类是对个案分类,称为 Q 型分析。基于对上市公司进行分类的需要,本书选择的是 Q 型分析。

2. 因子分析模型构建

要分析各个行业上市公司绩效与投资价值,有大量的指标可供选择。考虑到数据的可得性与指标的可比性。[3]本书选取了能够综合反映投资价值的 4 种能力的 13 个财务绩效衡量指标,见表 3-1,然后使用 SPSS 软件进行分析。

表 3-1 模型指标体系

类 型	变 量	性 质
盈利能力	基本每股收益	正指标
	销售净利率	正指标
	每股净资产	正指标
	总资产收益率	正指标
偿债能力	流动比率	适度指标
	速动比率	适度指标
	资产负债率	适度指标
营运能力	存货周转率	正指标
	总资产周转率	正指标
	固定资产周转率	正指标
成长能力	总资产增长率	正指标
	主营业务收入增长率	正指标
	股东权益增长率	正指标

(二)市价比较分析法

分析比较投资时的市价时,投资者可采用手工采集的方法,得到上市公司市价。然后将市价分别行业按照绝对值大小排序,以备与其投资价值比较。市价比较分析法是价值投资操作方法的一部分。

（三）比较价值投资操作方法

不同行业、不同上市公司、不同时点的市值离散度不同,投资者投资时,应将市值与3年的内含价值及其排序进行比较计算,确定不同的排序差异,并据以进行计算分析,确定投资顺序,进行价值投资。运用排序差异比较分析法计算市值离散度,据以进行价值投资的具体操作的方法和步骤详见本书第二十二章。

二、基本内容和程序

本书基本内容包括三个部分,上市公司投资价值动态比较分析研究,市价排序及价值投资操作方法,按照先后顺序概括如下。

（一）上市公司投资价值动态比较分析研究

上市公司投资价值是决定价值投资的根本要素。进行上市公司投资价值动态比较分析研究是本书的主要内容。依据上市公司财务报告进行其投资价值动态比较分析研究,可通过其财务分析反映出来。财务分析是对上市公司投资价值分析的关键部分,也是据以对投资价值进行判断最为直观便捷的方式。财务分析的主要依据是上市公司的财务报告,其分析结果是,投资者了解公司的财务和经营状况,进行投资价值以及发展趋势分析,并据以作为决策的重要依据。反映公司投资价值的财务分析指标很多,广义而言,所有财务指标均能够反映公司的投资价值,只是各个指标反映的程度和侧面不同。为了更加深入地分析各个上市公司的投资价值,便于与2013年、2014年进行动态比较分析,拟分别从最能反映公司财务效率的盈利能力、偿债能力、营运能力、成长能力等四个方面对公司进行详尽分析,并选取了与其各项能力密切相关的具有代表性的、与前两年指标完全相同的重要相关财务指标进行动态比较分析研究。

1. 指标选择

1）盈利能力指标

盈利能力是指企业获取利润的能力,通常表现为一定时期内企业收益数额的多少及其水平的高低。一般而言,利润率越高,获利能力越强。企业的盈利能力与内外各方都有很大的关系,对于投资者来讲,通过对盈利能力相关指标的计算分析,可以发现公司经营管理环节出现的问题,获取利润的能力及潜力。对公司盈利能力的分析,就是对公司利润率的深层次分析。因此,企业盈利能力的分析十分重要。反映企业盈利能力的指标主要有基本每股收益、销售净利率、每股净资产与总资产报酬率等,各项指标均从某一方面反映上市公司的盈利能力水平。可以通过盈利能力的有关指标反映和衡量出企业经营业绩。

（1）基本每股收益。基本每股收益即基本每股盈利,指税后利润与股本总数的比率,是普通股股东每持有一股所能享有的企业净利润或需承担的企业净亏损。股本总数为流通在外普通股加权平均数。它是测定股票投资价值的重要指标之一,是综合反映公司获利能力的重要指标。该指标若不断提高,说明公司的获利能力在不断提高,股东的投资效益在不断向好;否则,说明公司的获利能力在不断下降,股东的投资效益在不断向差。

（2）销售净利率。销售净利率是销售净利润与销售净值的百分比。它是综合反映公司销售盈利情况的指标,其基础指标是销售毛利率。销售毛利率,表示每一元销售收入扣除销售成本后,有多少钱可以用于各项期间费用和形成盈利。销售毛利率是企业销售净利率的最初基础,没有足够大的销售毛利率便不能盈利。因此,该指标是综合反映公司收入、成本、利润情况的综合指标。

（3）每股净资产。每股净资产是所有资产按准确的账面价值,在支付了全部债务(含优先股)后,每股公司所有者权益的价值。每股净资产=资产净值÷平均普通股总数。通常每股净资产越高越好。每股净资产值反映了每股股票代表的公司净资产价值,为支撑股票市场价格的重要基础。每股净资产值越大,表明公司每股股票代表的财富越雄厚,通常创造利润的能力和抵御外来因素影响的能力越强;每股净资产越小,表明公司每股股票代表的财富也越稀少。

根据中国证监会《公开发行股票公司信息披露的内容与格式准则第二号〈年度报告的内容与格式〉》

（1998 年修订稿）规定，上市公司财务报告中，不但要披露公司的每股净资产，而且要根据净资产的流动性和变现能力对每股净资产进行必要的调整。调整后每股净资产计算公式为：调整后的每股净资产＝（年度末股东权益－3 年以上的应收款项净额－待摊费用－长期待摊费用）/年度末普通股股份总数。

本书采用调整前每股净资产，以保证各个分析对象指标的可比性。

（4）总资产报酬率。总资产报酬率是指企业一定时期内息税前利润与资产平均总额的比率，用以评价企业运用全部资产的总体获利能力，是评价企业资产运营效益的重要指标。

2）偿债能力指标

偿债能力分析是企业偿还到期债务的能力分析，即通过研究分析企业资产负债表中各指标的相关关系及变动情况来确定企业财务状况是否健康。反映企业偿债能力的指标主要有流动比率、速动比率与资产负债率等，其中，前两项指标主要反映公司的短期偿债能力，第三个指标主要反映公司的长期偿债能力。

（1）流动比率。流动比率是流动资产总额对流动负债总额的比率，用来衡量企业流动资产在短期债务到期以前，可以变为现金用于偿还负债的能力。该指标经验数据为 2，但不同行业各不相同。一般而言，该指标越高，说明公司短期偿债能力越强；该指标越低，说明公司短期偿债能力越弱。对于投资者而言，公司的短期偿债能力强，意味着其资金充足，资金筹措运用能力较强。偿债能力强，可以在较大程度上保障公司资金流动顺畅，生产经营通畅。

（2）速动比率。速动资产包括货币资金，交易性金融资产和各种应收、预付款项等，计算出来的比率较流动比率数据更能代表短期偿债能力。有时候企业流动比率虽然较高，但流动资产中易于变现、可用于立即支付的资产很少，则企业的短期偿债能力仍然较差。因此，速动比率比流动比率能更准确地反映企业的短期偿债能力。一般来说，在企业的全部流动资产中，速动比率的一般标准是 1：1，但不同行业各不相同。一般而言，该指标越高，说明公司短期偿债能力越强；该指标越低，说明公司短期偿债能力越弱。

（3）资产负债率。资产负债率反映总资产中有多大比例是通过负债取得的。它可以衡量企业在清算时保护债权人利益的程度，同时也代表企业的举债能力。它是综合反映公司长期偿债能力的重要指标。一般而言，该指标越高，说明公司长期期偿债能力越强；该指标越低，说明公司长期期偿债能力越弱。

3）营运能力指标

营运能力是公司运用经营资产的能力，是衡量公司资产管理效率的财务比率，主要是考查企业的运营资金是否充足、使用是否合理的重要指标。反映企业营运能力的指标主要有存货周转率、总资产周转率与固定资产周转率等，各项指标均从某一方面反映了上市公司的营运能力水平。可以通过营运能力的有关指标反映和衡量出公司资产管理的状况和效率。这些指标主要有：

（1）存货周转率。存货周转率是公司一定时期主营业务成本与平均存货余额的比率。存货周转率不仅可以用来衡量企业生产经营各环节中存货运营效率，而且还被用来评价企业的经营业绩，反映企业的绩效。一般而言，该指标越高，说明公司存货周转能力越强，即存货资金的使用效率越强；该指标越低，说明公司存货周转能力越弱，即存货资金的使用效率越差。

（2）总资产周转率。总资产周转率是指企业在一定时期内，业务收入净额占平均资产总额的比率。总资产周转率是考察企业资产运营效率的一项重要指标，体现了企业经营期间全部资产从投入到产出的流转速度，反映了企业全部资产的管理质量和利用效率。一般而言，该指标越高，说明公司总资产周转能力越强，即全部资金的使用效率越高；该指标越低，说明公司总资产周转能力越弱，即全部资金的使用效率越差。

（3）固定资产周转率。企业的经营活动是否有效取决于企业固定资产投资是否得当，固定资产结构分布是否合理以及固定资产使用效率能否得到充分发挥。一般而言，该指标越高，说明公司固定资产周转能力越强，即固定资金的使用效率越强；该指标越低，说明公司固定资产周转能力越弱，即固定资金的使用效率越差。

4）成长能力分析

企业成长能力是指企业未来发展趋势与发展速度，包括企业规模的扩大，利润和所有者权益的增加。企业成长能力是随着市场环境的变化，企业资产规模、盈利能力、市场占有率等各方面持续增长的能力，反映了企业未来的发展前景。企业成长能力分析是对企业扩展经营能力的分析用于考察企业通过逐年收益增加或通过其他融资方式获取资金扩大经营的能力。反映公司成长能力的指标主要有总资产增长率、营业收入增长率和股东权益增长率。各项指标均从某一方面反映上市公司的成长能力水平。可以通过成长能力的有关指标反映和衡量出企业未来发展的能力。

(1) 总资产增长率。总资产增长率，又称总资产扩张率，是公司本年总资产增长额同年初资产总额的比率，反映企业本期资产规模的增长情况。该指标若大于 0，表示公司本年的总资产有所增长，规模扩大，指标值越高，表明增长速度越快，公司前景越好。

(2) 营业收入增长率。营业收入增长率是指公司本年营业收入总额同上年营业收入总额差值的比率。营业增长率表示与上年相比，营业收入的增减变动情况，是评价企业成长状况和发展能力的重要指标。该指标若大于 0，表示公司本年的营业收入有所增长，指标值越高，表明增长速度越快，企业市场前景越好。

(3) 股东权益增长率。股东权益增长率是指公司本年股东权益与上年股东权益差值的比率。该指标若大于 0，表示公司本年的股东权益有所增长，指标值越高，表明增长速度越快，公司市场前景越好。

2. 动态比较分析研究

中国上市公司投资价值动态比较分析研究的基本程序和内容如下。

1) 行业发展与投资价值状况

首先简单概括介绍行业发展状况，含几个小行业的先分别各个行业介绍，然后阐述合并一起分析研究的理由，及其投资价值分析研究的意义。

2) 样本选取与数据处理

本书所采用的样本均是沪、深证券交易所 A 股市场各个行业的上市公司。鉴于数据的可获得性和可比性，剔除在报告年度停牌的、部分统计数据缺失、上市不足 1 年和财务表现异常的 ST、SST 类上市公司，根据沪、深证券交易所公告的各上市公司 2015 年财务报告数据，参考同花顺数据库相关指标，整理、计算各家上市公司的 13 个指标；将指标代入分析模型，获得初始指标数据。对性质、单位不同的指标，首先要进行同趋势化处理，以使分析研究符合规范化要求，确保分析结果的正确性和有效性。由表 3-1 可知，在选取的 13 个财务指标中，流动比率、速动比率以及资产负债率为适度指标，其他指标均为正指标。所以利用公式 $X_i' = 1/|X_i - A|$ 将这 3 个指标进行同趋势化处理，其中 X_i' 为正向化后的指标，X_i 为原始指标，A 为样本的适度值(本书选取样本企业的平均值作为适度值)。然后利用 SPSS 中的 Z-score 方法将 13 个指标的原始数据进行标准化处理，生成同趋势化处理后的 3 个指标数据，继而得出标准化数据，据以进行因子分析检验。

3) 因子分析法适应性检验

为了检验选用的指标是否适合使用因子分析法，本书利用 SPSS 软件中 KMO 和 Bartlett(巴特利)球形检验的方法对样本进行检验，得出检验结果。依据巴特利球形检验统计量和相应的概率，判断说明样本是否适合作因子分析。同时根据 KMO 值得知各变量之间的相关程度，判断说明原有变量是否适合作因子分析。对于两种方法的检验结果，只要其中一种或两种适合作主因子分析，则可判断其适合作主因子分析。得出肯定结论后进行主因子分析，否则不适宜继续分析。特殊情况下，当指标数大于分析对象数时，不便于用 KMO 和 Bartlett 球形检验的方法对样本进行检验，为了检验样本指标是否适合使用因子分析法，可用多重共线性检验来验证变量间的共线性，如装卸搬运和仓储业，或采用多重共线性检验，如教育卫生业，并依据检验结果进行后续相应分析研究。

4) 确定主因子

应用因子分析法中的主成分分析法来计算原始公因子的特征值、方差贡献率以及累计方差贡献率，并由此确定主因子，以此明确各该因子的解释力度，继而以特征值大于 1 的指标做成碎石图，进一步说明主因子分析的有效性。

5) 旋转载荷矩阵分析

对原因子载荷矩阵进行最大方差旋转，进一步得到主因子更明确的含义。

6）综合得分与排名

对因子数据进行标准化处理,使其期望值为 0,方差为 1,然后,对各因子的方差贡献率占因子总方差贡献率的比重作权重加权汇总,使用计算综合得分公式 $F = (\lambda_1 F_1 + \lambda_2 F_2 + \lambda_3 F_3 + \cdots + \lambda_i F_i)/\sum \lambda_i$ 来计算各样本的各个因子的分项得分和综合得分。其中,分项得分是样本各个因子的实力的量化,得分越高,说明该项实力越强;得分越低,说明该项实力越弱。综合得分是综合实力的量化,是各分项得分的总和,得分越高,说明综合实力越强;得分越低,说明综合实力越弱。依综合得分按名次排列成表,其中,居于中位数的公司的综合得分为零,中位数以上得分为正,占全部公司数的小于或等于 50%;中位数以下得分为负,占全部公司数的小于或等于 50%。以此表 3-1 为依据,结合各个上市公司的实际情况进行具体投资价值分析研究,提供投资者投资决策所需要的相关信息。

7）系统聚类分析

上述因子分析能够满足投资者对上市公司投资价值分析的需要,但是由于投资者的投资理念往往各不相同,关注的侧重点也有所不同。为了更深入细致地分析行业板块的情况,将利用系统聚类分析法进一步对各个行业的上市公司的因子值和综合值进行 Q 型聚类(即个案分群);聚类方法为 ward 联结法,即离差平方和法,根据同类变量间的离差平方和较小、不同类别间的离差平方和较大来进行分类;测量尺度选用平方 Euclidean 距离,即两样本之间的距离是各样本每个变量值之差的平方和,并做成树状图。通过聚类分析把业绩相似的公司归类,可以对不同类别的上市公司进行有重点的对比分析,为了更加直观形象地表达上市公司的类别情况,结合树状图所归类别继续将其分为反映各项能力的四大类,列成表格,为投资者选择投资组合提供参考。

（二）市价排序

市价是决定价值投资大小的必要因素。运用该法投资时,投资者需将投资时(或最近一个交易日)的所分析行业的每家上市公司的股票市价下载,并按照大小分行业(与本书所划分行业相同)顺序列示,以便于与该行业投资价值排序进行比较分析决策。

（三）价值投资操作方法

各家上市公司的综合得分是其综合实力的量化,也是其内含价值的量化,得分越高,说明综合实力越强,内含价值越大,故而名次排前;得分越低,说明综合实力越弱,内含价值越小,故而名次排后。分行业的上市公司投资价值排名是价值投资动态比较分析研究的基础。站在投资的角度,一般而言,综合得分越大,排名越靠前,其投资价值越大;综合得分越小,排名越靠后,其投资价值越小。这也是在进行各个行业投资价值分析研究时,据以进行投资价值决策的原因。但由于各个行业上市公司投资价值分析研究,是依据 2013 年、2014 年、2015 年度财务报告为基础进行的,因此得出来的结果,主要代表了这 3 个年度的各个上市公司的投资价值,而不代表或不能完全代表投资者投资时的投资价值。在自 2015 年资产负债表日至投资日之间,时隔数月、甚至数年,已经发生了诸多变化,尤其是股票市价一直在不断变化,也就是说,依据动态比较分析研究结果进行投资很可能偏离实际甚至造成差错,因此,应依据其综合得分与排名,结合投资时的具体情况尤其市价,进行更加全面具体的比较分析研究,并作出相应的投资决策,详见第二十二章。

参考文献

［1］崔婷婷,杨磊.基于因子分析法的软件行业上市公司投资价值分析［J］.中国商界,2010(3).

［2］曹建清.中国软件行业上市公司投资价值分析［J］.金融市场,2012(8).

［3］唐菲,韩华,龙伟.新能源行业上市公司投资价值分析［J］.武汉理工大学学报:信息与管理工程版,2012(10).

第二部分

第四章 农、林、牧、渔业上市公司投资价值动态比较分析研究

一、行业发展与投资价值状况

农业有广义和狭义之分,广义农业包括种植业、林业、畜牧业、渔业四种产业形式,它们都是农业的有机组成部分;狭义农业仅指农业。种植业即狭义农业,指对各种农作物的种植活动。它是以土地资源为生产对象,通过培育植物产品从而生产食品及工业原料的产业。林业是利用土地资源培育采伐林木的产业。牧业即畜牧业,是利用土地资源培育或者直接利用草地发展畜牧的产业。渔业是利用土地上水域空间进行水产养殖的产业,又叫水产业。农业是国民经济基础产业,属于第一产业,是其他各行各业及人们赖以生存的基础性产业。

据国家统计局数据显示,2014年,农、林、牧、渔业总产值102 226.09亿元,比上年增长5 230.82亿元,增长幅度为5.4%。[1]

2015年,在取得较大进展的基础上,国家在农业方面继续推行一系列"重中之重"的改革政策,实行新的扶持鼓励政策,减免税负,极大地促进了农业的全面发展,取得了骄人的业绩。农业综合生产能力稳步提高,粮食生产能力逐年提升;林业改革深入推进,林业保持较快发展;渔业平稳较快发展,丰富了城乡居民"菜篮子";水产养殖进一步扩展,产量持续增加;海上捕捞也维持了上年的水平。据国家统计局资料显示:2015年全年新增耕地灌溉面积158万公顷,新增节水灌溉面积254万公顷。全年粮食种植面积11 334万公顷,比上年增加62万公顷。棉花种植面积380万公顷,比上年减少42万公顷。油料种植面积1 406万公顷,比上年增加1万公顷。糖料种植面积174万公顷,比上年减少16万公顷。全年粮食产量62 144万吨,比上年增加1 441万吨,增产2.4%。全年棉花产量561万吨,比上年减产9.3%。油料产量3 547万吨,比上年增产1.1%。糖料产量12 529万吨,比上年减产6.2%。全年木材产量6 832万立方米,比上年下降17.0%。肉产量5 487万吨,比上年下降3.3%;牛肉产量700万吨,比上年增长1.6%;羊肉产量441万吨,比上年增长2.9%;禽肉产量1 826万吨,比上年增长4.3%。禽蛋产量2 999万吨,比上年增长3.6%。牛奶产量3 755万吨,比上年增长0.8%。年末生猪存栏45 113万头,比上年下降3.2%;生猪出栏70 825万头,比上年下降3.7%。全年水产品产量6 690万吨,比上年增长3.5%。其中,养殖水产品产量4 942万吨,比上年增长4.1%。全年捕捞水产品产量1 748万吨,比上年增长0.5%。[2]

2015年,农、林、牧、渔业固定资产投资19 061亿元,同比增长30.8%,是全社会固定资产投资增长10%的3倍以上,表现出了强大的扩展优势。在对外经济方面也获得了较大进展,全年吸收外商直接投资新设立企业609家,比上年增长15.3%。实际使用外商直接投资金额94.8亿元,同比增长1.3%;全年对外直接投资额20.5亿美元,比上年增长17.8%。[3]

农、林、牧、渔业的全面发展使总产值大幅度提升,据肥东网资料,2015年现价总产值和现价增加值如表4-1所示。[4]

表 4-1　2015 年农、林、牧、渔业总产值增加值统计表

现价总产值			现价增加值		
指标	现价（万元）	增幅（%）	指标	增加值（万元）	增幅（%）
农业	518 299	3.5	农业	288 627	6.1
林业	34 615	3.4	林业	24 286	10.2
牧业	402 216	1.2	牧业	201 961	1.4
渔业	176 952	7.8	渔业	116 362	1.6
服务业	18 275	10.0	服务业	10 919	7.4
合计	1 150 357	3.5	合计	642 155	3.9

尽管农、林、牧、渔业都取得了巨大发展，但与美国、欧洲、日本发达国家相比还存在巨大差距，如机械化水平低下，研发动能不足，劳动力大量向城镇转移，青壮年劳动力严重匮乏。对此，刘菊香、朱曦撰文指出：近 20 年来，我国农、林、牧、渔业从业人员的规模减少了 22.2%，从业人员逐步呈现老龄化的趋势；从业人员的受教育程度有一定进步，但总体水平依然严重偏低；农业技术人员占第一产业从业人员的比例仅为 0.1%。据预测，2020 年第一产业从业人员总规模将下降为 2.5 亿人左右，大专及以上的比例由 2010 年的 0.6% 提高到 2%，高中文化程度的比例由 2010 年的 5.8% 提高到 12%。为达到上述目标，未来 10 年，农学本科专业的年平均招生人数应由目前的 7.5 万人上升为 10 万人。[5]农、林、牧、渔业食品安全也存在严重忧患，屡屡曝光的食品案件常常令人震惊，对于餐桌食品的担忧已经成为人们茶余饭后的最敏感话题。

总之，我国农、林、牧、渔业都具有较大的社会需求和发展潜力，过去几年既取得了较大成绩，也存在诸多不足，机遇与挑战并存。针对现状，农、林、牧、渔业新的投资机会已经来临，吴立认为：对于 2015 年农业板块，我们坚持从"变革＋反转"两条主线去发现标的。一是随着农业深化变革及新技术的出现，商业模式也在演变的农业企业。二是动保行业面临"行业升级＋下游养殖景气反转"双重利好。三是农垦系标的面临"土地改革＋国企改革"双拐点。四是畜禽养殖板块已处反转右侧，第三波投资机会来临。五是种业板块将迎来底部反转＋并购整合投资机会。[6]2016 年及未来一段时期，国家将进一步深化农村土地制度改革，突出表现为固权与放活并重，考虑推进中国农业现代化问题；着力开展包括食用农产品质量安全源头治理、畜禽屠宰和肉制品专项整治、农村食品安全专项整治等九个方面的治理整顿；加快农村金融制度创新，鼓励民营资本多渠道进入农村金融领域等多项重大改革措施。农、林、牧、渔业已经并将持续成为广大投资者关注的焦点。

相应地对其上市公司进行价值投资就显得格外重要。"在对其上市公司的投资价值进行分析时，简单的定性分析不但过程繁琐而且缺乏准确性，使用综合性的定量分析方法或许能对此有所改善。"[7]为此，本书以深沪两市的 45 家农、林、牧、渔业上市公司为例，以 2015 年上市公司财务报告为研究依据，选取 13 个能够综合反映财务能力的财务指标，作为评估各农、林、牧、渔业公司投资价值的指标体系，建立指标模型，运用 SPSS 软件，采用因子分析法与系统聚类分析法进行投资价值实证分析，确定公司的投资价值总量及其排名，并合理划分层级，结合投资者对农、林、牧、渔业公司投资的实际情况与 2013 年、2014 年相关分析研究结果[8][9]，进行深入动态比较分析研究，得出量与质有机结合的投资结论，为投资者提供参考，以降低其投资风险，提高投资收益。

解决上述问题应遵循以下三个前提条件：第一，证券市场相当成熟。投资者能够随时在证券市场上公开交易。第二，分析对象具有可比性。为此，应以同一行业或同一区域或同等科技水平等内部的多个对象进行分析对比。第三，财务报表数据可信、可得。其主要表现为能够反映分析对象的实际状况，且易于获得。

二、上市公司投资价值分析要素

上市公司是指所发行的股票经过国务院或者国务院授权的证券管理部门批准在证券交易所上市交易的股份有限公司。投资价值是指评估对象对于具有明确投资目标的特定投资者或某一类投资者所具有的价值,亦称特定投资者价值。在分析上市公司的投资价值时,需要考虑到宏观背景、行业背景、区位以及公司的经营状况等因素。

宏观背景因素主要包括宏观经济环境,财政货币政策,利率、汇率及存款准备金率,自然文化背景。行业背景与区位因素主要包括产业规模、产业政策、行业周期、行业关联和区位经济等。这些因素的状况、变动及其发展趋势,都直接或间接并不同程度地影响上市公司的发展状况及投资决策,其经营状况,通过财务报表体现出来。因此,上市公司财务报表是综合反映投资价值各要素状况的载体,是进行投资价值分析的基础和依据。

上市公司经营状况主要包括主导产品,经营管理水平和财务状况三方面。对于投资者来说,了解一个上市公司的主导产品是对其经营状况了解的第一步。在分析其主导产品时,要具体到产品价格、质量、规模、消费群体等各个方面。[10]而由于主导产品是公司盈利的关键,所以公司主导产品的市场占有率决定了它在行业中的地位,占有大量市场份额的龙头企业对该类产品的价格影响力也远远高于其他同行业的普通公司。上市公司的经营管理水平和科技研发能力也是其内在投资价值分析的一个重要指标。公司的经营管理者如果能够起到对公司发展成长的整体工作的协调规划作用,使公司各项工作可持续稳定地进行,势必可以使其走上稳步发展的道路。而科技研发能力是一个企业创新的源泉,是企业得以持续发展的生命力,也是提升产品竞争力的核心。投资者对公司科技研发能力的分析可以得到该公司成长能力的初步评判,可据此挖掘公司的长期发展潜力和投资价值。财务状况是公司经营结果的体现。上市公司财务状况可通过财务分析反映出来,财务分析是对上市公司投资价值分析的关键部分,也是据以对投资价值进行判断最为直观便捷的方式。财务分析的主要依据是上市公司的财务报表,其分析结果是投资者了解公司的财务和经营状况、进行投资价值以及发展趋势分析决策的重要依据。财务分析主要指财务能力分析,主要包括公司盈利能力分析、偿债能力分析、营运能力分析和成长能力分析。

(1)盈利能力分析。盈利能力是指上市公司获取利润的能力,也称为上市公司资金或资本增值能力,通常表现为一定时期内企业收益数额的多少及其水平的高低。盈利能力指标主要包括销售净利率、总资产收益率、成本费用利润率、盈余现金保障倍数、净资产收益率五项。实务中,上市公司经常采用每股净资产、每股收益、每股股利、市盈率等指标评价其获利能力。

(2)偿债能力分析。偿债能力是指上市公司用其资产偿还短期债务与长期债务的能力,是反映上市公司财务状况和经营能力的重要标志。反映上市公司短期偿债能力的指标主要有:流动比率、速动比率、现金比率;反映上市公司长期偿债能力的指标主要有:资产负债率、股东权益比率和利息支付倍数。

(3)营运能力分析。营运能力是指上市公司基于外部市场环境的约束,通过内部人力资源和生产资料的配置组合而对财务目标实现所产生作用的大小。上市公司营运能力主要指其营运资产的效率与效益。营运资产的效率主要指资产的周转率或周转速度;营运资产的效益通常是指产出额与资产占用额之间的比率。反映上市公司营运能力的指标主要有:总资产周转率分析、流动资产周转率、存货周转率、应收账款周转率和固定资产周转率。

(4)成长能力分析。成长能力是指上市公司未来发展趋势与发展速度,包括上市公司规模的扩大、利润和所有者权益的增加。上市公司成长能力是随着市场环境的变化持续增长的能力,反映了其未来的发展前景。反映上市公司成长能力分析的指标主要有:总资产增长率、营业总收入增长率和股东权益增长率。

三、农、林、牧、渔业公司投资价值比较分析

在实证分析的过程中，需要使用涵盖各个财务数据的系列指标进行全面、系统的分析，才能从中发现规律。然而复杂的大量数据给分析带来了很大难度。为此，本书使用因子分析与系统聚类分析的多元统计方法来进行实证研究。

（一）数据统计分析方法简介

1. 因子分析法

因子分析法是一种起源于 20 世纪早期的多元统计法。因子分析法旨在找出某些共同因素，使用尽可能少的因子来取代庞大的原始数据，同时又能够反映原始数据中的大部分信息。所以，使用因子分析法来对各个指标间的相关关系进行重叠信息的归类，在此基础上选取具有代表性的指标，即综合指标来分析数据，可以使复杂问题简单化，也有助于得出主要矛盾。[11]

因子分析的一般模型如模型（4.1）所示。

$$\begin{cases} X_1 = a_{11}f_1 + a_{12}f_2 + \cdots + a_{1m}f_m + \xi_1 \\ X_2 = a_{21}f_1 + a_{22}f_2 + \cdots + a_{2m}f_m + \xi_2 \\ \quad\vdots \\ X_p = a_{p1}f_1 + a_{p2}f_2 + \cdots + a_{pm}f_m + \xi_p \end{cases} \tag{4.1}$$

在因子分析模型的矩阵表达式 $X = af + \xi$ 中，X 为变量；f 为因子；a 为因子载荷矩阵；ξ 为原有变量不能被因子解释的部分。因子分析的目的即为通过此表达式来简化变量的维数，将相关性大的变量归为一类，而该类别即成为一个因子。

本书使用因子分析中的主成分因子法，通过得出的少数主成分因子来解释多个变量。

2. 系统聚类分析法

系统聚类分析法就是利用一定的数学方法将样品或变量（所分析的项目）归并为若干不同的类别（以树状图表示），使得每一类别内的所有个体之间具有较密切的关系，而各类别之间的相互关系相对地比较疏远。系统聚类分析最后得到一个反映个体间亲疏关系的自然谱系，它比较客观地描述了分类对象的各个体之间的差异和联系。[12]根据分类目的的不同，系统聚类分析可分为两类：一类是对变量分类，称为 R 型分析；另一类是对个案分类，称为 Q 型分析。基于对上市公司进行分类的需要，本书选择的是 Q 型分析。

（二）因子分析模型构建

要分析农、林、牧、渔业公司绩效与投资价值，有大量的指标可供选择。考虑到数据的可得性与指标的可比性，本书选取了能够综合反映投资价值的 4 种能力的 13 个财务绩效衡量指标，如表 4-2 所示。然后使用 SPSS 软件进行投资价值分析。

表 4-2　模型指标体系

类　型	变　量	性　质
盈利能力	基本每股收益	正指标
	销售净利率	正指标
	每股净资产	正指标
	总资产报酬率	正指标
偿债能力	流动比率	适度指标
	速动比率	适度指标
	资产负债率	适度指标

类型	变量	性质
	存货周转率	正指标
营运能力	总资产周转率	正指标
	固定资产周转率	正指标
	总资产增长率	正指标
成长能力	营业总收入增长率	正指标
	股东权益增长率	正指标

（三）样本选取与数据处理

沪、深证券交易所的 45 家农、林、牧、渔业上市公司的资料来源主要为其 2015 年度的财务报告。具体初始数据如表 4-3 与表 4-4 所示。

表 4-3　初始数据 1

证券代码	证券名称	基本每股收益（元）	销售净利率（%）	每股净资产（元）	总资产报酬率 ROA（%）	流动比率	速动比率
000592.SZ	平潭发展	0.044 0	4.338 8	3.250 2	2.576 9	9.790 4	5.594 6
000663.SZ	永安林业	0.200 0	5.326 6	5.903 0	4.499 3	1.304 8	0.553 9
000713.SZ	丰乐种业	0.101 8	2.735 3	4.557 3	1.939 0	2.131 6	0.687 4
000735.SZ	罗牛山	0.069 0	8.841 1	1.956 3	3.007 7	1.497 0	0.629 4
000798.SZ	中水渔业	−0.754 0	−68.591 6	1.829 5	−39.637 9	1.467 3	0.877 8
000998.SZ	隆平高科	0.490 0	23.073 1	2.363 6	12.668 1	1.262 6	0.582 4
002041.SZ	登海种业	0.443 8	34.947 0	2.577 2	13.422 6	3.918 7	0.566 1
002069.SZ	＊ST獐岛	−0.341 6	−9.001 1	1.245 4	2.435 8	1.125 1	0.379 0
002086.SZ	东方海洋	0.198 1	7.459 4	8.144 2	3.983 8	3.425 2	1.996 8
002200.SZ	云投生态	0.060 0	4.392 2	4.434 5	3.741 7	1.232 7	0.378 2
002234.SZ	民和股份	−1.040 0	−35.027 5	2.902 4	−13.734 8	0.737 5	0.432 6
002299.SZ	圣农发展	−0.371 4	−7.190 9	4.707 2	−2.175 3	0.470 0	0.158 8
002321.SZ	华英农业	0.041 1	0.932 7	3.475 3	2.361 6	0.923 3	0.737 8
002447.SZ	壹桥海参	0.260 0	42.921 1	2.488 8	9.639 6	1.672 0	0.532 4
002458.SZ	益生股份	−1.430 0	−66.817 0	1.133 8	−19.763 1	0.173 9	0.081 8
002477.SZ	雏鹰农牧	0.220 0	6.358 2	4.204 5	5.099 1	1.542 9	0.995 8
002505.SZ	大康农业	0.001 0	0.127 5	1.996 2	0.698 0	3.583 0	1.173 2
002679.SZ	福建金森	0.270 0	18.600 9	5.218 4	5.816 5	6.549 2	1.102 6
002696.SZ	百洋股份	0.324 3	3.289 3	5.575 8	5.179 9	1.275 4	0.877 2
002714.SZ	牧原股份	1.230 0	19.838 7	6.814 1	12.785 8	0.870 3	0.289 6
002746.SZ	仙坛股份	0.150 0	1.284 5	6.260 1	1.945 3	1.150 0	0.291 8
002772.SZ	众兴菌业	0.880 0	23.983 8	6.924 6	8.941 0	1.918 9	0.717 7

证券代码	证券名称	基本每股收益（元）	销售净利率（%）	每股净资产（元）	总资产报酬率ROA（%）	流动比率	速动比率
300087.SZ	荃银高科	0.069 9	7.058 0	1.892 1	3.882 6	2.485 4	1.113 6
300094.SZ	国联水产	0.064 4	1.099 5	4.898 6	1.816 6	2.486 4	1.045 0
300106.SZ	西部牧业	0.140 0	3.495 9	3.984 0	3.094 0	0.795 8	0.341 4
300143.SZ	星河生物	0.070 0	5.405 5	6.164 0	2.585 8	1.065 0	0.846 5
300189.SZ	神农基因	0.007 3	0.047 1	1.387 0	−0.249 3	9.977 9	4.518 3
300313.SZ	天山生物	−0.200 0	−19.240 6	1.879 2	−4.830 1	1.040 1	0.426 3
300498.SZ	温氏股份	1.710 0	13.758 0	6.141 4	23.282 9	1.662 4	0.193 4
300511.SZ	雪榕生物	1.100 0	12.290 5	5.640 0	11.087 1	0.344 9	0.147 7
600097.SH	开创国际	−0.550 0	−16.344 8	3.893 4	−7.961 3	1.397 8	0.733 3
600108.SH	亚盛集团	0.063 2	5.604 3	2.419 1	3.041 1	2.258 4	1.251 5
600257.SH	大湖股份	0.006 2	0.621 7	1.745 8	2.772 5	1.298 2	0.418 4
600265.SH	*ST 景谷	−0.700 0	−103.953 6	−0.627 8	−16.812 4	0.497 2	0.011 9
600313.SH	农发种业	0.223 5	3.629 0	4.028 4	5.132 3	2.041 1	1.177 9
600354.SH	敦煌种业	0.048 5	4.304 6	2.175 2	4.525 4	1.537 3	0.985 3
600359.SH	新农开发	0.040 0	−2.202 1	2.138 9	1.564 0	0.744 9	0.419 6
600371.SH	万向德农	0.030 0	1.678 6	1.686 0	0.828 2	1.497 3	0.619 9
600467.SH	好当家	0.050 0	3.100 8	4.009 9	2.126 1	0.768 9	0.279 2
600506.SH	香梨股份	0.016 0	4.410 4	1.856 3	0.809 5	10.892 2	3.111 8
600540.SH	新赛股份	−0.233 0	−12.887 2	2.310 0	−4.550 5	0.862 1	0.613 0
600598.SH	北大荒	0.371 0	17.018 4	3.167 4	7.883 5	1.572 9	0.682 9
600965.SH	福成股份	0.200 0	12.371 2	1.987 3	13.569 4	3.273 0	1.230 0
600975.SH	新五丰	0.130 0	0.441 0	3.277 6	1.208 2	2.952 9	1.830 4
601118.SH	海南橡胶	−0.251 8	−11.701 6	2.031 2	−7.289 1	1.762 1	0.794 2

表 4-4　初始数据 2

证券代码	证券名称	资产负债率（%）	存货周转率（次）	总资产周转率（次）	固定资产周转率（%）	总资产增长率（%）	营业总收入增长率（%）	股东权益增长率（%）
000592.SZ	平潭发展	9.801 4	0.678 7	0.324 1	4.012 0	77.028 7	11.382 2	154.168 2
000663.SZ	永安林业	48.690 7	0.793 8	0.333 1	2.208 3	190.599 1	93.836 8	466.771 6
000713.SZ	丰乐种业	26.883 2	1.684 3	0.593 1	3.132 8	−1.381 9	−19.302 6	4.834 3
000735.SZ	罗牛山	59.340 8	0.945 9	0.166 2	0.619 9	5.943 4	−27.422 3	−0.043 8
000798.SZ	中水渔业	35.684 8	3.245 5	0.585 8	1.870 3	−8.345 4	37.693 6	−34.711 5
000998.SZ	隆平高科	51.151 7	0.981 3	0.443 8	2.848 6	22.374 8	11.589 6	41.199 9
002041.SZ	登海种业	23.575 4	1.153 7	0.374 6	2.727 0	6.965 9	3.424 9	24.512 3

证券代码	证券名称	资产负债率（%）	存货周转率（次）	总资产周转率（次）	固定资产周转率（%）	总资产增长率（%）	营业总收入增长率（%）	股东权益增长率（%）
002069.SZ	＊ST獐岛	79.752 3	1.480 6	0.582 4	2.148 5	−8.053 2	2.425 4	−62.798 2
002086.SZ	东方海洋	24.999 4	0.540 1	0.210 4	0.502 4	42.375 9	11.596 5	102.831 6
002200.SZ	云投生态	67.915 1	0.436 5	0.318 2	6.715 9	19.410 5	15.379 5	165.056 7
002234.SZ	民和股份	51.540 3	4.643 6	0.450 5	1.100 7	−17.386 1	−24.074 0	−22.374 0
002299.SZ	圣农发展	49.095 7	4.934 5	0.661 0	1.027 8	9.187 4	7.827 2	65.163 0
002321.SZ	华英农业	69.092 3	3.169 5	0.402 1	1.352 1	16.076 1	0.781 1	0.232 9
002447.SZ	壹桥海参	27.541 0	0.419 6	0.178 6	0.307 8	1.804 0	7.265 4	117.174 2
002458.SZ	益生股份	81.681 8	8.212 1	0.337 7	0.696 2	−3.821 1	−28.224 8	−52.217 7
002477.SZ	雏鹰农牧	53.722 0	2.236 4	0.415 4	1.721 1	40.603 9	105.429 6	111.265 2
002505.SZ	大康农业	30.276 0	16.076 7	0.519 2	6.542 5	26.504 2	560.599 9	582.728 3
002679.SZ	福建金森	56.196 9	0.077 9	0.130 7	7.281 5	18.997 6	4.511 1	8.748 0
002696.SZ	百洋股份	43.288 3	7.025 3	1.037 2	3.265 9	10.467 8	4.656 5	13.479 8
002714.SZ	牧原股份	50.166 4	2.066 2	0.537 0	1.345 1	71.571 2	15.307 0	180.229 0
002746.SZ	仙坛股份	31.201 5	5.775 6	1.190 6	2.684 6	−3.150 8	1.216 3	31.638 3
002772.SZ	众兴菌	38.319 0	6.221 2	0.349 5	0.959 6	58.577 4	25.038 8	154.863 6
300087.SZ	荃银高科	29.050 0	1.046 4	0.563 5	3.024 4	5.674 0	29.513 5	8.730 4
300 094.SZ	国联水产	33.238 3	1.626 5	0.774 7	6.341 4	−5.564 2	−2.765 7	7.707 2
300106.SZ	西部牧业	67.792 3	1.007 3	0.298 5	1.025 9	29.852 7	−22.230 0	6.513 5
300143.SZ	星河生物	19.728 4	5.688 3	0.211 2	0.657 9	129.958 0	−8.999 8	130.702 2
300189.SZ	神农基因	10.048 3	0.762 4	0.172 2	1.077 4	44.050 1	−6.442 8	40.078 7
300313.SZ	天山生物	54.535 6	1.354 4	0.324 4	0.809 6	49.490 9	102.445 2	3.110 2
300498.SZ	温氏股份	29.648 2	4.569 1	1.661 3	5.545 8	29.198 6	24.570 1	81.403 0
300511.SZ	雪榕生物	63.770 3	5.362 9	0.613 2	0.965 6	14.599 8	14.703 9	48.329 3
600097.SH	开创国际	32.636 0	2.987 9	0.534 1	0.958 7	−12.929 7	−18.767 9	−6.997 5
600108.SH	亚盛集团	37.610 4	1.997 1	0.287 7	1.545 0	0.112 4	−2.393 5	0.889 4
600257.SH	大湖股份	46.984 2	1.333 9	0.553 6	4.257 5	5.986 2	18.497 0	−1.473 7
600265.SH	＊ST景谷	124.904 8	0.407 0	0.231 5	0.896 7	−17.591 0	−8.423 2	−261.483 5
600313.SH	农发种业	32.721 3	9.649 1	1.239 0	7.718 8	62.059 8	23.689 6	91.888 1
600354.SH	敦煌种业	51.511 0	1.335 3	0.361 5	1.824 9	−4.309 7	3.835 3	4.330 9
600359.SH	新农开发	69.388 6	1.003 7	0.243 1	0.954 3	12.141 2	−5.460 5	179.085 3
600371.SH	万向德农	40.726 9	0.948 8	0.508 1	2.253 3	−15.930 6	−15.172 0	2.292 3
600467.SH	好当家	42.706 5	0.876 5	0.199 9	0.402 3	8.330 0	11.995 7	0.033 0
600506.SH	香梨股份	7.458 5	1.622 0	0.184 4	1.294 3	2.952 2	−51.823 7	−4.952 6

证券代码	证券名称	资产负债率（％）	存货周转率（次）	总资产周转率（次）	固定资产周转率（％）	总资产增长率（％）	营业总收入增长率（％）	股东权益增长率（％）
600540.SH	新赛股份	57.151 7	3.829 3	0.379 8	1.503 7	−13.181 0	8.081 1	44.879 5
600598.SH	北大荒	23.611 9	0.942 1	0.472 6	0.907 0	−12.082 7	−28.538 8	10.716 2
600965.SH	福成股份	19.218 3	1.894 9	0.825 6	2.470 3	62.715 4	9.810 6	83.502 1
600975.SH	新五丰	33.172 0	3.561 3	0.890 8	2.338 5	31.434 5	1.807 5	81.708 1
601118.SH	海南橡胶	36.960 0	5.036 1	0.667 8	5.381 9	5.085 0	−24.990 0	−11.749 3

在指标性质、单位不同的情况下，先要对其进行同趋势化处理。在选取的 13 个财务指标中，流动比率、速动比率以及资产负债率为适度指标，其他指标均为正指标。利用公式 $X'_i = 1/|X_i - A|$ 将这 3 个指标的初始数据进行同趋势化处理，其中 X'_i 为正向化后的指标，X_i 为原始指标，A 为样本的适度值（选取样本公司的平均值作为适度值）。然后利用 SPSS 中的 Z-score 方法将 13 个指标的原始数据进行标准化处理。同趋势化处理后的 3 个指标数据如表 4-5 所示，标准化处理后的数据如表 4-6 与表 4-7 所示。

表 4-5　同趋势化处理

证券代码	证券名称	正向化后的流动比率	正向化后的速动比率	正向化后的资产负债率（％）
000592.SZ	平潭发展	0.132 6	0.215 0	0.029 3
000663.SZ	永安林业	1.058 3	2.571 0	0.207 8
000713.SZ	丰乐种业	8.468 2	3.914 6	0.058 8
000735.SZ	罗牛山	1.328 6	3.190 3	0.064 7
000798.SZ	中水渔业	1.278 1	15.372 0	0.122 1
000998.SZ	隆平高科	1.013 1	2.774 3	0.137 5
002041.SZ	登海种业	0.599 2	2.654 3	0.049 3
002069.SZ	＊ST獐岛	0.889 2	1.773 5	0.027 9
002086.SZ	东方海洋	0.850 7	0.948 8	0.053 0
002200.SZ	云投生态	0.983 3	1.771 0	0.041 6
002234.SZ	民和股份	0.661 3	1.959 8	0.130 5
002299.SZ	圣农发展	0.561 9	1.275 4	0.191 6
002321.SZ	华英农业	0.753 9	4.876 8	0.039 7
002447.SZ	壹桥海参	1.731 0	2.436 3	0.061 2
002458.SZ	益生股份	0.481 7	1.161 4	0.026 5
002477.SZ	雏鹰农牧	1.414 8	18.886 9	0.101 6
002505.SZ	大康农业	0.750 0	4.341 3	0.073 5
002679.SZ	福建金森	0.232 6	6.259 9	0.081 2
002696.SZ	百洋股份	1.026 4	15.231 5	1.697 1
002714.SZ	牧原股份	0.725 0	1.530 8	0.159 0
002746.SZ	仙坛股份	0.909 3	1.536 0	0.078 9

证券代码	证券名称	正向化后的流动比率	正向化后的速动比率	正向化后的资产负债率（%）
002772. SZ	众兴菌业	3.023 1	4.441 4	0.179 9
300087. SZ	荃银高科	4.242 5	5.856 6	0.067 4
300094. SZ	国联水产	4.224 6	9.789 8	0.094 0
300106. SZ	西部牧业	0.687 8	1.662 6	0.041 8
300143. SZ	星河生物	0.844 1	10.378 5	0.041 4
300189. SZ	神农基因	0.129 4	0.279 7	0.029 6
300313. SZ	天山生物	0.826 7	1.935 9	0.093 8
300498. SZ	温氏股份	1.702 7	1.334 3	0.070 3
300511. SZ	雪榕生物	0.525 0	1.257 6	0.050 3
600097. SH	开创国际	1.173 9	4.772 1	0.089 0
600108. SH	亚盛集团	114.795 9	3.240 0	0.159 6
600257. SH	大湖股份	1.051 0	1.906 7	0.321 9
600265. SH	＊ST 景谷	0.570 6	1.074 2	0.012 3
600313. SH	农发种业	4.794 1	4.254 5	0.089 6
600354. SH	敦煌种业	1.403 7	23.559 0	0.131 0
600359. SH	新农开发	0.664 5	1.911 1	0.039 2
600371. SH	万向德农	1.329 1	3.096 4	0.317 4
600467. SH	好当家	0.675 3	1.506 8	0.853 9
600506. SH	香梨股份	0.115 7	0.461 1	0.027 5
600540. SH	新赛股份	0.720 7	3.031 7	0.075 3
600598. SH	北大荒	1.477 6	3.846 8	0.049 3
600965. SH	福成股份	0.977 2	3.482 5	0.040 6
600975. SH	新五丰	1.422 0	1.126 7	0.093 4
601118. SH	海南橡胶	2.050 9	6.727 1	0.144 6

表 4-6 标准化数据 1

证券代码	证券名称	基本每股收益（元）	销售净利率（%）	每股净资产（元）	总资产报酬率 ROA（%）	流动比率	速动比率
000592. SZ	平潭发展	−0.062 1	0.213	−0.114 6	0.096 1	−0.221 7	−0.824 5
000663. SZ	永安林业	0.234 2	0.251 9	1.282 5	0.289 5	−0.167 1	−0.354 4
000713. SZ	丰乐种业	0.047 7	0.149 9	0.573 8	0.032	0.269 4	−0.086 3
000735. SZ	罗牛山	−0.014 6	0.390 3	−0.796 0	0.139 5	−0.151 2	−0.230 8
000798. SZ	中水渔业	−1.577 5	−2.659	−0.862 7	−4.150 2	−0.154 2	2.199 9
000998. SZ	隆平高科	0.784 9	0.950 8	−0.581 5	1.111 2	−0.169 8	−0.313 8

证券代码	证券名称	基本每股收益（元）	销售净利率（%）	每股净资产（元）	总资产报酬率ROA（%）	流动比率	速动比率
002041. SZ	登海种业	0.697 1	1.418 4	−0.469 0	1.187 1	−0.194 2	−0.337 8
002069. SZ	＊ST 獐岛	−0.794 3	−0.312 3	−1.170 3	0.082	−0.177 1	−0.513 5
002086. SZ	东方海洋	0.230 5	0.335 9	2.462 7	0.237 7	−0.179 4	−0.678 1
002200. SZ	云投生态	−0.031 7	0.215 1	0.509 1	0.213 3	−0.171 6	−0.514 0
002234. SZ	民和股份	−2.120 6	−1.337 2	−0.297 7	−1.544 6	−0.190 5	−0.476 3
002299. SZ	圣农发展	−0.850 9	−0.241	0.652 7	−0.381 9	−0.196 4	−0.612 9
002321. SZ	华英农业	−0.067 6	0.078 9	0.004 0	0.074 5	−0.185 1	0.105 7
002447. SZ	壹桥海参	0.348 1	1.732 4	−0.515 5	0.806 6	−0.127 5	−0.381 2
002458. SZ	益生股份	−2.861 2	−2.589 1	−1.229 1	−2.151	−0.201 1	−0.635 6
002477. SZ	雏鹰农牧	0.272 1	0.292 5	0.388 0	0.349 9	−0.146 1	2.901 3
002505. SZ	大康农业	−0.143 7	0.047 2	−0.774 9	−0.092 8	−0.185 3	−0.001 1
002679. SZ	福建金森	0.367 1	0.774 7	0.921 9	0.422	−0.215 8	0.381 7
002696. SZ	百洋股份	0.470 2	0.171 7	1.110 2	0.358	−0.169 0	2.171 9
002714. SZ	牧原股份	2.190 1	0.823 4	1.762 3	1.123 1	−0.186 8	−0.561 9
002746. SZ	仙坛股份	0.139 2	0.092 7	1.470 5	0.032 6	−0.175 9	−0.560 9
002772. SZ	众兴菌业	1.525 5	0.986 6	1.820 5	0.736 3	−0.051 4	0.018 8
300087. SZ	荃银高科	−0.012 9	0.320 1	−0.829 8	0.227 5	0.020 5	0.301 2
300094. SZ	国联水产	−0.023 4	0.085 5	0.753 5	0.019 7	0.019 4	1.086 1
300106. SZ	西部牧业	0.120 2	0.179 8	0.271 9	0.148 2	−0.189 0	−0.535 6
300143. SZ	星河生物	−0.012 7	0.255	1.419 9	0.097	−0.179 8	1.203 5
300189. SZ	神农基因	−0.131 8	0.044	−1.095 8	−0.188 1	−0.221 9	−0.811 6
300313. SZ	天山生物	−0.525 4	−0.715 5	−0.836 6	−0.648 9	−0.180 8	−0.481 1
300498. SZ	温氏股份	3.101 6	0.584	1.408 0	2.179	−0.129 2	−0.601 1
300511. SZ	雪榕生物	1.943 2	0.526 2	1.144 0	0.952 2	−0.198 6	−0.616 4
600097. SH	开创国际	−1.190 1	−0.601 5	0.224 4	−0.963 9	−0.160 3	0.084 8
600108. SH	亚盛集团	−0.025 6	0.262 9	−0.552 2	0.142 8	6.534 0	−0.220 9
600257. SH	大湖股份	−0.133 9	0.066 6	−0.906 8	0.115 8	−0.167 6	−0.486 9
600265. SH	＊ST 景谷	−1.474 9	−4.051 6	−2.156 8	−1.854 2	−0.195 9	−0.653 0
600313. SH	农发种业	0.278 8	0.185 1	0.295 3	0.353 2	0.053 0	−0.018 5
600354. SH	敦煌种业	−0.053 5	0.211 7	−0.680 7	0.292 1	−0.146 8	3.833 5
600359. SH	新农开发	−0.069 7	−0.044 6	−0.699 8	−0.005 7	−0.190 3	−0.486 0
600371. SH	万向德农	−0.088 7	0.108 3	−0.938 3	−0.079 8	−0.151 2	−0.249 5

证券代码	证券名称	基本每股收益（元）	销售净利率（%）	每股净资产（元）	总资产报酬率ROA（%）	流动比率	速动比率
600467.SH	好当家	−0.050 7	0.164 3	0.285 5	0.050 8	−0.189 7	−0.566 7
600 506.SH	香梨股份	−0.115 3	0.215 8	−0.848 6	−0.081 6	−0.222 7	−0.775 4
600540.SH	新赛股份	−0.588 1	−0.465 3	−0.609 7	−0.620 8	−0.187 0	−0.262 5
600598.SH	北大荒	0.558 9	0.712 3	−0.158 2	0.629 9	−0.142 4	−0.099 8
600965.SH	福成股份	0.234 2	0.529 3	−0.779 6	1.201 9	−0.171 9	−0.172 5
600975.SH	新五丰	0.101 2	0.059 5	−0.100 1	−0.041 5	−0.145 7	−0.642 6
601118.SH	海南橡胶	−0.623 8	−0.418 7	−0.756 5	−0.896 3	−0.108 7	0.474 9

表 4-7 标准化数据 2

证券代码	证券名称	资产负债率（%）	存货周转率（次）	总资产周转率（次）	固定资产周转率（%）	总资产增长率（%）	营业总收入增长率（%）	股东权益增长率（%）
000592.SZ	平潭发展	−0.428 2	−0.736 6	−0.546 5	0.783 4	1.391 3	−0.091 2	0.754 3
000663.SZ	永安林业	0.229 8	−0.698 8	−0.518 0	−0.108 2	4.260 9	0.844 5	3.195 9
000713.SZ	丰乐种业	−0.319 4	−0.406 9	0.306 5	0.348 8	−0.589 9	−0.439 4	−0.412 1
000735.SZ	罗牛山	−0.298 0	−0.649 0	−1.045 3	−0.893 4	−0.404 8	−0.531 6	−0.450 2
000798.SZ	中水渔业	−0.086 3	0.105 0	0.283 3	−0.275 3	−0.765 0	0.207 4	−0.721 0
000998.SZ	隆平高科	−0.029 5	−0.637 4	−0.166 9	0.208 3	0.010 4	−0.088 9	−0.128 1
002041.SZ	登海种业	−0.354 8	−0.580 8	−0.386 4	0.148 2	−0.379 0	−0.181 5	−0.258 4
002069.SZ	＊ST獐岛	−0.433 6	−0.473 7	0.272 5	−0.137 8	−0.758 5	−0.192 9	−0.940 4
002086.SZ	东方海洋	−0.341 1	−0.782 0	−0.907 0	−0.951 5	0.515 7	−0.088 8	0.353 3
002200.SZ	云投生态	−0.383 0	−0.816 0	−0.565 2	2.119 9	−0.064 5	−0.045 9	0.839 3
002234.SZ	民和股份	−0.055 2	0.563 3	−0.145 7	−0.655 7	−0.994 3	−0.493 6	−0.624 6
002299.SZ	圣农发展	0.170 3	0.658 7	0.521 8	−0.691 7	−0.322 8	−0.131 6	0.059 1
002321.SZ	华英农业	−0.390 2	0.080 0	−0.299 2	−0.531 4	−0.148 6	−0.211 5	−0.448 1
002447.SZ	壹桥海参	−0.310 7	−0.821 5	−1.007 6	−1.047 6	−0.509 4	−0.137 9	0.465 3
002458.SZ	益生股份	−0.438 9	1.733 3	−0.503 4	−0.855 7	−0.651 5	−0.540 7	−0.857 7
002477.SZ	雏鹰农牧	−0.161 8	−0.225 9	−0.257 0	−0.349 1	0.471 0	0.976 1	0.419 2
002505.SZ	大康农业	−0.265 3	4.311 7	0.072 1	2.034 2	0.114 7	6.141 4	4.101 5
002679.SZ	福建金森	−0.237 1	−0.933 5	−1.159 7	2.399 5	−0.075 0	−0.169 2	−0.381 6
002696.SZ	百洋股份	5.722 3	1.344 2	1.714 6	0.414 6	−0.290 5	−0.167 5	−0.344 6
002714.SZ	牧原股份	0.050 0	−0.281 7	0.128 6	−0.534 9	1.253 4	−0.046 7	0.957 8
002746.SZ	仙坛股份	−0.245 5	0.934 5	2.201 0	0.127 2	−0.634 6	−0.206 6	−0.202 8
002772.SZ	众兴菌业	0.127 0	1.080 5	−0.466 0	−0.725 5	0.925 1	0.063 8	0.759 7
300087.SZ	荃银高科	−0.287 7	−0.616 0	0.212 6	0.295 2	−0.411 6	0.114 6	−0.381 7
300094.SZ	国联水产	−0.189 8	−0.425 8	0.882 3	1.934 8	−0.695 6	0.251 8	−0.389 7

证券代码	证券名称	资产负债率（%）	存货周转率（次）	总资产周转率（次）	固定资产周转率（%）	总资产增长率（%）	营业总收入增长率（%）	股东权益增长率（%）
300106.SZ	西部牧业	−0.382 2	−0.628 8	−0.627 7	−0.692 7	0.199 3	−0.472 7	−0.399 0
300143.SZ	星河生物	−0.383 7	0.905 8	−0.904 5	−0.874 6	2.728 7	−0.322 5	0.571 0
300189.SZ	神农基因	−0.427 4	−0.709 1	−1.028 1	−0.667 2	0.558 0	−0.293 5	−0.136 9
300313.SZ	天山生物	−0.190 4	−0.515 0	−0.545 5	−0.799 6	0.695 5	0.942 2	−0.425 6
300498.SZ	温氏股份	−0.277 3	0.538 9	3.693 5	1.541 5	0.182 8	0.058 5	0.185 9
300511.SZ	雪榕生物	−0.351 1	0.799 2	0.370 2	−0.722 5	−0.186 1	−0.053 5	−0.072 4
600097.SH	开创国际	−0.208 4	0.020 5	0.119 4	−0.725 9	−0.881 7	−0.433 4	−0.504 5
600108.SH	亚盛集团	0.052 0	−0.304 3	−0.661 9	−0.436 1	−0.552 1	−0.247 5	−0.442 9
600257.SH	大湖股份	0.650 7	−0.521 8	0.181 2	0.904 7	−0.403 7	−0.010 5	−0.461 4
600265.SH	*ST 景谷	−0.490 9	−0.825 6	−0.840 1	−0.756 6	−0.999 4	−0.316 0	−2.492 2
600313.SH	农发种业	−0.205 9	2.204 4	2.354 5	2.615 6	1.013 1	0.048 5	0.267 8
600354.SH	敦煌种业	−0.053 3	−0.521 3	−0.427 9	−0.297 7	−0.663 9	−0.176 9	−0.416 1
600359.SH	新农开发	−0.391 9	−0.630 0	−0.803 3	−0.728 1	−0.248 2	−0.282 3	0.948 9
600371.SH	万向德农	0.634 1	−0.648 0	0.036 9	−0.086 0	−0.957 5	−0.392 6	−0.432 0
600467.SH	好当家	2.612 8	−0.671 7	−0.940 3	−1.000 9	−0.344 5	−0.084 3	−0.449 6
600506.SH	香梨股份	−0.435 2	−0.427 3	−0.989 4	−0.560 0	−0.480 4	−0.808 5	−0.488 6
600540.SH	新赛股份	−0.258 6	0.296 4	−0.369 9	−0.456 5	−0.888 0	−0.128 7	−0.099 4
600598.SH	北大荒	−0.354 5	−0.650 2	−0.075 6	−0.751 5	−0.860 3	−0.544 2	−0.366 2
600965.SH	福成股份	−0.386 9	−0.337 8	1.043 7	0.021 3	1.029 7	−0.109 0	0.202 3
600975.SH	新五丰	−0.192 0	0.208 5	1.250 4	−0.043 9	0.239 3	−0.199 9	0.188 3
601118.SH	海南橡胶	−0.003 3	0.692 0	0.543 3	1.460 5	−0.426 5	−0.504 0	−0.541 7

（四）因子分析法适应性检验

为了检验所选用的指标是否适合使用因子分析法，本书利用 SPSS 软件中 KMO 和 Bartlett 的方法来对样本进行检验。检验结果如表 4-8 所示。

表 4-8 KMO 和 Bartlett 的检验

取样足够度的 Kaiser-Meyer-Olkin 度量		0.575
Bartlett 的球形度检验	近似卡方	279.508
	自由度（df）	78
	显著性（Sig）	0.000

由表 4-8 可知，KMO 值为 0.575，大于 0.5，可知各变量之间的相关程度无较大差异，原有变量适合作因子分析。同时，巴特利球形检验统计量为 279.508，相应的概率 Sig 为 0.000，在 5% 的显著性水平之下，拒绝原假设，因此可认为相关系数矩阵与单位阵有显著差异，说明样本适合作因子分析。

（五）确定主因子

本书应用因子分析法中的主成分分析法来计算原始公因子的特征值、方差贡献率以及累计方差贡献率，并由此确定公因子。结果如表 4-9 所示。

表 4-9　解释的总方差

成　分	初始特征值			提取平方和载入			旋转平方和载入		
	合计	方差的%	累积%	合计	方差的%	累积%	合计	方差的%	累积%
1	3.702	28.477	28.477	3.702	28.477	28.477	3.314	25.494	25.494
2	2.233	17.178	45.655	2.233	17.178	45.655	2.297	17.667	43.162
3	1.639	12.604	58.259	1.639	12.604	58.259	1.742	13.404	56.565
4	1.203	9.255	67.515	1.203	9.255	67.515	1.367	10.519	67.084
5	1.048	8.061	75.575	1.048	8.061	75.575	1.104	8.491	75.575
6	0.858	6.602	82.177						
7	0.733	5.641	87.818						
8	0.561	4.318	92.136						
9	0.400	3.074	95.210						
10	0.272	2.093	97.304						
11	0.190	1.460	98.764						
12	0.102	0.781	99.545						
13	0.059	0.455	100.000						

提取方法:主成分分析。

　　根据表 4-9 中数据可知,前五个主因子的方差贡献率已经达到了累计方差贡献率的 75.575%,即表明这五个主因子已包含原始数据信息量的 75.575%,所以只须选择前五个主因子就可以较好地代表原始指标,对公司的绩效进行描述。

　　"特征值是能够被看作表示因子影响力度大小的指标之一,如果特征值小于 1,说明该因子的解释力度还不如直接引入一个原变量的平均解释力度大,因此一般用特征值大于 1 作为纳入标准。"[13]特征值可用碎石图列示,如图 4-1 所示。从图 4-1 可以看出,从第六个因子开始,特征值的值都小于 1,且折线的陡度变得比较平缓,这说明提取 5 个主因子是合适有效的。

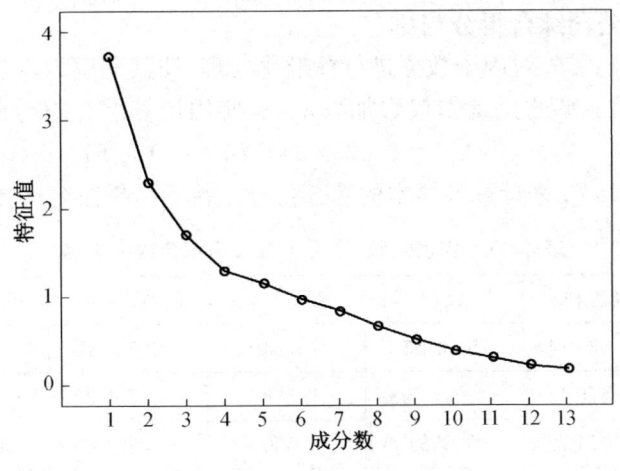

图 4-1　碎石图

（六）旋转载荷矩阵分析

本书对原因子载荷矩阵进行最大方差旋转，以期得到主因子更明确的含义。结果如表4-10所示。

表 4-10　旋转成分矩阵ᵃ

	成　分				
	F_1	F_2	F_3	F_4	F_5
基本每股收益	0.897	0.024	0.192	0.003	−0.021
销售净利率	0.888	0.089	−0.014	−0.030	0.133
每股净资产	0.650	0.128	0.046	0.279	−0.354
总资产报酬率	0.918	0.005	0.128	−0.118	0.081
流动比率	0.074	−0.002	−0.087	0.064	0.878
速动比率	−0.102	0.071	0.006	0.758	0.047
资产负债率	0.100	−0.076	0.102	0.793	−0.004
存货周转率	−0.203	0.609	0.539	0.186	−0.051
总资产周转率	0.187	−0.078	0.850	0.161	−0.160
固定资产周转率	0.138	0.246	0.715	−0.054	0.058
总资产增长率	0.439	0.521	−0.312	−0.001	−0.357
营业总收入增长率	−0.081	0.882	0.216	−0.011	0.110
股东权益增长率	0.367	0.880	−0.020	−0.059	−0.095

提取方法：主成分分析。

旋转方法：Kaiser标准化最大方差法。

a. 旋转在6次迭代后收敛。

由表4-10中的数据可以看到，基本每股收益、销售净利率、每股净资产、总资产报酬率在主因子F_1上的载荷量分别为0.897、0.888、0.650、0.918，它主要反映了公司的盈利能力，所以将F_1命名为盈利因子；主因子F_2在总资产增长率（0.521）、营业总收入增长率（0.882）、股东权益增长率（0.880）上有较大载荷量，代表了公司的成长能力，为成长因子；主因子F_3在存货周转率（0.539）、总资产周转率（0.850）、固定资产周转率（0.715）上有较大载荷量，代表了公司的营运能力，故而将其命名为营运因子；速动比率与资产负债率在主因子F_4上的载荷分别为0.758与0.793，体现了公司的偿债能力，为偿债因子1；流动比率在主因子F_5上的载荷分别为0.878，体现了公司的偿债能力，为偿债因子2。

（七）农、林、牧、渔业公司综合得分与排名

要得到因子的综合得分，需先对因子数据进行标准化处理，使其期望为0，方差为1，然后，对各因子的方差贡献率占因子总方差贡献率的比重作权重加权汇总，使用计算综合得分的公式$F=(\lambda_1 F_1+\lambda_2 F_2+\lambda_3 F_3+\lambda_4 F_4+\lambda_5 F_5)/(\lambda_1+\lambda_2+\lambda_3+\lambda_4+\lambda_5)=(0.254\,94\times F_1+0.176\,67\times F_2+0.134\,04\times F_3+0.105\,19\times F_4+0.084\,91\times F_5)/0.755\,75$来计算各样本的综合得分。得到结果按名次排列如表4-11所示。

表 4-11　农、林、牧、渔业上市公司综合得分排名

股票代码	名称	F_1（盈利）	F_2（成长）	F_3（营运）	F_4（偿债1）	F_5（偿债2）	F（综合）	排名
002505.SZ	大康农业	−1.035 14	5.291 30	1.784 85	−0.524 10	1.119 25	1.26	1
002696.SZ	百洋股份	0.476 44	−0.440 58	1.168 72	4.856 39	−0.225 08	0.92	2
300498.SZ	温氏股份	1.974 72	−0.650 06	3.000 08	−0.601 83	−0.536 65	0.90	3
600108.SH	亚盛集团	0.419 04	0.030 05	−0.756 38	0.387 48	5.741 91	0.71	4
600313.SH	农发种业	0.194 61	0.583 21	2.607 31	−0.206 91	−0.350 86	0.60	5

股票代码	名称	F_1（盈利）	F_2（成长）	F_3（营运）	F_4（偿债1）	F_5（偿债2）	F（综合）	排名
002772.SZ	众兴菌业	1.227 87	0.663 99	−0.568 56	0.509 76	−0.513 21	0.48	6
002714.SZ	牧原股份	1.713 19	0.250 11	−0.492 68	−0.052 69	−0.788 87	0.45	7
000663.SZ	永安林业	1.071 10	2.401 03	−1.988 70	0.097 58	−1.452 47	0.42	8
002477.SZ	雏鹰农牧	0.235 31	0.743 30	−0.716 07	1.594 49	0.097 74	0.36	9
300511.SZ	雪榕生物	1.051 76	−0.217 77	0.368 86	−0.322 05	−0.355 51	0.28	10
300094.SZ	国联水产	0.138 21	−0.535 21	1.256 26	0.398 91	0.089 65	0.21	11
002679.SZ	福建金森	0.658 05	−0.255 24	0.202 48	−0.177 31	0.125 76	0.19	12
002746.SZ	仙坛股份	0.224 29	−0.472 21	1.626 05	−0.117 80	−0.721 70	0.16	13
000998.SZ	隆平高科	0.777 43	−0.359 83	0.003 95	−0.526 04	0.335 14	0.14	14
300143.SZ	星河生物	0.487 10	1.097 53	−1.593 10	0.964 25	−1.185 17	0.14	15
600965.SH	福成股份	0.595 64	−0.064 00	0.292 01	−0.606 55	−0.152 17	0.14	16
002041.SZ	登海种业	0.863 06	−0.482 30	−0.019 82	−0.718 13	0.478 98	0.13	17
600354.SH	敦煌种业	−0.142 60	−0.286 38	−0.567 12	1.980 10	0.600 83	0.13	18
002200.SZ	云投生态	0.335 77	0.217 95	0.362 44	−0.819 22	−0.016 49	0.11	19
002447.SZ	壹桥海参	0.775 76	−0.163 46	−1.022 60	−0.591 88	0.567 23	0.02	20
600975.SH	新五丰	0.076 00	−0.133 08	0.664 15	−0.468 88	−0.406 05	0.00	21
000713.SZ	丰乐种业	0.194 40	−0.595 39	0.366 34	−0.168 45	0.162 47	−0.01	22
300087.SZ	荃银高科	−0.005 38	−0.348 37	0.254 14	−0.268 24	0.478 81	−0.03	23
600467.SH	好当家	0.205 88	−0.511 25	−0.968 45	1.310 89	−0.049 18	−0.04	24
600257.SH	大湖股份	−0.113 45	−0.460 75	0.578 65	−0.248 90	0.285 61	−0.05	25
002086.SZ	东方海洋	0.821 34	0.054 53	−1.268 15	−0.092 18	−0.919 14	−0.05	26
000592.SZ	平潭发展	0.314 06	0.472 41	−0.512 20	−0.917 91	−0.442 18	−0.05	27
600598.SH	北大荒	0.505 95	−0.816 76	−0.182 48	−0.346 01	0.224 28	−0.08	28
601118.SH	海南橡胶	−0.806 86	−0.257 55	1.143 92	0.106 81	0.053 06	−0.11	29
002321.SZ	华英农业	−0.046 85	−0.237 96	−0.268 36	−0.107 30	−0.126 23	−0.15	30
002299.SZ	圣农发展	−0.372 75	−0.020 38	0.168 72	0.046 26	−0.550 22	−0.16	31
600371.SH	万向德农	−0.172 00	−0.751 21	0.152 02	−0.008 91	0.339 76	−0.17	32
600359.SH	新农开发	−0.069 16	0.139 59	−0.844 51	−0.668 74	0.049 02	−0.23	33
300106.SZ	西部牧业	0.262 51	−0.426 45	−0.736 19	−0.451 85	−0.325 89	−0.24	34
000735.SZ	罗牛山	0.015 60	−0.524 62	−0.879 11	−0.435 02	0.257 70	−0.30	35
600540.SH	新赛股份	−0.734 38	−0.105 60	−0.055 86	−0.316 70	0.065 79	−0.32	36
300313.SZ	天山生物	−0.683 07	0.376 86	−0.803 52	−0.427 19	−0.186 68	−0.37	37
300189.SZ	神农基因	−0.154 39	−0.085 12	−1.017 55	−0.891 97	−0.074 98	−0.39	38
002069.SZ	*ST獐岛	−0.557 74	−0.739 74	0.345 67	−0.794 72	0.216 65	−0.39	39
600506.SH	香梨股份	−0.140 36	−0.617 10	−0.592 20	−0.838 86	0.110 12	−0.40	40
600097.SH	开创国际	−0.842 01	−0.465 63	−0.094 20	0.164 89	−0.331 88	−0.42	41
002234.SZ	民和股份	−1.639 20	−0.314 31	−0.026 74	−0.065 89	−0.398 42	−0.69	42
000798.SZ	中水渔业	−2.774 29	0.107 27	−0.056 05	1.514 29	−0.507 66	−0.77	43
002458.SZ	益生股份	−2.687 54	0.102 43	−0.038 12	−0.358 01	−0.538 63	−1.00	44
600265.SH	*ST景谷	−2.637 91	−1.193 25	−0.277 91	−0.791 85	−0.244 44	−1.36	45

表 4-11 中,农、林、牧、渔业公司综合得分与其投资价值呈正相关关系。由于先对因子数据进行了标准化处理,因此,可以 0 为参考标准线,认为:综合得分大于 0 的公司,综合业绩相对较好,且数值越大,投

资价值越大;综合得分小于 0 的则相对较差,且数值越小,投资价值越小。依此可对上市公司的综合业绩和投资价值有一个基本的评价。

具体而言,表 4-11 中,公司各项能力得分与相应实力也呈正相关关系。

排名前十位的公司分别为大康农业、百洋股份、温氏股份、亚盛集团、农发种业、众兴菌业、牧原股份、永安林业、雏鹰农牧、雪榕生物。

其中,大康农业从 2013 年的第十七名升至 2014 年的第二名,再上升到 2015 年的第一名,呈显著上升趋势。2015 年其营运因子得分排名第三,说明其营运能力非常强,成长能力得分排名第一,说明其成长状况也极其良好,其偿债能力、盈利能力都较强,综合各个因子得分及综合得分,大康农业是名副其实的行业龙头,具有较大投资价值,非常值得投资和关注。

百洋股份,综合得分排名第二,较 2013 年与 2014 年下降一位,总体来看实力强劲,属行业龙头公司之一,2015 年其盈利能力和成长能力得到很大提升,成长因子得分排名居中,偿债和营运因子得分排名与 2014 年基本一致,且靠前,说明公司在各个方面保持稳定或稳步阶段,值得长期投资。

温氏股份是 2015 年新上市的公司,综合得分排名第三,盈利和营运能力极强,其营运因子得分排名第一,远远大于第二名,成长、偿债能力分别排名靠后,而且得分都是负值,说明公司整体经营状况欠佳,发展不均衡,投资者应继续观察公司扩张后的经营管理绩效,不可对其盲目投资或可进行适量投资。

亚盛集团,综合得分排名第四,2014 年排名第七,2013 年排名第十六,总体来看处于上升的阶段。它具有极强的偿债能力,其偿债因子得分排名第一,盈利因子和成长因子均排在第十五位,营运因子排在第十六位,处于中等偏上水平,考虑其稳健的偿债能力,可以适当进行短期投资。

农发种业也是新上市公司,综合得分排名第五,营运因子排名第二,说明公司营运能力很强,同时偿债因子得分为负,说明其偿债能力较差,相对于行业内其他公司,其成长因子得分排名第六,说明公司正在成长期且发展良好,需进一步关注其后续发展情况,可考虑长期适量投资。

众兴菌业是新上市的企业,综合得分排名第六,成长能力排名第五,其他 3 个因子排名居中,表现一般,考虑其良好的成长能力,可以适当进行长期投资。

牧原股份,综合得分排名第七,2013 年排名第二,2014 年排名第十,总体来看这三年内都处于前十名,各方面实力雄厚,较为稳定。其主要优势在于其盈利能力,盈利因子得分排名第二,其他 3 个因子排名居中,成长因子排名第九,偿债、营运因子得分为负数,总体表现一般,综合排名较 2014 年上升 4 名,考虑其优秀的盈利能力和成长能力,比较适宜对其进行短期投资。

永安林业,综合得分排名第八,由 2013 年的第三十三名以及 2014 年的第三十二名上升到 2015 年的第五名,公司呈明显上升态势,2015 年升速较快,是其成长因子排名第二所起的巨大作用,说明公司的成长情况良好,盈利因子排名第四,盈利能力较强,营运因子得分为负,表现很一般,偿债因子得分排名第十二,说明公司偿债能力一般,综合各个因子得分情况,公司是值得长期投资的。

雏鹰农牧,综合得分排名第九,较 2014 年上升至第二十六位,2013 年排名也仅为第二十三名,这两年有较大的发展,主要是其偿债能力突出,得分排名第三,其他 3 个因子排名居中,表现一般,考虑其稳健的偿债能力,可以适当进行短期投资。

雪榕生物也是新上市的公司,综合得分排名第十,盈利能力较强,盈利因子得分排名第五,较 2014 年有所上升,成长因子得分与 2014 年基本一致,成长能力强,营运因子与偿债因子得分还是负数,成长能力较 2014 年下降很多。考虑其优秀的盈利能力和成长能力,是值得长期投资的。

其中,大康农业、百洋股份、牧原股份这三家公司连续两年都保持在前十,大康农业从 2014 年的第二名上升到 2015 年的第一名,而百洋股份这三年内一直保持在综合排名前三名,两家公司发展都很稳健,都是投资者理想的投资对象。

排名后十位的公司分别为新赛股份、天山生物、神农基因、*ST 獐岛、香梨股份、开创国际、民和股份、中水渔业、益生股份、*ST 景谷,这些公司的盈利因子都在行业平均值以下,甚至远远低于平均值,是导致排名靠后的最主要原因,还有 4 个因子中只有个别因子为正值,部分公司没有正值,其中 *ST 獐岛、香梨股份、*ST景谷、神农基因这四家公司去年排名也在后十之列,故暂不建议对其投资。

(八) 系统聚类分析

上述因子分析能够满足投资者对各家上市公司投资价值分析的基本需要,但是由于投资者的投资理念往往各不相同,关注的侧重点也有所不同,因此为了更深入细致地分析行业板块的情况,将利用系统聚类分析法进一步对45家公司的5个因子值和综合值进行Q型聚类(即个案分群);聚类方法为ward联结法,即离差平方和法,根据同类变量间的离差平方和较小、不同类别间的离差平方和较大来进行分类,形成树状图,如图4-2所示。其测量尺度选用平方Euclidean距离,即两样本之间的距离是各样本每个变量值之差的平方和。通过聚类分析把业绩相似的公司归类,可以对不同类别的上市公司进行对比分析,为投资者选择投资组合提供参考。

根据图4-2对45家农、林、牧、渔业上市公司进行进一步分类,本书选择将其分为四类,如表4-12所示。

表4-12 聚类分析

类别	农、林、牧、渔业公司	数目
1	大康牧业	1
2	百洋股份、众兴菌业、牧原股份、永安林业、雏鹰农牧、星河生物、敦煌种业、好当家、东方海洋	9
3	温氏股份、农发种业、雪榕生物、国联水产、福建金森、仙坛股份、隆平高科、福成股份、登海种业、云投生态、壹桥海参、新五丰、丰乐种业、荃银高科、大湖股份、平潭发展、北大荒、海南橡胶、华英农业、圣农发展、万向德农、新农开发、西部牧业、罗牛山、新赛股份、天山生物、神农基因、*ST獐岛、香梨股份、开创国际、民和股份、中水渔业、益生股份、*ST景谷	34
4	亚盛集团	1

在表4-12中,类别1中,包含大康农业1家公司,综合排名第一。公司突出优势是成长能力超群,其得分遥遥领先。公司2014年4月非公开发行股票62 814万股,由一家以生猪和猪肉的生产销售为核心业务的公司转型为蛋白食品供应商,盈利、偿债能力分别排名比较靠后,而且得分都是负值,说明公司整体经营状况欠佳,投资者应继续观察公司扩张后的经营管理绩效,暂时较适宜对其进行短期投资。

类别2中,有百洋股份、众兴菌业、牧原股份、永安林业、雏鹰农牧、星河生物、敦煌种业、好当家、东方海洋9家公司。该类公司综合能力强,发展较为均衡。其中,百洋股份等前六家公司都在前十位,实力雄厚,应是投资者关注的重点;后三家公司排名居中,东方海洋排名最后在第二十六位。其中,百洋股份始终坚持可持续发展经营原则,致力建设水产循环经济,发展绿色生态产业,百洋水产是国内规模最大的罗非鱼食品供应商,建立了一套可推广复制的相关业务协同发展的模式,百洋股份在因子综合得分排名中位居第一,各项指标都大于0,相当稳健,是非常具有投资价值的一家企业。牧原股份连续三年成长能力良好,综合排名第六。该公司是第一批国家生猪核心育种场、国家级星火计划项目证书获得者、国家现代农业产业技术体系生猪产业综合实验站,其综合得分排名虽然较去年有所下降,但盈利能力、营运能力和成长能力都处于较佳状态,主要是公司的偿债能力较弱,需要关注公司的现金流量情况,总体来说还是值得投资的。

类别3中,包含温氏股份等34家公司,综合排名高、中、低档位置均有,其中温室股份、农发种业2家公司综合得分排名在前十,一半以上的公司行业排名靠后。该类公司综合实力较强。其中温氏股份,是一家涵盖养殖、食品加工、农牧设备、实业投资等几大产业的大型现代化、信息化的农牧企业。2015年盈利能力和成长能力很好,因此综合排名第三,说明公司在各个方面保持稳定或稳步上升阶段,值得长期投资。农发种业是国务院国有资产监督管理委员会(简称国资委)直接管理的唯一专业从事农业的中央企业,主要从事远洋捕捞、生物疫苗兽药及饲料添加剂、现代种业、农业保险、绿色食品、海外农业六大核心业务,是我国最早从事农业"援外"的重要力量和农业"走出去"的排头兵,目前拥有全资及控股子公司19家,境内外上市公司4家,在世界40多个国家(地区)建立了分支机构或基地,与80多个国家(地区)保持经贸往来。农发种业是中国农业发展集团有限公司(简称中农发集团)发展现代种业的专业化平台,同时

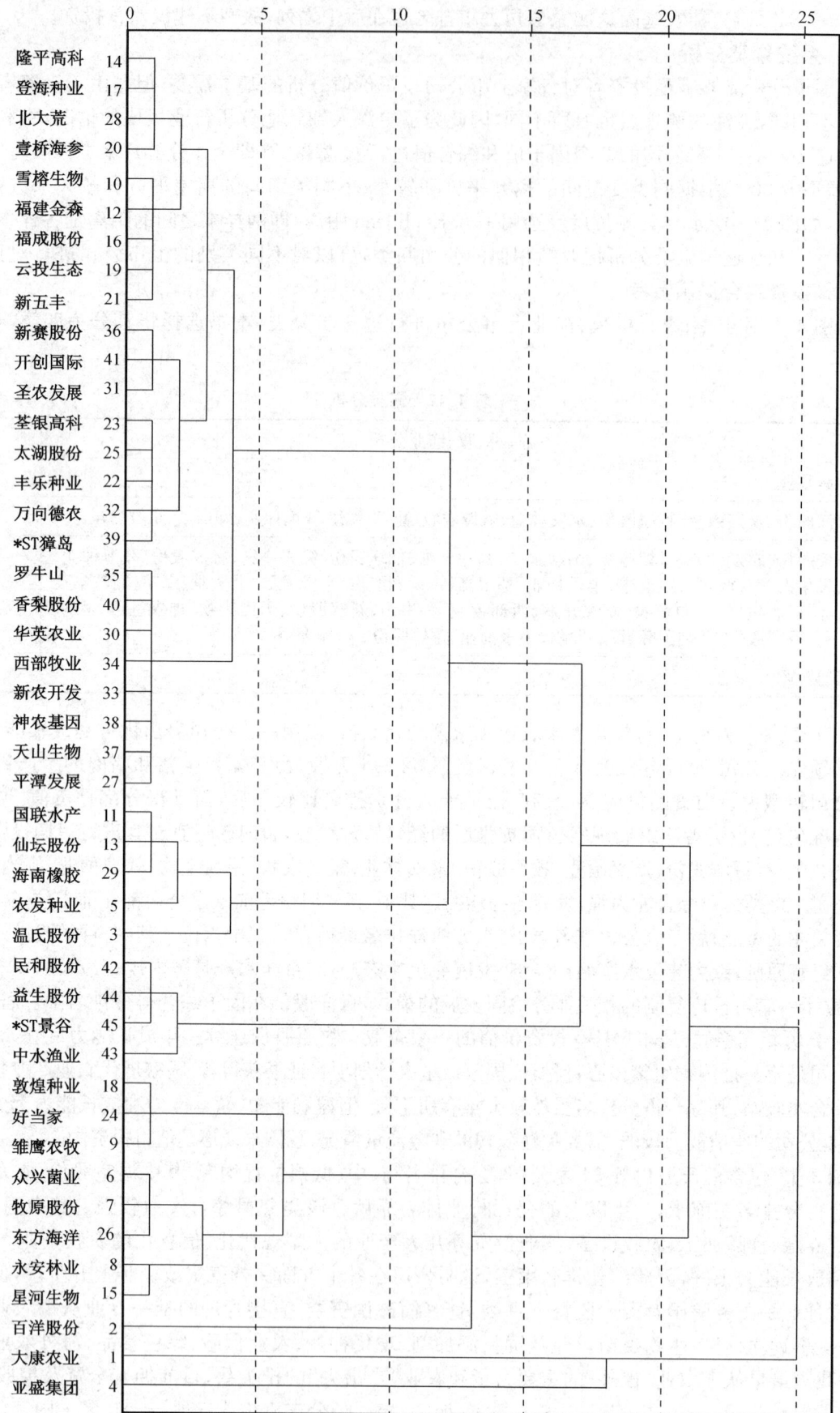

图 4-2 使用 ward 联接的树状图

也是目前唯一以种业为主营业务的央企上市公司。公司成长因子得分排名靠前,拥有很强的盈利能力和营运能力,比较适宜进行长期投资。其他公司如华英农业、圣农发展、万向德农、新农开发、西部牧业、罗牛山、新赛股份、天山生物、神农基因、﹡ST獐岛、香梨股份、开创国际、民和股份、中水渔业、益生股份、﹡ST景谷等,基本上所有的得分都是负值,排名靠后,需谨慎对其投资。

类别4中,只有亚盛集团1家公司。它是一家以精准农业种植、农副产品生产加工为主业,盐业化工系列产品生产加工、化工纺织原料生产加工为辅业的综合类企业集团,围绕优质绿色的农副产品,公司以巨额资金投入高科技农业项目,引进世界最先进的滴灌技术,建成了我国当前最大规模的农艺种植基地。亚盛集团综合得分排名第四,科研得分第一,说明公司资本结构合理,其他能力排名居中,考虑其创新的科研能力,可以适当进行短期投资。

四、结语

综上所述,投资者在进行投资时,要综合考虑宏观、微观等各方面反映的财务信息,加以谨慎地分析,作出合理的选择。在此,本书运用SPSS软件,利用13个指标综合分析了2015年度农、林、牧、渔业45家上市公司各种能力表现情况,并对比2013年、2014年的排名等情况,得出理论与实践有机结合的投资价值结论,对投资者进行投资决策有一定的参考意义。但数据主要运用了2015年一个年度的财务报表资料,某些项目还可能会由于会计政策变更等的影响存在一定程度的偶然性,分析指标的选择也具有主观性,因此,分析结果难以完全反映出真实状况,若后续能连续多个年度进行跟踪分析,并适当增加分析指标,则可较大程度地消除偶然性,帮助投资者作出更加准确的投资决策,以更加有效地配置投资资源,促进农、林、牧、渔业的进一步健康和谐发展。

参考文献

[1] 国家统计局,http://data.stats.gov.cn/easyquery.htm? cn=C01.
[2][3] 国家统计局.中华人民共和国2015年国民经济和社会发展统计公报.2016-3-8.
[4] 2015年农林牧渔业总产值情况表,2016-3-25,http://www.feidong.gov.cn/display.asp? id=70238.
[5] 刘菊香,朱曦.农林牧渔业人力资源现状与农学教育发展对策研究[J].中国农业大学学报:社会科学版,2014,31(4):140-147.
[6] 吴立.行业复苏下的变革优选——2015年农林牧渔业投资策略[J].环球财经,2015(1):46-49.
[7] 韩兆洲,谢明杰.公司投资价值评价模型及其实证分析[J].中央财经大学学报,2004(11).
[8] 赵惠芳,等.中国上市公司投资价值分析研究[M].北京:中国财富出版社,2015:30-48.
[9] 赵惠芳,杨健兰,等.中国上市公司投资价值比较分析研究[M].北京:中国财富出版社,2016:35-47.
[10] 韩兆洲,谢明杰.上市公司投资价值评价模型及其实证分析[J].中央财经大学学报,2004(11).
[11] 唐菲,韩华,龙伟.新能源行业上市公司投资价值分析[J].武汉理工大学学报:信息与管理工程版,2012(10).
[12] 曹建清.中国软件行业公司投资价值分析[J].金融市场,2012(8).
[13] 唐菲,韩华,龙伟.新能源行业公司投资价值分析[J].武汉理工大学学报:信息与管理工程版,2012(10).

(参著:刘 娟)

第五章　采矿业上市公司投资价值动态比较分析研究

一、行业发展与投资价值状况

采矿业指对固体（如煤和矿物）、液体（如原油）或气体（如天然气）等自然产生的矿物的采掘。它包括地下或地上采掘、矿井的运行，以及一般在矿址或矿址附近从事的旨在加工原材料的所有辅助性工作，例如，碾磨、选矿和处理，均属本类活动。它还包括使原料得以销售所需的准备工作，但不包括水的蓄积、净化和分配，以及地质勘查、建筑工程活动。采矿业是国民经济的基础性产业，采矿业产品是其他各个行业乃至人民生活的能源和原材料。因此，采矿业的发展直接影响国民经济的发展，以及人们生活水平，始终具有较大的社会需求和发展动力。

长期以来，我国采矿业取得了巨大发展，进入 21 世纪以来，已经逐渐发展成为世界采矿业大国，很多采矿新技术、新工艺、新材料和新设备在矿业得到了应用，一些矿山和一批先进的采矿工艺技术和装备，已步入世界先进水平的行列。矿业采矿工艺技术和设备的发展，主要表现在采用各种采矿方法的比重和回采工艺、技术装备有了很大的变化，均沿着高效率、高回采率和机械化的方向发展，采场生产能力和劳动生产率有了较大的提高，损失、贫化指标大幅度降低。然而，由于经济转型的影响，近几年来，我国采矿业出现了产能过剩、库存过大的状况，直接影响了整个行业的发展。

国家统计局数据显示，2014 年采矿业固定资产投资 14 681 亿元，同比增长 0.7%，[1]增幅在全国 19 个大行业中排名倒数第一，与全社会 19 个大行业平均增幅 15.7% 相比，也充分体现出了行业萎缩的萎靡局势。2015 年采矿业固定资产投资 12 971 亿元，同比下降 8.8%，[2]增幅在全国 19 个大行业中排名也是倒数第一，与全社会 19 个大行业平均增幅 10% 相比，仍然呈现萎靡态势。此外，对外直接投资 108.5 亿美元，同比下降 43.9%，[3]增幅在全国 19 个大行业中排名仍旧倒数第一。2015 年实现利润总额 2 604.2 亿元，同比下降 58.2%。[4]

采矿业增速下降主要有两个原因。一是去产能。采矿业是产能过剩比较严重的产业，同时也是受国际影响比较大的一个产业，采矿业生产增速的下降和 PPI 的回升在一定程度上体现了这一行业去产能的影响。2015 年，各行业去产能的进度不同，采矿业确实是去产能的主要领域，其中煤炭和钢铁更是去产能的重头。二是去库存。即在库存接近底部时，价格需要反弹，加上国际大宗产品金融市场的回升，PPI 就会有所回升，不过在去库存过程中，采矿业的生产增速并不会增加。对于采矿业这种严重过剩的行业，去产能和去库存是同时进行的。前者在某种程度上需要政府加以引导，尤其对于一些特大型企业来说，去产能需要相关政策的配套；但后者在很大程度上是一种市场行为，并不需要引导。

总之，采矿业始终都具有较大的社会需求和发展潜力，也面临着巨大的转型压力。相应地对其投资就显得格外重要。采矿业上市公司大都是该行业的龙头企业，是广大投资者关注的重点也是焦点，对其进行价值投资就显得格外重要。

二、样本选取与数据处理

沪、深证券交易所的 78 家采矿业上市公司的资料来源主要为其 2015 年度的财务报告，其中，潜能恒信、游久游戏两家公司由于数据不全，故将其剔除，实际参入分析的公司

有 76 家。具体初始数据扫描二维码获取。

在指标性质、单位不同的情况下，先要对其进行同趋势化处理。然后利用 SPSS 中的 Z-score 方法将 13 个指标的原始数据进行标准化处理，同趋化数据和标准化数据略。

三、因子分析法适应性检验

为了检验所选用的指标是否适合使用因子分析法，本书利用 SPSS 软件中 KMO 和 Bartlett 的方法来对样本进行检验。检验结果如表 5-1 所示。

表 5-1　**KMO 和 Bartlett 的检验**

取样足够度的 Kaiser-Meyer-Olkin 度量		0.572
Bartlett 的球形度检验	近似卡方	417.452
	自由度(df)	78
	显著性(Sig)	0.000

由表 5-1 可知，KMO 值为 0.572，大于 0.5，可知各变量之间的相关程度无较大差异，原有变量适合作因子分析。同时，巴特利球形检验统计量为 417.452，相应的概率 Sig 为 0.000，在 5% 的显著性水平之下，拒绝原假设，因此可认为相关系数矩阵与单位阵有显著差异，说明样本适合作因子分析。

四、确定主因子

本书应用因子分析法中的主成分分析法来计算原始公因子的特征值、方差贡献率以及累计方差贡献率，并由此确定公因子。结果如表 5-2 所示。

表 5-2　**解释的总方差**

成　分	初始特征值			提取平方和载入			旋转平方和载入		
	合计	方差的%	累积%	合计	方差的%	累积%	合计	方差的%	累积%
1	2.705	20.809	20.809	2.705	20.809	20.809	2.6	19.997	19.997
2	1.949	14.992	35.801	1.949	14.992	35.801	1.967	15.128	35.125
3	1.888	14.521	50.322	1.888	14.521	50.322	1.965	15.118	50.242
4	1.392	10.71	61.032	1.392	10.71	61.032	1.309	10.066	60.308
5	1.168	8.982	70.014	1.168	8.982	70.014	1.262	9.705	70.014
6	0.979	7.529	77.543						
7	0.83	6.388	83.93						
8	0.716	5.511	89.441						
9	0.565	4.349	93.79						
10	0.327	2.518	96.308						
11	0.295	2.268	98.577						
12	0.153	1.175	99.752						
13	0.032	0.248	100						

提取方法：主成分分析。

根据表 5-2 中数据可知，前五个主因子的方差贡献率已经达到了累计方差贡献率的 70.014%，即表明这五个主因子已包含原始数据信息量的 70.014%，所以只须选择前五个主因子就可以较好地代表原始指标，对公司的绩效进行描述。

特征值是能够被看作表示因子影响力度大小的指标之一，如果特征值小于 1，说明该因子的解释力度还不如直接引入一个原变量的平均解释力度大，因此一般用特征值大于 1 作为纳入标准。特征值可用碎石图列示，如图 5-1 所示。从图 5-1 可以看出，从第六个因子开始，特征值的值都小于 1，且折线的陡度变得比较平缓，这说明提取 5 个主因子是合适有效的。

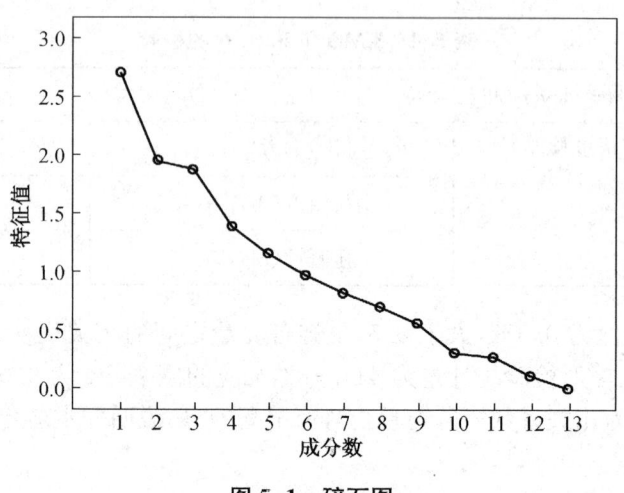

图 5-1　碎石图

五、旋转载荷矩阵分析

本书对原因子载荷矩阵进行最大方差旋转，以期得到主因子更明确的含义。结果如表 5-3 所示。

表 5-3　旋转成分矩阵[a]

	成　分				
	F_1	F_2	F_3	F_4	F_5
基本每股收益	0.902	−0.004	0.078	0.128	−0.017
销售净利率	0.917	0.054	0.009	−0.068	−0.076
每股净资产	0.254	−0.012	0.078	0.728	0.2
总资产报酬率	0.855	0.081	0.099	−0.162	−0.034
流动比率	−0.136	−0.021	0.053	−0.21	0.788
速动比率	0.122	0.011	−0.053	0.244	0.753
资产负债率	0.228	−0.063	−0.044	0.108	0.078
存货周转率	−0.116	−0.018	0.812	0.253	0.029
总资产周转率	0.125	0.055	0.885	−0.003	0.007
固定资产周转率	0.073	−0.012	0.699	−0.3	−0.037
总资产增长率	−0.058	0.987	0.032	0.007	−0.011
营业总收入增长率	0.145	0.002	0.063	−0.679	0.132
股东权益增长率	0.078	0.987	−0.009	−0.026	−0.001

提取方法：主成分分析。

旋转方法：Kaiser 标准化最大方差法。

a. 旋转在 5 次迭代后收敛。

由表 5-3 中的数据可以看到,基本每股收益、销售净利率、总资产报酬率在主因子 F_1 上的载荷量分别为 0.902、0.917、0.855,它主要反映了公司的盈利能力,所以将 F_1 命名为盈利因子1;主因子 F_2 在总资产增长率(0.987)、股东权益增长率(0.987)上有较大载荷量,代表了公司的成长能力,为成长因子;主因子 F_3 在存货周转率(0.812)、总资产周转率(0.885)、固定资产周转率(0.699)上有较大载荷量,代表了公司的营运能力,故而将其命名为营运因子;每股净资产(0.728)在 F_4 上有较大载荷量,主要体现了公司的盈利能力,将其命名为盈利因子2;流动比率与速动比率在主因子 F_5 上的载荷分别为 0.788 与 0.753,体现了公司的偿债能力,为偿债因子。

六、采矿业业公司综合得分与排名

要得到因子的综合得分,需先对因子数据进行标准化处理,使其期望为 0,方差为 1,然后,对各因子的方差贡献率占因子总方差贡献率的比重作权重加权汇总,使用计算综合得分的公式 $F=(\lambda_1 F_1 + \lambda_2 F_2 + \lambda_3 F_3 + \lambda_4 F_4 + \lambda_5 F_5)/(\lambda_1 + \lambda_2 + \lambda_3 + \lambda_4 + \lambda_5) = (0.19997 \times F_1 + 0.15128 \times F_2 + 0.15118 \times F_3 + 0.10066 \times F_4 + 0.09705 \times F_5)/0.70014$ 来计算各样本的综合得分。得到结果按名次排列如表 5-4 所示。

表 5-4 采矿业上市公司综合排名

证券代码	证券名称	F_1(盈利1)	F_2(成长)	F_3(营运)	F_4(盈利2)	F_5(偿债)	F	排名
600758.SH	红阳能源	−0.733 94	8.425 45	0.043 82	0.333 85	−0.239 07	1.64	1
600547.SH	山东黄金	0.279 78	−0.202 35	3.410 03	1.685 74	−0.461 03	0.95	2
601808.SH	中海油服	0.756 58	−0.092 06	−0.342 33	2.077 27	3.727 76	0.94	3
002018.SZ	华信国际	0.087 35	−0.085 24	4.644 08	−0.518 21	−0.113 93	0.92	4
002683.SZ	宏大爆破	0.790 19	0.071 94	−0.154 62	0.606 71	3.730 56	0.81	5
601088.SH	中国神华	1.364 35	−0.176 22	−0.300 69	2.588 42	0.808 31	0.77	6
000552.SZ	靖远煤电	0.549 19	0.358 51	−0.589 7	0.728 3	2.775 23	0.6	7
000603.SZ	盛达矿业	2.779 41	0.207 4	0.148 82	−1.392 57	−0.592 05	0.59	8
603979.SH	金诚信	1.097 48	0.254 86	0.092 91	1.208 59	−0.413 65	0.51	9
600188.SH	兖州煤业	0.204 09	−0.211 2	0.968 37	1.356 09	0.578 79	0.5	10
600711.SH	盛屯矿业	0.126 19	−0.029 71	2.022 28	−0.880 2	0.584 6	0.42	11
000693.SZ	ST 华泽	−0.498 52	−0.175 8	3.364 99	−0.987 73	−0.039 37	0.4	12
600028.SH	中国石化	0.539 84	−0.139 53	1.006 97	0.709 58	−0.325 44	0.4	13
000688.SZ	建新矿业	1.090 72	0.011 22	0.409 85	−1.124 76	1.023 83	0.38	14
600988.SH	赤峰黄金	1.020 74	0.870 91	−0.142 37	−1.307 35	0.845 4	0.38	15
600583.SH	海油工程	1.352 11	−0.082 94	−0.166 96	0.464 37	−0.443 63	0.34	16
601168.SH	西部矿业	0.069 88	−0.194 08	1.302 35	0.194 4	−0.134 43	0.27	17
601020.SH	华钰矿业	1.760 98	−0.337 34	−0.880 08	0.292 62	−0.130 06	0.26	18
600508.SH	上海能源	0.286 26	−0.206 78	−0.172 52	1.913 31	−0.123 13	0.26	19
601857.SH	中国石油	0.432 93	−0.202 51	0.224	0.805 12	−0.303 87	0.2	20
000758.SZ	中色股份	0.488 86	−0.171 47	0.593 71	−0.098 86	−0.134 41	0.2	21
002128.SZ	露天煤业	0.636 24	−0.084 72	−0.219 7	0.534 94	−0.138 15	0.17	22
600395.SH	盘江股份	−0.027 4	−0.299 32	0.304 7	0.444 32	0.735 42	0.16	23
600121.SH	郑州煤电	−0.767 11	−0.224 68	1.761 03	0.784 53	−0.492 67	0.16	24
002554.SZ	惠博普	0.704 21	−0.009 84	−0.125 53	−0.204 84	−0.031 63	0.14	25
600348.SH	阳泉煤业	0.054 52	−0.204 9	0.391 74	0.751 21	−0.331 28	0.12	26

证券代码	证券名称	F_1（盈利1）	F_2（成长）	F_3（营运）	F_4（盈利2）	F_5（偿债）	F	排名
600397.SH	安源煤业	0.013 82	−0.191 62	0.217 41	0.504 45	0.139 19	0.1	27
002155.SZ	湖南黄金	0.056 15	−0.136 1	0.739 92	−0.123 48	−0.228 91	0.1	28
600123.SH	兰花科创	0.206 7	−0.220 52	−0.524 62	1.152 03	0.175 75	0.09	29
600489.SH	中金黄金	0.121 05	−0.116 66	0.670 48	−0.236 34	−0.385 98	0.07	30
601101.SH	昊华能源	0.229 31	−0.085 37	−0.161 6	0.569 82	−0.311 96	0.05	31
000937.SZ	冀中能源	0.274 99	−0.203 25	−0.369 1	0.679 16	−0.063 28	0.04	32
600871.SH	石化油服	−0.010 63	0.569 22	−0.080 08	−0.257 21	−0.478 05	0	33
600759.SH	洲际油气	0.204	0.094 5	1.139 17	−1.685 47	−0.614 21	0	34
600766.SH	园城黄金	1.449 8	0.027 93	−1.123 81	−0.825 53	−0.732 11	−0.04	35
000697.SZ	炼石有色	0.697 54	0.315 77	−0.908 17	−0.025 3	−0.837 26	−0.05	36
601699.SH	潞安环能	0.136 2	−0.203 72	−0.518 86	0.762 5	−0.335 76	−0.05	37
000975.SZ	银泰资源	1.098 47	−0.193 43	−0.889 29	−0.226 87	−0.762 93	−0.06	38
000983.SZ	西山煤电	0.224 43	−0.175 61	−0.472 92	0.456 38	−0.369 13	−0.06	39
600497.SH	驰宏锌锗	0.172 46	−0.207 77	−0.087 61	0.158 59	−0.521 36	−0.06	40
300157.SZ	恒泰艾普	0.531 32	−0.115 14	−0.600 03	−0.186 63	−0.275	−0.07	41
601958.SH	金钼股份	0.014 66	−0.216 37	0.125 76	0.042	−0.509 11	−0.08	42
601899.SH	紫金矿业	0.191 43	−0.183 25	0.335	−0.738 79	−0.502 06	−0.09	43
600157.SH	永泰能源	0.263 71	0.203 62	−0.365 55	−0.470 86	−0.473 65	−0.09	44
601898.SH	中煤能源	−0.031 19	−0.190 95	−0.592 53	0.677 3	−0.100 97	−0.09	45
601069.SH	西部黄金	0.344 32	−0.044 47	−0.546 55	−0.314 45	−0.426 94	−0.13	46
000655.SZ	金岭矿业	0.088 13	−0.196 99	−0.655 6	0.686 26	−0.669 94	−0.15	47
601001.SH	大同煤业	−1.567	−0.212 72	−0.267 04	−1.578 45	4.488 74	−0.16	48
601225.SH	陕西煤业	−0.414 85	−0.214 56	0.003 21	0.288 29	−0.460 21	−0.19	49
300084.SZ	海默科技	0.180 45	−0.011 01	−0.669 5	−0.332 22	−0.327 36	−0.19	50
603993.SH	洛阳钼业	0.266 54	−0.081 13	−0.810 44	−0.412 18	−0.249 43	−0.21	51
000571.SZ	新大洲 A	0.197 16	−0.126 76	−0.697 45	−0.193 04	−0.453 43	−0.21	52
600490.SH	鹏欣资源	−0.013 86	−0.128 04	−0.464 14	−0.525 43	−0.051 62	−0.21	53
000762.SZ	西藏矿业	0.214 94	−0.253 99	−0.389 48	−0.507 22	−0.556 06	−0.23	54
000780.SZ	平庄能源	−0.906 2	−0.243 25	0.241 75	0.646 03	−0.542 58	−0.24	55
000813.SZ	天山纺织	0.250 71	−0.210 79	−0.771 06	−0.361 16	−0.480 34	−0.26	56
601969.SH	海南矿业	0.018 01	−0.125 69	−0.850 96	−0.136 27	−0.287 88	−0.27	57
600256.SH	广汇能源	0.130 84	−0.112 18	−0.803 51	−0.117 89	−0.639 62	−0.27	58
300164.SZ	通源石油	−0.257 81	−0.053 53	−0.580 68	0.145 81	−0.646 49	−0.28	59
000409.SZ	山东地矿	0.881 86	−0.025 85	−0.100 36	−4.057 83	0.535 13	−0.28	60
000506.SZ	中润资源	0.294 98	−0.319 4	−0.312 99	−2.629 76	0.973 96	−0.3	61
000426.SZ	兴业矿业	−0.058 88	−0.199 66	−0.812 7	−0.132 7	−0.536 55	−0.33	62
600714.SH	金瑞矿业	−0.275 03	−0.153 37	−0.723 51	−0.212 85	−0.554 22	−0.38	63
600259.SH	广晟有色	−1.066 07	−0.206 48	0.584 71	−1.057 12	−0.017 37	−0.38	64
601666.SH	平煤股份	−0.944 21	−0.199 07	−0.251 07	0.278 31	−0.399 71	−0.38	65

证券代码	证券名称	F_1（盈利1）	F_2（成长）	F_3（营运）	F_4（盈利2）	F_5（偿债）	F	排名
600311.SH	荣华实业	−0.029 55	−0.205 35	−1.065 3	−0.079 15	−0.929 08	−0.42	66
600403.SH	大有能源	−1.072 64	−0.293 11	−0.496 18	0.430 34	−0.131 01	−0.43	67
600971.SH	恒源煤电	−1.726 98	−0.253 4	−0.017 11	0.933 04	−0.214 2	−0.45	68
600139.SH	西部资源	−0.546 76	−0.091 39	−0.434 02	−1.985 82	0.560 17	−0.48	69
000629.SZ	＊ST钒钛	−0.669 89	−0.295 36	−0.608 31	−0.236 37	−0.665 52	−0.51	70
002629.SZ	仁智油服	−1.214 6	−0.297 31	−0.493 77	0.085 2	−0.760 47	−0.61	71
600532.SH	宏达矿业	−2.039 01	0.040 64	−0.601 47	0.304 32	0.126 98	−0.64	72
600882.SH	华联矿业	−2.341 47	−0.295 52	−0.609 61	0.132 78	1.447 09	−0.64	73
002207.SZ	准油股份	−2.138 29	−0.314 81	−0.004 63	0.349 06	−0.283 96	−0.67	74
601918.SH	＊ST新集	−1.691 24	−0.318 34	−0.423 43	−0.016 78	−0.581 84	−0.73	75
000968.SZ	＊ST煤气	−4.182 74	−0.397 96	−0.497 49	−0.583 38	−0.441 55	−1.53	76

表5-4中，采矿业公司综合得分与其投资价值呈正相关关系。由于先对因子数据进行了标准化处理，因此，可以0为参考标准线，认为：综合得分大于0的公司，综合业绩相对较好，且数值越大，投资价值越大；综合得分小于0的则相对较差，且数值越小，投资价值越小。依此可对上市公司的综合业绩和投资价值有一个基本的评价。

具体而言，表5-4中，公司各项能力得分与相应实力也呈正相关关系。

排名前十位的公司分别为红阳能源、山东黄金、中海油服、华信国际、宏大爆破、中国神华、靖远煤电、盛达矿业、金诚信、兖州煤业。其中，红阳能源综合得分排名第一，是新上市的企业，其成长因子得分排名第一，达到了8.425，远远高于其他公司，说明其成长能力非常强，其偿债因子、盈利因子1得分为负，说明其偿债能力及盈利能力有所欠缺，综合各个因子得分及综合得分，可考虑对其进行长期投资。

山东黄金综合得分排名第二，与2014年排名持平，与2013年的第九名比较有很大的成长。其营运因子得分排名第二，盈利因子得分为正，而成长、偿债能力较弱，得分都是负值，公司整体经营状况较好，3年来发展比较稳定，投资者可结合该公司经营管理绩效考虑对其进行投资。

中海油服偿债因子得分排名第三，盈利因子2得分也较高，说明该公司盈利能力和偿债能力很好，虽然营运因子和成长因子得分为负，营运能力和成长能力有所欠缺，但整体表现良好。由于该公司前两年未参入分析，投资者应结合其未来发展情况进行投资决策。

华信国际，综合得分排名第四，其营运能力排名第一，说明公司具有巨大资金运作能力，目前成长能力与偿债能力欠佳，盈利能力一般，但总体实力较强，值得投资者关注。

宏大爆破综合得分排名第五，其偿债因子得分排名第二，盈利能力、成长能力也较好，各项财务指标稳健。由于没有前两年对比数据，投资者需结合公司具体情况进行投资决策。

中国神华综合得分排名第六名，2013年排在第五名，2014年排在第一名，总体发展稳定。该公司盈利因子得分较高，说明公司的盈利能力很强，偿债能力也较好，营运能力、成长能力欠佳，综合各项因子得分情况，可考虑对其进行短期投资。

靖远煤电综合得分排名第七名，2014年排在第十六名，总体发展较快。该公司偿债因子得分较高，说明公司的偿债能力较强，营运能力、成长能力、盈利能力也不错，综合各项因子得分情况，可考虑对其进行短期投资。

盛达矿业，综合得分排名第八，结合其2013年（第十一名）和2014年的排名（第六名），可以看出其财务能力稳健。该公司盈利因子1排名第一，显示了杰出的盈利能力，营运因子、成长因子得分均为正，盈利因子2、偿债因子得分为负。自2013年以来，该公司盈利因子指标表现良好，偿债因子指标表现较差，因此需进一步关注其后续情况，可考虑适量长期投资。

金诚信综合得分排名第九,是一家新上市公司,其盈利能力较为突出,成长能力、营运能力也不错,可以看出其有较大发展潜力,值得投资者关注;但偿债能力较弱,说明公司资本结构不尽合理,应谨慎对待。

兖州煤业,综合得分排名第十,其盈利因子2得分较高,盈利因子1、营运因子、偿债因子得分均为正值,各种能力发展较为均衡,结合其2013年和2014年的排名可选择对其进行适量投资。

排名后十位的公司分别为大有能源、恒源煤电、西部资源、*ST钒钛、仁智油服、宏达矿业、华联矿业、准油股份、*ST新集、*ST煤气,这些公司的营运因子、成长因子得分都在行业平均值以下,甚至远远低于平均值,是导致排名靠后的最主要原因,故不建议对这些公司进行投资。

七、系统聚类分析

上述因子分析能够满足投资者对各家上市公司投资价值分析的基本需要,但是由于投资者的投资理念往往各不相同,关注的侧重点也有所不同。为了更深入细致地分析行业板块的情况,将利用系统聚类分析法进一步对76家公司的5个因子值和综合值进行Q型聚类(即个案分群);聚类方法为ward联结法,即离差平方和法,根据同类变量间的离差平方和较小、不同类别间的离差平方和较大来进行分类,形成树状图(略)。其测量尺度选用平方Euclidean距离,即两样本之间的距离是各样本每个变量值之差的平方和。通过聚类分析把业绩相似的公司归类,可以对不同类别的上市公司进行对比分析,为投资者选择投资组合提供参考。

根据树状图(略)对76家采矿业上市公司进行进一步分类,本书选择将其分为4类,如表5-5所示。

表5-5 聚类分析

类别	采矿业公司	数目
1	红阳能源	1
2	山东黄金、华信国际、ST华泽	3
3	中海油服、宏大爆破、靖远煤电、大同煤业	4
4	山东地矿、金瑞矿业、荣华实业、中润资源、平煤股份、大有能源、广晟有色、恒源煤电、ST钒钛、中色股份、郑州煤电、昊华能源、露天煤业、惠博普、阳泉煤业、湖南黄金、中金黄金、盘江股份、安源煤业、冀中能源、兰花科技、洲际油气、石化油服、园城黄金、炼石有色、银泰资源、驰宏锌锗、紫金矿业、恒泰艾普、西山煤电、金钼股份、潞安环能、永泰能源、西部黄金、金岭矿业、中煤能源、陕西煤业、新大洲A、洛阳钼业、海默科技、西藏矿业、平庄能源、鹏欣资源、广汇能源、天山纺织、通源石油、海南矿业、兴业矿业、盛达矿业、中国神华、中国石化、金诚信、华钰矿业、盛屯矿业、兖州煤业、海油工程、赤峰黄金、建新矿业、西部矿业、中国石油、上海能源、西部资源、仁智油服、准油股份、宏达矿业、*ST新集、华联矿业、*ST煤气	68

在表5-5中,类别1仅包含红阳能源1家公司。红阳能源主要从事能源投资开发;电力、热力生产、销售;城市集中供热、供汽,供热、供汽工程设计、安装、检修,余热利用,煤泥、煤矸石综合利用;循环水工程开发综合利用,技术咨询服务。受国内宏观经济增速放缓、国家能源结构调整、煤炭产能严重过剩等多重因素的影响,2015年煤炭价格持续下滑。2015年红阳能源旗下的沈阳焦煤股份有限公司煤炭产品销售价格大幅下降,销售收入大幅减少,效益一般。但其在2015年的成长能力远大于同行业的其他公司,说明其成长能力非常强,红阳能源在因子综合得分排名中位居第一,各项指标都处于比较稳定的状态,相当稳健,是非常具有投资价值的一家企业。但是,由于前两年该公司未参入分析,投资者应关注其持续发展能力。

类别2中包含山东黄金、华信国际、ST华泽3家公司,综合排名分别位于第二、第四、第十二位。该类公司的共同点在于具有极强的营运能力。

其中,山东黄金曾获得"金牛中国上市公司百强第二名""中国十佳金牌上市公司"等荣誉,股票一度跃居沪深两市第一价位。该公司综合得分排名第二,在于其极强的营运能力和盈利能力,虽然成长因子与偿债因子得分都是负值,但偏离平均水平的幅度不大,说明公司整体经营状况较好,再结合其在2013

年和2014年的表现,可以看出该公司财务运作比较稳健,投资价值较大。

华信国际是集体制民营企业,主营能源与金融。2015年公司实现营业总收入798 333.45万元,比上年同期增长7.18%;实现营业利润29 908.49万元,比上年同期增长109.28%;实现利润总额32 198.52万元,比上年同期增长121.47%;归属于上市公司股东的净利润15 813.19万元,比上年同期增长32.10%,基本每股收益0.13元,比上年同期增长30%。综合得分排名第四,主要是其营运能力排名第一,远高于第二名,说明公司资金动作能力很强,但其他指标欠佳,值得投资者关注。

由于盈利能力、营运能力、偿债能力的普遍降低,ST华泽从2013年的第二名、2014年的第五名下降到2015年的第十二名,依靠极高的营运因子得分才维持了现有排名,2015年净利润为-15 541.64万元,严重亏损,不建议对其投资。

类别3中包含中海油服、宏大爆破、靖远煤电、大同煤业4家公司,除了大同煤业排名靠后,其他3家公司排名前十,这一类别中的公司共同特点是偿债能力极佳。

其中,中海油服是中国近海最具规模的油田服务供应商,也是亚洲地区功能最全、服务链最完整、最具综合性的海上油田服务公司,其固井、泥浆等服务在中国近海拥有绝对市场优势,具有较强的竞争力。加上其盈利能力和偿债能力很好,整体表现良好,是一个比较稳健的投资对象。

宏大爆破以大中型露天矿山为主要业务领域,为客户提供民爆器材产品、矿山基建剥离、整体爆破方案设计等系列服务,成功打造了"整体化、精准化、个性化、安全化"以爆破技术为核心的"矿山民爆一体化"服务模式。该公司偿债能力强,盈利能力、成长能力也较好,各项财务指标稳健,显示出很大的投资价值,投资者需结合公司未来发展情况进行投资决策。

靖远煤电综合排名第七,除营运能力有所欠缺外,其他各项指标表现良好,偿债能力比较突出,相比于2013年和2014年的排名,进步很大,可以考虑短期投资。

排名第四十八位的大同煤业,在2014年表现最佳,排名第十六位,3年来保持了稳定的偿债能力,但其他指标一直不理想,暂不建议对其投资。

类别4包含山东地矿、金瑞矿业、荣华实业等68家公司,该类公司排名分散,各项能力发展较为均衡,投资价值情况需要具体分析。

其中,中国神华在该类别中排名最靠前,是我国最大的煤炭生产和销售企业,全球第二大煤炭上市公司,并拥有中国最大规模的优质煤炭储量。其主要业务包括煤炭生产和销售、电力生产、热力生产和供应、相关铁路、港口等运输服务,公司拥有由铁路和港口组成的一体化运输网络,有中国第二大煤炭下水港口。其综合得分排名第六,盈利能力很强,偿债能力也较好,2013年排在第五名,2014年排在第一名,具有良好的投资价值,可考虑对其进行短期投资。

排名第九的金诚信是一家集有色金属矿山、黑色金属矿山和化工矿山于一体的工程建设公司。作为新上市公司,其盈利盈利能力较强,营运能力和成长能力也不错,综合实力比较均衡,投资价值较大。

兖州煤业是一家主营煤炭、能源、铁路运输的公司,也是华东地区最大的煤炭生产商和中国最大的煤炭出口企业之一,是国内唯一一家境内外三地上市煤炭公司,在国内煤炭行业中处于龙头地位。该公司2015年综合得分排名第十,2014年排名第三,2013年排名第三十六,波动性较大,可适量对其进行投资。

盛达矿业主要从事铅、锌、银等有色金属的采、选、勘查、开发、加工和销售等业务。在全国有色金属行业中,其银铅综合生产规模名列前茅,是国内有色金属行业的大型知名品牌企业。综合得分排名第八,公司盈利能力很强,成长能力也相对较好,发展稳定,适合作为长期投资对象。

该类别中的其他公司由于各项指标并不突出,综合得分较低,故不建议投资。

八、结语

综上所述,投资者在进行投资时,要综合考虑宏观、微观等各方面反映的财务信息,加以谨慎地分析,作出合理的选择。在此,本书运用SPSS软件,利用13个指标综合分析了2015年度采矿业76家上市公司各方面表现情况,并对比 2013 年、2014 年的排名情况,得出理论与实践有机结合的投资价值结论,对投资者进行投资决策有一定的参考意义。但数据主要运用了 2015 年一个年度的财务报表资料,某些项目还可能会由于会计政策变更等的影响存在一定程度的偶然性,分析指标的选择也具有主观性。因此,分析结果难以完全反映出真实状况,若后续能连续多个年度进行跟踪分析,并适当增加分析指标,则可较大程度地消除偶然性,帮助投资者作出更加准确的投资决策,以便更加有效地配置投资资源,促进采矿业的进一步健康和谐发展。

参考文献

［1］国家统计局. 中华人民共和国 2014 年国民经济和社会发展统计公报,2015-2-26.
［2］［3］国家统计局. 中华人民共和国 2015 年国民经济和社会发展统计公报,2016-3-8.
［4］统计局:2015 年工业企业利润总额同比下降 2.3%. http://bbs1. people. com. cn/post/129/1/2/ 157270385. html,2016-07-13.

（参著:刘　娟　郝福新）

第六章 制造业上市公司投资价值动态比较分析研究

第一节 食品加工业上市公司投资价值动态比较分析研究

一、行业发展与投资价值状况

中国有句古话:民以食为天。食品是指各种供人食用或者饮用的成品和原料,是人类最基本的生存和发展的物质条件。由于原始食品的出产地、储存期和味道等限制,不能满足人们的需要,于是,进行必要的加工成为方便运输、延长保鲜和改善味道等的必要条件。随着人们生活和加工工艺水平的不断提高,食品加工业越来越收到重视,发展速度越来越快。食品加工业的共性就是将原材料转变为高价值的产品,是一个确保食品安全和延长货架期的转化过程。一般来说,食品加工包括增加热能并升高温度、去除热能或降低温度、去除水分或降低水分含量、利用包装以减少可能由于加工操作带来的产品特征等的改变。在食品加工的过程中,或多或少都含有满足消费者要求、延长食品的保存期、增加多样性、提高附加值这些目的。其目的性可能各不相同,但都要加上一个特定产品,毕竟并不是买来设备就可以生产,或达到生产出食品并盈利的目的。

食品工业具有投资少、建设时间短、收效快的特点,产品不仅供应国内市场,而且也是重要的出口物资。食品工业的发展,不仅可以提供营养丰富、品种繁多、经久耐藏的食品,以满足人民的需要,改善和丰富人民的生活,而且还将为国家贮备物资、调剂货源、调节市场、保证供应、防荒救灾,以及开辟食品新资源和创造新的食品等作出贡献。随着全球经济发展和科学技术的进步,世界食品工业取得长足发展。随着中国经济水平的发展和人民生活水平的提高,人均食品购买能力及支出逐年提高,我国食品市场的需求量实现了快速增长,食品制造工业生产水平得到快速提高,产业结构不断优化,品种档次也更加丰富。

2015年是中国经济转型的一年,经济增长放缓是共同表现,但食品加工业逆势而行,表现出了持续发展的态势。2015年,全国以上规模的食品加工企业39 518家,较2014年增长5.45%;行业总资产为61 720亿元,占到全国工业企业资产的6.17%;食品加工业主营业务收入达到104 118.4亿元,为全部工业企业营业收入总额的9.44%;利润总额为6 807.4亿元,同比增长6.94%,好于全部工业的-1.79%。食品加工业利润总额占到全国工业利润的10.71%,税收总额为3 435.3亿元,为全部工业企业的6.88%。利税总额为10 242.7亿元,占到全部工业企业的9.03%;2015年食品加工业增加值为19 016亿元,较2014年同期增长4.24%,同全部工业企业1.22%的增幅形成鲜明对比,占到全部工业增加值的9.67%;按2015年6月月末就业人数,人均销售总额为141.29万元,为全部工业企业的1.18倍;人均利税总额为13.90万元,为全部工业的1.13倍。2015年食品加工业营业利润率为6.54%,是全部工业企业利润率的1.14倍;营业利税率9.84%,为全部工业企业的0.96倍。资本运作效率,2015年食品加工业总资产利税率为16.60%,为全部工业企业的1.46倍,远高于其他行业的投资收益。总资产周转次数为1.69次,流动资产周转次数为 3.29 次,均明显高于全部工业企业的周转次数,较高的资产周转次数提高了资本的运用效率、资产的盈利能力和盈利水平。[1]

总之,食品加工业有广阔的发展前景和盈利空间,一直是广大投资者关注的焦点。

二、样本选取与数据处理

沪、深证券交易所的 72 家食品加工业上市公司的资料来源主要为其 2015 年度的财务报告。具体初始数据扫描二维码获取。

在指标性质、单位不同的情况下,先要对其进行同趋势化处理。然后利用 SPSS 中的 Z-score 方法将 13 个指标的原始数据进行标准化处理。同趋势化数据与标准化数据略。

三、因子分析法适应性检验

为了检验所选用的指标是否适合使用因子分析法,本书利用 SPSS 软件中 KMO 和 Bartlett 的方法来对样本进行检验。检验结果如表 6-1-1 所示。

表 6-1-1　KMO 和 Bartlett 的检验

取样足够度的 Kaiser-Meyer-Olkin 度量		0.483
Bartlett 的球形度检验	近似卡方	377.710
	自由度(df)	78
	显著性(Sig)	0.000

由表 6-1-1 可知,KMO 值为 0.483,小于 0.5,可知各变量之间的相关程度有差异,原有变量不太适合作因子分析。但巴特利球形检验统计量为 377.710,相应的概率 Sig 为 0.000,在 5% 的显著性水平之下,拒绝原假设,因此可认为相关系数矩阵与单位阵有显著差异,说明样本适合作因子分析。

四、确定主因子

本书应用因子分析法中的主成分分析法来计算原始公因子的特征值、方差贡献率以及累计方差贡献率,并由此确定公因子。结果如表 6-1-2 所示。

表 6-1-2　解释的总方差

成　分	初始特征值			提取平方和载入			旋转平方和载入		
	合计	方差的%	累积%	合计	方差的%	累积%	合计	方差的%	累积%
1	3.172	24.399	24.399	3.172	24.399	24.399	2.063	15.866	15.866
2	1.820	14.001	38.400	1.820	14.001	38.400	2.020	15.540	31.406
3	1.706	13.120	51.520	1.706	13.120	51.520	1.769	13.612	45.017
4	1.188	9.139	60.659	1.188	9.139	60.659	1.755	13.501	58.518
5	1.154	8.874	69.533	1.154	8.874	69.533	1.423	10.947	69.465
6	1.048	8.060	77.593	1.048	8.060	77.593	1.057	8.129	77.593
7	0.939	7.225	84.819						

成 分	初始特征值			提取平方和载入			旋转平方和载入		
	合计	方差的%	累积%	合计	方差的%	累积%	合计	方差的%	累积%
8	0.709	5.454	90.273						
9	0.530	4.074	94.347						
10	0.324	2.495	96.843						
11	0.202	1.555	98.398						
12	0.136	1.044	99.441						
13	0.073	0.559	100.000						

提取方法：主成分分析。

根据表 6-1-2 中数据可知，前六个主因子的方差贡献率已经达到了累计方差贡献率的 77.593%，即表明这六个主因子已包含原始数据信息量的 77.593%，所以只须选择前六个主因子就可以较好地代表原始指标，对公司的绩效进行描述。

特征值是能够被看作表示因子影响力度大小的指标之一，如果特征值小于 1，说明该因子的解释力度还不如直接引入一个原变量的平均解释力度大，因此一般用特征值大于 1 作为纳入标准。特征值可用碎石图列示，如图 6-1-1 所示。从图 6-1-1 可以看出，从第七个因子开始，特征值的值都小于 1，且折线的陡度变得比较平缓，这说明提取 6 个主因子是合适有效的。

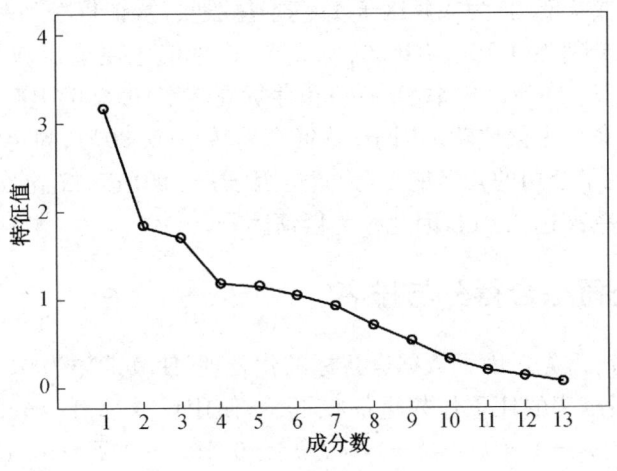

图 6-1-1　碎石图

五、旋转载荷矩阵分析

本书对原因子载荷矩阵进行最大方差旋转，以期得到主因子更明确的含义。结果如表 6-1-3 所示。

表 6-1-3　旋转成分矩阵[a]

	成 分					
	F_1	F_2	F_3	F_4	F_5	F_6
基本每股收益	0.484	0.702	−0.036	0.258	0.126	−0.051
销售净利率	0.132	0.686	0.049	0.014	−0.076	0.074

	成 分					
	F_1	F_2	F_3	F_4	F_5	F_6
每股净资产	0.689	0.246	−0.132	0.048	0.026	−0.121
总资产报酬率	0.218	0.806	0.060	0.206	0.236	0.041
流动比率	−0.039	0.021	0.916	−0.149	−0.003	0.027
速动比率	−0.313	0.425	0.033	−0.394	−0.033	−0.600
资产负债率	−0.236	0.237	−0.030	−0.202	−0.031	0.814
存货周转率	0.065	0.052	0.896	0.283	−0.026	−0.046
总资产周转率	−0.096	0.203	0.039	0.907	−0.089	−0.058
固定资产周转率	−0.011	0.150	0.073	0.705	0.574	−0.046
总资产增长率	0.744	0.152	0.305	−0.156	0.255	0.033
营业总收入增长率	0.752	0.125	−0.016	−0.035	−0.162	−0.009
股东权益增长率	0.008	0.062	−0.044	0.001	0.956	−0.005

提取方法：主成分分析。

旋转方法：Kaiser 标准化最大方差法。

a. 旋转在 11 次迭代后收敛。

由表 6-1-3 中的数据可以看到，主因子 F_1 在总资产增长率(0.744)、营业总收入增长率(0.752)上有较大载荷量，代表了公司的成长能力，为成长因子 1；基本每股收益、销售净利率、每股净资产、总资产报酬率在主因子 F_2 上的载荷量分别为 0.702、0.686、0.246、0.806，它主要反映了公司的盈利能力，所以将 F_2 命名为盈利因子；主因子 F_3 在流动比率(0.916)和存货周转率(0.896)上有较大载荷量，代表了公司的偿债和营运能力，故而将其命名为偿债营运因子；总资产周转率(0.907)、固定资产周转率(0.705)在主因子 F_4 上有较大载荷量，体现了公司的营运能力，为营运因子；F_5 的股东权益增长率高达 0.956，因此称为成长因子 2；F_6 的资产负债率高达 0.814，因此称为偿债因子。

六、食品加工业公司综合得分与排名

要得到因子的综合得分，需先对因子数据进行标准化处理，使其期望为 0，方差为 1，然后，对各因子的方差贡献率占因子总方差贡献率的比重作权重加权汇总，使用计算综合得分的公式 $F = (\lambda_1 F_1 + \lambda_2 F_2 + \lambda_3 F_3 + \lambda_4 F_4 + \lambda_5 F_5 + \lambda_6 F_6)/(\lambda_1 + \lambda_2 + \lambda_3 + \lambda_4 + \lambda_5 + \lambda_6) = (0.158\,66 \times F_1 + 0.155\,40 \times F_2 + 0.136\,12 \times F_3 + 0.135\,01 \times F_4 + 0.109\,47 \times F_5 + 0.081\,29 \times F_6)/0.775\,93$ 来计算各样本的综合得分，得到结果按名次排列如表 6-1-4 所示。

表 6-1-4　食品加工行业上市公司综合得分排名

证券代码	证券名称	F_1(成长 1)	F_2(盈利)	F_3(偿债营运)	F_4(营运)	F_5(成长 2)	F_6(偿债)	F(综合)	排名
600695.SH	绿庭投资	−0.358 3	−0.249 3	7.651 2	−1.278 4	0.192 7	0.218 0	1.05	1
600381.SH	青海春天	−0.989 7	0.349 5	−0.530 9	0.150 8	7.779 4	−0.038 3	0.89	2
002661.SZ	克明面业	3.122 7	0.398 5	0.634 7	0.384 1	0.238 6	−0.541 9	0.87	3
603866.SH	桃李面包	0.759 1	1.031 5	1.314 3	0.904 2	−0.144 6	−0.144 6	0.71	4
603020.SH	爱普股份	1.521 9	0.641 6	−0.449 7	1.280 1	1.118 3	−0.368 1	0.7	5
002548.SZ	金新农	1.082 6	−0.043 2	0.819 5	0.589 7	0.709 6	0.349 3	0.6	6

证券代码	证券名称	F_1（成长1）	F_2（盈利）	F_3（偿债营运）	F_4（营运）	F_5（成长2）	F_6（偿债）	F（综合）	排名
000876.SZ	新希望	0.138 9	0.794 6	−0.011 3	1.736 2	0.002 7	−0.062 8	0.48	7
002311.SZ	海大集团	−0.438 2	0.578 8	0.117 0	2.817 7	−0.524 5	0.091 5	0.47	8
300381.SZ	溢多利	3.496 6	−0.275 8	−0.376 9	−1.227 2	0.383 1	0.030 2	0.44	9
000895.SZ	双汇发展	−0.073 5	1.597 0	−0.143 1	1.364 9	−0.528 1	−0.170 8	0.42	10
600419.SH	天润乳业	2.092 0	0.237 7	−0.077 3	−0.888 0	−0.114 5	1.277 9	0.42	11
603288.SH	海天味业	−0.169 9	1.362 8	0.840 1	−0.015 3	−0.036 3	0.025 6	0.38	12
002719.SZ	麦趣尔	2.186 1	−0.020 7	0.261 6	−0.785 1	0.176 0	−0.142 9	0.36	13
300146.SZ	汤臣倍健	1.383 4	0.659 9	−0.404 5	−0.218 9	0.334 7	−0.066 6	0.35	14
603609.SH	禾丰牧业	−0.481 6	0.326 5	0.018 1	1.948 9	−0.232 4	−0.063 2	0.27	15
002567.SZ	唐人神	−0.591 2	0.113 7	0.261 8	1.793 9	−0.353 6	0.243 3	0.24	16
000529.SZ	广弘控股	−0.803 0	−0.192 0	1.228 4	1.076 2	0.317 7	−0.169 4	0.23	17
002726.SZ	龙大肉食	−0.208 0	−0.084 4	−0.114 6	1.945 5	−0.134 6	−0.289 4	0.21	18
002329.SZ	皇氏集团	1.147 4	−0.236 4	0.215 6	−0.729 0	0.320 2	0.462 0	0.19	19
603696.SH	安记食品	0.769 2	0.163 7	−0.229 9	−0.343 2	0.634 6	−0.096 0	0.17	20
000893.SZ	东凌国际	−0.763 0	−0.439 1	0.307 8	1.670 6	0.723 8	−0.338 2	0.17	21
002157.SZ	正邦科技	0.008 3	0.091 1	0.036 4	1.063 6	−0.197 2	−0.289 3	0.15	22
600438.SH	通威股份	−0.701 6	0.194 3	0.137 9	1.819 3	−0.420 9	−0.309 1	0.14	23
600887.SH	伊利股份	−0.164 1	0.660 2	−0.204 4	0.875 6	−0.422 7	−0.153 7	0.14	24
002732.SZ	燕塘乳业	0.064 1	0.393 4	0.125 4	0.340 6	−0.133 6	−0.167 0	0.14	25
002385.SZ	大北农	−0.567 8	0.306 2	0.016 2	0.332 4	0.062 3	0.891 1	0.11	26
603027.SH	千禾味业	−0.517 9	0.969 0	−0.463 2	−0.313 5	−0.244 1	1.659 8	0.09	27
600073.SH	上海梅林	−0.512 5	−0.243 3	0.090 1	1.339 8	0.130 4	−0.254 5	0.09	28
002557.SZ	洽洽食品	0.005 2	0.742 6	−0.522 8	−0.182 6	−0.232 5	0.861 7	0.08	29
300138.SZ	晨光生物	0.302 0	0.015 6	0.696 6	−0.614 4	−0.093 7	0.017 4	0.07	30
600095.SH	哈高科	−2.326 5	1.563 1	−0.436 3	−1.872 2	−0.080 4	6.015 5	0.05	31
000048.SZ	康达尔	−0.459 4	0.382 8	−0.321 0	0.706 8	0.039 5	−0.135 9	0.04	32
002770.SZ	科迪乳业	0.398 6	0.043 2	0.103 7	−0.556 0	0.202 3	−0.004 4	0.04	33
000716.SZ	黑芝麻	0.423 3	0.043 5	−0.181 1	−0.145 9	−0.150 5	0.117 9	0.03	34
000639.SZ	西王食品	−0.191 2	0.232 5	0.116 3	0.373 5	−0.445 8	−0.174 6	0.01	35
600305.SH	恒顺醋业	0.076 9	0.715 0	−0.596 2	−0.359 6	−0.066 4	0.269 0	0.01	36
600429.SH	三元股份	0.409 0	−0.621 0	0.181 1	−0.375 3	0.540 0	−0.012 4	0	37
002100.SZ	天康生物	−0.380 3	0.178 5	−0.173 7	0.184 9	−0.166 0	0.408 1	−0.02	38
002626.SZ	金达威	0.939 3	−0.347 0	−0.085 5	−0.677 4	−0.157 7	0.098 1	−0.02	39
600298.SH	安琪酵母	0.790 8	0.410 0	−0.739 9	−0.200 6	−0.593 1	−0.250 1	−0.03	40
002695.SZ	煌上煌	1.165 1	−0.090 1	−0.776 8	−0.132 6	−0.382 3	−0.370 0	−0.03	41
600597.SH	光明乳业	−0.230 3	−0.041 2	−0.157 1	0.547 7	−0.287 7	−0.220 5	−0.05	42
000860.SZ	顺鑫农业	0.583 0	0.096 7	−0.773 5	−0.101 5	−0.108 6	−0.348 4	−0.07	43
002124.SZ	天邦股份	−0.482 4	0.308 5	−0.349 9	0.257 4	−0.123 9	−0.053 1	−0.08	44
600872.SH	中炬高新	−0.230 8	0.192 2	−0.243 1	−0.446 3	−0.219 3	0.310 9	−0.13	45
002650.SZ	加加食品	−0.415 1	0.020 7	−0.134 7	−0.296 9	−0.211 3	0.422 8	−0.14	46

证券代码	证券名称	F_1（成长1）	F_2（盈利）	F_3（偿债营运）	F_4（营运）	F_5（成长2）	F_6（偿债）	F（综合）	排名
000911.SZ	南宁糖业	0.389 3	−0.357 3	−0.152 5	−0.343 5	−0.347 2	−0.192 2	−0.15	47
002286.SZ	保龄宝	0.291 5	−0.409 1	−0.079 0	−0.329 5	−0.584 6	−0.103 3	−0.19	48
000702.SZ	正虹科技	−1.242 4	−0.279 4	−0.051 2	1.148 1	−0.466 3	−0.110 9	−0.2	49
002220.SZ	天宝股份	−0.124 4	−0.089 8	−0.285 0	−0.482 5	−0.096 3	−0.157 5	−0.21	50
002570.SZ	贝因美	−0.448 4	−0.205 8	−0.283 5	−0.156 5	−0.256 4	0.220 3	−0.22	51
002481.SZ	双塔食品	−0.142 3	−0.158 8	−0.304 9	−0.817 2	−0.039 4	0.286 4	−0.23	52
002582.SZ	好想你	0.586 4	−0.531 5	−0.453 3	−0.583 6	−0.400 9	−0.143 3	−0.24	53
300149.SZ	量子高科	−0.250 7	−0.087 6	−0.243 7	−0.461 6	−0.334 8	−0.048 4	−0.24	54
600251.SH	冠农股份	0.121 8	−0.236 1	−0.444 4	−0.604 3	−0.361 1	0.062 0	−0.25	55
002216.SZ	三全食品	−0.380 1	−0.515 0	−0.260 4	0.230 2	−0.369 1	−0.133 4	−0.25	56
300175.SZ	朗源股份	−0.426 3	−0.263 5	−0.373 6	−0.348 2	−0.063 9	0.172 9	−0.26	57
600737.SH	中粮屯河	0.060 8	−0.503 4	−0.424 5	−0.098 6	−0.459 2	−0.130 4	−0.26	58
000972.SZ	中基健康	0.710 2	−0.961 4	−0.398 8	−1.108 9	0.362 5	0.001 3	−0.26	59
002330.SZ	得利斯	−0.457 9	−0.377 4	−0.129 7	−0.102 0	−0.441 5	−0.058 4	−0.28	60
600873.SH	梅花生物	−0.171 9	−0.243 6	−0.267 3	−0.336 7	−0.597 2	−0.098 1	−0.28	61
600127.SH	金健米业	−0.148 0	−1.268 5	−0.099 2	0.662 0	−0.694 3	−0.176 5	−0.3	62
002604.SZ	龙力生物	−0.249 3	−0.232 7	−0.253 5	−0.721 8	−0.331 0	0.091 1	−0.3	63
002495.SZ	佳隆股份	−0.252 8	−0.380 7	−0.220 3	−0.738 4	−0.381 9	−0.045 0	−0.35	64
002515.SZ	金字火腿	0.095 9	−0.504 5	−0.428 6	−1.118 4	0.028 6	−0.066 4	−0.35	65
002702.SZ	海欣食品	−0.660 8	−0.722 0	−0.062 0	−0.238 5	−0.403 3	−0.159 0	−0.41	66
600191.SH	华资实业	−1.800 7	1.657 0	−0.333 2	−1.586 8	−0.053 7	−0.716 5	−0.45	67
300401.SZ	花园生物	−0.500 4	−0.032 2	−0.501 1	−1.251 3	−0.249 4	−0.755 9	−0.53	68
600186.SH	莲花健康	−0.948 0	−2.430 5	0.285 7	0.047 2	−0.658 6	−0.396 4	−0.76	69
600866.SH	＊ST星湖	−0.956 8	−1.888 3	−0.239 5	−0.781 8	−0.481 0	−0.101 4	−0.83	70
002507.SZ	涪陵榨菜	−2.299 3	3.367 7	−0.200 3	−2.934 5	−0.238 3	−4.901 4	−0.89	71
300268.SZ	万福生科	−1.604 9	−5.277 0	−0.472 2	−0.687 4	0.818 2	−0.874 8	−1.56	72

表6-1-4中，食品加工业公司综合得分与其投资价值呈正相关关系。由于先对因子数据进行了标准化处理，因此，可以0为参考标准线，认为：综合得分大于0的公司，综合业绩相对较好，且数值越大，投资价值越大；综合得分小于0的则相对较差，且数值越小，投资价值越小。依此可对上市公司的综合业绩和投资价值有一个基本的评价。

具体而言，表6-1-4中，公司各项能力得分与相应实力也呈正相关关系。

排名前十位的公司分别为绿庭投资、青海春天、克明面业、桃李面包、爱普股份、金新龙、新希望、海大集团、溢多利、双汇发展。

其中，绿庭投资是2014年新上市的公司，综合得分排名第一名，2014年排名第三十一名，而2015年快速发展到第一名，说明其成长能力极好。其偿债营运因子得分排名也是第一，高达7.65，遥遥领先于其他公司。而成长因子1、营运因子、盈利因子均为负数，排名相对靠后，说明公司各方面发展不均衡。但由于该公司极强的偿债能力及综合各个因子得分及综合得分，绿庭投资值得长期投资。

青海春天也是新上市的公司，综合得分排名第二，主要在于其极强的偿债营运能力，其得分排名第二，其他3个因子排名较靠后，盈利、营运能力排名居中，而且得分都大于0，说明公司整体经营状况、盈利情况良好，结合该公司的各个因子得分以及综合得分情况，青海春天非常值得投资。

克明面业,综合得分排名第三,而其 2013 年排名第一,说明该公司一直发展良好。主要是由于其成长能力 1 得到很大提升,排名第二,说明公司发展前景极好,且目前正处于稳步成长阶段,而营运因子、盈利因子、偿债因子均为正数,排名也相对靠前,说明公司在各个方面保持稳定或稳步上升阶段,具有较大投资价值。

桃李面包,是新上市的企业,综合得分排名第四,营运因子排名第四,公司营运能力得到较大提升,同时偿债营运因子得分排名第二,保持了非常好的偿债能力,相对于行业内其他公司,其成长因子 1 排名上升很多,排名比较靠前,但公司整体资产没有明显变化,盈利因子排名也靠前,公司整体状况良好,综合得分排名以及各因子得分排名都很靠前,因此非常适合长期适量投资。

爱普股份,综合得分排名第五,是新上市的企业。其成长因子排名第五,说明公司的发展情况良好,正处于成长阶段,营运因子排名第六,营运能力较佳,其他因子排名居中,表现一般,综合各个因子得分情况,公司是值得长期投资的。

金新龙,综合得分排名第六,其 2013 年排名第十六位,2014 年排名第十三位,说明这三年来处于稳步增长状态。主要是由于其成长因子得分较高,说明成长能力较好,公司正处于成长阶段,偿债、营运能力分别排名靠前,营运因子为正数,营运状况较好。考虑其优秀的成长能力和综合得分,比较适宜进行长期投资。

新希望,综合得分排名第七,其 2013 年排名第四位,2014 年排名第三位,这三年来都发展良好。主要原因在于它突出的营运因子,说明该公司的营运状况很好,排名第四;而偿债因子、成长因子排名也均靠前,较 2014 年相比,有比较大的进步,考虑其稳健的营运能力以及综合情况,可以进行长期投资。

海大集团,综合得分排名第八名,其 2013 年排名第十二名,2014 年排名第五名,这三年来发展较为稳定。主要是由于其营运能力突出,得分排名第一,其他 3 个因子中,偿债、营运能力分别排名靠前,表现良好,而成长因子得分则为负数,排名靠后,考虑其极强的盈利能力,虽然成长能力表现不好,但可以考虑适当进行短期投资。

溢多利,综合得分排名第九,其 2013 年排名第十,2015 年较前几年发展稳定。其成长能力很强,成长因子 1 得分排名第二,较 2014 年有很大上升,说明公司正处于成长阶段,偿债营运因子、营运因子、偿债因子均为负数,且排名靠后,较 2014 年下降很多。考虑其突出的成长能力,目前可以适当地长期投资。建议多加关注公司日后的发展状况,再确定是否对其大量投资。

双汇发展,综合得分排名第十,它 2013 年排名第三位,2014 年排名第一位,2015 年较前两年有所下降,但整体状况还算良好。主要是由于其营运因子得分排名第一,盈利能力还处于较佳状态,盈利因子排名第七,偿债因子、成长因子得分均为负数,排名靠后。虽然其偿债能力及成长能力较弱,但是其他两项能力表现较佳,尤其是其突出的营运能力,还是值得长期投资的。

其中克明面业、新希望、双汇发展 3 年来综合排名都位于前十,且这三家公司也是家喻户晓,从其近几年的发展来看,这三家公司是非常值得长期投资的。

排名后十位的公司分别为龙力生物、佳隆股份、金字火腿、海欣食品、华资实业、花园生物、莲花健康、＊ST 星湖、涪陵榨菜、万福生科,这些公司的盈利因子都在行业平均值以下,甚至远远低于平均值,是导致排名靠后的最主要原因,还有 4 个因子中只有个别因子为正值,部分公司没有正值,故这些公司不建议对其投资。

七、系统聚类分析

上述因子分析能够满足投资者对各家上市公司投资价值分析的基本需要,但是由于投资者的投资理念往往各不相同,关注的侧重点也有所不同。为了更深入细致地分析行业板块的情况,将利用系统聚类分析法进一步对 72 家公司的 6 个因子值和综合值进行 Q 型聚类(即个案分群);聚类方法为 ward 联结法,即离差平方和法,根据同类变量间的离差平方和较小、不同类别间的离差平方和较大来进行分类,形成树状图,图略。其测量尺度选用平方 Euclidean 距离,即两样本之间的距离是各样本的每个变量值之差的平方和。通过聚类分析把业绩相似的公司归类,可以对不同类别的上市公司进行对比分析,为投资者选择投资组合提供参考。

根据树状图(略)对 72 家食品加工业上市公司进行进一步分类,本书选择将其分为 4 类,如表 6-1-5 所示。

表 6-1-5 聚类分析

类别	食品加工业公司	数目
1	绿庭投资	1
2	青海春天	1
3	克明面业、溢多利、天润乳业、麦趣尔、汤臣倍健、皇氏集团、安记食品、大北农、千禾味业、洽洽食品、晨光生物、哈高科、科迪乳业、黑芝麻、恒顺醋业、三元股份、天康生物、金达威、安琪酵母、煌上煌、顺鑫农业、中炬高新、加加食品、南宁糖业、保龄宝、天宝股份、贝因美、双塔食品、好想你、量子高科、冠农股份、三全食品、朗源股份、中粮屯河、中基健康、得利斯、梅花生物、金健米业、龙力生物、佳隆股份、金字火腿、海欣食品、华资实业、花园生物、莲花健康、*ST 星湖、涪陵榨菜、万福生科	48
4	桃李面包、爱普股份、金新农、新希望、海大集团、双汇发展、海天味业、禾丰牧业、唐人神、广弘控股、龙大肉食、东凌国际、正邦科技、通威股份、伊利股份、燕塘乳业、上海梅林、康达尔、西王食品、光明乳业、天邦股份、正虹科技	22

在表 6-1-5 中,类别 1 中,只包含绿庭投资 1 家公司。其综合排名第一。绿庭投资长期关注全球配置,同时把握不良资产、城市更新、新型金融、大健康及消费升级领域的趋势性投资机会,通过资源的有效配置,积极运用各类投融资方式,满足不同投资需求及风控要求。其偿债营运因子得分排名也是第一,高达 7.65,远远大于其他同行公司。而成长因子、营运因子、盈利因子得分均为负数,排名相对靠后,说明公司各方面发展不均衡。但由于该公司极强的偿债能力及综合各个因子得分和综合得分,绿庭投资值得长期投资。

类别 2 中,只有青海春天 1 家公司,综合得分排名第二。青海春天在对冬虫夏草药性特点深入了解、对冬虫夏草系统评价核心技术全面掌握的前提下,创立了目前世界最严格的冬虫夏草标准。从水分、杂质、重金属含量、细菌等常规项目的定量检测,到药性标志成分含量、释放速度测定等,构建了全面保障品质的立体化评价标准。其偿债营运因子得分排名第二,紧紧接近于第一名,其他 3 个因子排名居中,而且得分都大于 0,说明公司整体经营状况、盈利情况尚好,成长因子则排名靠后,结合该公司的各个因子得分以及综合得分情况,青海春天非常值得长期投资。

类别 3 中,包含克明面业等 48 家公司,综合排名高、中、低档位置均有,其中克明面业、溢多利 2 家公司综合得分排名在前十,大半以上的公司行业排名较为靠后。其中克明面业始终专注于中高端挂面的研发、生产及销售,一直以"中国挂面第一品牌"为发展目标,高度重视产品质量安全,选用定点厂家生产不含增白剂的面粉为原料,将采用获得 10 多项国家专利的制面设备和生产工艺生产的"陈克明"牌营养、强力、绿色、高筋、礼品、儿童等六大系列的 300 多个规格品种的挂面推向市场,以其"柔韧、细腻、口感好,易熟、耐煮、不糊汤"的独特品质,赢得了广大消费者的好评。其综合得分排名第三,主要是其成长能力得到很大提升,排名第二,说明公司发展前景极好,且目前正处于稳步成长阶段,而营运因子、盈利因子、偿债因子均为正数,排名也相对靠前,说明公司在各个方面保持稳定或稳步上升阶段,值得长期投资。溢多利是应用现代生物工程技术和先进的植物提取工艺,致力于以饲用酶制剂为主的绿色饲料添加剂、动物药品等行业研究、开发与生产的高科技企业。溢多利综合得分排名第九,其成长能力很强,成长因子得分排名第二,较去年有很大上升,说明公司正处于成长阶段,偿债营运因子、营运因子、偿债因子均为负数,且排名靠后,较去年下降很多。建议多加关注公司日后的发展状况,再确定是否投资,考虑其突出的成长能力,目前可以适当地短期投资。

类别4中,包括调理面包等22家公司,排名中等以上。其中桃李面包、爱普股份、金新农、新希望、海大集团、双汇发展排名前十。桃李面包主要经营面包及糕点、月饼、粽子三大类数十种产品,是一家致力于烘焙食品生产、加工、销售的综合性公司。经过多年的耕耘和积累,公司核心产品面包及糕点所使用的桃李品牌已成长为跨区域的全国知名面包品牌。桃李面包,综合得分排名第四,营运因子排名第四,公司营运能力得到较大提升,同时偿债因子得分排名第二,保持了非常好的偿债能力,相对于行业内其他公司,其成长因子得分排名上升很多,排名比较靠前,但公司整体资产没有明显变化,盈利因子排名也靠前,公司整体状况良好,综合得分排名,以及各因子得分排名都很靠前,因此非常适合长期适量投资。爱普股份是中国香精香料和食品添加剂行业最大的制造企业之一。爱普股份综合得分排名第五,其成长因子排名第五,说明公司的发展情况良好,正处于成长阶段,盈利因子排名第六,盈利能力较佳,营运因子排名居中,表现一般,偿债因子排名比较靠后,说明公司经营中利用较多负债,这一点日后会有所改变,综合各个因子得分情况,公司是值得长期投资的。金新农经过多年发展,公司已形成猪饲料规模化的研发、生产与销售体系。2007—2009年,该公司经营规模、销售额、市场占有率位居中国猪饲料生产企业前列。作为国内较早进入教槽料研发、生产、销售的企业,凭借着雄厚的技术实力和良好的品牌效应,该公司在教槽料细分市场上具有强大的竞争优势。新希望公司立足于食品和现代农业领域,注重稳健发展,业务涉及饲料、养殖、肉制品及金融投资等全产业链,业务遍布全国及越南、菲律宾、孟加拉、印度尼西亚、柬埔寨、斯里兰卡、新加坡、埃及等近二十个国家和地区。海大集团主要产品有:海因特牌水产预混料、浓缩料;海大牌、海龙牌、大川牌、海贝牌、风光牌、容川牌鱼料、虾料、畜禽料;海联科牌渔药;鱼苗、虾苗。海大集团已经实现了在全国重点水产养殖区域的生产和销售,在全国拥有近三十家下属公司和6个中试基地。2005年进入行业三十强,2007年进入行业十强。海大集团1998年起步于中国南海之滨,依靠技术优势,4年间成为水产预混料全国第一;2001年进入水产配合饲料行业,淡水鱼料快速成为行业第二;2003年进入对虾饲料行业,目前已处于行业前三甲;2004年进入膨化料领域行业,目前已居行业第一;鸡料经过3年的发展,在广东市场排名第一,鸭料在广东市场排名第二。双汇发展,综合得分排名第十,主要是其营运因子得分排名第一,盈利能力还处于较佳状态,盈利因子排名第七,偿债因子、成长因子得分均为负数,排名靠后。虽然其偿债能力及成长能力较弱,但是其他两项能力表现较佳,尤其是其突出的营运能力,还是值得长期投资的。

八、结语

综上所述,投资者在进行投资时,要综合考虑宏观、微观等各方面反映的财务信息,加以谨慎地分析,作出合理的选择。在此,本书运用SPSS软件,利用13个指标综合分析了2015年度食品加工业72家上市公司各方面表现情况,并对比2013年、2014年的得分排名情况,得出理论与实践有机结合的投资价值结论,对投资者进行投资决策有一定的参考意义。但数据主要运用了2015年一个年度的财务报表资料,某些项目可能会由于会计政策变更等的影响存在一定程度的偶然性,分析指标的选择也具有主观性。因此,分析结果难以完全反映出真实状况,若后续能连续多个年度进行跟踪分析,并适当增加分析指标,则可较大程度地消除偶然性,帮助投资者作出更加准确的投资决策,以便更加有效地配置投资资源,促进食品加工业的进一步健康和谐发展。

参考文献

[1] 食品工业逆势增长,对机械企业提出更高要求.食品商务网,http://www.21food.cn/html/news/12/2723063.htm,2016-07-15.

（参著：刘　娟）

第二节　酒、饮料和精制茶制造业上市公司 投资价值动态比较分析研究

一、行业发展与投资价值状况

酒、饮料和精制茶都是人们日常生活不可或缺的饮品,故将它们合并为一体分析研究;但它们又各不相同,不仅效用不同,日常饮用方式、方法不同,而且其性能及制造加工过程也各不相同。其中,酒制造包括酒精、白酒、啤酒,及其专用麦芽、黄酒、葡萄酒、果酒、配制酒以及其他酒的制造;饮料制造包括碳酸饮料、瓶(罐)装饮用水、果蔬汁及果蔬汁饮料、含乳饮料及植物蛋白饮料、固体饮料、茶饮料及其他饮料;精制茶加工包括对毛茶和半成品饮料茶进行筛分、压切、风选、干燥、匀堆、拼配等精制加工茶叶的生产。[1]

作为传统行业,几千年来,我国酒、饮料和精制茶制造业一直备受重视,诸多饮品品质优良,品种享誉国内外,如张裕葡萄酒早在 1905 年就获得了国际博览会金奖,贵州茅台也是享誉全球,西湖龙井茶备受世界人民青睐。随着人们生活水平的不断提高,人们对各种饮品需求量越来越大,质量要求也越来越高。酒、饮料和精制茶已经成为人们的不可或缺的日常消费品,在日常消费品中所占的比例越来越高。但在我国经济转型、经济下滑的压力下,2015 年出现了消费品销售及出口下滑的状况。根据赛迪智库信息,2015 年 1～9 月,消费品工业出口大幅下滑,轻工、纺织两大行业出口交货值呈现负增长,累计同比增速分别为 -0.03% 和 -2.7%。各子行业中,农副食品加工业,酒、饮料和精制茶制造业,造纸及纸制品业,文教、工美、体育和娱乐用品制造业,纺织业,服装、鞋、帽制造业和化学纤维制造业 7 个行业出口交货值呈现负增长。其中,酒、饮料和精制茶制造业,造纸及纸制品业和化学纤维制造业累计同比增速分别为 -8.8%、-6.1% 和 -8.7%。与去年同期相比,所有 13 个子行业出口交货值均呈现下滑态势。其中,酒、饮料和精制茶制造业,文教、工美、体育和娱乐用品制造业降幅高达 19.8 和 14.8 个百分点。固定资产投资方面,各行业下滑明显。1～9 月,食品制造业,酒、饮料和精制茶制造业,皮革、毛皮、羽毛及其制品和制鞋业,家具制造业,印刷和记录媒介复制业 5 个行业降幅均超过 10 个百分点。[2]

总的来看,我国酒、饮料和精制茶业发展态势良好,在"2013 中国民营企业 500 强"的榜单中,有 4 家"酒、饮料和精制茶制造业"企业。截至 2015 年年底,该行业上市公司达到 34 家。但该行业中,也并非所有的企业都风光无限,而绝大多数企业规模较小,发展缓慢,因而有广阔发展前景和巨大投资价值。

二、样本选取与数据处理

沪、深证券交易所的 38 家酒、饮料和精制茶制造业上市公司的资料来源主要为其 2015 年度的财务报告。具体初始数据扫描二维码获取。

在指标性质、单位不同的情况下,先要对其进行同趋势化处理。然后利用 SPSS 中的 Z-score 方法将 13 个指标的原始数据进行标准化处理。同趋势化处理后的 3 项指标数据与标准化处理后的数据略。

三、因子分析法适应性检验

为了检验所选用的指标是否适合使用因子分析法,本书利用 SPSS 软件中 KMO 和 Bartlett 的方法来对样本进行检验。检验结果如表 6-2-1 所示。

表 6-2-1　KMO 和 Bartlett 检验

取样足够度的 Kaiser-Meyer-Olkin 度量		0.617
Bartlett 的球形度检验	近似卡方	337.654
	自由度(df)	78
	显著性(Sig)	0.000

由表 6-2-1 可知,KMO 值为 0.617,大于 0.5,可知各变量之间的相关程度无较大差异,原有变量适合作因子分析。同时,巴特利球形检验统计量为 337.654,相应的概率 Sig 为 0.000,在 5% 的显著性水平之下,拒绝原假设,因此可认为相关系数矩阵与单位阵有显著差异,说明样本适合作因子分析。

四、确定主因子

本书应用因子分析法中的主成分分析法来计算原始公因子的特征值、方差贡献率以及累计方差贡献率,并由此确定公因子。结果如表 6-2-2 所示。

表 6-2-2　解释的总方差

成　分	初始特征值			提取平方和载入			旋转平方和载入		
	合计	方差的%	累积%	合计	方差的%	累积%	合计	方差的%	累积%
1	4.095	31.498	31.498	4.095	31.498	31.498	2.677	20.594	20.594
2	2.187	16.823	48.321	2.187	16.823	48.321	2.393	18.408	39.002
3	1.877	14.438	62.759	1.877	14.438	62.759	2.193	16.872	55.874
4	1.166	8.969	71.729	1.166	8.969	71.729	2.061	15.855	71.729
5	0.980	7.536	79.264						
6	0.902	6.939	86.203						
7	0.544	4.188	90.391						
8	0.488	3.753	94.145						
9	0.362	2.786	96.930						
10	0.208	1.603	98.533						
11	0.134	1.032	99.566						
12	0.045	0.342	99.908						
13	0.012	0.092	100.000						

提取方法:主成分分析。

根据表 6-2-2 中数据可知,前四个主因子的方差贡献率已经达到了累计方差贡献率的 71.729%,即表明这四个主因子已包含原始数据信息量的71.729%,所以只须选择前四个主因子就可以较好地代表原始指标,对公司的绩效进行描述。

特征值是能够被看作表示因子影响力度大小的指标之一,如果特征值小于1,说明该因子的解释力度还不如直接引入一个原变量的平均解释力度大,因此一般用特征值大于1作为纳入标准。特征值可用碎石图列示,如图 6-2-1 所示。从图 6-2-1 可以看出,从第五个因子开始,特征值的值都小于1,且折线的陡度变得比较平缓,这说明提取 4 个主因子是合适有效的。

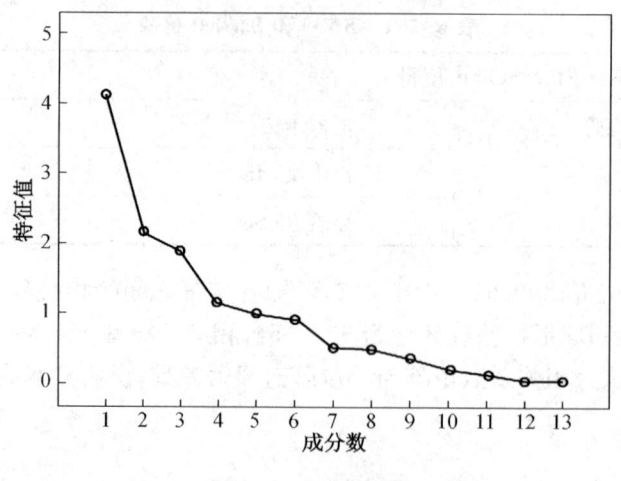

图 6-2-1　碎石图

五、旋转载荷矩阵分析

本书对原因子载荷矩阵进行最大方差旋转,以期得到主因子更明确的含义。结果如表 6-2-3 所示。

表 6-2-3　旋转成分矩阵[a]

	成　分			
	F_1	F_2	F_3	F_4
基本每股收益	0.208	0.943	0.022	−0.044
每股净资产	0.135	0.932	−0.003	−0.100
销售净利率	0.727	0.421	0.125	0.026
总资产报酬率	0.743	0.479	0.362	0.014
流动比率	0.170	−0.045	0.108	0.862
速动比率	0.064	−0.254	−0.257	0.583
资产负债率	0.064	0.132	0.338	−0.012
存货周转率	−0.344	−0.170	0.644	−0.133
总资产周转率	0.184	−0.024	0.850	−0.042
固定资产周转率	0.300	0.022	0.785	0.188
总资产增长率	0.740	0.315	0.311	0.353
营业总收入增长率	−0.117	0.082	0.051	0.884
股东权益增长率	0.833	−0.093	−0.038	−0.056

提取方法:主成分分析。

旋转方法:Kaiser 标准化最大方差法。

a. 旋转在 5 次迭代后已收敛。

由表 6-2-3 中的数据可以看到,总资产增长率和股东权益增长率在主因子 F_1 上的载荷量分别为 0.740 和 0.833,它们主要反映了公司的成长能力,所以将 F_1 命名为成长因子;主因子 F_2 在基本每股收益 (0.943)和每股净资产(0.932)上有较大载荷量,它们主要代表了公司的盈利能力,故而将其命名为盈利因子;主因子 F_3 在存货周转率(0.644)、总资产周转率(0.850)、固定资产周转率(0.785)上有较大载荷量,代表了公司的营运能力,为营运因子;流动比率和速动比率在主因子 F_4 上的载荷为 0.862 和 0.583,体现了公司的偿债能力,为偿债因子。

六、酒、饮料和精制茶制造业公司综合得分与排名

要得到因子的综合得分,需先对因子数据进行标准化处理,使其期望为0,方差为1,然后,对各因子的方差贡献率占因子总方差贡献率的比重作权重加权汇总,使用计算综合得分的公式 $F=(\lambda_1 F_1+\lambda_2 F_2+\lambda_3 F_3+\lambda_4 F_4)/(\lambda_1+\lambda_2+\lambda_3+\lambda_4)=(0.205\,94\times F_1+0.184\,08\times F_2+0.168\,72\times F_3+0.158\,55\times F_4)/0.717\,29$ 来计算各样本的综合得分。得到结果按名次排列如表6-2-4所示。

表 6-2-4　酒饮料和精制茶制造业上市公司综合得分排名

股票代码	名称	F_1(成长)	F_2(盈利)	F_3(营运)	F_4(偿债)	F(综合)	排名
600519.SH	贵州茅台	0.182 50	5.241 69	−0.493 89	−0.095 17	1.26	1
000848.SZ	承德露露	0.928 02	−0.782 23	4.073 74	0.159 24	1.06	2
600365.SH	通葡股份	−0.681 07	−0.011 57	0.316 02	5.164 44	1.02	3
603589.SH	口子窖	1.613 88	−0.233 00	0.008 57	1.075 41	0.64	4
002304.SZ	洋河股份	0.448 61	1.411 02	0.177 88	−0.266 25	0.47	5
000592.SZ	古井贡酒	0.011 91	0.576 83	1.271 52	−0.261 72	0.39	6
603369.SH	今世缘	1.317 05	−0.076 65	−0.227 94	0.081 16	0.32	7
603198.SH	迎驾贡酒	1.292 08	−0.354 24	−0.009 73	0.188 56	0.32	8
600559.SH	老白干酒	1.661 12	−0.763 50	0.533 18	−0.578 14	0.28	9
000568.SZ	泸州老窖	−0.157 86	0.320 21	0.711 72	−0.053 56	0.19	10
600809.SH	山西汾酒	0.275 78	−0.038 66	0.530 15	−0.050 81	0.18	11
600197.SH	伊力特	0.368 25	−0.188 01	0.727 80	−0.236 70	0.18	12
000858.SZ	五粮液	0.345 67	0.646 74	0.014 88	−0.502 24	0.16	13
600600.SH	青岛啤酒	−0.786 11	0.245 30	1.709 78	−0.592 27	0.11	14
000869.SZ	张裕 A	0.317 32	0.592 73	−0.387 42	−0.271 19	0.09	15
600779.SH	水井坊	−0.640 59	0.244 65	−0.205 75	1.151 03	0.08	16
603919.SH	金徽酒	0.540 77	−0.167 40	0.201 20	−0.425 43	0.07	17
600199.SH	金种子酒	−0.325 54	−0.348 68	0.590 23	0.448 22	0.05	18
000799.SZ	酒鬼酒	−0.266 07	0.166 20	−0.856 27	1.100 87	0.01	19
002642.SZ	青青稞酒	0.423 29	−0.350 99	−0.545 82	0.436 33	0.00	20
600612.SH	金枫酒业	0.660 64	−0.803 97	−0.850 13	0.682 37	−0.07	21
000929.SZ	兰州黄河	−0.025 03	−0.189 73	−0.249 27	−0.018 48	−0.12	22
601579.SH	会稽山	0.609 38	−0.334 88	−0.745 22	−0.495 51	−0.20	23
603779.SH	威龙股份	−0.061 87	−0.197 20	−0.265 98	−0.517 45	−0.25	24
000995.SZ	＊ST 皇台	−0.518 72	0.101 10	−0.921 70	0.276 86	−0.28	25
000752.SZ	西藏发展	−1.017 67	−0.234 88	0.978 26	−0.784 37	−0.30	26
000729.SZ	燕京啤酒	−0.432 49	−0.160 27	0.027 34	−0.649 54	−0.30	27
600300.SH	维维股份	−0.162 56	−0.326 84	−0.246 52	−0.547 06	−0.31	28
002461.SZ	珠江啤酒	−0.570 66	−0.110 67	−0.002 41	−0.564 26	−0.32	29

股票代码	名称	F_1（成长）	F_2（盈利）	F_3（营运）	F_4（偿债）	F（综合）	排名
600573.SH	惠泉啤酒	−0.570 20	−0.170 45	0.186 38	−0.798 46	−0.34	30
600132.SH	重庆啤酒	−1.095 66	−0.240 45	0.618 50	−0.501 05	−0.34	31
600059.SH	古越龙山	0.333 39	−0.328 76	−1.010 08	−0.524 68	−0.34	32
600084.SH	中葡股份	1.899 30	−1.405 80	−2.060 90	−0.273 35	−0.36	33
600702.SH	沱牌舍得	−0.323 12	−0.000 43	−0.702 64	−0.504 02	−0.37	34
600962.SH	国投中鲁	−0.746 29	−0.096 36	−0.214 18	−0.375 53	−0.37	35
600543.SH	莫高股份	−0.048 19	−0.377 12	−1.353 30	−0.084 05	−0.45	36
000019.SZ	深深宝A	−0.906 60	−0.215 30	−0.719 31	−0.629 83	−0.62	37
002387.SZ	黑牛食品	−3.892 68	−1.038 45	−0.608 72	−0.163 37	−1.56	38

表 6-2-4 中，酒、饮料和精制茶制造业公司综合得分与其投资价值呈正相关关系。由于先对因子数据进行了标准化处理，因此，可以 0 为参考标准线，认为：综合得分大于 0 的公司，综合业绩相对较好，且数值越大，投资价值越大；综合得分小于 0 的则相对较差，且数值越小，投资价值越小。依此可对上市公司的综合业绩和投资价值有一个基本的评价。

具体而言，表 6-2-4 中，公司各项能力得分与相应实力也呈正相关关系。

排名前十位的公司分别为贵州茅台、承德露露、通葡股份、口子窖、洋河股份、古井贡酒、今世缘、迎驾贡酒、老白干酒、泸州老窖。其中，贵州茅台、承德露露、今世缘、洋河股份、古井贡酒这几家公司连续两年都保持在前十，是投资者较为理想的投资对象。

其中，贵州茅台综合排名行业第一，与 2014 年一样。盈利因子与 2014 年一样高分排名第一，投资者可以优先考虑。承德露露 2015 年排名第二，与 2014 年保持一致，它的营运能力远远高出其他公司，说明其营运能力好，前景广阔，具有较大的投资价值。通葡股份 2014 年仅位居第三十二名，2015 年一跃成为第三名，进步较大。其偿债因子以高分位居第一，说明偿债性很好，同时营运因子位于第十一名。从偿债因子和营运因子来看，是较为理想的投资对象。口子窖 2015 年综合排名第四，其成长能力和偿债能力分别排名第三和第四，表现比较突出，说明其成长能力不错，适合投资。洋河股份从 2013 年排名第七到 2014 年排名第五，2015 年排名第五，处于平稳上升阶段。其盈利因子排名第二，表现尤为突出；同时成长因子和营运因子分别排名第十和第十四，但是其偿债因子表现一般，仅排在第二十名，鉴于其优秀的盈利能力、成长能力和营运能力，投资者可以考虑短期投资。古井贡酒 2014 年排名第十位，2015 年排名第六位，其盈利因子、营运因子分别排在第五名、第三名，但是成长因子和偿债因子分别排在第十八位和第十九位，处于中等偏下，但是考虑到其表现优秀的盈利能力和营运能力以及稳定的综合排名，投资者可以进行一定的投资。今世缘 2013 年排名行业倒数第一，2014 年排名第四，2015 年排名第七。公司综合排名第七，在于其优秀的成长能力，成长因子得分排名为第四。它从 2013 年排名行业倒数第一跃居 2015 年第七，成长速度很快，可考虑长期投资。迎驾贡酒 2015 年综合排名第八，其中成长能力和偿债能力分别位居行业第五和第九，说明其成长能力不错，可以考虑投资。老白干酒 2014 年排名第十一名，2015 年排名第九名，其中营运因子和成长因子分别排名第九位和第二位，偿债因子和盈利因子排在第三十三位和第三十四位，说明这家企业的营运能力和成长能力较好，但是偿债能力和盈利能力较差，投资者应该谨慎考虑投资。泸州老窖 2014 年排名第六，2015 年排名第十，其中盈利因子和营运因子均排名第六位，成长因子和偿债因子分别排名第二十二位和第十四位，成长能力在中等之下，鉴于该公司的盈利能力和营运能力不错，因此投资者可以考虑短期投资。

排名后十位的公司分别为珠江啤酒、惠泉啤酒、重庆啤酒、古越龙山、中葡股份、沱牌舍得、国投中鲁、莫高股份、深深宝A、黑牛食品，这些公司的盈利因子都在行业平均值以下，甚至远远低于平均值，是导致排名靠后的最主要原因,还有 4 个因子中只有个别因子为正值,部分公司没有正值,暂不建议对其投资。

七、系统聚类分析

上述因子分析能够满足投资者对各家上市公司投资价值分析的基本需要,但是由于投资者的投资理念往往各不相同,关注的侧重点也有所不同。为了更深入细致地分析行业板块的情况,将利用系统聚类分析法进一步对 38 家公司的 4 个因子值和综合值进行 Q 型聚类(即个案分群);聚类方法为 ward 联结法,即离差平方和法,根据同类变量间的离差平方和较小、不同类别间的离差平方和较大来进行分类,形成树状图(略)。其测量尺度选用平方 Euclidean 距离,即两样本之间的距离是各样本每个变量值之差的平方和。通过聚类分析把业绩相似的公司归类,可以对不同类别的上市公司进行对比分析,为投资者选择投资组合提供参考。

根据树状图(略)对 38 家酒、饮料和精制茶制造业上市公司进行进一步分类,本书选择将其分为 4 类,如表 6-2-5 所示。

表 6-2-5　聚类分析

类别	酒、饮料和精制茶制造业公司	数目
1	贵州茅台	1
2	承德露露	1
3	通葡股份	1
4	口子窖、洋河股份、古井贡酒、今世缘、迎驾贡酒、老白干酒、泸州老窖、山西汾酒、伊力特、五粮液、青岛啤酒、张裕 A、水井坊、金徽酒、金种子酒、酒鬼酒、青青稞酒、金枫酒业、兰州黄河、会稽山、威龙股份、＊ST 皇台、西藏发展、燕京啤酒、维维股份、珠江啤酒、惠泉啤酒、重庆啤酒、古越龙山、中葡股份、沱牌舍得、国投中鲁、莫高股份、深深宝 A、黑牛食品	35

在表 6-2-5 中,类别 1 中,只有贵州茅台 1 家公司,综合得分排名第一,盈利能力尤为突出。公司所涉足的产业领域包括白酒、啤酒、葡萄酒、红酒、证券、银行、保险、物业、科研等。长期以来,一直是行业龙头,备受广大投资者关注。

类别 2 中,只有承德露露 1 家公司,其突出特点是营运和成长能力遥遥领先,是比较适宜长期投资的类别。承德露露继露露杏仁露以后,又开发出核桃露、花生露、纯净水、矿泉水、果汁饮料、米奥渴酸奶系列等八大门类、40 多个品种规格的优质系列产品。

类别 3 中,只有通葡股份 1 家公司,通葡股份以葡萄酒制造和销售作为其主要营业范围。其偿债能力位于行业领先地位,同时与 2014 年相比,进步很大,适宜作为投资对象。

类别 4 中,包含口子窖、洋河股份、古井贡酒、今世缘和迎驾贡酒等 35 家公司,综合排名高、中、低档位置均有。该类公司各项因子得分差距不大,各种能力发展较为均衡,是值得关注的投资对象。其中老白干酒成立于 1996 年 11 月,其前身是河北衡水老白干酒厂,现已是国家大型一档企业、中国白酒行业老白干香型中生产规模最大的生产厂家。2004 年,集团公司被国家工商管理总局认定为"中国驰名商标",成为享誉全国的驰名品牌;2005 年,集团被国家旅游局批准为全国工业旅游示范点。从此公司拥有了衡水老白干和十八酒坊两大驰名品牌。集团也先后被授予"五·一劳动奖状""中国食品优秀企业""产品质量信得过企业"等称号。今世缘是中国名优酒酿造骨干企业,全国"五·一劳动奖状"获得者、全国"守合同,重信用"企业、全国企业文化建设先进单位、全国模范劳动关系和谐企业、全国工业旅游示范点、江苏省文明单位标兵、淮安市食品工业排头兵企业。古井贡酒先后四次蝉联全国评酒会金奖,荣获中国名酒称号。古井集团以古井贡酒为主导产品,现已发展成为集酒业、酒店业、房地产业、农产品深加工业等为一体,跨地区、跨行业、多元化发展的国家大型一档企业。其中,金种子酒、中葡股份、莫高股份、黑牛食品 4 家公司。其共同特点是偿债因子得分低,说明偿债能力较差,不适宜对其进行短期投资。其中金种子酒是经营范围主业为白酒，以及房地产、制药、制革等产业。这家企业的营运因子排名第八，盈利因子和偿债因子分别排在第三十名和第六名，考虑到其优秀的营运能力和偿债能力，投资者可以考虑进行适量的投资。中葡股份是一家集葡萄种植、加工、贸易、科研为一体的大型葡萄酒企业。中葡股份的盈利因子、成长因子排在第三十八名和第一名，综合排名第三十三名。该公司发展不均衡，投资者应以观望为主。莫高股份的发行人前身为甘肃饮马啤酒原料股份有限公司，成立于1995年12月29日，后经1998年增资扩股，1999年增资扩股及股权转让。其主要产品为"莫高"牌系列葡萄酒、啤酒大麦芽、甘草系列产品和苜蓿草产品。莫高股份的盈利因子、营运因子、成长因子和偿债因子分别排在第三十三名、第三十七名、第二十名和第十五名，排名处于中等偏下。黑牛食品经过10年的精心耕耘，现已发展成为全国大型的豆奶粉生产企业之一和国内最具核心竞争力的营养麦片生产企业之一，并在食品行业具有举足轻重的地位。其盈利因子、营运因子、成长因子和偿债因子分别排在第三十七名、第二十九名、第三十八名和第十七名，基本都靠后，且均为负数，这两家企业均不建议投资者进行投资。

八、结语

综上所述，投资者在进行投资时，既要综合考虑行业内各家上市公司的投资价值信息，加以谨慎地分析，作出合理的选择；还要考虑到该行业内各个小行业的具体情况，由于酒、饮料和精制茶制造业各有不同特点，因此，投资者在投资时，还需联系其实际分别各个小行业内的上市公司各方面表现情况，进行比较分析，采用价值投资具体操作方法（详见本书第二十二章）进行计算确定投资顺序，作出更加准确的投资决策，以更加有效地配置投资资源，促进酒、饮料和精制茶制造业的进一步健康和谐发展。

参考文献

[1] ICS03.140 A00，品牌价值评估酒、饮料和精制茶制造. 国家标准，http://www.doc88.com/p-6721167174480.html.

[2] 2016年中国消费品工业发展形势展望，http://www.wtoutiao.com/p/15aiF8b.html，2016-1-6.

（参著：许洪吉　金娟霞）

第三节　纺织、服装制造业上市公司投资
价值动态比较分析研究

一、行业发展与投资价值状况

纺织、服装制造业是我国的传统轻工产业，是关系国计民生的基础性行业。其中纺织业是指把纤维原料最终加工成衣物等纺织成品的生产部门的总称。按照生产用原料主要分为化纤行业、棉纺织行业、丝织业、毛纺织业和麻纺织行业等几个子行业。而服装业是指把纺织成品及动物皮毛加工成衣物的生产部门的总和，是纺织行业的下游行业。根据服装用途可以分为服装业、鞋帽业、服饰业等。

中国是13多亿人口的大国，是全世界最大的服装消费国和生产国。近几年中国的服装业有较大的发展，对国民经济的发展起了巨大的推动作用。根据中国调研报告网报道：2014年，我国纺织服装制造业销售收入总额达到20 769.829亿元，同比增长8.02%，高于工业平均水平（增长6.96%）；行业利润总额达到1 247.275亿元，同比增长10.55%，高于工业平均水平（增长3.35%）。截至2014年年底，我国纺织服装制造

业总资产达到 12 269.708 亿元,同比增长 11.37％。我国纺织服装产品质优价廉,不仅供给国内用户普遍需求,也大量出口,各种各类产品已经行销全球,受到国内外客户的普遍青睐和广泛好评。根据国家统计局公布的数据,2014 年纺织、服装制造产品出口主要指标完成情况及其增长速度[1]如表 6-3-1 所示。

表 6-3-1　2014 年主要商品出口数量、金额及其增长速度

商品名称	单位	数量	比上年增长（％）	金额（亿元）	比上年增长（％）
煤（包括褐煤）	万吨	574	−23.5	43	−35.5
钢材	万吨	9 378	50.5	4 350	31.6
纺织纱线、织物及制品	—	—	—	6 888	3.8
服装及衣着附件	—	—	—	11 445	4.2
鞋类	—	—	—	3 455	9.7
家具及其零件	—	—	—	3 195	−0.7
自动数据处理设备及其部件	万台	191 836	2.6	11 159	−1.3
手持或车载无线电话	万台	131 199	10.6	7 085	20.2
集装箱	万个	302	12.1	553	13.0
液晶显示板	万个	245 080	−25.0	1 952	−12.4
汽车	万辆	90	−2.8	770	3.5

表 6-3-1 中,纺织纱线、织物及制品,服装及衣着附件和鞋类均属于纺织、服装制造业产品,从数据看,三者出口额之和 21 788 亿元,占出口第一,是排名第二的两倍以上。

纺织、服装制造业是我国最具全球竞争力行业。2013 年、2014 年纺织、服装制造业创造的贸易顺差额占全国贸易顺差总额九成左右。

2015 年,中国经济面临较大的下行压力,经济增长速度进一步放缓,但纺织、服装制造业克服各种不利因素,加快转型升级,通过精细化管理提升运营效率,加大投入进行技术创新,积极开拓新的产品应用和市场,依旧保持了总体平稳、稳中有进、稳中有好的发展态势。根据中国投资咨询网报道,2015 年,我国纺织、服装制造业销售收入总额达到 20 769.829 亿元,同比增长 8.0％,高于工业平均水平（增长 6.9％）;2015 年,我国纺织服装出口 2 837.8 亿美元,同比下降了 4.9％;但对美国出口 477.3 亿美元,同比增长了 6.7％。这是非常难得的,也是可喜的。根据国家统计局公布的数据,2015 年纺织、服装制造产品出口主要指标完成情况及其增长速度[2]如表 6-3-2 所示。

表 6-3-2　2015 年主要商品出口数量、金额及其增长速度

商品名称	单位	数量	比上年增长（％）	金额（亿元）	比上年增长（％）
煤（包括褐煤）	万吨	533	−7.1	31	−27.7
钢材	万吨	11 240	19.9	3 890	−10.6
纺织纱线、织物及制品	—	—	—	6 796	−1.3
服装及衣着附件	—	—	—	10 819	−5.5
鞋类	万吨	447	−8.4	3 319	−3.9
家具及其零件	—	—	—	3 277	2.6
自动数据处理设备及其部件	万台	171 508	−10.6	9 461	−15.2
手持或车载无线电话	万台	134 342	2.4	7 711	8.8
集装箱	万个	272	−10.1	475	−14.2
液晶显示板	万个	229 344	−6.4	1 923	−1.5
汽车	万辆	72	−19.4	696	−9.5

表 6-3-2 中,从数据看,纺织、服装产品出口额比 2014 年有所下降,但仍占出口第一,仍是排名第二的两倍以上。

纺织、服装制造业是我国的出口大户,是稳定的传统优势产业。2016 年是我国经济转型的关键时期,也是我国服装业发展的重要机遇期,虽然面临着各种压力,但仍然有较大的国内外市场空间,是投资者关注的重点行业。

二、样本选取与数据处理

沪、深证券交易所的 70 家纺织、服装制造业上市公司的资料来源主要为其 2015 年度的财务报告。具体初始数据扫描二维码获取。

在指标性质、单位不同的情况下,先要对其进行同趋势化处理。然后利用 SPSS 中的 Z-score 方法将 13 个指标的原始数据进行标准化处理。同趋势化处理后指标数据与标准化处理后的数据略。

三、因子分析法适应性检验

为了检验所选用的指标是否适合使用因子分析法,本书利用 SPSS 软件中 KMO 和 Bartlett 的方法来对样本进行检验。检验结果如表 6-3-3 所示。

表 6-3-3 KMO 和 Bartlett 的检验

取样足够度的 Kaiser-Meyer-Olkin 度量		0.575
Bartlett 的球形度检验	近似卡方	419.601
	自由度(df)	78
	显著性(Sig)	0.000

由表 6-3-3 可知,KMO 值为 0.575,大于 0.5,可知各变量之间的相关程度无较大差异,原有变量适合作因子分析。同时,巴特利球形检验统计量为 419.601,相应的概率 Sig 为 0.000,在 5% 的显著性水平之下,拒绝原假设,因此可认为相关系数矩阵与单位阵有显著差异,说明样本适合作因子分析。

四、确定主因子

本书应用因子分析法中的主成分分析法来计算原始公因子的特征值、方差贡献率以及累计方差贡献率,并由此确定公因子。结果如表 6-3-4 所示。

表 6-3-4 解释的总方差

成 分	初始特征值			提取平方和载入			旋转平方和载入		
	合计	方差的%	累积%	合计	方差的%	累积%	合计	方差的%	累积%
1	4.071	31.316	31.316	4.071	31.316	31.316	2.608	20.061	20.061
2	1.655	12.728	44.044	1.655	12.728	44.044	2.45	18.844	38.905
3	1.303	10.026	54.07	1.303	10.026	54.07	1.823	14.023	52.928
4	1.168	8.982	63.052	1.168	8.982	63.052	1.26	9.692	62.62
5	1.124	8.649	71.701	1.124	8.649	71.701	1.181	9.081	71.701
6	0.945	7.269	78.97						

成　分	初始特征值			提取平方和载入			旋转平方和载入		
	合计	方差的%	累积%	合计	方差的%	累积%	合计	方差的%	累积%
7	0.745	5.73	84.7						
8	0.636	4.893	89.593						
9	0.504	3.881	93.474						
10	0.412	3.171	96.645						
11	0.245	1.883	98.528						
12	0.158	1.212	99.741						
13	0.034	0.259	100						

提取方法：主成分分析。

　　根据表 6-3-4 中数据可知，前五个主因子的方差贡献率已经达到了累计方差贡献率的 71.701%，即表明这五个主因子已包含原始数据信息量的 71.701%，所以只须选择前五个主因子就可以较好地代表原始指标，对公司的绩效进行描述。

　　特征值是能够被看作表示因子影响力度大小的指标之一，如果特征值小于 1，说明该因子的解释力度还不如直接引入一个原变量的平均解释力度大，因此一般用特征值大于 1 作为纳入标准。特征值可用碎石图列示，如图 6-3-1 所示。从图 6-3-1 可以看出，从第六个因子开始，特征值的值都小于 1，且折线的陡度变得比较平缓，这说明提取 5 个主因子是合适有效的。

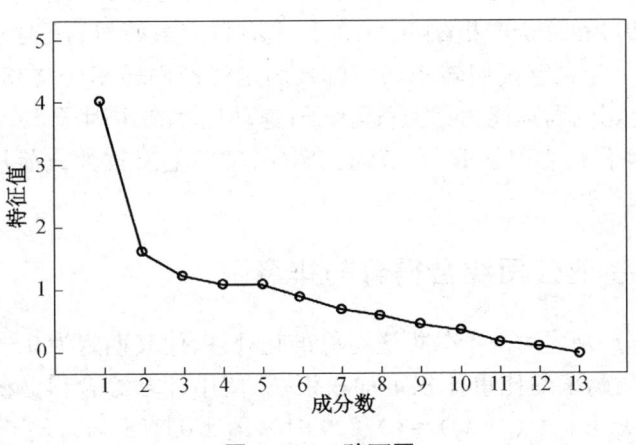

图 6-3-1　碎石图

五、旋转载荷矩阵分析

　　本书对原因子载荷矩阵进行最大方差旋转，以期得到主因子更明确的含义。结果如表 6-3-5 所示。

表 6-3-5　旋转成分矩阵[a]

	成　分				
	F_1	F_2	F_3	F_4	F_5
基本每股收益	0.564	0.673	0.126	−0.082	0.25
每股净资产	0.09	0.891	0.046	0.065	−0.045

	成　分				
	F_1	F_2	F_3	F_4	F_5
销售净利率	0.537	0.308	−0.083	−0.285	0.472
总资产报酬率	0.276	0.905	0.13	0.034	−0.018
流动比率	−0.185	0.191	−0.109	0.196	0.737
速动比率	−0.064	−0.013	−0.032	0.894	0.075
资产负债率	−0.103	0.192	−0.173	0.037	−0.567
存货周转率	−0.212	0.006	0.762	−0.061	0.07
固定资产周转率	0.132	0.294	0.832	0.137	−0.071
总资产周转率	0.354	−0.033	0.621	0.004	0.069
总资产增长率	0.849	0.132	0.007	0.092	−0.09
营业总收入增长率	0.533	0.257	0.273	0.541	0.006
股东权益增长率	0.822	0.21	0.082	−0.064	0.001

提取方法：主成分分析。

旋转方法：Kaiser 标准化最大方差法。

a. 旋转在 6 次迭代后收敛。

由表 6-3-5 中的数据可以看到，总资产增长率、股东权益增长率在主因子 F_1 上的载荷量分别为 0.849 和 0.822，它主要反映了公司的成长能力，所以将 F_1 命名为成长因子；主因子 F_2 在基本每股收益 （0.673）、每股净资产（0.891）和总资产报酬率（0.905）上有较大载荷量，代表了公司的盈利能力，故而将其命名为盈利因子；主因子 F_3 在存货周转率（0.762）、固定资产周转率（0.832）和总资产周转率（0.621）上有较大载荷量，代表了公司的营运能力，为营运因子；速动比率在主因子 F_4 上的载荷为 0.894，体现了公司的偿债能力，为偿债因子 1；主因子 F_5 在流动比率（0.737）上有较大载荷量，主要代表了公司的偿债能力，为偿债因子 2。

六、纺织、服装制造业公司综合得分与排名

要得到因子的综合得分，须先对因子数据进行标准化处理，使其期望为 0，方差为 1，然后，对各因子的方差贡献率占因子总方差贡献率的比重作权重加权汇总，使用计算综合得分的公式 $F = (\lambda_1 F_1 + \lambda_2 F_2 + \lambda_3 F_3 + \lambda_4 F_4 + \lambda_5 F_5)/(\lambda_1 + \lambda_2 + \lambda_3 + \lambda_4 + \lambda_5) = (0.200\,61 \times F_1 + 0.188\,44 \times F_2 + 0.140\,23 \times F_3 + 0.096\,92 \times F_4 + 0.090\,81 \times F_5)/0.717\,01$ 来计算各样本的综合得分，得到结果按名次排列如表 6-3-6 所示。

表 6-3-6　纺织、服装制造行业上市公司综合得分排名

股票代码	名称	F_1（成长）	F_2（盈利）	F_3（营运）	F_4（偿债 1）	F_5（偿债 2）	F（综合）	排名
300005.SZ	探路者	1.479 49	−0.057 9	3.182 26	1.871 11	−0.666 19	1.19	1
002776.SZ	柏堡龙	3.095 64	0.386 99	−0.023 38	−0.875 8	0.246 59	0.88	2
002503.SZ	搜于特	0.276 55	−0.175 22	−0.400 79	5.585 66	−0.208 16	0.68	3
603808.SH	歌力思	2.846 44	0.316 76	−0.689 28	−0.552 33	0.071 76	0.68	4
002740.SZ	爱迪尔	1.957 02	−0.373 84	1.373 7	−1.062 42	0.556 37	0.64	5
000158.SZ	常山股份	1.909 13	−0.544 25	0.960 92	0.437 97	−0.710 57	0.55	6

股票代码	名称	F_1（成长）	F_2（盈利）	F_3（营运）	F_4（偿债1）	F_5（偿债2）	F（综合）	排名
601718.SH	际华集团	−0.276 53	0.061 62	0.651 87	3.006 67	0.533 98	0.54	7
600398.SH	海澜之家	1.786 65	0.326 12	0.129 6	0.216 98	−0.801 69	0.54	8
600630.SH	龙头股份	−0.450 58	0.092 12	2.469 64	0.429 91	0.604 4	0.52	9
002763.SZ	汇洁股份	1.171 57	0.641 73	0.233 59	−0.272 46	0.058 63	0.51	10
603889.SH	新澳股份	0.172 93	0.831 56	0.405 29	−0.146 06	1.348	0.5	11
002029.SZ	七匹狼	−0.826 43	0.637 14	−0.933 9	0.827 26	4.474 7	0.43	12
002762.SZ	金发拉比	2.444 5	−0.123 1	−0.419 42	−0.775 24	−0.331 33	0.42	13
603518.SH	维格娜丝	1.641 53	0.067 78	0.083 13	−1.127 12	0.458 27	0.4	14
600987.SH	航民股份	−0.885 95	1.180 57	1.055	−0.202 1	1.197 97	0.39	15
002394.SZ	联发股份	−0.014 43	0.866 79	0.265 35	−0.645 54	0.820 41	0.29	16
002293.SZ	罗莱生活	0.040 78	0.610 56	0.493 99	0.093 63	−0.058 13	0.27	17
603558.SH	健盛集团	1.143 87	0.207 73	−0.088 01	0.049 14	−0.829 17	0.26	18
002761.SZ	多喜爱	0.941 85	−0.312 89	0.559 33	−0.324 23	0.067 51	0.26	19
002563.SZ	森马服饰	−0.010 97	0.551 84	0.763 36	−0.024	−0.405 46	0.24	20
600689.SH	上海三毛	−1.673 49	−0.710 43	5.198 39	−0.828 94	−0.119 07	0.23	21
601566.SH	九牧王	−0.040 85	0.709 71	−0.718 93	0.099 06	1.355 95	0.22	22
002327.SZ	富安娜	−0.251 98	0.732 4	0.023 19	0.512 35	−0.026 98	0.19	23
002634.SZ	棒杰股份	0.105 65	0.302 7	−0.908 16	0.115 5	1.807 85	0.18	24
000726.SZ	鲁泰A	0.000 75	0.779 35	−0.307 93	−0.470 16	0.632 33	0.16	25
002003.SZ	伟星股份	−0.452 77	0.873 38	0.512 1	−0.319 93	0.003 74	0.16	26
603555.SH	贵人鸟	0.187 12	0.443 78	−0.002	−0.193 12	0.128 77	0.16	27
002144.SZ	宏达高科	−0.201 7	0.651 38	−0.344 22	−0.935 73	1.191 29	0.07	28
002516.SZ	旷达科技	0.941 78	−0.046 83	−0.606 85	0.080 2	−0.654 2	0.06	29
002397.SZ	梦洁家纺	−0.496 56	0.401 24	−0.082 43	0.738 4	0.006 77	0.05	30
601599.SH	鹿港文化	0.192 12	0.154 29	−0.041 48	−0.161 93	−0.300 84	0.03	31
002042.SZ	华孚色纺	−0.033 01	0.284 03	−0.013 91	−0.093 89	−0.214 92	0.02	32
600448.SH	华纺股份	0.186 25	−0.272 31	0.710 87	−0.023 55	−0.765 14	0.02	33
002291.SZ	星期六	0.038 01	−0.284 28	0.123 9	−0.112 17	0.488 87	0.01	34
002612.SZ	朗姿股份	0.236 1	0.252 79	−0.882 58	−0.839 7	1.267 23	0.01	35
002687.SZ	乔治白	−0.548 71	0.217 92	−0.577 3	1.291 05	0.235 69	0.00	36
600233.SH	大杨创世	0.068 84	0.092 9	0.055 14	−0.527 21	0.077 91	−0.01	37
002404.SZ	嘉欣丝绸	−0.455 6	0.013 29	0.821 2	0.009 46	−0.446 11	−0.02	38
002425.SZ	恺撒股份	0.861 6	−0.315 88	−0.831 7	0.138 83	−0.294 56	−0.02	39
600851.SH	海欣股份	−0.750 86	0.271 67	−0.925 88	0.312 5	1.771 23	−0.05	40
600232.SH	金鹰股份	−0.714 04	0.151 63	−0.293 9	0.514 61	0.568 57	−0.08	41

股票代码	名称	F_1（成长）	F_2（盈利）	F_3（营运）	F_4（偿债1）	F_5（偿债2）	F（综合）	排名
002034.SZ	美欣达	−1.225 3	0.628 06	0.785 83	−0.663 7	0.289 54	−0.08	42
000955.SZ	欣龙控股	−0.407 71	−0.773 46	−0.612 13	2.682 55	−0.258 08	−0.11	43
601339.SH	百隆东方	−0.008 85	0.083 49	−0.566 28	−0.042 2	−0.142 58	−0.12	44
000850.SZ	华茂股份	0.467 36	−0.233 12	−0.639 87	−0.437 79	−0.122 93	−0.13	45
600400.SH	红豆股份	0.310 15	−0.271 16	−0.399 71	−0.201 49	−0.367 99	−0.14	46
002656.SZ	摩登大道	0.491 38	−0.352 47	−0.916 77	−0.059 3	0.046 78	−0.14	47
002083.SZ	孚日股份	−0.366 98	0.353 47	−0.427 95	−0.291 91	−0.331 73	−0.17	48
002087.SZ	新野纺织	−0.228 94	0.146 56	−0.427 43	−0.322 65	−0.220 57	−0.18	49
002485.SZ	希努尔	−0.191 15	−0.037 94	−0.721 32	−0.105 81	0.202 56	−0.19	50
600156.SH	华升股份	−0.525 04	−0.165 51	0.077 02	−0.001 77	−0.272 19	−0.21	51
600370.SH	三房巷	−0.450 35	−0.039 54	0.187 3	−0.468 13	−0.371 85	−0.21	52
600493.SH	凤竹纺织	−0.698 34	0.051 96	0.111 58	−0.158 63	−0.481 66	−0.24	53
002193.SZ	山东如意	−0.161 65	−0.001 28	−0.770 51	−0.150 62	−0.229 38	−0.25	54
002269.SZ	美邦服饰	−0.710 87	−0.261 92	0.385 33	0.143 95	−0.725 7	−0.26	55
002015.SZ	霞客环保	−1.841 33	1.356 28	0.812 04	−1.244 49	−0.798 77	−0.27	56
600220.SH	江苏阳光	−0.556 69	0.116 82	−0.271 69	−0.040 2	−0.710 82	−0.27	57
002569.SZ	步森股份	−0.718 28	0.103 17	−0.377 29	−0.258 58	−0.066 67	−0.29	58
600070.SH	浙江富润	−0.461 78	−0.056 61	−0.512 99	−0.318 91	−0.414 13	−0.34	59
600107.SH	美尔雅	−0.595 01	−0.102 91	−0.604 92	−0.079 62	−0.559 97	−0.39	60
000803.SZ	金宇车城	−0.245 22	−1.116 27	0.241 35	−0.490 09	−0.456 91	−0.44	61
002486.SZ	嘉麟杰	−0.882	−0.422 46	−0.337 35	0.076 03	−0.260 38	−0.45	62
000982.SZ	中银绒业	0.090 31	−0.890 41	−0.869 66	0.183 68	−0.737 11	−0.45	63
600152.SH	维科精华	−1.297 03	0.258 99	−0.097 05	−0.749 7	−0.313 2	−0.45	64
600137.SH	浪莎股份	−0.644 64	−0.452 97	−0.687 6	−0.792 87	−0.100 06	−0.55	65
002154.SZ	报喜鸟	−0.826 17	1.567 43	−1.450 32	0.294 81	−4.680 35	−0.66	66
000779.SZ	三毛派神	−0.758 4	−0.928 49	−0.666 8	−0.168 57	−0.664 3	−0.69	67
002070.SZ	众和股份	−1.202 04	−0.336 72	−0.885 87	−0.538 72	−0.591 18	−0.75	68
002072.SZ	凯瑞德	−1.787 57	−1.138 92	−1.202 99	−1.196 82	−0.459 91	−1.25	69
000611.SZ	＊ST蒙发	−0.209 54	−6.978 9	−0.133 73	−0.415 1	0.657 25	−1.89	70

　　表6-3-6中，纺织、服装制造公司综合得分与其投资价值呈正相关关系。由于先对因子数据进行了标准化处理，因此，可以0为参考标准线，认为：综合得分大于0的公司，综合业绩相对较好，且数值越大，投资价值越大；综合得分小于0的则相对较差，且数值越小，投资价值越小。依此可对上市公司的综合业绩和投资价值有一个基本的评价。

　　具体而言，表6-3-6中，公司各项能力得分与相应实力也呈正相关关系。

　　排名前十位的公司分别为探路者、柏堡龙、搜于特、歌力思、爱迪尔、常山股份、际华集团、海澜之家、龙头股份、汇洁股份。

其中,探路者从 2013 年的第二名跌至 2014 年的第十一名,再到 2015 年的第一名,有波动,但总的来看波动不大。该公司的营运因子排名第二,营运能力较强,也表现出良好的成长性,综合实力较强。可见企业正处于上升期,是值得关注的投资对象。柏堡龙成长因子排名第一,具备极大的发展潜力,虽然营运因子和偿债因子 1 得分稍有欠缺,但综合得分很高,总体实力强。搜于特的综合排名由 2013 年的第五十五位上升到 2014 年的二十三位,再到 2015 年的第三位,进步很快,具体分析可知,虽然其偿债因子 1 得分排名第一,在一定程度上表明资本结构稳健,但其盈利能力和营运能力表现不佳,投资价值仍不高。歌力思的成长因子排名第二,成长性极佳,营运能力有所欠缺,由于该公司是新参入分析的公司,投资价值有待检验。排名第五的爱迪尔在 2014 年排在第三位,其成长性和营运能力强,盈利性欠佳,说明企业发展稳定,比较适宜对其进行长期投资。常山股份进步很快,由 2013 年的第五十三名一路攀升到第六名,其成长因子、营运因子分别排在第五名和第六名,偿债因子 1 排在第十名,盈利因子得分尚不理想,总体来说,这家企业发展比较均衡,是值得关注的投资对象。

际华集团偿债因子 1 排名第二,除了成长因子得分稍有欠缺,其他因子得分都比较理想,综合排名从 2013 年的第一名下降到 2014 年的第二十三名,又回升到第七名,波动性较大。海澜之家在 2013 年总分排名第二十九位,2014 年排名第一,2015 年是第七位,总体呈现上升趋势。该公司的成长因子排名第六,说明正处于快速发展时期,虽然偿债因子 2 得分不高,但其他指标良好,总体上具备较高的投资价值。

排名后十位的公司分别为金宇车城、嘉麟杰、中银绒业、维科精华、浪莎股份、报喜鸟、三毛派神、众和股份、凯瑞德、*ST 蒙发。这些公司的各项因子得分绝大部分在行业平均值以下,甚至远远低于平均值,其中众和股份、*ST 蒙发这两家公司 2014 年排名也在后十之列,故不建议对这些公司投资。

七、系统聚类分析

上述因子分析能够满足投资者对各家上市公司投资价值分析的基本需要,但是由于投资者的投资理念往往各不相同,关注的侧重点也有所不同。为了更深入细致地分析行业板块的情况,将利用系统聚类分析法进一步对 70 家公司的 5 个因子值和综合值进行 Q 型聚类(即个案分群);聚类方法为 ward 联结法,即离差平方和法,根据同类变量间的离差平方和较小、不同类别间的离差平方和较大来进行分类,形成树状图(略)。其测量尺度选用平方 Euclidean 距离,即两样本之间的距离是各样本每个变量值之差的平方和。通过聚类分析把业绩相似的公司归类,可以对不同类别的上市公司进行对比分析,为投资者选择投资组合提供参考。

根据树状图(略)对 70 家纺织、服装制造业上市公司进行进一步分类,本书选择将其分为 4 类,如表 6-3-7 所示。

表 6-3-7 聚类分析

类别	纺织、服装制造业公司	数目
1	探路者、柏堡龙、歌力思、爱迪尔、常山股份、海澜之家、汇洁股份、金发拉比、维格娜丝、健盛集团、多喜爱、上海三毛	12
2	搜于特、际华集团、欣龙控股	3
3	龙头股份、新澳股份、七匹狼、航民股份、联发股份、罗莱生活、森马服饰、九牧王、富安娜、棒杰股份、鲁泰 A、伟星股份、贵人鸟、宏达高科、旷达科技、梦洁家纺、鹿港文化、华孚色纺、华纺股份、星期六、朗姿股份、乔治白、大杨创世、嘉欣丝绸、恺撒股份、海欣股份、金鹰股份、美欣达、百隆东方、华茂股份、红豆股份、摩登大道、孚日股份、新野纺织、希努尔、华升股份、三房巷、凤竹纺织、山东如意、美邦服饰、霞客环保、江苏阳光、步森股份、浙江富润、美尔雅、金宇车城、嘉麟杰、中银绒业、维科精华、浪莎股份、报喜鸟、三毛派神、众和股份、凯瑞德	54
4	*ST 蒙发	1

在表 6-3-7 中，类别 1 共包含 12 家公司，其共同特点是排名在前二十一名以内。其中，探路者是一家户外用品企业，公司主要从事户外用品的研发设计、组织外包生产、销售，产品涵盖户外服装、户外功能鞋和户外装备三大系列，成为中国户外用品行业唯一的"北京 2008 年奥林匹克运动会特许生产商"。探路者 3 年来排名都在前十五以内，虽有波动，但总的来看波动不大。该公司营运能力较强，也表现出良好的成长性，综合实力较强，是值得关注的投资对象。

柏堡龙专业从事服装创意设计，并为客户提供面料研发、制样、组织生产等一站式服务，该公司具备极大的发展潜力，虽然营运因子和偿债因子 1 得分稍有欠缺，但综合得分很高，总体实力强。

搜于特是一家主要从事"潮流前线"品牌青春休闲服饰产品的设计与销售的公司，虽然 3 年来进步很快，但其仅具备稳健的资本结构，而盈利能力和营运能力不佳，投资价值仍不高。

歌力思主营女装的设计研发、生产和销售，1996 年在深圳创立至今，截至 2013 年 9 月已在全国大中型城市开设 370 家专卖店。据统计，2010 年至 2012 年，"ELLASSAY"品牌的综合市场占有率分别位于第八名、第七名和第六名，逐年以 25%～30% 的增长比稳步提升。这与该公司极高的成长因子得分相符，成长性极佳，营运能力有所欠缺，由于该公司是新参入分析的公司，投资价值有待检验。

爱迪尔是集珠宝首饰产品设计生产加工、品牌连锁为一体的珠宝企业，已经发展成为以优秀文化著称的、当今中国最具发展潜力的珠宝企业之一，纺织服装制造是其多元化投资的一部分。在 2014 年排在第三位，其成长能力和营运能力强，盈利性欠佳，说明企业发展稳定，比较适宜对其进行长期投资。

常山股份是一家集生产、科研、贸易为一体的大型纺织上市公司，主要从事纯棉纱布和涤棉纱布的生产销售。该公司进步很快，由 2013 年的第五十三名一路攀升到第六名，成长和营运能力突出，盈利能力尚不理想，总体来说，这家企业发展比较均衡，是值得关注的投资对象。

海澜之家是一家大型服装企业，业务涵盖品牌服装的经营以及高档精纺呢绒、高档西服、职业服的生产和销售。公司原为我国精纺呢绒面料的龙头企业，其精纺呢绒面料的产能和质量在国内均名列前茅。该公司除了偿债因子 2 得分不太理想，其余各项能力良好，综合实力较强。从 2013 年的第二十九位跃升至 2014 年的第一位，再到 2015 年的第八位，各项能力取得了很大进步，适合长期投资。

类别 2 中有搜于特、际华集团、欣龙控股 3 家公司。3 家公司的共同点是主因子 F_4 得分很高，显示了其优秀的短期偿债能力。其中，搜于特是集开发、设计、销售、物流配送和品牌推广为一体的综合性民营科技企业，在行业内具有较高的知名度和较强的品牌优势。虽然搜于特 3 年来进步很快，但其盈利能力和营运能力表现不佳，投资价值仍不高。际华集团是一家军需品生产公司，是中国最大、历史最悠久的军需轻工企业之一。该公司偿债能力、盈利能力、营运能力良好，成长因子得分稍有欠缺，虽然 3 年来呈现出一定的波动性，还是比较稳健的投资对象。欣龙控股综合排名第四十三位，除了偿债因子 1 得分为正，其余因子得分均为负，前两年排名也十分靠后，投资价值不高。

类别 3 中包含龙头股份、新澳股份、七匹狼等 54 家公司，综合排名高中低位置均有。龙头股份主要从事纺织品生产及经营、实业投资、资产经营与管理等业务，综合排名第九，营运因子得分排名第三，除了成长性欠佳，其余各项因子得分都比较理想，2013 年排名第十二位，2014 年上升到第八位，3 年来一直保持着杰出的营运能力，说明这家企业的资金周转灵活，总体发展稳健，适合长期投资。

新澳股份是高新技术企业，浙江省创新型试点企业，拥有省级企业技术中心。公司成立以来一直走引进吸收与自主研发相结合的技术创新路线，取得了较为丰硕的技术创新成果。该公司在 2015 年综合排名第十一位，除了偿债因子 1 得分为负，其他因子得分理想，加之其在 2014 年排名第九，财务状况稳健，发展均衡，值得投资者关注。

排名第十二位的七匹狼是一家主要从事服装开发、生产、销售、以经营七匹狼品牌男休闲装的服装及其他纤维制品的制造公司，拥有排名第一的偿债因子 2，盈利能力和偿债能力良好，成长能力和营运能力欠佳，在 2013 年和 2014 年排名在第十四位和第三十八位，波动性较大，投资者应结合其未来发展情况进行投资决策。

相较前两年第五位和第六位的排名,航民股份在 2015 年有所退步,排名降至第十五位。该公司是一家以印染为主业,热电、织布、染料配套发展的公司,公司纺织印染主业在同行业中处于领先地位,连续多年在中国印染行业协会"十佳企业"排名中名列前茅。3 年来该公司成长因子得分一直为负,成长性不佳,但其他因子得分较好,可以考虑短期投资。

类别 4 中只有 * ST 蒙发 1 家企业。其综合排名倒数第一,2014 年排名倒数第二,多项能力得分均为负值,发展不均衡,且面临退市风险,不建议对其投资。

八、结语

综上所述,投资者在进行投资时,要综合考虑宏观、微观等各方面反映的财务信息,加以谨慎地分析,作出合理的选择。在此,本书运用 SPSS 软件,利用 13 个指标综合分析了 2015 年度纺织、服装制造行业 66 家上市公司各方面表现情况,并对比 2014—2013 年的排名情况,得出能够反映上市公司财务实力的投资价值结论,对投资者进行投资决策有一定的参考意义。但数据主要运用了 2015 年一个年度的财务报表资料,某些项目可能会由于会计政策变更等的影响存在一定程度的偶然性,分析指标的选择也具有主观性。因此,分析结果难以完全反映出真实状况,若后续能连续多个年度进行跟踪分析,并适当增加分析指标,则可较大程度地消除偶然性,帮助投资者作出更加准确的投资决策,以更加有效地配置投资资源,促进纺织、服装制造业的进一步健康和谐发展。

参考文献

[1] 国家统计局.中华人民共和国 2014 年国民经济和社会发展统计公报.2015-2-26.
[2] 国家统计局.中华人民共和国 2015 年国民经济和社会发展统计公报.2016-3-8.

(参著:许洪吉 郝福新)

第四节 木材及家具制造业上市公司投资价值动态比较分析研究

一、行业发展与投资价值状况

木材及家具制造业是涉及国计民生的基础性产业,包括木材加工及木竹藤棕草制品和家具制造业。随着全球经济的高速发展,生活水平的不断改善,人们对生活环境的要求越来越严苛。而木材与家具千百年来都是人类生活环境的重要材料或物件,人们对其需求、要求也越来越高。

木材是国民经济不可缺少的支撑物资,随着经济的飞速发展,我国对木材的需求量越来越大;相应地,木材市场呈现出供不应求的状况。最新的森林清查结果显示,我国的森林人均覆盖率比世界人均覆盖率的 31% 低 10 个百分点,人均森林面积仅为世界人均水平的 1/4,人均森林蓄积只有世界人均水平的 1/7,而随着经济的发展,我国已成为全球第二大木材消费国,全国木材消费总量由 2002 年的 1.83 亿立方米猛增到 2012 年的 4.95 亿立方米,10 年间增长了 173%。我国木材进口量约占世界木材总贸易量的 1/3,木材进口数量占到我国进口消费总额的 47%~50%,这样大的木材需求量长期依赖进口,会使我国对外贸易等方面陷于被动。为了解决对木材的刚性需求问题,我国国家林业局在原有试点基础之上,据国家林业局统计,2014 年我国木材消费总量为 5.39 亿立方米,2015 年我国将全面启动木材战略基地建设。国家规划到 2020 年,要建设国家储备林基地 2.1 亿亩,每年新增木材的供给能力达 9 500 万立方米。[1]从而大大缓解供需矛盾,引导木材行业走向良性发展轨道。

木材是家具的主要原材料。木材生产和供应、数量和质量,都直接影响家具的生产和供应、数量和质量。随着木材资源稀缺程度的提高,人们环保意识不断加强,家具业日益呈现出产品价格不断攀升,生产技术水平不断提高,企业间竞争日趋激烈、经济效益越来越丰厚的局面。2013 年中国家具制造业总资产达到 4 039.11 亿元,同比增长 23.18%;2014 年我国家具行业规模总资产达到 4 529.36 亿元,较上年同期增长 12.1%。出口交货值 1 317.9 亿元,累计同比增长 5.7%;主营业务收入 5 758.6 亿元,累计同比增长 11.6%;利润总额 316.6 亿元,累计同比增长 14.8%;税金总额 177.1 亿元,累计同比增长 12.6%。2015 年中国家具制造业主营业务收入 7 872.5 亿元,同比增长 9.3%,2015 年全国家具制造业全年实现利润总额为 500.9 亿元,同比增长 14%。[2]

木材及家具业作为传统行业,经过几千年的不断发展完善,已具有相当大的规模和稳定可靠的工艺技术;在未来相当长时期内,木材及家具制造业都存在巨大发展空间,也存在着新的机遇与挑战;若干年来,一直备受广大投资者关注。其中,该行业上市公司是引领行业发展的龙头企业,对行业的发展和技术水平提升其领头羊作用,是投资者关注的重点和焦点。

二、样本选取与数据处理

沪、深证券交易所的 19 家木材及家具制造业上市公司的资料来源主要为其 2015 年度的财务报告。具体初始数据扫描二维码获取。

在指标性质、单位不同的情况下,先要对其进行同趋势化处理。然后利用 SPSS 中的 Z-score 方法将 13 个指标的原始数据进行标准化处理。同趋势化处理后的三项指标数据与标准化处理后的数据略。

三、因子分析法适应性检验

为了检验所选用的指标是否适合使用因子分析法,本书利用 SPSS 软件中 KMO 和 Bartlett 的方法来对样本进行检验。检验结果如表 6-4-1 所示。

表 6-4-1　KMO 和 Bartlett 的检验

取样足够度的 Kaiser-Meyer-Olkin 度量		0.516
Bartlett 的球形度检验	上次读取的卡方	231.305
	自由度(df)	78
	显著性(Sig)	0.000

由表 6-4-1 可知,KMO 值为 0.516,大于 0.5,可知各变量之间的相关程度无较大差异,原有变量适合作因子分析。同时,巴特利球形检验统计量为 231.305,相应的概率 Sig 为 0.000,在 5% 的显著性水平之下,拒绝原假设,因此可认为相关系数矩阵与单位阵有显著差异,说明样本适合作因子分析。

四、确定主因子

本书应用因子分析法中的主成分分析法来计算原始公因子的特征值、方差贡献率以及累计方差贡献率,并由此确定公因子。结果如表 6-4-2 所示。

表 6-4-2 解释的总方差

成 分	初始特征值			提取平方和载入			旋转平方和载入		
	合计	方差的%	累积%	合计	方差的%	累积%	合计	方差的%	累积%
1	5.212	40.096	40.096	5.212	40.096	40.096	4.273	32.871	32.871
2	2.986	22.970	63.066	2.986	22.970	63.066	3.532	27.166	60.037
3	1.487	11.435	74.501	1.487	11.435	74.501	1.880	14.464	74.501
4	0.969	7.457	81.958						
5	0.784	6.034	87.993						
6	0.670	5.153	93.146						
7	0.430	3.305	96.450						
8	0.245	1.883	98.333						
9	0.097	0.742	99.076						
10	0.069	0.532	99.608						
11	0.035	0.269	99.877						
12	0.011	0.088	99.966						
13	0.004	0.034	100.000						

提取方法:主成分分析。

根据表 6-4-2 中数据可知,前三个主因子的方差贡献率已经达到了累计方差贡献率的 74.501%,即表明这三个主因子已包含原始数据信息量的74.501%,所以只须选择前三个主因子就可以较好地代表原始指标,对公司的绩效进行描述。

特征值是能够被看作表示因子影响力度大小的指标之一,如果特征值小于1,说明该因子的解释力度还不如直接引入一个原变量的平均解释力度大,因此一般用特征值大于1作为纳入标准。特征值可用碎石图列示,如图 6-4-1 所示。从图 6-4-1 可以看出,从第四个因子开始,特征值的值都小于1,且折线的陡度变得比较平缓,这说明提取 3 个主因子是合适有效的。

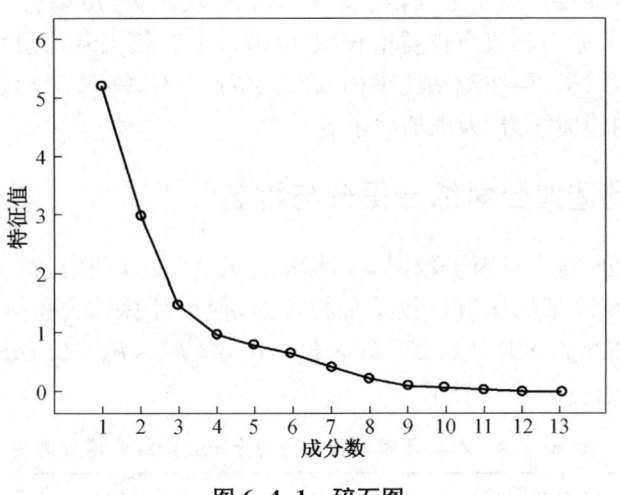

图 6-4-1 碎石图

五、旋转载荷矩阵分析

本书对原因子载荷矩阵进行最大方差旋转,以期得到主因子更明确的含义。结果如表 6-4-3 所示。

表 6-4-3　旋转成分矩阵ᵃ

	成　分		
	F_1	F_2	F_3
基本每股收益	0.664	0.173	0.644
每股净资产	0.271	−0.159	0.792
销售净利率	0.408	0.646	0.379
总资产报酬率	0.796	0.362	0.386
流动比率	0.683	0.308	0.221
速动比率	−0.103	0.957	−0.024
资产负债率	−0.239	−0.035	0.615
存货周转率	0.879	−0.041	−0.133
总资产周转率	0.804	−0.133	0.169
固定资产周转率	0.666	−0.060	−0.197
总资产增长率	0.126	0.937	−0.141
营业总收入增长率	0.735	0.273	0.075
股东权益增长率	0.079	0.970	−0.078

提取方法:主成分分析。

旋转方法:Kaiser 标准化最大方差法。

a. 旋转在 4 次迭代后已收敛。

由表 6-4-3 中的数据可以看到,基本每股收益、每股净资产、销售净利率、总资产报酬率、总资产周转率、固定资产周转率、营业总收入增长率在主因子 F_1 上的载荷量分别为 0.664、0.271、0.408、0.796、0.804、0.666、0.735,它们主要反映了公司的盈利能力和周转能力,所以将 F_1 命名为盈利周转因子;主因子 F_2 在总资产增长率(0.937)和股东权益增长率(0.970)上有较大载荷量,代表了公司的成长能力,故而将其命名为成长因子;主因子 F_3 在流动比率(0.221)、资产负债率(0.615)、总资产周转率(0.169)上有较大载荷量,代表了公司的偿债能力,为偿债因子。

六、木材及家具制造业公司综合得分与排名

要得到因子的综合得分,需先对因子数据进行标准化处理,使其期望为 0,方差为 1,然后,对各因子的方差贡献率占因子总方差贡献率的比重作权重加权汇总,使用计算综合得分的公式 $F=(\lambda_1 F_1+\lambda_2 F_2+\lambda_3 F_3)/(\lambda_1+\lambda_2+\lambda_3)=(0.328\,71×F_1+0.271\,66×F_2+0.144\,64×F_3)/0.745\,01$ 来计算各样本的综合得分。得到结果按名次排列如表 6-4-4 所示。

表 6-4-4　木材及家具制造行业上市公司综合得分排名

股票代码	名称	F_1(盈利周转)	F_2(成长)	F_3(偿债)	F(综合)	排名
600076.SH	康欣新材	−0.583 18	3.951 21	−0.176 22	1.15	1
603898.SH	好莱客	1.953 03	0.362 27	−0.372 83	0.92	2
002572.SZ	索菲亚	1.590 07	−0.095 07	0.948 28	0.85	3
603600.SH	永艺股份	1.634 00	−0.188 57	0.717 36	0.79	4

股票代码	名称	F_1（盈利周转）	F_2（成长）	F_3（偿债）	F（综合）	排名
002751.SZ	易尚展示	0.976 95	−0.045 77	−1.443 62	0.13	5
603008.SH	喜临门	0.105 43	−0.016 30	0.475 05	0.13	6
002798.SZ	帝王洁具	−0.090 34	−0.345 62	1.431 22	0.11	7
603818.SH	曲美家居	0.358 96	−0.011 25	−0.505 18	0.06	8
600337.SH	美克家居	−0.986 66	−0.148 35	2.541 10	0.00	9
002044.SZ	兔宝宝	0.857 21	−0.508 23	−1.135 51	−0.03	10
600978.SH	宜华生活	−0.464 33	0.042 41	0.736 36	−0.05	11
002631.SZ	德尔未来	−0.118 59	−0.040 75	−0.299 27	−0.13	12
002489.SZ	浙江永强	−0.046 98	−0.084 92	−0.529 12	−0.15	13
000910.SZ	大亚科技	−0.008 73	−0.665 59	0.453 67	−0.16	14
600189.SH	吉林森工	−0.893 11	−0.346 02	0.193 10	−0.48	15
601996.SH	丰林集团	−0.710 98	−0.438 58	−0.122 67	−0.50	16
002259.SZ	升达林业	−1.057 26	−0.018 61	−0.840 17	−0.64	17
600321.SH	国栋建设	−1.357 04	−0.527 02	−0.903 96	−0.97	18
002240.SZ	威华股份	−1.158 45	−0.875 22	−1.167 60	−1.06	19

表 6-4-4 中，木材及家具制造业公司综合得分与其投资价值呈正相关关系。由于先对因子数据进行了标准化处理，因此，可以 0 为参考标准线，认为：综合得分大于 0 的公司，综合业绩相对较好，且数值越大，投资价值越大；综合得分小于 0 的则相对较差，且数值越小，投资价值越小。依此可对上市公司的综合业绩和投资价值有一个基本的评价。

具体而言，表 6-4-4 中，公司各项能力得分与相应实力也呈正相关关系。

排名前十位的公司分别为康欣新材、好莱客、索菲亚、永艺股份、易尚展示、喜临门、帝王洁具、曲美家居、美克家居、兔宝宝。

康欣新材 2015 年综合排名第一，主要在于其突出的成长能力，位居第一，但是 2014 年没有参与排名，且其盈利周转因子和偿债因子为负，投资者在进行投资时应该谨慎。好莱客 2014 年排名第一，2015 排名第二，且其成长因子排在第二名，处于上升阶段，综合实力强，投资价值大，是理想的投资对象。索菲亚是 2013 年排名第一，2014 年排名第七，2015 年其综合排名第三，且其盈利周转因子排在第三名，说明有很强的盈利能力，考虑到其较为不稳定的综合排名，投资者可以考虑进行短期投资。永艺股份 2014 年排名第六，2015 年综合排名第四。其盈利周转因子排在第二名，说明有很强的盈利能力和资金运作能力，投资者可以考虑进行投资。易尚展示 2014 年排名第二，2015 年排名第五，有下降趋势。其盈利周转因子排在第四，但是成长因子和偿债因子均为负数，且考虑到综合排名的下降，建议投资者减仓或者持续观望。喜临门 2013 年排名第二，2014 年排名是第十一，2015 年排名第六，波动较大，其盈利周转因子、成长因子、偿债因子分别排在第七名、第五名和第六名，总体表现较为平均，投资者可以考虑投资。帝王洁具 2015 年综合排名第七，2014 年没有参与排名，其偿债因子排在第二，说明其偿债能力良好，但是盈利周转因子和成长因子均为负，不建议进行投资。曲美家居 2014 年排名第四，2015 年排名第八。其成长因子排名第六名，说明有较强的成长能力，但是其盈利周转因子和偿债因子分别排在第四名和第十三名。因此投资者可以适量的进行长期投资或者是先观察再投资。美克家居 2013 年排名第六，2014 年排名第五，2015

排名第九,其偿债因子2014年和2015年均为第一名,表现较为稳定;盈利周转因子排在第十六名,成长因子排在第十一名,总的来说,投资价值变化不大,可以重点关注。兔宝宝2014年排名第十三位,2015年上升到第十位,盈利周转因子排在第五位,盈利周转能力较好,但是成长因子和偿债因子分别排在第十六位和第十七位,建议投资者可以进行适量的投资或是先观察再投资。

排名后五位的公司分别为吉林森工、丰林集团、升达林业、国栋建设、威华股份,而且大部分公司连续三年排都较靠后。这些公司的各项因子大都在行业平均值以下,甚至远远低于平均值,有的公司全部因子得分均为负值,是导致排名靠后的最主要原因,暂不建议对其投资。

七、系统聚类分析

上述因子分析能够满足投资者对各家上市公司投资价值分析的基本需要,但是由于投资者的投资理念往往各不相同,关注的侧重点也有所不同。为了更深入细致地分析行业板块的情况,将利用系统聚类分析法进一步对19家公司的3个因子值和综合值进行Q型聚类(即个案分群);聚类方法为ward联结法,即离差平方和法,根据同类变量间的离差平方和较小、不同类别间的离差平方和较大来进行分类,形成树状图(略)。其测量尺度选用平方Euclidean距离,即两样本之间的距离是各样本每个变量值之差的平方和。通过聚类分析把业绩相似的公司归类,可以对不同类别的上市公司进行对比分析,为投资者选择投资组合提供参考。

根据树状图(略)对19家木材及家具制造业上市公司进行进一步分类,本书选择将其分为4类,如表6-4-5所示。

表6-4-5 聚类分析

类别	木材及家具制造业公司	数目
1	康欣新材	1
2	好莱客、索菲亚、永艺股份、易尚展示、兔宝宝	5
3	喜临门、帝王洁具、曲美家具、美克家居、宜华生活、德尔未来、浙江永强、大亚科技、吉林森工、丰林集团	10
4	升达林业、国栋建设、威华股份	3

在表6-4-5中,类别1中,只有康欣新材1家公司,康欣新材2015年综合排名第一,主要在于其突出的成长能力,位居第一,但是2014年没有参与排名,且其盈利周转因子和偿债因子为负,投资者在进行投资时应该谨慎,可以先观察再投资。

类别2中,包含好莱客、索菲亚、永艺股份、易尚展示和兔宝宝5家公司。其突出优势是盈利周转能力强。其中,好莱客是广州好莱客创意家居股份有限公司品牌,自创立以来就以舒适的家为己任。好莱客用大师级理念和专业化定制,为每个消费者定制专属自己的家居产品,为每一个家庭量身定制更为舒适、健康和多元化的高品质生活方式。它获得"中国环境标志认证产品""低碳环保品牌"等多项荣誉,更荣膺2015年意大利米兰世博会中国企业联合馆战略合作伙伴唯一指定衣柜品牌。该公司综合得分排名第二,盈利周转能力较强,投资价值较大。索菲亚凭借量身定做的定制衣柜和壁柜门相结合的崭新产品概念,通过多年经营,将旗下的"索菲亚"品牌先后被评为"读者最喜爱的建材品牌""消费者信赖的建材品牌""中国衣柜行业十年影响力品牌""2011年度消费者最喜爱品牌"等。同时,其还担任了首届全国工商联衣柜协会会长单位,并于2011年成为定制衣柜行业首家上市公司。永艺股份自2001年成立以来,不断地自主创新,开拓进取,将"品质为先、开拓创新、合作共享、永艺创造"定为公司的管理理念。通过多年的努力,被列入"安吉大企业(集团)培育对象",并获得"湖州市重点骨干企业""浙江省纳税大户""省级先进企业""浙江省绿色企业""浙江省名牌""湖州市诚信示范企业"等多种荣誉称号。易尚展示专注于为国内外知名品牌提供终端展示策划、形象设计、道具研发生产及安装维护等一体化的服务,通过"文化+科技"融合发展的路径,已经成为品牌终端展示行业的领军企业。公司服务项目包括连锁店面设计、展示道具设计、大型展厅设计等,综合排名第五,有较大投资价值。

类别3中,有喜临门、帝王洁具、曲美家具、美克家居、宜华生活等10家公司。该类公司排名大部分居中,盈利周转能力、偿债能力较强,比较适宜对其短期投资。其中喜临门是国内床垫行业的领军企业,始终以"致力于人类健康睡眠"为使命,专注于设计、研发、生产、销售以床垫为核心的高品质家具。公司主要产品为床垫、软床及配套产品,旗下拥有"喜临门""法诗曼""SLEEMON"和"爱倍"四大品牌。核心产品床垫的年生产能力达100万张,成为全球著名的床具制造企业。美克家居始创于2001年,品牌简称"美克美家",是亚洲出口名列前茅、规模较大的企业之一。品牌理念:经典家居,为你生活。曲美家具经过多年稳健发展,成为中国领先的集设计、生产、销售于一体的大型、规范化家具集团。秉承"曲美现代家具欧洲原创设计"的品牌理念,已成为中国最具设计感的现代家具品牌。汇集全球优秀的设计师团队和世界著名的设计所,让"简约、时尚、现代"成了企业风格的代言。吉林森工是我国第一家大型国有控股森工企业,是中国四大森工集团之一,是国家重要商品材生产基地。这家企业的综合排名为第十五名,其偿债因子为第八名,但是其盈利周转因子和成长因子分别排在第十五名和第十四名,建议投资持币观望。丰林集团是中国最大的木业企业集团之一,人造板和营林造林是公司的两大业务板块。公司主要产品为丰林牌中、高密度纤维板,以林业"三剩物"和"次、小、薪"柴为原料,是国家鼓励的资源综合利用项目,广泛用于装饰、装潢和家具、地板、音响制作,为国内众多一流企业提供生产家具、地板、门板的基材,拥有稳定的客户群和较高的市场信誉。这家企业综合排名第十六名,其盈利周转因子、成长因子、偿债因子分别排在第十四名、第十五名和第九名,建议投资者减仓或是持币观望。

类别4中,包括升达林业、国栋建设、威华股份3家公司。该类公司综合排名落后,各项因子得分较低,大部分是负数,综合实力较差。其中升达林业是一家在林业产业领域坚持"林板一体化"发展战略,具有自主创新能力、充分发挥生态效益、实现可持续发展的林产企业。这家企业综合排名第十七名,但其成长因子排在第六名,说明成长能力还是比较好的,投资者可以考虑适度进行长期投资。国栋建设主营新型建材、玻璃深加工房地产开发、建筑总承包、幕墙装饰(国家壹级)等业务。这家企业的综合排名为第十八名,其盈利周转因子排名第十九名,成长因子排名第十七名,偿债因子排名第十六名,都较为靠后,暂不建议投资者进行投资。威华股份是广东省规模较大的纤维板生产企业之一。在"以人为本,追求卓越,发展威华,造福社会"的企业宗旨引导下,公司不断发展壮大,形成了内涵丰富的企业文化,树立了良好的企业形象。这家企业综合排名第十九名,其盈利因子、成长因子、偿债因子均表现不加,暂不建议投资者投资。

八、结语

综上所述,投资者在进行投资时,要综合考虑宏观、微观等各方面反映的财务信息,加以谨慎地分析,作出合理的选择。在此,本书运用SPSS软件,利用13个指标综合分析了2015年度木材及家具制造业行业18家上市公司各方面表现情况,并对比2013—2014年的排名情况,得出理论与实践有机结合的投资价值结论,对投资者进行投资决策有一定的参考意义。但数据主要运用了2015年一个年度的财务报表资料,某些项目还可能会由于会计政策变更等的影响存在一定程度的偶然性,分析指标的选择也具有主观性。因此,分析结果难以完全反映出真实状况,若后续能连续多个年度进行跟踪分析,并适当增加分析指标,则可较大程度地消除偶然性,帮助投资者作出更加准确的投资决策,以更加有效地配置投资资源,促进木材及家具业的进一步健康和谐发展。

参考文献

[1] 今年起我国全面实施储备林制度,逐步停止天然林商业采伐. 央广网,2016-4-15,http://news.

163. com/16/0415/07/BKM5C4J000014JB5. html.

[2] 2015年我国将全面启动木材战略基地建设. 产业动态网, 2015-3-8.

（参著：许洪吉　金娟霞）

第五节　造纸、印刷、文教和娱乐制造业上市公司投资价值动态比较分析研究

一、行业发展与投资价值状况

造纸业是重要的基础原材料产业。2015年机制纸及纸板累计生产量为11 774.1万吨，累计同比增长1.7%。全国造纸行业累计出口交货值292.5亿元，累计同比下降11.6%，行业产销率98.0%，较2014年同期提高0.2个百分点。全国造纸行业累计主营业务收入8 002.7亿元，累计同比增长2.3%；累计利润总额372.6亿元，累计同比增长2.9%；累计税金总额238.9亿元，累计同比增长2.8%。[1]

印刷业作为我国新闻出版业的重要组成部分，是文化产业的主要载体实现形式之一，兼具文化产业和加工工业的双重属性，是我国国民经济重要产业部门。近年来，伴随着国民经济平稳较快地发展，我国印刷业也持续保持了高速增长。印刷业包括印刷与记录媒介复制业和造纸与纸制品业。2014年我国印刷业主营业务收入6 443.95亿元，同比增长26.2%；利润总额达500.99亿元。2015年度全国规模以上工业企业利润总额统计数据，其中印刷与记录媒介复制业规模全国以上工业企业实现主营业务收入7 191.7亿元，同比增长7%；利润总额达553.9亿元，同比增长5.0%。造纸和纸制品业全国规模以上工业企业实现主营业务收入13 923.4亿元，同比增长3.4%；利润总额达744.4亿元，同比增长6.2%。[2]

造纸与印刷业可以通过降低纸张白度来节约成本，并进一步督促企业进行研发，从而为行业的可持续发展奠定基础，更能吸引投资。

文教娱乐用品制造行业涉及的领域很多，有造纸及纸制品业，印刷和记录媒介复制业，文教、工美、体育和娱乐用品制造业。而其中造纸、印刷、文教和娱乐制造业是其中一大重要组成部分。3个行业发展历史悠久，对人类文明的进程都起到过重要作用，在受到依托互联网的新媒体冲击之下，各个行业发展迅速但快慢不均。2015年，文教办公用品行业主营业务收入970.8亿元，累计同比增长9.3%；利润总额57.4亿元，累计同比增长11.0%；税金总额30.4亿元，累计同比增长14.3%。体育用品行业主营业务收入1 393.1亿元，累计同比增长7.0%；利润总额81.5亿元，累计同比增长14.8%；税金总额49.5亿元，累计同比增长15.4%。[3]

随着经济的不断发展，人们对造纸、印刷、文教和娱乐制造产品和服务的要求也越来越高。在充满挑战的新经济时代，行业发展必然蕴藏着大量的机遇，具有较大的投资价值。

二、样本选取与数据处理

沪、深证券交易所的46家造纸、印刷、文教和娱乐制造业公司的资料来源主要为其2015年度的财务报告所披露的相关信息。具体初始数据扫描二维码获取。

在指标性质、单位不同的情况下，先要对指标进行同趋势化处理。然后利用SPSS中的Z-score方法将13个指标的原始数据进行标准化处理。同趋势化数据和标准化数据略。

三、因子分析法适应性检验

为了检验所选用的指标是否适合使用因子分析法，本书利用 SPSS 软件中 KMO 和 Bartlett 的方法来对样本进行检验。检验结果如表 6-5-1 所示。

表 6-5-1　KMO 和 Bartlett 的检验

取样足够度的 Kaiser-Meyer-Olkin 度量		0.620
Bartlett 的球形度检验	近似卡方	248.943
	自由度（df）	78
	显著性（Sig）	0.000

由表 6-5-1 可知，KMO 值为 0.620，大于 0.5，样本适合作因子分析。巴特利球形检验统计量为 248.9，相应的概率 Sig 为 0.000，在 5% 的显著性水平之下，拒绝原假设，说明相关系数矩阵与单位阵有显著差异，说明样本适合作因子分析。

四、确定主因子

本书应用因子分析法中的主成分分析法来计算原始公因子的特征值、方差贡献率以及累计方差贡献率，并由此确定公因子。结果如表 6-5-2 所示。

表 6-5-2　解释的总方差

成　分	初始特征值			提取平方和载入			旋转平方和载入		
	合计	方差的%	累积%	合计	方差的%	累积%	合计	方差的%	累积%
1	3.706	28.510	28.510	3.706	28.510	28.510	2.536	19.506	19.506
2	1.818	13.982	42.492	1.818	13.982	42.492	2.429	18.688	38.194
3	1.619	12.451	54.944	1.619	12.451	54.944	1.929	14.838	53.031
4	1.245	9.577	64.520	1.245	9.577	64.520	1.494	11.489	64.520
5	0.964	7.412	71.932						
6	0.863	6.635	78.567						
7	0.769	5.913	84.481						
8	0.724	5.565	90.046						
9	0.535	4.112	94.158						
10	0.423	3.255	97.413						
11	0.134	1.030	98.443						
12	0.110	0.848	99.291						
13	0.092	0.709	100.000						

提取方法：主成分分析。

根据表 6-5-2 中数据可知，前四个主因子的方差贡献率已经达到了累计方差贡献率的 64.520%，即表明这四个主因子已包含原始数据信息量的 64.520%，所以只须选择前四个主因子就可以较好地代表原始指标,对造纸、印刷、文教和娱乐制造业公司的绩效进行描述。

特征值可用碎石图列示,如图 6-5-1 所示。从图 6-5-1 可以看出,从第五个因子开始,特征值的值都小于 1,且折线的陡度变得比较平缓,这说明提取 4 个主因子是合适有效的。

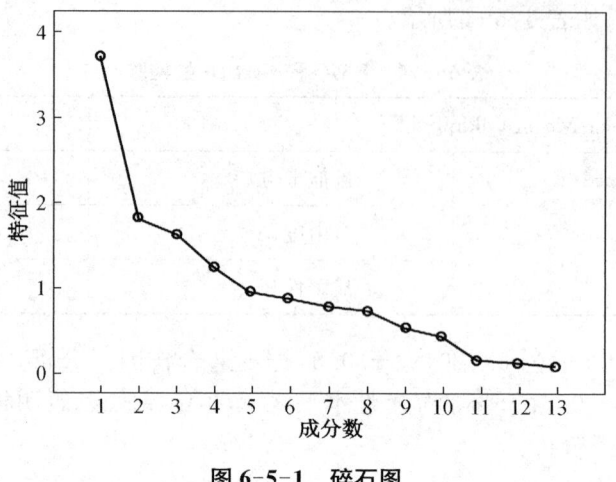

图 6-5-1　碎石图

五、旋转载荷矩阵分析

本书对原因子载荷矩阵进行最大方差旋转,以期得到主因子更明确的含义。结果如表 6-5-3 所示。

表 6-5-3　旋转成分矩阵[a]

	成　分			
	F_1	F_2	F_3	F_4
基本每股收益	0.311	0.837	0.260	0.067
销售净利率	0.060	0.783	−0.481	0.069
每股净资产	0.638	0.039	0.272	0.021
总资产报酬率	0.112	0.917	0.226	0.087
流动比率	−0.170	−0.001	0.063	0.747
速动比率	−0.199	0.291	0.052	0.611
资产负债率	−0.233	0.020	−0.039	−0.353
存货周转率	−0.023	−0.022	0.710	0.039
总资产周转率	0.195	0.125	0.850	0.161
固定资产周转率	0.384	0.292	0.501	−0.046
总资产增长率	0.895	0.119	−0.072	0.012
营业总收入增长率	0.374	0.007	0.005	0.624
股东权益增长率	0.875	0.271	0.117	0.034

提取方法:主成分分析。
旋转方法:Kaiser 标准化最大方差法。
a. 旋转在 6 次迭代后收敛。

由表 6-5-3 中的数据可以看到总资产增长率、股东权益增长率,在主因子 F_1 上的载荷量分别为 0.895、0.875,它主要反映了公司的成长能力,所以将 F_1 命名为成长因子;基本每股收益、销售净利率、总资产报酬率,在主因子 F_2 上的载荷量分别为 0.837、0.783 和 0.917,它主要反映了公司的盈利能力,所以将 F_2 命名为盈利因子;同样的,总资产周转率和存货周转率在主因子 F_3 上载荷量为 0.850 和 0.710,代表了公司的营运能力,故将主因子 F_3 命名为营运因子;流动比率和速动比率在主因子 F_4 上载荷量分别为 0.747、0.611,代表了公司的偿债能力,将其命名为偿债因子。

六、造纸、印刷、文教和娱乐制造业公司综合得分与排名

要得到因子的综合得分,需先对因子数据进行标准化处理,使其期望为 0,方差为 1,然后,对各因子的方差贡献率占因子总方差贡献率的比重作权重加权汇总,使用计算综合得分的公式 $F = (\lambda_1 F_1 + \lambda_2 F_2 + \lambda_3 F_3 + \lambda_4 F_4)/(\lambda_1 + \lambda_2 + \lambda_3 + \lambda_4) = (0.195\ 06 \times F_1 + 0.186\ 88 \times F_2 + 0.148\ 38 \times F_3 + 0.114\ 89 \times F_4)/0.645\ 20$ 来计算各样本的综合得分。得到结果按名次排列如表 6-5-4 所示。

表 6-5-4　造纸、印刷、文教和娱乐制造业上市公司综合得分排名

股票代码	名称	F_1(成长)	F_2(盈利)	F_3(营运)	F_4(偿债)	F(综合)	排序
603899.SH	晨光文具	1.006 3	1.652 55	2.538 44	0.356 71	1.43	1
603398.SH	邦宝益智	2.040 36	1.662 92	0.377 8	−0.702 83	1.06	2
603022.SH	新通联	1.488 78	0.354 97	2.099 49	−0.854 76	0.88	3
002103.SZ	广博股份	1.814 65	−0.531 51	0.826 94	1.452 37	0.84	4
002502.SZ	骅威文化	4.090 32	−0.304 77	−1.862 88	0.163 74	0.75	5
002191.SZ	劲嘉股份	−0.945 02	2.187 49	−0.381 19	2.564 78	0.72	6
000833.SZ	贵糖股份	2.334 21	−0.230 22	−0.088 05	0.050 9	0.63	7
002292.SZ	奥飞娱乐	0.173 34	1.229 5	0.551 09	−0.185 29	0.5	8
002303.SZ	美盈森	−0.830 32	−0.331 3	0.172 94	4.343 76	0.47	9
002117.SZ	东港股份	−0.423 75	1.042 93	0.598 21	0.818 9	0.46	10
601515.SH	东风股份	−0.055 45	2.165 06	−0.839 06	−0.180 67	0.39	11
002228.SZ	合兴包装	0.053 87	0.112 61	1.584 45	−0.203 3	0.38	12
002521.SZ	齐峰新材	0.065 22	0.616 64	0.470 93	−0.018 58	0.3	13
002799.SZ	环球印务	−0.480 47	0.467 84	0.959 67	−0.385 82	0.14	14
300043.SZ	互动娱乐	−0.626 74	1.454 16	0.431 17	−1.081 82	0.14	15
600356.SH	恒丰纸业	−0.177 42	0.043 69	0.030 43	0.702 63	0.09	16
000488.SZ	晨鸣纸业	0.961 84	−0.301 6	−0.565 22	−0.149 28	0.05	17
002078.SZ	太阳纸业	−0.232 8	0.026 59	0.621 9	−0.197 26	0.05	18
002605.SZ	姚记扑克	−0.202 66	0.348 47	−0.012 77	0.037 33	0.04	19
000576.SZ	广东甘化	−0.609 61	1.778 28	−0.769 27	−0.937 14	−0.01	20
002511.SZ	中顺洁柔	−0.026	−0.480 56	0.081 94	0.326 66	−0.07	21
002599.SZ	盛通股份	0.153 79	−0.665 86	0.092 54	0.014 16	−0.12	22
002301.SZ	齐心集团	−0.241 03	−0.800 47	0.952 8	−0.258 42	−0.13	23
002012.SZ	凯恩股份	−0.856 31	−0.440 87	−0.208 4	1.672 45	−0.14	24
600308.SH	华泰股份	−0.184 88	−0.800 81	0.676 17	−0.175 41	−0.16	25
002678.SZ	珠江钢琴	−0.435 3	0.147 41	−0.367 77	0.031 91	−0.17	26

股票代码	名称	F_1（成长）	F_2（盈利）	F_3（营运）	F_4（偿债）	F（综合）	排序
600069.SH	银鸽投资	−0.668 72	−0.534 87	1.024 28	−0.372 87	−0.19	27
300329.SZ	海伦钢琴	0.417 88	−0.337 52	−0.792 98	−0.221 39	−0.19	28
002235.SZ	安妮股份	−0.835 68	−0.300 27	0.896 13	−0.397 15	−0.2	29
600567.SH	山鹰纸业	−0.300 62	−0.703 59	−0.020 28	0.477 61	−0.21	30
600433.SH	冠豪高新	0.211 53	−0.870 64	−0.836 25	0.775 76	−0.24	31
600966.SH	博汇纸业	−0.256 14	−0.672 71	0.178 04	−0.145 42	−0.26	32
002348.SZ	高乐股份	−0.174 03	−0.138 04	−0.332 79	−0.594 55	−0.28	33
002067.SZ	景兴纸业	−0.587 68	−0.765 26	0.487 48	−0.132 05	−0.31	34
002565.SZ	上海绿新	−0.886 64	0.389 67	0.094 87	−1.309 23	−0.37	35
600836.SH	界龙实业	0.116 96	−0.443 62	−0.674 45	−0.790 11	−0.39	36
000815.SZ	美利纸业	−1.475 85	1.391 94	−1.152 39	−0.591 12	−0.41	37
002229.SZ	鸿博股份	−0.080 42	−0.598 81	−0.454 31	−0.764 22	−0.44	38
600793.SH	ST 宜纸	0.119 74	0.800 8	−3.606 99	0.573 8	−0.46	39
600103.SH	青山纸业	−0.478 33	−1.337 89	0.003 57	0.204 17	−0.49	40
000820.SZ	金城股份	−0.637 17	−0.445 47	−0.817 31	−0.477 26	−0.59	41
002575.SZ	群兴玩具	−0.705 26	−0.446 32	−0.570 74	−0.811 81	−0.62	42
600235.SH	民丰特纸	−0.065 99	−2.177 63	0.026 79	0.028 61	−0.64	43
600462.SH	九有股份	−0.632 7	−1.740 35	0.453 04	−0.538 58	−0.69	44
600963.SH	岳阳林纸	−0.033 85	−1.561 63	−0.747 79	−0.391 96	−0.7	45
000812.SZ	陕西金叶	−0.901 92	0.089 07	−1.130 23	−1.727 92	−0.81	46

　　表 6-5-4 中，造纸、印刷、文教和娱乐制造业公司综合得分与其投资价值呈正相关关系。由于先对因子数据进行了标准化处理，因此，可以 0 为参考标准线，认为：综合得分大于 0 的造纸、印刷、文教和娱乐制造业公司，综合业绩相对较好，且数值越大，投资价值越大；综合得分小于 0 的则相对较差，且数值越小，投资价值越小。依此可对上市公司的综合业绩和投资价值有一个基本的评价。

　　具体而言，表 6-5-4 中，造纸、印刷、文教和娱乐制造业公司各项能力得分与相应实力也呈正相关关系。

　　排名前十位的公司包括晨光文具、邦宝益智、新通联、广博股份、骅威文化、劲嘉股份、贵糖股份、奥飞娱乐、美盈森、东港股份。

　　其中，晨光文具于 2014 年上市后连续两年排名第一，营运能力第一，盈利、成长能力靠前，偿债能力稍弱，晨光致力于提供舒适、有趣、环保、高性价比的文具用品，让人们享受使用过程并激发使用者创意。产品涵盖各式书写工具、修正工具、橡皮类、尺类、胶类、画材类、本册类、包袋类、PP 类、桌面用品、电子类、削笔工具、财务行政用品、益智类等产品领域。它的售价是日本同行的 1/3，毛利率在 15%～20%，而每提升 5 个百分点，就会有 1 亿元的收入递增。

　　邦宝益智、新通联综合排名分列第二、第三位，其成长、盈利因子非常突出，营运因子也不错，但偿债因子为负。说明该类公司发展潜力大，经营状况好，但财务状况有待提升，整体来说还是值得投资。

　　广博股份综合排名第四位，2013 年排名第十九位，2014 年排名第二十三位，2013 年广博股份偿债能力突出，盈利能力、成长能力、营运能力都为负值。2014 年在营运能力方面有所提升，因子值由负变正，但偿债能力有所下降。2015 年凭借突出的盈利能力和偿债能力上升 19 名，各类因子都有提升，说明公司经营和财务状况都稳中有升，值得长期投资者关注。

　　骅威文化综合排名第五名，2015 年骅威文化通过发行股份及支付现金的方式收购影视公司浙江梦幻星生园 100% 股权。2013 年排名第三十位，各项能力中，偿债能力最弱，2014 年排名第二十六位，偿债能

中国上市公司投资价值动态比较分析研究（一）

力有所改观。2015年偿债因子由前两年的负值变为正值,且凭借其突出的成长因子,上升了21位。说明公司扩张后,营运良好,发展迅速。适合长期投资。

劲嘉股份排名第六,2013年的排名是第十四位,当时盈利能力较强,2014年与2015年排名相同,均为第六。与2014年相比,该公司成长因子和偿债因子都有大幅度的提升,说明公司稳中也有发展,适合长期投资。

贵糖股份排名第七位,2013年的排名为三十九名,排在倒数第四,除营运因子外,其他各项均为负值,公司状况很糟糕,2014年排名怕升到第二十七名,到2015年排名上升了20位,其成长因子非常突出,偿债能力也不错。该公司发展好,适合投资。

奥飞娱乐排名第八位,奥飞动漫2013年排名第四位,2014年排名第三位,奥飞动漫更名为奥飞娱乐,为了打造全产业链布局的泛娱乐生态系统。虽然改名后,"动漫"更名为"娱乐",但奥飞娱乐的发展战略中,并没有去"动漫化",只是除动漫之外,奥飞娱乐还切入了电影、电视剧、网络剧与游戏等众多娱乐业务。奥飞娱乐除偿债因子为负外,其他各项均为正值,且其盈利、成长因子比较突出,对于该公司的投资需继续观察业务扩张后的情况,建议暂不投资或者少量投资。

美盈森连续两年排名第九,2013年排名第十,该公司比较稳定,较2014年而言,偿债能力大幅提升,值得投资。

东港股份排名第十,2013年排名第十三,2014年排名第七,该公司盈利能力最强,偿债能力次之,营运能力也不错,排名波动不大,具有一定的投资价值,可以考虑适量的投资。

排名后十位的公司分别为界龙实业、美利纸业、鸿博股份、ST宜纸、青山纸业、金城股份、群兴玩具、民丰特纸、九有股份、岳阳林纸、陕西金叶。其中,青山纸业、金城股份连续两年排名后十位,界龙实业、鸿博股份、金城股份、群兴玩具和岳阳林纸的各项因子分析都为负数,投资风险大,投资价值急剧下降,投资者不要盲目投资。

七、系统聚类分析

上述因子分析能够满足投资者对上市公司投资价值分析的需要,但是由于投资者的投资理念往往各不相同,关注的侧重点也有所不同。为了更深入细致地分析行业板块的情况,将利用系统聚类分析法进一步对46家造纸、印刷、文教和娱乐制造业公司的4个因子值和综合值进行Q型聚类(即个案分群)形成树状图(略);聚类方法为ward联结法,即离差平方和法,根据同类变量间的离差平方和较小、不同类别间的离差平方和较大来进行分类;测量尺度选用平方Euclidean距离,即两样本之间的距离是各样本每个变量值之差的平方和。通过聚类分析把业绩相似的公司归类,可以对不同类别的上市公司进行对比分析,为投资者选择投资组合提供参考。

根据树状图(略)对46家造纸、印刷、文教和娱乐制造业公司进行分类,本书选择将其分为4类,如表6-5-5所示。

表6-5-5 聚类分析

类别	造纸、印刷、文教和娱乐制造业公司	数目
1	晨光文具、邦宝益智、新通联、广博股份、骅威文化、贵糖股份	6
2	劲嘉股份、美盈森	2
3	奥飞娱乐、东港股份、东风股份、合兴包装、齐峰新材、环球印务、互动娱乐、太阳纸业、广东甘化、上海绿新、美利纸业	11
4	恒丰纸业、晨鸣纸业、姚记扑克、中顺洁柔、盛通股份、齐心集团、凯恩股份、华泰股份、珠江钢琴、银鸽投资、海伦钢琴、安妮股份、山鹰纸业、冠豪高新、博汇纸业、高乐股份、景兴纸业、界龙实业、鸿博股份、ST宜纸、青山纸业、金城股份、群兴玩具、民丰特纸、九有股份、岳阳林纸、陕西金叶	27

在表 6-5-5 中,类别 1 包括了晨光文具、邦宝益智、新通联、广博股份、骅威文化、贵糖股份 6 家公司,综合排名都在前十。其中,晨光文具是一家整合创意价值与服务优势,专注于文具事业的综合文具公司。晨光文具致力于提供舒适、有趣、环保、高性价比的文具用品,让人们享受使用过程并激发使用者创意。产品领域涵盖各式书写工具、修正工具、橡皮类、尺子类、胶类、画材类、本册类、书包类、PP 类、桌面用品、电子类、削笔工具、财务行政用品、益智类。晨光文具坚持使用节能环保的材料和制造方式,担负起企业作为世界公民的责任,为全球环保事业及循环经济作出贡献。它综合排名第一,营运能力排前四,说明公司营运能力强,是 2014 年新上市公司,具有较大发展潜力和投资价值。

类别 2 有劲嘉股份、美盈森 2 家公司。劲嘉股份致力于高端包装印刷品和包装材料的研究和生产。已为全国 50 多家大中型卷烟厂累计开发、设计、印制了 100 多个品牌 400 多个规格的烟标,烟标的销售量位居全国第一。通过 3 个募集资金投资项目,本公司将形成从镭射包装原材料生产到烟标销售的完整产业链,从而降低生产成本,减小经营风险,扩大烟标市场份额,增强核心竞争力,保持企业烟标生产和销售的稳定增长;在此基础上,通过收购中丰田项目进入具有市场潜力及良好成长空间的镭射包装材料市场。美盈森主营绿色环保包装业务,属包装行业的瓦楞包装子行业,主要提供轻型包装产品、重型包装产品和第三方采购产品。根据表 6-5-4 中的数据显示,劲嘉股份和美盈森均处于整个大行业综合排名的前十位,盈利因子、营运因子、偿债因子得分都较大。具体风险要看其行业环境、政策影响以及不同公司的发展目标。总的来说,这个类别的公司具有发展潜力和投资价值。

类别 3 包括了奥飞娱乐、东港股份、东风股份、合兴包装、齐峰新材等 11 家公司,根据表 6-5-4 中的数据显示,该类别公司处于整个大行业中的中段,这些公司的盈利因子、营运因子和偿债因子都有正有负,有的公司在某一方面数据特别突出,但其他方面较弱甚至为负,所以导致综合排名不靠前,从短期来看,这些公司不够稳定,投资需谨慎对待。根据表 6-5-4 中的数据显示,奥飞娱乐综合排名在前十名,合兴包装的营运因子得分十分突出,说明该公司的资金结构空间巨大、运营管理得当,投资者可以进行投资。东风股份盈利因子突出,可以考虑持续关注。

类别 4 有 ST 宜纸、青山纸业、九有股份、岳阳林纸、陕西金叶等 27 家公司。ST 宜纸与其 2014 年的情况相似,2014 年各项因子得分均为负数,导致其排名靠后,其中盈利因子倒数第一,说明公司亏损严重,有退市风险,投资者需小心谨慎,最好持观望态度。

八、结语

上述对造纸、印刷、文教和娱乐制造业进行的价值投资分析评价,可作为投资者的投资参考。但由于分析主要运用了 2015 年的财务报表相关资料并结合 2013 年、2014 年相关分析结果进行,还可能存在会计政策选择的偶然性,指标的选择也存在主观性,因此,难以反映出完全真实的价值投资状况,若能对更多年度进行动态分析,可提供更加准确的分析研究结论。不同行业的投资价值影响因素不同且不断变化,行业内部各个小行业的影响因素有时可能大相径庭,因此,投资者在运用上述分析结果进行投资决策时,有必要对细分的行业进行具体分析,并考虑投资时的市价作出合理决策。

参考文献

［1］中华人民共和国工业和信息化部,http://www.miit.gov.cn/n1146290/n1146402/n1146455/c4705812/content.html.

［2］中国包装印刷产业网,http://www.ppzhan.com/news/detail/44396.html.

［3］中国产业信息网,http://www.chyxx.com/news/2016/0311/394119.html.

（参著:廖丰羽）

第六节　石油加工、炼焦及核燃料加工业上市公司投资价值动态比较分析研究

一、行业发展与投资价值状况

石油加工又称为炼油工业，是以石油为原料生产汽油、煤油、柴油等石油产品的能源产业。炼焦，即煤炭焦化，指主要从硬煤和褐煤中生产焦炭、干馏炭及煤焦油或沥青等副产品的炼焦炉的操作活动。核燃料加工，指从沥青铀矿或其他含铀矿石中提取铀、浓缩铀的生产，对铀金属的冶炼、加工的生产，以及其他放射性元素、同位素标记、核反应堆燃料元件的制造，还包括核废物处置活动。

改革开放以来，石油加工、炼焦及核燃料加工业得到了前所未有的高速发展，但受宏观经济转型的影响，2015年行业规模出现明显萎缩。根据国家统计局数据[1]：2015年度该行业主营业务收入34 063.4亿元，同比下降16.3%。[2] 高耗能制造业投资增速低位回落，2015年1～10月份该行业相关投资下降22.9%。中国产业信息网显示[3]：2015年该行业出口交货值496亿元，同比下降10.3%。以上数据都佐证了这一点。不过与2014年相比，本年度利润总额增长9.7倍，达到了648.6亿元。这个惊人的增长率和2014年[4]油价下跌带动下游产品价格下降，大部分石油相关行业利润暴跌有关。受油价回升影响，2015年度行业获利情况好转。

近年来，我国GDP增速放缓，实体经济特别是制造业产能过剩，传统行业发展陷入瓶颈。虽然国家热推供给侧改革，但对于石油加工、炼焦和核燃料加工业等重资产行业，"减和升级"依然任重道远。这场产业升级的阵痛，需要财政和企业共同承担。

石油加工、炼焦及核燃料加工业均属于能源产业，分别代表着当下与未来能源的主要供应者的角色，有较大的社会需求和广阔的发展空间，长期以来，一直是投资者关注的重点。在证券市场上，该行业上市公司也一直备受投资者关注。

二、样本选取与数据处理

沪、深证券交易所的20家石油加工、炼焦及核燃料加工业上市公司的资料来源主要为其2015年度的财务报告。具体初始数据扫描二维码获取。

在指标性质、单位不同的情况下，先要对指标进行同趋势化处理。然后利用SPSS中的Z-score方法将13个指标的原始数据进行标准化处理。同趋势化和标准化处理后的数据略。

三、因子分析法适应性检验

为了检验所选用的指标是否适合使用因子分析法，本书利用SPSS软件中KMO和Bartlett的方法来对样本进行检验。检验结果如表6-6-1所示。

表6-6-1　KMO和Bartlett的检验

取样足够度的Kaiser-Meyer-Olkin度量		0.463
Bartlett的球形度检验	近似卡方	211.088
	自由度(df)	78
	显著性(Sig)	0.000

由表 6-6-1 可知，KMO 为 0.463，小于 0.5，不适宜做因子分析，这应该是由于样本量过少引起的。但巴特利球形检验统计量为 211.088，相应的概率 Sig 为 0.000，在 5％的显著性水平之下，拒绝原假设，因此可认为相关系数矩阵与单位阵有显著差异，说明本书样本适合作因子分析。

四、确定主因子

本书应用因子分析法中的主成分分析法来计算原始公因子的特征值、方差贡献率以及累计方差贡献率，并由此确定公因子。结果如表 6-6-2 所示。

表 6-6-2　解释的总方差

成　分	初始特征值			提取平方和载入			旋转平方和载入		
	合计	方差的%	累积%	合计	方差的%	累积%	合计	方差的%	累积%
1	4.306	33.119	33.119	4.306	33.119	33.119	3.684	28.340	28.34
2	2.711	20.852	53.971	2.711	20.852	53.971	2.468	18.983	47.322
3	1.937	14.902	68.874	1.937	14.902	68.874	2.161	16.624	63.946
4	1.32	10.152	79.025	1.32	10.152	79.025	1.741	13.390	77.336
5	1.009	7.759	86.785	1.009	7.759	86.785	1.228	9.448	86.785
6	0.567	4.362	91.146						
7	0.548	4.214	95.361						
8	0.208	1.602	96.963						
9	0.161	1.235	98.199						
10	0.135	1.04	99.238						
11	0.082	0.634	99.872						
12	0.009	0.073	99.945						
13	0.007	0.055	100						

提取方法：主成分分析。

根据表 6-6-2 中数据可知，前五个主因子的方差贡献率已经达到了累计方差贡献率的 86.785％，即表明这五个主因子已包含原始数据信息量的 86.785％，所以只须选择前五个主因子就可以较好地代表原始指标，对公司的绩效进行描述。

特征值是能够被看作表示因子影响力度大小的指标之一，如果特征值小于 1，说明该因子的解释力度还不如直接引入一个原变量的平均解释力度大，因此一般用特征值大于 1 作为纳入标准。特征值可用碎石图列示，如图 6-6-1 所示。从图 6-6-1 可以看出，从第六个因子开始，特征值的值都小于 1，且折线的陡度变得比较平缓，这说明提取 5 个主因子是合适有效的。

五、旋转载荷矩阵分析

本书对原因子载荷矩阵进行最大方差旋转，以期得到主因子更明确的含义。结果如表 6-6-3 所示。

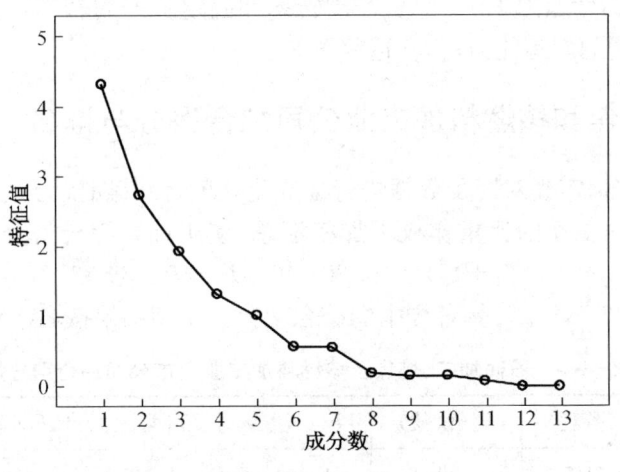

图 6-6-1 碎石图

表 6-6-3 旋转成分矩阵[a]

	成 分				
	F_1	F_2	F_3	F_4	F_5
基本每股收益	0.956	−0.004	0.106	0.153	0.144
每股净资产	0.812	0.256	−0.033	−0.207	−0.184
销售净利率	0.923	0.078	0.119	0.145	0.168
总资产报酬率	0.853	0.000	−0.018	0.306	0.205
流动比率	0.022	0.850	0.312	0.017	0.169
速动比率	0.017	0.928	0.013	−0.051	−0.077
资产负债率	0.137	0.873	−0.106	−0.021	−0.231
存货周转率	0.072	0.000	−0.018	0.920	−0.072
总资产周转率	0.338	−0.047	−0.037	0.741	0.395
固定资产周转率	0.130	−0.108	−0.068	0.058	0.906
总资产增长率	−0.010	0.056	0.983	−0.026	−0.048
营业收入增长率	0.583	−0.149	0.367	0.395	−0.176
股东权益增长率	0.187	0.095	0.959	−0.007	−0.022

提取方法：主成分分析。

旋转方法：Kaiser 标准化最大方差法。

a. 旋转在 6 次迭代后收敛。

由表 6-6-3 中的数据可以看到,基本每股收益、每股净资产、销售净利率、总资产报酬率在主因子 F_1 上的载荷量分别为 0.956、0.812、0.923、0.853,它主要反映了公司的盈利能力,所以将 F_1 命名为盈利因子;主因子 F_2 在流动比率(0.850)、速动比率(0.928)、资产负债率(0.873)上有较大载荷量,代表了公司的偿债能力,故而将其命名为偿债因子;F_3 在总资产增长率(0.983)、股东权益增长率(0.959)上占的比重较大,展现了公司的成长能力,为成长因子;主因子 F_4 在存货周转率(0.920)和总资产周转率(0.741)

载荷量大,反映营运能力,为营运因子1。总资产周转率和固定资产周转率在主因子 F_5 上的载荷分别为0.395和0.906,体现了公司的营运能力,为营运因子2。

六、石油加工、炼焦和核燃料加工业公司综合得分与排名

要得到因子的综合得分,需先对因子数据进行标准化处理,使其期望为0,方差为1,然后,对各因子的方差贡献率占因子总方差贡献率的比重作权重加权汇总,使用计算综合得分的公式 $F = (\lambda_1 F_1 + \lambda_2 F_2 + \lambda_3 F_3 + \lambda_4 F_4 + \lambda_5 F_5)/(\lambda_1 + \lambda_2 + \lambda_3 + \lambda_4 + \lambda_5) = (0.283\,40 \times F_1 + 0.189\,83 \times F_2 + 0.166\,24 \times F_3 + 0.133\,90 \times F_4 + 0.094\,48 \times F_5)/0.867\,85$ 来计算各样本的综合得分。得到结果按名次排列如表6-6-4所示。

表6-6-4 石油加工、炼焦及核燃料加工业上市公司综合得分排名

股票代码	名称	F_1(盈利)	F_2(偿债)	F_3(成长)	F_4(营运1)	F_5(营运2)	F(综合)	排名
000723.SZ	美锦能源	−0.247 9	0.339 2	4.164 0	0.007 7	−0.157 4	0.77	1
600997.SH	开滦股份	0.147 3	3.830 0	−0.502 4	−0.189 1	−0.286 2	0.73	2
600688.SH	上海石化	0.238 7	0.559 8	0.035 7	1.246 7	1.387 0	0.55	3
603798.SH	康普顿	1.511 5	−0.668 4	−0.038 1	0.071 3	0.113 8	0.36	4
000819.SZ	岳阳兴长	0.317 1	−0.669 3	−0.139 9	2.865 4	−0.607 8	0.31	5
000637.SZ	茂化实华	0.216 9	−0.398 2	−0.333 5	1.827 1	0.726 4	0.28	6
000698.SZ	沈阳化工	0.550 6	0.745 2	−0.551 8	0.597 5	−0.750 2	0.25	7
600281.SH	太化股份	−0.399 9	−0.044 3	−0.112 1	−0.754 6	3.439 5	0.10	8
002377.SZ	国创高新	0.203 0	−0.286 3	−0.171 5	−0.122 3	0.778 1	0.04	9
002778.SZ	高科石化	1.324 7	−0.521 8	−0.462 5	−1.420 2	0.157 0	0.03	10
601015.SH	陕西黑猫	0.177 8	0.524 8	−0.185 4	−0.355 2	−0.624 3	0.01	11
000059.SZ	华锦股份	0.749 4	−0.289 8	−0.358 8	−0.632 0	−0.270 5	−0.01	12
000835.SZ	长城动漫	0.321 5	−0.567 6	0.152 2	−0.670 0	−0.058 5	−0.10	13
601011.SH	宝泰隆	0.618 7	−0.538 9	0.029 8	−1.040 3	−0.486 0	−0.12	14
600740.SH	山西焦化	−0.456 7	0.044 1	−0.203 6	−0.150 5	−0.497 1	−0.26	15
600333.SH	长春燃气	0.125 1	−0.499 8	−0.036 0	−0.606 7	−0.992 6	−0.28	16
600792.SH	云煤能源	−0.261 7	−0.253 8	−0.266 4	−0.147 6	−0.574 8	−0.28	17
600179.SH	*ST黑化	−0.872 8	−0.590 8	−0.268 9	0.241 8	−0.531 7	−0.49	18
600721.SH	*ST百花	−0.919 1	−0.508 0	−0.202 9	−0.577 6	−0.695 8	−0.62	19
600725.SH	*ST云维	−3.345 2	−0.206 3	−0.548 1	−0.191 5	−0.068 9	−1.28	20

表6-6-4中,石油加工、炼焦与核燃料加工业公司综合得分与其投资价值呈正相关关系。由于先对因子数据进行了标准化处理,因此,可以0为参考标准线,认为:综合得分大于0的公司,综合业绩相对较好,且数值越大,投资价值越大;综合得分小于0的则相对较差,且数值越小,投资价值越小。依此可对上市公司的综合业绩和投资价值有一个基本的评价。

具体而言,表6-6-4中,公司各项能力得分与相应实力也呈正相关关系。

排名前十位的公司是美锦能源、开滦股份、上海石化、康普顿、岳阳兴长、茂化实华、沈阳化工、太化股

份、国创高新、高科石化。其中开滦股份、岳阳兴长、茂化实华、沈阳化工和国创高新连续三年蝉联前十，说明这五家公司实力强劲，发展稳定，投资价值大；同时说明该行业发展较为稳定，以能源为主要原料的公司，受相应能源影响较大；3 年的上市公司总量（3 年共增加了两家公司）变化不大，都说明了这一点。美锦能源：2013 年排名第四，经历了 2014 年的滑铁卢后跃升第一。2015 年公司进行了资产重组，大大提高了成长能力，值得投资。开滦股份：3 年来排名均位于前十且持续上升，这是一家比较稳健的上市公司。2015 年公司综合排名第二，与 2014 年的国创高新一样，它的偿债能力非常突出。上海石化：公司凭借优秀的营运能力排名第三，综合 3 年的数据看，其营运能力一直不错。2014 年排名靠后是因为偿债能力和成长能力弱，2015 年这两项指标有所改善。但是其盈利能力微弱，投资需谨慎。康普顿：2016 年 4 月上市新股，盈利能力卓越，其他表现平平。康普顿是首家在上交所 A 股上市的润滑油生产公司。它是行业内少数具有自主研发能力的高新技术企业，发展前景广阔，值得投资者关注。岳阳兴长：行业内营运能力最好的企业。虽然从 2013 年起排名逐年下降，但是没有跌出前五。3 年来偿债能力指标一直都是负数，资产负债率较高，短期偿债能力弱。

排名后十位的公司是陕西黑猫、华锦股份、长城动漫、宝泰隆、陕西焦化、长春燃气、云煤能源、＊ST 黑化、＊ST 百花、＊ST 云维。陕西黑猫：新股上市第二年，盈利能力减弱，投资价值下降。长城动漫：自 2014 年年末，公司逐步退出焦化产业并持续转型动漫创意产业。本年度综合排名降低，盈利能力下降而成长能力上升。建议投资者继续观望其转型绩效再考虑是否投资。宝泰隆、山西焦化和长春燃气名次下滑严重且没有突出优秀的指标，暂不建议投资。至于华锦股份、云煤能源、＊ST 黑化、＊ST 百花、＊ST 云维，这些公司连续三年排名靠后，综合得分为负数，暂不建议投资。

七、系统聚类分析

上述因子分析能够满足投资者对各家上市公司投资价值分析的基本需要，但是由于投资者的投资理念往往各不相同，关注的侧重点也有所不同。为了更深入细致地分析行业板块的情况，将利用系统聚类分析法进一步对 20 家公司的 5 个因子值和综合值进行 Q 型聚类（即个案分群）；聚类方法为 ward 联结法，即离差平方和法，根据同类变量间的离差平方和较小、不同类别间的离差平方和较大来进行分类，形成树状图（略）。其测量尺度选用平方 Euclidean 距离，即两样本之间的距离是各样本每个变量值之差的平方和。通过聚类分析把业绩相似的公司归类，可以对不同类别的上市公司进行对比分析，为投资者选择投资组合提供参考。

根据树状图（略）对 20 家石油加工、炼焦和核燃料加工业上市公司进行进一步分类，本书选择将其分为 4 类，如表 6-6-5 所示。

表 6-6-5　聚类分析

类别	石油加工、炼焦及核燃料加工业公司	数目
1	美锦能源	1
2	开滦股份	1
3	上海石化、岳阳兴长、茂化实华	3
4	康普顿、沈阳化工、太化股份、国创高新、高科石化、陕西黑猫、华锦股份、长城动漫、宝泰隆、山西焦化、长春燃气、云煤能源、＊ST 黑化、＊ST 百花、＊ST 云维	15

表 6-6-5 类别 1 中只有美锦能源。其成长能力显著。美锦能源是中国最大的焦化企业之一。目前公司拥有总资产 85 亿元，年产焦炭 330 万吨，年洗精煤能力 1 000 万吨，煤焦油 15 万吨/年，粗苯 5 万吨/年，运输能力 1 000 万吨/年。2015 年是公司发展历程中具有里程碑意义的一年，公司通过发行股份和支付现金的方式完成了重大资产重组，重组完成后公司主营业务发展步入更高的台阶，形成了煤—焦—气—化完整的产业链体系，这样可以有效应对行业波动，提高企业经营效率。公司成长能力的跃升离不

开此次的资产重组。

类别2只有开滦股份。其偿债能力突出。开滦股份位于华北重要的炼焦精煤基地、钢铁生产基地和煤炭焦炭集散地，拥有良好的区位优势、资源优势和相对完善的产业链条。从综合排名和偿债能力上看，这是一家不错的公司。但是，2015年度公司实现营业收入104.19亿元，同比下降27.12%；归属上市公司股东净利润为－4.17亿元，去年同期9 887万元，同比降521.66%。也就是说，本期公司盈利状况不佳。如果2016年度继续亏损，排名将会下降。

类别3中有上海石化、岳阳兴长和茂化实华。它们营运能力优良。上海石化位于上海市金山区，是中国最大的炼油化工一体化综合性石油化工企业之一，也是目前国内最大的乙烯和腈纶生产商，同时还是重要的成品油、中间石化产品生产基地。作为中国第一家在全球发行股票的上市公司，上海石化的股票走势非常值得关注，特别是公司在美国和香港挂牌的标的，走势比较健康。[5]岳阳兴长总体情况和排名与去年相差不大，就是营运能力强而其他指标一般。茂华石化和岳阳兴长类似，只是今年由于偿债能力下降，综合排名下跌了4位。总体来说，这两家公司在行业内发展稳定，表现优秀。

类别4包含有康普顿、沈阳化工等15家公司。这些公司都没有特别突出的指标。其中，康普顿和高科石化是今年新上市的两家公司。康普顿是国内知名的高端发动机油生产厂商，主要为车辆、工业设备提供润滑和养护的系列产品。3年来，公司经营业绩稳步提升，净利润复合增长率达18.42%，产品综合毛利率逐年提升。行业景气度高且市场空间大，公司在竞争中处于有利位置。高科石化和康普顿主营业务相似，除了营运能力略微有优势，其他4项财务指标都比高科石化逊色。二者相比，建议投资康普顿。沈阳化工连续三年排名前十，成绩稳定波动小。太化股份2014年从末位跃升第七，2015年和2014年基本持平。营运能力好但盈利能力和成长能力不足，可以考虑短期投资。国创高新从2014年的第一跌落至第九，这和它短期偿债能力的骤降密不可分。近年来沥青行业已经进入高度成熟期，行业进入壁垒越来越弱化，毛利率水平进一步降低。加上交通基础建设投资压力巨大，建设资金筹措困难等因素，导致行业应收账款回收周期延长，使得公司发展陷入瓶颈，投资价值下降。该类别中的其他公司在上文中已进行过描述，此处不再重复。

21世纪初国内对能源尤其是石油、煤炭等一次能源的需求呈爆发性增长态势已经过去，传统的石油、煤炭相关行业必须面对产能过剩，下游需求疲软，主要产品价格下行的困境。面对复杂的经济形势，行业内各上市公司的去向不尽相同。例如，长城动漫拟剥离焦化业务并加码动漫文化产业链。这是甩卖主业谋求新发展。美锦能源、国创高新和煤气化（2015年年末停牌）等通过资产重组进行整顿。

八、结语

综上所述，投资者在进行石油加工、炼焦及核燃料加工业上市公司投资价值评价时要综合考虑宏观、微观等各方面反应的财务信息，加以谨慎地分析，作出合理的选择。由以上分析可见，石油加工、炼焦及核燃料加工业企业的发展和营运能力、偿债能力关系密切，在这两方面表现出色更可能取得成功。但由于分析主要运用了2015年度的财务报表资料，并结合2013年和2014年的相应数据进行动态比较，某些项目可能还会由于会计政策变更、企业特殊事项的影响存在一定程度的偶然性，分析指标的选择也具有主观性。若能对更多年度进行跟踪分析，并适当增加分析指标，则可较大程度地消除偶然性，作出更加准确的投资决策。同时，由于股市波动大，投资时还应结合市价并采用价值投资操作方法（详见本书第二十二章）进行投资，以降低风险，提高投资收益。

参考文献

[1] 2015年全国规模以上工业企业利润总额比上年下降2.3%，http://www.stats.gov.cn/tjsj/zxfb/201601/t20160127_1310925.html，2016-01-27.

[2] 解读:全国投资增速回落幅度收窄 先行指标回升. http://www.stats.gov.cn/tjsj/zxfb/201511/t20151111_1271247.html,2015-11-11.

[3] 2015 年 1～12 月中国石油加工、炼焦及核燃料加工业出口交货值统计数据. http://www.chyxx.com/data/201604/405154.html,2016-04-13.

[4] 中国产业信息网.

[5] 上海石化:上半年净利预增 70%～90%,未来或受益于央企改革. https://gupiao.baidu.com/article/SPDR293914? from=aladingpc,2016-07-07.

(参著:黄 晶)

第七节 化学原料及化学制品制造业上市公司 投资价值动态比较分析研究

一、行业发展与投资价值状况

化学原料及化学制品制造业,习惯上称为"化学工业"(Chemical Industry),是指利用化学工艺生产经济社会所需的各种化学产品的社会生产部门的总称。根据国家统计局行业分类标准(GB/T 4754—2011),化学原料及化学制品制造业共包括基础化学原料制造、肥料制造、农药制造、涂料、油墨、颜料及类似产品制造、合成材料制造、专用化学产品制造及日用化学产品制造 8 个子行业。化学原料及化学制品制造业发展状况与国民经济形势及的日常生活密切相关,在国民经济中起着支柱性作用。

2015 年,是我国经济转型的一年,各行各业都面临着经济下行的巨大压力。面对复杂多变的宏观经济形势,化工行业稳步推进转型升级,积极化解产能过剩,生产稳步增长,出口势头良好,市场供需总体稳定,节能减排取得积极进展,行业效益有所回升,但投资动力仍显不足。根据国家统计局数据:2015 年 12 月中国化学原料及化学制品制造业出口交货值 410.2 亿元,同比下降 0.6%;2015 年 1～12 月中国化学原料及化学制品制造业出口交货值 4 157.1 亿元,同比下降 4.2%。[1] 2015 年,工业增加值比上年增长 6.1%。石油和化工行业增加值同比增长 8.7%,比上年加快 0.4 个百分点。其中,化学原料和化学制品制造业增加值同比增长 9.5%,炼油业增长 8.9%,油气开采业增长 1.3%。化学工业中,合成材料、专用化学品、精细化学品等附加值较高的行业引领增长。全年,合成材料制造业增加值增幅达11.5%,专用化学品制造业增长 11.2%,涂(颜)料制造业增长 9.5%,增速明显高于其他行业。从主要化学品产量增长看,合成材料、精细化学品等保持较快增长,基础化学原料增速明显放缓。2015 年,无机化学原料产量增幅只有约 2.3%,但精细化学品增速达到 7.5%,合成材料增幅近 9.0%。[2]

中国化工经济总量虽然已经超越美国而跃居世界第一,但"大而不强"问题还很突出。与美国、欧洲和日本等发达国家和地区相比,在产业集中度、整体生产技术和技术创新等方面仍存在较大差距。化学原料及化学制品制造业在未来有很大的经济发展价值。近年来,中国化学原料及化学制品制造业快速增长,但其增长具有两面性,在增加价值的同时会过度消耗着资源。因此,在未来的发展中,我们更应注重化学原料及化学制品制造业中的创新因素,特别要注重加大科技投入的强度,以此把握产品的主动权;应该更注重价值链之中每一个环节,充分地整合利用资源,合理优化产业结构。只有这样才能使得我们的化学工业不但"大"而且要"强",化学原料及化学制品制造业才能在未来的全球化竞争中突显出优势。

综上所述,化学原料及化学制品制造业,在国民经济中具有举足轻重的地位和作用,有广阔的发展空间,是投资获利的重点行业之一。但各该企业只有能够创造价值的可持续增长的价值才能使其长足发展,否则,如果企业的生产经营、新产品开发和技术创新跟不上增长的步伐,企业将面临严重困境。

二、样本选取与数据处理

沪、深证券交易所的 193 家化学原料及化学制品制造业上市公司的资料来源主要为其 2015 度的财务报告。具体初始数据扫描二维码获取。

在指标性质、单位不同的情况下,先要对其进行同趋势化处理。然后利用 SPSS 中的 Z-score 方法将 13 个指标的原始数据进行标准化处理。同趋势化数据与标准化数据略。

三、因子分析法适应性检验

为了检验所选用的指标是否适合使用因子分析法,本书利用 SPSS 软件中 KMO 和 Bartlett 的方法来对样本进行检验。检验结果如表 6-7-1 所示。

表 6-7-1　KMO 和 Bartlett 的检验

取样足够度的 Kaiser-Meyer-Olkin 度量		0.624
Bartlett 的球形度检验	近似卡方	696.492
	自由度(df)	78
	显著性(Sig)	0.000

由表 6-7-1 可知,KMO 值为 0.624,大于 0.5,可知各变量之间的相关程度无较大差异,原有变量适合作因子分析。同时,巴特利球形检验统计量为 696.492,相应的概率 Sig 为 0.000,在 5% 的显著性水平之下,拒绝原假设,因此可认为相关系数矩阵与单位阵有显著差异,说明样本适合作因子分析。

四、确定主因子

本书应用因子分析法中的主成分分析法来计算原始公因子的特征值、方差贡献率以及累计方差贡献率,并由此确定公因子。结果如表 6-7-2 所示。

表 6-7-2　解释的总方差

成 分	初始特征值			提取平方和载入			旋转平方和载入		
	合计	方差的%	累积%	合计	方差的%	累积%	合计	方差的%	累积%
1	3.532	27.170	27.170	3.532	27.170	27.170	3.345	25.733	25.733
2	1.482	11.402	38.572	1.482	11.402	38.572	1.493	11.486	37.220
3	1.128	8.679	47.250	1.128	8.679	47.250	1.230	9.465	46.685
4	1.057	8.134	55.384	1.057	8.134	55.384	1.131	8.699	55.384
5	0.979	7.534	62.918						
6	0.964	7.415	70.333						
7	0.944	7.263	77.596						
8	0.860	6.617	84.213						

成　分	初始特征值			提取平方和载入			旋转平方和载入		
	合计	方差的%	累积%	合计	方差的%	累积%	合计	方差的%	累积%
9	0.697	5.359	89.572						
10	0.485	3.731	93.303						
11	0.447	3.436	96.739						
12	0.320	2.461	99.200						
13	0.104	0.800	100.000						

提取方法：主成分分析。

　　根据表6-7-2中数据可知，前四个主因子的方差贡献率已经达到了累计方差贡献率的55.384%，即表明这四个主因子已包含原始数据信息量的55.384%，所以只须选择前四个主因子就可以较好地代表原始指标，对公司的绩效进行描述。

　　特征值是能够被看作表示因子影响力度大小的指标之一，如果特征值小于1，说明该因子的解释力度还不如直接引入一个原变量的平均解释力度大，因此一般用特征值大于1作为纳入标准。特征值可用碎石图列示，如图6-7-1所示。从图6-7-1可以看出，从第五个因子开始，特征值的值都小于1，且折线的陡度变得比较平缓，这说明提取4个主因子是合适有效的。

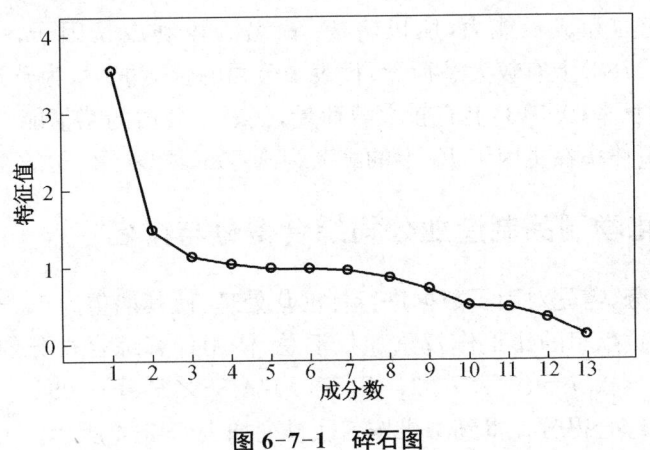

图 6-7-1　碎石图

五、旋转载荷矩阵分析

　　本书对原因子载荷矩阵进行最大方差旋转，以期得到主因子更明确的含义。结果如表6-7-3所示。

表 6-7-3　旋转成分矩阵[a]

	成　分			
	F_1	F_2	F_3	F_4
基本每股收益	0.789	0.032	0.302	0.013
销售净利率	0.542	0.14	0.271	0.022
每股净资产	0.628	−0.119	0.079	−0.282
总资产报酬率	0.797	0.149	0.329	0.11

	成　分			
	F_1	F_2	F_3	F_4
流动比率	−0.134	−0.121	0.648	0.258
速动比率	0.041	−0.039	0.452	−0.286
资产负债率	−0.017	−0.066	−0.012	0.795
存货周转率	−0.178	0.831	−0.033	−0.17
总资产周转率	0.276	0.788	−0.026	0.17
固定资产周转率	0.49	0.286	−0.036	0.438
总资产增长率	0.721	−0.102	−0.149	0.054
营业总收入增长率	0.677	0.084	−0.197	0.031
股东权益增长率	0.228	0.061	0.513	−0.071

提取方法：主成分分析。

旋转方法：Kaiser 标准化最大方差法。

a. 旋转在 6 次迭代后收敛。

由表 6-7-3 中的数据可以看到，基本每股收益、销售净利率、每股净资产、总资产报酬率、总资产增长率和营业总收入增长率在主因子 F_1 上的载荷量分别为 0.789、0.542、0.628、0.797、0.721 和 0.677，它主要反映了公司的盈利能力和成长能力，所以将 F_1 命名为盈利成长因子；主因子 F_2 在存货周转率（0.831）、总资产周转率（0.788）上有较大载荷量，代表了公司的营运能力，为营运因子；主因子 F_3 在流动比率（0.648）、股东权益增长率（0.513）上有较大载荷量，代表了公司的偿债能力和成长能力，故而将其命名为偿债成长因子；资产负债率在主因子 F_4 上的载荷为 0.795，体现了公司的偿债能力，为偿债因子。

六、化学原料及化学制品制造业公司综合得分与排名

要得到因子的综合得分，需先对因子数据进行标准化处理，使其期望为 0，方差为 1，然后，对各因子的方差贡献率占因子总方差贡献率的比重作权重加权汇总，使用计算综合得分的公式 $F = (\lambda_1 F_1 + \lambda_2 F_2 + \lambda_3 F_3 + \lambda_4 F_4)/(\lambda_1 + \lambda_2 + \lambda_3 + \lambda_4) = (0.257\,33 \times F_1 + 0.114\,86 \times F_2 + 0.094\,65 \times F_3 + 0.086\,99 \times F_4)/0.553\,84$ 来计算各样本的综合得分。得到结果按名次排列如表 6-7-4 所示。

表 6-7-4　化学原料及化学制品制造业上市公司综合得分排名

证券代码	证券名称	F_1（盈利成长）	F_2（营运）	F_3（偿债成长）	F_4（偿债）	F（综合）	排名
600315.S	上海家化	3.554 5	0.754 6	0.632 4	2.141 1	2.25	1
002568.S	百润股份	3.277 6	2.424 9	−1.238 5	1.457 2	2.05	2
002749.S	国光股份	3.275 8	0.548 3	−0.361 1	2.436 5	1.96	3
000902.S	新洋丰	1.012 8	1.533 3	4.540 7	0.414 0	1.63	4
002 215.S	诺普信	−0.279 7	−0.927 2	−0.117 0	10.952 8	1.38	5
000523.S	广州浪奇	0.566 0	4.147 3	−1.081 1	1.767 5	1.22	6
603 737.S	三棵树	1.311 8	2.085 2	0.064 7	0.159 7	1.08	7
300072.S	三聚环保	2.187 4	0.032 4	−0.391 2	0.044 9	0.96	8

证券代码	证券名称	F_1（盈利成长）	F_2（营运）	F_3（偿债成长）	F_4（偿债）	F（综合）	排名
600299. S	安迪苏	0.216 8	0.962 2	3.480 5	−0.375 3	0.84	9
002470. S	金正大	0.716 5	1.953 0	0.035 0	0.432 0	0.81	10
300446. S	乐凯新材	1.885 2	−0.663 4	0.559 6	−0.234 2	0.80	11
002588. S	史丹利	1.121 4	0.777 8	−0.151 6	0.312 9	0.71	12
600486. S	扬农化工	0.917 9	0.209 3	3.600 6	−2.713 0	0.66	13
002217. S	合力泰	1.870 3	−0.451 2	−0.772 0	0.089 8	0.66	14
300063. S	天龙集团	2.296 0	−0.355 6	−1.831 4	−0.186 5	0.65	15
603010. S	万盛股份	1.300 6	0.402 5	0.011 7	−0.303 6	0.64	16
300429. S	强力新材	1.755 2	−0.734 8	0.036 4	−0.359 1	0.61	17
002010. S	传化股份	1.580 7	−0.336 1	−0.617 5	0.229 1	0.60	18
000565. S	渝三峡 A	−0.412 6	−0.446 6	3.540 7	1.625 0	0.58	19
002054. S	德美化工	0.985 2	0.820 5	−0.454 9	0.000 4	0.55	20
002584. S	西陇科学	0.873 8	0.960 8	−0.481 4	0.166 3	0.55	21
603188. S	亚邦股份	1.013 9	−0.616 1	1.072 9	−0.065 4	0.52	22
300481. S	濮阳惠成	0.867 0	0.353 9	0.175 3	0.000 8	0.51	23
002094. S	青岛金王	0.755 3	0.565 7	−0.622 7	0.879 9	0.50	24
300398. S	飞凯材料	0.923 7	−0.435 0	0.843 8	0.066 7	0.49	25
002643. S	万润股份	1.798 8	−0.746 5	−0.826 2	−0.376 0	0.48	26
300437. S	清水源	0.834 4	0.538 2	−0.151 1	−0.002 0	0.47	27
002783. S	凯龙股份	1.736 5	−0.709 6	0.085 4	−1.341 8	0.46	28
002709. S	天赐材料	1.310 9	−0.363 1	0.030 3	−0.680 4	0.43	29
002669. S	康达新材	0.795 8	0.416 5	−0.313 8	0.166 3	0.43	30
600500. S	中化国际	0.264 8	1.541 2	−0.364 0	0.160 4	0.41	31
600273. S	嘉化能源	0.134 4	0.717 3	1.144 5	−0.087 5	0.39	32
002637. S	赞宇科技	0.448 0	1.135 4	−0.643 2	0.303 7	0.38	33
600589. S	广东榕泰	−1.927 6	−1.860 4	6.789 8	3.095 3	0.36	34
300387. S	富邦股份	1.012 5	−0.440 6	−0.435 6	0.320 9	0.36	35
300487. S	蓝晓科技	1.363 8	−1.072 4	−0.379 3	0.002 9	0.35	36
603968. S	醋化股份	0.085 3	0.785 5	0.863 6	−0.048 5	0.34	37
603026. S	石大胜华	−0.206 5	2.063 5	0.135 7	−0.095 0	0.34	38
600426. S	华鲁恒升	−0.056 3	2.306 6	0.464 5	−1.235 5	0.34	39

证券代码	证券名称	F_1（盈利成长）	F_2（营运）	F_3（偿债成长）	F_4（偿债）	F（综合）	排名
300505.S	川金诺	0.600 4	0.109 6	−0.117 5	0.131 0	0.30	40
000990.S	诚志股份	0.112 6	1.647 7	−0.156 8	−0.425 5	0.30	41
002466.S	天齐锂业	1.448 0	−1.465 7	0.392 8	−0.976 6	0.28	42
002753.S	永东股份	0.710 0	0.172 4	−0.136 3	−0.392 9	0.28	43
002741.S	光华科技	0.237 5	0.674 7	−0.238 5	0.450 6	0.28	44
600352.S	浙江龙盛	0.521 2	−0.709 9	0.454 7	0.566 2	0.26	45
603002.S	宏昌电子	−0.367 5	1.313 5	−0.121 9	1.079 9	0.25	46
002666.S	德联集团	0.730 0	−0.325 8	−0.554 7	0.418 1	0.24	47
002597.S	金禾实业	−0.071 8	0.399 9	0.629 7	0.467 1	0.23	48
300214.S	日科化学	0.064 3	1.108 9	−0.250 9	−0.011 9	0.22	49
002748.S	世龙实业	−0.046 0	1.774 3	0.060 8	−0.955 3	0.21	50
002538.S	司尔特	0.587 3	−0.156 5	−0.368 0	0.141 8	0.20	51
300109.S	新开源	1.642 7	−1.697 2	−0.812 9	−0.475 7	0.20	52
300037.S	新宙邦	1.270 5	−0.956 9	−0.454 2	−0.781 0	0.19	53
002734.S	利民股份	0.546 6	−0.011 8	−0.152 3	−0.212 8	0.19	54
002250.S	联化科技	0.474 6	−0.406 4	0.297 2	−0.072 8	0.18	55
002391.S	长青股份	0.419 2	−0.787 6	2.873 9	−2.267 4	0.17	56
601678.S	滨化股份	−0.192 1	1.653 7	0.091 2	−0.724 8	0.16	57
603822.S	嘉澳环保	0.480 2	−0.428 6	0.092 4	−0.059 3	0.14	58
300019.S	硅宝科技	0.147 2	0.219 2	−0.124 8	0.297 2	0.14	59
002496.S	辉丰股份	0.940 5	−0.853 3	−0.601 7	−0.174 0	0.13	60
300054.S	鼎龙股份	0.383 7	−0.250 3	−0.134 8	0.167 9	0.13	61
600135.S	乐凯胶片	0.657 4	−0.293 8	−0.913 1	0.245 7	0.13	62
002440.S	闰土股份	0.571 2	−0.706 3	0.372 7	−0.366 3	0.13	63
300243.S	瑞丰高材	0.151 6	0.295 3	−0.358 0	0.334 8	0.12	64
000818.S	方大化工	−0.636 0	2.223 7	0.123 4	−0.406 5	0.12	65
002562.S	兄弟科技	0.836 1	−0.636 5	−0.475 7	−0.342 2	0.12	66
600803.S	新奥股份	0.332 2	−0.096 2	0.178 6	−0.283 3	0.12	67
603599.S	广信股份	1.176 5	−1.190 7	−0.217 7	−0.924 3	0.12	68
300285.S	国瓷材料	0.629 9	−0.772 5	0.075 8	−0.181 4	0.12	69
002258.S	利尔化学	0.696 9	−0.666 1	−0.236 0	−0.191 5	0.12	70

证券代码	证券名称	F_1（盈利成长）	F_2（营运）	F_3（偿债成长）	F_4（偿债）	F（综合）	排名
002165.S	红宝丽	−0.298 9	0.815 2	0.084 5	0.369 0	0.10	71
002361.S	神剑股份	0.106 7	0.184 6	0.162 8	−0.093 6	0.10	72
600985.S	雷鸣科化	−0.059 5	0.117 8	0.609 9	−0.001 2	0.10	73
300135.S	宝利国际	−0.554 8	1.921 3	−0.259 4	0.017 5	0.10	74
300459.S	浙江金科	0.070 7	0.043 8	0.558 0	−0.295 7	0.09	75
002096.S	南岭民爆	0.390 1	0.192 1	−0.407 5	−0.391 4	0.09	76
300041.S	回天新材	0.752 0	−0.626 6	−0.418 6	−0.411 7	0.08	77
300174.S	元力股份	0.298 9	0.017 9	−0.305 9	−0.044 4	0.08	78
002004.S	华邦健康	0.622 1	−0.894 6	0.025 3	−0.211 3	0.08	79
600618.S	氯碱化工	−0.683 0	1.858 0	−0.055 2	0.090 4	0.07	80
600160.S	巨化股份	−0.349 7	1.259 9	−0.073 8	−0.143 2	0.06	81
600538.S	国发股份	−0.502 3	−0.053 8	3.530 3	−1.900 7	0.06	82
002601.S	佰利联	1.047 9	−0.950 2	−0.647 3	−0.875 5	0.04	83
002455.S	百川股份	−0.598 4	1.279 7	0.061 5	0.285 0	0.04	84
002409.S	雅克科技	0.271 8	−0.316 3	0.145 1	−0.284 8	0.04	85
002539.S	新都化工	0.354 7	−0.201 9	−0.583 1	0.074 7	0.04	86
002326.S	永太科技	0.546 4	−0.725 6	−0.647 3	0.241 4	0.03	87
600599.S	熊猫金控	0.564 7	−0.764 4	−0.792 0	0.376 9	0.03	88
002386.S	天原集团	−0.393 8	1.974 2	−0.371 0	−0.905 0	0.02	89
600769.S	祥龙电业	−0.317 5	0.274 8	0.041 7	0.617 1	0.01	90
603227.S	雪峰科技	0.259 0	−0.546 4	0.516 8	−0.593 4	0.00	91
002002.S	鸿达兴业	0.313 3	−0.305 5	−0.104 3	−0.435 6	0.00	92
601216.S	君正集团	0.174 5	−0.063 9	−0.120 3	−0.354 2	−0.01	93
000822.S	山东海化	−0.589 0	0.878 5	0.170 7	0.124 9	−0.04	94
600228.S	昌九生化	−1.177 6	1.734 4	0.898 1	−0.057 8	−0.04	95
600746.S	江苏索普	−1.280 0	3.190 2	−0.192 3	−0.490 4	−0.04	96
300067.S	安诺其	−0.129 1	−0.675 9	0.414 8	0.501 0	−0.05	97
600141.S	兴发集团	0.280 8	0.074 2	−0.350 8	−0.880 0	−0.05	98
600470.S	六国化工	−0.045 6	0.114 2	−0.325 2	−0.028 9	−0.06	99
600309.S	万华化学	0.294 8	−0.783 9	0.086 1	−0.312 7	−0.06	100
000985.S	大庆华科	−1.168 2	2.275 6	0.298 7	−0.251 4	−0.06	101
300121.S	阳谷华泰	−0.099 6	0.034 8	−0.289 9	0.177 2	−0.06	102
000731.S	四川美丰	−0.385 4	0.827 2	−0.162 7	−0.187 4	−0.07	103
000553.S	沙隆达 A	−0.435 6	0.071 3	0.626 9	0.027 5	−0.08	104
600409.S	三友化工	−0.161 8	0.366 9	−0.245 1	−0.245 2	−0.08	105

证券代码	证券名称	F_1（盈利成长）	F_2（营运）	F_3（偿债成长）	F_4（偿债）	F（综合）	排名
002246.S	北化股份	−0.471 2	0.264 5	0.269 3	0.228 6	−0.08	106
002407.S	多氟多	0.338 6	−0.517 4	−0.341 7	−0.474 6	−0.08	107
002170.S	芭田股份	−0.122 0	−0.095 0	−0.185 1	0.149 7	−0.08	108
300225.S	金力泰	−0.202 0	0.047 3	−0.183 5	0.170 0	−0.09	109
300200.S	高盟新材	−0.045 3	−0.243 2	−0.161 3	0.048 6	−0.09	110
000510.S	金路集团	−0.930 6	1.620 0	0.031 0	−0.008 9	−0.09	111
000545.S	金浦钛业	−0.324 1	−0.462 6	0.695 9	0.160 6	−0.10	112
002256.S	彩虹精化	0.141 7	−0.673 1	−0.464 3	0.294 2	−0.11	113
002408.S	齐翔腾达	0.068 6	−0.294 6	−0.051 6	−0.456 2	−0.11	114
002092.S	中泰化学	0.367 1	−0.203 1	−0.689 3	−0.790 5	−0.11	115
300236.S	上海新阳	−0.054 3	−1.061 9	0.581 6	0.179 4	−0.12	116
002497.S	雅化集团	−0.471 8	−0.204 2	0.563 0	0.281 9	−0.12	117
000683.S	远兴能源	−0.652 8	1.534 1	0.031 8	−0.914 2	−0.12	118
000830.S	鲁西化工	−0.029 3	−0.032 6	−0.223 3	−0.429 8	−0.13	119
002053.S	云南盐化	0.136 6	−0.669 4	0.158 7	−0.531 7	−0.13	120
000627.S	天茂集团	−0.174 7	−0.783 7	0.500 2	0.155 7	−0.13	121
000755.S	山西三维	−0.982 8	2.624 9	−1.067 2	−0.257 9	−0.14	122
000407.S	胜利股份	−0.385 0	0.004 7	−0.113 6	0.359 0	−0.14	123
002061.S	＊ST 江化	−1.159 7	2.735 5	−0.506 8	−0.532 2	−0.14	124
002360.S	同德化工	−0.341 5	−0.240 4	0.237 2	0.143 2	−0.15	125
600096.S	云天化	−0.116 0	−0.237 6	−0.309 8	−0.011 8	−0.16	126
002037.S	久联发展	−0.175 9	0.004 2	−0.037 2	−0.465 9	−0.16	127
600389.S	江山股份	−0.142 4	−0.048 6	−0.242 4	−0.279 0	−0.16	128
300192.S	科斯伍德	−0.301 3	0.016 5	−0.152 1	−0.023 3	−0.17	129
002274.S	华昌化工	−0.289 0	0.099 9	−0.156 7	−0.243 7	−0.18	130
300261.S	雅本化学	0.111 2	−0.850 2	−0.429 7	0.107 5	−0.18	131
000635.S	英力特	−0.137 2	0.016 4	0.068 4	−0.851 1	−0.18	132
600636.S	三爱富	−0.749 0	0.099 3	0.719 2	0.025 3	−0.20	133
600596.S	新安股份	−0.420 4	0.435 2	−0.523 8	−0.086 0	−0.21	134
002476.S	宝莫股份	−0.359 4	−0.067 4	−0.299 2	0.099 6	−0.22	135
603077.S	和邦生物	0.127 6	−1.093 4	−0.469 6	0.185 9	−0.22	136
002068.S	黑猫股份	−0.570 2	0.204 0	0.064 6	−0.047 8	−0.22	137
600796.S	钱江生化	−0.137 5	−0.881 3	−0.236 9	0.285 1	−0.24	138
002125.S	湘潭电化	0.229 3	−1.366 3	−0.159 9	−0.287 7	−0.25	139
601208.S	东材科技	−0.212 9	−0.600 6	−0.016 9	−0.178 5	−0.25	140

证券代码	证券名称	F_1（盈利成长）	F_2（营运）	F_3（偿债成长）	F_4（偿债）	F（综合）	排名
002453.S	天马精化	−0.324 3	−0.418 6	−0.254 6	0.125 8	−0.26	141
002632.S	道明光学	0.243 1	−1.315 6	−0.376 5	−0.243 5	−0.26	142
600731.S	湖南海利	−0.268 7	−0.569 8	−0.293 4	0.176 6	−0.27	143
600722.S	金牛化工	−1.116 5	0.379 9	1.167 5	−0.177 2	−0.27	144
000422.S	湖北宜化	0.114 5	−0.830 9	−0.394 3	−0.531 7	−0.27	145
600691.S	阳煤化工	−0.506 0	0.219 8	−0.244 8	−0.253 1	−0.27	146
600226.S	升华拜克	−0.570 1	−0.565 5	0.385 7	0.273 3	−0.27	147
000792.S	盐湖股份	0.746 7	−1.862 8	−0.373 4	−1.127 9	−0.28	148
600481.S	双良节能	−1.213 8	−0.254 5	1.443 2	0.566 0	−0.28	149
002057.S	中钢天源	−0.402 1	−0.363 3	−0.157 0	0.037 7	−0.28	150
300082.S	奥克股份	−0.668 4	0.350 1	−0.452 9	0.157 5	−0.29	151
300405.S	科隆精化	−0.375 2	−0.293 6	−0.009 6	−0.348 3	−0.29	152
000662.S	天夏智慧	−0.838 8	0.644 5	−0.102 3	−0.124 7	−0.29	153
600075.S	新疆天业	−0.637 4	−0.566 5	0.195 2	0.504 5	−0.30	154
000525.S	红太阳	−0.199 5	−0.906 9	0.232 9	−0.401 9	−0.30	155
603299.S	井神股份	−0.329 1	−0.670 4	−0.025 0	−0.134 0	−0.32	156
002226.S	江南化工	−0.416 2	−0.458 4	0.050 5	−0.319 6	−0.33	157
600277.S	亿利洁能	−0.625 1	0.061 5	0.065 6	−0.418 1	−0.33	158
600727.S	鲁北化工	−0.268 8	−0.789 2	−0.201 2	−0.066 4	−0.33	159
300132.S	青松股份	−0.699 3	−0.489 9	0.183 9	0.345 6	−0.34	160
600378.S	天科股份	−0.530 5	−0.642 8	0.107 1	0.090 1	−0.35	161
600078.S	澄星股份	−0.166 3	−1.065 3	−0.371 5	0.054 6	−0.35	162
300107.S	建新股份	−0.516 2	−0.355 6	−0.202 0	−0.043 1	−0.36	163
002319.S	乐通股份	−0.409 0	−0.804 5	−0.217 3	−0.030 3	−0.40	164
000707.S	双环科技	−0.201 2	−1.196 0	−0.377 9	0.007 5	−0.41	165
600227.S	赤天化	−0.482 9	−0.695 8	−0.168 2	−0.148 0	−0.42	166
002513.S	*ST 蓝丰	−0.029 6	−1.322 6	−0.463 2	−0.445 9	−0.44	167
002145.S	中核钛白	−0.285 8	−0.989 1	−0.379 7	−0.219 4	−0.44	168
002192.S	融捷股份	−0.575 5	−1.198 8	0.512 8	−0.091 3	−0.44	169
002211.S	宏达新材	−0.874 1	−0.112 6	−0.293 7	0.224 8	−0.44	170
600328.S	兰太实业	−0.496 5	−0.736 4	−0.240 4	−0.202 6	−0.46	171
002442.S	龙星化工	−0.863 3	−0.308 2	−0.119 3	0.102 8	−0.47	172
600844.S	丹化科技	−0.645 6	−0.602 7	−0.346 4	−0.011 8	−0.49	173
000950.S	*ST 建峰	−0.812 9	0.201 4	−0.707 5	−0.294 1	−0.50	174
000737.S	南风化工	−0.947 5	−0.171 1	−0.581 4	0.398 1	−0.51	175
002648.S	卫星石化	−0.759 6	−0.114 9	−0.592 9	−0.239 0	−0.52	176
002109.S	*ST 兴化	−1.074 9	0.234 5	−0.494 0	0.024 2	−0.53	177
600367.S	红星发展	−1.069 6	−0.712 4	0.052 8	0.478 4	−0.56	178
600249.S	两面针	−0.475 1	−1.047 3	−0.732 0	−0.067 2	−0.57	179
002341.S	新纶科技	−0.650 6	−1.076 8	−0.351 2	−0.138 1	−0.61	180

证券代码	证券名称	F_1（盈利成长）	F_2（营运）	F_3（偿债成长）	F_4（偿债）	F（综合）	排名
000912.S	泸天化	−0.992 3	−0.714 5	−0.022 5	0.006 3	−0.61	181
000953.S	河池化工	−0.838 0	−0.616 7	−0.819 4	0.163 0	−0.63	182
600301.S	＊ST南化	−2.176 3	−0.430 8	3.055 7	−0.599 5	−0.67	183
002136.S	安纳达	−1.262 4	−0.345 1	−0.648 0	0.018 6	−0.77	184
600423.S	柳化股份	−1.374 9	−0.232 8	−0.762 9	−0.022 6	−0.82	185
002591.S	恒大高新	−1.003 2	−1.250 2	−0.480 3	−0.095 9	−0.82	186
000930.S	中粮生化	−1.786 7	0.716 4	−1.192 8	0.190 4	−0.86	187
600319.S	＊ST亚星	−1.727 0	0.252 3	−1.098 1	0.156 7	−0.91	188
002167.S	东方锆业	−1.420 7	−1.374 9	−0.617 5	−0.002 6	−1.05	189
600230.S	＊ST沧大	−2.096 9	−0.518 7	−0.948 3	−0.249 9	−1.28	190
600339.S	＊ST天利	−2.383 3	0.053 5	−1.291 2	0.006 5	−1.32	191
600146.S	商赢环球	−3.350 9	−1.913 8	−2.406 9	0.028 5	−2.37	192
000155.S	＊ST川化	−4.269 4	−0.943 1	−2.512 6	0.259 5	−2.57	193

表 6-7-4 中，化学原料及化学制品制造业上市公司综合得分与其投资价值呈正相关关系。由于先对因子数据进行了标准化处理，因此，可以 0 为参考标准线，认为：综合得分大于 0 的公司，综合业绩相对较好，且数值越大，投资价值越大；综合得分小于 0 的则相对较差，且数值越小，投资价值越小。依此可对上市公司的综合业绩和投资价值有一个基本的评价。

具体而言，表 6-7-4 中，公司各项能力得分与相应实力也呈正相关关系。

排名前十位的公司分别为上海家化、百润股份、国光股份、新洋丰、诺普信、广州浪奇、三棵树、三聚环保、安迪苏、金正大。

其中，上海家化综合得分排名从 2013 年的第八升到 2014 年的第三再上升到 2015 年的第一，一跃成为行业龙头。分析上海家化这三年的情况，可见其具有极强的盈利能力，其 2015 年盈利成长因子得分排名第一，综合其 2014 年的盈利因子和营运因子的排名均在前几位，综合其 3 年的综合排名和各项因子的得分情况，说明上海家化投资潜在价值巨大，值得对其投资。

综合得分排名第二的百润股份在 2013 年和 2014 年排名都在第一百多位，综合排名的飞跃得益于盈利成长因子、营运因子、偿债因子得分的大幅提升。对于该公司各项指标的改善是否具有持续性，还有待检验，所以投资者需要结合其他情况加以分析。

国光股份综合得分排名第三，主要得益于公司极高的盈利成长因子得分和偿债因子得分，发展均衡，说明该公司的整体运营实力较强，有较大发展潜力和投资价值，值得投资者关注。

新洋丰，综合得分排名由 2013 年第九十一跃升至 2014 年的第一又转而下降至 2015 年的第四，总的看还是呈上升态势，且各项指标得分均为正，虽然整体投资价值得分有所下降，但还是具有很大的投资价值。

诺普信综合得分排名由 2013 年的第六十四位升至 2014 年的第四十位继续升至 2015 年的第五位，进步巨大，上升趋势显著。该公司的偿债因子排名第一位，反映出该公司稳健的资本结构，但是其他指标得分均为负，成长性、盈利性仍然不理想，投资价值较低。

广州浪奇综合得分排名第六位，其 2014 年的排名为第十四位，其 2013 年的综合因子得分排名第十位，财务能力较为稳健。其营运因子排名第一，营运能力与 2014 年相当，比 2013 年有很大提升，说明两年来公司的资金周转情况有很大改善，有较大的投资潜力。

综合得分排名第七的三棵树具有优秀的盈利能力和营运能力，各项指标均为正值，资金周转能力和获取利润的能力都是很强的，发展均衡，有较大的发展潜力和投资价值。

三聚环保综合得分由 2013 年第七十六位升至 2014 年的第十二位，后升至 2015 年的第八位，上升态势显著,主要是其盈利和成长能力突出,其他 3 个因子排名居中,考虑其稳健的发展能力,可以考虑对其进行长期投资。

金正大,综合得分排名第十,较前两年的情况来看,排名的变动幅度不大。其营运能力较强,较 2014 年有所上升,各因子得分为正值。考虑到其优秀的营运能力和盈利能力,是一个稳健的投资对象。

值得一提的是在前两年均排名第二的扬农化工,虽然其盈利能力、营运能力和成长能力良好,但偿债能力较前两年大幅降低,导致排名落后到第十三位,但综合排名仍然靠前,具有很大的投资价值。

排名后十位的公司分别为安纳达、柳化股份、恒大高新、中粮生化、＊ST 亚星、东方锆业、＊ST 沧大、＊ST 天利、商赢环球、＊ST 川化。综合这三年该行业的因子得分排名情况来看,排名后二十位中有不少是 ST 股,与股市行情相吻合。这些公司的盈利成长因子都在行业平均值以下,甚至远远低于平均值,是导致排名靠后的最主要原因,还有 5 个因子中只有个别因子为正值,部分公司全部因子没有正值,故暂不建议对其投资。

七、系统聚类分析

上述因子分析能够满足投资者对各家上市公司投资价值分析的基本需要,但是由于投资者的投资理念往往各不相同,关注的侧重点也有所不同。为了更深入细致地分析行业板块的情况,将利用系统聚类分析法进一步对 193 家公司的 4 个因子值和综合值进行 Q 型聚类(即个案分群);聚类方法为 ward 联结法,即离差平方和法,根据同类变量间的离差平方和较小、不同类别间的离差平方和较大来进行分类,形成树状图(略)。其测量尺度选用平方 Euclidean 距离,即两样本之间的距离是各样本每个变量值之差的平方和。通过聚类分析把业绩相似的公司归类,可以对不同类别的上市公司进行对比分析,为投资者选择投资组合提供参考。

根据树状图(略)对 193 家化学原料及化学制品制造业上市公司进行进一步分类,本书选择将其分为 4 类,如表 6-7-5 所示。

表 6-7-5　聚类分析

类别	化学原料及化学制品制造业上市公司	数目
1	上海家化、百润股份、国光股份、三聚环保、天龙集团、史丹利、乐凯新材、雪峰科技、德美化工、赞宇科技、合力泰、青岛金王、西陇科学、康达新材、万盛股份、天赐材料、强力新材、濮阳惠成、清水源、传化股份、川金诺、富邦股份、辉丰股份、光华科技、德联集团、永太科技、国瓷材料、司尔特、凯龙股份、蓝晓科技、永东股份、宝利国际、华邦健康、乐凯胶片、利民股份、浙江金科、方大化工、熊猫金控、南岭民爆、鼎龙股份、瑞丰高材、元力股份、国发股份、新宙邦、天齐锂业、新都化工、江苏索普、兄弟科技、新开源、佰利联、广信股份、中泰化学、浙江龙盛、奥克股份、嘉化能源、亚邦股份、飞凯材料、金禾实业、醋化股份、硅宝科技、联化科技、祥龙电业、嘉澳环保、新奥股份、雷鸣科化、阳谷华泰、神剑股份、山东海化、闰土股份、六国化工、和邦生物、鸿达兴业、新安股份、钱江生化、三友化工、金力泰、安诺其、北化股份、雅克科技、芭田股份、多氟多、兴发集团、高盟新材、雅本化学、胜利股份、沙隆达 A、宝莫股份、鲁西化工、雅化集团、科斯伍德、万华化学、云天化、江山股份、华昌化工、金浦钛业、上海新阳、新疆天业、齐翔腾达、同德化工、天马精化、三爱富、＊ST 兴化、天茂集团、久联发展、东材科技、湖南海利、云南盐化、天夏智慧、黑猫股份、英力特、阳煤化工、升华拜克、中钢天源、鲁北化工、湖北宜化、道明光学、青松股份、建新股份、井神股份、澄星股份、湘潭电化、江南化工、亿利洁能、＊ST 建峰、金牛化工、双良节能、天科股份、两面针、宏达新材、双环科技、丹化科技、盐湖股份、红太阳、乐通股份、南风化工、赤天化、卫星石化、＊ST 蓝丰、中核钛白、兰太实业、龙星化工、河池化工、红星发展、泸天化、融捷股份、新纶科技、中粮生化、安纳达、柳化股份、＊ST 亚星、恒大高新、东方锆业、＊ST 天利、＊ST 沧大、＊ST 川化、商赢环球	156
2	新洋丰、安迪苏、扬农化工、渝三峡 A、广东榕泰、长青股份、国发股份、＊ST 南化	8
3	诺普信	1
4	广州浪奇、三棵树、金正大、中化国际、赞宇科技、石大胜华、华鲁恒升、诚志股份、宏昌电子、日科化学、世龙实业、滨化股份、方大化工、红宝丽、宝利国际、氯碱化工、巨化股份、百川股份、天原集团、山东海化、昌九生化、江苏索普、大庆华科、四川美丰、金路集团、远兴能源、山西三维、＊ST 江化	28

在表 6-7-5 中,类别 1 中包含上海家化、百润股份、国光股份等 156 家公司。

具体而言,上海家化作为国内化妆品行业首家上市企业,是国内日化行业中少有的能与跨国公司开展全方位竞争的本土企业,拥有国际水准的研发和品牌管理能力。2007 年,公司营业收入达到 22.61 亿元人民币,净资产达到 8.53 亿元人民币。公司注重自主创新,驱动公司可持续发展,拥有国家级科研中心和国家级工业设计中心,汇聚各学科人才 200 多名;每年对科研投入持续增长,并通过与国内外优秀科研机构开展多方面战略合作提升公司研发实力,技术中心 2014 年完成各类产品开发项目超过 500 项,其中新产品开发百余项。2014 年公司专利申请数达 53 项,其中国外申请 4 项,发明专利 19 项;2014 年企业授权专利 40 项,其中其他国家、地区外授权专利 1 项,发明专利 6 项。上海家化综合得分排名从 2014 年的第三上升到 2015 年的第一,其 2013 年综合排名也在同行业中位列第八,属名副其实的行业龙头企业。分析上海家化在化学原料及化学制造业这三年的综合排名情况,可见其具有极强的盈利能力,其盈利成长因子得分排名第一,综合其 2014 年的盈利因子和营运因子的排名,这两个因子的排名均在前几位,综合其 2013 年的综合排名和各项因子的得分情况,说明上海家化投资潜在价值能力是巨大的,值得对其投资。

百润股份致力于食用香精和烟用香精的研发与生产,公司主要产品为食用香精和烟用香精,是国内香精香料行业的首个上市公司。2015 年,公司顺利完成对巴克斯酒业的重大资产重组工作,新增股份于 2015 年 6 月 18 日上市,推动了公司向双业务格局的多元化方向迈进,在经营规模、持续发展能力和经营效率等方面取得了质的飞跃。该公司综合得分排名由前两年的第一百多位上升到第二位,各项因子得分大幅提升。2015 年优秀的经营业绩得益于公司预调鸡尾酒销量的大幅增长,因此,随着预调鸡尾酒业务的发展,该公司未来发展前景可观,值得投资者关注。

国光股份是 2015 年新上市公司,是国家农药定点生产企业,专业从事植物生长调节剂、园林绿化养护品、杀菌剂、杀虫剂、除草剂、微肥、保鲜剂生产、销售。国光股份综合得分排名第三,整体运营实力较强,有较大发展潜力,值得投资者关注。

三聚环保是以生产脱硫催化剂为主的上市公司,客户主要是中石油和中石化,在技术储备上已经可以供应符合国五标准的催化剂。2015 年综合得分排名第八,较去年上升 4 位,主要是其盈利成长能力突出,盈利成长因子得分排名第五,其他 3 个因子排名居中,考虑其稳健的发展能力,可以适当对其进行投资。

史丹利是国内知名技术型复合肥生产企业,一直专注于复混肥料、掺混肥料的生产和销售,该公司的"史丹利"牌复合肥是全国复合肥中单品牌销量最大的品牌之一,荣获"中国农民喜爱的农资品牌""中国二十大畅销农资品牌"等诸多荣誉。史丹利在 2015 年综合排名第十二位,较 2014 年的第九位和 2013 年的第七位有所下降,但总体而言,除了成长能力稍有欠缺,其他各项能力发展均衡稳健,是个稳健的投资对象。

在类别 2 中有新洋丰、安迪苏、扬农化工等 8 家公司,该类公司的普遍优势是偿债成长因子得分高,分别排名前八位。

新洋丰是一家集研发、生产、经营高浓度磷复肥和新型肥料为一体的大型磷化工上市公司和国家级高新技术企业,位居中国化肥企业十强、中国磷复肥企业前三强。综合得分排名由 2013 年第九十一位波动上升至 2015 年的第四位,各项指标得分均为正,虽然整体投资价值得分有所下降,但还是具有一定的投资价值。

扬农化工是国内唯一以除虫菊酯杀虫剂为主导产品的上市公司,目前该公司拥有国内规模最大、配套最全的菊酯产业链,国内卫生杀虫剂市场占有率达到 70%,全球销量排名第二,产品远销海外。分析其因子得分情况可知,虽然偿债能力较前两年大幅降低,导致排名落后到第十三位,但综合排名仍然靠前,具有很大的投资价值。

渝三峡 A 主导产品三峡牌系列内墙乳胶漆、醇酸漆、硝基漆、聚酯漆在国内享有一定的品牌优势。公司从去年的第一百位,又成长为第九位,其偿债成长因子得分排名靠前,结合较高的偿债因子得分,可知其偿债能力强。渝三峡 A 从 2013 年的第一百二十七位升至 2014 年的第一百位，又成长为 2015 年的第一位，进步神速。但由于其进步太快，稳定性还有待检验，其获利潜力还值得投资者继续观察。

类别 3 仅包含诺普信 1 家公司，该公司主要从事包括杀虫剂、杀菌剂、除草剂、植物营养等四大系列产品的研发、生产和销售，为国家级高新技术企业。虽然该公司由 2013 年的第六十四位升至 2015 年的第五位，进步很大，但是分析各项因子得分可知，除了偿债因子排名第一位，其他指标得分均为负，成长性、盈利性仍然不理想，投资价值较低。

类别 4 中包括广州浪奇、三棵树、金正大等 28 家公司，这些公司的综合得分排名比较分散，既有排名前十的公司，也有几项因子得分均排名较为靠后的公司。

广州浪奇在 2015 年综合得分排名第六，其 2014 年的排名第十四，其 2013 年的综合因子得分排名第十，其营运因子连续两年的排名均在前列，总排名保持在前十五以内，说明公司的资金周转情况良好，有一定的投资潜力。

综合得分排名第七的三棵树和综合得分排名第十的金正大都有优秀的营运能力，各项因子得分均为正值，资金周转能力和获取利润的能力都是很强的，发展均衡，有较大的发展潜力和投资价值。

八、结语

综上所述，投资者在进行投资时，要综合考虑宏观、微观等各方面反映的财务信息，加以谨慎地分析，作出合理的选择。在此，本书运用 SPSS 软件，利用 13 个指标综合分析了 2015 年度化学原料及化学制品制造业 193 家上市公司各方面表现情况，并对比 2013 年、2014 年的排名得分情况，得出理论与实践有机结合的投资价值结论，对投资者进行投资决策有一定的参考意义。但数据主要运用了 2015 年一个年度的财务报表资料，某些项目还可能会由于会计政策变更等的影响存在一定程度的偶然性，分析指标的选择也具有主观性。因此，分析结果难以完全反映出真实状况，若后续能连续多个年度进行跟踪分析，并适当增加分析指标，则可较大程度地消除偶然性，帮助投资者作出更加准确的投资决策，以更加有效地配置投资资源，促进化学原料及化学制品制造业的进一步健康和谐发展。

参考文献

[1] 2015—2022 年中国化学原料及化学制品制造业市场研究及发展趋势研究报告. 智研咨询网，http://www.chyxx.com/data/201604/405164.html.

[2] 2015 年化学原料和化学制品制造业增加值同比增长 9.2%. 慧聪化工网，http://www.chem.hc360.com，2016-1-20.

（参著：田君怡　郝福新）

第八节　医药制造业上市公司投资价值动态比较分析研究

一、行业发展与投资价值状况

医药制造业是指原料经物理变化或化学变化后成为新的医药类产品，包含通常所说的中西药制造、兽用药品，还包含医药原药及卫生材料等。它可分为：化学药品原药制造、化学药品制剂制造、中药饮片加工、中成药制造、兽用药品制造、生物、生化制品的制造、卫生材料及医药用品制造等。医药制造业是自古就有的、涉及人们乃至动植物生命安全的传统行业。

我国是医药制造业大国，但总体发展速度缓慢，经过几千年的发展至今，医药制造业呈现出总体创新能力有限，医药产品以普药为主且技术含量较低，自主知识产权的药品缺乏等状况。但改革开放以来，我国医药制造业生产规模越来越大，社会贡献越来越突出，根据中商情报网报道，2014年我国医药制造业主营业务收入23 325.61亿元，同比增长13.3％。2010—2014年，我国医药制造业主营业务收入整体上升，2012—2014年主营业务收入增长稳定。医药制造业利润总额2 322.20亿元，同比增长12.1％。2010—2014年利润总额持续增长。2014年医药制造业毛利率40.12％。2010—2014年我国医药制造业毛利率增长较平稳，起伏波动较小。[1]2015年中国医药制造业主营业务收入25 537.1亿元，同比增长9.1％。2011—2015年我国医药制造业主营业务收入情况如图6-8-1所示。

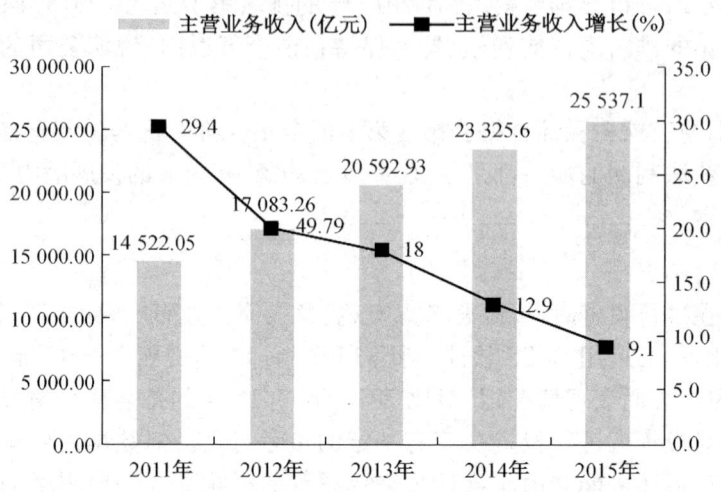

图6-8-1　2011—2015年我国医药制造业主营业务收入

由图6-8-1可知，2011—2015年，中国医药制造业主营业务收入总额一直呈上涨的态势，但主营业务收入的增长率却一直动荡下滑，由2011年的29.4％下滑至2015年的9.1％。2015年全国医药制造业实现利润总额为2 627.3亿元，同比增长12.9％。2011—2015年我国医药制造业利润情况如图6-8-2所示。

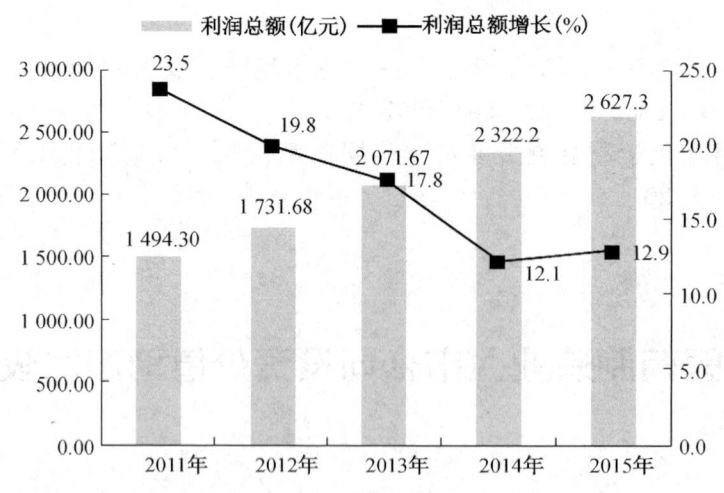

图6-8-2　2011—2015年我国医药制造业利润

由图6-8-2可知，2011—2015年，医药制造业实现的利润总额一直延续上涨的态势，但增长率却动荡下滑，利润增长率由2011年的23.5％下滑至2015年的12.9％。[2]

随着经济的不断发展和人民收入及生活水平的不断提高，医药制造业在保障人民身体健保和生命安全等方面的作用越来越大，卫生与社会保障建设取得了新进展。根据国家统计局资料，至2015年年末全国共有医疗卫生机构 990 248 个,其中医院 27 215 个,乡镇卫生院 36 869 个,社区卫生服务中心(站)34 588 个,诊所(卫生所、医务室)195 866 个,村卫生室 644 751 个,疾病预防控制中心 3 492 个,卫生监督所(中心)3 097 个。卫生技术人员 803 万人,其中执业医师和执业助理医师 300 万人,注册护士 328 万人。医疗卫生机构床位 708 万张,其中医院 534 万张,乡镇卫生院 121 万张。年末全国各类提供住宿的社会服务机构 3.2 万个,其中养老服务机构 2.8 万个。社会服务床位 676.3 万张,其中养老床位 669.8 万张。年末共有社区服务中心 2.4 万个,社区服务站 12.5 万个。[3]

医药制造行业具有高投入、高回报、高风险的特点。由于我国现代医药制造业起步较晚,与西方发达国家相比,一直面临着不断改革创新的巨大压力,使整个行业呈现出特有的竞争态势,越来越成为广大投资者竞争的焦点。从目前整体宏观环境来看,医药制造行业是机遇与挑战并存,投资者需要抓准投资机遇,充分了解相关企业的战略规划是否与国家政策契合,从长期进行把握,有重点地、有效果地投资。

综上所述,医药制造业具有较大的社会需求和发展潜力,相应地对其上市公司进行价值投资就显得格外重要。为此,本书以深沪两市的 158 家医药制造业上市公司为例,以 2015 年财务报告为依据,选取 13 个能够综合反映财务能力的财务指标,作为评估各医药制造业公司投资价值的指标体系,建立指标模型,运用 SPSS 软件,采用因子分析法与聚类分析法进行投资价值实证分析,确定公司的投资价值总量及其排名,并合理划分层级,结合投资者对医药制造业公司投资的实际情况及 2013 年、2014 年相关分析结果进行深入比较分析研究,得出量与质有机结合的投资结论,为投资者提供参考,以降低其投资风险,提高投资收益。

二、样本选取与数据处理

沪、深证券交易所的 158 家医药制造业上市公司的资料来源主要为其 2015 度的财务报告。具体初始数据扫描二维码获取。

在指标性质、单位不同的情况下,先要对其进行同趋势化处理。然后利用 SPSS 中的 Z-score 方法将 13 个指标的原始数据进行标准化处理。同趋势化数据与标准化数据略。

三、因子分析法适应性检验

为了检验所选用的指标是否适合使用因子分析法,本书利用 SPSS 软件中 KMO 和 Bartlett 的方法来对样本进行检验。检验结果如表 6-8-1 所示。

表 6-8-1　KMO 和 Bartlett 的检验

取样足够度的 Kaiser-Meyer-Olkin 度量		0.511
Bartlett 的球形度检验	近似卡方	1 215.348
	自由度(df)	78
	显著性(Sig)	0.000

由表 6-8-1 可知,KMO 值为 0.511,大于 0.5,可知各变量之间的相关程度无较大差异,原有变量适合作因子分析。同时,巴特利球形检验统计量为 1 215.348,相应的概率 Sig 为 0.000,在 5% 的显著性水平之下,拒绝原假设,因此可认为相关系数矩阵与单位阵有显著差异,说明样本适合作因子分析。

四、确定主因子

本书应用因子分析法中的主成分分析法来计算原始公因子的特征值、方差贡献率以及累计方差贡献率,并由此确定公因子。结果如表 6-8-2 所示。

表 6-8-2　解释的总方差

成　分	初始特征值			提取平方和载入			旋转平方和载入		
	合计	方差的%	累积%	合计	方差的%	累积%	合计	方差的%	累积%
1	2.905	22.349	22.349	2.905	22.349	22.349	2.821	21.697	21.697
2	2.280	17.535	39.884	2.280	17.535	39.884	2.174	16.724	38.421
3	1.432	11.019	50.903	1.432	11.019	50.903	1.446	11.119	49.541
4	1.118	8.601	59.504	1.118	8.601	59.504	1.202	9.248	58.789
5	1.051	8.081	67.585	1.051	8.081	67.585	1.144	8.796	67.585
6	0.976	7.511	75.096						
7	0.821	6.315	81.411						
8	0.801	6.158	87.568						
9	0.712	5.476	93.044						
10	0.634	4.874	97.918						
11	0.188	1.444	99.362						
12	0.076	0.581	99.944						
13	0.007	0.056	100.000						

提取方法：主成分分析。

　　根据表 6-8-2 中数据可知，前五个主因子的方差贡献率已经达到了累计方差贡献率的 67.585%，即表明这五个主因子已包含原始数据信息量的 67.585%，所以只须选择前五个主因子就可以较好地代表原始指标，对公司的绩效进行描述。

　　特征值是能够被看作表示因子影响力度大小的指标之一，如果特征值小于 1，说明该因子的解释力度还不如直接引入一个原变量的平均解释力度大，因此一般用特征值大于 1 作为纳入标准。特征值可用碎石图列示，如图 6-8-3 所示。从图 6-8-3 可以看出，从第六个因子开始，特征值的值都小于 1，且折线的陡度变得比较平缓，这说明提取 5 个主因子是合适有效的。

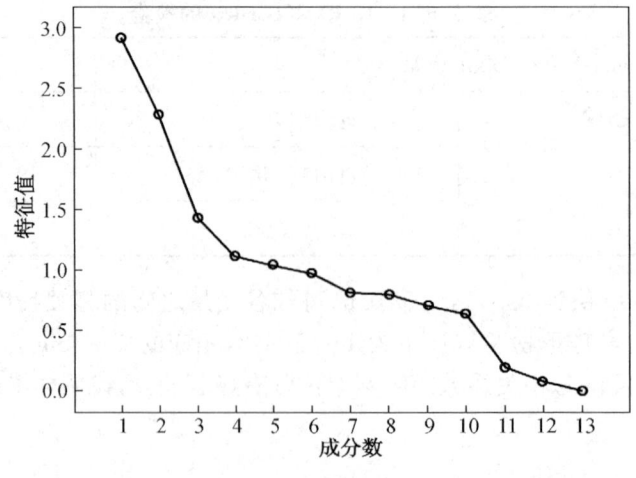

图 6-8-3　碎石图

五、旋转载荷矩阵分析

本书对原因子载荷矩阵进行最大方差旋转,以期得到主因子更明确的含义。结果如表 6-8-3 所示。

表 6-8-3　旋转成分矩阵[a]

	成　分				
	F_1	F_2	F_3	F_4	F_5
基本每股收益	0.940	0.001	-0.030	0.043	0.048
销售净利率	0.701	-0.082	0.421	-0.248	-0.050
每股净资产	0.707	-0.100	-0.138	-0.107	0.198
总资产报酬率	0.825	0.045	0.286	0.118	-0.051
流动比率	0.272	0.048	-0.271	0.103	0.532
速动比率	-0.046	-0.026	0.164	-0.005	0.851
资产负债率	-0.118	-0.067	-0.072	0.614	0.203
存货周转率	-0.086	0.967	0.096	-0.049	0.015
固定资产周转率	0.385	0.366	-0.331	0.546	-0.023
总资产周转率	-0.038	0.973	0.087	0.005	0.016
总资产增长率	0.121	0.054	0.772	0.008	0.087
营业总收入增长率	0.062	0.357	0.499	0.132	-0.136
股东权益增长率	-0.020	-0.013	0.300	0.639	-0.148

提取方法:主成分分析。

旋转方法:Kaiser 标准化最大方差法。

a. 旋转在 5 次迭代后收敛。

由表 6-8-3 中的数据可以看到,基本每股收益、销售净利率、每股净资产、总资产报酬率在主因子 F_1 上的载荷量分别为 0.940、0.701、0.707、0.825,它主要反映了公司的盈利能力,所以将 F_1 命名为盈利因子;主因子 F_2 在存货周转率(0.967)、固定资产周转率(0.366)、总资产周转率(0.973)上有较大载荷量,代表了公司的营运能力,故而将其命名为营运因子;主因子 F_3 在总资产增长率(0.772)、营业收入增长率(0.499)上有较大载荷量,代表了公司的成长能力,为成长因子;主因子 F_4 在资产负债率(0.614)、股东权益增长率(0.639)上有较大载荷量,代表了公司的长期负债和成长能力,为长期负债成长因子;流动比率与速动比率在主因子 F_5 上的载荷分别为 0.532 与 0.851,体现了公司的偿债能力,为短期偿债因子。

六、医药制造业公司综合得分与排名

要得到因子的综合得分,需先对因子数据进行标准化处理,使其期望为 0,方差为 1,然后,对各因子的方差贡献率占因子总方差贡献率的比重作权重加权汇总,使用计算综合得分的公式 $F = (\lambda_1 F_1 + \lambda_2 F_2 + \lambda_3 F_3 + \lambda_4 F_4 + \lambda_5 F_5)/(\lambda_1 + \lambda_2 + \lambda_3 + \lambda_4 + \lambda_5) = (0.216\,97 \times F_1 + 0.167\,24 \times F_2 + 0.111\,19 \times F_3 + 0.092\,48 \times F_4 + 0.087\,96 \times F_5)/0.675\,85$ 来计算各样本的综合得分。得到结果按名次排列如表 6-8-4 所示。

表 6-8-4　医药制造行业上市公司综合得分排名

股票代码	名称	F_1（盈利）	F_2（营运）	F_3（成长）	F_4（长期负债成长）	F_5（短期偿债）	F（综合）	排名
600556.SH	慧球科技	−1.145 1	12.002 9	1.369 6	−0.798 6	0.131 8	2.74	1
000538.SZ	云南白药	3.224 6	0.856 0	−2.892 1	1.966 9	3.769 4	1.53	2
000908.SZ	景峰医药	−0.239 5	−0.777 7	3.413 9	7.953 1	−1.893 4	1.13	3
002675.SZ	东诚药业	−0.698 5	−0.428 7	2.061 8	−0.748 9	7.718 9	0.91	4
000650.SZ	仁和药业	−0.296 6	0.152 2	1.052 0	0.462 0	5.227 9	0.86	5
000623.SZ	吉林敖东	3.810 8	−0.694 2	0.618 8	−2.321 2	0.028 9	0.84	6
300519.SZ	新光药业	2.621 2	0.255 5	−0.120 6	0.524 7	−0.943 9	0.83	7
300501.SZ	海顺新材	1.939 1	0.504 5	−1.672 3	0.676 2	1.744 2	0.79	8
000423.SZ	东阿阿胶	2.505 8	0.139 1	−0.300 2	−0.025 6	−0.305 3	0.75	9
300485.SZ	赛升药业	2.220 9	−0.222 5	0.805 2	−0.826 9	0.082 0	0.69	10
002680.SZ	长生生物	0.617 5	−0.437 8	3.645 9	−0.463 2	0.220 3	0.66	11
000661.SZ	长春高新	2.685 0	−0.049 7	−1.000 0	−0.068 7	−0.167 2	0.65	12
002411.SZ	必康股份	−0.025 8	−0.490 8	4.288 2	−0.188 6	0.549 4	0.62	13
300436.SZ	广生堂	1.109 9	0.003 7	1.604 6	0.319 4	−0.531 2	0.60	14
300452.SZ	山河药辅	0.603 1	0.070 5	0.471 9	−0.014 0	2.297 0	0.59	15
300482.SZ	万孚生物	1.670 4	−0.009 3	0.461 0	0.030 4	−0.455 1	0.55	16
600422.SH	昆药集团	1.022 3	0.489 3	−0.855 4	1.701 5	0.000 7	0.54	17
600201.SH	生物股份	1.233 2	0.058 6	−0.124 6	−0.008 5	1.093 4	0.53	18
300463.SZ	迈克生物	1.399 2	−0.098 7	0.379 3	−0.275 2	0.263 2	0.48	19
600771.SH	广誉远	−1.595 5	−0.630 1	1.078 7	4.949 2	2.148 8	0.47	20
002294.SZ	信立泰	1.494 6	0.094 6	0.219 7	0.091 0	−0.668 0	0.46	21
603168.SH	莎普爱思	0.842 9	0.039 6	−0.058 1	1.523 6	−0.176 6	0.46	22
600276.SH	恒瑞医药	1.229 8	0.313 3	−0.103 0	0.453 3	−0.816 6	0.41	23
603567.SH	珍宝岛	1.157 3	−0.265 0	0.476 6	0.106 4	0.027 9	0.40	24
002581.SZ	未名医药	0.251 5	−0.092 6	2.304 3	0.006 5	−0.281 6	0.40	25
002737.SZ	葵花药业	0.475 9	−0.232 1	−0.911 1	2.743 1	0.609 3	0.40	26
600566.SH	济川药业	0.961 7	0.412 3	−0.433 0	1.001 2	−0.706 1	0.38	27
300497.SZ	富祥股份	1.302 3	0.016 2	−0.245 0	0.079 4	−0.192 2	0.37	28
000989.SZ	九芝堂	0.918 9	−0.436 2	1.206 6	−0.875 1	0.501 4	0.33	29
002262.SZ	恩华药业	0.394 6	0.637 5	−0.809 9	1.389 0	−0.245 5	0.31	30
002773.SZ	康弘药业	0.873 0	0.204 8	−0.003 7	0.369 0	−0.629 6	0.30	31
000513.SZ	丽珠集团	1.364 1	0.164 0	−1.048 5	0.229 7	−0.322 6	0.30	32
300199.SZ	翰宇药业	−0.072 2	−0.083 8	2.402 3	−0.239 6	−0.236 9	0.29	33
300026.SZ	红日药业	0.298 0	0.038 0	0.517 3	0.188 2	0.409 8	0.27	34
002099.SZ	海翔药业	0.290 4	0.219 4	0.940 7	0.354 9	−0.647 3	0.27	35

股票代码	名称	F_1（盈利）	F_2（营运）	F_3（成长）	F_4（长期负债成长）	F_5（短期偿债）	F（综合）	排名
300267.SZ	尔康制药	0.514 8	−0.168 4	1.383 5	−0.221 8	−0.433 6	0.26	36
002219.SZ	恒康医疗	−0.421 4	0.002 0	2.502 4	−0.111 3	−0.006 3	0.26	37
300406.SZ	九强生物	1.105 8	−0.032 9	0.439 2	−0.468 1	−0.747 4	0.26	38
600535.SH	天士力	1.082 4	0.266 9	−0.927 6	0.375 5	−0.454 8	0.25	39
600332.SH	白云山	0.854 8	0.623 2	−1.481 0	0.897 8	−0.507 5	0.24	40
300439.SZ	美康生物	0.348 1	−0.031 6	1.073 8	0.091 8	−0.432 4	0.24	41
603669.SH	灵康药业	0.505 6	−0.237 1	0.907 0	−0.130 1	−0.067 6	0.23	42
600329.SH	中新药业	0.303 2	0.424 0	−1.332 1	1.860 9	−0.121 9	0.22	43
300108.SZ	双龙股份	−0.293 3	0.131 5	1.056 3	0.253 3	0.500 6	0.21	44
600085.SH	同仁堂	0.509 8	0.295 8	−0.877 8	0.386 2	0.486 4	0.21	45
600750.SH	江中药业	1.167 2	0.182 0	−1.441 5	0.153 5	−0.060 1	0.20	46
600062.SH	华润双鹤	0.788 4	0.062 0	−1.026 4	−0.019 3	0.744 1	0.19	47
300147.SZ	香雪制药	−0.108 9	−0.119 3	−0.730 1	−0.311 2	3.163 4	0.18	48
002019.SZ	亿帆鑫富	0.390 7	0.150 7	0.256 4	0.217 0	−0.424 5	0.18	49
600056.SH	中国医药	0.368 9	0.847 8	−1.370 7	1.056 6	−0.554 3	0.18	50
000999.SZ	华润三九	0.941 9	0.021 5	−0.655 5	0.105 6	−0.314 3	0.17	51
600436.SH	片仔癀	0.864 8	0.044 7	−0.013 6	−0.394 7	−0.470 7	0.17	52
300294.SZ	博雅生物	0.391 2	−0.272 0	1.116 4	−0.647 8	0.130 9	0.17	53
002437.SZ	誉衡药业	0.407 8	−0.040 1	0.972 9	−0.397 5	−0.479 5	0.16	54
002252.SZ	上海莱士	0.617 0	−0.321 4	1.780 1	−1.008 8	−0.851 7	0.16	55
300357.SZ	我武生物	0.827 0	−0.171 9	0.511 0	−0.482 6	−0.798 6	0.14	56
603566.SH	普莱柯	0.799 7	−0.328 8	0.390 5	−0.699 0	−0.122 7	0.13	57
600521.SH	华海药业	−0.008 2	0.009 7	−0.016 0	1.017 7	−0.226 7	0.11	58
603456.SH	九洲药业	0.735 0	−0.188 6	−0.295 8	−0.322 2	0.010 5	0.10	59
002287.SZ	奇正藏药	0.405 4	−0.056 9	−0.226 4	−0.247 3	0.329 0	0.09	60
002007.SZ	华兰生物	0.854 6	−0.254 8	0.286 2	−0.740 8	−0.557 6	0.08	61
000915.SZ	山大华特	0.605 2	−0.115 1	−0.554 4	−0.248 0	0.217 9	0.07	62
002433.SZ	太安堂	−0.405 6	0.264 4	0.803 4	0.090 1	−0.166 1	0.06	63
600079.SH	人福医药	0.031 6	0.192 7	0.194 5	0.093 7	−0.372 9	0.05	64
002424.SZ	贵州百灵	−0.338 6	−0.243 3	0.212 7	1.143 4	0.078 4	0.03	65
002688.SZ	金河生物	−0.024 5	0.238 5	0.063 6	0.300 4	−0.556 5	0.03	66
002038.SZ	双鹭药业	0.829 5	−0.344 6	0.286 0	−0.997 9	−0.596 3	0.01	67
002728.SZ	台城制药	−0.332 3	0.006 6	1.163 2	−0.231 4	−0.341 1	0.01	68
600195.SH	中牧股份	0.378 3	0.248 2	−1.204 7	0.482 9	−0.337 7	0.01	69
300009.SZ	安科生物	−0.056 4	−0.046 6	0.411 8	−0.146 9	−0.094 4	0.01	70

股票代码	名称	F_1（盈利）	F_2（营运）	F_3（成长）	F_4（长期负债成长）	F_5（短期偿债）	F（综合）	排名
600557. SH	康缘药业	0.205 6	−0.044 2	−0.548 3	0.475 7	−0.206 0	0.00	71
600867. SH	通化东宝	0.105 4	−0.233 9	0.448 5	0.049 6	−0.484 5	−0.01	72
600479. SH	千金药业	−0.225 3	0.332 3	−0.897 3	0.916 1	0.032 6	−0.01	73
300204. SZ	舒泰神	0.237 5	0.080 3	−0.322 2	−0.051 0	−0.346 4	−0.01	74
002393. SZ	力生制药	0.786 6	−0.276 8	−1.100 5	−1.212 1	1.113 0	−0.02	75
002030. SZ	达安基因	−0.677 0	0.199 8	0.744 3	0.349 9	−0.167 0	−0.02	76
600572. SH	康恩贝	−0.392 7	0.209 7	0.525 6	0.244 4	−0.548 8	−0.03	77
600613. SH	神奇制药	0.008 9	0.144 3	−0.194 4	0.025 1	−0.276 8	−0.03	78
600513. SH	联环药业	−0.133 7	0.087 1	−0.534 3	0.237 1	0.307 3	−0.04	79
300181. SZ	佐力药业	−0.524 6	−0.043 5	0.386 6	−0.058 6	0.636 3	−0.04	80
300233. SZ	金城医药	0.119 5	−0.033 1	−0.385 8	0.197 0	−0.276 4	−0.04	81
002317. SZ	众生药业	−0.130 5	−0.031 6	0.349 7	0.038 8	−0.434 6	−0.04	82
002020. SZ	京新药业	0.098 1	−0.062 9	−0.170 9	−0.141 7	−0.121 1	−0.05	83
600196. SH	复星医药	0.573 5	−0.227 3	−0.285 9	−0.783 3	−0.268 7	−0.06	84
002022. SZ	科华生物	0.052 8	−0.055 8	−0.138 5	−0.039 4	−0.285 4	−0.06	85
002390. SZ	信邦制药	−0.673 7	0.435 2	0.431 0	0.406 4	−0.669 8	−0.07	86
600518. SH	康美药业	0.007 0	−0.043 3	0.038 3	−0.168 5	−0.344 1	−0.07	87
300289. SZ	利德曼	−0.069 7	−0.134 5	0.347 9	−0.281 0	−0.403 9	−0.09	88
603998. SH	方盛制药	0.256 4	−0.143 7	−0.117 2	−0.451 8	−0.427 9	−0.09	89
002349. SZ	精华制药	−0.242 1	−0.066 4	0.041 2	−0.479 8	0.483 2	−0.09	90
300194. SZ	福安药业	−0.356 4	−0.029 9	0.459 5	−0.469 8	0.129 1	−0.09	91
002275. SZ	桂林三金	0.355 2	−0.198 1	−0.315 3	−0.438 1	−0.394 4	−0.10	92
603718. SH	海利生物	−0.209 7	−0.332 2	0.975 2	−0.558 2	−0.266 8	−0.10	93
002603. SZ	以岭药业	−0.043 1	−0.047 0	−0.503 5	−0.095 9	0.102 3	−0.11	94
600420. SH	现代制药	0.230 8	−0.064 4	−0.693 1	−0.060 4	−0.431 5	−0.12	95
002653. SZ	海思科	−0.175 2	−0.273 5	0.199 9	−0.013 8	−0.285 0	−0.13	96
002107. SZ	沃华医药	−0.222 2	0.057 6	−0.433 6	0.143 4	−0.255 4	−0.14	97
002750. SZ	龙津药业	−0.135 8	−0.398 5	0.697 4	−0.751 4	−0.115 8	−0.15	98
300255. SZ	常山药业	−0.400 8	−0.315 9	0.053 4	0.472 7	−0.118 2	−0.15	99
002370. SZ	亚太药业	−0.678 4	−0.252 4	1.292 5	−0.541 8	−0.058 3	−0.15	100
600380. SH	健康元	−0.350 8	0.040 5	−0.272 3	0.075 1	−0.484 5	−0.20	101
300158. SZ	振东制药	−0.351 6	0.036 8	−0.357 1	−0.089 1	−0.209 4	−0.20	102
002198. SZ	嘉应制药	−0.383 4	−0.117 0	−0.948 9	−0.299 6	1.105 6	−0.21	103
002550. SZ	千红制药	−0.108 9	−0.232 5	0.047 3	−0.877 7	−0.016 0	−0.21	104
300119. SZ	瑞普生物	−0.459 0	−0.126 7	0.339 6	−0.330 5	−0.308 6	−0.21	105

中国上市公司投资价值动态比较分析研究（一）

股票代码	名称	F_1（盈利）	F_2（营运）	F_3（成长）	F_4（长期负债成长）	F_5（短期偿债）	F（综合）	排名
600351.SH	亚宝药业	−0.380 5	−0.128 0	−0.089 1	−0.008 9	−0.302 0	−0.21	106
600664.SH	哈药股份	−0.189 0	0.295 0	−1.435 0	0.579 5	−0.501 9	−0.21	107
000566.SZ	海南海药	−0.380 7	−0.136 3	0.224 4	−0.429 6	−0.269 1	−0.21	108
002332.SZ	仙琚制药	−0.424 9	0.064 7	−0.683 3	0.350 1	−0.313 7	−0.23	109
603222.SH	济民制药	−0.194 9	−0.122 2	−0.432 4	−0.213 7	−0.317 3	−0.23	110
002693.SZ	双成药业	−0.780 0	−0.254 7	1.275 3	−0.639 5	−0.340 2	−0.24	111
002412.SZ	汉森制药	−0.220 9	−0.086 5	−0.457 9	−0.236 2	−0.433 8	−0.26	112
600285.SH	羚锐制药	−0.578 5	−0.109 0	0.146 3	−0.167 3	−0.388 2	−0.26	113
000739.SZ	普洛药业	−0.518 6	0.144 5	−0.766 7	0.276 9	−0.524 4	−0.29	114
600594.SH	益佰制药	−0.471 7	−0.025 9	−0.639 1	0.036 9	−0.246 3	−0.29	115
000756.SZ	新华制药	−0.419 7	0.113 1	−0.943 9	0.188 1	−0.421 9	−0.29	116
002365.SZ	永安药业	−0.863 8	−0.183 9	−0.477 1	−0.631 5	1.505 0	−0.29	117
600129.SH	太极集团	−0.384 3	0.104 8	−0.809 3	0.040 8	−0.519 0	−0.29	118
300254.SZ	仟源医药	−0.667 8	−0.147 6	−0.526 8	0.282 8	−0.034 0	−0.30	119
000590.SZ	启迪古汉	−0.854 2	0.089 0	0.228 1	−0.066 6	−0.637 6	−0.31	120
300363.SZ	博腾股份	−0.524 6	−0.169 0	−0.093 2	−0.274 8	−0.393 4	−0.31	121
002001.SZ	新和成	−0.284 7	−0.317 5	−0.622 9	−0.357 0	−0.002 8	−0.32	122
002422.SZ	科伦药业	−0.212 3	−0.294 6	−0.619 4	−0.728 1	−0.116 3	−0.36	123
000403.SZ	ST生化	−0.491 1	−0.261 9	−0.111 3	−0.414 2	−0.500 9	−0.36	124
600216.SH	浙江医药	−0.406 7	−0.122 4	−0.926 3	−0.343 7	−0.019 6	−0.36	125
300006.SZ	莱美药业	−0.587 4	−0.276 0	−0.222 8	−0.589 9	−0.035 9	−0.38	126
300016.SZ	北陆药业	−0.739 2	−0.084 6	−0.195 8	−0.227 2	−0.441 4	−0.38	127
600252.SH	中恒集团	−0.316 7	−0.641 8	−0.807 4	−1.151 3	1.305 0	−0.38	128
000766.SZ	通化金马	−1.358 1	−0.672 2	1.825 0	−0.864 1	0.300 3	−0.38	129
000004.SZ	国农科技	−1.159 1	−0.016 9	0.566 9	−0.322 6	−0.494 0	−0.39	130
600080.SH	金花股份	−0.771 6	0.026 7	−0.702 8	−0.187 2	−0.235 4	−0.41	131
000153.SZ	丰原药业	−0.650 0	−0.005 5	−0.927 9	−0.053 9	−0.336 4	−0.41	132
300239.SZ	东宝生物	−0.970 9	−0.152 6	0.115 4	−0.284 6	−0.344 1	−0.41	133
600614.SH	鼎立股份	−1.133 2	−0.212 9	0.495 9	−0.434 3	−0.314 0	−0.44	134
300122.SZ	智飞生物	−0.411 4	−0.437 3	−0.106 8	−0.943 4	−0.454 9	−0.45	135
002566.SZ	益盛药业	−0.886 9	−0.310 9	−0.447 6	−0.192 5	0.060 4	−0.45	136
600781.SH	辅仁药业	−0.817 4	−0.215 7	−0.178 7	−0.409 2	−0.421 0	−0.46	137
600488.SH	天药股份	−0.845 1	−0.175 9	−0.484 9	−0.282 5	−0.193 5	−0.46	138
300110.SZ	华仁药业	−1.021 7	−0.107 0	−0.124 1	−0.298 4	−0.403 0	−0.47	139
600267.SH	海正药业	−0.575 5	−0.220 5	−0.862 2	−0.545 8	−0.095 8	−0.47	140
600530.SH	交大昂立	−0.220 1	−0.713 1	−0.253 9	−1.267 8	−0.051 6	−0.47	141
600789.SH	鲁抗医药	−0.888 9	−0.029 1	−0.700 2	−0.131 9	−0.353 4	−0.47	142
300086.SZ	康芝药业	−0.727 7	−0.378 7	−0.013 9	−0.936 4	−0.166 3	−0.48	143
002166.SZ	莱茵生物	−0.807 9	−0.392 5	−0.055 3	−0.728 6	−0.248 5	−0.50	144
000952.SZ	广济药业	−1.011 3	−0.162 9	−0.133 5	−0.478 9	−0.404 1	−0.51	145

股票代码	名称	F_1（盈利）	F_2（营运）	F_3（成长）	F_4（长期负债成长）	F_5（短期偿债）	F（综合）	排名
600568.SH	中珠控股	−0.758 4	−0.339 6	−0.601 9	−0.807 9	0.062 4	−0.53	146
600812.SH	华北制药	−0.894 6	−0.195 8	−0.822 2	−0.397 0	−0.274 2	−0.56	147
600161.SH	天坛生物	−0.803 2	−0.400 6	−0.480 2	−0.770 3	−0.255 2	−0.57	148
002644.SZ	佛慈制药	−0.952 7	−0.424 5	−0.139 9	−0.828 7	−0.281 5	−0.58	149
600222.SH	太龙药业	−1.042 6	−0.273 4	−0.617 3	−0.447 8	−0.175 5	−0.59	150
000788.SZ	北大医药	−0.975 7	−0.097 4	−1.031 9	−0.318 4	−0.366 4	−0.60	151
002118.SZ	紫鑫药业	−0.913 1	−0.549 3	−0.204 3	−1.014 9	−0.101 4	−0.61	152
000790.SZ	华神集团	−1.439 1	−0.184 3	−0.949 7	−0.157 6	−0.161 9	−0.71	153
000597.SZ	东北制药	−1.637 5	−0.215 5	−0.874 1	−0.500 7	−0.090 0	−0.80	154
000606.SZ	＊ST 易桥	−2.925 3	−0.670 9	−1.616 7	2.224 0	0.891 9	−0.95	155
000518.SZ	四环生物	−2.430 2	−0.227 9	−1.108 6	0.052 1	0.077 8	−1.00	156
600671.SH	天目药业	−1.931 2	−0.378 0	−1.225 3	−0.510 1	−0.139 5	−1.00	157
300142.SZ	沃森生物	−3.324 1	0.084 9	−0.910 6	0.160 7	0.046 2	−1.17	158

表 6-8-4 中，医药制造业公司综合得分与其投资价值呈正相关关系。由于先对因子数据进行了标准化处理，因此，可以 0 为参考标准线，认为：综合得分大于 0 的公司，综合业绩相对较好，且数值越大，投资价值越大；综合得分小于 0 的则相对较差，且数值越小，投资价值越小。依此可对上市公司的综合业绩和投资价值有一个基本的评价。

具体而言，表 6-8-4 中，公司各项能力得分与相应实力也呈正相关关系。

排名前十位的公司分别为慧球科技、云南白药、景峰医药、东诚药业、仁和药业、吉林敖东、新光药业、海顺新材、东阿阿胶、赛升药业。

其中，慧球科技，综合得分排名第一，其营运因子得分 12.002 9，排名也是第一，远远领先于其他公司，说明其营运能力非常强，成长因子得分排第四，说明其成长状况也较佳，综合各个因子得分及综合得分，投资价值大，值得投资者关注并投资。

云南白药，综合得分排名从 2014 年的第八上升到 2015 年的第二，其 2013 年的排名也在同行业中居第五，综合其得分情况，发现主要得益于其极强的盈利能力和短期偿债能力，其盈利因子得分排名第二，短期偿债因子排名第三，说明该公司的盈利因子和短期偿债因子得分较高。综合该公司这三年的综合得分和排名情况，该公司具有较大投资价值，尤其适宜对其短期投资。

景峰医药，综合得分排名第三，主要得益于其成长因子和长期负债成长因子，两项因子的得分分别达到了 3.413 9 和 7.953 1，居于行业领先，说明该公司的成长潜力巨大，值得投资者长期关注。

东诚药业，综合得分排名第四，主要得益于其极强的短期偿债能力，该公司的偿债因子排名第一，值得投资者关注。

仁和药业，综合得分排名第五，2014 年排名第五十八，其短期偿债因子排名第二，说明公司的短期偿债能力较强，成长因子排名靠前，综合各个因子得分情况，公司是值得长期投资。

吉林敖东，综合得分排名第六位，2014 年排名第四位，2013 年排名第十位，其盈利因子得分排名第一，其他 3 个因子排名居中，都较 2014 年有所下降，综合其这三年的综合因子排名得分情况，其各项因子的得分还是在同行业中排名较靠前的，考虑其优秀的盈利能力和科研能力，比较适宜进行长期投资。

新光药业，综合得分排名第七，主要是其盈利能力突出，得分排名第三，其他 3 个因子排名居中，考虑其稳健的短期偿债能力，较适宜对其进行短期投资。

海顺新材，综合得分排名第八，主要是其短期偿债能力和盈利能力突出，这两项因子得分均靠前，考虑其稳健的偿债能力，可以适当进行短期投资。

东阿阿胶，综合得分排名第九位，2014 年排名第三位，其 2013 年的综合因子得分情况排名第十一位，分析其各项因子的得分情况，其盈利因子得分排名第四位，较 2014 年有所下降，偿债因子得分靠前，与 2014 年基本一致，偿债能力强，考虑其优秀的盈利能力和短期偿债能力，较适宜对其进行长期投资。

赛升药业，综合得分排名第十，主要是其盈利因子得分高，盈利能力还强。虽然其营运能力较弱，但是其他 3 项能力表现较佳，还是具有长期投资价值的。

排名后十位的公司分别为佛慈制药、太龙药业、北大医药、紫鑫药业、华神集团、东北制药、*ST 易桥、四环生物、天目药业、沃森生物，这些公司的盈利因子都在行业平均值以下，甚至远远低于平均值，是导致排名靠后的最主要原因，还有 4 个因子中只有个别因子为正值，部分公司没有正值，故暂不建议对其投资。

七、系统聚类分析

上述因子分析能够满足投资者对各家上市公司投资价值分析的基本需要，但是由于投资者的投资理念往往各不相同，关注的侧重点也有所不同。为了更深入细致地分析行业板块的情况，将利用系统聚类分析法进一步对 158 家公司的 5 个因子值和综合值进行 Q 型聚类（即个案分群）；聚类方法为 ward 联结法，即离差平方和法，根据同类变量间的离差平方和较小、不同类别间的离差平方和较大来进行分类，形成树状图（略）。其测量尺度选用平方 Euclidean 距离，即两样本之间的距离是各样本每个变量值之差的平方和。通过聚类分析把业绩相似的公司归类，可以对不同类别的上市公司进行对比分析，为投资者选择投资组合提供参考。

根据树状图（略）对 158 家医药制造业上市公司进行进一步分类，本书选择将其分为 4 类，如表 6-8-5 所示。

表 6-8-5　聚类分析

类别	医药制造业公司	数目
1	慧球科技	1
2	云南白药、吉林敖东、新光药业、海顺新材、东阿阿胶、赛升药业、长生生物、长春高新、必康股份、广生堂、万孚生物、昆药集团、生物股份、迈克生物、信立泰、莎普爱思、恒瑞医药、珍宝岛、未名医药、葵花药业、济川药业、富祥股份、九芝堂、恩华药业、康弘药业、丽珠集团、翰宇药业、海翔药业、尔康制药、恒康医疗、九强生物、天士力、白云山、美康生物、灵康药业、中新药业、同仁堂、江中药业、华润双鹤、中国医药、华润三九、片仔癀、博雅生物、誉衡药业、上海莱士、我武生物、普莱柯、华兰生物、双鹭药业、中牧股份、千金药业、哈药股份、	53
3	景峰医药、东诚药业、仁和药业、广誉远、	4
4	山河药辅、红日药业、双龙股份、香雪制药、亿帆鑫富、华海药业、九洲药业、奇正藏药、山大华特、太安堂、人福医药、贵州百灵、金河生物、台城制药、安科生物、康缘药业、通化东宝、舒泰神、力生制药、达安基因、康恩贝、神奇制药、联环药业、佐力药业、金城医药、众生药业、京新药业、复星医药、科华生物、信邦制药、康美药业、利德曼、方盛制药、精华制药、福安药业、桂林三金、海利生物、以岭药业、现代制药、海思科、沃华医药、龙津药业、常山药业、亚太药业、健康元、振东制药、嘉应制药、千红制药、瑞普生物、亚宝药业、海南海药、仙琚制药、济民制药、双成药业、汉森制药、羚锐制药、普洛药业、益佰制药、新华制药、永安药业、太极集团、仟源医药、启迪古汉、博腾股份、新和成、科伦药业、ST 生化、浙江医药、莱美药业、北陆药业、中恒集团、通化金马、国农科技、金花股份、丰原药业、东宝生物、鼎立股份、智飞生物、益盛药业、辅仁药业、天药股份、华仁药业、海正药业、交大昂立、鲁抗医药、康芝药业、莱茵生物、广济药业、中珠控股、华北制药、天坛生物、佛慈制药、太龙药业、北大医药、紫鑫药业、华神集团、东北制药、*ST 易桥、四环生物、天目药业、沃森生物	100

在表 6-8-5 中，类别 1 中，包含慧球科技 1 家公司，慧球科技综合得分排名第一，其营运因子得分 12.002 9，远远领先于其他公司，说明其营运能力非常强，成长因子得分排第四，说明其成长状况也较佳，综合各个因子得分及综合得分，慧球科技值得投资者关注并投资。

类别 2 中，包括云南白药、吉林敖东、新光药业、海顺新材、东阿阿胶、赛升药业等 53 家企业。该类公司排名不稳定,综合实力较强,盈利能力和短期偿债能力较为突出,总的来看,较适宜短期投资。其中,云南白药综合得分排名从 2014 年的第八上升到 2015 年的第二,进步较大,在于其极强的盈利能力和短期偿债能力,其盈利因子得分排名第二,短期偿债因子排名第三,说明该公司的盈利和短期偿债能力强。从这两年的情况看,该公司具有较大投资价值尤其短期投资价值。吉林敖东,综合得分排名第六,2014 年排名第四,其盈利因子得分排名第一,其他 3 个因子排名居中,都较 2014 年有所下降,考虑其优秀的盈利能力和较强的成长能力,比较适宜对其进行投资。新光药业,综合得分排名第七,主要是其盈利能力突出,得分排名第三,其他 3 个因子排名居中,考虑其稳健的偿债能力,可以适当对其进行短期投资。海顺新材,综合得分排名第八,主要是其短期偿债能力和盈利能力突出,这两项的因子得分均靠前,考虑其稳健的偿债能力,可以适当进行短期投资。赛升药业,综合得分排名第十,主要是其盈利因子得分高,盈利能力还是较强的。虽然其营运能力较弱,但是其他 3 项能力表现较好,还是具有较大投资价值的。

类别 3 中,包含景峰医药、东诚药业、仁和药业、广誉远 4 家公司,其中景峰医药、东诚药业、仁和药业排名均在医药制造业的前十位。该类公司突出优势是成长能力强,综合实力也较强,较适宜长期投资。

其中,景峰医药,综合得分排名第三,主要得益于其成长因子和长期负债成长因子排名靠前,两项因子的得分分别达到了 3.413 9 和 7.953 1,排名均在医药制造业的前几位,说明该公司的成长潜力和投资价值还是很大的,值得投资者长期关注。东诚药业,综合得分排名第四,主要得益于其极强的偿债能力,该公司的短期偿债因子排名第一,值得投资者关注。仁和药业,综合得分排名第五,2014 年排名五十八位,其短期偿债因子排名第二位,说明公司的短期偿债能力较强,成长因子排名靠前,综合各个因子得分情况,公司是值得长期投资的。

类别 4 中,包括山河药辅、红日药业、双龙股份、香雪制药、亿帆鑫富、华海药业、九洲药业等 100 家企业。该类别公司综合得分排名较为靠后,与前三类比较实力较差,投资价值情况也较为复杂,需要分别公司区别对待,但总的来看,排名靠后的公司各因子得分都较低,有的甚至均为负值,综合实力差,暂不建议对其进行投资。

八、结语

综上所述,投资者在进行投资时,要综合考虑宏观、微观等各方面反映的财务信息,加以谨慎地分析,作出合理的选择。在此,本书运用 SPSS 软件,利用 13 个指标综合分析了 2015 年度医药制造业 158 家上市公司各方面表现情况,并对比 2013 年、2014 年的排名情况,得出理论与实践有机结合的投资价值结论,对投资者进行投资决策有一定的参考意义。但数据主要运用了 2015 年一个年度的财务报表资料,某些项目可能会由于会计政策变更等的影响存在一定程度的偶然性,分析指标的选择也具有主观性。因此,分析结果难以完全反映出真实状况,若后续能连续多个年度进行跟踪分析,并适当增加分析指标,则可较大程度地消除偶然性,帮助投资者作出更加准确的投资决策,以更加有效地配置投资资源,促进医药制造业的进一步健康和谐发展。

参考文献

[1] 2014 年中国医药制造业运行情况分析. 中商情报网,www. PharmNet. com. cn,2015-02-11.
[2] 佚名. 2015 年中国医药制造业营收和利润统计分析,http://articles. e-works. net. cn/erpoverview/article127369. htm,2016-3-17.
[3] 国家统计局. 中华人民共和国 2015 年国民经济和社会发展统计公报. 2016-3-8.

(参著:田君怡)

第九节 化学纤维制造业上市公司投资价值 动态比较分析研究

一、行业发展与投资价值状况

化学纤维是利用天然的高分子物质或合成的高分子物质,经化学工艺加工而取得的纺织纤维总称。它包括人造纤维、合成纤维。合成纤维是以石油或天然气等石化资源为原料,经化学合成制得。主要有涤纶、锦纶、腈纶、维纶、丙纶、氯纶、氨纶等品种。化学纤维是天然的高分子物质或合成的高分子物质,化纤行业是一项资金密集型产业,对人才、技术水平要求特别高。随着化纤行业功能化、差别化产品的应用领域不断丰富以及下游行业对原料的技术与性能要求的不断提高,研究新型产品越来越受到企业的重视。在世界范围内,化学纤维业一直是备受各国政府关注的行业,也取得了巨大发展。根据日本化学纤维协会(JCFA)发布的统计数据:2015 年的世界主要纤维生产比上年增加 3%,为 8 833 万吨,创历史最高纪录。化学纤维生产增加 5%,为 6 096 万吨,创过去最高纪录。其中合成纤维(除聚烯烃纤维)增加 5%,为 5 594 万吨,纤维素纤维(除醋酯丝束)也同样增加 5%,为 502 万吨。[1]

在我国,化学纤维生产,从 2009 年以后,连续 6 年增加。[2]根据国家发展和改革委员会于 2012 年 1 月 19 日出台《化纤工业"十二五"发展规划》指出:提高差别化纤维比重,满足差异化、个性化需求;到 2015 年,化纤差别率提高到 60% 以上;高档面料及制品用化纤自给率达到 85%;产业用化纤比例达 29%;以弥补棉花不足为主要目标的高仿真、超仿真纤维占化纤总产量 15%。

化学纤维制造业作为现代工业市场的重要领域,其对于国民经济的发展起着不可或缺的作用。随着我国工业化进程的加快,长期受短缺经济抑制的纺织品服装需求迅速膨胀,极大地刺激了化学纤维制造业的发展,取得了巨大经济效益。根据国家统计局数据:截至 2015 年我国化学纤维制造行业规模以上企业数量达到 1 938 家,当中 349 家企业出现亏损,亏损企业亏损金额为 49.8 亿元。2015 年我国化学纤维制造行业规模总资产达到 6 454.71 亿元,较上年同期增长 3.3%。行业销售收入为 7 211.91 亿元,较上年同期下降 1.0%。2015 年行业利润总额为 277.30 亿元,较上年同期增长 6.7%。[3]

随着经济的发展,化学纤维的需求量越来越大,国家对化纤行业投资门槛正在逐渐降低,但是相比一般的传统制造业而言,化纤产业存在着资金需求量大、融资难、受下游行业市场需求及宏观经济环境的影响较大等不利因素,我国化纤产品开发和创新能力总体仍较为薄弱,高新技术纤维开发滞后,化纤生产仍以常规纤维为主,对新型化纤的科研还处于追踪阶段,对一些产业用的特种纤维的研发尚未进入大规模生产阶段。产品、技术研发投入低,产品结构的雷同现象严重,导致化纤产能快速扩张的同时增加了化纤企业经营风险。因此,中国化学纤维制造业无论在国内还是国际市场上,都有广阔的发展前景和较大的投资价值。

二、样本选取与数据处理

沪、深证券交易所的 22 家化学纤维制造业上市公司的资料来源主要为其 2015 年度的财务报告。具体初始数据扫描二维码获取。

在指标性质、单位不同的情况下,先要对指标进行同趋势化处理。然后利用 SPSS 中的 Z-score 方法将 13 个指标的原始数据进行标准化处理,同趋势化数据与标准化数据略。

三、因子分析法适应性检验

为了检验所选用的指标是否适合使用因子分析法，本书利用 SPSS 软件中 KMO 和 Bartlett 的方法来对样本进行检验。检验结果如表 6-9-1 所示。

表 6-9-1　KMO 和 Bartlett 的检验

取样足够度的 Kaiser-Meyer-Olkin 度量		0.436
Bartlett 的球形度检验	近似卡方	136.172
	自由度(df)	78
	显著性(Sig)	0.000

由表 6-9-1 可知，KMO 值为 0.436，小于 0.5，不适宜做因子分析，这主要由于因字数较少造成，但接近于 0.5，可知各变量之间的相关程度无较大差异，原有变量比较适合做因子分析。同时，巴特利球形检验统计量为 136.172，相应的概率 Sig 为 0.000，在 5% 的显著性水平之下，拒绝原假设，因此可认为相关系数矩阵与单位阵有显著差异，说明样本适合作因子分析。

四、确定主因子

本书应用因子分析法中的主成分分析法来计算原始公因子的特征值、方差贡献率以及累计方差贡献率，并由此确定公因子。结果如表 6-9-2 所示。

表 6-9-2　解释的总方差

成分	初始特征值			提取平方和载入			旋转平方和载入		
	合计	方差的%	累积%	合计	方差的%	累积%	合计	方差的%	累积%
1	2.927	22.519	22.519	2.927	22.519	22.519	2.882	22.166	22.166
2	2.339	17.995	40.514	2.339	17.995	40.514	2.305	17.728	39.894
3	2.162	16.632	57.146	2.162	16.632	57.146	2.017	15.513	55.407
4	1.247	9.591	66.738	1.247	9.591	66.738	1.410	10.842	66.249
5	1.137	8.745	75.483	1.137	8.745	75.483	1.158	8.911	75.160
6	1.010	7.768	83.251	1.010	7.768	83.251	1.052	8.090	83.251
7	0.699	5.374	88.625						
8	0.585	4.498	93.123						
9	0.456	3.509	96.631						
10	0.184	1.413	98.045						
11	0.149	1.145	99.190						
12	0.085	0.657	99.846						
13	0.020	0.154	100.000						

提取方法：主成分分析。

根据表 6-9-2 中数据可知，前六个主因子的方差贡献率已经达到了累计方差贡献率的 83.251%，即表明这六个主因子已包含原始数据信息量的 83.251%，所以只需选择前六个主因子就可以较好地代表原始指标,对化学纤维制造公司的绩效进行描述。

特征值可用碎石图列示,如图 6-9-1 所示。从图 6-9-1 可以看出,从第七个因子开始,特征值的值都小于 1,且折线的陡度变得比较平缓,这说明提取 6 个主因子是合适有效的。

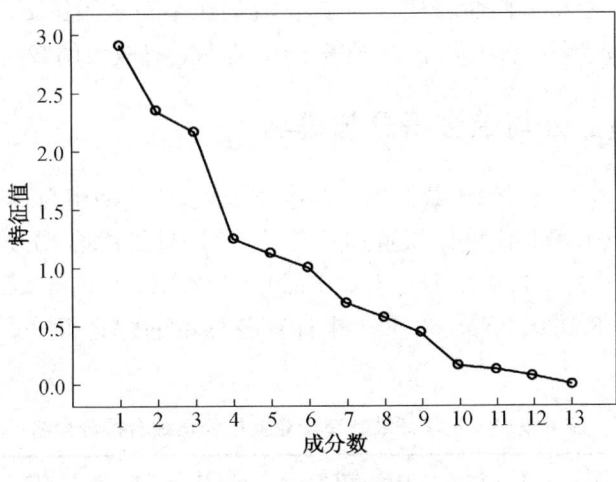

图 6-9-1 碎石图

五、旋转载荷矩阵分析

本书对原因子载荷矩阵进行最大方差旋转,以期得到主因子更明确的含义。结果如表 6-9-3 所示。

表 6-9-3 旋转成分矩阵[a]

	成 分					
	F_1	F_2	F_3	F_4	F_5	F_6
基本每股收益	0.959	−0.017	0.065	0.026	−0.060	0.021
销售净利率	0.940	0.004	0.040	−0.061	0.104	0.070
每股净资产	0.366	0.436	0.546	0.057	0.109	−0.023
总资产报酬率	0.950	−0.013	−0.175	−0.030	−0.009	0.031
流动比率	0.035	−0.156	−0.007	0.067	0.947	0.003
速动比率	0.022	0.225	−0.918	0.042	0.151	−0.093
资产负债率	0.089	0.007	0.040	−0.014	0.008	0.987
存货周转率	−0.069	0.881	−0.151	0.142	−0.098	−0.150
总资产周转率	0.021	0.889	−0.011	−0.137	−0.210	0.134
固定资产周转率	−0.004	0.568	0.182	−0.407	0.331	0.076
总资产增长率	−0.124	0.046	0.840	−0.112	0.102	−0.021
营业总收入增长率	−0.105	0.301	−0.269	0.737	0.194	0.100
股东权益增长率	0.021	−0.237	0.070	0.796	−0.037	−0.075

提取方法:主成分分析。

旋转方法:Kaiser 标准化最大方差法。

a. 旋转在 5 次迭代后收敛。

由表 6-9-3 中的数据可以看到,基本每股收益、销售净利率、总资产报酬率在主因子 F_1 上的载荷量分别为 0.959、0.940、0.950,它主要反映了公司的盈利能力,所以将 F_1 命名为盈利因子;主因子 F_2 则在存货周转率(0.881)、固定资产周转率(0.568)、总资产周转率(0.889)上有较大载荷量,代表了公司的营运能力,故而将其命名为营运因子;主因子 F_3 在速动比率(−0.918)、总资产增长率(0.840)上有较大载荷量,命名为成长因子1;主因子 F_4 在股东权益增长率(0.796)、营业总收入增长率(0.737)上有较大载荷量,代表了公司的成长能力,故将他们命名成长因子2;流动比率在主因子 F_5 上的载荷分别为0.947,体现了公司的偿债能力,为偿债因子1;主因子 F_6 在资产负债率上有较大的载荷量为0.987,为偿债因子2。

六、化学纤维制造业公司综合得分与排名

要得到因子的综合得分,需先对因子数据进行标准化处理,使其期望为0,方差为1,然后,对各因子的方差贡献率占因子总方差贡献率的比重作权重加权汇总,使用计算综合得分的公式 $F = (\lambda_1 F_1 + \lambda_2 F_2 + \lambda_3 F_3 + \lambda_4 F_4 + \lambda_5 F_5 + \lambda_6 F_6)/(\lambda_1 + \lambda_2 + \lambda_3 + \lambda_4 + \lambda_5 + \lambda_6) = (22.166 \times F_1 + 17.728 \times F_2 + 15.513 \times F_3 + 10.842 \times F_4 + 8.911 \times F_5 + 8.090 \times F_6)/83.251$ 来计算各样本的综合得分。得到结果按名次排列如表6−9−4所示。

表 6−9−4 化学纤维制造行业上市公司综合得分排名

股票代码	公司名称	F_1(盈利)	F_2(营运)	F_3(成长1)	F_4(成长2)	F_5(偿债1)	F_6(偿债2)	F	排名
600889.SH	南京化纤	3.556 81	−0.752 36	−0.305 71	0.104 42	−0.691 76	−0.234 85	0.65	1
601233.SH	桐昆股份	−0.083 43	1.823 43	0.959 84	−0.030 84	−0.411 85	0.062 85	0.5	2
000703.SZ	恒逸石化	−0.207 58	2.173 31	0.208 21	0.697 52	−0.278	−0.599 76	0.45	3
002206.SZ	海利得	0.656 58	−0.156 6	0.432	0.159 75	−0.204 8	1.337 83	0.35	4
002427.SZ	尤夫股份	0.419 12	−0.139 62	0.918 08	0.448 3	0.546 87	−0.568 03	0.31	5
000936.SZ	华西股份	−0.164 44	0.287 23	0.333 69	−0.433 9	2.699 86	−0.371 53	0.28	6
000782.SZ	美达股份	−0.416 8	0.579 22	−0.242 74	−0.462 28	−0.091 74	3.688 88	0.26	7
601113.SH	华鼎股份	0.009 03	−0.771 36	0.206 11	0.514 95	3.016 29	−0.145 01	0.25	8
600810.SH	神马股份	−0.124 9	1.133 45	0.623 74	−0.318 7	−0.072 33	−0.569 15	0.22	9
002493.SZ	荣盛石化	−0.216 48	0.935 92	0.715 05	0.286 16	−0.352 77	−0.701 38	0.21	10
002064.SZ	华峰氨纶	0.223 56	−0.410 66	0.252 32	0.754 4	0.044 78	0.347 34	0.16	11
000949.SZ	新乡化纤	−0.044 54	−0.487 82	0.052 35	0.729 85	0.284 85	1.262 09	0.14	12
002172.SZ	澳洋科技	−0.069 23	0.815 23	0.764 77	−0.250 82	−0.675 76	−0.589 94	0.14	13
000420.SZ	吉林化纤	−0.340 67	−1.223 16	−0.009	3.008 91	−0.892 73	−0.456 43	−0.1	14
002254.SZ	泰和新材	0.185 51	−0.439 88	0.034 62	−0.035 31	−0.422 43	−0.525 95	−0.14	15
600063.SH	皖维高新	−0.218 16	−0.700 48	−0.023 87	0.121 04	−0.705 44	0.528 29	−0.22	16
000920.SZ	南方汇通	0.603 24	−0.635 79	0.110 38	−2.225 45	−0.136 95	−0.259 32	−0.28	17
600527.SH	江南高纤	−0.793 86	−0.044 81	−0.020 71	−0.516 11	−0.436 38	−0.386 14	−0.38	18
000677.SZ	恒天海龙	0.100 56	1.169 47	−4.105 64	0.293 21	0.347 7	−0.433 12	−0.46	19
000976.SZ	春晖股份	−0.326 55	−0.310 54	−0.294 64	−1.485 94	−0.806 54	−0.477 49	−0.53	20
000584.SZ	友利控股	−0.304 26	−1.449 97	−0.253 9	−1.293 47	−0.130 12	−0.541 52	−0.67	21
600346.SH	＊ST橡塑	−2.443 52	−1.394 22	−0.354 95	−0.065 68	−0.630 74	−0.367 66	−1.13	22

表 6-9-4 中,化学纤维业上市公司综合得分与其投资价值呈正相关关系。由于先对因子数据进行了标准化处理,因此,可以 0 为参考标准线,认为:综合得分大于 0 的化学纤维公司,综合业绩相对较好,且数值越大,投资价值越大;综合得分小于 0 的则相对较差,且数值越小,投资价值越小。依此可对上市公司的综合业绩和投资价值有一个基本的评价。

具体而言,表 6-9-4 中,各家公司各项能力得分与相应实力也呈正相关关系。

排名前十位的公司分别为南京化纤、桐昆股份、恒逸石化、海利得、尤夫股份、华西股份、美达股份、华鼎股份、神马股份、荣盛石化。2014 年排名前十位的公司分别为神马股份、桐昆股份、华西股份、石化油服、华峰氨纶、尤夫股份、海利得、荣盛石化、友利控股、泰和新材。两年比较差距不大,有 6 家公司仍在前十,这是行业排名变化相对较小的,可见化学纤维制造业发展较为稳定。

其中,南京化纤排名第一,有两项因子得分均大于 0,综合得分比第二名高出 20%,并且远高于其他公司。同时比 2013 年的排名第十九和 2014 年的排名第二十跃升到第一,有了巨大的提高,综合得分也从 -0.3 上涨到 0.65,主要由于各项因子均有大幅提高所致。这说明南京发展强劲稳健,投资前景乐观,是投资者的理想投资对象。桐昆股份 2013 年排名第一位,2014 和 2015 年都稳居第二,是名副其实的行业龙头,主要原因在于 F_5 即其偿债能力不足,其余各项因子得分较高,其中,成长能力 2 尤为突出,居于行业之首。总体上,其综合得分变化不大,整体表现稳健,发展平稳,投资价值大。恒逸石化,由 2013 年的排名第四降至 2014 年的第十一名转而上升到 2015 年的第三名,主要是由于大部分因子都大幅度提高,特别是成长因子 2 为 0.697 52,居于行业之首。尽管其 F_1、F_5、F_6 为负数,但总体业绩突出,状况稳定,发展实力强劲,具有较大投资价值。海利得排名第四,由 2013 年的第九位升至 2014 年的第七位继而升至 2015 年的第四位,升势稳健。在因子得分上,大部分都有小幅度的上升,但是也有一些有所下降。总的来看,海利得处于稳步前进的阶段,公司实力较强,发展前景较好,投资价值较大。尤夫股份由 2013 年的第十四名升至 2014 年的第六名继而升到 2015 年的第五名,升势显著,虽然综合得分下降了,但仍然值得投资者关注。华西股份,由 2013 年的 2015 年的第六名升至 2014 年的第三名又降回到 2015 年的第六名,各项因子得分均有所下降,有的甚至从正得分下降到负得分,但是其偿债因子为 2.699 86,在行业内遥遥领先,具有较高的偿债能力,建议投资者关注。美达股份从 2013 年的第五名下降至 2014 年的第十七名又上升到 2015 年的第七名,主要原因是在因子 F_6 上有了巨大的提高,企业具有较强的负债能力,并且发展较为强劲,具有较大投资价值。华鼎股份的情况与美达股份相似,由 2013 年的第八名降至 2014 年的第十九名又一跃升回到 2015 年的第八名,综合得分也由 -0.29 上升为正,并且 2015 年只有 F_5 和 F_6 两项因子得分为负,具有一定的发张前景,是投资者短期投资的理想对象。神马股份,在 2013 年综合得分排名第二,2014 年排名第一,2015 年其综合排名下降到第九名,多项因子 F_1、F_4、F_5、F_6 下降为负,发展前景不明朗,投资价值有待观察。前十名的最后一名是荣盛石化,由 2013 年的第七名升至 2014 年的第八名,2015 年又下降两名到第十名,基本稳定,其主因子得分变化不是很大,但是其成长因子为正,具有一定的投资价值和发展潜力。

排名后十名的公司分别为澳洋科技、吉林化纤、泰和新材、皖维高新、南方汇通、江南高纤、恒天海龙、春晖股份、友利控股、*ST 橡塑。从这 10 家公司看到,后九家公司综合得分均小于 0,其中春晖股份、友利控股、*ST 橡塑各因子得分均小于 0,导致其综合得分排名靠后,故暂不建议对其投资。

七、系统聚类分析

上述因子分析能够满足投资者对上市公司投资价值分析的需要,但是由于投资者的投资理念往往各不相同,关注的侧重点也有所不同。为了更深入细致地分析行业板块的情况,将利用系统聚类分析法进一步对 22 家化学纤维制造公司的 6 个因子值和综合值进行 Q 型聚类(即个案分群);聚类方法为 ward 联结法,即离差平方和法,根据同类变量间的离差平方和较小、不同类别间的离差平方和较大来进行分类;测量尺度选用平方 Euclidean 距离,即两样本之间的距离是各样本每个变量值之差的平方和,形成树状图

（略）。通过聚类分析把业绩相似的公司归类，可以对不同类别的上市公司进行对比分析，为投资者选择投资组合提供参考。

根据树状图（略）对 22 家化学纤维制造公司进行分类，本书选择将其分为 4 类，如表 6-9-5 所示。

表 6-9-5　聚类分析

类别	化学纤维制造业公司	数目
1	南京化纤；桐昆股份；恒逸石化；海利得；尤夫股份；美达股份；神马股份；荣盛石化；华峰氨纶；新乡化纤；澳洋科技；吉林化纤；泰和新材；皖维高新；江南高纤	15
2	华西股份；华鼎股份	2
3	南方汇通；春晖股份；友利控股；＊ST 橡塑	4
4	恒天海龙	1

表 6-9-5 中，类别 1 包括南京化纤等 15 家公司。其中南京化纤、桐昆股份、恒逸石化、海利得、尤夫股份、美达股份、神马股份、荣盛石化这八家公司的综合排名均在前十以内。是综合实力较强、有较大投资价值的一类公司。其中，南京化纤、桐昆股份综合排名位居第一、第二，这说明它们拥有较强的发展潜力和扩展趋势，可以考虑作为长期投资的对象。其中桐昆股份是国内涤纶纤维制造业中的龙头企业，产能和产量连续多年位居行业第一，并且"桐昆"牌商标被国家工商行政管理总局商标局认定为中国驰名商标。在排名前十的 10 家公司中，剩下在类别 1 的 6 家公司是恒逸石化、海利得、尤夫股份、美达股份、神马股份、荣盛石化。其中，恒逸石化、海利得、尤夫股份、荣盛石化的成长因子 2 为正，其中有 3 家公司偿债因子为负，适合对其长期投资，这三家公司为恒逸石化、海利得和荣盛石化。其中恒逸石化是全球领先的精对苯二甲酸和聚酯纤维制造商。并借助长三角地区发达的产业集群效应，率先实现了产业转型升级，形成了精对苯二甲酸和聚酯纤维上下游产业链一体化和产能规模化的产业格局，其产能规模、装备技术、成本控制、品质管理和产品差异化等方面在同类企业中处于领先地位，具有较高的投资价值。美达股份是全国首家引进锦纶 6 生产设备进行规模化生产的厂家，目前已形成了以高分子聚合物为龙头，以纤维新材料为主体的产业结构布局，成为集锦纶 6 聚合、纺丝、织造和印染为一体的大型现代化企业，可作为价值投资选择对象。类别 1 中不在排名前十的几家公司是华峰氨纶、新乡化纤、澳洋科技、吉林化纤、泰和新材、皖维高新江南高纤。他们综合排名分别是第十一、第十二、第十三、第十四、第十五、第十六、和第十八。这些公司的综合得分均在 0.20 以下，大部分均在 0 以下，华峰氨纶、新乡化纤、吉林化纤、皖维高新这四家公司成长因子 2 为正，投资者可以给予适当关注。

类别 2 包括华西股份、华鼎公司 2 家上市公司，综合排名分别为第六和第八。这两家公司的偿债因子 1 得分很高，说其流动资金充裕，短期偿债能力强；同时成长因子 2 得分较小，说明其发展潜力和扩展趋势较弱，也是导致这两家综合排名不高的主要原因。总的看来适宜对其短期投资。

类别 3 的 4 家公司包括南方汇通、春晖股份、友利控股、＊ST 橡塑，综合排名分别为倒数第六、第三、第二和第一。他们的综合得分均小于 0，并且各项因子得分也都小于 0，投资价值较小，暂不建议对其进行投资。

类别 4 包括 1 家公司恒天海龙，综合排名倒数第四。虽然其 F_3 和 F_4 小于 0，但是剩下的 4 个因子均大于 0，具有一定的投资价值和发展前景，投资者需要认真对待。

八、结语

本小节以深、沪两市 22 家化学纤维制造业上市公司进行投资价值动态比较分析，为投资者提供一个全面系统的投资价值评价体系和综合分析模型。考虑到本次分析主要以 2015 年的财务报告数据为基础，并联系实际结合 2013 年、2014 年的相关分析结果进行，投资分析存在间断性和偶然性，分析指标的选择也具有主观性。因此，分析结果难以完全反映出真实状况，若能对多个年度进行跟踪分析，并适当增加分析指标,则可较大程度地消除偶然性,并反映出各分析对象的更加全面的动态状况,能更有效地据以预估未来,作出更加准确的投资决策。

参考文献

［1］［3］2016—2022年中国化学纤维行业发展调研与发展趋势分析报告. http://www.cninfo360. com/yjbg/hghy/ryhg/20160317/426217.html.

［2］2015—2022年中国化学纤维制造业行业竞争格局及投资战略咨询报告.产业信息网.

（参著:江　娟）

第十节　橡胶和塑料制品业上市公司投资价值动态比较分析研究

一、行业发展与投资价值状况

橡胶制品业指以天然及合成橡胶为原料生产各种橡胶制品的活动,还包括利用废橡胶再生产橡胶制品的活动;不包括橡胶鞋制造。按照《国民经济行业分类和代码表》(GB/T 4754—2011),橡胶制品业包含6个子行业:轮胎制造业,橡胶板、管、带制造业,橡胶零件制造业,再生橡胶制造业,日用及医用橡胶制品制造业和其他橡胶制品制造业。橡胶制品业是国民经济传统的重要基础性产业之一,广泛应用于采掘、轨道交通、建筑、机械、航空、电子、军工等工业领域,许多橡胶制品可作为最终产品直接运用于日常生活、文体活动和医疗卫生等方面。随着经济的不断发展,我国橡胶制品业得到快速的发展,市场需求相对旺盛,产业结构不断进行调整。

塑料制品业是指以合成树脂(高分子化合物)为主要原料,经采用挤塑、注塑、吹塑、压延、层压等工艺加工成型的各种制品的生产,以及利用回收的废旧塑料加工再生产塑料制品的产业。它包括:聚氯乙烯、聚乙烯、聚丙烯、聚苯乙烯、ABS、EVA、聚氨酯等各种塑料原料生产的塑料制品;混合原料生产的改性塑料制品和废旧塑料回收生产的塑料再制品。相对于金属、石材、木材制品,塑料制品具有成本低、可塑性强等优点,在国民经济中应用广泛,塑料工业在当今世界上占有极为重要的地位,多年来塑料制品的生产在世界各地高速度发展,我国塑料制品业也得到了巨大发展。

据国家统计局数据显示,经初步核算,2015年国内生产总值676 708亿元,按可比价格计算,比上年增长6.9%。全年全国规模以上工业增加值按可比价格计算比上年增长6.1%。分三大门类看,制造业增长7.0%。2013年全国规模以上橡胶和塑料制品企业实现主营业务收入27 310.6亿元,比上年增长13.3%,实现利润总额1 716.3亿元,同比增长18.3%。2014年,全国橡胶和塑料制品业规模以上工业企业完成主营业务收入29 569.9亿元,比上年增长8.0%;实现利润总额1 782.0亿元,比上年增长2.8%。2015年全国橡胶和塑料制品业同比增长7.9%。其中主营业务收入为30 866.6亿元,同比增长4.1%;利润总额为1 883.5亿元,同比增长4.6%。全年固定资产投资额为6 531亿元,同比增长10.1%。2015年全国塑料制品总产量为7 560.7万吨,同比增长1.0%。其中12月份产量为740.1万吨,同比增长5.0%。可以看出,橡胶和塑料制品业处于一个稳定增长的状态。[1]

中国调研报告网发布的2016—2022年中国橡胶制品市场现状调研分析及发展趋势报告认为,未来我国橡胶市场还是有很多的有利因素,交通运输业的发展,煤炭、电力、建材机械工业的发展都会拉动相关橡胶制品的发展。同时,轮胎品种结构的不断优化,加快了高性能轮胎发展速度,会回避轮胎工业在未来发展过程中的一些风险因素,我国的合成橡胶的生产能力和产量增长,也是对下游产业发展的一种保障。从市场的趋势来讲,我国的橡胶需求将会不断平稳增长,未来的市场前景是非常好的。从我国天然橡胶的产量和可控资源来讲,其需求也会进一步地增长。[2]中国塑料制品市场需求主要集中于农用塑料制品、包装塑料制品、建筑塑料制品、工业交通及工程塑料制品等几个方面,随着国民经济的不断发展和人民生活水平的不断提高,塑料制品已经越来越成为各行各业乃至人民生活的必需品。

随着国家对新材料产业的大力扶持,以及对可持续发展的要求,塑料橡胶在国民经济的发展中的作用越来越重要,已逐渐成为不可替代的材料。橡胶和塑料制品业前景广阔,投资价值逐年递增。

二、样本选取与数据处理

沪、深证券交易所的 50 家橡胶和塑料制品业上市公司的资料来源主要为其 2015 年度的财务报告。具体初始数据扫描二维码获取。

在指标性质、单位不同的情况下,先要对其进行同趋势化处理。然后利用 SPSS 中的 Z-score 方法将 13 个指标的原始数据进行标准化处理。同趋势化数据和标准化数据略。

三、因子分析法适应性检验

为了检验所选用的指标是否适合使用因子分析法,本书利用 SPSS 软件中 KMO 和 Bartlett 的方法来对样本进行检验。检验结果如表 6-10-1 所示。

表 6-10-1　KMO 和 Bartlett 的检验

取样足够度的 Kaiser-Meyer-Olkin 度量		0.482
Bartlett 的球形度检验	近似卡方	350.528
	自由度(df)	78
	显著性(Sig)	0.000

由表 6-10-1 可知,巴特利球形检验统计量为 350.528,相应的概率 Sig 为 0.000,在 5% 的显著性水平之下,拒绝原假设,因此可认为相关系数矩阵与单位阵有显著差异,说明样本适合做因子分析。同时,KMO 值为 0.482,接近 0.5,可知各变量之间的相关程度无较大差异,原有变量适合作因子分析。

四、确定主因子

本书应用因子分析法中的主成分分析法来计算原始公因子的特征值、方差贡献率以及累计方差贡献率,并由此确定公因子。结果如表 6-10-2 所示。

表 6-10-2　解释的总方差

成　分	初始特征值			提取平方和载入			旋转平方和载入		
	合计	方差的%	累积%	合计	方差的%	累积%	合计	方差的%	累积%
1	3.742	28.785	28.785	3.742	28.785	28.785	2.735	21.040	21.040
2	2.175	16.734	45.519	2.175	16.734	45.519	2.457	18.900	39.940

成　分	初始特征值			提取平方和载入			旋转平方和载入		
	合计	方差的%	累积%	合计	方差的%	累积%	合计	方差的%	累积%
3	1.594	12.264	57.783	1.594	12.264	57.783	1.923	14.795	54.735
4	1.283	9.867	67.649	1.283	9.867	67.649	1.600	12.305	67.040
5	1.065	8.193	75.842	1.065	8.193	75.842	1.144	8.803	75.842
6	0.861	6.621	82.463						
7	0.658	5.059	87.522						
8	0.590	4.539	92.061						
9	0.489	3.762	95.823						
10	0.273	2.101	97.924						
11	0.146	1.123	99.047						
12	0.092	0.711	99.757						
13	0.032	0.243	100.000						

提取方法：主成分分析。

　　根据表 6-10-2 中数据可知，前五个主因子的方差贡献率已经达到了累计方差贡献率的 75.842%，即表明这五个主因子已包含原始数据信息量的 75.842%，所以只须选择前五个主因子就可以较好地代表原始指标，对公司的绩效进行描述。

　　特征值可用碎石图列示，如图 6-10-1 所示。从图 6-10-1 可以看出，从第六个因子开始，特征值的值都小于 1，且折线的陡度变得比较平缓，这说明提取 5 个主因子是合适有效的。

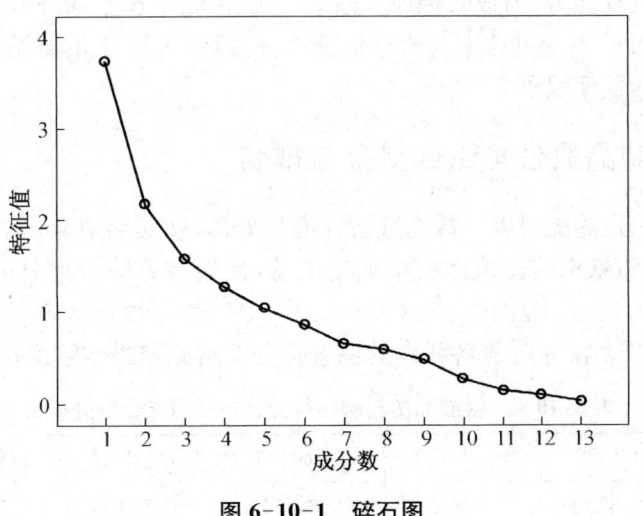

图 6-10-1　碎石图

五、旋转载荷矩阵分析

　　本书对原因子载荷矩阵进行最大方差旋转，以期得到主因子更明确的含义。结果如表 6-10-3 所示。

表 6-10-3　旋转成分矩阵ª

	成　分				
	F_1	F_2	F_3	F_4	F_5
基本每股收益	0.737	0.291	0.201	0.438	−0.027
销售净利率	0.907	−0.193	−0.093	−0.121	0.116
每股净资产	0.104	0.388	0.127	0.780	0.224
总资产报酬率	0.917	0.046	0.063	0.011	−0.158
流动比率	−0.058	−0.150	−0.095	0.827	0.013
速动比率	−0.046	−0.206	0.138	0.239	0.651
资产负债率	0.070	−0.024	0.589	0.065	−0.540
存货周转率	−0.101	0.869	0.004	0.041	−0.095
总资产周转率	0.090	0.718	0.252	0.148	−0.338
固定资产周转率	0.526	0.507	0.157	−0.031	−0.014
总资产增长率	−0.079	0.483	0.755	−0.033	0.166
营业总收入增长率	0.135	0.046	0.893	−0.002	0.069
股东权益增长率	0.434	0.595	0.154	−0.119	0.428

提取方法：主成分分析。
旋转方法：Kaiser 标准化最大方差法。
a. 旋转在 10 次迭代后收敛。

从表 6-10-3 中的数据可以看到，基本每股收益、销售净利率、总资产报酬率在主因子 F_1 上的载荷量分别为 0.737、0.907、0.917，它主要反映了公司的盈利能力，所以将 F_1 命名为盈利因子；主因子 F_2 在存货周转率(0.869)、总资产周转率(0.718)、固定资产周转率(0.507)上有较大载荷量，代表了公司的营运能力，故而将其命名为营运因子；主因子 F_3 在总资产增长率(0.755)、营业总收入增长率(0.893)上有较大载荷量，代表了公司的成长能力，为成长因子；主因子 F_4 在流动比率(0.827)上有较大载荷量，体现了公司的偿债能力，为偿债因子1；速动比率与资产负债率在主因子 F_5 上的载荷分别为 0.651 与 −0.540，体现了公司的偿债能力，为偿债因子2。

六、橡胶和塑料制品业公司综合得分与排名

要得到因子的综合得分，需先对因子数据进行标准化处理，使其期望为0，方差为1，然后，对各因子的方差贡献率占因子总方差贡献率的比重作权重加权汇总，使用计算综合得分的公式 $F = (\lambda_1 F_1 + \lambda_2 F_2 + \lambda_3 F_3 + \lambda_4 F_4 + \lambda_5 F_5)/(\lambda_1 + \lambda_2 + \lambda_3 + \lambda_4 + \lambda_5) = (0.210\,40 \times F_1 + 0.189\,00 \times F_2 + 0.147\,95 \times F_3 + 0.123\,05 \times F_4 + 0.088\,03 \times F_5)/0.758\,42$ 来计算各样本的综合得分。得到结果按名次排列如表 6-10-4 所示。

表 6-10-4　橡胶和塑料制品行业上市公司综合得分排名

股票代码	名称	F_1(盈利)	F_2(营运)	F_3(成长)	F_4(偿债1)	F_5(偿债2)	F(综合)	排名
600623.SH	华谊集团	−0.679 1	4.566 05	0.936 17	−0.584 37	1.193 48	1.18	1
603806.SH	福斯特	2.333 51	0.853 54	0.265 67	1.061 52	0.610 55	1.15	2
002768.SZ	国恩股份	1.026 29	0.914 53	0.454 99	1.190 01	1.571 01	0.98	3
002450.SZ	康得新	0.859 72	0.712 51	0.948 33	−0.142 37	1.331 11	0.73	4
300478.SZ	杭州高新	0.535 9	2.700 37	−0.653 08	0.028 43	0.251 36	0.73	5

股票代码	名称	F_1（盈利）	F_2（营运）	F_3（成长）	F_4（偿债1）	F_5（偿债2）	F（综合）	排名
300230. SZ	永利股份	0.120 45	−0.739 4	4.621 28	−0.538 64	0.518 64	0.72	6
002790. SZ	瑞尔特	1.845 83	0.019 03	0.015 74	0.597 84	−0.443 21	0.57	7
002324. SZ	普利特	0.709 48	−0.271 87	2.725 49	1.164 36	−3.151 53	0.48	8
300321. SZ	同大股份	−0.170 13	−0.844 88	−0.806 27	5.286 07	−0.066 56	0.43	9
002372. SZ	伟星新材	1.498 65	−0.207 26	0.122 27	0.115 72	−0.267 21	0.38	10
000887. SZ	中鼎股份	0.831 3	0.146 21	0.692 72	−0.278 34	−0.061 19	0.35	11
600155. SH	宝硕股份	4.058 31	−1.416 68	−1.481 36	−1.762 86	1.084 69	0.32	12
600458. SH	时代新材	−0.430 83	0.253 01	1.431 02	−0.052 21	0.408 97	0.26	13
002585. SZ	双星新材	−0.781 65	−1.464 83	0.807 59	0.911 04	4.442 43	0.24	14
300375. SZ	鹏翎股份	0.627 34	0.269 72	−0.393 37	0.128 65	0.261 78	0.22	15
002382. SZ	蓝帆医疗	0.639 05	0.323	−0.649 88	0.426 02	−0.605 65	0.13	16
002735. SZ	王子新材	0.064 39	1.002 33	−0.810 82	−0.161 27	0.103 55	0.1	17
300305. SZ	裕兴股份	−0.030 75	0.251 35	−0.843 93	0.686 57	0.420 93	0.05	18
002014. SZ	永新股份	0.230 26	0.145 55	−0.284 39	0.252 87	−0.407 53	0.04	19
600469. SH	风神股份	−0.289 11	0.666 86	−0.943 37	0.845 74	−0.326 32	0	20
002108. SZ	沧州明珠	0.209 02	0.591 74	−0.552 4	−0.378 64	−0.320 44	0	21
600182. SH	S 佳通	0.863	0.238 98	−0.725 97	0.111 27	−1.574 88	−0.01	22
002224. SZ	三力士	1.373 95	−0.671 7	−0.433 14	−0.811 52	−0.131 54	−0.02	23
300325. SZ	德威新材	−0.197 58	0.805 92	−0.143 66	−0.737 78	−0.181 45	−0.02	24
002395. SZ	双象股份	−0.676 3	−0.758 15	0.197 9	1.565 97	−0.111 64	−0.1	25
300320. SZ	海达股份	−0.114 49	−0.437 65	−0.031 39	−0.196 18	0.553 63	−0.11	26
300180. SZ	华峰超纤	−0.270 77	−0.613 97	0.851 28	−0.374 21	0.005 04	−0.12	27
600143. SH	金发科技	−0.166 23	0.382 22	−0.134 14	−0.186 07	−0.996 85	−0.12	28
300198. SZ	纳川股份	−0.613 12	0.078 83	1.003 62	−0.630 74	−0.613 22	−0.13	29
300021. SZ	大禹节水	0.023 55	−0.833 79	0.802 37	−0.725 54	−0.029 52	−0.17	30
002641. SZ	永高股份	−0.049 23	−0.156 58	0.379 48	−0.277 54	−1.247 76	−0.17	31
002420. SZ	毅昌股份	−0.718 87	0.406 08	−0.021 65	−0.272 02	−0.292 21	−0.18	32
000619. SZ	海螺型材	−0.539 69	0.259 19	−0.524 67	0.430 04	−0.654 27	−0.19	33
300218. SZ	安利股份	−0.551 89	−0.005 88	−0.141 85	−0.040 1	−0.500 19	−0.25	34
002381. SZ	双箭股份	0.044 09	−0.422 93	−0.620 68	−0.221 44	−0.152 71	−0.27	35
601058. SH	赛轮金宇	−0.629 89	0.208 43	−0.761 68	−0.262 26	0.043 2	−0.31	36
300221. SZ	银禧科技	−0.435 02	−0.200 22	0.442 46	−0.484 76	−1.394 33	−0.32	37
000599. SZ	青岛双星	−0.690 01	−0.133 04	−0.560 21	−0.476 52	0.447 54	−0.36	38
002243. SZ	通产丽星	−1.126 97	−0.477 75	−0.540 8	0.662 47	0.481 98	−0.37	39
002676. SZ	顺威股份	−0.869 49	−0.277 36	−0.384 71	0.353 32	−0.462 9	−0.38	40

股票代码	名称	F_1（盈利）	F_2（营运）	F_3（成长）	F_4（偿债1）	F_5（偿债2）	F（综合）	排名
600210.SH	紫江企业	−0.724 4	−0.206 62	−0.352 26	−0.476 22	−0.276 22	−0.43	41
300169.SZ	天晟新材	−0.564 64	−0.997 17	0.031 94	−0.361 45	0.149 45	−0.44	42
002694.SZ	顾地科技	−0.797 37	−0.129 04	−0.497 68	−0.415 71	−0.405 35	−0.46	43
000859.SZ	国风塑业	−1.003 65	0.241 74	−0.760 17	−0.750 9	0.160 66	−0.47	44
000973.SZ	佛塑科技	−0.404 62	−0.907 06	−0.130 39	−0.591 66	−0.156 42	−0.48	45
002522.SZ	浙江众成	−0.194 46	−1.265 39	−0.347 49	−0.846 48	0.375 03	−0.53	46
002263.SZ	大东南	−1.121 52	−0.791 47	0.026 73	−0.530 98	0.372 4	−0.55	47
000589.SZ	黔轮胎A	−1.574 83	−0.111 49	−0.444 59	−0.529 11	0.632 68	−0.56	48
000659.SZ	珠海中富	−1.252 09	0.020 76	−1.085 56	−0.784 13	−0.399 13	−0.73	49
000509.SZ	华塑控股	−0.225 4	−1.715 76	−0.695 47	−0.935 87	−0.189 91	−0.8	50

表6-10-4中，橡胶和塑料制品业上市公司综合得分与其投资价值呈正相关关系。由于先对因子数据进行了标准化处理，因此，可以0为参考标准线，认为：综合得分大于0的公司，综合业绩相对较好，且数值越大，投资价值越大；综合得分小于0的则相对较差，且数值越小，投资价值越小。依此可对上市公司的综合业绩和投资价值有一个基本的评价。

具体而言，表6-10-4中，公司各项能力得分与相应实力也呈正相关关系。

排名前十位的公司分别为华谊集团、福斯特、国恩股份、康得新、杭州高新、永利股份、瑞尔特、普利特、同大股份、伟星新材。

其中，华谊集团综合得分排名第一，较2014年相比上升16位，较2013年相比上升32位，连续三年稳定强势上升，说明综合实力强劲，内含价值巨大。它总分排名第一主要原因在于其极强的营运能力，其营运因子得分排名第一，比2014年上升8位，说明该股是比较理想的投资对象，成长能力得分排第六，说明其成长状况也较佳，其偿债因子2得分排第四，偿债能力较佳，但其盈利能力得分排第三十九，且因子得分为负，比2014年还下降15位，2013年排名更低，居于第三十四，说明其盈利能力一直表现欠佳，投资还须谨慎。公司2015年借双钱股份整体上市，双钱股份将成为华谊集团旗下核心资产的上市平台，实现产业与资本的对接，借助强大的资本平台，提高外部资源整合的能力。虽然其综合得分排名第一，但还需进一步关注其后续发展情况，可考虑长期适量投资。

福斯特于2014年9月5日在上海证券交易所上市，所以不能参照往年的经营情况更细致地分析其投资价值。但它可谓后来居上，刚一上市就居于第二位的显著位置，其综合得分排名第二，主要是其盈利能力特别强，位于行业第二，偿债、营运因子得分排名都是第五，说明偿债能力和营运能力较强，成长因子得分排名第十四，表现良好，其5个因子得分均为正数，说明公司在各个方面保持稳定或稳步上升阶段，非常值得投资。

国恩股份于2015年6月30日在深交所正式挂牌上市，所以不能参照往年的经营情况更细致地分析其投资价值。它居于综合得分排名第三的优势，主要原因是其偿债能力非常强，偿债因子1得分排名第三，偿债因子2得分排名第二，说明公司的资本结构合理，资金充裕，其营运因子得分排名第四，说明公司的营运能力很强，其盈利因子得分排第六，成长能力排名第十一，说明公司盈利能力不错，成长情况排名居中，且公司的5个因子得分均为正数，说明公司在各个方面都发展较好，实力均衡，值得对其进行投资。

康得新综合得分排名第四，较2014年上升7位，较2013年上升3位，说明公司的发展比较稳健，一直保持在行业前十名，是比较理想的投资对象。主要是其偿债因子2排名第三，较2014年上升43位，较2013年上升28位，说明公司的资本结构得到很大改善。其成长因子得分排名第五，较2014年上升24

位,营运因子得分排名第七,较 2014 年上升 28 位,说明营运能力提升很快,有很大的发展潜力,其盈利因子排名第八,较 2014 年下降 6 位,较 2013 年下降 1 位,说明盈利能力表现还不错,综合各个因子得分情况,公司是值得长期投资的。

杭州高新于 2015 年 6 月 10 日在深交所创业板上市,所以不能参照往年的经营情况更细致地分析其投资价值。其综合得分排名第五,主要原因是由于其营运能力比较强,行业内排名第二,其盈利因子得分排名第十三,偿债因子得分排名十八,说明盈利能力和偿债能力表现还可以,没有拖后腿,但其成长因子排名较靠后,居于第四十位,说明成长能力不足,综合各个因子得分情况,建议对其短期投资。

永利股份综合得分排名第六,原因在于其成长能力非常出色,行业内排名第一,远远大于第二名,主要是由于公司 2015 年 6 月 25 日非公开发行 4 319.808 6 万股,7 月又收购英东模塑使得公司业务范围得以扩展。其综合得分与 2014 年相比上升 28 位,与 2013 年相比上升 27 位,说明公司发展较为迅速,偿债因子得分排名第九,盈利因子排名第十六,说明偿债能力与盈利能力还可以,但营运因子得分排名第四十,2014 年排名第四十二,2013 年排名第四十五,说明公司营运能力连续三年都欠佳,综合各个因子得分情况,投资者应谨慎投资。

瑞尔特于 2016 年 3 月 8 日在深圳证券交易所中小板正式挂牌交易,所以不能参照往年的经营情况更细致地分析其投资价值。其综合得分排名第七,在于其盈利因子得分排名第三,说明其盈利能力很不错,偿债因子排名第十,说明偿债能力较佳,成长因子、营运因子得分排名居中,分别居于第十九位、第二十四位,表现一般,考虑其盈利能力和偿债能力,可以进行长期投资。

普利特综合得分排名从 2014 年的第七下降为到 2015 年的第八,与 2014 年相比下降 1 位,与 2013 年相比下降 6 位,但已连续三年保持在行业前十名,非常具有投资价值。其成长能力很不错,居于行业第二,与 2014 年相比上升 11 位。偿债因子得分排名居于第四位,盈利因子居于第十位,说明偿债能力和盈利能力较佳,其营运因子得分排名第三十三且得分为负,表现一般,综合各个因子得分情况,可以适当进行短期投资。

同大股份综合得分排名第九,较 2014 年上升 13 位,较 2013 年上升 10 位,主要原因是其偿债能力突出,得分排名第一,盈利能力排名第二十四,表现一般,营运能力、成长能力分别排名第四十四、第四十五,且营运能力和成长能力连续三年表现欠佳,考虑其稳健的偿债能力,可以适当进行短期投资。

伟星新材综合得分排名由 2013 年与 2014 年的第四下降至 2015 年的第十,主要原因是其营运因子得分由 2014 年第十五下降至第三十二,说明营运能力表现一般,其盈利因子连续两年保持第四,盈利能力处于较佳状态,成长因子得分排名第十六,成长能力还可以,但偿债因子排名居中,与 2014 年基本一致。虽然其偿债能力与营运能力表现一般,但是综合各个因子得分及综合得分,以及连续三年保持在行业前十名,还是值得长期投资的。

其中,康得新、普利特、伟星新材这三家公司连续三年都保持在前十,说明其发展很稳健,是投资者的理想的投资对象,但没有一家公司得分均为正,所以还是要考察后谨慎投资。

排名后十名的公司分别为紫江企业、天晟新材、顾地科技、国风塑业、佛塑科技、浙江众成、大东南、黔轮胎 A、珠海中富、华塑控股。这些公司的盈利因子都在行业平均值以下,甚至远远低于平均值,是导致排名靠后的最主要原因,还有 4 个因子中只有个别因子为正值,部分公司没有正值,其中天晟新材、佛塑科技、华塑控股这三家公司连续三年排名都在后十之列,故暂不建议对其投资。

天晟新材其综合得分排名第四十二,较 2014 年下降 2 位,较 2013 年上升 7 位,一直处于行业倒数,主要是因为营运能力排名第四十六,与 2014 年相比下降 3 位,与 2013 年相比下降 2 位,说明营运能力一直表现较差,居于行业倒数,其他 4 个因子排名居中,表现一般,因此暂不建议投资。

佛塑科技综合得分排名第四十五,较 2014 年下降 3 位,较 2013 年也下降 3 位,一直表现较差。主要是因为营运因子得分排名第四十五,与 2014 年相比下降 30 位,营运能力较差,其他因子排名基本靠后且得分均为负数,表现欠佳,因此暂不建议投资。

华塑控股综合得分排名第五十,较 2014 年下降 1 位,较 2013 年下降 8 位,一直表现较差。主要是因为营运因子得分排名第五十,与2014年相比下降7位,与2013年相比没有下降,说明营运能力极差,其他因子排名基本靠后且得分均为负数,表现欠佳,因此暂不建议投资。

七、系统聚类分析

上述因子分析能够满足投资者对各家上市公司投资价值分析的基本需要,但是由于投资者的投资理念往往各不相同,关注的侧重点也有所不同。为了更深入细致地分析行业板块的情况,将利用系统聚类分析法进一步对50家公司的5个因子值和综合值进行Q型聚类(即个案分群);聚类方法为ward联结法,即离差平方和法,根据同类变量间的离差平方和较小、不同类别间的离差平方和较大来进行分类,形成树状图(略)。其测量尺度选用平方Euclidean距离,即两样本之间的距离是各样本每个变量值之差的平方和。通过聚类分析把业绩相似的公司归类,可以对不同类别的上市公司进行对比分析,为投资者选择投资组合提供参考。

根据树状图(略)对50家橡胶和塑料制品业上市公司进行进一步分类,本书选择将其分为4类,如表6-10-5所示。

表6-10-5　聚类分析

类别	橡胶和塑料制品业公司	数目
1	华谊集团、福斯特、国恩股份、康得新、杭州高新、宝硕股份	6
2	永利股份、普利特	2
3	瑞尔特、伟星新材、中鼎股份、时代新材、鹏翎股份、蓝帆医疗、王子新材、裕兴股份、永新股份、风神股份、沧州明珠、S佳通、三力士、德威新材、双象股份、海达股份、华峰超纤、金发科技、纳川股份、大禹节水、永高股份、毅昌股份、海螺型材、安利股份、双箭股份、赛轮金宇、银禧科技、青岛双星、通产丽星、顺威股份、紫江企业、天晟新材、顾地科技、国风塑业、佛塑科技、浙江众成、大东南、黔轮胎A、珠海中富、华塑控股	40
4	同大股份、双星新材	2

在表6-10-5的类别1中,包含华谊集团、福斯特、国恩股份、康得新、杭州高新、宝硕股份6家公司,综合排名均较靠前,其中,前五家公司分别顺序排名前五位,华谊集团排名第一,最靠前,宝硕股份排名第十二,是该类排名最后。该类公司总体实力强劲,且每个公司都有异常突出的某项因子得分,是值得投资者密切关注的一类公司。

其中,华谊集团,是上海化学工业区主要开拓者和建设者,也是上海化学工业发展有限公司主要股东之一。集团技术研发力量雄厚,拥有集团技术研究院、2家国家级企业技术中心和8家市级企业技术中心,并设有博士后科研工作站。核心业务为"能源化工""先进材料""绿色轮胎""精细化工""生产性服务业"五大类,产品涉及十几大类近万种,体现了较强的综合配套、专业服务和提供整体解决方案的能力。集团先后荣获"全国五一劳动奖状""国家技能人才培养突出贡献奖",并赢得"改革开放35周年企业文化竞争力30强单位""2012—2013年度上海企业文化创新优秀品牌"等荣誉。华谊集团综合得分排名第一,原因在于其极强的营运能力,其营运因子得分排名第一,说明该股是比较理想的投资对象,成长能力和偿债能力良好,但其盈利能力得分排第三十九,且得分为负,比2014年和2013年相比排名更低,说明其盈利能力一直表现欠佳,投资还须谨慎。

福斯特,作为全球规模最大,品牌最好的太阳能封装材料供应商,目前拥有4个运营厂区和1个在建的新材料研究院,公司主导产品EVA胶膜拥有国内超过50%、国际超过30%的市场份额,与众多全球著名的光伏企业建立了深层次的合作关系,在光伏封装材料领域具有重要的影响力。福斯特的产品与国内同行相比,具备先发优势、质量优势、技术优势和品牌优势;与国外同行相比,具备性价比优势和规模化优势。其综合得分排名第二,主要是因为其盈利能力特别强,偿债能力、营运能力和成长能力良好,表现也良好,其5个因子得分均为正数,说明公司在各个方面保持稳定或稳步上升阶段,是理想的投资对象。

国恩股份，是专业的改性塑料产品制造商，为下游家电、汽车厂商提供家电零部件和汽车零部件专用料包括研发、生产、销售、测试及物流配送等在内的综合服务。公司的主营业务为改性塑料粒子及深加工后的各种改性塑料制品的研发、生产和销售。公司凭借其在改性塑料领域内多年积累的研发和生产经验以及对行业和产品的深刻理解，与知名家电制造商海信、LG、美的、海信惠而浦、创维、三星、冠捷科技、澳柯玛建立了良好、稳定的战略合作关系，并且已进入韩国三星、LG 的全球采购系统，成为其全球生产基地供应商。同时公司也在努力开拓汽车等其他行业的终端客户及配套厂商，如通用五菱、东风小康、长安汽车、上海大众等。其综合得分排名第三，主要是由于其偿债能力非常强，说明公司的资本结构比较合理，其营运能力和盈利能力良好，成长情况排名居中，且因子得分均为正数，说明公司在各个方面都发展比较好，值得对其投资。

康得新，从事高分子复合材料、功能膜材料、预涂膜、光学膜、光电新材料、化工产品（不含危险化学品）、印刷器材和包装器材的研发，并提供相关技术咨询和技术服务；从事上述产品的批发以及进出口业务（依法须经批准的项目，经相关部门批准后方可开展经营活动），是一家核心骨干员工持股的国际化企业集团，也是最具代表性的中国产业平台公司之一。其综合得分排名第四，公司的发展比较稳健，一直保持在行业前十名，起偿债能力突出，综合实力强，是比较理想的投资对象。

杭州高新，拥有电缆料生产线 12 条，年产各种电缆料能力 65 000 吨，销售超 5 亿元，利税超 5 000万元。主要生产软聚氯乙烯（PVC）、无卤低烟阻燃、XLPE 交联聚乙烯、橡胶等电缆料，其中"双帆"牌电线电缆用软聚氯乙烯塑料市场占有率已在全国同行业中名列前茅。公司不仅已发展成为电缆行业首选供应商之一，而且已稳步成为国内电缆行业最大规模和最佳效益企业之一。其综合得分排名第五，主要是由于其营运能力比较强，行业内排名第二，盈利能力和偿债能力表现良好，比较适宜对其进行短期投资。

宝硕股份，在 2007 年重组完成后，成为一家以化工产品、塑料制品和水泥的生产和销售为主营业务的公司。主导产品"宝硕"牌高档 BOPP 包装膜、PVC 异型材与塑钢门窗、PE 农地膜、PVC-U 管材管件等主要经济指标连续三年位居全国同行业前列。其中基础化工产品生产设备为国内先进水平，主导产品"宝硕"牌 PVC 树脂、烧碱、液氯畅销全国，尤其是离子膜烧碱产品，代表着我国烧碱行业的先进水平。其综合得分排名第十二，主要是因为其盈利能力特别强，行业内排名第一，另外 4 个因子排名较后，且均为负数，表现欠佳，值得适量对其短期投资。

类别 2 中，包括永利股份、普利特 2 家公司，这是 2 家营运能力较为突出的公司，也是综合排名都在前十的公司。其中永利股份是一家以研发、生产制造、销售轻型输送带产品的专业公司，也是目前国内专业性、配套性最强的新材料轻型输送带研发生产高科技企业，系国内第一家具备替代进口轻型输送带的民营企业。业务范围已经扩展到欧洲、北美洲、南美洲、非洲、亚洲和澳洲的全球 64 个国家。其综合得分排名第六，其成长能力非常出色，行业内排名第一，主要原因是公司 2015 年 6 月 25 日非公开发行4 319.808 6万股，7 月又收购英东模塑使得公司业务范围得以扩展。偿债能力与盈利能力良好，但公营运能力连续三年都欠佳，综合各个因子得分情况，各项能力发展不均衡，投资者应谨慎投资。

普利特，主要从事汽车用改性塑料产品的研发、生产、销售和服务。普利特现有六大类、近千种产品被广泛应用与汽车、通讯、电器等行业，公司和大众、宝马、福特、长城、奇瑞等众多国内外汽车制造商建立了战略伙伴关系，并成为延锋伟世通、佛吉亚、江森等众多汽车零部件企业的主要合作伙伴和优秀供应商。近年来，公司被评为上海市企业技术中心、上海汽车用塑料材料工程技术研究中心、国家认可实验室、上海市科技小巨人企业、上海市知识产权示范企业、上海市质量金奖、上海市著名商标和名牌产品、上海市科技进步一等奖、上海市创新型企业等荣誉称号。其综合得分排名第八，已连续三年保持在行业前十名，非常具有投资价值。其成长能力很不错，居于行业第二，偿债能力和盈利能力也较佳，其营运能力表现一般，综合各个因子得分情况，可以适当进行长期投资。

类别 3 中，包含瑞尔特、伟星新材、中鼎股份、时代新材等 40 家公司，综合排名高中低档位置均有，其中瑞尔特、伟星新材 2 家公司综合得分排名在前十，一半以上的公司行业排名靠后。它们的共同点是各项能力较为均衡,投资决策需分别情况分析。

瑞尔特,是一家致力于节约全球水资源的卫浴产品的研发、生产和销售的高新技术企业。公司主要生产卫浴产品:节水型冲水组件、静音缓降盖板、隐藏式水箱、挂式水箱、电子坐便器和智能马桶等,主要应用在家庭住宅、宾馆酒店、商场、写字楼等房屋建筑中卫生间设施,其中节水型冲水组件是公司最主要的产品。公司已经具备完整的产品研发体系、质量控制体系和生产制造体系,成为全球知名、国内领先的节水卫浴产品制造企业,也是国内冲水组件制造领域规模最大的企业之一,产品远销南美、东南亚、北美、欧洲等几十个国家和地区,为众多国际、国内顶级卫浴品牌商提供产品配套服务。其综合得分排名第七,在于其盈利因子得分排名第三,说明其盈利能力很不错,偿债能力较佳,成长因子、营运因子得分排名居中,表现一般,考虑其盈利能力和偿债能力,可以对其进行短期投资。

伟星新材,专业生产经营各类新型塑料管道,是国内 PP-R 管道的技术先驱与龙头企业,也是中国塑料管道行业产品配套最为齐全、产销量最大、供货服务最为及时的企业之一,是中国塑料加工工业协会副会长单位,中国塑料加工工业协会塑料管道专业委员会副理事长单位。主要产品有 PP-R 管道系统、PE 管道系统、PB 与 PE-RT 管道系统、PE 双壁波纹管道系统等,广泛应用于给水、排水、排污、燃气、采暖、电力、矿山等领域。公司拥有实力雄厚的省级研发中心和检测中心,中、高级技术精英云集,坚持创新,积极开展了国际技术交流与合作。公司系"冷热水用聚丙烯管道系统"国家标准主要的起草单位之一,并主编、参编了多项国家、行业标准,多项技术填补了国内空白并获得国家专利 30 多项;被认定为浙江省高新技术企业。公司在同行业中率先通过了 ISO9001/ISO14001 质量、环境双体系认证等。先进的设备、优质的原料、精湛的工艺、创新的研发能力和精细化的现代管理模式,确保了卓尔不群的品质。公司产品被授予"中国名牌产品";PP-R 系列管道、PE 给水、燃气管、双壁波纹管道等通过"国家免检";伟星商标被认定为"中国驰名商标"。综合得分排名第十,主要是由于其盈利因子连续两年保持第四,盈利能力处于较佳状态,其他各项能力良好。综合各个因子得分及综合得分,以及连续三年保持在行业前十名,还是值得对其投资的。

时代新材,已成为全国第一、全球前二十强的非轮胎橡胶制品生产商。公司主要从事减振降噪、轻量化等高分子材料的研究开发及工程化应用,产品主要应用于轨道交通、汽车、新能源和特种装备等领域。公司生产基地遍布全球,在五大洲、七个国家建有海外研发和制造基地。其综合得分排名第十三,较去年上升 19 名,发展较快。其成长能力较强,位于行业第三,营运能力也不错,盈利能力和偿债能力排名中下游,综合各个因子得分及综合得分,较适宜对其进行长期投资。

王子新材,公司主要从事塑料包装材料及产品的研发、设计、生产和销售。公司主要产品包括塑料包装膜、塑料托盘、塑料缓冲材料三大系列,广泛运用于计算机、通讯终端、消费电子、家电等电子产品及家具,日用消费品,食品等商品包装领域,为国内领先的电子产品塑料包装集成供应商。其综合得分排名第十七,主要原因在于其营运能力较强,因子得分排名第三,但盈利能力与偿债能力排名居中,特别是盈利能力下降较多,综合各个因子得分及综合得分,还是值得长期投资的,但是投资之前要谨慎。

纳川股份,是一家致力于以先进制造技术生产和推广有利于环保、节能减排的新型排水管材的公司,主营业务是 HDPE 缠绕增强管及配套管件的研发、生产和销售,以及为 HDPE 缠绕增强管系统的设计和施工提供技术支持服务。公司是目前国内 3 家主要生产 HDPE 缠绕增强管的厂商中产值最大、产品应用范围最广的公司,是第一批福建省政府投资项目甲控设备材料供应商、我国核电系统第一家大口径塑料排水管道合格供应商,先后被认定为中国核工业福清核电项目部合格供应商、中国核工业秦山核电二期扩建工程项目合格供应方、国家电力商务网上合格供应商、中国石化物质供应管理综合信息平台供应商、广州市污水治理有限责任公司准入管材生产厂家等,是最早将大口径塑料埋地排水管应用于石油化工、港口码头和核电火电的厂商之一。公司产品被中国工程建设标准化协会认定为工程建设推荐产品。其综合能力得分排名第二十九,较 2014 年下降 5 位,处于行业中游,成长因子得分排名第四,说明成长能力较强,盈利因子和营运因子排名较后,分别位于第二十二名、第二十七名,偿债能力表现欠佳,位于行业靠后,因此暂不建议对其投资。

佛塑科技，是一家为现代工、农业以及现代科技、交通通讯领域提供新型材料的高新技术企业集团，是中国塑料加工工业的"排头兵"。主要从事各种塑料复合包装材料、PVC薄膜和人造革、塑料编织复合制品、塑料建筑与装饰材料以及其他功能性高分子材料等五大系列产品的生产经营，主要产品BOPP薄膜、BOPET薄膜、BOPA薄膜、PVC人造革、各类塑料片材和宽幅塑料编织复合材料，多年来在全国同行中产销量和市场占有率均处于领先位置，是全国唯一的BOPA（双向拉伸尼龙）薄膜生产基地。其综合得分排名第四十五，连续三年表现较差。主要是因为营运能力较差，其他因子排名基本靠后且得分均为负数，总体实力较弱，因此暂不建议对其投资。

其他公司像安利股份、紫江企业、顾地科技、佛塑科技、珠海中富、华塑控股等，所有的得分都是负值，排名靠后，需谨慎投资。

类别4中，包括同大股份、双星新材2家公司。这两家公司综合排名较为靠前，其突出特点是偿债能力强，各有一个偿债因子异常突出，比较适宜对其进行短期投资。

其中同大股份是一家从事海岛型超细纤维人工革及基布的研发、生产和销售的公司。公司主要产品包括各种海岛型超纤革基布和海岛型超纤绒面革、超纤光面革等，是目前国内技术实力最强、产品种类最多、市场份额最大的超纤革制造企业之一。公司借助国内较强的技术研发实力和长期的专业研发，在超纤革领域获得多项具有领先水平的技术成果，充分确立了公司在国内超纤革行业内技术引领者的领先地位。其综合得分排名第九，主要是其偿债能力突出，得分排名第一，盈利能力排名第二十四，表现一般，营运能力和成长能力连续三年表现欠佳，较适宜酌量对其短期投资。

双星新材，是一家集生产科研、包装材料加工、进出口贸易为一体的高新技术企业，主营各类包装薄膜及复合包装材料、功能性高分子新材料等系列产品，目前拥有进口镀膜设备5条，多条进口聚酯薄膜生产线，年产新型功能性聚酯薄膜20万吨，位居国内首位；年产镀铝膜1.5万吨，位居国内第一位；年产收缩膜1万吨，收缩率超过50%，位居高端高收缩率收缩膜生产企业的第一位。它是国内大型包装新材料生产企业之一，市场畅销全国30多个省、市、自治区，并出口到中东、欧美、东南亚、中国香港、中国台湾等20多个国家和地区，技术水平居全国领先地位。其综合得分排名第十四，与2014年相比上升18位，主要是由于其偿债能力突出，得分排名第一，成长因子得分排名第八，成长能力还不错，盈利能力一般，营运能力连续三年表现欠佳，考虑其稳健的偿债能力和成长能力，可以适当进行短期投资。

八、结语

综上所述，投资者在进行投资时，要综合考虑宏观、微观等各方面反映的财务信息，加以谨慎地分析，作出合理的选择。在此，本书运用SPSS软件，利用13个指标综合分析了2015年度橡胶和塑料制品行业50家上市公司各方面表现情况，并对比2013年、2014年的排名情况，得出理论与实践有机结合的投资价值结论，对投资者进行投资决策有一定的参考意义。但数据仅仅运用了2015年一个年度的财务报表资料，某些项目可能会由于会计政策变更等的影响存在一定程度的偶然性，分析指标的选择也具有主观性。因此，分析结果难以完全反映出真实状况，若后续能连续多个年度进行跟踪分析，并适当增加分析指标，则可较大程度地消除偶然性，帮助投资者作出更加准确的投资决策，以更加有效地配置投资资源，促进橡胶和塑料制品行业进一步健康和谐发展。

参考文献

［1］ 中华商务网，http://www.chinaccm.com/36/20160226/361902_3225883.shtml.

［2］ 2016—2022年中国橡胶制品市场现状调研分析及发展趋势报告.中国调研报告网，2016-02-01.

（参著：戴雨彤）

第十一节　非金属矿物制品业上市公司投资价值动态比较分析研究

一、行业发展与投资价值状况

非金属矿物制品是以非金属矿物材料经过进一步加工形成的产品。例如,建筑材料、玻璃、人造金刚石、磨料磨具、石棉制品等。非金属矿物材料是指以非金属矿物和岩石为基本或主要原料,通过深加工或精加工制备的、具有一定功能的现代新材料,它是无机非金属材料的一种,如功能填料和颜料、摩擦、密封、保温隔热、电功能、吸附催化、环保、胶凝与流变、建筑装饰等材料。非金属矿物材料是现代高温、高压、高速工业的基础原材料,也是支撑现代高新技术产业的原辅材料和多功能环保材料。因此,非金属矿或非金属矿物制品工业是现代社会的朝阳工业之一。

非金属矿物制品是人类利用最早的产品。随着现代科技的进步、人类生活水平的提高和环境保护意识的觉醒,人们开创了应用非金属制品的新时代。目前,非金属矿物制品广泛应用于化工、机械、能源、汽车、轻工、食品加工、冶金、建材等传统产业,以及航空航天、电子信息、新材料等为代表的高新技术产业和环境保护生态建设等领域。以电子信息、航空航天、海洋开发、新材料和新能源为代表的高新技术产业和非金属材料密切相关。例如,石墨、云母、石英、锆英石、金红石基矿物材料与电子信息产业有关;石墨、重晶石、膨润土、石英基矿物材料等与新能源开发有关;沸石、麦饭石、硅藻土、凹凸棒石、海泡石、膨润土、蛋白土、珍珠岩、高岭土基矿物材料等与生化产业有关;石墨、石棉、云母、石英基矿物材料等与航空航天产业有关。

中国是全球非金属矿产资源品种较多、储量较为丰富的国家之一,许多非金属矿种,如石墨、滑石、菱镁矿、重晶石、萤石等的储量和年产量都居世界前列。非金属矿物制品在中国具有高成长性和高利润积累能力的双重特点。

据国家统计局数据显示[1],经初步核算,2015 年国内生产总值 676 708 亿元,按可比价格计算,比上年增长 6.9%。全年全国规模以上企业工业增加值按可比价格计算比上年增长 6.1%。分三大门类看,制造业增长 7.0%。中商情报网数据显示[2]:2015 年中国非金属矿物制品业主营业务收入 58 873.9 亿元,同比增加 2.8%。由下图可知,2011—2015 年,全国非金属矿物制品业主营业务收入总额一直保持稳步上涨的态势。但其主营业务收入增长率却处于动荡下滑中。具体如图 6-11-1 所示。

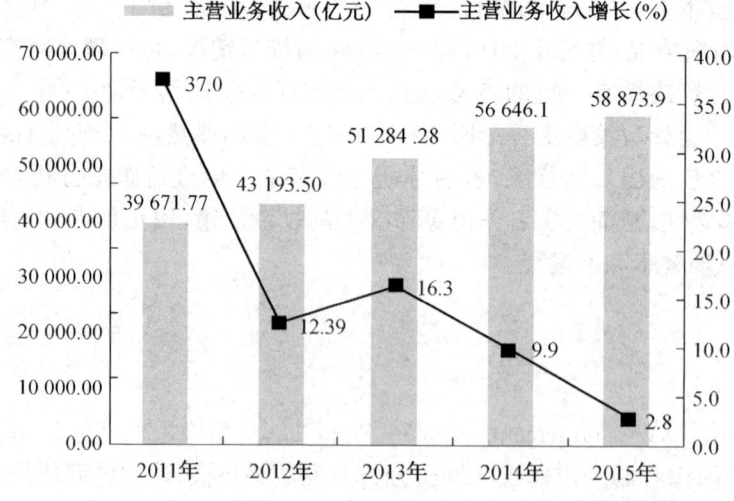

图 6-11-1　2011—2015 年全国非金属矿物制品业营收情况

2015年全国非金属矿物制品业全年利润总额为3 615.6亿元。由图6-11-2可知,2011—2014年,非金属矿物制品业全年利润总额增长率都是正增长的,唯独2015年非金属矿物制品业利润总额增长率为负。但非金属制品应用广泛,行业历史悠久,规模巨大,发展前景广阔,一直是广大投资者关注的重点行业之一。

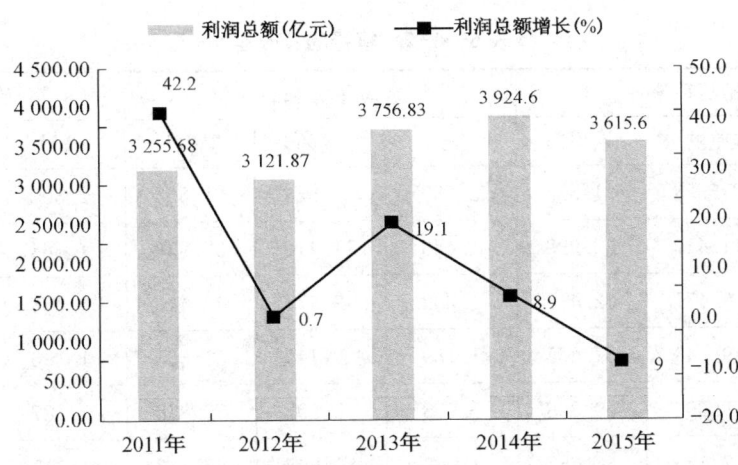

图6-11-2 2011—2015年全国非金属矿物制品业的实现利润情况

总之,非金属矿物制品业具有较大的社会需求和发展潜力,长期以来一直是广大投资者关注的重点,相应地对其上市公司进行价值投资就显得格外重要。

二、样本选取与数据处理

沪、深证券交易所的80家非金属矿物制品业上市公司(共82家,西水股份、* ST新亿因数据不全将其剔除)的资料来源主要为其2015年度的财务报告。具体初始数据扫描二维码获取。

在指标性质、单位不同的情况下,先要对其进行同趋势化处理。然后利用SPSS中的Z-score方法将13个指标的原始数据进行标准化处理。同趋势化数据和标准化数据略。

三、因子分析法适应性检验

为了检验所选用的指标是否适合使用因子分析法,本书利用SPSS软件中KMO和Bartlett的方法来对样本进行检验。检验结果如表6-11-1所示。

表6-11-1 KMO和Bartlett的检验

取样足够度的Kaiser-Meyer-Olkin度量		0.531
Bartlett的球形度检验	近似卡方	218.117
	自由度(df)	78
	显著性(Sig)	0.000

由表6-11-1可知,KMO值为0.531,大于0.5,可知各变量之间的相关程度无较大差异,原有变量适合作因子分析。同时,巴特利球形检验统计量为218.117,相应的概率Sig为0.000,在5%的显著性水平之下,拒绝原假设,因此可认为相关系数矩阵与单位阵有显著差异,说明样本适合作因子分析。

四、确定主因子

本书应用因子分析法中的主成分分析法来计算原始公因子的特征值、方差贡献率以及累计方差贡献率，并由此确定公因子。结果如表 6-11-2 所示。

表 6-11-2　解释的总方差

成 分	初始特征值			提取平方和载入			旋转平方和载入		
	合计	方差的%	累积%	合计	方差的%	累积%	合计	方差的%	累积%
1	2.799	21.528	21.528	2.799	21.528	21.528	2.302	17.707	17.707
2	1.483	11.410	32.938	1.483	11.410	32.938	1.584	12.181	29.888
3	1.232	9.477	42.416	1.232	9.477	42.416	1.366	10.505	40.393
4	1.189	9.149	51.565	1.189	9.149	51.565	1.196	9.203	49.596
5	1.078	8.292	59.858	1.078	8.292	59.858	1.187	9.133	58.728
6	1.000	7.695	67.552	1.000	7.695	67.552	1.147	8.824	67.552
7	0.925	7.118	74.670						
8	0.905	6.965	81.634						
9	0.782	6.017	87.651						
10	0.703	5.409	93.060						
11	0.502	3.864	96.924						
12	0.275	2.116	99.040						
13	0.125	0.960	100.000						

提取方法：主成分分析。

根据表 6-11-2 中数据可知，前六个主因子的方差贡献率已经达到了累计方差贡献率的 67.552%，即表明这六个主因子已包含原始数据信息量的 67.552%，所以只须选择前六个主因子就可以较好地代表原始指标，对公司的绩效进行描述。

特征值可用碎石图列示，如图 6-11-3 所示。从图 6-11-3 可以看出，从第七个因子开始，特征值的值

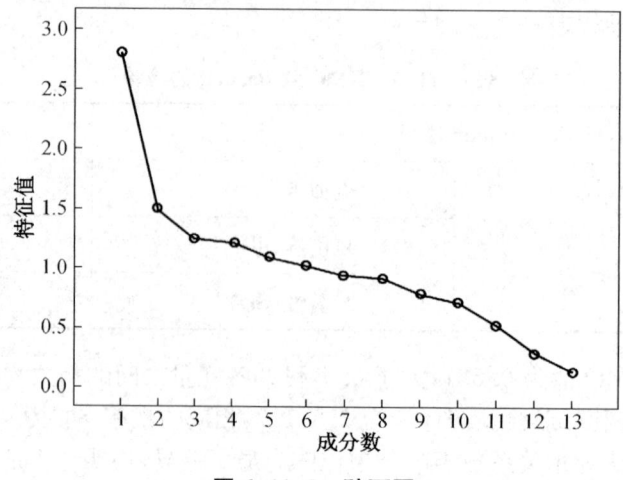

图 6-11-3　碎石图

都小于 1，且折线的陡度变得比较平缓，这说明提取 6 个主因子是合适有效的。

五、旋转载荷矩阵分析

本书对原因子载荷矩阵进行最大方差旋转，以期得到主因子更明确的含义。结果如表 6-11-3 所示。

表 6-11-3　旋转成分矩阵ª

	成　分					
	F_1	F_2	F_3	F_4	F_5	F_6
基本每股收益	0.740	0.315	0.356	0.168	−0.066	0.067
销售净利率	−0.031	0.040	0.866	−0.037	−0.043	−0.059
每股净资产	0.419	−0.069	0.028	0.624	0.080	−0.034
总资产报酬率	0.659	0.421	0.519	−0.008	−0.045	0.044
流动比率	0.158	0.103	−0.239	−0.051	−0.123	0.798
速动比率	−0.163	−0.195	0.252	0.130	0.275	0.583
资产负债率	−0.038	0.218	−0.120	0.094	0.795	−0.059
存货周转率	0.578	−0.302	−0.118	0.193	−0.002	−0.359
总资产周转率	0.859	0.073	−0.223	−0.045	−0.014	0.097
固定资产周转率	0.068	−0.096	0.043	−0.778	0.040	−0.030
总资产增长率	0.069	0.589	0.112	0.259	−0.165	0.026
营业总收入增长率	−0.011	0.378	−0.079	0.140	−0.633	−0.122
股东权益增长率	0.096	0.780	−0.005	−0.131	0.137	−0.015

提取方法：主成分分析。
旋转方法：Kaiser 标准化最大方差法。
a. 旋转在 20 次迭代后收敛。

由表 6-11-3 中的数据可以看到，基本每股收益、总资产报酬率、存货周转率、总资产周转率在主因子 F_1 上的载荷量分别为 0.740、0.659、0.578、0.859，它主要反映了公司的盈利能力和营运能力，所以将 F_1 命名为盈利营运因子；主因子 F_2 在总资产增长率（0.589）、股东权益增长率（0.780）上有较大载荷量，代表了公司的成长能力，故而将其命名为成长因子；主因子 F_3 在销售净利率（0.866）和总资产报酬率（0.519）上有较大载荷量，代表了公司的盈利能力，为盈利因子；主因子 F_4 在固定资产周转率（−0.778）有较大载荷量，它主要反映了公司的营运能力，所以将 F_4 命名为营运因子；资产负债率在主因子 F_5 上的载荷为 0.795，体现了公司的长期偿债能力，为偿债因子 1；流动比率与速动比率在主因子 F_6 上的载荷分别为 0.798 与 0.583，体现了公司的短期偿债能力，为偿债因子 2。

六、非金属矿物制品业公司综合得分与排名

要得到因子的综合得分，需先对因子数据进行标准化处理，使其期望为 0，方差为 1，然后，对各因子的方差贡献率占因子总方差贡献率的比重作权重加权汇总，使用计算综合得分的公式 $F = (\lambda_1 F_1 + \lambda_2 F_2 + \lambda_3 F_3 + \lambda_4 F_4 + \lambda_5 F_5 + \lambda_6 F_6)/\Sigma\lambda i = (0.177\,07 \times F_1 + 0.121\,81 \times F_2 + 0.105\,05 \times F_3 + 0.092\,03 \times F_4 + 0.091\,33 \times F_5 + 0.088\,24 \times F_6)/0.675\,52$ 来计算各样本的综合得分。得到结果按名次排列如表 6-11-4 所示。

表 6-11-4　非金属矿物制品行业上市公司综合得分排名

股票代码	名称	F_1（盈利营运）	F_2（成长）	F_3（盈利）	F_4（营运）	F_5（偿债1）	F_6（偿债2）	F（综合）	排名
603616.SH	韩建河山	−0.357 07	1.954 46	−1.000 23	0.766 53	7.003 67	−0.613 31	1.07	1
002619.SZ	巨龙管业	−0.626 66	3.487 35	0.409 02	1.917 52	−0.558 79	0.804 74	0.82	2
600660.SH	福耀玻璃	1.559 55	0.789 9	0.581 13	0.077 92	−0.278 1	1.303 94	0.80	3
600585.SH	海螺水泥	1.894 44	−0.676 92	0.899 74	1.655 03	0.337 87	−0.165 5	0.76	4
002671.SZ	龙泉股份	−1.435 74	−1.837 39	2.291 41	1.097 55	2.023 4	5.181 85	0.75	5
002271.SZ	东方雨虹	2.201 33	0.565 42	0.026 78	−0.666 25	−0.203 65	1.259 91	0.73	6
300196.SZ	长海股份	2.240 27	0.203 84	0.421 55	0.366 13	−0.470 43	−0.131 42	0.66	7
002742.SZ	三圣特材	2.291 32	−0.181 22	−0.166 8	0.753 18	0.065 32	−0.422 44	0.60	8
600176.SH	中国巨石	0.557 43	0.567 25	0.788 77	0.884 3	−0.004 31	−0.143 87	0.47	9
600883.SH	博闻科技	−1.313 08	−0.601 82	7.055 77	−0.451 72	−0.263 77	−0.689 32	0.46	10
000546.SZ	金圆股份	0.028 97	3.371 79	−0.172 49	−1.105 58	0.583 76	−0.677 77	0.43	11
600876.SH	洛阳玻璃	0.120 52	3.199 81	−0.025 82	−1.717 17	0.757 33	−0.411 43	0.42	12
603601.SH	再升科技	0.890 44	0.971 48	0.583 99	−0.617 59	−0.273 09	−0.008 92	0.38	13
600318.SH	新力金融	−0.696 05	2.374 05	0.590 16	1.451 97	−0.647 26	−0.635 16	0.36	14
603838.SH	四通股份	0.997 85	0.583 57	0.208 47	−0.241 38	−0.024 73	−0.128 89	0.35	15
000786.SZ	北新建材	0.846 9	0.038 24	0.572 16	−0.130 86	0.099 56	0.073 64	0.32	16
603268.SH	松发股份	0.454 6	0.704 45	0.369 13	0.253 56	0.033 05	−0.171 06	0.32	17
002225.SZ	濮耐股份	0.556 49	0.167 37	−1.736 76	−0.835 65	−1.257 83	5.259 63	0.31	18
002302.SZ	西部建设	3.254 72	−1.926 32	−0.816 46	0.807 87	0.048 71	−1.541 29	0.29	19
600529.SH	山东药玻	0.760 8	−0.311 08	0.154 19	0.606 64	−0.054 31	0.255 35	0.28	20
300409.SZ	道氏技术	0.445 92	0.672 99	−0.094 43	0.116 78	−0.123	0.343 96	0.27	21
300395.SZ	菲利华	0.431 7	0.448 83	0.769 41	0.072 68	−0.135 78	−0.367 67	0.26	22
002080.SZ	中材科技	1.133 37	−0.247 73	−0.043 27	0.305 87	−0.356 71	−0.071 16	0.23	23
600668.SH	尖峰集团	1.118 37	−0.504 78	0.190 98	0.155 85	−0.002 15	−0.233 09	0.22	24
002233.SZ	塔牌集团	1.025 25	−0.346 61	0.149 29	−0.187 7	0.049 59	−0.002 99	0.21	25
601012.SH	隆基股份	0.531 24	0.957 47	−0.421 43	−0.278 81	−0.781 81	0.547 72	0.17	26
002596.SZ	海南瑞泽	0.857 37	0.227 65	−0.364 43	0.354	−0.182 81	−0.495 74	0.17	27
002102.SZ	冠福股份	−0.266 14	0.902 64	0.190 58	−0.443 39	0.543 29	0.089 91	0.15	28
002623.SZ	亚玛顿	0.523 65	−0.857 35	−0.144 38	1.913 8	−0.169 84	−0.438 76	0.14	29
002785.SZ	万里石	0.491 27	0.026 63	−0.880 39	−0.649 23	−0.588 52	2.257 68	0.12	30
603021.SH	山东华鹏	0.194 49	−0.007 45	0.292 75	0.456 78	−0.057 42	−0.201 66	0.12	31
600172.SH	黄河旋风	−0.332 88	0.641 32	0.485 99	0.439 48	−0.131 97	−0.189 87	0.12	32
300160.SZ	秀强股份	1.002 48	−0.491 93	−0.477 01	0.203 3	−0.404 59	0.118 41	0.09	33

股票代码	名称	F_1（盈利营运）	F_2（成长）	F_3（盈利）	F_4（营运）	F_5（偿债1）	F_6（偿债2）	F（综合）	排名
000789.SZ	万年青	1.084 7	−0.705 27	−0.000 73	−0.178 57	0.121 94	−0.466 65	0.09	34
300234.SZ	开尔新材	0.175 08	0.143 28	0.352 57	−0.755 28	−0.039 85	0.414 41	0.07	35
600552.SH	凯盛科技	−0.521 63	0.717 72	0.235 24	0.706 92	−0.434 43	−0.050 73	0.06	36
300073.SZ	当升科技	0.193 17	0.328 62	−0.902 22	0.614 19	−0.762 33	0.820 43	0.06	37
002088.SZ	鲁阳节能	0.340 9	−0.437 46	−0.141 8	0.329 95	−0.052 93	0.111 71	0.04	38
601992.SH	金隅股份	−0.272 43	−0.031 78	0.224 68	0.535 63	−0.061 55	0.096 81	0.04	39
300374.SZ	恒通科技	−0.078 98	0.322 74	0.124 92	−0.192 93	−0.174 87	−0.023 36	0.00	40
600720.SH	祁连山	0.165 44	−0.586 94	0.010 95	0.275 75	0.231 65	−0.304 89	−0.03	41
300224.SZ	正海磁材	0.042 69	0.648 83	−0.049 48	0.065 94	−1.023 3	−0.206 64	−0.04	42
600449.SH	宁夏建材	0.046 52	−0.822 33	−0.157 23	0.846 19	0.432 48	−0.406 29	−0.04	43
000885.SZ	同力水泥	0.400 86	−0.456 34	−0.282 67	−0.037 06	0.127 87	−0.359 4	−0.06	44
603688.SH	石英股份	−0.263 54	−0.034 28	0.500 23	0.081 96	−0.183 93	−0.350 51	−0.06	45
000519.SZ	江南红箭	−0.441 89	−0.154 12	0.561 07	−0.145 18	0.133 62	−0.030 13	−0.06	46
000012.SZ	南玻 A	0.902 08	−0.931 15	−0.024 24	0.026 1	−0.135 38	−0.959 88	−0.08	47
600801.SH	华新水泥	0.396 68	−0.851 31	−0.236 67	0.316 11	0.180 39	−0.494 7	−0.08	48
000023.SZ	深天地 A	0.276 65	−0.219 7	−0.275 89	−0.687 8	−0.117 22	0.118 71	−0.10	49
002457.SZ	青龙管业	−0.435 26	−0.217 63	−0.032 37	0.164 76	−0.174 75	0.396 16	−0.11	50
000795.SZ	英洛华	−0.362 39	1.154 48	−1.227 71	−0.900 11	0.390 3	0.180 19	−0.12	51
600634.SH	中技控股	−0.000 02	−0.781 89	0.276 54	0.037 83	0.292 03	−0.555 51	−0.13	52
002201.SZ	九鼎新材	−0.564 54	0.287 25	−0.067 86	−0.147 74	0.016 94	−0.280 23	−0.16	53
300080.SZ	易成新能	−0.591 93	−0.509 79	−0.059 44	0.350 78	0.196 81	0.135 16	−0.16	54
601636.SH	旗滨集团	−0.304 06	0.267 13	−0.080 64	−0.447 65	−0.195 97	−0.256 81	−0.17	55
300089.SZ	文化长城	−0.302 65	−0.425 41	−0.140 11	0.168 18	−0.142 76	0.060 77	−0.17	56
000672.SZ	上峰水泥	−0.104 68	−0.272 68	−0.077 74	−0.465 35	0.117 72	−0.324 13	−0.18	57
300064.SZ	豫金刚石	−0.769 11	0.248 27	0.371 67	−0.133 37	−0.363 58	−0.234 53	−0.20	58
002205.SZ	国统股份	−0.998 58	−0.819 82	−0.734 16	0.627 28	0.548 96	0.720 68	−0.27	59
300093.SZ	金刚玻璃	−0.892 6	−0.360 17	0.039 43	0.029 21	0.077 37	0.025 96	−0.27	60
600516.SH	方大炭素	−0.847 38	−0.450 02	−0.007 17	−0.229 88	0.147 02	0.198 97	−0.29	61
600586.SH	金晶科技	−0.485 35	−0.375 15	−0.057 26	−0.233 87	−0.103 38	−0.354 65	−0.30	62
600881.SH	亚泰集团	−1.038 82	−0.334 69	0.026 87	0.060 86	0.144 07	−0.174 55	−0.32	63
002162.SZ	悦心健康	−0.800 75	−0.129 46	0.100 36	−0.686 65	0.044 51	−0.153 15	−0.33	64
300179.SZ	四方达	−0.956 71	−0.052 21	0.453 62	−0.468 78	−0.284 88	−0.322 3	−0.33	65
000935.SZ	四川双马	−0.103 06	−0.972 34	−0.529	0.069 93	0.140 94	−0.864 05	−0.37	66
002392.SZ	北京利尔	−0.726 15	−0.231 8	−0.365 55	−0.345 48	−0.130 05	−0.118 52	−0.37	67
002571.SZ	德力股份	−0.741 47	−0.543 56	−0.663 16	−0.087 3	−0.147 25	0.311 28	−0.39	68

股票代码	名称	F_1（盈利营运）	F_2（成长）	F_3（盈利）	F_4（营运）	F_5（偿债1）	F_6（偿债2）	F（综合）	排名
002066.SZ	瑞泰科技	−0.546 78	−0.361 32	−0.511 69	−0.698 69	−0.092 18	−0.099 17	−0.41	69
600293.SH	三峡新材	−0.210 95	−0.997 13	−0.518 75	−0.313	0.074 91	−0.794 69	−0.45	70
000877.SZ	天山股份	−0.870 05	−1.038 42	−0.519 31	0.695 22	0.238 57	−0.636 94	−0.45	71
600678.SH	四川金顶	−0.421 6	−0.855 14	0.210 6	−0.414 35	−0.270 05	−0.994 34	−0.45	72
600819.SH	耀皮玻璃	−1.162 99	−0.558 61	−0.798 94	−0.095 37	−0.127 11	−0.361 49	−0.61	73
000401.SZ	冀东水泥	−1.326 29	−1.163 93	−0.867 94	0.611 91	0.312 17	−0.626 33	−0.65	74
600425.SH	青松建化	−1.671 26	−0.777 84	−0.953 6	0.013 29	0.230 13	−0.314 64	−0.73	75
002297.SZ	博云新材	−1.741 93	−0.541 86	−1.062 67	−0.057	−0.025 42	−0.142 02	−0.75	76
300344.SZ	太空板业	−1.793 33	−0.493 51	−1.133 51	−0.004 27	−0.167 84	0.002 18	−0.76	77
000511.SZ	＊ST烯碳	0.482 39	−0.869 47	0.423 44	−6.836 34	0.377 32	−0.345 87	−0.89	78
600802.SH	福建水泥	−1.512 1	−1.177 35	−1.438 51	−0.148 23	0.131 36	−0.765 98	−0.93	79
600539.SH	狮头股份	−2.069 03	1.557 64	−0.681 6	0.750 85	−4.072 78	−0.975 79	−0.94	80

　　表6-11-4中，非金属矿物制品业公司综合得分与其投资价值呈正相关关系。由于先对因子数据进行了标准化处理，因此，可以0为参考标准线，认为：综合得分大于0的公司，综合业绩相对较好，且数值越大，投资价值越大；综合得分小于0的则相对较差，且数值越小，投资价值越小。依此可对上市公司的综合业绩和投资价值有一个基本的评价。

　　具体而言，表6-11-4中，公司各项能力得分与相应实力也呈正相关关系。

　　排名前十位的公司分别为韩建河山、巨龙管业、福耀玻璃、海螺水泥、龙泉股份、东方雨虹、长海股份、三圣特材、中国巨石、博闻科技。与2014年比较，差距较大，说明行业竞争激烈，其中，只有3家公司仍然保持在前十位，说明这三家公司较为稳定，也具有较大投资价值。其中，海螺水泥、东方雨虹这两家公司连续三年都保持在前十，说明这三家公司发展稳定，具有较大投资价值。

　　其中韩建河山，综合得分排名第一，其偿债因子得分排名也是第一，远远大于第二名，说明公司偿债能力非常强，成长因子排第五，说明其成长状况也较佳；其盈利营运因子得分排名居中，营运因子排名第九，说明营运能力排名较佳，但是其盈利因子排名较为靠后且为负数，说明该公司的盈利能力不是很好，投资时还需谨慎。北京韩建河山管业股份有限公司于2015年6月11日在上交所上市交易，所以不能参照往年的经营情况更细致地分析其投资价值，即使综合得分排名第一，依然只能推荐谨慎投资。

　　巨龙管业，综合得分排名从2014年的第七十三上升到2015年的第二，与2013年相比上升30名，说明具有较大发展潜力和投资价值，成长能力极强，其成长因子得分排名第一，较2014年相比上升61位，较2013年相比上升44位，进步较大，其营运因子得分排名也是第一，说明其营运能力非常强，由2014年排名较为靠后上升为第一，发展迅速，盈利因子排名第十六，盈利能力较佳，偿债能力排名也较为靠前，说明偿债能力也不错，综合各个因子得分情况，说明公司在各个方面属于稳步且迅速上升阶段，值得长期投资。

　　福耀玻璃，综合得分排名第三，较2014年上升13位，较2013年上升10名，主要是因为偿债因子2得分排名第四，盈利因子得分排名第八，盈利营运因子得分排名第六，其盈利能力和偿债能力得到很大提升，分别由2014年的第十三、第三十七提升到2015年的第四和第八，上升9位和29位，说明公司盈利能力和偿债能力不错，成长因子得分排名第十一，说明公司的成长情况较佳，虽然营运因子排名居中，居于第三十五位，说明营运能力表现一般，但综合各个因子得分情况，公司是值得长期投资的。

海螺水泥,综合得分排名第四,较2014年的综合排名第二相比下降2位,较2013年相比上升2位,其营运因子排名第三,说明公司的资金周转情况较好,盈利因子得分排名也第三,盈利营运得分因子排名第五,盈利能力较佳,偿债因子得分排名第十位,说明公司偿债能力表现较好,虽然成长因子排名较靠后,居于第六十三名,2014年成长因子排名也靠后,居于第六十二,说明公司的成长空间不足,但是考虑其优秀的盈利能力和营运能力,且已经连续三年综合得分保持在前十名,公司经营发展较为稳定,比较适宜进行长期投资。

龙泉股份,综合得分排名第五,与2014年的综合排名第三十四相比上升29位,与2013年综合排名第十一相比上升6位,主要是由于其盈利因子排名第二,较2014年上升41位,说明盈利能力很强,偿债因子得分排名第二,较2014年上升19位,说明偿债能力也很强,其营运因子排名第五,说明公司的资金周转情况较好,但是公司的成长因子排名第七十九位,位于行业倒数,说明公司的成长能力很差,适合进行短期投资。

东方雨虹,综合得分排名已经连续两年位列第六,2013年综合得分位列第三,原因在于其优秀的盈利营运能力,其盈利营运因子得分排名第四,盈利因子排名居中,说明盈利能力还不错,偿债因子得分排名第五,说明其偿债能力较好,成长因子得分排名第十九位,说明公司的成长能力表现较佳,综合各个因子得分情况,且已经连续三年综合得分保持在前十名,公司是值得长期投资的。

长海股份综合得分排名第七,较2014年的第十四位相比上升7位,较2013年的第十六位相比上升9位,主要是由于其盈利营运能力突出,得分排名第三,盈利因子得分排名第十五,较2014年上升15位,说明公司的营运能力表现良好,盈利能力较佳,其成长因子得分排名居中,居于第二十七位,与2014年基本一致,表现一般,其偿债能力排名较为靠后,说明公司经营中利用较多负债,虽然其偿债能力较弱,但是其他3项能力表现较佳,还是值得长期投资的。

三圣特材,综合得分排名第八,较2014年下降2位,主要是其盈利营运能力突出,得分排名第二,营运因子得分排名第十,说明营运能力表现较好,成长因子得分排名第三十八,与2014年相比上升22位,表现一般,偿债因子、盈利因子排名靠后且得分为负数,总体表现一般,考虑其已经连续两年综合得分保持在前十名,总体表现稳健,可以适当进行长期投资但投资前还是要多考察。

中国巨石,综合得分排名第九,较2014年的第五十六位相比上升47位,较2013年的第六十位相比上升51位,进步巨大,说明有较大发展实力。排名靠前原因主要在于其盈利能力较强,盈利因子得分排名第四,较2014年上升17位,较2013年上升10位,其营运因子得分排名第六,说明公司的营运能力很强,其成长因子得分排名第十八,说明成长因子表现还不错,偿债因子排名居中,位于第三十六位,说明偿债能力一般,考虑其优秀的盈利能力和营运能力,是值得长期投资的。

博闻科技综合得分排名由2014年的第七十九上升至2015年的第十,主要是由于其盈利因子得分由2014年第七十八上升至第一,盈利能力处于非常好的状态,有较大的投资价值。但其营运因子得分排名第六十六,成长因子得分排名都是第六十二,处于欠佳状态,偿债因子排名第六十三,排名也较为靠后,且营运因子、成长因子和偿债因子得分均为负数,对其投资有一定的风险。

排名后十名的公司分别为天山股份、四川金顶、耀皮玻璃、冀东水泥、青松建化、博云新材、太空板业、＊ST烯碳、福建水泥、狮头股份,这些公司的盈利因子都在行业平均值以下,甚至远远低于平均值,是导致排名靠后的最主要原因,还有5个因子中只有个别因子为正值,部分公司没有正值,其中青松建化、太空板业、狮头股份这三家公司2014年排名也在后十之列,狮头股份更是连续三年都在后十之列,故这些公司不建议对其投资。

青松建化,综合排名第七十五,与2014年相比上升1名,与2013年相比下降24名,主要是由于其盈利营运因子得分排名第七十七,盈利因子排名第七十四,说明盈利能力很差,营运因子排名居中,表现一般,偿债能力也表现欠佳,故不建议投资。

太空板业,综合排名第七十七,2014年也位列第七十七,与2013年相比下降24名,主要由于其盈利营运因子得分排名第七十九,盈利因子排名第七十七,2014年排名第六十五,2013年排名第四十八,说明盈利能力越来越差，成长能力与偿债能力也处于中下游，故不建议投资。

狮头股份，综合得分排名第八十，2014 年也位列第八十，与 2013 年相比下降 7 名，一直处于行业倒数，主要由于其偿债因子得分排名第八十，2014 年与 2013 年都排名较后，说明偿债能力很差，盈利因子排名第六十七，盈利能力欠佳，营运能力居中，表现一般，虽然成长能力排名靠前，但由于连续三年都排名行业倒数，故不建议投资。

七、系统聚类分析

上述因子分析能够满足投资者对各家上市公司投资价值分析的基本需要，但是由于投资者的投资理念往往各不相同，关注的侧重点也有所不同。为了更深入细致地分析行业板块的情况，将利用系统聚类分析法进一步对 80 家公司的 6 个因子值和综合值进行 Q 型聚类（即个案分群）；聚类方法为 ward 联结法，即离差平方和法，根据同类变量间的离差平方和较小、不同类别间的离差平方和较大来进行分类，形成树状图。其测量尺度选用平方 Euclidean 距离，即两样本之间的距离是各样本每个变量值之差的平方和。通过聚类分析把业绩相似的公司归类，可以对不同类别的上市公司进行对比分析，为投资者选择投资组合提供参考。

根据树状图（略）对 80 家非金属矿物制品业上市公司进行进一步分类，本书选择将其分为 4 类，如表 6-11-5 所示。

表 6-11-5　聚类分析

类别	非金属矿物制品业公司	数目
1	韩建河山	1
2	巨龙管业、福耀玻璃、海螺水泥、东方雨虹、长海股份、三圣特材、中国巨石、金圆股份、洛阳玻璃、再升科技、新力金融、四通股份、北新建材、松发股份、西部建设、山东药玻、道氏技术、菲利华、中材科技、尖峰集团、塔牌集团、隆基股份、海南瑞泽、冠福股份、亚玛顿、万里石、山东华鹏、黄河旋风、秀强股份、万年青、开尔新材、凯盛科技、当升科技、鲁阳节能、金隅股份、恒通科技、祁连山、正海磁材、宁夏建材、同力水泥、石英股份、江南红箭、南玻 A、华新水泥、深天地 A、青龙管业、英洛华、中技控股、九鼎新材、易成新能、旗滨集团、文化长城、上峰水泥、豫金刚石、国统股份、金刚玻璃、方大炭素、金晶科技、亚泰集团、悦心健康、四方达、四川双马、北京利尔、德力股份、瑞泰科技、三峡新材、天山股份、四川金顶、耀皮玻璃、冀东水泥、青松建化、博云新材、太空板业、福建水泥、狮头股份	75
3	龙泉股份、濮耐股份	2
4	博闻科技、*ST 烯碳	2

在表 6-11-5 中，类别 1 中，只有韩建河山 1 家公司，综合得分排名第一，北京韩建河山管业股份有限公司于 2015 年 6 月 11 日在上交所上市交易，是韩建集团投资 3.2 亿元打造的华北地区最大的专业混凝土管道生产基地。主要生产产品为预应力钢筒混凝土管（PCCP）、钢筋混凝土排水管（RCP）和商品混凝土。主导产品 PCCP 主要用于大中型引水、调水等水利工程，市政给排水等水务工程。它是目前国内集PCCP 和大型水工金属结构产品研发、生产、运输、安装为一体的专业管道生产企业，现为中国混凝土与水泥制品协会副会长单位。其偿债因子得分排名也是第一，远远大于第二名，说明公司偿债能力非常强，成长能力、盈利营运及营运能力都不错，唯有盈利因子得分为负数，说明其盈利能力较差。韩建河山后来居上，有较广阔发展前景和较大投资价值。

类别 2 中，包括巨龙管业、福耀玻璃、海螺水泥、东方雨虹、长海股份等 75 家公司，综合排名高中低档位置均有，巨龙管业排名第二，最靠前，狮头股份排名第八十，排名最后。该类公司共同特点是，各项能力发展较为均衡，投资风险相对较小。

其中，巨龙管业是一家以混凝土输水管道的研发、生产和销售为主营业务的公司。其主要产品包括PCCP、PCP、RCP 和自应力管等四大系列 100 多个规格，其中 PCCP 为主导产品。公司具有二级预制构件专业资质,是中国混凝土与水泥制品协会常务理事单位、浙江省水泥制品协会副会长单位、国家高新技术企业、浙江省科技型中小企业、浙江省首批标准创新型企业、浙江省工商企业 AAA 级重合同、守信用单位,是国内混凝土制管行业龙头企业之一。巨龙管业综合得分排名从 2014 年的第七十三上升到 2015 年的第二,成长能力极强,其成长因子得分排名第一,说明具有较大发展潜力和投资价值,其营运因子得分排名也是第一,说明其营运能力非常强,发展迅速,其他各项能力也较强,综合各个因子得分情况,说明公司在各个方面属于稳步且迅速上升阶段,具有较大投资价值,最适宜对其进行长期投资。

福耀玻璃是一家专业生产汽车安全玻璃和工业技术玻璃的中外合资企业,也是名副其实的大型跨国工业集团。福耀集团是国内最具规模、技术水平最高、出口量最大的汽车玻璃生产供应商,产品"FY"商标是中国汽车玻璃行业第一个"中国驰名商标",自 2004 年起连续两届被授予"中国名牌产品"称号;福耀玻璃股票为上证红利指数样本股,于 2009 年被上海证券交易所授予"年度董事会奖",并于 2011 年起,连续三年获颁"央视财经 50 指数"年度最佳成长性上市公司。福耀集团还连续三届被评为"中国最佳企业公民""2007CCTV 年度最佳雇主"。其综合得分排名第三,较 2014 年上升 13 位,各项能力发展较为均衡,内含价值较大,值得投资者关注。

安徽海螺水泥股份有限公司成立于 1997 年 9 月 1 日,1997 年 10 月 21 日在香港挂牌上市,开创了中国水泥行业境外上市的先河。公司主要从事水泥及商品熟料的生产和销售,是世界上最大的单一品牌供应商。公司经过多年的快速发展,产能持续增长,工艺技术装备水平不断提升,发展区域不断扩大。公司先后建成了铜陵、英德、池州、枞阳、芜湖 5 个千万吨级特大型熟料基地,并在安徽芜湖、铜陵兴建了代表当今世界最先进技术水平的 3 条 12 000 吨生产线。海螺水泥产品质量卓越,享誉全国,并远销海外;下属100 多家子公司,分布在省内的 12 个基地,横跨华东、华南和西部 18 个省、市、自治区以及印度尼西亚等国,形成了集团化管理和国际化、区域化运作的经营管理新格局,成就了"世界水泥看中国,中国水泥看海螺"的美誉。其综合得分排名第四,较 2014 年下降 2 位,但已经连续两年综合得分保持在前十名,相对稳定,有较大投资价值。

东方雨虹 1995 年进入建筑防水行业,20 余年来,东方雨虹为重大基础设施建设、工业建筑和民用与商用建筑提供高品质、完备的防水系统解决方案,成为亚洲最大防水系统服务商。在"产业报国、服务利民"的指导思想下,公司投资还涉及非织造布、建筑节能、砂浆以及能源化工等多个领域。综合得分排名已经连续两年位列第六,各项能力发展均衡,内含价值大,综合各个因子得分情况,且已经连续两年综合得分保持在前十名,公司是值得长期投资的。

长海股份自成立以来,公司一直致力于玻纤制品及玻纤复合材料的研发、生产和销售。公司现有 3座玻纤池窑生产线,拥有 13 万吨玻璃纤维产能,产能总量位居全国前五位。经过 10 多年的发展,公司已形成了 10 万多吨的玻纤制品产能,拥有玻璃纤维短切毡、玻璃纤维湿法薄毡、蓄电池复合隔板、玻璃纤维涂层毡等多个特种毡系列产品,品种齐全、质量过硬,赢得了客户的广泛认可。其综合得分排名第七,主要是其盈利营运能力突出,得分排名第三,盈利因子得分排名第十五,说明公司的营运能力表现良好,盈利能力较佳,其成长因子得分排名居中,与 2014 年基本一致,表现一般,其偿债能力排名较为靠后,说明公司经营中利用较多负债,虽然其偿债能力较弱,但是其他 3 项能力表现较佳,还是值得长期投资的。

三圣特材是我国首家运用硬石膏制酸联产水泥工艺进行规模化生产的企业,是重庆市外加剂行业的龙头企业,最早生产混凝土膨胀剂和采用合成工艺生产减水剂,是国内少数掌握第三代聚羧酸系减水剂合成与应用技术的企业之一。生产的减水剂、膨胀剂产品广泛应用于工业与民用建筑、高速公路、铁路、桥梁、隧道、机场、水利水电等重点工程。其综合得分排名第八,各项能力发展均衡,考虑其已经连续两年综合得分保持在前十名,总体表现稳健,可以适当对其进行长期投资但投资前还是要多考察。

其他公司像北京利尔、德力股份、瑞泰科技、三峡新材、天山股份、四川金顶、耀皮玻璃、冀东水泥、青松建化、博云新材、太空板业、福建水泥、狮头股份等公司,基本所有的得分都是负值,排名靠后,投资需谨慎。

类别 3 中，包含龙泉股份、濮耐股份 2 家公司，它们的共同特点是偿债因子 2 得分遥遥领先，说明其短期偿债能力强，较适宜对其进行短期投资。龙泉股份现拥有 PCCP 生产线 12 条，其中固定生产线 3 条，流动生产线 9 条，形成了年产各种规格 PCCP 管道 300 余公里的生产能力，尤其是在浙江慈溪汤浦引水工程、辽宁阜新引白水工程、辽宁大伙房水库输水工程、安徽淮水北调临涣输水工程等项目操作运行中积累了流动性生产的丰富经验，可以承揽大口径管线项目的现场制作、管道安装任务，是国内建材行业生产预应力钢筒混凝土管（简称 PCCP）系列产品的龙头企业。其综合得分排名第五，主要是由于其盈利能力、偿债能力及营运能力强，得分高，但公司的成长因子排名第七十九位，位于行业倒数，说明公司的成长能力很差，适合进行短期投资。濮耐股份是目前国内主要的功能耐火材料、不定形耐火材料生产企业之一，是国内最大的钢铁行业用耐火材料制品供应商，其拳头产品钢铁炉外精炼透气砖的国内市场份额第一。濮耐股份主营业务为研制、生产和销售定型、不定形耐火材料、功能耐火材料及配套机构，并承担各种热工设备耐火材料的设计安装、施工服务等整体承包业务，目前已为世界钢铁百强企业中的近七十家提供优质产品和完善服务。主导产品钢包底吹氩透气砖被定为国家级新产品，被列入国家级重点火炬计划，2000 年被国家科学技术部列为科技型企业技术创新基金支持项目，国内市场占有率达 60% 以上。其综合得分排名第十八，较上年上升 15 名，主要是由于其偿债因子得分排名第一，说明偿债能力很强，公司资本结构合理，除了偿债能力较强之外，营运能力、盈利能力和成长能力表现并没有超过行业平均水平，说明其远景不明朗。

类别 4 中，包含博闻科技和 ＊ST 烯碳 2 家公司。该类公司共同优势是盈利能力较强，其中博闻科技盈利得分遥遥领先，其余因子均为负数；而 ＊ST 烯碳营运因子得分很低，其余因子得分还可以。这两家公司是各方面能力发展极端不均衡的公司，投资者需要谨慎。其中博闻科技自成立以来，一直秉承"信誉第一，品质领先"的经营理念，在行业内具有很高的知名度。通过引进人才，开拓创新，博闻不断地发展壮大，目前博闻产品线齐全，可以为客户提供全方位的产品，产品包括 EMI/EMC 屏蔽材、绝缘防震材、导电涂料、吸波材料等。其综合得分排名由 2014 年的第七十九上升至 2015 年的第十，进步巨大，主要是由于其盈利因子得分第一，盈利能力非常强，有较大的投资价值。但其营运能力、成长能力都处于欠佳状态，偿债因子排名也较为靠后，且营运因子、成长因子和偿债因子得分均为负数，对其投资恐有风险。 ＊ST 烯碳公司主营业务：石墨类产品、石墨烯及纳米碳、碳素类产品、耐火材料、活性炭类产品、烯碳新材料、稀土碳基复合材料、矿产品、金属和非金属材料销售，烯碳新材料技术开发和技术转让，城市基础设施投资等。其综合得分排名第七十八，处于下游水平。主要是由于其营运因子得分排名第八十，行业最差，且远远低于倒数第二的水平，成长能力和偿债能力也居于行业靠后，虽然盈利因子得分排名较前，居于第十四位，盈利能力还可以，但其目前已面临退市风险，暂不建议投资。

八、结语

综上所述，投资者在进行投资时，要综合考虑宏观、微观等各方面反映的财务信息，加以谨慎地分析，作出合理的选择。在此，本书运用 SPSS 软件，利用 13 个指标综合分析了 2015 年度非金属矿物制品行业 80 家上市公司各方面表现情况，并对比 2013 年、2014 年的排名情况，得出理论与实践有机结合的投资价值结论，对投资者进行投资决策有一定的参考意义。但数据仅仅运用了 2015 年一个年度的财务报表资料，某些项目可能会由于会计政策变更等的影响存在一定程度的偶然性，分析指标的选择也具有主观性。因此，分析结果难以完全反映出真实状况，若后续能连续多个年度进行跟踪分析，并适当增加分析指标，则可较大程度地消除偶然性，帮助投资者作出更加准确的投资决策，以更加有效地配置投资资源，促进非金属矿物制品业的进一步健康和谐发展。

参考文献

［1］ 国家统计局. http://data. stats. gov. cn/easyquery. htm? cn＝C01.

［2］中商情报网，http://www.askci.com/news/chanye/2016/03/03/155139pk2y.shtml.

（参著：戴雨彤）

第十二节　黑色、有色金属冶炼及压延加工和金属制品业上市公司投资价值动态比较分析研究

一、行业发展与投资价值状况

通常黑色金属包括：钢、铸铁、铬、锰等，但一般都是指钢铁材料。黑色金属冶炼及延压加工业一般专指钢铁材料的生产加工。黑色金属冶炼及延压加工业是传统制造业。新中国成立以来，中国矿业得到全面持续发展，现已形成了一大批保证中国经济建设所需要的黑色金属原料基地。与此同时，中国黑色金属冶炼及压延加工业也取得了长足发展，黑色金属冶炼及压延加工业的主体是钢铁行业。有色金属冶炼及压延加工业是资源密集型与劳动密集型相结合的基础产业，有色金属是国民经济、人民日常生活及国防工业、科学技术发展必不可少的基础材料和重要的战略物资。农业、工业、国防和科学技术现代化都离不开有色金属。黑色、有色金属冶炼及压延加工和金属制品业都属于金属制品业。

金属制品业包括结构性金属制品制造、金属工具制造、集装箱及金属包装容器制造、不锈钢及类似日用金属制品制造等。随着社会的进步和科技的发展，我国金属制品在工业、农业以及人们的生活各个领域的运用越来越广泛，也给社会创造了越来越大的价值，但与国际强国相比也还有较大差距。中商情报网讯：2015 年中国金属制品业主营业务收入 37 016.7 亿元，同比增长 4.5%。2011—2015 年，中国金属制品业主营业务收入总额一直呈上涨的态势，但主营业务收入的增长率却一直下滑，由 2011 年的 30.5% 下滑至 2015 年的 4.5%。2015 年全国金属制品业全年利润总额为 2 102.2 亿元，同比增长 4.7%。2011—2015 年，金属制品业实现的利润总额一直延续上涨的态势，但金属制品业利润增长率逐年下滑，利润增长率由 2011 年的 30.2% 下滑至 2015 年的 4.7%。[1]

根据国家统计局资料，2015 年全国规模以上工业企业统计结果，在 41 个大类行业中，29 个行业利润比上年增长，12 个行业下降，其中，黑色金属冶炼及压延加工业主营业务收入 64 605.7 亿元，同比下降 13%，实现利润 525.5 亿元，下降 67.9 亿元；有色金属冶炼及压延加工业主营业务收入 51 167.1 亿元，同比增长 0.7%，实现利润 1 348.8 亿元，下降 11%，是下降幅度较大的行业。[2]

我国是钢铁生产大国，也是金属制品生产和消费大国，但还不是金属制品生产强国。若要实现制品业由大国向强国的转变，就要正视我国金属制品业与世界先进水平的差距。2015 年是黑色、有色金属冶炼及压延加工和金属制品业较为低迷的一年，随着经济转型和市场化程度的不断提高，黑色、有色金属冶炼及压延加工和金属制品业都体现出越来越大的社会需求和发展潜力，相应地对其上市公司进行价值投资分析研究，引导广大投资者进行有效的投资，促进社会资源的有效配置就显得格外重要。

二、样本选取与数据处理

沪、深证券交易所的 138 家黑色、有色金属冶炼及压延加工和金属制品业上市公司的资料来源主要为其 2015 年度的财务报告。具体初始数据扫描二维码获取。

在指标性质、单位不同的情况下，先要对其进行同趋势化处理。然后利用 SPSS 中的 Z-score 方法将 13 个指标的原始数据进行标准化处理。同趋势化数据和标准化数据略。

三、因子分析法适应性检验

为了检验所选用的指标是否适合使用因子分析法，本书利用 SPSS 软件中 KMO 和 Bartlett 的方法来对样本进行检验。检验结果如表 6-12-1 所示。

表 6-12-1　KMO 和 Bartlett 的检验

取样足够度的 Kaiser-Meyer-Olkin 度量		0.708
Bartlett 的球形度检验	近似卡方	821.175
	自由度(df)	78
	显著性(Sig)	0.000

由表 6-12-1 可知，KMO 值为 0.708，大于 0.5，可知各变量之间的相关程度无较大差异，原有变量适合作因子分析。同时，巴特利球形检验统计量为 821.175，相应的概率 Sig 为 0.000，在 5% 的显著性水平之下，拒绝原假设，因此可认为相关系数矩阵与单位阵有显著差异，说明样本适合作因子分析。

四、确定主因子

本书应用因子分析法中的主成分分析法来计算原始公因子的特征值、方差贡献率以及累计方差贡献率，并由此确定公因子。结果如表 6-12=2 所示。

表 6-12-2　解释的总方差

成　分	初始特征值			提取平方和载入			旋转平方和载入		
	合计	方差的%	累积%	合计	方差的%	累积%	合计	方差的%	累积%
1	3.657	28.131	28.131	3.657	28.131	28.131	2.824	21.727	21.727
2	2.382	18.320	46.451	2.382	18.320	46.451	2.582	19.858	41.585
3	1.370	10.542	56.992	1.370	10.542	56.992	1.989	15.303	56.888
4	1.115	8.576	65.568	1.115	8.576	65.568	1.128	8.681	65.568
5	0.973	7.485	73.053						
6	0.916	7.044	80.097						
7	0.816	6.277	86.374						
8	0.687	5.284	91.658						
9	0.333	2.562	94.220						
10	0.289	2.221	96.441						
11	0.223	1.712	98.153						
12	0.144	1.104	99.257						
13	0.097	0.743	100.000						

提取方法：主成分分析。

根据表 6-12-2 中数据可知，前四个主因子的方差贡献率已经达到了累计方差贡献率的 65.568%，即表明这四个主因子已包含原始数据信息量的 65.568%，所以只须选择前四个主因子就可以较好地代表原始指标，对公司的绩效进行描述。

特征值是能够被看作表示因子影响力度大小的指标之一，如果特征值小于1，说明该因子的解释力度还不如直接引入一个原变量的平均解释力度大，因此一般用特征值大于1作为纳入标准。特征值可用碎石图列示,如图 6-12-1 所示。从图 6-12-1 可以看出,从第五个因子开始,特征值的值都小于 1,且折线的陡度变得比较平缓,这说明提取 4 个主因子是合适有效的。

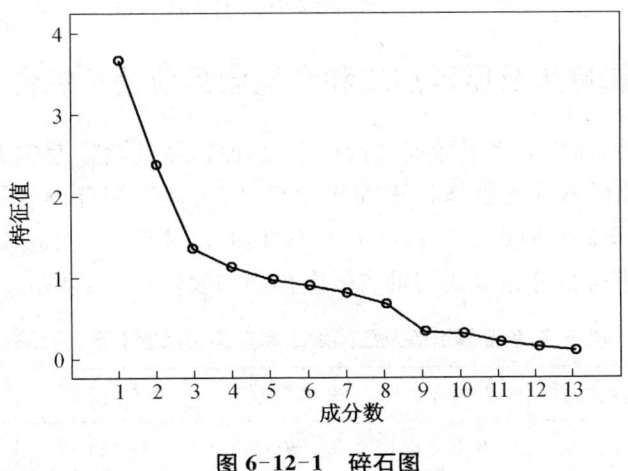

图 6-12-1 碎石图

五、旋转载荷矩阵分析

本书对原因子载荷矩阵进行最大方差旋转,以期得到主因子更明确的含义。结果如表 6-12-3 所示。

表 6-12-3 旋转成分矩阵[a]

	成 分			
	F_1	F_2	F_3	F_4
基本每股收益	0.864	0.081	0.259	0.018
销售净利率	0.754	0.072	0.303	−0.073
每股净资产	0.568	0.122	−0.113	0.520
总资产报酬率	0.742	0.093	0.514	−0.113
流动比率	0.136	−0.049	−0.047	−0.477
速动比率	0.460	0.014	−0.215	−0.093
资产负债率	−0.074	−0.099	0.054	0.757
存货周转率	−0.051	0.897	0.069	−0.038
总资产周转率	0.023	0.962	0.028	0.021
固定资产周转率	0.192	0.895	0.000	0.028
总资产增长率	0.265	0.031	0.843	−0.001
营业总收入增长率	0.538	−0.028	0.075	−0.117
股东权益增长率	0.046	0.041	0.883	0.117

提取方法:主成分分析。

旋转方法:Kaiser 标准化最大差法。

a. 旋转在 5 次迭代后收敛。

由表 6-12-3 中的数据可以看到,基本每股收益、销售净利率、每股净资产、总资产报酬率在主因子 F_1 上的载荷量分别为 0.864、0.754、0.568、0.742,它们主要反映了公司的盈利能力,所以将 F_1 命名为盈利因子;主因子 F_2 在存货周转率(0.897)、固定资产周转率(0.895)、总资产周转率(0.962)上有较大载荷量,代表了公司的营运能力,故而将其命名为营运因子;主因子 F_3 在总资产增长率(0.843)、股东权益增长率(0.883)上有较大载荷量,代表了公司的成长能力,为成长因子;流动比率与资产负债率在主因子 F_4 上的载荷分别为 0.477 与 0.757,体现了公司的偿债能力,为偿债因子。

六、黑色、有色金属冶炼及压延加工和金属制品业公司综合得分与排名

要得到因子的综合得分,需先对因子数据进行标准化处理,使其期望为0,方差为1,然后,对各因子的方差贡献率占因子总方差贡献率的比重作权重加权汇总,使用计算综合得分的公式 $F=(\lambda_1 F_1+\lambda_2 F_2+\lambda_3 F_3+\lambda_4 F_4)/(\lambda_1+\lambda_2+\lambda_3+\lambda_4)=(0.21727\times F_1+0.19858\times F_2+0.15303\times F_3+0.08681\times F_4)/0.65568$ 来计算各样本的综合得分。得到结果按名次排列如表 6-12-4 所示。

表 6-12-4 黑色、有色金属冶炼及压延加工和金属制品业上市公司综合得分排名

证券代码	证券名称	F_1(盈利)	F_2(营运)	F_3(成长)	F_4(偿债)	F(综合)	排名
002082.SZ	栋梁新材	−0.235 53	8.045 63	−0.383	0.121 27	2.29	1
600338.SH	西藏珠峰	−1.731 87	0.912 61	8.602 29	0.075 56	1.72	2
002756.SZ	永兴特钢	1.617 61	1.381 16	0.667 7	1.846 89	1.35	3
002171.SZ	楚江新材	−0.275 12	3.029 37	1.102 7	−0.007 56	1.08	4
002032.SZ	苏泊尔	3.315 07	1.027 73	−1.477 17	−0.087 99	1.05	5
600362.SH	江西铜业	1.047 6	1.962 22	−1.213 16	2.412 96	0.98	6
600459.SH	贵研铂业	0.780 06	2.440 49	−0.517 73	0.554 48	0.95	7
300428.SZ	四通新材	0.949 33	0.726 9	1.213 27	0.514 89	0.89	8
300488.SZ	恒锋工具	2.064 79	−0.857 15	1.108 52	0.730 68	0.78	9
002203.SZ	海亮股份	0.128 04	2.303 32	0.248 51	−0.326 66	0.75	10
002796.SZ	世嘉科技	0.997 65	1.202 86	0.398 43	−0.397 58	0.74	11
002701.SZ	奥瑞金	2.406 41	−0.130 9	0.175 05	−0.532 29	0.73	12
002160.SZ	常铝股份	−0.183 68	−0.515 57	2.696 61	1.932 11	0.67	13
002295.SZ	精艺股份	0.283 77	2.179 14	−0.400 34	−0.162 7	0.64	14
002787.SZ	华源包装	0.934 18	−0.074 73	1.313 18	0.271 59	0.63	15
603969.SH	银龙股份	0.164 77	0.469 8	1.149 08	−0.126 13	0.45	16
002374.SZ	丽鹏股份	1.260 91	−0.893 76	0.660 18	0.854 7	0.41	17
601677.SH	明泰铝业	0.726 12	0.499 78	−0.256 17	0.502 89	0.4	18
300489.SZ	中飞股份	1.357 53	−0.729 77	0.189 84	0.946 44	0.4	19
002501.SZ	利源精制	0.818 85	−0.094 11	0.688 44	−0.229 28	0.37	20
000708.SZ	大冶特钢	1.140 46	0.263 93	−0.678 08	0.537 48	0.37	21
600255.SH	鑫科材料	−0.248 09	1.076 68	0.851 16	−0.607 11	0.36	22
002652.SZ	扬子新材	−0.058 75	0.217 41	1.654 59	−0.602 16	0.35	23
002444.SZ	巨星科技	0.826 15	0.401 19	0.020 21	−0.379 67	0.35	24

证券代码	证券名称	F_1（盈利）	F_2（营运）	F_3（成长）	F_4（偿债）	F（综合）	排名
002333.SZ	罗普斯金	1.305 44	−0.111 45	−0.282 91	0.013 07	0.33	25
300464.SZ	星徽精密	0.946 86	−0.371 87	0.521 88	0.064 26	0.33	26
000039.SZ	中集集团	0.913 65	−0.321 14	−0.011 43	0.944 07	0.33	27
600608.SH	ST沪科	−0.028 24	0.161 84	1.799 9	−1.023 46	0.32	28
000878.SZ	云南铜业	−0.039 8	1.371 04	−0.406 79	−0.126 41	0.29	29
601137.SH	博威合金	1.020 37	0.050 63	−0.764 25	0.859 81	0.29	30
002460.SZ	赣锋锂业	1.437 02	−0.509 1	0.012 19	−0.445 49	0.27	31
000657.SZ	中钨高新	−0.895 33	−0.568 57	−0.486 86	6.369 27	0.26	32
000060.SZ	中金岭南	−0.306 97	0.402 88	0.289 85	1.208 65	0.25	33
002716.SZ	金贵银业	0.546 94	0.137 94	0.154 88	−0.158 93	0.24	34
002478.SZ	常宝股份	1.581 74	−0.226 53	−1.127 29	0.338 32	0.24	35
002540.SZ	亚太科技	0.321 14	0.356 37	0.371 01	−0.573 14	0.23	36
600019.SH	宝钢股份	0.250 45	−0.179 09	−0.356 04	1.950 31	0.2	37
600114.SH	东睦股份	0.751 43	−0.396 37	0.462 41	−0.272 62	0.2	38
002445.SZ	中南文化	0.671 99	−0.852 46	1.179 8	−0.409 22	0.19	39
002541.SZ	鸿路钢构	1.095 58	−0.559 78	−0.672	1.072 42	0.18	40
002752.SZ	昇兴股份	0.469 09	−0.138 32	0.306 27	−0.122 81	0.17	41
002487.SZ	大金重工	1.721 7	−0.867 28	−0.089 94	−0.913 13	0.17	42
600331.SH	宏达股份	−0.277 81	−0.794 26	1.093 62	1.784 77	0.16	43
600206.SH	有研新材	−0.130 62	0.497 67	0.308 12	−0.154 24	0.16	44
002403.SZ	爱仕达	0.749 37	−0.105 45	−0.399 44	0.062 3	0.13	45
002760.SZ	凤形股份	0.565 46	−0.622 51	0.067 11	0.802 14	0.12	46
002237.SZ	恒邦股份	0.190 74	0.203 62	0.007 36	−0.058 81	0.12	47
600219.SH	南山铝业	0.817 68	−0.560 29	−0.324 69	0.700 39	0.12	48
000630.SZ	铜陵有色	−0.466 35	1.189 33	−0.137 66	−0.543 6	0.1	49
002547.SZ	春兴精工	0.018 74	−0.421 21	0.809 23	0.112 44	0.08	50
300034.SZ	钢研高纳	0.856 41	−0.668 23	0.195 45	−0.342 33	0.08	51
601388.SH	怡球资源	0.492 49	0.425 53	−0.893 98	−0.018 31	0.08	52
601700.SH	风范股份	0.899 32	0.021 84	−0.582 51	−0.774 81	0.07	53
002384.SZ	东山精密	−0.015 12	−0.369 53	0.880 94	−0.198 55	0.06	54
002150.SZ	通润装备	0.484 6	0.104 45	0.035 86	−1.060 72	0.06	55
600531.SH	豫光金铅	0.465 75	0.248 25	−0.704 38	−0.050 71	0.06	56
000778.SZ	新兴铸管	0.118 6	0.268 15	−0.315 61	0.087 09	0.06	57
002026.SZ	山东威达	0.402 06	−0.550 38	0.354 44	0.037 95	0.05	58
600549.SH	厦门钨业	−0.432 64	−0.784 53	−0.331 95	3.837 69	0.05	59

（续表）

证券代码	证券名称	F_1（盈利）	F_2（营运）	F_3（成长）	F_4（偿债）	F（综合）	排名
002615. SZ	哈尔斯	0.485 06	−0.142 76	−0.120 22	−0.333 91	0.05	60
002743. SZ	富煌钢构	0.410 08	−0.528 05	0.061 88	0.398 68	0.04	61
002443. SZ	金洲管道	0.283 52	0.063 96	−0.199 04	−0.208 62	0.04	62
600558. SH	大西洋	1.672 84	−0.263 15	−1.455 51	−0.725 56	0.04	63
600231. SH	凌钢股份	−0.071 37	0.120 87	0.090 75	−0.068 68	0.03	64
603028. SH	赛福天	0.391 63	−0.377 17	0.173 79	−0.277 12	0.02	65
600782. SH	新钢股份	0.081 68	0.205 49	−0.473 78	0.306 11	0.02	66
600022. SH	山东钢铁	−0.587 29	0.346 12	0.635 08	−0.302 01	0.02	67
002514. SZ	宝馨科技	0.452 99	−0.545 84	0.296 32	−0.269 49	0.02	68
002182. SZ	云海金属	0.036 47	0.135	−0.019 11	−0.238 65	0.02	69
002352. SZ	鼎泰新材	0.453 18	−0.157 43	−0.550 91	0.324 48	0.02	70
002114. SZ	罗平锌电	0.391 02	−0.389 43	0.092 25	−0.178 02	0.01	71
000751. SZ	锌业股份	−0.121 76	0.112 93	0.175 62	−0.226 9	0	72
000055. SZ	方大集团	0.321 27	−0.257 06	0.257 17	−0.659 2	0	73
600992. SH	贵绳股份	0.236 79	−0.014 16	−0.509 85	0.274 43	−0.01	74
600295. SH	鄂尔多斯	0.658	−0.651 48	−0.386 26	0.428 58	−0.01	75
000612. SZ	焦作万方	−0.107 75	0.207 7	−0.330 61	0.194 69	−0.02	76
300057. SZ	万顺股份	0.379 77	−0.530 26	−0.154 21	0.272 32	−0.03	77
002084. SZ	海鸥卫浴	0.639 78	−0.147 32	−0.241 75	−1.343 69	−0.07	78
600392. SH	盛和资源	−0.358 27	−0.103 42	0.566 44	−0.407 68	−0.07	79
600165. SH	新日恒力	−0.273 92	−0.661 9	1.241 82	−0.642 1	−0.09	80
601968. SH	宝钢包装	−0.027 91	−0.386 02	0.307 74	−0.297 39	−0.09	81
002318. SZ	久立特材	0.170 14	−0.401 6	0.055 09	−0.329 84	−0.1	82
000960. SZ	锡业股份	−0.681 15	0.310 64	0.071 64	0.114 56	−0.1	83
300345. SZ	红宇新材	0.246 74	−0.825 87	0.662 16	−0.670 08	−0.1	84
000969. SZ	安泰科技	0.159 96	−0.590 59	−0.080 04	0.306 78	−0.1	85
000807. SZ	云铝股份	−0.299 66	−0.271 93	0.381 93	−0.279 96	−0.13	86
002578. SZ	闽发铝业	−0.181 68	0.045 21	−0.131 64	−0.448 46	−0.14	87
601028. SH	玉龙股份	0.207 27	−0.330 34	−0.371 89	−0.203 86	−0.15	88
600507. SH	方大特钢	−0.344 18	0.177 6	−0.056 78	−0.547 59	−0.15	89
000959. SZ	首钢股份	−0.704 84	−0.549 65	0.808 82	0.279 96	−0.17	90
000898. SZ	鞍钢股份	−0.518 45	−0.295 37	−0.480 17	1.472 48	−0.18	91
002545. SZ	东方铁塔	0.433 61	−0.718 25	−0.298 64	−0.269 17	−0.18	92
600456. SH	宝钛股份	0.164 36	−0.836 48	−0.677 43	1.317 26	−0.18	93
601600. SH	中国铝业	−0.131 62	−0.209 37	−0.154 52	−0.374 8	−0.19	94

证券代码	证券名称	F_1（盈利）	F_2（营运）	F_3（成长）	F_4（偿债）	F（综合）	排名
002132.SZ	恒星科技	0.076 37	−0.337	−0.269 26	−0.431 47	−0.2	95
000709.SZ	河钢股份	−0.036 01	−0.641 6	−0.109 54	0.002 67	−0.23	96
000890.SZ	法尔胜	0.019 33	−0.499 81	−0.243 91	−0.253 68	−0.24	97
600399.SH	抚顺特钢	−0.020 71	−0.724 77	0.298 75	−0.599 76	−0.24	98
600110.SH	诺德股份	0.197 18	−0.510 48	−0.263 93	−0.654 6	−0.24	99
600673.SH	东阳光科	−0.144 92	−0.507 22	0.092 21	−0.531 22	−0.25	100
002428.SZ	云南锗业	0.120 35	−0.943 83	0.197 29	−0.400 25	−0.25	101
603799.SH	华友钴业	−0.289 64	−0.643 34	0.091 54	0.033 64	−0.27	102
002359.SZ	齐星铁塔	0.471 84	−0.627 89	−0.661 07	−0.582 43	−0.27	103
600961.SH	株冶集团	−1.281 53	1.297 55	−0.548 68	−0.842 24	−0.27	104
002075.SZ	沙钢股份	−0.652 95	0.184 01	−0.232 12	−0.447 9	−0.27	105
000825.SZ	太钢不锈	−0.723 27	0.239 24	−0.419 8	−0.067 86	−0.27	106
600615.SH	丰华股份	0.330 88	−0.943 78	−0.245 02	−0.449 69	−0.29	107
600111.SH	北方稀土	0.341 33	−0.638 94	−0.545 61	−0.727 52	−0.3	108
002342.SZ	巨力索具	−0.006 66	−0.772 85	−0.188 86	−0.277 21	−0.32	109
600768.SH	宁波富邦	−0.807 51	0.629 53	−0.625 51	−0.814 92	−0.33	110
600595.SH	中孚实业	−0.476 42	−0.229 13	−0.251 85	−0.347 91	−0.33	111
600010.SH	包钢股份	−1.095 25	−0.856 3	1.333 06	−0.290 97	−0.35	112
601003.SH	柳钢股份	−0.748 96	0.042 49	−0.395 7	−0.426 23	−0.38	113
600408.SH	安泰集团	−0.410 3	−0.333 97	−0.501 92	−0.521 58	−0.42	114
002110.SZ	三钢闽光	−1.776 2	1.132 76	−0.780 53	−0.116 95	−0.44	115
600126.SH	杭钢股份	−1.784 37	1.598 84	−1.505 96	0.052 21	−0.45	116
002378.SZ	章源钨业	−0.746 6	−0.584 71	−0.078 94	−0.151 97	−0.46	117
603399.SH	新华龙	−1.540 53	−0.131 64	0.096 88	0.375 38	−0.48	118
600808.SH	马钢股份	−0.962 41	−0.104 67	−0.481 6	−0.230 25	−0.49	119
300337.SZ	银邦股份	−0.684 74	−0.443 42	−0.444 54	−0.282 14	−0.5	120
000932.SZ	华菱钢铁	−1.047 81	−0.296 94	−0.134 08	−0.338 45	−0.51	121
600282.SH	南钢股份	−0.953 73	−0.164 36	−0.370 38	−0.490 79	−0.52	122
000933.SZ	＊ST 神火	−0.848 61	−0.523 8	−0.256 4	−0.277 14	−0.54	123
600005.SH	武钢股份	−1.144 21	−0.191 86	−0.376 95	−0.098 9	−0.54	124
002379.SZ	＊ST 鲁丰	−0.192 7	−0.261 37	−1.577 21	−0.240 51	−0.54	125
002149.SZ	西部材料	−0.764 77	−0.694 88	−0.449 57	0.180 55	−0.54	126
300328.SZ	宜安科技	1.166 59	−0.519 55	−0.354 35	−5.280 61	−0.55	127
000761.SZ	本钢板材	−0.993 41	−0.341 08	−0.629 35	0.058 03	−0.57	128
600569.SH	安阳钢铁	−1.169 99	−0.334 68	−0.302 03	−0.374 4	−0.61	129
600390.SH	＊ST 金瑞	−1.369 74	−0.397 47	−0.362 25	0.308 46	−0.62	130
600307.SH	酒钢宏兴	−1.774 99	0.669 5	−0.964 05	−0.328 22	−0.65	131
000717.SZ	＊ST 韶钢	−1.883 69	0.112 99	−0.714 28	−0.650 59	−0.84	132
600117.SH	西宁特钢	−1.926 15	−0.627 3	−0.125 5	−0.541 12	−0.93	133
000962.SZ	＊ST 东钽	−2.373 62	−0.642 23	−1.175 17	0.618 8	−1.17	134

证券代码	证券名称	F_1（盈利）	F_2（营运）	F_3（成长）	F_4（偿债）	F（综合）	排名
000831.SZ	＊ST 五稀	−2.395 35	−0.592 56	−1.008 83	0.217 1	−1.18	135
601005.SH	重庆钢铁	−2.445 54	−0.714	−0.884 29	−0.305 57	−1.27	136
600432.SH	＊ST 吉恩	−2.726 67	−0.730 62	−0.861 83	0.285 58	−1.29	137
600581.SH	＊ST 八钢	−2.978 18	−0.244 94	−0.731 71	−0.985 44	−1.36	138

表 6-12-4 中，黑色、有色金属冶炼及压延加工和金属制品业上市公司综合得分与其投资价值呈正相关关系。由于先对因子数据进行了标准化处理，因此，可以 0 为参考标准线，认为：综合得分大于 0 的公司，综合业绩相对较好，且数值越大，投资价值越大；综合得分小于 0 的则相对较差，且数值越小，投资价值越小。依此可对上市公司的综合业绩和投资价值有一个基本的评价。

具体而言，表 6-12-4 中，公司各项能力得分与相应实力也呈正相关关系。

排名前十位的公司分别为栋梁新材、西藏珠峰、永兴特钢、楚江新材、苏泊尔、江西铜业、贵研铂业、四通新材、恒锋工具、海亮股份。2014 年排名前十位的公司分别为栋梁新材、江西铜业、精诚铜业、奥瑞金、烯碳新材、利源精制、久立特材、苏泊尔、首钢股份、春兴精工。2 年中有 4 家公司保持在前十位，充分显示出它们的综合实力和稳定性。

其中，栋梁新材连续两年排名第一，其营运因子得分排名也是第一，说明其营运能力非常强，其成长因子较落后，说明其成长能力较差。由 2013 年的综合排名第三，升至第一并连续两年保持了第一，说明其实力强劲，行业龙头地位稳定，具有较大值得投资。西藏珠峰从 2014 年的第三十八名上升到第二名，可以看到其最优越的是成长能力，但是其他能力稍微弱一点，值得长期投资。永兴特钢综合得分排名为第三，永兴特钢的各个因子均为正值，具有较好的盈利能力和偿债能力，即便没有 2014 年的排名情况，也值得短期投资。第四名楚江新材为精诚铜业更名而来，排名也仅下降了一位，虽然盈利能力和偿债能力较弱，但是其优秀的成长能力和营运能力，比较适宜进行长期投资。第五名苏泊尔由 2014 年的第八位升至 2015 年的第五位，盈利能力和营运能力都表现不错，综合实力较强，投资价值较大。江西铜业综合排名虽然从 2014 年的第二名下落至第六名，但其盈利能力、营运能力和偿债能力都不错，综合实力较强，值得投资。贵研铂业从 2014 年的第十一名上升至第七名，稳中有升发展潜力较大，具有较大投资价值。四通新材和恒锋工具分别为第八名和第九名，四通新材的各个因子均为正值，具有较好的盈利能力和偿债能力，恒锋工具除了营运能力稍差，其他能力都有其优势。它们没有 2014 年的排名情况，也值得短期投资。海亮股份从 2014 年的第三十五名跃升至第十名，有巨大进步，其营运因子得分较高，有较大投资价值。

总体来说，排名前十的公司除永兴特钢、江西铜业和四通新材外有一个共同特点，即都有一个或几个因子得分为负值，某个因子得分特别高，与其他因子得分存在的差距较大，说明这些公司在某个运行能力上特别出色，但各项能力差距较大，发展不尽均衡，若能够改善自身弱势，未来的发展肯定会更好。

排名后十名的公司分别为安阳钢铁、＊ST 金瑞、酒钢宏兴、＊ST 韶钢、西宁特钢、＊ST 东钽、＊ST 五稀、重庆钢铁、＊ST 吉恩、＊ST 八钢。这十家公司的各个因子得分基本上均为负分，远远低于行业平均值，是排名靠后的主要原因，这说明它们的各项能力都较薄弱，前景迷茫，故暂不建议对其投资。

七、系统聚类分析

上述因子分析能够满足投资者对各家上市公司投资价值分析的基本需要，但是由于投资者的投资理念往往各不相同，关注的侧重点也有所不同。为了更深入细致地分析行业板块的情况，将利用系统聚类分析法进一步对 138 家公司的 4 个因子值和综合值进行 Q 型聚类（即个案分群）；聚类方法为 ward 联结法，即离差平方和法，根据同类变量间的离差平方和较小、不同类别间的离差平方和较大来进行分类，形成树状图（略）。其测量尺度选用平方 Euclidean 距离，即两样本之间的距离是各样本每个变量值之差的平方和。通过聚类分析把业绩相似的公司归类，可以对不同类别的上市公司进行对比分析，为投资者选择投资组合提供参考。

根据树状图（略）对 138 家黑色、有色金属冶炼及压延加工和金属制品业上市公司进行进一步分类，本书选择将其分为 4 类，如表 6-12-5 所示。

表 6-12-5　聚类分析

类别	黑色、有色金属冶炼及压延加工和金属制品业公司	数目
1	栋梁新材、永兴特钢、楚江新材、江西铜业、贵研铂业、海亮股份、精艺股份	7
2	西藏珠峰	1
3	苏泊尔、四通新材、恒锋工具、世嘉科技、奥瑞金、常铝股份、华源包装、银龙股份、丽鹏股份、明泰铝业、中飞股份、利源精制、大冶特钢、鑫科材料、扬子新材、巨星科技、罗普斯金、星徽精密、中集集团、ST 沪科博威合金、赣锋锂业、中钨高新、中金岭南、金贵银业、常宝股份、亚太科技、宝钢股份、东睦股份、中南文化、鸿路钢构、昇兴股份、大金重工、有研新材、宏达股份、爱仕达、风形股份、恒邦股份、南山铝业、春兴精工、钢研高纳、怡球资源、风范股份、东山精密、通润装备、新兴铸管、豫光金铅、山东威达、厦门钨业、哈尔斯、富煌钢构、金洲管道、大西洋、凌钢股份、赛福天、新钢股份、山东钢铁、宝馨科技、鼎泰新材、云海金属、罗平锌电、锌业股份、方大集团、贵绳股份、鄂尔多斯、焦作万方、万顺股份、海鸥卫浴、盛和资源、新日恒力、宝钢包装、久立特材、锡业股份、红宇新材、安泰科技、云铝股份、闽发铝业、玉龙股份、方大特钢、首钢股份、鞍钢股份、东方铁塔、宝钛股份、中国铝业、恒星科技、河钢股份、法尔胜、抚顺特钢、诺德股份、东阳光科、云南锗业、华友钴业、齐星铁塔、丰华股份、北方稀土、巨力索具、包钢股份、*ST 鲁丰、宜安科技	99
4	云南铜业、铜陵有色、株冶集团、沙钢股份、太钢不锈、宁波富邦、中孚实业、柳钢股份、安泰集团、三钢闽光、杭钢股份、章源钨业、新华龙、马钢股份、银邦股份、华菱钢铁、南钢股份、*ST 神火、武钢股份、西部材料、本钢板材、安阳钢铁、*ST 金瑞、酒钢宏兴、*ST 韶钢、西宁特钢、*ST 东钽、*ST 五稀、重庆钢铁、*ST 吉恩、*ST 八钢	31

在表 6-12-5 中，类别 1 中有 7 家公司，其中包含栋梁新材、永兴特钢、楚江新材、江西铜业、贵研铂业、海亮股份 6 家综合排名前十的公司，另外一名为精艺股份排名第十四。该类公司综合得分排名一般较高，往往有某个因子得分远远高出其他因子，实力较强，但发展不尽均衡。其中，栋梁新材是专业生产各种铝合金型材、铝装饰板及 PS 版铝基板的大型铝业集团公司，有强大的研发能力、自主创新能力，技术力量雄厚。其综合排名为第一，有很高的营运能力。其在 2014 年的综合能力排名中也在第一位，在 2013 年也具有很高的营运能力，具有较高的投资价值。永兴特钢是一家专业生产和研发不锈钢棒线的企业，公司专业从事高品质不锈钢棒线材及特殊合金材料的研发和生产，产品主要应用于石油化工、高压锅炉、核电能源、装备制造、航空航天等工业领域，是中国不锈钢棒线材龙头企业，不锈钢棒线材国内市场占有率连续多年位居前三，其中双相不锈钢管坯国内市场占有率 50% 以上，并有多种产品出口国外，值得长期投资。楚江新材是由精诚铜业更名而来，是中国有色金属行业铜板带材专业制造商、安徽省原材料加工产业骨干企业之一，是芜湖市重点扶持发展的骨干企业，中国有色金属加工工业协会理事单位。江西铜业是中国有色金属行业集铜的采、选、冶、加于一体的特大型联合企业，是中国最大的铜产品生产基地和重要的硫化工原料及金银、稀散金属产地，排名第六，具有较强的偿债能力，可作为投资的主要对象。作为国内贵金属功能材料生产开发的领先企业，贵研铂业集中了我国贵金属冶金、材料、化学、化工、加工、分析检测和经营管理等多学科各类专才，公司的主营业务包括贵金属特种功能材料、贵金属高纯功能材料、贵金属信息功能材料及贵金属环境及催化功能材料四大产业领域，稳中有升发展潜力较大，具有较大投资价值。海亮股份是海亮集团有限公司控股的中外合资股份有限公司。公司自 2001 年成立以来，一直致力于高档铜产品的研发、生产、销售和服务，为铜合金管生产企业和国际知名的铜加工企业之一，为中国的铜管出口商和第二大的铜管生产企业，为排名前三的精密铜棒生产企业和最主要的铜棒生产企业之一，从 2014 年的第三十五名跃升至 2015 年的第十名，有巨大进步，其营运因子得分较高，有较大投资价值。精艺股份的排名有着很大的提升，这主要得益于其营运能力，是一家集"铜加工设备—精密铜管—铜管深加工产品"专业产业链为一体的高新技术企业。这七家公司显示出其良好的发展前景和较大的投资价值。

类别 2 仅包括西藏珠峰 1 家公司，其综合排名为第二名。主营业务是锌、铜等有色金属的冶炼、综合回收,电解锌、铟等有色金属产品的销售,从 2014 年的三十八名上升到 2015 年的第二名,可以看到其最优越的是成长能力,但是其他能力稍微弱一点,值得长期投资。

类别 3 包括苏泊尔、四通新材、恒锋工具等 99 家上市公司。该类公司排名有的靠前,有的居中,也有的靠后,它们的各项能力发展相对较为均衡,综合实力较强,投资价值需要联系其实际逐个进行分析。其中苏泊尔是中国最大、全球第二的炊具研发制造商,中国厨房小家电领先品牌,是中国炊具行业首家上市公司,苏泊尔拥有明火炊具、厨房小家电、厨卫电器三大事业领域,丰富的产品线,全面满足厨房生活需求。旗下生产的炊具及生活家电产品销往全球 41 个国家和地区,压力锅、炒锅、煎锅、蒸锅连续多年国内市场占有率稳居第一;电饭煲、电压力锅、电磁炉、电水壶市场占有率也跃居行业第二的领先地位。苏泊尔排名一直稳中有升,是一家非常值得投资的公司。四通新材专业从事中间合金类功能性合金新材料的研发、制造和销售,是中国最大的中间合金生产企业之一。经过多年的技术研究和产品开发,部分产品在技术指标上达到了国际先进水平,取得了较高的国内市场份额,并逐步替代部分进口产品,其各项指标均为正值,是一家值得投资的公司。恒锋工具是一家专业从事现代高效刀具和量检具研发设计、生产制造的公司,已发展成为国内刃量具行业综合实力最强的企业之一,参与过多项国家标准的修制定,并担任全国刀具产品标准化技术委员会复杂刀具分会副主任单位和全国量具量仪标准化技术委员会花键量具工作组召集单位,其盈利能力突出,值得投资。这三家公司可作为投资的主要对象。

类别 4 包括云南铜业、铜陵有色、株冶集团等 31 家公司,除了云南铜业的排名靠前,其余的企业排名均属中下水平。云南铜业是以铜金属的地质勘探、采矿选矿、冶炼加工、科技研发、进出口贸易为主的有色金属企业,其白银产量全国第一,黄金产量居全国第九,高纯阴极铜国内市场占有率为 12%,可以考虑投资,但第四类中的其他公司,有大部分存在风险,需谨慎投资。

八、结语

综上所述,投资者在进行投资时,要综合考虑宏观、微观等各方面反应的财务信息,加以谨慎地分析,作出合理的选择。但由于上述分析主要运用 2015 年一个年度的财务报表资料,并联系实际结合 2013 年、2014 年的相应分析结果进行的对比分析,某些项目仍可能会由于会计政策变更等的影响存在一定程度的偶然性,分析指标的选择也具有主观性。因此,分析结果难以完全反映出真实状况,若后续能连续多个年度进行跟踪分析,并适当增加分析指标,则可较大程度地消除偶然性,帮助投资者作出更加准确的投资决策,以更加有效地配置投资资源,促进黑色、有色金属冶炼及压延加工和金属制品业的进一步健康和谐发展。

参考文献

[1] 2015 年中国金属制品业营收和利润统计分析. 中国情报网,2016-03-03.
[2] 国家统计局. 中华人民共和国 2015 年国民经济和社会发展统计公报. 2016-3-8.

（参著:陈　程）

第十三节　通用设备制造业上市公司投资价值动态比较分析研究

一、行业发展与投资价值状况

通用设备制造业是装备制造业中的基础性产业,为工业行业提供动力、传动、基础加工、起重运输、热处理等基础设备,钢铁铸件、锻件等初级产品和轴承、齿轮、紧固件、弹簧、密封件等基础零部件。行业产品应用领域广泛,主要涵盖航空航天、交通运输、石油化工等市场。我国通用设备制造行业集中度较低,产业链发展不平衡,行业内企业在高端产品市场竞争力不强。近年来,在《国务院关于加快培育和发展战略性新兴产业的决定》《工业转型升级规划(2011—2015年)》《国家"十二五"科学和技术发展规划》等产业政策的支持下,通用设备制造业的科研投入不断提高,高档数控机床、关键基础零部件等基础装备及配套产品成为发展重点,相关企业自主创新能力持续提高。

随着技术水平的提高和市场对产品要求的提高,我国通用设备制造业高端产品的比重将逐渐加大,企业生产将逐渐从低端产品向高附加值产品转变。2014年我国通用设备制造业总资产达到37 637.42亿元,同比增长7.22%;行业销售收入为46 255.43亿元,较2013年同期增长8.10%;行业利润总额为3 018.47亿元,同比增幅为5.28%[1]。2015年中国通用设备制造业主营业务收入47 051亿元,同比增长0.3%。由下图可知2012—2015年,全国通用设备制造业主营业务收入总额一直保持上涨的态势,但通用设备制造业主营业务收入增长率却一直处于动荡下滑中[2],如图6-13-1所示。

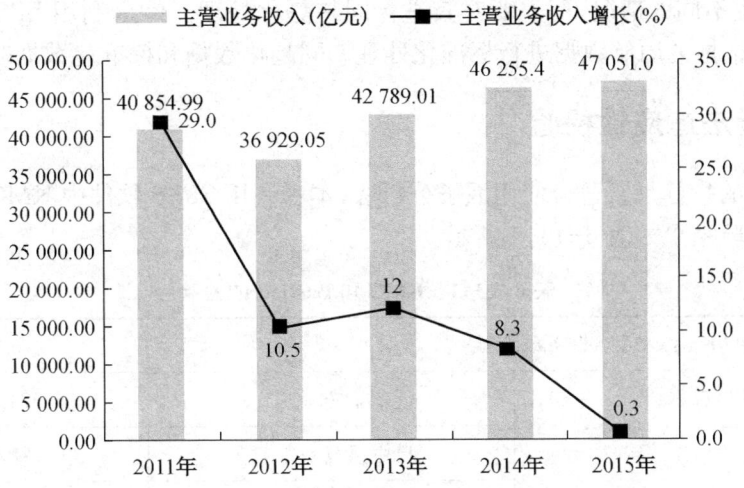

图6-13-1 2011—2015年全国通用设备制造业营收情况

2015年全国通用设备制造业全年利润总额为3 042.8亿元,同比下滑0.6%。2011—2015年,全国通用设备制造业显示利润总额一直保持上涨的态势,但通用设备制造业利润增长率却一直动荡下滑,[3]如图6-13-2所示。

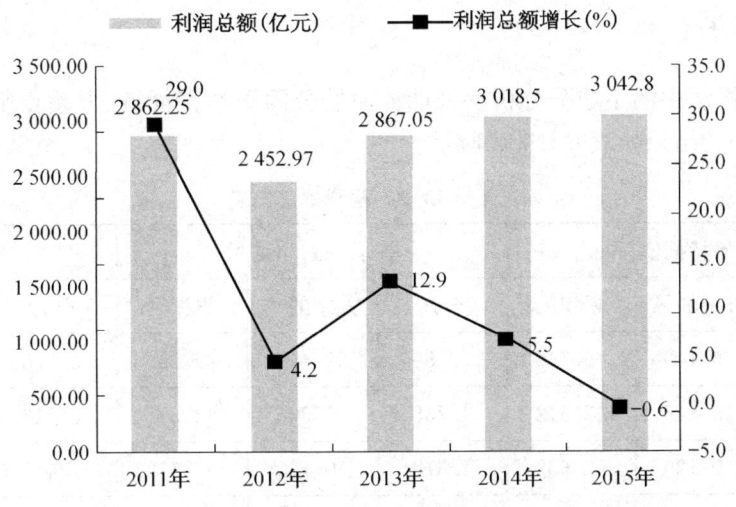

图6-13-2 2011—2015年全国通用设备制造业利润情况

2015年5月8日，国务院发布《中国制造2025》，部署全面推进实施制造强国战略，立足国情，立足现实，力争通过"三步走"实现制造强国的战略目标。《中国制造2025》提出强化前瞻性基础研究，着力解决影响核心基础零部件（元器件）产品性能和稳定性的关键共性技术；建立基础工艺创新体系，开展先进成型、加工等关键制造工艺联合攻关；支持企业开展工艺创新，培养工艺专业人才；加大基础专用材料研发力度，提高专用材料自给保障能力和制备技术水平。因此，通用设备制造业具有广阔的发展前景和巨大的投资空间。但投资者在选择投资该行业时，需要进行行业内企业尤其上市公司价值投资评估。

二、样本选取与数据处理

沪、深证券交易所的109家通用设备制造业上市公司的资料来源主要为其2015年度的财务报告。具体初始数据扫描二维码获取。

在指标性质、单位不同的情况下，先要对其进行同趋势化处理。然后利用SPSS中的Z-score方法将13个指标的原始数据进行标准化处理。同趋化数据和标准化数据略

三、因子分析法适应性检验

为了检验所选用的指标是否适合使用因子分析法，本书利用SPSS软件中KMO和Bartlett的方法来对样本进行检验。检验结果如表6-13-1所示。

表6-13-1　KMO和Bartlett的检验

取样足够度的 Kaiser-Meyer-Olkin 度量		0.560
Bartlett 的球形度检验	近似卡方	571.685
	自由度（df）	78
	显著性（Sig）	0.000

由表6-13-1可知，KMO值为0.560，大于0.5，可知各变量之间的相关程度无较大差异，原有变量适合作因子分析。同时，巴特利球形检验统计量为571.685，相应的概率Sig为0.000，在5%的显著性水平之下，拒绝原假设，因此可认为相关系数矩阵与单位阵有显著差异，说明样本适合作因子分析。

四、确定主因子

本书应用因子分析法中的主成分分析法来计算原始公因子的特征值、方差贡献率以及累计方差贡献率，并由此确定公因子。结果如表6-13-2所示。

表6-13-2　解释的总方差

成 分	初始特征值			提取平方和载入			旋转平方和载入		
	合计	方差的%	累积%	合计	方差的%	累积%	合计	方差的%	累积%
1	3.789	29.146	29.146	3.789	29.146	29.146	3.078	23.678	23.678
2	1.738	13.366	42.512	1.738	13.366	42.512	2.113	16.254	39.931
3	1.316	10.120	52.632	1.316	10.120	52.632	1.457	11.205	51.136
4	1.218	9.372	62.004	1.218	9.372	62.004	1.376	10.584	61.720
5	1.041	8.009	70.013	1.041	8.009	70.013	1.078	8.293	70.013

成 分	初始特征值			提取平方和载入			旋转平方和载入		
	合计	方差的%	累积%	合计	方差的%	累积%	合计	方差的%	累积%
6	0.916	7.044	77.058						
7	0.850	6.536	83.594						
8	0.679	5.226	88.819						
9	0.518	3.982	92.802						
10	0.324	2.491	95.293						
11	0.314	2.415	97.708						
12	0.247	1.900	99.608						
13	0.051	0.392	100.000						

提取方法：主成分分析。

根据表6-13-2中数据可知，前五个主因子的方差贡献率已经达到了累计方差贡献率的70.013%，即表明这五个主因子已包含原始数据信息量的70.013%，所以只须选择前五个主因子就可以较好地代表原始指标，对公司的绩效进行描述。

特征值是能够被看作表示因子影响力度大小的指标之一，如果特征值小于1，说明该因子的解释力度还不如直接引入一个原变量的平均解释力度大，因此一般用特征值大于1作为纳入标准。特征值可用碎石图列示，如图6-13-3所示。从图6-13-3可以看出，从第六个因子开始，特征值的值都小于1，且折线的陡度变得比较平缓，这说明提取5个主因子是合适有效的。

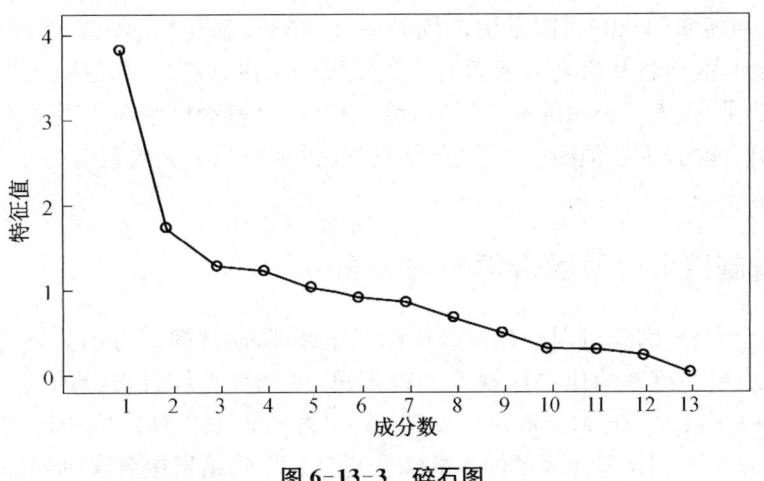

图 6-13-3　碎石图

五、旋转载荷矩阵分析

本书对原因子载荷矩阵进行最大方差旋转，以期得到主因子更明确的含义，结果如表6-13-3所示。

表 6-13-3　旋转成分矩阵[a]

	成 分				
	F_1	F_2	F_3	F_4	F_5
基本每股收益	0.882	0.218	0.042	−0.022	−0.085
销售净利率	0.688	0.155	0.052	0.184	0.246

	成 分				
	F_1	F_2	F_3	F_4	F_5
每股净资产	0.649	−0.348	0.386	−0.077	−0.212
总资产报酬率	0.848	0.345	−0.028	0.065	0.074
流动比率	0.347	−0.133	−0.456	0.144	−0.223
速动比率	−0.087	−0.059	−0.070	0.811	0.007
资产负债率	0.038	−0.070	−0.036	−0.011	0.890
存货周转率	0.124	0.809	0.164	0.033	0.040
总资产周转率	0.270	0.860	0.014	0.051	−0.098
固定资产周转率	0.550	0.468	−0.097	0.087	−0.301
总资产增长率	0.323	−0.279	0.702	0.347	−0.115
营业总收入增长率	0.243	0.207	0.133	0.721	−0.028
股东权益增长率	0.038	0.203	0.736	−0.018	−0.043

提取方法：主成分分析。
旋转方法：Kaiser 标准化最大方差法。
a. 旋转在 10 次迭代后收敛。

由表 6-13-3 中的数据可以看到，基本每股收益、销售净利率、每股净资产、总资产报酬率在主因子 F_1 上的载荷量分别为 0.882、0.688、0.649、0.848，它主要反映了公司的盈利能力，所以将 F_1 命名为盈利因子；主因子 F_2 在存货周转率（0.809）、固定资产周转率（0.468）、总资产周转率（0.860）上有较大载荷量，代表了公司的营运能力，故而将其命名为营运因子；主因子 F_3 在总资产增长率（0.702）、股东权益增长率（0.736）上有较大载荷量，代表了公司的成长能力，为成长因子；速动比率在主因子 F_4 上的载荷为 0.811，体现了公司的短期偿债能力，为偿债因子1；资产负债率在主因子 F_4 上的载荷为 0.890，体现了公司的长期偿债能力，为偿债因子2。

六、通用设备制造业公司综合得分与排名

要得到因子的综合得分，需先对因子数据进行标准化处理，使其期望为0，方差为1，然后，对各因子的方差贡献率占因子总方差贡献率的比重作权重加权汇总，使用计算综合得分的公式 $F=(\lambda_1 F_1+\lambda_2 F_2+\lambda_3 F_3+\lambda_4 F_4+\lambda_5 F_5)/(\lambda_1+\lambda_2+\lambda_3+\lambda_4+\lambda_5)=(0.236\,78\times F_1+0.162\,54\times F_2+0.112\,05\times F_3+0.105\,84\times F_4+0.082\,93\times F_5)/0.700\,13$ 来计算各样本的综合得分。得到结果按名次排列如表 6-13-4 所示。

表 6-13-4　通用设备制造业上市公司综合得分排名

证券代码	证券名称	F_1（盈利）	F_2（营运）	F_3（成长）	F_4（偿债1）	F_5（偿债2）	F（综合）	排名
600444.SH	国机通用	−1.240 78	3.340 97	5.837 94	−0.686 68	−0.097 66	1.17	1
600894.SH	广日股份	3.492 75	0.819 37	−0.823 87	−0.562 93	−0.264 07	1.12	2
002685.SZ	华东重机	−0.609 69	3.510 35	−0.384 12	3.945 47	−0.741 25	1.06	3
002164.SZ	宁波东力	0.422 25	−0.750 77	−0.348 45	−0.150 75	9.208 13	0.98	4
300097.SZ	智云股份	0.916 11	−1.504 23	2.516	3.439 88	−0.722 82	0.8	5
002793.SZ	东音股份	1.266 01	1.797 11	−0.302 61	−0.317 38	−0.177 21	0.73	6
300470.SZ	日机密封	3.065 69	−1.428 5	1.507 54	−1.226 61	−1.028 74	0.64	7

中国上市公司投资价值动态比较分析研究（二）

证券代码	证券名称	F_1（盈利）	F_2（营运）	F_3（成长）	F_4（偿债1）	F_5（偿债2）	F（综合）	排名
300145.SZ	中金环境	1.600 64	−0.968 81	2.152 24	0.160 79	−0.427 17	0.63	8
002202.SZ	金风科技	0.643 64	1.124 69	0.303 79	0.674	0.000 42	0.63	9
603611.SH	诺力股份	0.694 31	1.644 18	0.366 77	−0.324 91	−0.315 5	0.59	10
002523.SZ	天桥起重	−0.661 48	−0.279 93	−0.054 26	5.574 69	0.061 93	0.55	11
002795.SZ	永和智控	0.953 77	1.822 66	−0.771 8	−0.570 52	−0.033 84	0.53	12
300435.SZ	中泰股份	1.588 12	−0.057 45	0.484 82	−0.563 27	−0.285 67	0.48	13
600835.SH	上海机电	2.247 4	0.464 13	−0.692 93	−0.962 41	−1.275 78	0.46	14
300090.SZ	盛运环保	0.925 27	−0.711 29	0.940 67	0.672 94	0.477 64	0.46	15
002418.SZ	康盛股份	−0.145 35	1.182 43	1.134 41	0.151 03	0.073 52	0.44	16
603131.SH	上海沪工	0.449 37	1.639 92	−0.156 02	−0.504 37	0.051 6	0.44	17
002050.SZ	三花股份	−0.430 56	0.825 2	−0.944 94	3.408 96	0.219 47	0.44	18
601313.SH	江南嘉捷	0.343 17	1.892 15	−0.331 51	−0.379 93	−0.120 15	0.43	19
000811.SZ	烟台冰轮	0.817 14	0.937 66	0.048 03	−0.323 13	−0.338 64	0.41	20
300420.SZ	五洋科技	0.863 21	−2.375 87	3.719 67	0.820 18	−0.488	0.4	21
000404.SZ	华意压缩	−0.040 46	2.179 78	−0.064 07	−0.368 06	−0.257 26	0.4	22
603339.SH	四方冷链	1.199 96	0.869 95	−0.542 33	−0.662 57	−0.280 97	0.39	23
300512.SZ	中亚股份	1.552 27	−0.026 62	−0.477 9	−0.316 25	−0.108 96	0.38	24
002367.SZ	康力电梯	0.608 39	0.947 23	−0.425 34	−0.073 25	0.284 44	0.38	25
002158.SZ	汉钟精机	0.740 87	0.023 65	0.907 89	−0.435 86	−0.032 46	0.33	26
300024.SZ	机器人	1.150 61	−0.998 86	1.248 36	−0.073 32	−0.253 19	0.32	27
300411.SZ	金盾股份	−0.256 2	1.487 2	0.207	−0.131 05	0.341 38	0.31	28
600218.SH	全柴动力	−0.174 93	1.498 1	0.321 2	−0.119 63	−0.163 17	0.3	29
603726.SH	朗迪集团	0.752 57	0.560 21	−0.061 89	−0.741 64	−0.006 4	0.26	30
300362.SZ	天翔环境	1.093 69	−2.213 23	2.664 83	0.159 6	−0.391 52	0.26	31
300263.SZ	隆华节能	0.291 67	−0.203 1	−0.071 87	1.412 46	−0.158 39	0.23	32
002686.SZ	亿利达	−0.037 23	0.841 8	−0.208 88	0.215 8	0.391 75	0.23	33
300421.SZ	力星股份	0.387 37	0.435 99	0.119 59	−0.440 98	0.198 94	0.21	34
300266.SZ	兴源环境	−0.186 84	0.544 7	0.159 09	0.467 99	0.333 39	0.2	35
000530.SZ	大冷股份	0.411 42	0.063 2	0.480 63	−0.172 12	−0.228 24	0.18	36
002532.SZ	新界泵业	0.083 02	0.758 11	−0.207 19	−0.257 12	0.174 36	0.15	37
600475.SH	华光股份	0.350 55	0.535 87	−0.123	−0.229 96	−0.426 61	0.14	38
300202.SZ	聚龙股份	0.659 27	0.220 75	−0.505 14	−0.687 92	0.407 58	0.14	39
000570.SZ	苏常柴A	−0.321 15	1.241 78	−0.264 65	−0.024 26	−0.174 76	0.11	40
002472.SZ	双环传动	0.738 47	−0.973 12	0.842 62	−0.233 72	−0.120 32	0.11	41
002520.SZ	日发精机	−0.052 69	−0.601 54	0.930 36	0.655 26	−0.052 07	0.08	42

证券代码	证券名称	F_1（盈利）	F_2（营运）	F_3（成长）	F_4（偿债1）	F_5（偿债2）	F（综合）	排名
002197.SZ	证通电子	−0.002 33	0.228 11	−0.069 02	0.402 77	−0.185 63	0.08	43
000757.SZ	浩物股份	−0.692 37	0.980 19	0.299 69	0.211 86	−0.000 28	0.07	44
002553.SZ	南方轴承	−0.079 96	0.419 18	−0.394 61	−0.137 01	0.551 25	0.05	45
002537.SZ	海立美达	0.005 06	0.726 75	−0.122 56	−0.650 48	−0.009 36	0.05	46
600416.SH	湘电股份	0.083 55	0.315 27	−0.060 83	0.099 9	−0.566 94	0.04	47
300503.SZ	昊志机电	0.751 88	−0.759 34	−0.133 83	−0.280 18	0.208 24	0.04	48
603315.SH	福鞍股份	0.583 38	−0.591 52	0.067 06	−0.451 98	0.282 78	0.04	49
300193.SZ	佳士科技	−0.659 02	−0.635 25	−0.624 52	2.943 58	0.276 96	0.01	50
600619.SH	海立股份	−0.358 15	0.578 29	0.318 22	−0.453 15	0.072 77	0	51
000903.SZ	云内动力	−0.159 32	−0.112 04	−0.050 94	0.453 94	0.180 24	0	52
002009.SZ	天奇股份	0.070 49	−0.062 43	−0.010 03	−0.052 85	−0.041 23	−0.01	53
002011.SZ	盾安环境	−0.251 91	0.788 04	−0.116 08	−0.503 9	−0.103 98	−0.01	54
601727.SH	上海电气	0.023 72	0.477 83	−0.488 94	−0.099 75	−0.352 36	−0.02	55
603699.SH	纽威股份	0.520 98	−0.019 59	−0.706 48	−0.591 39	0.012 37	−0.03	56
300441.SZ	鲍斯股份	0.003 5	−0.254 8	−0.241 83	0.133 17	0.195 96	−0.05	57
600841.SH	上柴股份	−0.508 9	0.793 55	−0.008 29	−0.613 09	0.235 23	−0.05	58
002630.SZ	华西能源	0.068 78	−0.280 86	−0.027 52	0.047 52	−0.125 65	−0.05	59
002152.SZ	广电运通	3.091 43	−1.369 39	−4.305 74	1.142 28	−2.255 96	−0.06	60
000777.SZ	中核科技	−0.162 26	0.004 73	−0.688	0.616 66	0.087 08	−0.06	61
600243.SH	青海华鼎	−0.227 72	−0.374 4	0.389 64	0.219 98	0.018 03	−0.07	62
002468.SZ	艾迪西	−0.641 69	1.215 74	−0.415 92	−0.410 61	−0.042 3	−0.07	63
002689.SZ	远大智能	−0.475 41	0.803 47	−0.562 66	−0.347 87	0.302 3	−0.08	64
300091.SZ	金通灵	−0.220 14	−0.053 96	−0.059 22	−0.121 58	0.180 23	−0.09	65
000880.SZ	潍柴重机	−0.407 37	0.614 78	−0.029 63	−0.698 18	0.029 34	−0.1	66
002639.SZ	雪人股份	−0.499 41	−0.500 77	0.088 05	0.890 68	0.285 99	−0.1	67
002559.SZ	亚威股份	−0.040 46	−0.179 65	−0.168 42	−0.211 28	0.063 2	−0.11	68
603011.SH	合锻智能	−0.199 55	−0.023 63	−0.336 09	−0.071 53	0.136 75	−0.12	69
002530.SZ	丰东股份	−0.258 53	−0.083 6	−0.472 57	0.218 79	0.234 32	−0.12	70
002255.SZ	海陆重工	−0.098 62	−0.266 47	−0.211 78	−0.027 99	0.045 76	−0.13	71
300185.SZ	通裕重工	−0.147 08	−0.615 54	−0.149 31	0.049 83	0.268 52	−0.18	72
300154.SZ	瑞凌股份	0.100 07	−0.062 92	−0.601 75	−0.573 23	−0.190 05	−0.19	73
002598.SZ	山东章鼓	−0.193 76	−0.192 22	−0.612 7	−0.123 79	0.307 44	−0.19	74
600875.SH	东方电气	0.612 24	−1.012 37	0.132 92	−0.754 4	−0.665 76	−0.2	75
300004.SZ	南风股份	−0.141 16	−0.993 6	0.473 79	−0.091 68	0.066 8	−0.21	76
300257.SZ	开山股份	−0.064 67	−0.317 93	−0.352 72	−0.598 35	0.221 42	−0.22	77

证券代码	证券名称	F_1（盈利）	F_2（营运）	F_3（成长）	F_4（偿债1）	F_5（偿债2）	F（综合）	排名
300126.SZ	锐奇股份	−0.516 37	0.262 33	−0.196 9	−0.503 95	0.000 4	−0.22	78
002122.SZ	天马股份	−0.513 6	−0.990 97	−0.733 37	1.654 08	0.155 5	−0.25	79
002552.SZ	宝鼎科技	−0.523 78	−0.556 85	0.036 34	0.002 07	0.282 58	−0.27	80
002438.SZ	江苏神通	0.044 65	−1.091 98	−0.106 74	0.011 1	−0.171 19	−0.27	81
300260.SZ	新莱应材	−0.053 64	−0.817 24	−0.045 12	−0.320 62	−0.111 25	−0.28	82
000816.SZ	智慧农业	−0.705 93	0.057 04	−0.126 61	−0.499 37	0.301 94	−0.29	83
000678.SZ	襄阳轴承	−0.947 96	0.243 52	−0.236 96	−0.090 03	0.102 92	−0.3	84
002633.SZ	申科股份	−0.171 12	−0.500 39	−0.646 46	−0.520 57	0.332 25	−0.32	85
601002.SH	晋亿实业	−0.546 33	−0.060 08	−0.448 7	−0.456 65	0.108	−0.33	86
002266.SZ	浙富控股	−0.406 32	−0.781 34	−0.519 56	0.036 51	0.535 63	−0.33	87
300391.SZ	康跃科技	−0.611 94	−0.356 11	−0.145 06	−0.488 39	0.365 6	−0.34	88
002282.SZ	博深工具	−0.414 07	−0.299 6	−0.764 5	−0.291 24	0.024 88	−0.37	89
600592.SH	龙溪股份	−0.059 89	−1.001 64	−0.261 3	−0.674 9	0.198 19	−0.37	90
002529.SZ	海源机械	−0.212 12	−1.240 25	−0.185 84	−0.023 51	0.120 72	−0.38	91
600765.SH	中航重机	−0.766 39	−0.238 52	−0.212 91	−0.131 41	−0.090 77	−0.38	92
002347.SZ	泰尔重工	0.083 27	−1.321 1	−0.645 1	0.069 75	−0.172 66	−0.39	93
002534.SZ	杭锅股份	−0.552 99	−0.432 34	0.006 89	−0.533 01	−0.237 75	−0.4	94
300280.SZ	南通锻压	−0.182 15	−0.865 75	−0.238 75	−0.693 94	0.076 18	−0.4	95
002272.SZ	川润股份	−0.933 02	0.039 02	−0.468 81	−0.149 36	−0.043 64	−0.41	96
000617.SZ	＊ST济柴	−0.952 11	−0.176 11	−0.482 29	−0.076 96	0.110 53	−0.44	97
000837.SZ	秦川机床	−0.885 89	−0.456 55	0.437 94	−0.683 94	−0.049 62	−0.44	98
601177.SH	杭齿前进	−0.682 25	−0.590 13	−0.240 78	−0.432 79	0.008 91	−0.47	99
300161.SZ	华中数控	−0.214 62	−0.973 15	−1.013 21	0.380 04	−0.681 14	−0.48	100
002480.SZ	新筑股份	−0.833 53	−0.789 78	−0.008 98	−0.414 74	0.051 9	−0.52	101
002147.SZ	新光圆成	−0.495 67	−0.851 4	−0.445 37	−0.894 93	0.342 68	−0.53	102
000410.SZ	沈阳机床	−0.943 92	−0.536 2	−0.458 23	−0.224 36	−0.143 32	−0.57	103
002483.SZ	润邦股份	−1.472 61	−0.617 34	0.268 55	−0.174 86	−0.282 96	−0.66	104
600806.SH	＊ST昆机	−1.323 74	−0.608 69	−0.505 8	−0.187 77	−0.112 27	−0.71	105
002046.SZ	轴研科技	−1.413 51	−1.002 9	−0.126 36	−0.440 92	−0.245 76	−0.83	106
000595.SZ	宝塔实业	−1.735 91	−0.629 61	0.343 69	−0.753 37	−0.363 26	−0.84	107
002248.SZ	华东数控	−2.070 02	−1.168 42	−0.256 74	−0.794 22	−0.673 75	−1.21	108
601558.SH	华锐风电	−4.563 45	−0.946 98	−0.451 01	−1.482 86	−2.716 69	−2.38	109

表 6-13-4 中，通用设备制造业上市公司综合得分与其投资价值呈正相关关系。由于先对因子数据

进行了标准化处理,因此,可以 0 为参考标准线,认为:综合得分大于 0 的公司,综合业绩相对较好,且数值越大,投资价值越大;综合得分小于 0 的则相对较差,且数值越小,投资价值越小。依此可对上市公司的综合业绩和投资价值有一个基本的评价。

具体而言,表 6-13-4 中,公司各项能力得分与相应实力也呈正相关关系。

排名前十位的公司分别为国机通用、广日股份、华东重机、宁波东力、智云股份、东音股份、日机密封、中金环境、金风科技、诺力股份。2014 年排在前十位的分别是景峰医药、纽威股份、聚龙股份、证通电子、广电运通、机器人、江南嘉捷、广日股份、亿利达、兴源环境。两年比较差别较大,仅有广日股份站住了前十,其 2013 年总分排名第二,说明其状态稳定,发展实力强劲,是名副其实的行业龙头,应是投资者关注的重点对象。连续三年只有一家公司保住了前十名,说明公司发展不尽稳定,行业竞争激烈。

其中,国机通用综合排名第一,其营运因子和成长因子得分排名也是第一,说明其营运能力和成长能力非常强,虽然没有 2013 年、2014 年的数据对比,但是综合各个因子得分及综合得分,非常值得长期投资。广日股份综合得分排名由 2013 年的第二跌至 2014 年的第八又上升到 2015 年的第二,原因在于其极强的盈利能力,但是成长因子得分和偿债因子得分都是负值,说明综合实力强劲但各项能力发展不太稳定,可以对其进行投资但需谨慎。华东重机,综合得分排名第三,从 2013 年的第八十四位升至 2014 年六十六名继而猛升至第三,进步巨大,主要原因是其营运能力和偿债能力得到很大提升,说明公司盈利能力不错,公司在各个方面保持稳定或稳步上升阶段,值得长期投资。宁波东力,综合得分排名第四,较 2014 年上升巨大,从 2014 年的第八十八上升至第四,但是其收购供应链才致使能力虚增,在投资时应该谨慎考虑,但可以进行短期投资。智云股份综合得分排名第五,从 2014 年的第六十二跃升至第五,其成长因子得分排名第二,偿债因子得分段靠前,其他因子居中,总体表现一般,考虑其优秀的成长能力和偿债能力,比较适宜进行长期投资。东音股份,综合得分排名第六,原因在于其优秀的盈利能力和营运能力。日机密封,综合得分排名第七,盈利能力突出,但其他能力一般,由于没有 2013 年、2014 年数据,所以适合短期投资。中金环境,又可以称为南方泵业,综合得分排名第八,较 2014 年上升 5 位,主要是其成长能力和盈利能力突出,其稳中有升,表现稳定,考虑其稳健的上升趋势,非常适合投资。金风科技,综合得分排名第九,排名由去年的第二十一名上升至第九名,其所有因子都是正的,是前十名中唯一一个所有因子都是正的企业,是值得长期投资的。诺力股份,综合得分排名第十,由于其指标属于均衡,所以还是值得短期投资的。

排名后十名的公司分别为华中数控、新筑股份、新光圆成、沈阳机床、润邦股份、*ST 昆机、轴研科技、宝塔实业、华东数控、华锐风电,这些公司的盈利因子都在行业平均值以下,甚至远远低于平均值,是导致排名靠后的最主要原因,还有的 4 个因子中只有个别因子为正值,部分公司没有正值,其中华锐风电、轴研科技、华东数控这三家公司去年排名也在后十之列,故暂不建议对其投资。

七、系统聚类分析

上述因子分析能够满足投资者对各家上市公司投资价值分析的基本需要,但是由于投资者的投资理念往往各不相同,关注的侧重点也有所不同。为了更深入细致地分析行业板块的情况,将利用系统聚类分析法进一步对 109 家公司的 5 个因子值和综合值进行 Q 型聚类(即个案分群);聚类方法为 ward 联结法,即离差平方和法,根据同类变量间的离差平方和较小、不同类别间的离差平方和较大来进行分类,形成树状图(略)。其测量尺度选用平方 Euclidean 距离,即两样本之间的距离是各样本每个变量值之差的平方和。通过聚类分析把业绩相似的公司归类,可以对不同类别的上市公司进行对比分析,为投资者选择投资组合提供参考。

根据树状图(略)对 109 家通用设备制造业上市公司进行进一步分类,本书选择将其分为 4 类,如表 6-13-5 所示。

表 6-13-5　聚类分析

类别	通用设备制造业公司	数目
1	国机通用、智云股份、日机密封、中金环境、盛运环保、五洋科技、机器人、天翔环境、双环传动	9
2	广日股份、东音股份、金风科技、诺力股份、永和智控、中泰股份、上海机电、康盛股份、上海沪工、江南嘉捷、烟台冰轮、华意压缩、四方冷链、中亚股份、康力电梯、汉钟精机、金盾股份、全柴动力、朗迪集团、隆华节能、亿利达、力星股份、兴源环境、大冷股份、新界泵业、华光股份、聚龙股份、苏常柴A、日发精机、证通电子、浩物股份、南方轴承、海立美达、湘电股份、昊志机电、福鞍股份、海立股份、云内动力、天奇股份、盾安环境、上海电气、纽威股份、鲍斯股份、上柴股份、华西能源、中核科技、青海华鼎、艾迪西、远大智能、金通灵、潍柴重机、雪人股份、亚威股份、合锻智能、丰东股份、海陆重工、通裕重工、瑞凌股份、山东章鼓、东方电气、南风股份、开山股份、锐奇股份、宝鼎科技、江苏神通、新莱应材、智慧农业、襄阳轴承、申科股份、晋亿实业、浙富控股、康跃科技、博深工具、龙溪股份、海源机械、中航重机、泰尔重工、杭锅股份、南通锻压、川润股份、＊ST济柴、秦川机床、杭齿前进、华中数控、新筑股份、新光圆成、沈阳机床、润邦股份、＊ST昆机、轴研科技、宝塔实业、华东数控、华锐风电	93
3	华东重机、天桥起重、三花股份、佳士科技、广电运通、天马股份	6
4	宁波东力	1

在表 6-13-5 中,类别 1 中包含国机通用等 9 家公司,综合排名处于高中档位置,国机通用排名第一,最靠前,双环传动排名第四十一,排名最后。该类公司的共同特点是综合得分较高,成长能力较为突出,盈利能力也不错,但各项能力发展不均衡,比较适宜对其进行长期投资。

其中,国机通用是国内首家专业生产新型塑料管材的上市公司,公司业务涵盖流体机械和管材两大领域,年生产能力 10 万吨以上,在国内同行业中具有较强的综合实力和品牌优势。排名第一,其营运因子和成长因子得分排名也是第一,说明其营运能力和成长能力非常强,其偿债因子较佳,非常值得长期投资。

智云股份目前为高新技术企业,一直致力于为国内自动化生产厂商提供非标设计,经过长期积累逐步掌握了与成套自动化装备方案解决密切相关的自动在线检测技术等关键技术环节,并成功研发设计了我国第一条转向机装配、测量自动线,第一台平面数控涂胶机,第一台六轴机器人涂胶机,目前以其“精密、高效、柔性、可靠、成套、低成本”的设计特点已成为国内主要成套自动化装备的方案解决商之一;同时公司所研发生产的典型产品柔性气密泄漏检测设备、柔性自动化装配(机)线设备和柔性高压清洗机设备整体技术均达到国内领先水平。其排名第五,也是一家值得投资的公司。

日机密封是中国最早开展密封技术研究的单位之一,是中国流体密封行业的领军企业,是中国动密封行业唯一的上市公司。公司产品广泛应用于石油化工、煤化工、天然气化工、油气输送、电力、核电、军工、冶金等领域,产品远销欧美、中亚、东南亚等地区。“日机密封”享誉中国近四十年。其排名为第七,盈利能力和成长能力突出,具有较大投资价值。

中金环境又可以称为南方泵业,是一家致力于城市环境治理领域的大型综合性环保企业,拥有集项目投资、工程建设、运营管理、技术研发和设备制造于一体的业务体系,泵类设备、固废处理和环保项目建设运营三大业务板块协同式发展,拥有从设备供应、工程总包到运营管理的完整产业价值链,致力于环境修复与维护,打造中国“环境医院”龙头企业。其排名第八,较 2014 年上升 5 位,稳中有升,表现稳定,考虑其稳健的上升趋势,非常适合投资。

盛运环保是一家在大气污染、固体废弃物治理的环保设备领域为客户提供一整套解决方案的国家级高新技术企业,是中国环保产业协会会员单位。其排名为第十五,除了盈利能力得分为负,其他因子得分均为正,具有较大投资价值。

类别 2 中有 93 家公司,在高中低三挡均有分布,前五位为广日股份、东音股份、金风科技、诺力股份、永和智控,它们的综合得分较高,可作为投资对象。该类公司的盈利能力较强,较适宜短期投资。

其中,广日股份作为国内电梯制造历史最悠久的企业之一,以电梯业务为核心,向上下游产业链延伸。公司经过近四十年的发展,形成了以电梯整机制造、电梯零部件生产及物流服务三大业务板块为主的产业一体化经营格局,并引入国际化高端合作项目向相关产业领域拓展,成为科技研发实力和市场竞争能力突出的大型企业集团。排名从 2014 年的第八上升到今年的第二,稳中有升,实力较强,投资较大。

东音股份专业从事井用潜水泵、小型潜水泵、陆上泵的研发、生产和销售。产品共有 40 多个系列、2 000 多种型号,广泛应用于农林灌溉、生活取水、工业用水、泵站提水、市政工程、建筑供水、污/净水处理等领域。东音凭借卓越的品质、自有的出口权及优质的服务,产品遍销亚洲、欧洲、非洲等 60 多个国家和地区。有着优秀的盈利能力和营运能力,较适合短期投资。

金风科技成立于 1998 年,是中国最早从事风电机组研发和制造的企业之一,目前已发展成为全球领先的风电机组制造商,并致力于成为国际化的清洁能源和节能环保整体解决方案提供商。主要经营大型风力发电机组生产销售及其技术引进与开发、应用;建设及运营风力发电场;制造及销售风力发电机组零部件;有关风机制造、风电场建设运营方面的技术服务与技术咨询;风力发电机组及其零部件与相关技术的进出口业务。其综合得分排名第九,其所有因子都是正的,说明发展均衡,是前十名中唯一一家所有因子都是正的企业,值得投资者密切关注。

诺力股份是一家国内专业资深的仓储物流搬运设备制造企业,是国内较早进入工业车辆生产领域的企业之一,拥有 10 余年的产品研发和生产经验。自设立以来,公司通过不断的技术创新和有计划的规模扩张,产品销量逐年扩大,行业地位不断提高,是行业里的龙头企业。公司已经成长为国内知名的仓储物流搬运车辆制造企业,产品线从轻小型搬运车辆扩大至电动仓储车辆,在工业车辆中端及中高端市场占据了领先地位,值得适量短期投资。

永和智控主要从事流体控制设备及器材的研发、制造和销售,产品包括各类铜制阀门、管件等水暖器材,广泛应用于建筑物中的给排水、暖通和供气等系统。公司长期致力于欧洲和美国市场,在经营过程中,与全世界许多一流的公司结成稳定互惠的贸易伙伴,并在研发、检测、质量管理等方面形成了显著的行业竞争优势。其盈利和营运能力都较好,值得适量投资。

第 3 类包括华东重机、天桥起重、三花股份、佳士科技、广电运通、天马股份 6 家公司。其中,华东重机是专业生产集装箱装卸设备的知名企业,为 A 股上市企业。其产品主要包括各种规格的岸边集装箱起重机、轨道式集装箱门式起重机、轮胎式集装箱门式起重机、通用门式起重机和门座式起重机等专业港口装卸设备。其排名第三,值得投资。

天桥起重作为国内专业从事高端智能装备制造的上市企业,多年来秉承"先进制造,专业典范"的企业愿景,现已发展成为业务范围涵盖物料搬运装备、有色冶炼智能装备、选煤机械等于一体的企业集团。其排名第十一,偿债因子 1 得分很高,但其他因子得分偏低,需要观望,暂不建议投资。

三花股份公司是一家生产经营家用和商用空调自动控制件为主的专业公司,坚持走"小商品、大市场、高科技、专业化"的发展道路,已形成家用和商用空调系列配套产品,与国际家电制造商配套。它是世界产量最大、品种最齐全的截止阀生产基地之一。凭着优良的品质和诚信的服务,"三花"牌产品远销海外几十个国家和地区,成为国际著名家用电器制造商全球采购的长期合作伙伴。公司将在现有空调部品的基础上,向工业控制及自动化方向延伸。公司已拥有 47 项国家专利技术,被评为国家火炬计划重点高新技术企业、浙江省高新技术企业、AAA 级信用等级企业、自营出口优秀企业。其综合排名第十八,参考其因子得分,适宜适量投资。

其他 3 家公司,其排名处于中后方,不太适宜投资。

第 4 类只有 1 家公司,宁波东力是一家从事各类高精度工业齿轮箱、电动机、联轴器以及相关大型成套设备研发、设计和制造的国家级重点高新技术企业。综合得分排名第四,较去年上升巨大,从第八十八上升至第四,但是其收购供应链致使能力虚增,在投资时应该谨慎考虑,但可以进行短期投资。

八、结语

综上所述,投资者在进行投资时,要综合考虑宏观、微观等各方面反应的财务信息,加以谨慎地分析,作出合理的选择。在此,运用 SPSS 软件,利用 13 个指标综合分析通用设备制造业 109 家上市公司各方面表现情况,对投资者进行投资决策有一定的参考意义。但由于分析主要运用了 2015 年一个年度的财务报表资料并结合 2013 年、2014 年的分析结果联系实际进行,某些项目仍可能会由于会计政策变更等的影响存在一定程度的偶然性,分析指标的选择也具有主观性。因此,分析结果难以完全反映出真实状况,若后续能连续多个年度进行跟踪分析,并适当增加分析指标,则可较大程度地消除偶然性,帮助投资者作出更加准确的投资决策,以更加有效地配置投资资源,促进通用设备制造业的进一步健康和谐发展。

参考文献

［1］2015 年我国通用设备制造业概况. 中国产业信息网,2015-12-21.
［2］［3］2015 年通用设备制造业营收和利润统计分析. 中国情报网,2016-03-03.

（参著:陈　程）

第十四节　专用设备制造业上市公司投资价值动态比较分析研究

一、行业发展与投资价值状况

专用设备是专门为一个行业服务应用的设备。若为两个及以上行业服务的设备则称为通用设备。相应地,专门生产为一个行业服务应用的设备的设备制造业称为专用设备制造业,而生产可以应用于两个及其以上行业的设备归类于通用设备制造业。即使是同一类设备也有区分,例如,机床就有通用机床和用于特殊场合的专用机床之分。专用设备制造业是制造业的基础性产业,属于装配制造业的组成部分,是为国民经济各部门以及国防和基础设施建设提供专业装备的重要产业。随着国民经济的不断发展和改革开放程度的不断加大,我国专用设备制造业取得了长足发展,国际贸易日益频繁,呈现出一派繁荣兴旺的景象。但近几年来,随着我国产业政策转型改革的宏观局势,专用设备制造业出现了滑坡的情况。

据中国产业发展研究网讯:2015 年中国专用设备制造业主营业务收入 35 599.8 亿元,同比增长2.9%。2012—2015 年,全国专用设备制造业主营业务收入总额一直保持上涨的态势,但专用设备制造业主营业务收入增长率却一直处于动荡下滑中,但仍保持正增长。2015 年全国专用设备制造业全年利润总额为 2 096.9 亿元,同比下滑 3.4%。2011—2014 年全国通用设备制造业实现利润总额增长率一直保持正增长。2013—2015 年,中国专用设备制造业利润增长率一直下滑,至 2015 年专用设备制造业利润增长率进入负增长。[1]

在当前的工业设备制造领域当中,专用设备制造业是一项非常重要的内容。其经济运行状况对于我国社会经济的发展、工业领域的进步及综合国力的提升等,都有着至关重要的影响。随着我国改革开放的不断深化,我国的专用设备制造业面临了更为巨大的市场竞争和国际挑战。由于专用设备制造业与其上下游产业之间的联系十分紧密,所以其发展态势将直接影响相关产业的发展情况。因此,应当密切关注我国专用设备制造业的宏观环境,充分掌握行业的经济运行状况,加快提升专业技术水平,提高市场竞争力,加速推动全行业业务创新和管理升级,尽快赶上并超越国际先进水平。为此,必须加大对该行业的投资力度,有效地配置社会资源,有重点地有目标地扶持一批重点企业,尤其行业龙头企业如上市公司,以确保中国专业设备制造业发展目标的有效实现。

二、样本选取与数据处理

沪、深证券交易所的 166 家专用设备制造业公司的资料来源主要为其 2015 年度的财务报告相关信息资料整理计算获得。具体初始数据扫描二维码获取。

在指标性质、单位不同的情况下，先要对指标进行同趋势化处理。然后利用 SPSS 中的 Z-score 方法将 13 个指标的原始数据进行标准化处理。同趋化数据与标准化数据略。

三、因子分析法适应性检验

为了检验所选用的指标是否适合使用因子分析法，本书利用 SPSS 软件中 KMO 和 Bartlett 的方法来对样本进行检验，结果如表 6-14-1 所示。

表 6-14-1　KMO 和 Bartlett 的检验

取样足够度的 Kaiser-Meyer-Olkin 度量		0.647
Bartlett 的球形度检验	近似卡方	909.790
	自由度(df)	78
	显著性(Sig)	0.000

由表 6-14-1 可知，KMO 值为 0.647，大于 0.5，可知各变量之间的相关程度无较大差异，原有变量适合作因子分析。同时，巴特利球形检验统计量为 909.790，相应的概率 Sig 为 0.000，在 5% 的显著性水平之下，拒绝原假设，因此可认为相关系数矩阵与单位阵有显著差异，说明样本适合作因子分析。

四、确定主因子

本书应用因子分析法中的主成分分析法来计算原始公因子的特征值、方差贡献率以及累计方差贡献率，并由此确定公因子。结果如表 6-14-2 所示。

表 6-14-2　解释的总方差

成　分	初始特征值			提取平方和载入			旋转平方和载入		
	总计	方差百分比	累积%	总计	方差百分比	累积%	总计	方差百分比	累积%
1	3.738	28.750	28.750	3.738	28.750	28.750	2.959	22.763	22.763
2	1.760	13.539	42.289	1.760	13.539	42.289	2.039	15.686	38.449
3	1.439	11.066	53.355	1.439	11.066	53.355	1.905	14.651	53.101
4	1.180	9.078	62.432	1.180	9.078	62.432	1.173	9.020	62.121
5	1.116	8.587	71.020	1.116	8.587	71.020	1.157	8.898	71.020
6	0.893	6.868	77.887						
7	0.813	6.251	84.138						
8	0.712	5.478	89.616						
9	0.432	3.324	92.940						

成　分	初始特征值			提取平方和载入			旋转平方和载入		
	总计	方差百分比	累积%	总计	方差百分比	累积%	总计	方差百分比	累积%
10	0.406	3.120	96.060						
11	0.252	1.938	97.999						
12	0.201	1.548	99.547						
13	0.059	0.453	100.000						

提取方法：主成分分析法。

由表6-14-2中数据可知,前五个主因子的方差贡献率已经达到了累计方差贡献率的71.020%,即表明这五个主因子已包含原始数据信息量的71.020%,所以只须选择前五个主因子就可以较好地代表原始指标,对专用设备制造业上市公司的绩效进行描述。

特征值是能够被看作表示因子影响力度大小的指标之一,如果特征值小于1,说明该因子的解释力度还不如直接引入一个原变量的平均解释力度大,因此一般用特征值大于1作为纳入标准。特征值可用碎石图列示,如图6-14-1所示。从图6-14-1可以看出,从第六个因子开始,特征值的值都小于1,且折线的陡度变得比较平缓,这说明提取5个主因子是合适有效的。

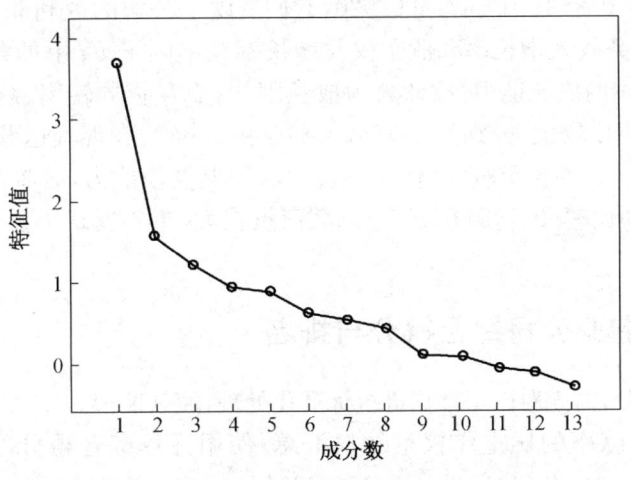

图6-14-1　碎石图

五、旋转载荷矩阵分析

本书对原因子载荷矩阵进行最大方差旋转,以期得到主因子更明确的含义,结果如表6-14-3所示。

表6-14-3　旋转成分矩阵[a]

	成　分				
	F_1	F_2	F_3	F_4	F_5
基本每股收益	0.878	0.147	0.189	0.197	−0.002
每股净资产	0.853	0.091	0.035	−0.180	0.108
销售净利率	0.567	0.181	0.025	0.467	−0.262
总资产收益率	0.920	0.130	0.203	−0.099	0.067

	成　分				
	F_1	F_2	F_3	F_4	F_5
流动比率	0.200	0.254	−0.289	−0.314	0.357
速动比率	0.014	−0.045	−0.009	0.109	0.795
资产负债率	−0.026	0.043	−0.029	0.839	0.155
存货周转率	0.068	0.093	0.764	−0.123	−0.223
总资产周转率	0.304	−0.080	0.810	0.088	−0.037
固定资产周转率	0.056	0.154	0.680	0.058	0.382
总资产增长率	0.108	0.863	−0.034	0.010	−0.157
主营业务收入增长率	−0.003	0.743	0.197	−0.065	0.252
股东权益增长率	0.375	0.745	−0.012	0.170	−0.055

提取方法:主成分分析法。

旋转方法:Kaiser 标准化最大方差法。

a. 旋转在 6 次迭代后已收敛。

由表 6-14-3 中的数据可以看到,基本每股收益、每股净资产、销售净利率、总资产收益率在主因子 F_1 上的载荷量分别为 0.878、0.853、0.567 和 0.920,它们反映了公司的盈利能力,故而将其命名为盈利因子;总资产增长率、主营业务收入增长率和股东权益增长率在主因子 F_2 上的载荷比较大,分别为 0.863、0.743 和 0.745,体现了公司的成长能力,故命名为成长因子;而存货周转率、总资产周转率和固定资产周转率在主因子 F_3 上的载荷比较大,分别为 0.764、0.810 和 0.680,表现其运营能力,故命名为运营因子;F_4 在资产负债率(0.839)上占的比重较大,代表了公司的长期偿债能力,故将主因子 F_4 命名为偿债因子1;流动比率(0.357)和速动比率(0.795)在 F_5 上的载荷量较大,主要反映了公司的短期偿债能力,因而将它定义为偿债因子2。

六、专用设备制造业公司综合得分与排名

要得到因子的综合得分,需先对因子数据进行标准化处理,使其期望为0,方差为1,然后,对各因子的方差贡献率占因子总方差贡献率的比重作权重加权汇总,使用计算综合得分的公式 $F = (\lambda_1 F_1 + \lambda_2 F_2 + \lambda_3 F_3 + \lambda_4 F_4 + \lambda_5 F_5)/\Sigma \lambda i = (0.227\ 63 \times F_1 + 0.156\ 86 \times F_2 + 0.146\ 51 \times F_3 + 0.090\ 20 \times F_4 + 0.088\ 98 F_5)/0.710\ 20$ 来计算各样本的综合得分。得到结果按名次排列如表 6-14-4 所示。

表 6-14-4　专用设备制造业上市公司综合得分排名

证券代码	证券名称	F_1(盈利)	F_2(成长)	F_3(运营)	F_4(偿债1)	F_5(偿债2)	F	排名
300471.SZ	厚普股份	1.178 57	0.534 99	−0.218 07	9.507 89	1.884 78	1.89	1
300443.SZ	金雷风电	3.785 17	0.116 93	0.556 81	2.390 44	−1.552 75	1.46	2
603686.SH	龙马环卫	0.027 46	0.697 27	4.243 26	0.282 6	2.262 57	1.36	3
000150.SZ	宜华健康	−1.524 42	4.044 92	1.589 73	−0.634 01	2.994 73	1.03	4
300023.SZ	宝德股份	−0.841 86	6.427 8	0.376 27	−0.211 72	−2.046 61	0.94	5
300276.SZ	三丰智能	−0.199 3	−0.989 13	−0.075 86	0.549 37	9.046 99	0.91	6
300130.SZ	新国都	−0.316 8	0.243 91	3.123 27	0.200 81	1.652 41	0.83	7
300159.SZ	新研股份	0.138 39	5.218 77	−1.160 12	−1.411 29	0.147 99	0.80	8

证券代码	证券名称	F_1（盈利）	F_2（成长）	F_3（运营）	F_4（偿债1）	F_5（偿债2）	F	排名
300450. SZ	先导智能	1.705 18	1.034 6	−0.415 1	0.432 57	−0.070 05	0.74	9
002413. SZ	雷科防务	0.316 19	−0.103 62	3.795 36	−0.088 54	−1.224 48	0.70	10
603338. SH	浙江鼎力	1.372 78	0.855 74	0.231 2	0.153 3	−0.587 17	0.62	11
300278. SZ	华昌达	−0.775 54	2.286 63	1.590 57	−0.555 37	0.852 59	0.62	12
300442. SZ	普丽盛	1.141 01	0.288 99	−0.608 27	0.788	1.282 92	0.56	13
002786. SZ	银宝山新	0.714 67	−0.177 23	1.425 95	0.737 64	−0.660 58	0.50	14
603309. SH	维力医疗	0.617 99	0.277 38	1.731 21	−0.469 5	−0.841 22	0.45	15
300396. SZ	迪瑞医疗	1.372 74	1.093 34	−1.166 31	−0.576 07	0.645 67	0.45	16
002223. SZ	鱼跃医疗	0.912 13	−0.345 52	1.259 09	−0.546 08	0.330 77	0.45	17
600587. SH	新华医疗	0.743 34	−0.355 64	1.216 66	0.716 4	−0.455 38	0.44	18
600970. SH	中材国际	0.171 3	−0.346 33	2.045 06	0.299 06	0.001 73	0.44	19
002779. SZ	中坚科技	0.866 16	−0.035 29	0.851 56	0.462 05	−0.549 43	0.44	20
300453. SZ	三鑫医疗	1.076 51	0.127 37	0.784 18	0.243 76	−1.077 1	0.43	21
002595. SZ	豪迈科技	1.503 48	−0.569 3	0.757 98	−0.669 42	−0.114 68	0.41	22
300003. SZ	乐普医疗	0.774 42	0.557 43	0.384 44	−0.065 2	−0.278 57	0.41	23
600843. SH	上工申贝	0.331 36	0.237 25	0.991 32	−0.632 11	0.931 31	0.40	24
600984. SH	建设机械	−0.713 27	3.920 74	−0.929 69	0.538 58	−0.914 37	0.40	25
600761. SH	安徽合力	0.839 95	−0.828 86	1.692 09	0.158 45	−0.681 89	0.37	26
300173. SZ	智慧松德	−0.235 02	1.190 31	−0.468 98	−0.190 33	2.369 59	0.36	27
002190. SZ	成飞集成	0.039 07	−0.053 09	−0.220 36	0.516 25	2.727 79	0.36	28
300358. SZ	楚天科技	0.870 15	0.515 99	−0.469 9	0.936 3	−0.470 3	0.36	29
002722. SZ	金轮股份	0.545 07	1.502 2	−0.643 87	0.728 45	−0.962 36	0.35	30
002196. SZ	方正电机	0.459 29	1.350 29	−0.411 91	0.776 56	−0.952 06	0.34	31
603789. SH	星光农机	0.267 27	0.123 52	2.286 56	−0.513 81	−1.449 67	0.34	32
600855. SH	航天长峰	−0.807 33	−0.055 75	2.721 88	−0.537 51	0.906 8	0.34	33
603169. SH	兰石重装	0.905 22	1.044 74	−0.804 86	−0.136 65	−0.055 92	0.33	34
300457. SZ	赢合科技	0.530 11	0.751 42	0.116 33	−0.023 49	−0.228 28	0.33	35
300368. SZ	汇金股份	0.245 17	1.455 55	0.002 87	−0.477 12	−0.243 5	0.31	36
300382. SZ	斯莱克	1.406 09	−0.189 35	−0.617 6	0.012 81	0.141 3	0.30	37
600184. SH	光电股份	−0.369 92	0.551 09	1.791 5	−0.109 98	−0.517 28	0.29	38
002008. SZ	大族激光	0.870 38	−0.724 32	0.726 84	0.199 28	−0.017 2	0.29	39
300326. SZ	凯利泰	0.853 19	1.138 52	−0.907 93	−1.463 98	1.099 35	0.29	40
000852. SZ	石化机械	−0.185 9	0.647 29	1.313 4	0.352 46	−0.985 86	0.28	41
603901. SH	永创智能	0.506 73	−0.104 92	0.515 75	0.226 34	−0.004 29	0.27	42
300385. SZ	雪浪环境	0.459 54	0.340 48	0.414 13	0.179 62	−0.457 96	0.27	43

证券代码	证券名称	F_1（盈利）	F_2（成长）	F_3（运营）	F_4（偿债1）	F_5（偿债2）	F	排名
300462. SZ	华铭智能	0.393 24	0.384 01	−0.029 83	−0.127 98	0.624 06	0.27	44
002435. SZ	长江润发	−0.024 62	−0.732 56	1.078 98	1.786 68	−0.178 68	0.26	45
300425. SZ	环能科技	0.826 97	1.594 48	−1.707 1	−0.907 02	0.852 94	0.26	46
002757. SZ	南兴装备	0.849 55	0.002 87	0.106 53	0.400 49	−0.711 67	0.26	47
300156. SZ	神雾环保	0.222 98	0.190 07	0.355 33	−0.073 6	0.622 14	0.26	48
300472. SZ	新元科技	0.561 22	0.217 94	−0.071 12	0.115 26	−0.044 84	0.22	49
300318. SZ	博晖创新	−0.845 57	1.695 93	−0.936 26	1.949 31	0.487 22	0.22	50
000666. SZ	经纬纺机	1.382 18	−0.346 84	−0.642 74	0.415 27	−0.547 62	0.22	51
300298. SZ	三诺生物	0.677 52	−0.404 98	0.925 77	−0.361 25	−0.464 5	0.21	52
300249. SZ	依米康	−0.426 11	0.330 44	1.124 54	−0.091 28	0.444 41	0.21	53
002509. SZ	天广消防	0.423 32	1.959 72	−1.568 87	0.287 72	−0.554 63	0.21	54
603085. SH	天成自控	0.447 16	−0.029 11	0.742 6	−0.352 73	−0.269 63	0.21	55
300415. SZ	伊之密	0.265 94	−0.141 93	0.913 01	−0.031 28	−0.237 07	0.21	56
002551. SZ	尚荣医疗	−0.009 46	−0.163 82	1.335 61	−0.427 78	0.124 64	0.20	57
002614. SZ	蒙发利	0.076 02	−0.514 25	1.641 38	−0.079 72	−0.337 75	0.20	58
603311. SH	金海环境	0.485 2	0.364 91	0.224 47	−0.903 59	0.232 2	0.20	59
002111. SZ	威海广泰	0.573 14	−0.045 95	−0.371 03	0.887 37	−0.122 35	0.19	60
300412. SZ	迦南科技	0.797 97	0.036 31	−0.491 03	−0.392 37	0.561 13	0.18	61
300334. SZ	津膜科技	−0.024 46	0.136 94	−0.573 68	1.968 85	0.192 06	0.18	62
300171. SZ	东富龙	1.125 55	−0.118 76	−0.969 37	−1.021 05	1.354 81	0.17	63
300461. SZ	田中精机	0.479 48	−0.219 99	0.077 92	0.025 85	0.344 74	0.17	64
603012. SH	创力集团	0.670 49	0.016 49	−0.246 7	0.484 45	−0.554 31	0.16	65
600388. SH	龙净环保	0.193 32	−0.334 48	0.585 93	−0.101 49	0.474 77	0.16	66
002690. SZ	美亚光电	0.752 25	−0.391 34	0.554 25	−0.852 48	−0.089 02	0.15	67
600526. SH	菲达环保	−0.093 38	0.179 43	0.422 89	0.195 77	0.112 2	0.14	68
300509. SZ	新美星	0.801 79	−0.561 42	−0.156 44	0.309 41	−0.067 05	0.13	69
300195. SZ	长荣股份	0.736 06	−0.070 1	−0.495 68	0.500 74	−0.505 32	0.12	70
300056. SZ	三维丝	−0.130 05	0.382 56	0.903 41	−0.680 21	−0.210 5	0.12	71
300273. SZ	和佳股份	−0.120 32	0.391 95	0.275 54	−0.290 5	0.320 71	0.11	72
600499. SH	科达洁能	0.962 81	−0.637 99	−0.184 3	0.242 67	−0.512 23	0.10	73
300246. SZ	宝莱特	−0.132 52	−0.283 96	1.261 98	−0.620 92	−0.037 06	0.07	74
300434. SZ	金石东方	0.610 61	−0.174 23	−0.414 1	0.243 37	−0.270 7	0.07	75
300400. SZ	劲拓股份	0.223 48	−0.338 58	0.453 75	−0.231 89	0.043 08	0.07	76
300486. SZ	东杰智能	0.468 44	0.108 64	−0.530 24	−0.214 86	0.132 98	0.05	77
300206. SZ	理邦仪器	0.464 93	−0.543 94	0.208 65	−0.078 16	−0.165 17	0.04	78

证券代码	证券名称	F_1（盈利）	F_2（成长）	F_3（运营）	F_4（偿债1）	F_5（偿债2）	F	排名
002730.SZ	电光科技	0.499 44	−0.304 66	−0.175 75	0.307 23	−0.457 83	0.04	79
601038.SH	一拖股份	−0.219 83	−0.479 99	1.659 78	−0.284 25	−0.756 12	0.04	80
603029.SH	天鹅股份	0.830 88	−0.803 41	−0.421 9	0.658 55	−0.506 93	0.02	81
000925.SZ	众合科技	−0.429 64	−0.164 69	1.408 21	−0.440 27	−0.365 21	0.01	82
300201.SZ	海伦哲	−0.412 7	−0.186 75	0.939 2	−0.311 73	0.098 73	−0.01	83
603800.SH	道森股份	0.225 81	−0.032 95	−0.137 29	0.102 06	−0.503 14	−0.01	84
600582.SH	天地科技	0.222 17	−0.334 41	0.037 92	−0.205 68	−0.074 21	−0.03	85
600879.SH	航天电子	0.228 81	−0.491 95	−0.044 19	0.191 11	−0.134 84	−0.04	86
002430.SZ	杭氧股份	−0.116 71	−0.497 71	1.311 3	−0.393 35	−0.881 72	−0.04	87
600055.SH	华润万东	−0.097 79	−0.522 82	0.767 41	−0.307 5	−0.138 12	−0.04	88
601908.SH	京运通	−0.276 05	1.019 82	−0.738 33	−0.450 94	0.059 28	−0.07	89
300316.SZ	晶盛机电	−0.195 68	0.498 96	−0.516 12	−0.908 54	0.831 18	−0.07	90
603318.SH	派思股份	0.012 15	−0.031 24	0.016 34	−0.167 24	−0.410 36	−0.07	91
601218.SH	吉鑫科技	−0.193 46	−0.463 42	0.323 54	0.071 66	0.053 81	−0.08	92
000821.SZ	京山轻机	−0.108 39	−0.078 14	−0.136 17	0.162 36	−0.178 98	−0.08	93
300238.SZ	冠昊生物	0.589 88	−0.067 64	−0.755 58	−1.363 72	0.578 32	−0.08	94
002698.SZ	博实股份	0.386 79	−0.498 63	−0.315 94	−0.551 41	0.287 88	−0.09	95
300210.SZ	森远股份	0.572 65	−0.387 98	−0.913 5	−0.047 16	−0.095 54	−0.11	96
300030.SZ	阳普医疗	−0.132 19	−0.189 6	0.082 76	−0.180 16	−0.149 71	−0.11	97
002611.SZ	东方精工	−0.213 96	−0.310 42	0.576 14	−0.693 27	−0.099 55	−0.12	98
002177.SZ	御银股份	−0.164 65	−0.288 56	0.156 92	−0.708 43	0.382 65	−0.13	99
002353.SZ	杰瑞股份	0.461 23	−0.347 22	−1.107 42	0.767 59	−0.531 39	−0.13	100
603088.SH	宁波精达	0.543 98	−0.402 41	−1.045 83	−0.008 22	−0.097 78	−0.14	101
300228.SZ	富瑞特装	0.181 86	−0.260 59	−0.698 8	0.605 95	−0.670 35	−0.15	102
002645.SZ	华宏科技	−0.085 48	0.672 24	−1.136 76	0.274 1	−0.617 76	−0.16	103
300151.SZ	昌红科技	−0.446 29	−0.520 65	1.372 38	−0.930 9	−0.522 77	−0.16	104
002651.SZ	利君股份	0.905 31	0.178 35	−2.107 75	−2.933 29	2.506 45	−0.16	105
002073.SZ	软控股份	0.330 91	−0.531 06	−0.706 76	0.179 22	−0.342 04	−0.18	106
002366.SZ	台海核电	−0.281 43	1.647 43	−1.514 5	−0.240 48	−0.882 49	−0.18	107
300095.SZ	华伍股份	0.173 14	−0.708 31	−0.138 08	−0.490 88	0.093 63	−0.18	108
002031.SZ	巨轮智能	0.271 47	−0.217 2	−0.994 19	−0.192 9	−0.044 56	−0.20	109
600579.SH	天华院	−0.204 48	−0.611 07	0.442 59	−0.619 64	−0.105 54	−0.20	110
300045.SZ	华力创通	−0.357 27	−0.358 02	0.082 66	−0.667 25	0.389 39	−0.21	111
603308.SH	应流股份	0.191 27	−0.287 95	−0.859 22	0.044 18	−0.368 21	−0.22	112
002499.SZ	科林环保	0.158 37	−0.468 09	−0.608 57	−0.843 52	0.481 4	−0.22	113

证券代码	证券名称	F_1（盈利）	F_2（成长）	F_3（运营）	F_4（偿债1）	F_5（偿债2）	F	排名
300314.SZ	戴维医疗	0.123 17	−0.564 38	−0.312 96	−0.601 31	−0.000 02	−0.23	114
000528.SZ	柳工	0.160 26	−0.719 46	−0.564 95	0.575 27	−0.633 87	−0.23	115
600343.SH	航天动力	−0.245 52	−0.408 3	−0.251 91	−0.136 81	0.053 2	−0.23	116
300402.SZ	宝色股份	−0.232 61	−0.353 9	−0.163 32	−0.163 96	−0.198 53	−0.23	117
601717.SH	郑煤机	−0.116 55	−0.607 78	−0.069 12	0.101 89	−0.484 12	−0.23	118
002204.SZ	大连重工	0.003 65	−0.645 21	−0.357 39	0.383 93	−0.552 12	−0.24	119
600302.SH	标准股份	0.064 46	−0.645 44	−0.505 59	−0.413 4	0.337	−0.24	120
002621.SZ	三圣股份	0.640 76	−0.733 44	−1.225 14	−0.127 27	−0.240 81	−0.26	121
600320.SH	振华重工	−0.304 46	−0.498 91	0.332 38	−0.438 35	−0.533 58	−0.26	122
002209.SZ	达意隆	−0.161 41	−0.670 96	−0.061 86	−0.200 13	−0.236 06	−0.27	123
601798.SH	蓝科高新	0.167 04	−0.546 06	−0.878 76	0.154 41	−0.326 41	−0.27	124
601100.SH	恒立液压	0.074 35	−0.360 2	−0.804 68	−0.092 81	−0.300 69	−0.27	125
002613.SZ	北玻股份	−0.405 37	−0.465 91	0.176 52	−0.649 69	0.026 77	−0.28	126
300216.SZ	千山药机	0.065 35	−0.209 39	−0.900 56	−0.417 66	−0.097 06	−0.28	127
002691.SZ	冀凯股份	0.075 88	−0.562 99	−0.829 01	−0.044 07	−0.115 16	−0.29	128
300307.SZ	慈星股份	0.044 14	−0.577 44	−0.835 38	0.004 01	−0.058 89	−0.29	129
002278.SZ	神开股份	−0.233 12	−0.542 66	−0.448 62	−0.315 52	0.246 37	−0.30	130
300281.SZ	金明精机	0.061 69	−0.565 28	−0.711 21	−0.371 31	−0.001 76	−0.30	131
300103.SZ	达刚路机	0.144 53	−0.673 29	−0.736 24	−0.195 51	−0.243 59	−0.31	132
000157.SZ	中联重科	−0.069 64	−0.549 37	−0.787 83	−0.009 19	−0.077 14	−0.32	133
600560.SH	金自天正	−0.195 72	−0.600 9	−0.633 87	−0.187 6	0.160 45	−0.33	134
300099.SZ	尤洛卡	0.168 56	−0.555 11	−1.014 98	−0.276 49	−0.193 55	−0.34	135
002006.SZ	精功科技	−0.311 81	−0.725 91	−0.143 36	−0.423 33	−0.021 1	−0.35	136
600031.SH	三一重工	−0.297 37	−0.694 94	−0.053 83	−0.418 8	−0.328 66	−0.35	137
000425.SZ	徐工机械	−0.289 5	−0.733	−0.230 55	−0.317 14	−0.124 71	−0.36	138
002564.SZ	天沃科技	−0.093 63	−0.614 32	−0.752 47	−0.178 13	−0.213 09	−0.37	139
002667.SZ	鞍重股份	−0.010 91	−0.671 76	−1.082 64	0.257 12	−0.428 08	−0.40	140
002097.SZ	山河智能	−0.270 01	−0.453 52	−0.909 16	−0.199 61	−0.159 89	−0.42	141
300035.SZ	中科电气	−0.073 8	−0.663 82	−1.005 66	−0.210 27	−0.188 02	−0.43	142
300308.SZ	中际装备	−0.300 28	−0.474 29	−0.919 42	−0.440 41	−0.041 58	−0.45	143
600169.SH	太原重工	−0.278 92	−0.654 03	−0.847 78	−0.423 68	−0.027 6	−0.47	144
600421.SH	仰帆控股	−0.373 56	−0.744 24	−0.487 56	−0.836 84	0.010 05	−0.49	145
601608.SH	中信重工	−0.316 43	−0.575 42	−1.009 45	−0.421 23	−0.000 07	−0.49	146
000923.SZ	河北宣工	−0.354 94	−0.562 43	−1.059 05	−0.481 1	0.082 03	−0.51	147
000856.SZ	＊ST冀装	−1.806 53	−0.597 43	1.310 97	−0.813 64	0.133 15	−0.53	148

证券代码	证券名称	F_1（盈利）	F_2（成长）	F_3（运营）	F_4（偿债1）	F_5（偿债2）	F	排名
300293. SZ	蓝英装备	−0.219 95	−0.918 76	−0.863 9	−0.434	−0.198 03	−0.53	149
002021. SZ	中捷资源	−2.452 37	−0.679 51	−0.471 41	3.147 95	0.444 14	−0.58	150
002423. SZ	＊ST 中特	−1.108 02	−0.434 14	−0.346 11	−0.100 25	−0.527 36	−0.60	151
002526. SZ	山东矿机	−1.245 44	−0.633 34	−0.383 17	0.197 69	−0.174 7	−0.61	152
300092. SZ	科新机电	−1.034 6	−0.626 8	−0.478 09	−0.221 88	−0.200 27	−0.62	153
002490. SZ	山东墨龙	−0.921 51	−0.635 32	−0.597 22	−0.172 54	−0.353 87	−0.63	154
002535. SZ	林州重机	−0.969 95	−0.369 45	−0.852 3	0.125 96	−0.600 24	−0.63	155
002337. SZ	赛象科技	−0.928 71	−0.561 62	−1.007 1	−0.437 62	0.115 59	−0.67	156
600262. SH	北方股份	−1.230 14	−0.630 14	−0.597 5	0.275 87	−0.444 63	−0.68	157
600860. SH	京城股份	−1.562 18	−0.672 28	0.021 76	−0.191 11	−0.337 03	−0.71	158
601106. SH	中国一重	−1.064 76	−0.563 59	−1.075 81	−0.209 85	−0.157 5	−0.73	159
002432. SZ	九安医疗	−1.865 86	−0.440 64	−0.194 61	−0.146 75	0.051 16	−0.75	160
000680. SZ	山推股份	−1.440 07	−0.780 87	−0.201 77	−0.285 16	−0.344 78	−0.76	161
600815. SH	厦工股份	−1.762 35	−0.550 62	−0.469 56	−0.189 1	−0.194 4	−0.83	162
600710. SH	＊ST 常林	−2.798 26	−0.468 01	0.253 23	1.085 32	−0.222 64	−0.84	163
000622. SZ	＊ST 恒立	−2.637 58	−0.280 8	−0.379 92	0.087 48	−0.190 64	−1.00	164
002459. SZ	天业通联	−2.800 76	0.227 56	−0.708 12	0.734 5	−0.787 29	−1.00	165
300029. SZ	天龙光电	−7.101 2	0.435 34	−0.198 9	1.588 97	−0.852 25	−2.13	166

表 6-14-4 中，专用设备制造业公司综合得分与其投资价值呈正相关关系。由于先对因子数据进行了标准化处理，因此，可以 0 为参考标准线，认为：综合得分大于 0 的专用设备制造业公司，综合业绩相对较好，且数值越大，投资价值越大；综合得分小于 0 的则相对较差，且数值越小，投资价值越小。依此可对上市公司的综合业绩和投资价值有一个基本的评价。

具体而言，表 6-14-4 中，专用设备制造业公司各项能力得分与相应实力也呈正相关关系。排名前十位的公司是厚普股份、金雷风电、龙马环卫、宜华健康、宝德股份、三丰智能、新国都、新研股份、先导智能、雷科防务。2014 年排名前十位的公司分别为北玻股份、中毅达、东方精工、龙马环卫、星光农机、浙江鼎力、杰瑞股份、金雷风电、迪瑞医疗、浩云科技。2013 年排名前十位的公司分别为蓝英装备、聚龙股份、新华医疗、华宏科技、杰瑞股份、富瑞特装、楚天科技、斯莱克、成飞集成、豪迈科技。3 年比较差距很大，竟无一家公司连续三年排名前十，实属罕见，说明行业内部竞争激烈，公司发展弹性大，不尽稳定，后起之秀居多。另外，3 年比较公司总量变化较大，从 2013 年的 133 家增加到 2014 年的 153 家再到 2015 年的 166 家，公司数量一直呈较大幅度增加，说明行业发展迅速，前景乐观。

厚普股份总分排名第一，是 2015 年新上市公司，其突出优势是偿债能力尤其长期偿债能力十分突出，偿债因子 1 得分远远高于其他公司，是其位列第一的主要原因，盈利因子得分也较高，说明其盈利能力较强，虽然营运因子得分为负值，营运能力相对较差，但公司总体实力较强，是短期投资的理想对象。金雷风电总分排名第二，2014 年排名第八位，上升幅度较大，其盈利因子和偿债因子 1 得分很高，说明其盈利能力强，财务状况稳定；成长能力和营运能力良好，但偿债因子 2 得分为负数，短期偿债能力较差，说明流动资金较为紧张，综合公司实力，值得对其投资。龙马环卫排名第三，是 2015 年新上市公司，其营运因子得分遥遥领先，说明其营运能力强；偿债因子 2 得分也较高，说明其短期偿债能力较强；公司所有因子得分均为正值，是排名前十的公司中唯一的，这说明告诉各项能力发展均衡，综合实力强，具有较大投资价值。宜华健康总分排名第四，其成长能力最为突出，营运能力和短期偿债能力也不错，但盈利能力和长期偿债能力较弱，作为发展中的公司，较适宜对其进行长期投资。宝德股份总分排名第五，由2013年排名第一百二十八猛升至2014年的排名第十七，又上升至第五，进步巨大，成长态势显著。其成长因子得分很高，说明成长能力很强；营运能力也较强；但盈利、成长因子得分均为负值，说明发展不平衡，资金供给不充足，较适宜对其进行长期投资。三丰智能排名第六，2013年排名第八十四位，2014年猛升至第十三位，又升至2015年的第六位，进步巨大，成长态势显著。其突出优势是短期偿债能力强，偿债因子2得分很高，说明流动资金充裕；但盈利、成长和营运因子得分均为负值，说明发展不均衡，应慎重对其投资。新国都、新研股份、先导智能、雷科防务，这四家公司分别排名第七、第八、第九、第十，各项因子得分有正有负，但差距不是很大，相对而言各项能力发展平衡，综合实力较强，是较为理想的投资对象。

排名后十位的公司是北方股份、京城股份、中国一重、九安医疗、山推股份、厦工股份、＊ST常林、＊ST恒立、天业通联、天龙光电，这十家公司不仅综合得分都低于0，且排名靠后，各项因子得分也基本都小于0，说明它们的实力较弱，发展动能不足，资金运转不畅，暂不建议对其投资。

七、系统聚类分析

上述因子分析能够满足投资者对上市公司投资价值分析的需要，但是由于投资者的投资理念往往各不相同，关注的侧重点也有所不同。为了更深入细致地分析行业板块的情况，将利用系统聚类分析法进一步对166家专用设备制造业公司的5个因子值和综合值进行Q型聚类（即个案分群）；聚类方法为ward联结法，即离差平方和法，根据同类变量间的离差平方和较小、不同类别间的离差平方和较大来进行分类；测量尺度选用平方Euclidean距离，即两样本之间的距离是各样本每个变量值之差的平方和。通过聚类分析把业绩相似的公司归类，可以对不同类别的上市公司进行对比分析，为投资者选择投资组合提供参考。

本书对166家专用设备制造业公司进行分类，本书选择将其分为4类，如表6-14-5所示。

表 6-14-5　聚类分析

类别	专用设备制造业公司	数目
1	厚普股份、三丰智能	2
2	金雷风电、先导智能、浙江鼎力、普丽盛、迪瑞医疗、乐普医疗、上工申贝、智慧松德、成飞集成、楚天科技、金轮股份、方正电机、兰石重装、赢合科技、汇金股份、斯莱克、凯利泰、永创智能、雪浪环境、华铭智能、环能科技、南兴装备、神雾环保、新元科技、博晖创新、经纬纺机、天广消防、金海环境、威海广泰、迦南科技、津膜科技、东富龙、田中精机、创力集团、龙净环保、菲达环保、新美星、长荣股份、和佳股份、科达洁能、金石东方、劲拓股份、东杰智能、理邦仪器、电光科技、天鹅股份、道森股份、天地科技、航天电子、京运通、晶盛机电、派思股份、吉鑫科技、京山轻机、冠昊生物、博实股份、森远股份、阳普医疗、东方精工、御银股份、杰瑞股份、宁波精达、富瑞特装、华宏科技、利君股份、软控股份、台海核电、华伍股份、巨轮智能、天华院、华力创通、应流股份、科林环保、戴维医疗、柳工、航天动力、宝色股份、郑煤机、大连重工、标准股份、三垒股份、振华重工、达意隆、蓝科高新、恒立液压、北玻股份、千山药机、冀凯股份、慈星股份、神开股份、金明精机、达刚路机、中联重科、金自天正、尤洛卡、精功科技、三一重工、徐工机械、天沃科技、鞍重股份、山河智能、中科电气、中际装备、太原重工、仰帆控股、中信重工、河北宣工、蓝英装备、中捷资源、＊ST中特、山东矿机、科新机电、山东墨龙、林州重机、赛象科技、北方股、厦工股份、＊ST常林、＊ST恒立、天业通联、天龙光电份、京城股份、中国一重、九安医疗、山推股份	125
3	龙马环卫、宜华健康、新国都、雷科防务、华昌达、银宝山新、维力医疗、鱼跃医疗、新华医疗、中材国际、中坚科技、三鑫医疗、豪迈科技、安徽合力、星光农机、航天长峰、光电股份、大族激光、石化机械、长江润发、三诺生物、依米康、天成自控、伊之密、尚荣医疗、蒙发利、美亚光电、三维丝、宝莱特、一拖股份、众合科技、海伦哲、杭氧股份、华润万东、昌红科技、＊ST冀装	36
4	宝德股份、新研股份、建设机械	3

表 6-14-5 中,类别 1 只有厚普股份和三丰智能 2 家公司。根据表 6-14-4 中的数据显示,这两家企业的综合排名分别为第一和第六,该类别公司的 4 个主因子的得分和综合得分都存在较大的差异,其中成长能力最强,其他运营能力、盈利能力、偿债能力都欠佳。其中厚普股份自成立以来,一直专业从事天然气汽车加气站设备及信息化集成监管系统的研发、设计、生产、销售和服务,主要产品包括 CNG 加气站设备、LNG 加气站成套设备和专项设备及 CNG/LNG 信息化集成监管系统,同时提供零配件销售和维修服务,且为国家认定的高新技术企业。根据表 6-14-4 中数据显示,厚普股份的盈利能力、成长能力以及偿债能力都比较强,虽然运营能力较弱,但是综合排名第一,故厚普股份适合长短期投资。三丰智能是一家从事智能输送成套设备的研发设计、制造、安装调试与技术服务的公司,是国内最早从事智能输送成套设备研发设计、制造、安装调试与技术服务的企业之一。公司 2008 年、2009 年及 2010 年自行小车悬挂输送系统市场占有率分别约为 9%、10%、14%,连续三年国内市场占有率排名均位列第一位。该公司在 2015 年度的盈利能力和运营能力均为负数,尤其是成长能力最差,虽然其偿债能力较好,并且综合排名处于第六位,但是对其的投资仍需慎重考虑。

类别 2 中包括了金雷风电等 125 家公司。该类别公司涵盖了该行业公司的大部分,总体发展能力较为均衡,内含价值较大,投资价值情况需要具体分析。其中成长能力较强的是先导智能、迪瑞医疗、智慧松德、金轮股份、方正电机、兰石重装、汇金股份、凯利泰、环能科技、博晖创新、天广消防、京运通、台海核电等,但是上述公司均在运营方面和偿债能力方面出现弱势,故在选择投资时,需要综合考虑各方面因素,谨慎分析该企业出现能力问题的原因,一般不建议长期投资。本类别中运营能力较好的公司不多,仅有金雷风电、上工申贝、永创智能、龙净环保、东方精工等,虽然运营能力较强,但是要分析其他能力的欠缺所体现的问题;比如,龙净环保和东方精工的成长能力和偿债能力都减弱,需要谨慎投资。盈利能力较强的有金雷风电、先导智能、浙江鼎力、普丽盛、迪瑞医疗、斯莱克、经纬纺机、东富龙等,金雷风电和先导智能等公司,由于其盈利能力和成长能力都较好,只是运营能力和偿债能力出现较小的问题,通过公司调整应该可以上升,可以考虑投资。但是此时要注意盈利能力较强但是成长能力和运营能力出现问题的公司,比如,经纬纺机、东富龙等企业。根据表 6-14-4,在营运因子、成长因子和偿债因子上的得分为正的企业,说明公司有较好的营运能力、成长能力和偿债能力,虽然目前的盈利能力不理想,但是仍可考虑进行投资,但是需要充分考虑其所处的市场环境和行业动态,以及相关行业政策。

类别 3 包括了龙马环卫等 36 家公司。三鑫医疗和豪迈科技的盈利能力较好,运营能力也不弱,但是偿债能力不是很理想,成长能力也有待开发,故在投资时可以选择短期投资。龙马环卫、新国都、中材国际的偿债能力都比较好,运营能力和成长潜力都较好,可能个别公司存在轻微的盈利问题,可以考虑长期投资。即便如此,仍须谨慎考虑是否投资,需要充分考虑其所处的市场环境和行业动态,以及相关行业政策。

类别 4 只有宝德股份、新研股份、建设机械 3 家公司。根据表 6-14-4,宝德股份在综合能力中排行第五,新研股份排行第八,建设机械排行第二十五,都属于比较靠前的名次,但是宝德股份盈利能力和偿债能力下降,运营能力也不足,由于成长能力较强,所以综合排名比较靠前。新研股份的运营能力和偿债能力均比较弱,说明资金运转存在较大的困难,且盈利能力不高,即使成长能力很好,但是仍需谨慎投资。建设机械的成长能力、营运能力、盈利能力和偿债能力都不太理想,虽然成长能力较强,但总体实力一般,可以考虑长期投资,并慎重考虑多重内外部因素的影响。

八、结语

综上所述,专用设备制造业是指运用现代科技知识、现代技术和分析研究方法,以及经验、信息等要素向社会提供智力服务的新兴产业,在重视科技创新的当下,未来将有非常巨大的发展前景,值得投资者关注。以上分析为投资者提供了一个可供参考的价值投资平台。但由于证券市场千变万化,投资者投资时,还必须以理性的态度来分析各公司的内在价值,并结合当时的股票市价,采用价值投资操作方法(详见本书第二十二章）选择适合自己的投资对象，以降低风险，提高投资收益。

参考文献

[1] 2015 年专用设备制造业营收和利润统计分析. 中国产业发展研究网，http://chinaidr. com/trade-news/2016-03/91719. htm，2016-3-4.

（参著：王露萍）

第十五节　汽车制造业上市公司投资价值动态比较分析研究

一、行业发展与投资价值状况

汽车制造业是一种既提供生产资料也提供消费资料的行业，就整个汽车产业链来看主要是提供生产资料，因此，国家统计部门统计数据中将汽车制造业归类于重工业。它包括汽车整车制造业、改装汽车制造业、电车制造业、汽车车身及挂车制造业、汽车零部件及配件制造业、汽车修理业等6个小类行业。汽车制造业发源于欧洲，首先出现的是蒸汽机汽车，到19世纪末叶，才出现了内燃机汽车。但现代汽车制造业的形成，则始自美国。

改革开放以来，中国汽车制造业得到了前所未有的发展，早已成为国民经济的支柱性产业。随着经济的不断发展和人们生活水平的不断提高，汽车需求量飞速增加。中国汽车市场连续7年稳居全球第一大汽车市场。2016年1月12日，中国汽车工业协会公布的产销数据显示，2015年全年中国汽车市场的销量为2 459.8万辆，同比增长4.7%，相比上年同期减缓2.18个百分点。这是自2013年以来连续三年超过2 000万辆。乘用车的销量在2015年首次超过2 000万辆，为2 114.63万辆，同比增长7.30%。其中，同比增长最为明显的是SUV车型，销量为622.03万辆，同比增长49.65%；其次增速较快的为MPV车型，销量为210.67万辆，同比增长10.05%。而轿车和交叉型乘用车销量则呈现不同程度下降。中国汽车工业协会表示，由于1.6升及以下汽车的购置税减半政策，使得该型号规格的汽车销量增长，对汽车总销量增长贡献度达到124.6%。由此可见，汽车已经成为各行各业乃至人们生活的必需工具。根据国家统计局资料，2015年年末全国民用汽车保有量达到17 228万辆（包括955万辆三轮汽车和低速货车），比上年年末增长11.5%，其中私人汽车保有量14 399万辆，增长14.4%。民用轿车保有量9 508万辆，增长14.6%，其中私人轿车8 793万辆，增长15.8%。[1]

2012—2015年，我国的汽车制造业固定资产投资额逐年上升，2015年我国的汽车制造业固定资产投资额达到11 527.48亿元，比2014年增长14.15%。截至2015年年底，全国汽车制造企业的数量达到13 431家，比2014年增长8.25%；全国汽车制造亏损企业的数量达到1 751家，比2014年增长24.89%。[2]从总体上看，汽车制造企业增加幅度低于汽车制造亏损企业增加幅度。说明，我国汽车制造行业竞争呈现增长趋势。

汽车制造行业是一个周期性较强的行业，且受国家宏观调控的影响较大。在固定资产投资中具有一定的地位。2012—2015年汽车制造业投资占固定资产总投资的比例都在2%以上。同时，汽车制造业对国民经济增长具有拉动作用，汽车制造业投资占GDP总额的比例是逐年增长的，在2015年达到了1.7%。同时汽车制造业又可以为社会提供更多的就业岗位。因此，坚持汽车制造业的支柱产业地位是符合国民目前的社会和经济发展现状的。总之，汽车制造业具有较大的社会需求和发展潜力。

汽车行业是高技术制造行业。技术、资金和人才是汽车制造企业最重要的要素。企业要想在这个行业获得成功,就必须要有技术保障;汽车制造企业属于重资产企业,必须有足够的资金投入企业运营当中;人才的引进、培养及潜能的有效发挥也是一个非常重要的要素,它正在逐步影响整个汽车行业。而技术、资金和人才的需求的满足,都需要大量投入,因此,我国未来的汽车制造业必将是巨大的投资领域,其上市公司作为行业发展龙头企业仍将是股票市场上投资者关注的焦点。

二、样本选取与数据处理

沪、深证券交易所的 94 家汽车制造业公司的资料来源主要由其 2015 年度的财务报告相关信息资料整理计算获得。具体初始数据扫描二维码获取。

在指标性质、单位不同的情况下,先要对指标进行同趋势化处理。然后利用 SPSS 中的 Z-score 方法将 13 个指标的原始数据进行标准化处理。同趋化数据与标准化数据略。

三、因子分析法适应性检验

为了检验所选用的指标是否适合使用因子分析法,本书利用 SPSS 软件中 KMO 和 Bartlett 的方法来对样本进行检验,结果如表 6-15-1 所示。

表 6-15-1　KMO 和 Bartlett 特检验

取样足够度的 Kaiser-Meyer-Olkin 度量		0.656
Bartlett 的球形度检验	近似卡方	943.259
	自由度(df)	78
	显著性(Sig)	0.000

由表 6-15-1 可知,KMO 值为 0.656,大于 0.5,可知各变量之间的相关程度无较大差异,原有变量适合作因子分析。同时,巴特利球形检验统计量为 943.259,相应的概率 Sig 为 0.000,在 5% 的显著性水平之下,拒绝原假设,因此可认为相关系数矩阵与单位阵有显著差异,说明样本适合作因子分析。

四、确定主因子

本书应用因子分析法中的主成分分析法来计算原始公因子的特征值、方差贡献率以及累计方差贡献率,并由此确定公因子。结果如表 6-15-2 所示。

表 6-15-2　解释的总方差

成　分	初始特征值			提取平方和载入			旋转平方和载入		
	合计	方差的%	累积%	合计	方差的%	累积%	合计	方差的%	累积%
1	4.429	34.067	34.067	4.429	34.067	34.067	3.840	29.537	29.537
2	2.579	19.835	53.902	2.579	19.835	53.902	2.676	20.584	50.121
3	1.605	12.343	66.245	1.605	12.343	66.245	1.896	14.581	64.702
4	1.400	10.766	77.011	1.400	10.766	77.011	1.600	12.308	77.011
5	0.985	7.573	84.584						
6	0.727	5.589	90.173						

成 分	初始特征值			提取平方和载入			旋转平方和载入		
	合计	方差的%	累积%	合计	方差的%	累积%	合计	方差的%	累积%
7	0.395	3.036	93.209						
8	0.284	2.184	95.393						
9	0.187	1.441	96.834						
10	0.177	1.364	98.199						
11	0.138	1.059	99.258						
12	0.053	0.408	99.666						
13	0.043	0.334	100.000						

提取方法：主成分分析法。

由表 6-15-2 中数据可知，前四个主因子的方差贡献率已经达到了累计方差贡献率的 77.011%，即表明这四个主因子已包含原始数据信息量的 77.011%，所以只须选择前四个主因子就可以较好地代表原始指标，对汽车制造业上市公司的绩效进行描述。

特征值是能够被看作表示因子影响力度大小的指标之一，如果特征值小于 1，说明该因子的解释力度还不如直接引入一个原变量的平均解释力度大，因此一般用特征值大于 1 作为纳入标准。特征值可用碎石图列示，如图 6-15-1 所示。从图 6-15-1 可以看出，从第五个因子开始，特征值的值都小于 1，且折线的陡度变得比较平缓，这说明提取 4 个主因子是合适有效的。

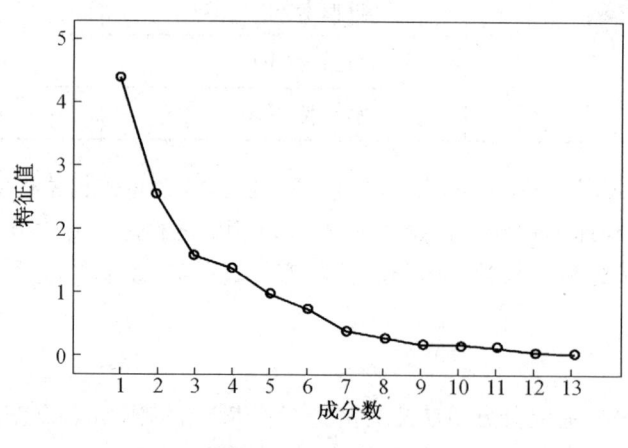

图 6-15-1　碎石图

五、旋转载荷矩阵分析

本书对原因子载荷矩阵进行最大方差旋转，以期得到主因子更明确的含义。结果如表 6-15-3 所示。

表 6-15-3　旋转成分矩阵[a]

	成 分			
	F_1	F_2	F_3	F_4
每股净资产	−0.096	0.742	0.118	−0.061
基本每股收益	0.008	0.810	0.458	−0.012
销售净利率	0.071	0.166	0.917	−0.036

	成　分			
	F_1	F_2	F_3	F_4
总资产报酬率	0.129	0.399	0.834	0.015
流动比率	−0.005	−0.141	0.241	0.072
速动比率	−0.015	−0.005	0.100	0.893
资产负债率	−0.022	−0.004	−0.014	0.887
总资产周转率	0.202	0.838	−0.056	0.057
存货周转率	0.896	0.303	−0.095	−0.006
总资产增长率	0.941	−0.011	0.051	0.004
固定资产增长率	0.535	0.683	−0.091	0.029
股东权益增长率	0.935	−0.008	0.199	−0.035
主营业务收入增长率	0.959	0.035	0.059	−0.025

提取方法：主成分分析法。

旋转方法：Kaiser 标准化最大方差法。

a. 旋转在 5 次迭代后已收敛。

由表 6-15-3 中的数据可以看到，存货周转率、总资产增长率、股东权益增长率以及主营业务收入增长率在主因子 F_1 上的载荷量分别为 0.896、0.941、0.935、0.959，它主要反映了公司的营运和成长能力，故而将其命名为营运成长因子；每股净资产、基本每股收益、总资产周转率在主因子 F_2 上的载荷比较大为 0.742、0.810、0.838，表现了公司的盈利和营运能力，故命名为盈利营运因子；销售净利率和总资产报酬率在主因子 F_3 上的载荷量分别为 0.917 和 0.834，体现了公司的盈利能力，故而命名 F_3 为盈利因子；速动比率、资产负债率在 F_4 上的载荷量为 0.893、0.887，体现了公司的偿债能力，故命名其为偿债因子。

六、汽车制造业公司综合得分与排名

要得到因子的综合得分，需先对因子数据进行标准化处理，使其期望为 0，方差为 1，然后，对各因子的方差贡献率占因子总方差贡献率的比重作权重加权汇总，使用计算综合得分的公式 $F=(\lambda_1 F_1+\lambda_2 F_2+\lambda_3 F_3+\lambda_4 F_4)/\Sigma\lambda i=(0.295\,37\times F_1+0.205\,84\times F_2+0.145\,81\times F_3+0.123\,08\times F_4)/0.770\,11$ 来计算各样本的综合得分。得到结果按名次排列如表 6-15-4 所示。

表 6-15-4　汽车制造业上市公司综合得分排名

证券代码	证券名称	F_1（营运成长）	F_2（盈利营运）	F_3（盈利）	F_4（偿债）	F	排序
600093.SH	禾嘉股份	8.932 31	−0.450 01	−0.574 44	−0.064 31	3.19	1
002555.SZ	三七互娱	2.708 44	0.879 09	0.964 8	−0.235 22	1.42	2
002664.SZ	信质电机	−0.059 71	−0.330 2	0.866 8	7.977 15	1.33	3
600104.SH	上汽集团	−0.004 65	4.240 56	−0.900 31	−0.254 7	0.92	4
000550.SZ	江铃汽车	−0.489 82	2.533 1	0.289 42	0.924 01	0.69	5
600741.SH	华域汽车	0.066 03	2.439 01	−0.288 41	−0.150 03	0.60	6
600066.SH	宇通客车	0.184 14	1.549 79	0.411 01	0.038 65	0.57	7
000957.SZ	中通客车	0.472 31	1.561 64	−0.182 13	−0.111 1	0.55	8

证券代码	证券名称	F_1（营运成长）	F_2（盈利营运）	F_3（盈利）	F_4（偿债）	F	排序
601689.SH	拓普集团	0.001 15	0.053 5	1.051 97	1.703 78	0.49	9
002085.SZ	万丰奥威	0.214 45	0.809 09	0.687 8	0.338 28	0.48	10
600742.SH	一汽富维	−0.559 95	3.176 15	−0.629 94	−0.235 39	0.48	11
300507.SZ	苏奥传感	−0.282 82	1.313 09	1.542 97	−0.413 45	0.47	12
600686.SH	金龙汽车	0.253 16	1.886 73	−1.102 43	−0.083 52	0.38	13
603788.SH	宁波高发	0.233 59	0.354 93	1.119 85	−0.296 57	0.35	14
601633.SH	长城汽车	0.095 09	0.739 51	0.394 29	0.245 67	0.35	15
000625.SZ	长安汽车	−0.195 18	1.106 08	0.961 47	−0.365 42	0.34	16
300432.SZ	富临精工	0.341 47	−0.344 08	1.665 45	−0.210 83	0.32	17
002126.SZ	银轮股份	−0.185 53	−0.008 9	0.260 92	2.003 29	0.30	18
000572.SZ	海马汽车	−0.113 99	−0.090 24	−1.014	3.468 46	0.29	19
603158.SH	腾龙股份	0.057 95	0.460 57	1.016 2	−0.414 01	0.27	20
603306.SH	华懋科技	−0.072 85	0.094 29	1.878 12	−0.596 11	0.26	21
600418.SH	江淮汽车	0.484 57	1.257 09	−1.265 74	−0.213 46	0.25	22
300473.SZ	德尔股份	−0.308 37	0.846 34	1.203 41	−0.656 44	0.23	23
002270.SZ	法因数控	0.266 2	−0.971 62	2.490 65	−0.569 5	0.22	24
002602.SZ	世纪华通	0.238 24	−1.334 94	2.190 49	0.427 94	0.22	25
002454.SZ	松芝股份	−0.089 52	0.576 05	0.352 35	0.050 4	0.19	26
603006.SH	联明股份	−0.219 82	0.327 34	1.220 58	−0.261 38	0.19	27
000951.SZ	中国重汽	−0.189 14	1.875 69	−1.217 03	−0.062 1	0.19	28
601799.SH	星宇股份	−0.403 78	0.321 68	1.168 01	−0.128 38	0.13	29
002048.SZ	宁波华翔	−0.127 14	0.818 41	−0.529 67	0.352 19	0.13	30
000581.SZ	威孚高科	−0.559 16	0.482 45	1.562 07	−0.539 96	0.12	31
601238.SH	广汽集团	−0.055 92	−0.160 35	0.466 03	0.389 94	0.09	32
300237.SZ	美晨科技	0.459 71	−0.749 82	0.619 84	−0.156 73	0.07	33
603997.SH	继峰股份	−0.052 61	−0.298 09	1.194 06	−0.440 29	0.06	34
600523.SH	贵航股份	−0.281 84	0.452 45	−0.235 32	0.476 16	0.04	35
000700.SZ	模塑科技	−0.227 78	0.267 4	0.344 89	−0.048 9	0.04	36
600699.SH	均胜电子	0.035 86	0.267 69	−0.084 65	−0.276 6	0.03	37
600081.SH	东风科技	−0.035 87	0.498 86	−0.323 89	−0.241 14	0.02	38
300100.SZ	双林股份	−0.033 1	−0.206 29	0.475 91	−0.073 32	0.01	39
002594.SZ	比亚迪	−0.390 23	0.970 21	−0.206 81	−0.462 76	−0.00	40
002662.SZ	京威股份	−0.122 34	−0.171 23	0.663 56	−0.366 38	−0.03	41
600480.SH	凌云股份	−0.168 59	0.366 69	−0.267 51	−0.092 06	−0.03	42
002592.SZ	八菱科技	0.094 96	−0.592 52	0.852 21	−0.514 94	−0.04	43

中国上市公司投资价值动态比较分析研究（一）

证券代码	证券名称	F_1（营运成长）	F_2（盈利营运）	F_3（盈利）	F_4（偿债）	F	排序
002101. SZ	广东鸿图	−0.359 74	0.400 86	−0.115 52	−0.003 33	−0.05	44
002536. SZ	西泵股份	−0.503 68	0.789 96	−0.392 51	−0.166 76	−0.08	45
000559. SZ	万向钱潮	−0.137 16	−0.224 72	0.164 83	−0.092 96	−0.10	46
601127. SH	小康股份	0.007 37	0.124 6	−0.462 64	−0.300 21	−0.10	47
000030. SZ	富奥股份	−0.167 88	−0.708 64	0.799 22	−0.014 01	−0.10	48
603009. SH	北特科技	−0.090 57	−0.258 77	0.202 78	−0.278 98	−0.11	49
002765. SZ	蓝黛传动	−0.125 68	−0.511 02	0.436 19	−0.159 44	−0.13	50
002328. SZ	新朋股份	−0.172 44	0.193 46	−0.442 73	−0.200 7	−0.13	51
300258. SZ	精锻科技	−0.334 19	−0.722 24	1.286 27	−0.375 28	−0.14	52
600166. SH	福田汽车	0.083 05	0.176 21	−0.984	−0.255 24	−0.15	53
600213. SH	亚星客车	0.181 64	−0.027 47	−1.019 52	−0.132 94	−0.15	54
002590. SZ	万安科技	−0.087 09	−0.244 14	−0.132 18	−0.205 42	−0.16	55
000800. SZ	一汽轿车	−0.278 36	0.795 66	−1.295 72	−0.120 86	−0.16	56
002284. SZ	亚太股份	−0.033 91	−0.347 78	−0.206 16	−0.123 1	−0.16	57
603166. SH	福达股份	−0.010 25	−1.159 2	0.158 47	0.717 52	−0.17	58
600006. SH	东风汽车	−0.036 4	0.066 33	−0.888 44	−0.132 7	−0.19	59
002625. SZ	龙生股份	−0.082 1	−0.715 65	0.289 46	−0.213 01	−0.20	60
002434. SZ	万里扬	−0.123 32	−0.667 56	0.324 67	−0.343 97	−0.22	61
600501. SH	航天晨光	−0.127 9	−0.225 77	−0.611 08	0.036 11	−0.22	62
000338. SZ	潍柴动力	−0.342 19	0.086 26	−0.440 97	−0.234 96	−0.23	63
002725. SZ	跃岭股份	−0.245 31	−0.320 16	0.066 61	−0.456 07	−0.24	64
002448. SZ	中原内配	−0.329 09	−0.848 44	0.946 09	−0.430 23	−0.24	65
000868. SZ	安凯客车	0.134 04	−0.302 59	−0.973 51	−0.218 23	−0.25	66
002510. SZ	天汽模	−0.305 41	−0.514 91	0.259 12	−0.295 16	−0.25	67
300176. SZ	鸿特精密	−0.287 5	−0.110 68	−0.286 09	−0.368 33	−0.25	68
000980. SZ	金马股份	−0.150 4	−0.605 17	−0.237 47	0.027 68	−0.26	69
601965. SH	中国汽研	−0.343 36	−1.047 76	1.282 09	−0.569 9	−0.26	70
600148. SH	长春一东	−0.240 75	−0.660 57	−0.473 41	0.534 37	−0.27	71
600178. SH	东安动力	0.063 31	−0.658 28	−0.584 6	−0.108 91	−0.28	72
601777. SH	力帆股份	−0.204 31	−0.329	−0.331 13	−0.378 72	−0.29	73
300304. SZ	云意电气	−0.355 13	−0.759 65	0.632 07	−0.538 47	−0.31	74
002593. SZ	日上集团	−0.361 12	−0.546 85	−0.050 01	−0.096 15	−0.31	75
600609. SH	金杯汽车	−0.072 26	−0.728 72	−0.321 08	−0.282 39	−0.33	76
600303. SH	曙光股份	−0.100 67	−0.635 91	−0.354 82	−0.357 9	−0.33	77
002363. SZ	隆基机械	−0.342 36	−0.473 64	−0.209 97	−0.276 05	−0.34	78

证券代码	证券名称	F_1（营运成长）	F_2（盈利营运）	F_3（盈利）	F_4（偿债）	F	排序
002703. SZ	浙江世宝	−0.199 25	−0.750 36	−0.014 47	−0.420 59	−0.35	79
002708. SZ	光洋股份	−0.155 67	−0.912 7	0.009 32	−0.421 78	−0.37	80
002283. SZ	天润曲轴	−0.412 63	−0.727 26	0.241 52	−0.406 5	−0.37	81
002488. SZ	金固股份	−0.155 91	−0.933 74	−0.168 67	−0.328 65	−0.39	82
002406. SZ	远东传动	−0.360 96	−0.833 39	0.211 32	−0.481 11	−0.40	83
600960. SH	渤海活塞	−0.158 46	−1.011 43	−0.254 53	−0.170 49	−0.41	84
002213. SZ	特尔佳	−0.278 19	−0.932 8	−0.157 98	−0.389 78	−0.45	85
000927. SZ	一汽夏利	−0.227 62	−0.848 3	−0.491 5	−0.348 13	−0.46	86
002355. SZ	兴民钢圈	−0.352 26	−0.933 58	−0.196 22	−0.275 61	−0.47	87
600698. SH	湖南天雁	−0.210 75	−1.096 38	−1.223 65	0.672 47	−0.50	88
000710. SZ	天兴仪表	−0.124 1	−0.868 05	−1.141 03	−0.293 85	−0.54	89
002265. SZ	西仪股份	−0.255 85	−0.843 63	−1.230 95	−0.136 36	−0.58	90
002715. SZ	登云股份	−0.236 01	−1.049 44	−1.941 97	−0.157 85	−0.76	91
600760. SH	＊ST 黑豹	−0.306 36	−0.955 34	−2.440 52	−0.263 44	−0.88	92
600375. SH	＊ST 星马	−0.254 16	−1.345 91	−2.739 51	−0.267 2	−1.02	93
000760. SZ	斯太尔	−0.340 64	−1.052 91	−3.588 33	0.242 64	−1.05	94

表 6-15-4 中,汽车制造业公司综合得分与其投资价值呈正相关关系。由于先对因子数据进行了标准化处理,因此,可以 0 为参考标准线,认为:综合得分大于 0 的汽车制造业公司,综合业绩相对较好,且数值越大,投资价值越大;综合得分小于 0 的则相对较差,且数值越小,投资价值越小。依此可对上市公司的综合业绩和投资价值有一个基本的评价。

具体而言,表 6-15-4 中,汽车制造业公司各项能力得分与相应实力也呈正相关关系。排名前十的公司包括禾嘉股份、三七互娱、信质电机、上汽集团、江铃汽车、华域汽车、宇通客车、中通客车、拓普集团、万丰奥威。2014 年排名前十位的公司分别为上汽集团、一汽富维、宇通客车、江铃汽车、长城汽车、联明股份、华域汽车、腾龙股份、顺荣三七、潍柴动力。2013 年排名前几位的是上汽集团、长城汽车、斯太尔、一汽富维、宇通客车、贵航股份、江铃汽车、华域汽车、跃岭股份。3 年比较可见,上汽集团、宇通客车、江铃汽车和华域汽车,这四家公司连续三年排名前十。说明其发展稳定,实力雄厚,具有较大投资价值。同时说明整个行业发展不太稳定,竞争激烈。

禾嘉股份总分排名第一,2013 年排名第七十二位,2014 年第七十六位,进步神速,主要由于营运成长因子得分遥遥领先,是其排名第一的决定因素,说明公司资金周转能力强,资金管理效率高,成长显著,有强大的内涵发展动力;但其他因子得分均为负值,且前两年的各项因子得分也基本为负值,说明公司发展不均衡,实力不强,投资者需要谨慎对待。三七互娱总分排名第二,营运成长因子得分较高,说明公司资金周转能力较强,资金管理效率较高,成长较为显著;盈利发展能力都不错,但其偿债因子得分为负值,说明公司总体运转通畅,实力较为雄厚,是长期投资的理想对象。信质电机由 2013 年排名第二十一,跌落至 2014 年排名第三十二又跃至总分排名第三,得益于其超强的偿债能力,其偿债因子得分遥遥领先,各种能力发展很不均衡,说明公司不仅总分排名经历了较大波动,各项能力也参差不齐,值得投资者关注。上汽集团由 2013 年、2014 年的连续两年排名第一跌至第四,有所退步,主要是由于其盈利成长和偿债因子得分均为负值,但其营运盈利因子得分很高,说明公司能力有了一定程度的分化,但总体实力仍然较强,属行业龙头企业,具有较大投资价值。江铃汽车 2013 年排名第七,2014 年第四,2015 年第五,连续三年都在十名以内,说明总体实力雄厚,发展潜力较大,从各项因子得分看,除营运成长因子得分为负值外,其余都为正值,差距不大,是较为理想的投资对象。华域汽车由 2013 年排名第八,升至 2014 年第七,又升至 2015 年的第六,每年上升一位,匀速上升,发展稳定,实力强劲,主要是盈利营运能力较为突出,是值得关注的投资对象。

排名后十位的公司是特尔佳、一汽夏利、兴民钢圈、湖南天雁、天兴仪表、西仪股份、登云股份、*ST 黑豹、*ST 星马、斯太尔。这十家公司不仅综合得分低,各项因子得分也普遍低,除去湖南天雁和斯太尔的偿债因子得分为正外,其余公司各项因子得分均为负值,可见这些公司的各项能力都较差,其中一汽夏利、湖南天雁、*ST 黑豹连续三年都在后十位之内,天兴仪表也很不乐观,这些公司实力较弱,暂不建议对其投资。

七、系统聚类分析

上述因子分析能够满足投资者对上市公司投资价值分析的需要,但是由于投资者的投资理念往往各不相同,关注的侧重点也有所不同。为了更深入细致地分析行业板块的情况,将利用系统聚类分析法进一步对 94 家汽车制造业公司的 4 个因子值和综合值进行 Q 型聚类(即个案分群);聚类方法为 ward 联结法,即离差平方和法,根据同类变量间的离差平方和较小、不同类别间的离差平方和较大来进行分类;测量尺度选用平方 Euclidean 距离,即两样本之间的距离是各样本每个变量值之差的平方和。通过聚类分析把业绩相似的公司归类,可以对不同类别的上市公司进行对比分析,为投资者选择投资组合[3]提供参考。

本书对 94 家汽车制造业公司进行分类,选择将其分为 4 类,如表 6-15-5 所示。

表 6-15-5　聚类分析

类别	汽车制造业公司	数目
1	禾嘉股份	1
2	三七互娱、上汽集团、江铃汽车、华域汽车、宇通客车、中通客车、拓普集团、万丰奥威、一汽富维、苏奥传感、金龙汽车、宁波高发、长城汽车、长安汽车、富临精工、银轮股份、海马汽车、腾龙股份、华懋科技、江淮汽车、德尔股份、法因数控、世纪华通、松芝股份、联明股份、中国重汽、星宇股份、宁波华翔、威孚高科、贵航股份、均胜电子、东风科技、比亚迪、凌云股份、广东鸿图、西泵股份、小康股份、新朋股份、福田汽车、亚星客车、一汽轿车、东风汽车、航天晨光、潍柴动力、安凯客车	45
3	信质电机	1
4	广汽集团、美晨科技、继峰股份、模塑科技、双林股份、京威股份、八菱科技、万向钱潮、富奥股份、北特科技、蓝黛传动、精锻科技、万安科技、亚太股份、福达股份、龙生股份、万里扬、跃岭股份、中原内配、天汽模、鸿特精密、金马股份、中国汽研、长春一东、东安动力、力帆股份、云意电气、日上集团、金杯汽车、曙光股份、隆基机械、浙江世宝、光洋股份、天润曲轴、金固股份、远东传动、渤海活塞、特尔佳、一汽夏利、兴民钢圈、湖南天雁、天兴仪表、西仪股份、登云股份、*ST 黑豹、*ST 星马、斯太尔	47

表 6-15-5 中,类别 1 只有禾嘉股份 1 家公司。根据表 6-15-6 中的数据显示,该公司的 4 个主因子的得分和综合得分都存在较大的差异,其中成长能力最强,其他运营能力、盈利能力、偿债能力都欠佳。四川禾嘉股份有限公司主要投资于汽车配件、农作物种子、商场管理等行业,其旗下子公司的主要产品包括汽车凸轮轴、零部件、优良农作物种子等。子公司中汽成都配件有限公司,狠抓产品技术质量关,占领了国内高端汽车配件市场,赢得了众多客户。2015 年度,我国制造业出现老产能过剩、新产能不足的现象,对行业内各家企业产生不同程度的影响。由表 6-15-5 可见,禾嘉股份的盈利营运因子、盈利因子、偿债因子均为负数,虽然其综合排名居第一,但是只有营运成长因子为正,说明其盈利能力、运营能力和偿债能力都不是特别理想,成长潜力虽高但是跟市场形势和行业政策密不可分,目前的研究不能完全预见未来利好的情形,故禾嘉股份可考虑适量短期持有。

类别 2 中包括了三七互娱等 45 家公司。该类公司的共同点是综合能力较强,各个方面发展比较均衡,是行业中较为优秀的公司,但其投资价值情况还需具体分析。其中成长能力最强的是三七互娱。三七互娱的综合得分位居第二,其成长能力较强,运营能力和盈利能力也不弱,但是偿债能力方面出现负数,需要关心该企业的负债情况和资金周转情况,以防止出现资产重组的情况而导致停牌交易。其他公司的成长能力都处于较好状态,比如,华域汽车、宇通客车、中通客车、拓普集团、万丰奥威、金龙汽车、宁波高发、长城汽车、富临精工、腾龙股份、江淮汽车、法因数控、世纪华通、均胜电子、小康股份、福田汽车、亚星客车、安凯客车。运营能力较强的有上汽集团、江铃汽车、华域汽车、宇通客车、中通客车、一汽富维、苏奥传感、金龙汽车、长安汽车、江淮汽车、中国重汽等企业,虽然运营能力较强,但是要分析其他能力的欠缺所体现的问题。比如,上汽集团、金龙汽车、江淮汽车以及中国重汽虽然排名为第四、第十三、第二十二、第二十八,但是盈利能力出现问题,导致它们偿债能力减弱,需要谨慎投资。盈利能力较强的有拓普集团、苏奥传感、宁波高发、富临精工、腾龙股份、华懋科技、德尔股份、法因数控、世纪华通、联明股份、星宇股份、威孚高科等公司,此时要注意盈利能力较强但是偿债能力和运营能力出现问题的企业,比如,富临精工、法因数控、中国汽研等企业。偿债能力较强的有拓普集团、银轮股份、海马汽车等 3 家企业。根据表 6-15-4,在营运因子、成长因子和偿债因子上的得分为正的企业,说明公司有较好的营运能力、成长能力和偿债能力,虽然目前的盈利能力不理想,但是仍可考虑进行投资,但是需要充分考虑其所处的市场环境和行业动态,以及相关行业的相关政策。

类别 3 只有信质电机 1 家公司。信质电机股份有限公司始创于 1990 年 7 月,目前主要产品有:汽车发电机定子及总成、微特电机转子、电动车定子及总成、电动工具电机转子和电梯曳引机转子、三相稀土永磁同步电动机、VVT(汽车可变气门正时系统)家电电机定、转子等。公司为国内外众多大型电机电器厂商提供专业配套服务,如法雷奥(Valeo)、博世(Bosch)、日立、雷米等。该公司综合排名位居第三,虽然其成长能力和运营能力为负,表现出不足,但是其盈利能力不弱,并且偿债能力较强,在可控因素的调整下,相信其综合实力可继续提升,故比较推荐。即便如此,仍须谨慎考虑是否投资,需要充分考虑其所处的市场环境以及行业动态,以及相关行业的相关政策。

类别 4 涵盖了广汽集团等 47 家公司。根据表 6-15-4,类别 4 的公司在成长能力、营运因子、盈利能力和偿债能力上的得分都比较低,说明公司的营运能力、成长能力、偿债能力和盈利能力都不是特别不理想。但是仍有几家企业可考虑进行投资,比如,成长能力较好的美晨科技、八菱科技、东安动力;盈利能力较好的继峰股份、精锻科技、中国汽研等公司。但是需要谨慎分析企业其他能力欠缺的主要原因以及市场、行业动态和相关政策的变动。

八、结语

综上所述,汽车制造业是指运用现代科技知识、现代技术和分析研究方法,以及经验、信息等要素向社会提供智力服务的新兴产业,在重视科技创新的当下,未来将有巨大的发展前景,值得投资者关注。行业中一些企业具有不错的成长能力,适合进行长期投资,但也有公司各方面能力较差,不适合短期内介入投资。投资者必须以理性的态度来分析各公司的财务数据,学会利用定量分析模型,挖掘公司的内在价值,从而选择适合自己的投资方向。同时,还需结合投资时的股票市价运用价值投资操作方法(详见本书第二十二章)作出投资决策,以降低风险,提高投资收益。

参考文献

［1］国家统计局. 中华人民共和国 2015 年国民经济和社会发展统计公报. 2016-3-8.
［2］2016汽车制造业行业分析. http://wenku.baidu.com/view/b77f01045ef7ba0d4b733bdd.html,2016-03-28.

(参著:王露萍)

第十六节　铁路、船舶、航空航天和其他运输设备制造业上市公司投资价值动态比较分析研究

一、行业发展和投资价值状况

铁路、船舶、航空航天和其他运输设备制造业统称为交通运输业,是一个特殊的物质生产部门,是除了采掘工业、农业和加工工业以外的第四个物质生产领域,不论是铁路、船舶、航空航天和其他运输,还是哪种形式的运输;不论是客运或货运还是哪种对象的运输。作为生产部门它和工农业生产一样,具备物质生产的三个基本要素:劳动力(运输工人)、劳动对象(货物和旅客)、劳动资料(交通线路和运输工具),存在着独立的投资领域,也生产产品,创造价值和使用价值;但又有自己的特点,主要表现在以下方面:(1)不创造新产品。它在生产(运输)过程中的产品是货物和旅客的位移,以吨/千米或人/千米来表示,不改变所输送产品的质量和数量,不能创造新的物质产品。运输过程支出的运费就是运输业创造的价值,附加在所运输的产品上。所以在其他条件相同的前提下,其所消耗的劳动愈小,则产品的社会劳动生产率越高;其在国民经济中占的比重越小,社会总的财富就越大。在工农业生产中是力求增加产品,而交通运输中则力求产品减少到最低限度,尽可能避免不合理的运输,以提高效益。(2)运输产品的非实体性。交通运输业以吨/千米或人/千米表示的运输产品,不能脱离生产过程而单独存在,在它生产出来的同时,也就被消费掉了,其产品看不见摸不着,不能储存,不能转移,不能以丰补歉,只能以扩大再生产、不断增加运输手段、扩大运输能力的办法,保持足够的后备力量,保证运输增长的需要。(3)运输产品的同一性。与工农业生产的产品不同,运输产品,即使运输方式不同,技术装备和技术经济性能不同,但生产的产品却是相同的,其社会效用也相同。这就为各种运输方式协调配合、发展综合运输网提出了可能性。

改革开放近四十年来,我国交通运输业取得了长足发展。根据国家统计局资料,铁路、船舶、航空航天和其他运输设备制造业 2015 年全年货物运输总量 417 亿吨,比上年增长 0.2%。货物运输周转量 177 401 亿吨/千米,下降 1.9%。全年全国规模以上港口完成货物吞吐量 114.3 亿吨,比上年增长 1.6%,其中外贸货物吞吐量 35.9 亿吨,增长 1.1%。全国规模以上港口集装箱吞吐量 20 959 万标准箱,增长 4.1%。[1]2014 年交通运输平稳增长。全年货物运输总量 439 亿吨,比上年增长 7.1%。货物运输周转量 184 619 亿吨/千米,增长 9.9%。全年全国规模以上港口完成货物吞吐量 111.6 亿吨,比上年增长 4.8%,其中外贸货物吞吐量 35.2 亿吨,增长 5.9%。全国规模以上港口集装箱吞吐量 20 093 万标准箱,增长 6.1%。[2]2015 年全年旅客运输总量 194 亿人次,比上年下降 4.4%。旅客运输周转量 30 047 亿人/千米,增长 4.9%。[3]2014 年全年旅客运输总量 221 亿人次,比上年增长 3.9%。旅客运输周转量 29 994 亿人/千米,增长 8.8%。[4]2015 年年末全国民用汽车保有量达到 17 228 万辆(包括三轮汽车和低速货车 955 万辆),比上年年末增长 11.5%,其中私人汽车保有量 14 399 万辆,增长 14.4%。民用轿车保有量 9 508 万辆,增长 14.6%,其中私人轿车 8 793 万辆,增长 15.8%。[5]2014 年年末全国民用汽车保有量达到 15 447 万辆(包括三轮汽车和低速货车 972 万辆),比上年年末增长 12.4%,其中私人汽车保有量 12 584 万辆,增长 15.5%。民用轿车保有量 8 307 万辆,增长 16.6%,其中私人轿车 7 590 万辆,增长 18.4%。[6]总的来看,交通运输业连续三年都呈不断增长态势,尤其旅客运输和民用汽车,增长幅度大,发展迅速。

交通运输是国民经济的大动脉,在国民经济中具有举足轻重的地位,对其他行业的生存和发展起着不可或缺的作用。交通运输业的发展,带动了各行各业的发展,如旅游业。与交通运输密切相关的旅游业发展迅速,2015 年全年国内游客 40 亿人次,比上年增长 10.5%,国内旅游收入 34 195 亿元,增长

13.1%。入境游客 13 382 万人次，增长 4.1%。其中，外国人 2 599 万人次，下降 1.4%；中国香港、中国澳门和中国台湾同胞 10 783 万人次，增长 5.6%。在入境游客中，过夜游客 5 689 万人次，增长 2.3%。国际旅游收入 1 137 亿美元，增长 7.8%。国内居民出境 12 786 万人次，增长 9.7%。其中因私出境 12 172 万人次，增长 10.6%；赴港澳台出境 8 588 万人次，增长 4.4%。[7]

随着国民经济的不断发展，交通运输业前景广阔，越来越成为广大投资者关注的焦点。中国证券市场是融通资金的市场，经过近三十年的不断发展，投资者的理念正在向价值投资逐步转变。铁路、船舶、航空航天和其他运输设备制造业作为中国经济发展过程中举足轻重的行业，逐步成为证券市场上投资者价值投资的热点。

二、样本选取与数据处理

沪、深证券交易所的 33 家铁路、船舶、航空航天和其他运输设备制造业上市公司的资料来源主要为其 2015 年度的财务报告。具体初始数据扫描二维码获取。

在指标性质、单位不同的情况下，先要对其进行同趋势化处理。然后利用 SPSS 中的 Z-score 方法将 13 个指标的原始数据进行标准化处理，同趋化数据和标准化数据略。

三、因子分析法适应性检验

为了检验所选用的指标是否适合使用因子分析法，本书利用 SPSS 软件中 KMO 和 Bartlett 的方法来对样本进行检验。检验结果如表 6-16-1 所示

表 6-16-1　KMO 和 Bartlett 的检验

取样足够度的 Kaiser-Meyer-Olkin 度量		0.638
Bartlett 的球形度检验	近似卡方	634.263
	自由度(df)	78
	显著性(Sig)	0.000

由表 6-16-1 可知，KMO 值为 0.638，大于 0.5，可知各变量之间的相关程度无较大差异，原有变量适合作因子分析。同时，巴特利球形检验统计量为 634.26，相应的概率 Sig 为 0.000，在 5% 的显著性水平之下，拒绝原假设，因此可认为相关系数矩阵与单位阵有显著差异，说明本书样本适合作因子分析。

四、确定主因子

本书应用因子分析法中的主成分分析法来计算原始公因子的特征值、方差贡献率以及累计方差贡献率，并由此确定公因子。结果如表 6-16-2 所示。

表 6-16-2　解释的总方差

成　分	初始特征值			提取平方和载入			旋转平方和载入		
	合计	方差的%	累积%	合计	方差的%	累积%	合计	方差的%	累积%
1	4.480	34.459	34.459	4.480	34.459	34.459	3.967	30.516	30.516
2	3.968	30.521	64.980	3.968	30.521	64.980	3.884	29.877	60.393
3	2.038	15.675	80.655	2.038	15.675	80.655	2.521	19.395	79.788
4	1.058	8.138	88.793	1.058	8.138	88.793	1.171	9.005	88.793

成　分	初始特征值			提取平方和载入			旋转平方和载入		
	合计	方差的%	累积%	合计	方差的%	累积%	合计	方差的%	累积%
5	0.741	5.703	94.496						
6	0.266	2.047	96.543						
7	0.168	1.289	97.832						
8	0.142	1.093	98.925						
9	0.071	0.550	99.475						
10	0.046	0.356	99.831						
11	0.014	0.109	99.940						
12	0.007	0.053	99.993						
13	0.001	0.007	100.000						

提取方法：主成分分析。

根据表 6-16-2 中数据可知，前四个主因子的方差贡献率已经达到了累计方差贡献率的 88.793%，即表明这四个主因子已包含原始数据信息量的 88.793%，所以只须选择前四个主因子就可以较好地代表原始指标，对公司的绩效进行描述。

特征值是能够被看作表示因子影响力度大小的指标之一，如果特征值小于 1，说明该因子的解释力度还不如直接引入一个原变量的平均解释力度大，因此一般用特征值大于 1 作为纳入标准。特征值可用碎石图列示，如图 6-16-1 所示。从图 6-16-1 可以看出，从第五个因子开始，特征值的值都小于 1，且折线的陡度变得比较平缓，这说明提取 4 个主因子是合适有效的。

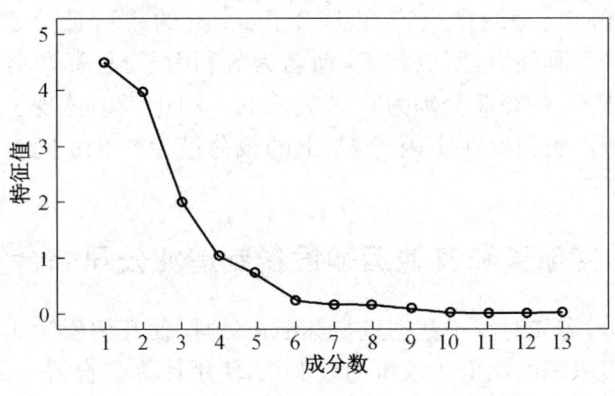

图 6-16-1　碎石图

五、旋转载荷矩阵分析

本书对原因子载荷矩阵进行最大方差旋转，以期得到主因子更明确的含义。结果如表 6-16-3 所示。

表 6-16-3　旋转成分矩阵[a]

	成　分			
	F_1	F_2	F_3	F_4
基本每股收益	0.068	0.984	0.108	−0.008
销售净利率	0.068	0.974	0.131	−0.003

	成　分			
	F_1	F_2	F_3	F_4
总资产报酬率	0.028	0.957	0.233	−0.060
每股净资产	−0.162	0.835	−0.002	0.402
速动比率	0.551	−0.033	−0.197	−0.269
流动比率	0.959	−0.024	−0.011	0.151
资产负债率	0.029	0.073	−0.102	0.948
存货周转率	0.914	0.051	0.032	−0.054
总资产周转率	0.957	0.085	0.049	0.019
固定资产周转率	0.974	−0.025	−0.006	0.046
总资产增长率	−0.045	0.108	0.970	−0.050
营业总收入增长率	−0.049	0.086	0.955	−0.034
股东权益增长率	0.054	0.563	0.729	−0.035

提取方法：主成分分析。

旋转方法：Kaiser 标准化最大方差法。

a. 旋转在 5 次迭代后收敛。

由表 6-16-3 中的数据可以看到，存货周转率、固定资产周转率、总资产周转率在主因子 F_1 上的载荷量分别为 0.914、0.974、0.957，它主要反映了公司的营运能力，所以将 F_1 命名为营运因子；基本每股收益、销售净利率、总资产报酬率、每股净资产在主因子 F_2 上的载荷量分别为 0.984、0.974、0.957、0.835，它主要反映了公司的盈利能力，所以将 F_2 命名为盈利因子；总资产增长率、营业总收入增长率和股东权益增长率在主因子 F_3 上的载荷分别为 0.970、0.955 和 0.729，体现了公司的成长能力，所以将 F_3 命名为成长因子；同样的，资产负债率在主因子 F_4 上的载荷量为 0.948 代表了公司的长期偿债能力，故将主因子 F_4 命名为偿债因子。

六、铁路、船舶、航空航天和其他运输设备制造业公司综合得分与排名

要得到因子的综合得分，需先对因子数据进行标准化处理，使其期望为 0，方差为 1，然后，对各因子的方差贡献率占因子总方差贡献率的比重作权重加权汇总，使用计算综合得分的公式 $F = (\lambda_1 F_1 + \lambda_2 F_2 + \lambda_3 F_3 + \lambda_4 F_4)/\Sigma\lambda i = (0.305\,16 \times F_1 + 0.298\,77 \times F_1 + 0.193\,95 \times F_1 + 0.090\,05 \times F_1)/0.887\,93$ 来计算各样本的综合得分。得到结果按名次排列如表 6-16-4 所示。

表 6-16-4　铁路、船舶、航空航天和其他运输设备制造行业上市公司综合得分排名

证券代码	证券名称	F_1（营运）	F_2（盈利）	F_3（成长）	F_4（偿债）	F（综合）	排名
000017.SZ	深中华 A	5.394 09	−0.229 59	−0.086 87	0.294 76	1.79	1
000008.SZ	神州高铁	−0.078 32	−0.565 20	5.173 14	−0.199 96	0.89	2
600150.SH	中国船舶	−0.213 95	0.214 22	−0.265 07	4.855 98	0.43	3
603766.SH	隆鑫通用	0.469 26	0.567 52	−0.024 10	−0.476 09	0.30	4
600685.SH	中船防务	0.033 97	0.192 40	0.741 09	0.491 97	0.29	5

证券代码	证券名称	F_1（营运）	F_2（盈利）	F_3（成长）	F_4（偿债）	F（综合）	排名
601766.SH	中国中车	0.074 75	0.230 85	0.629 26	−0.403 68	0.20	6
600893.SH	中航动力	−0.303 48	0.635 66	0.170 24	−0.138 49	0.13	7
603111.SH	康尼机电	−0.113 92	0.393 28	0.379 22	−0.492 54	0.13	8
300011.SZ	鼎汉技术	−0.260 69	0.408 06	0.528 63	−0.508 96	0.11	9
001696.SZ	宗申动力	0.180 28	0.292 93	−0.174 08	−0.570 54	0.06	10
600679.SH	上海凤凰	0.005 19	0.055 11	−0.017 83	0.437 15	0.06	11
600099.SH	林海股份	0.031 22	−0.137 62	−0.171 24	1.307 44	0.06	12
000901.SZ	航天科技	−0.035 10	0.211 74	−0.031 29	−0.227 99	0.03	13
600038.SH	中直股份	−0.352 02	0.566 34	−0.374 41	0.351 02	0.02	14
600818.SH	中路股份	0.089 89	0.158 67	−0.065 18	−0.631 95	0.01	15
000768.SZ	中航飞机	−0.197 02	0.185 31	−0.099 01	0.175 39	−0.01	16
300424.SZ	航新科技	−0.370 27	0.561 55	−0.218 20	−0.369 12	−0.02	17
002023.SZ	海特高新	−0.500 90	0.203 30	0.114 76	−0.097 44	−0.09	18
002013.SZ	中航机电	−0.349 68	0.345 87	−0.322 59	−0.253 21	−0.10	19
600316.SH	洪都航空	−0.437 12	0.304 96	−0.442 67	0.340 79	−0.11	20
600391.SH	成发科技	−0.359 78	0.176 96	−0.247 90	−0.025 05	−0.12	21
002105.SZ	信隆实业	0.064 85	−0.097 07	−0.419 39	−0.308 63	−0.13	22
600372.SH	中航电子	−0.326 47	0.197 02	−0.218 70	−0.423 93	−0.14	23
000738.SZ	中航动控	−0.343 26	0.201 48	−0.279 34	−0.268 67	−0.14	24
300123.SZ	太阳鸟	−0.427 21	0.047 72	−0.083 76	−0.129 09	−0.16	25
601890.SH	亚星锚链	−0.344 45	0.170 05	−0.326 00	−0.361 33	−0.17	26
600967.SH	北方创业	−0.159 00	0.021 46	−0.534 98	−0.106 59	−0.18	27
600495.SH	晋西车轴	−0.249 13	0.125 23	−0.486 90	−0.283 40	−0.18	28
600072.SH	钢构工程	−0.318 57	0.056 38	−0.381 45	−0.106 86	−0.18	29
601989.SH	中国重工	−0.403 11	−0.028 65	−0.263 82	0.128 02	−0.19	30
000913.SZ	＊ST 钱江	−0.267 19	0.019 78	−0.432 07	−0.132 38	−0.19	31
600877.SH	中国嘉陵	0.513 55	−0.085 43	−1.216 19	−1.830 15	−0.30	32
002608.SZ	＊ST 舜船	−0.446 42	−5.400 27	−0.553 31	−0.036 48	−2.10	33

表 6-16-4 中，铁路、船舶、航空航天和其他运输设备制造上市公司综合得分与其投资价值呈正相关关系。由于先对因子数据进行了标准化处理，因此，可以 0 为参考标准线，认为：综合得分大于 0 的上市公司，综合业绩相对较好，且数值越大，投资价值越大；综合得分小于 0 的则相对较差，且数值越小，投资价值越小。依此可对上市公司的综合业绩和投资价值有一个基本的评价。

具体而言，表 6-16-4 中，铁路、船舶、航空航天和其他运输设备制造公司各项能力得分与相应实力也呈正相关关系。

排名前十位的公司分别为深中华 A、神州高铁、中国船舶、隆鑫通用、中船防务、中国中车、中航动力、康尼机电、鼎汉技术、宗申动力。2014 年排名前十位的公司分别为深中华 A、中航动力、隆鑫通用、康尼机电、鼎汉技术、南方汇通、宗申动力、航天科技、中国南车、中国北车。2013年排名前十位的公司分别为深中华A、隆鑫通用、晋西车轴、航空动力、哈飞股份、广船国际、北方创业、南方汇通、航天科技、中航动控。其中,深中华A连续三年综合排名第一,其运营因子得分第一,远高于其他公司,说明其运营能力很强,可作为重点投资对象。但其盈利和成长因子得分均为负数,且其盈利因子得分从2014年的排名第一骤降到倒数第三,投资者需引起重视。神州高铁是2015年新上市的公司,综合排名第二,其成长因子排名第一,具有较强的成长能力,但其营运和盈利因子得分均为负值,投资者投资需谨慎。中国船舶从2014年的排名二十跃升为第三,进步较大,其偿债因子分别排名第一,具有较大内含发展潜力和较大投资价值。但是它的营运因子得分为负,投资时也应谨慎对待。隆鑫通用排名第四,与2014年相比下降了一位,说明其发展较稳定,其营运和盈利因子得分为正,投资价值较大。中船防务也是2015年新上市的公司,排名第五,其成长能力和偿债能力分别排名第二和第三,且其他因子得分均为正,各方面能力发展均衡,综合实力较强,具有较大的投资价值。中国中车是由中国南车和中国北车合并组建的上市公司,排名第六,除偿债因子外,其余3个因子的得分均为正,具有较大的投资价值。中航动力、康尼机电、鼎汉技术分别排名第七、第八、第九。前述3家公司的共同特点是较为稳定,属行业中的佼佼者。它们2014年也排名前十,变化不大,且3家的盈利、成长因子为正,应是重点关注的投资对象。但其营运和偿债因子为负,投资时还需谨慎。宗申动力排名第十,与2014年相比,下降了三位,但总体发展较稳定,可作为长期投资对象。

排名后十位的公司分别为中航动控、太阳鸟、亚星锚链、北方创业、晋西车轴、钢构工程、中国重工、＊ST钱江、中国嘉陵、＊ST舜船。由这十家公司的各项因子得分大部分为负可以看出,其综合能力相对较弱,各项因子得分低于行业平均值,是排名靠后的主要原因,暂不建议对这些公司进行投资。

七、系统聚类分析

上述因子分析能够满足投资者对各家上市公司投资价值分析的基本需要,但是由于投资者的投资理念往往各不相同,关注的侧重点也有所不同。为了更深入细致地分析行业板块的情况,将利用系统聚类分析法进一步对33家公司的4个因子值和综合值进行Q型聚类(即个案分群);聚类方法为ward联结法,即离差平方和法,根据同类变量间的离差平方和较小、不同类别间的离差平方和较大来进行分类,形成树状图(略)。其测量尺度选用平方Euclidean距离,即两样本之间的距离是各样本每个变量值之差的平方和。通过聚类分析把业绩相似的公司归类,可以对不同类别的上市公司进行对比分析,为投资者选择投资组合提供参考。

根据树状图(略)对33家铁路、船舶、航空航天和其他运输设备制造业上市公司进行进一步分类,本书选择将其分为4类,如表6-16-5所示

表6-16-5 聚类分析

类别	铁路、船舶、航空航天和其他运输设备制造业公司	数目
1	深中华A	1
2	神州高铁	1
3	中国船舶、隆鑫通用、中船防务、中国中车、中航动力、康尼机电、鼎汉技术、术宗申动力、上海凤凰、林海股份、航天科技、中直股份、中路股份、中航飞机、航新科技、海特高新、中航机电、洪都航空、成发科技、信隆实业、中航电子、中航动控、太阳鸟、亚星锚链、北方创业、晋西车轴、钢构工程、中国重工、＊ST钱江、中国嘉陵	30
4	＊ST舜船	1

表6-16-5中,类别1只有深中华A1家公司,其突出特点是营运能力超强,营运因子得分远远超过其

他公司。深圳中华自行车(集团)股份有限公司是 1985 年成立的一家以自行车生产经营为核心的多元化、集团化、国际化的外向型企业。现拥有"阿米尼(EMMELLE)""奇猛(CHIMO)""大名(DB)"3 个国际品牌。公司连年获得 270 多项荣誉,如"全国十大最佳合资企业""全国最大 100 家机电出口生产企业""中国 500 家最大工业企业""中国 500 家优秀民营企业(工业)""中国轻工企业 200 强""中国最大 500 家外商投资企业"。该公司连续三年综合排名第一,其中营运因子得分排名第一,营运能力较好,可作为重点投资对象。但其盈利和成长因子得分均为负数,且其盈利因子的分从 2014 年的排名第一骤降到第三十一,投资者需引起重视。

类别 2 变化最大,属于类别 2 的上市公司由 2014 年的 30 个急剧下降到 1 个神州高铁。其突出特点是成长能力超强,成长因子得分远远超过其他公司。神州高铁是以轨道交通运营维护及安全监测、检测为主业的平台化上市公司,是我国轨道交通运营安全维护领域领先的系统化解决方案和综合数据服务提供商,专业致力于轨道交通安全检测监测技术、数据采集及分析技术和智能化维护技术的研发与应用。该公司综合排名第二,其成长因子排名第一,具有较强的成长能力,但其营运和盈利因子得分均为负值,发展不尽均衡,投资者需谨慎投资。

类别 3 有 30 家公司,中国船舶、隆鑫通用、中船防务、中国中车、中航动力、康尼机电这六家企业均是综合排名前十的公司,有较好的投资前景。中国船舶是在原中国船舶工业总公司所属部门企事业单位基础上组建的中央直属特大型国有企业,公司紧紧围绕国家"发展海洋经济、建设海洋强国和强大国防"的战略部署,推进全面转型发展,在业务上形成了以军工为核心主线,贯穿船舶造修、海洋工程、动力装备、机电设备、信息与控制、生产性现代服务业六大产业板块协调发展的产业格局,在海洋防务装备、海洋运输装备、海洋开发装备、海洋科考装备四大领域拥有雄厚实力。中国船舶从 2014 年的排名第二十跃升为第三,得益于其突出的偿债能力,其偿债因子得分排名第一,是值得投资的对象。隆鑫通用是大型综合制造型企业集团,产业覆盖发电机组、农业机械装备、轻型发电机、两轮摩托车等领域。该公司综合排名第四,排名较稳定,其营运因子得分排名第三,盈利因子排名第二,是值得长期投资的对象。中船防务是中央直属特大型国有企业,是中国船舶在华南地区的下属核心企业,公司于 2015 年 3 月完成收购中船黄埔文冲船舶有限公司后,使得公司在作为全球领先的灵便型液货船制造商和最大的军辅船生产商的基础上,进一步提升了公司军船和海洋工程装备建造实力,实现军船、民船、海工等业务的整体优化和全面发展,全方位提升了公司的综合实力和竞争力。该公司综合排名第五,其成长能力和偿债能力分别排名第二和第三,且其他因子得分均为正,具有较大的投资价值。中国中车是经国务院同意、国务院国资委批准,由中国南车、中国北车按照对等原则合并组建的 A+H 股上市公司,属中央企业。该公司综合排名第六,除偿债因子外,其余 3 个因子的得分均为正,具有较大的投资价值。中航动力是以自主知识产权航空发动机技术衍生产品为主的专业化国有企业,以燃气轮机及其成套产品、工业余能产品、工业节能工程、能源工程及服务为主营业务。公司实施创新驱动战略,已形成集产品研发、成套设计、工程总装、运行维护的综合型技术与服务体系;拥有百余项相关专利技术,承担了多项国家"863"课题。公司综合排名第七,盈利因子排名第一,成长能力排名第七,但营运因子和偿债因子得分靠后,可作为长期投资对象,但需谨慎。康尼机电是中国轨道车辆门系统国产化研发和制造基地,是国家重点高新技术企业,是国家"高技术产业化示范工程"单位。公司排名第八,且其盈利和成长因子为正,是值得考虑的投资对象。

类别 4 只有 *ST 舜船一家公司,该公司的综合排名靠后,所有因子得分均为负值,综合实力较差,暂不建议对其投资。

八、结语

综上所述,投资者在进行投资时,既要综合考虑行业内各家上市公司的投资价值信息,加以谨慎地分析,作出合理的选择;还要考虑到该行业内各个小行业的具体情况,由于铁路、船舶、航空航天和其他运输设备制造业各有不同特点,因此,投资者在投资时,还须联系其实际分别就各个小行业内的上市公司各方面表现情况,进行比较分析,采用价值投资具体操作方法(详见本书第二十二章)进行计算确定投资顺序,作出更加准确的投资决策,以更加有效地配置投资资源,促进铁路、船舶、航空航天和其他运输设备制造业的进一步健康和谐发展。

参考文献

[1][3][5][7]国家统计局. 2015 年国民经济和社会发展统计公报. http://www. sei. gov. cn/ShowArticle. asp? ArticleID＝261652,2016-3-8.

[2][4][6]国家统计局. 2014 年国民经济和社会发展统计公报. http://www. stats. gov. cn/tjsj/zxfb/201502/t20150226_685799. html,2015-2-26.

(参著:徐淑怡)

第十七节　电气机械及器材制造业上市公司
投资价值动态比较分析研究

一、行业发展和投资价值状况

电气机械和器材制造行业是制造业中的一个大类行业,包括电机制造,发电机及发电机组制造,电动机制造,微电机及其他电机制造,输配电及控制设备制造,变压器、整流器和电感器制造等 28 个子行业。其生产的产品和提供的服务惠及国民经济的各行各业及人们的日常生活,是国民经济的基础性和支柱性产业。

自改革开放以来,随着国民经济的不断发展,电气机械和器材制造制造业呈现出不断发展的态势。中国产业信息网数据显示:2014 年,中国电气机械和器材制造业销售收入高达 66 578.79 亿元,同比增长 9.1％,从 2010 年以来中国电气机械和器材制造行业收入整体呈现不断上涨的趋势,且 2014 年电气机械和器材制造行业销售收入总额为近年来最高;全年中国电气机械和器材制造行业利润总额高达 3 947.25 亿元,利润总额系近年来最高,同比增长 14.4％。[1]

2015 年中国电气机械和器材制造行业主营业务收入 69 475 亿元,同比增长 4.8％,比 2014 年增长幅度有所降低;全年利润总额达到 4 424.867 25 亿元,同比增长 12.1％,据近六年数据可知其利润总额增长幅度都较为明显,除 2012 年增长幅度较小外,其余年份均超过 10％,利润增长比较稳定。投资规模也在不断扩大,2015 年固定资产投资总值 110 307 亿元(未扣除价格比安定因素),同比增长 8.7％。[2]2015 年,我国电气机械和器材制造业税收收入完成 1 870 亿元,增长 8.3％,比制造业整体税收增幅高 3 个百分点,其中江苏、浙江和广东三大产业集聚区电气器材制造业税收占全国的 57％,增长 10.6％。[3]

电气机械和器材制造行业一直是一个国家发展水平的标志。其发展直接关系到国民经济中各个部门水平和经济效益的提高。一个国家若没有现代化的电气机械和器材制造行业可能会是机械大国,但不可能成为机械强国。新中国成立以来,中国的机械行业发展非常迅速,特别是改革开放以来,中国已逐渐形成了一条具有中国特色的现代化制造业之路。该行业产品技术密集程度相对较高,其在提升产业经济、提高国民生活质量方面起着不可替代的基础性作用。从当前国内外市场的供求预测来看,今后的电气机械和器材制造产品市场依然十分巨大,基础件国内市场需求目前呈增长势头,且出口前景广阔,具有广阔的发展空间和较大的投资价值。

二、样本选取与数据处理

沪、深证券交易所的 188 家电气机械及器材制造业上市公司的资料来源主要为其 2015 度的财务报告。具体初始数据扫描二维码获取。

在指标性质、单位不同的情况下,先要对其进行同趋势化处理。然后利用 SPSS 中的 Z-score 方法将 13 个指标的原始数据进行标准化处理,同趋化数据和标准化数据略。

三、因子分析法适应性检验

为了检验所选用的指标是否适合使用因子分析法,本书利用 SPSS 软件中 KMO 和 Bartlett 的方法来对样本进行检验。检验结果如表 6-17-1 所示。

表 6-17-1　KMO 和 Bartlett 的检验

取样足够度的 Kaiser-Meyer-Olkin 度量		0.582
Bartlett 的球形度检验	近似卡方	1 013.794
	自由度(df)	78
	显著性(Sig)	0.000

由表 6-17-1 可知,KMO 值为 0.582,大于 0.5,可知各变量之间的相关程度无较大差异,原有变量适合作因子分析。同时,巴特利球形检验统计量为 1 013.794,相应的概率 Sig 为 0.000,在 5% 的显著性水平之下,拒绝原假设,因此可认为相关系数矩阵与单位阵有显著差异,说明本书样本适合作因子分析。

四、确定主因子

本书应用因子分析法中的主成分分析法来计算原始公因子的特征值、方差贡献率以及累计方差贡献率,并由此确定公因子。结果如表 6-17-2 所示。

表 6-17-2　解释的总方差

成 分	初始特征值			提取平方和载入			旋转平方和载入		
	合计	方差的%	累积%	合计	方差的%	累积%	合计	方差的%	累积%
1	3.134	24.104	24.104	3.134	24.104	24.104	2.457	18.897	18.897
2	2.384	18.341	42.445	2.384	18.341	42.445	2.436	18.738	37.635
3	1.477	11.362	53.808	1.477	11.362	53.808	2.083	16.026	53.661
4	1.38	10.617	64.425	1.38	10.617	64.425	1.399	10.764	64.425
5	0.995	7.656	72.081						
6	0.987	7.594	79.675						
7	0.801	6.161	85.835						
8	0.589	4.527	90.363						
9	0.402	3.089	93.452						
10	0.35	2.691	96.142						
11	0.246	1.893	98.035						
12	0.155	1.196	99.231						
13	0.1	0.769	100						

提取方法:主成分分析。

根据表 6-17-2 中数据可知,前四个主因子的方差贡献率已经达到了累计方差贡献率的 64.425%,即表明这四个主因子已包含原始数据信息量的 64.425%,所以只须选择前四个主因子就可以较好地代表原始指标,对公司的绩效进行描述。

特征值是能够被看作表示因子影响力度大小的指标之一,如果特征值小于 1,说明该因子的解释力度还不如直接引入一个原变量的平均解释力度大,因此一般用特征值大于 1 作为纳入标准。特征值可用碎石图列示,如图 6-17-1 所示。从图 6-17-1 可以看出,从第五个因子开始,特征值的值都小于 1,且折线的陡度变得比较平缓,这说明提取 4 个主因子是合适有效的。

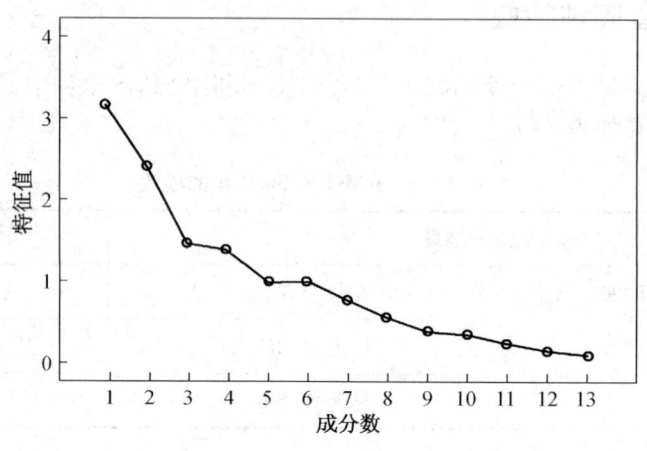

图 6-17-1　碎石图

五、旋转载荷矩阵分析

本书对原因子载荷矩阵进行最大方差旋转,以期得到主因子更明确的含义。结果如表 6-17-3 所示。

表 6-17-3　旋转成分矩阵[a]

	成　分			
	F_1	F_2	F_3	F_4
基本每股收益	0.821	0.038	0.362	0.018
销售净利率	0.745	0.1	−0.144	−0.054
每股净资产	0.662	0.071	0.036	0.107
总资产报酬率	0.777	0.128	0.354	−0.038
流动比率	0.134	−0.054	−0.068	0.184
速动比率	0.045	0.01	−0.061	0.842
资产负债率	−0.141	0.026	0.13	0.797
存货周转率	−0.038	−0.013	0.827	−0.018
总资产周转率	0.09	−0.054	0.9	0.028
固定资产周转率	0.302	−0.002	0.528	−0.047
总资产增长率	0.022	0.949	−0.065	−0.027
营业总收入增长率	0.04	0.872	0.042	−0.042
股东权益增长率	0.207	0.857	−0.042	0.021

提取方法:主成分分析。

旋转方法:Kaiser 标准化最大方差法。

a. 旋转在 5 次迭代后收敛。

由表 6-17-3 中的数据可以看到,主因子 F_1 在基本每股收益(0.821)、销售净利率(0.745)、每股净资产(0.662)和总资产报酬率(0.777)上有较大载荷量,代表了公司的盈利能力,故而将其命名为盈利因子;主因子 F_2 在总资产增长率(0.949)、营业总收入增长率(0.872)和股东权益增长率(0.857)上有较大载荷量,代表了公司的成长能力,故而将其命名为成长因子;存货周转率、固定资产周转率、总资产周转率在主因子 F_3 上的载荷量分别为 0.827、0.528 和 0.9,主要反映了公司的营运能力,所以将 F_3 命名为营运因子;速动比率、资产负债率在主因子 F_4 上的载荷量分别为 0.842、0.797,它主要反映了公司的偿债能力,所以将 F_4 命名为偿债因子。

六、电气机械及器材制造业公司综合得分与排名

要得到因子的综合得分,需先对因子数据进行标准化处理,使其期望为 0,方差为 1,然后,对各因子的方差贡献率占因子总方差贡献率的比重作权重加权汇总,使用计算综合得分的公式 $F = (\lambda_1 F_1 + \lambda_2 F_2 + \lambda_3 F_3 + \lambda_4 F_4)/\Sigma\lambda i = (18.897 \times F_1 + 18.738 \times F_2 + 16.026 \times F_3 + 10.764 \times F_4)/64.425$ 来计算各样本的综合得分。得到结果按名次排列如表 6-17-4 所示。

表 6-17-4　电气机械及器材制造业上市公司综合得分排名

证券代码	证券名称	F_1(盈利)	F_2(成长)	F_3(营运)	F_4(偿债)	F(综合)	排名
002239.SZ	奥特佳	−1.368 38	9.481 7	0.569 2	−0.139 2	2.47	1
300484.SZ	蓝海华腾	3.411 39	0.097 4	3.116 18	−0.614 85	1.70	2
002074.SZ	国轩高科	0.675	5.126 6	0.136 7	−0.264 98	1.68	3
601179.SH	中国西电	−0.344 89	−0.343 39	−0.736 22	9.907 56	1.27	4
002139.SZ	拓邦股份	−1.228 2	0.788 64	2.174 98	5.042 59	1.25	5
603868.SH	飞科电器	2.371 78	−0.175 09	2.703 7	−0.444 9	1.24	6
000333.SZ	美的集团	3.021 19	−0.684 68	1.379 09	0.038 08	1.04	7
000049.SZ	德赛电池	0.221 68	−0.079 47	4.237 35	−0.487 53	1.01	8
600522.SH	中天科技	1.336 22	0.342 6	0.670 06	1.905 28	0.98	9
300317.SZ	珈伟股份	−0.062 88	3.916 88	−0.604 41	−0.302 76	0.92	10
600983.SH	惠而浦	0.591 16	0.063 14	−0.516 02	5.003 88	0.90	11
002508.SZ	老板电器	2.317 44	−0.162 26	0.455 51	0.263 52	0.79	12
000418.SZ	小天鹅 A	0.863 09	−0.192 14	2.318 38	−0.256 67	0.73	13
300438.SZ	鹏辉能源	1.371 63	0.357 17	−0.024 82	1.019 37	0.67	14
601877.SH	正泰电器	1.354 27	−0.554 91	1.078 36	0.992 51	0.67	15
300376.SZ	易事特	0.456 52	0.757 52	1.320 65	−0.367 85	0.62	16
000967.SZ	盈峰环境	0.019 48	1.324 81	0.400 41	0.644 09	0.60	17
002706.SZ	良信电器	1.484 38	0.190 36	0.294 39	0.168 47	0.59	18
603355.SH	莱克电气	0.908 75	−0.024 92	1.137 83	0.296 29	0.59	19
300208.SZ	恒顺众昇	0.724 07	0.562 29	1.038 15	−0.403 81	0.57	20
002668.SZ	奥马电器	1.610 39	−0.409 27	0.829 3	−0.022 53	0.56	21
300403.SZ	地尔汉宇	1.948 46	0.201 81	−0.437 47	−0.162 06	0.49	22
002242.SZ	九阳股份	0.305 46	−0.289 02	1.938 72	−0.005 97	0.49	23
603519.SH	立霸股份	0.922 79	−0.010 76	1.008 98	−0.222 14	0.48	24
600884.SH	杉杉股份	2.381 05	−0.452 51	−0.491 59	0.073 58	0.46	25

证券代码	证券名称	F_1（盈利）	F_2（成长）	F_3（营运）	F_4（偿债）	F（综合）	排名
300447.SZ	全信股份	2.041 12	0.491 5	−1.024 87	−0.271 62	0.44	26
002759.SZ	天际股份	0.974	0.233 55	−0.038 23	0.557 64	0.44	27
603701.SH	德宏股份	0.788 67	−0.460 52	0.531 42	1.234 94	0.44	28
300032.SZ	金龙机电	−0.003 81	1.279 16	0.415 18	−0.270 29	0.43	29
000651.SZ	格力电器	1.946 37	−0.811 6	0.471 28	−0.152 7	0.43	30
300477.SZ	合纵科技	0.770 55	0.282 1	0.563 31	−0.178 4	0.42	31
300427.SZ	红相电力	1.559 69	0.392 79	−0.431 99	−0.327 31	0.41	32
002276.SZ	万马股份	−0.975 09	−0.146 88	2.674 03	0.333 28	0.39	33
300491.SZ	通合科技	1.100 14	0.835 93	−0.633 13	−0.334 97	0.35	34
300423.SZ	鲁亿通	0.343 96	0.348 13	0.840 11	−0.353 63	0.35	35
600651.SH	飞乐音响	−0.157 47	1.486 32	0.069 16	−0.416 39	0.33	36
002123.SZ	荣信股份	−0.028 15	1.162 44	−1.104 95	1.560 33	0.32	37
300124.SZ	汇川技术	1.831 13	−0.297 32	−0.546 92	−0.175 45	0.29	38
002705.SZ	新宝股份	0.059 83	−0.085 98	1.305 67	−0.193 62	0.28	39
002322.SZ	理工环科	0.716 61	1.634 5	−1.406 15	−0.314 46	0.28	40
600885.SH	宏发股份	1.336 38	−0.467 63	−0.008 67	0.019 42	0.26	41
300014.SZ	亿纬锂能	1.024 21	−0.159 74	−0.733 79	1.078 82	0.25	42
002076.SZ	雪莱特	−0.548 18	1.444 42	0.056 95	−0.165 11	0.25	43
603618.SH	杭电股份	0.520 88	0.088 38	0.318 87	−0.131 3	0.24	44
600973.SH	宝胜股份	−0.634 25	−0.375 72	2.378 83	−0.367 59	0.24	45
002733.SZ	雄韬股份	−0.117 57	0.143 78	1.005 14	−0.137 54	0.23	46
600690.SH	青岛海尔	0.000 04	−0.314 58	1.505 11	−0.345 79	0.23	47
002035.SZ	华帝股份	−0.173 7	−0.485 49	1.676 34	−0.044 52	0.22	48
002647.SZ	宏磊股份	−1.097 81	−0.607 07	3.006 17	−0.209 15	0.21	49
300040.SZ	九洲电气	−0.903 84	2.101 91	−0.405 61	−0.245 72	0.20	50
300207.SZ	欣旺达	−0.436 41	0.167 75	1.431 32	−0.440 32	0.20	51
601311.SH	骆驼股份	0.669 58	−0.407 86	0.398 19	0.120 5	0.20	52
300444.SZ	双杰电气	0.145 58	0.626 02	0.062 14	−0.290 37	0.19	53
300475.SZ	聚隆科技	1.176 68	0.124 11	−0.527 26	−0.373 02	0.19	54
600577.SH	精达股份	−1.311 39	−0.328 17	2.659 78	0.032 77	0.19	55
300356.SZ	光一科技	0.235 35	0.708 98	−0.463 81	0.099 42	0.18	56
002056.SZ	横店东磁	0.826 15	−0.484 78	0.323 89	−0.051 72	0.17	57
300274.SZ	阳光电源	0.357 18	0.094 26	0.304 48	−0.357 67	0.15	58
600261.SH	阳光照明	−0.529 04	−0.115 42	0.565 48	1.143 11	0.14	59
002560.SZ	通达股份	0.592 75	0.084 43	−0.243 64	0.025 86	0.14	60

证券代码	证券名称	F_1（盈利）	F_2（成长）	F_3（营运）	F_4（偿债）	F（综合）	排名
300499.SZ	高澜股份	1.208 21	−0.134 11	−0.573 52	−0.190 49	0.14	61
600312.SH	平高电气	0.847 82	0.094 46	−0.490 45	−0.089 84	0.14	62
300407.SZ	凯发电气	0.901 15	0.226 36	−1.116 83	0.487 12	0.13	63
002543.SZ	万和电气	0.657 56	−0.520 08	0.352 53	−0.015 88	0.13	64
000400.SZ	许继电气	0.925 04	−0.337 47	−0.389 79	0.256 05	0.12	65
002350.SZ	北京科锐	−0.593 95	−0.292 83	0.323 21	1.751 8	0.11	66
600517.SH	置信电气	−0.422 05	0.210 77	1.001 02	−0.459 43	0.11	67
002309.SZ	中利科技	0.692 38	0.037 59	−0.319 28	−0.152 09	0.11	68
300341.SZ	麦迪电气	0.291 6	0.092 48	0.198 36	−0.432 33	0.09	69
600537.SH	亿晶光电	−0.241 17	0.494 47	0.257 12	−0.301 3	0.09	70
002169.SZ	智光电气	0.007 08	0.548 87	−0.069 79	−0.345 87	0.09	71
300510.SZ	金冠电气	1.160 65	−0.362 46	−0.470 03	−0.197 06	0.09	72
000921.SZ	海信科龙	−0.752 32	−0.365 69	1.899 38	−0.397 31	0.08	73
300342.SZ	天银机电	0.975 31	−0.267 56	−0.228 86	−0.445 82	0.08	74
002518.SZ	科士达	0.990 43	−0.434 36	−0.262 94	−0.144 85	0.07	75
002300.SZ	太阳电缆	−0.379 5	−0.368 69	1.412 67	−0.425 02	0.06	76
002335.SZ	科华恒盛	0.466 59	−0.074 98	−0.095 62	−0.221 02	0.05	77
002141.SZ	蓉胜超微	−1.509 5	−0.535 01	1.642 79	1.456 11	0.05	78
300490.SZ	华自科技	0.559 22	0.138 17	−0.760 9	0.201 3	0.05	79
002692.SZ	远程电缆	−0.206 3	−0.214 56	0.868 23	−0.299 43	0.04	80
002028.SZ	思源电气	0.716 82	−0.456 38	−0.228 92	0.103 74	0.04	81
002546.SZ	新联电子	0.849 01	−0.292 2	−0.292 88	−0.369 95	0.03	82
600487.SH	亨通光电	−0.083 54	0.093 52	0.335 2	−0.352 85	0.03	83
601126.SH	四方股份	1.008 63	−0.835 74	−0.858 79	1.037 74	0.01	84
002090.SZ	金智科技	0.453 44	0.102 05	−0.473 44	−0.232 76	0.01	85
000836.SZ	鑫茂科技	0.113 16	0.433 54	−0.596 59	−0.085 48	0.00	86
002610.SZ	爱康科技	−1.009 2	0.299 86	1.134 06	−0.486 73	−0.01	87
600105.SH	永鼎股份	0.006 5	−0.313 83	0.440 06	−0.170 38	−0.01	88
603703.SH	盛洋科技	0.570 42	0.142 31	−0.842 18	−0.058 61	−0.01	89
300247.SZ	乐金健康	−0.188 16	1.236 18	−1.081 84	−0.282 25	−0.01	90
002677.SZ	浙江美大	0.755 29	−0.439 84	−0.122 29	−0.517 02	−0.02	91
002531.SZ	天顺风能	0.011 66	0.207 3	−0.081 49	−0.401 92	−0.02	92
300068.SZ	南都电源	−0.103 4	−0.063 74	0.247 7	−0.275 72	−0.03	93
300001.SZ	特锐德	−0.747 28	0.865 28	0.009 76	−0.411 37	−0.03	94
600482.SH	中国动力	−0.316 64	−0.530 4	0.903 73	−0.104 32	−0.04	95

证券代码	证券名称	F_1（盈利）	F_2（成长）	F_3（营运）	F_4（偿债）	F（综合）	排名
603861.SH	白云电器	0.318 98	−0.398 88	−0.377 75	0.420 06	−0.05	96
603015.SH	弘讯科技	0.696 01	0.086 57	−0.894 02	−0.347 69	−0.05	97
300222.SZ	科大智能	0.234 58	0.431 63	−0.858 28	−0.241 53	−0.06	98
300018.SZ	中元股份	0.898 42	0.264 74	−1.365 42	−0.369 6	−0.06	99
603988.SH	中电电机	1.107 38	−0.244 8	−1.246 57	−0.053 23	−0.07	100
600290.SH	华仪电气	−0.248 34	0.377 56	−0.685 35	0.401 89	−0.07	101
000533.SZ	万家乐	−0.581 24	−0.414 02	1.164 09	−0.395 42	−0.07	102
002298.SZ	中电鑫龙	−0.101 72	0.788 88	−1.311 78	0.354 71	−0.07	103
002533.SZ	金杯电工	−0.569 72	−0.461 19	1.205 82	−0.403 91	−0.07	104
002665.SZ	首航节能	0.108 43	0.036 98	−0.922 17	0.698 47	−0.07	105
002184.SZ	海得控制	−0.243 38	−0.313 85	0.564 62	−0.287 21	−0.07	106
002723.SZ	金莱特	−0.411 28	0.137 39	0.167 84	−0.262 97	−0.08	107
300252.SZ	金信诺	−0.196 13	−0.096 89	0.330 34	−0.478 29	−0.08	108
000070.SZ	特发信息	−0.135 01	0.142 85	−0.203 11	−0.270 58	−0.09	109
600869.SH	智慧能源	−0.876 97	−0.218 48	1.218 53	−0.475 47	−0.10	110
300265.SZ	通光线缆	−0.156 88	−0.367 8	0.168 77	−0.026 42	−0.12	111
600089.SH	特变电工	0.358 89	−0.268 47	−0.442 17	−0.211 37	−0.12	112
600580.SH	卧龙电气	−0.408 74	0.060 84	0.188 31	−0.386 4	−0.12	113
002339.SZ	积成电子	0.334 12	−0.341 14	−0.362 21	−0.172 31	−0.12	114
002580.SZ	圣阳股份	−0.465 95	−0.217 35	0.205 27	0.085 19	−0.13	115
002364.SZ	中恒电气	0.151 99	0.064 72	−0.536 22	−0.399 83	−0.14	116
002176.SZ	江特电机	−0.860 35	1.588 37	−1.161 73	−0.362 13	−0.14	117
002616.SZ	长青集团	−0.119 42	−0.197 34	−0.137 08	−0.106 31	−0.14	118
300272.SZ	开能环保	−0.121 18	0.183 24	−0.415 51	−0.422 54	−0.16	119
603606.SH	东方电缆	−0.705 16	−0.132 1	0.573 15	−0.345 72	−0.16	120
300062.SZ	中能电气	−0.402 44	0.746 62	−0.864 29	−0.295 32	−0.17	121
002527.SZ	新时达	0.194 9	−0.113 31	−0.708 36	−0.140 3	−0.18	122
002212.SZ	南洋股份	−0.570 65	−0.471 7	0.054 03	0.653 71	−0.18	123
002498.SZ	汉缆股份	−0.374 46	−0.617 28	−0.093 91	0.729 33	−0.19	124
002129.SZ	中环股份	−0.385 28	0.628 75	−0.942 99	−0.227 31	−0.20	125
002617.SZ	露笑科技	−0.544 24	−0.819 69	0.930 62	−0.367 05	−0.23	126
603366.SH	日出东方	−0.023 74	−0.644 23	0.047 57	−0.345 15	−0.24	127
300120.SZ	经纬电材	−1.382 92	−0.208 86	1.242 76	−0.497 22	−0.24	128
300279.SZ	和晶科技	−0.329 35	−0.015 09	−0.369 81	−0.286 17	−0.24	129
600478.SH	科力远	−1.025 45	0.372 51	−0.085 15	−0.225 85	−0.25	130

中国上市公司投资价值动态比较分析研究（一）

证券代码	证券名称	F_1（盈利）	F_2（成长）	F_3（营运）	F_4（偿债）	F（综合）	排名
002249．SZ	大洋电机	−0.453 21	−0.179 92	−0.033 1	−0.350 64	−0.25	131
600590．SH	泰豪科技	−0.347 35	−0.095 52	−0.330 29	−0.270 44	−0.26	132
300048．SZ	合康变频	0.137 65	0.128 47	−1.298 92	−0.078 63	−0.26	133
002346．SZ	柘中股份	0.531 15	−0.385 64	−1.082 76	−0.309 88	−0.28	134
000521．SZ	美菱电器	−0.920 2	−0.523 75	0.742 59	−0.310 13	−0.29	135
002334．SZ	英威腾	−0.051 09	−0.407 41	−0.324 43	−0.455 13	−0.29	136
000806．SZ	银河生物	−0.196 11	0.246 27	−1.007 41	−0.357 96	−0.30	137
300217．SZ	东方电热	−0.130 11	−0.145 3	−0.689 02	−0.316 97	−0.30	138
002380．SZ	科远股份	0.306 1	−0.305 44	−1.024 75	−0.326 92	−0.31	139
300129．SZ	泰胜风能	−0.092 09	−0.363 63	−0.641 19	−0.121 92	−0.31	140
000541．SZ	佛山照明	−0.737 56	0.077 21	−0.256 65	−0.339 06	−0.31	141
600379．SH	宝光股份	−0.777 33	−0.295 83	0.162	−0.256 2	−0.32	142
002358．SZ	森源电气	−0.123 7	−0.069 78	−0.847 43	−0.358 33	−0.33	143
002491．SZ	通鼎互联	−0.339 82	−0.279 36	−0.456 07	−0.206 94	−0.33	144
300153．SZ	科泰电源	−0.504 52	−0.227 93	−0.222 01	−0.358 92	−0.33	145
002218．SZ	拓日新能	−0.399 34	0.236 79	−1.266 86	0.202 19	−0.33	146
000682．SZ	东方电子	−0.753 93	−0.329 12	−0.320 1	0.242 09	−0.36	147
002670．SZ	华声股份	−0.499 76	−0.903 5	0.311 28	−0.245 88	−0.37	148
002724．SZ	海洋王	−0.170 79	−0.467 33	−0.500 63	−0.388 05	−0.38	149
600336．SH	澳柯玛	−1.208 75	−0.546 05	0.846 45	−0.443 95	−0.38	150
002471．SZ	中超控股	−0.864 06	−0.156 03	−0.071 44	−0.454 46	−0.39	151
002290．SZ	禾盛新材	−0.508 8	−0.736 55	−0.129 35	0.009 17	−0.39	152
002452．SZ	长高集团	−0.332 07	−0.101 59	−0.920 92	−0.271 13	−0.40	153
002684．SZ	猛狮科技	−0.889 36	0.194 5	−0.674 41	−0.213 01	−0.41	154
002606．SZ	大连电瓷	−0.247 02	−0.523 14	−0.839 97	0.075 85	−0.42	155
002576．SZ	通达动力	−0.520 67	−0.711 65	−0.110 15	−0.216 68	−0.42	156
002622．SZ	永大集团	1.526 75	−0.865 54	−2.210 12	−0.491 07	−0.44	157
300372．SZ	欣泰电气	−0.577 93	−0.283 83	−0.802 25	−0.026 89	−0.46	158
002112．SZ	三变科技	−0.879 44	−0.453 99	−0.053 85	−0.405 44	−0.47	159
600268．SH	国电南自	−0.621 63	−0.493 88	−0.313 63	−0.422 16	−0.47	160
300141．SZ	和顺电气	−0.286 83	−0.567 77	−0.670 02	−0.365 27	−0.48	161
002168．SZ	深圳惠程	1.359 25	−1.059 03	−1.927 84	−0.537 8	−0.48	162
600550．SH	保变电气	−0.878 72	−0.120 26	−0.469 37	−0.501 92	−0.49	163
002005．SZ	德豪润达	−0.619 73	−0.281 34	−0.747 03	−0.301 78	−0.50	164
600192．SH	长城电工	−0.332 78	−0.612 38	−0.930 65	−0.266 22	−0.55	165

证券代码	证券名称	F_1（盈利）	F_2（成长）	F_3（营运）	F_4（偿债）	F（综合）	排名
002638. SZ	勤上光电	−0.216 32	−0.648 99	−1.060 24	−0.225 05	−0.55	166
600468. SH	百利电气	−0.951 15	−0.537 41	−0.223 82	−0.384 17	−0.56	167
601369. SH	陕鼓动力	−0.152 2	−0.704 58	−1.017 97	−0.321 32	−0.56	168
300152. SZ	科融环境	−0.770 63	−0.270 98	−0.823 58	−0.289 16	−0.56	169
300283. SZ	温州宏丰	−0.937 25	−0.594 09	−0.253 65	−0.286 31	−0.56	170
300069. SZ	金利华电	−0.202 02	−0.593 74	−1.256 09	−0.117 01	−0.56	171
002451. SZ	摩恩电气	−0.887 79	−0.470 48	−0.363 72	−0.459 75	−0.56	172
002260. SZ	德奥通航	−1.638 66	−0.385 3	0.398 09	−0.453 85	−0.57	173
603333. SH	明星电缆	−0.990 69	−0.497 12	−0.255 46	−0.430 67	−0.57	174
000585. SZ	东北电气	−0.915 61	−0.716 21	−0.681 69	0.330 66	−0.59	175
300140. SZ	启源装备	−0.601 7	−0.458 13	−1.035 57	−0.312 48	−0.62	176
002227. SZ	奥特迅	−0.493 26	−0.673 53	−1.044 31	−0.306 02	−0.65	177
601616. SH	广电电气	−0.851 23	−0.658 57	−0.790 9	−0.385 76	−0.70	178
600847. SH	万里股份	−1.107 82	−0.488 31	−0.761 89	−0.292 64	−0.71	179
600202. SH	哈空调	−0.633 49	−0.778 27	−0.986 07	−0.376 52	−0.72	180
600520. SH	＊ST中发	−2.423 01	−0.249 65	−0.578 26	1.231 66	−0.72	181
000676. SZ	智度投资	−1.189 41	−1.058 82	−0.157 19	−0.412 46	−0.76	182
002473. SZ	圣莱达	−0.707 98	−0.791 84	−1.071 95	−0.389 65	−0.77	183
300105. SZ	龙源技术	−0.943 68	−0.955 29	−0.918 12	−0.280 63	−0.83	184
600854. SH	春兰股份	−0.339 53	−0.989 53	−1.649 17	−0.224 84	−0.84	185
600112. SH	天成控股	−2.224 69	−0.222 96	−0.515 47	−0.323 42	−0.90	186
000922. SZ	佳电股份	−2.828 22	−0.561 78	−0.630 24	0.279 85	−1.10	187
000633. SZ	＊ST合金	−4.760 53	−0.831 83	0.049 21	−0.214 19	−1.66	188

表6-17-4中，电气机械与器材制造行业综合得分与其投资价值呈正相关关系。由于先对因子数据进行了标准化处理，因此，可以0为参考标准线，认为：综合得分大于0的电气机械与器材制造业上市公司，综合业绩相对较好，且数值越大，投资价值越大；综合得分小于0的则相对较差，且数值越小，投资价值越小。依此可对上市公司的综合业绩和投资价值有一个基本的评价。

具体而言，表6-17-4中，电气机械与器材制造业上市公司各项能力得分与相应实力也呈正相关关系。排名前十位的公司分别为奥特佳、蓝海华腾、国轩高科、中国西电、飞科电器、拓邦股份、美的集团、德赛电池、中天科技、珈伟股份。2014年排名前十位的公司分别为科大智能、格力电器、德赛电池、老板电器、恒顺众昇、正泰电器、地尔汉宇、金龙机电、美的集团、东北电气。2013年排名前十位的公司分别为德赛电池、美的集团、万里股份、置信电气、格力电器、易事特、宏发股份、通达动力、北京科锐、老板电器。从3个年度的排名可以看出，前十位的公司发生了较大的变化，说明行业竞争激烈，发展速度快，不甚稳定。其中美的集团和德赛电池连续三年均排名前十，发展较稳定，可作为长期投资对象。

奥特佳、蓝海华腾、飞科电器均是2015年新参入分析的上市公司。奥特佳综合排名第一，得益于其极强的成长能力，其成长因子排名第一，远远高于第二名。但其余3个因子的排名靠后，且盈利因子得分为负值，说明公司整体经营状况欠佳，投资者应继续观察公司扩张后的经营管理绩效，进行适量投资。蓝海华腾综合排名第二，其盈利因子排名第一，营运因子排名第二，盈利、营运能力极佳，虽然偿债因子有所欠缺，但该公司各方面实力均衡，综合能力很强，值得长期投资。飞科电器综合排名第五，盈利因子和营运因子均排名第四，说明其有较强的盈利能力和营运能力，但其成长因子排名靠后且为负值，成长能力较弱,偿债能力也较弱,比较适宜进行短期投资。由于这三家公司缺乏前两年对比数据,投资者应结合其未来发展状况谨慎投资。

国轩高科凭借排名第二的成长因子跃居第三位,盈利能力和营运能力高于行业平均水平,偿债能力稍有不足,说明资本结构不够稳健,该公司2013年和2014年综合排名都在100名以后,各项因子得分不佳。所以,投资者应结合其他情况分析该公司在2015年的杰出表现的持续性,谨慎投资。类似地,中国西电的盈利因子、营运因子、成长因子得分都为负值,只有偿债因子得分令人满意,在前两年排名也都在130名以后,总体投资价值不高。

拓邦股份除了盈利因子得分为负,其他因子表现良好,尤其是偿债因子排名靠前,2013年以来营运因子得分都很高,营运能力良好且稳定,但盈利能力一直没有改善,前两年综合排名均在前七十名以内且呈显著上升态势,具有一定的投资价值。

美的集团由2013年的第二下降到2014年的第九,又上升到第五,3年稳居前十,其盈利因子排名第二,3年来保持着较强的盈利能力和营运能力,虽然其成长因子排名靠后,得分为负,整体不失为一个稳健的投资对象。

德赛电池由2013年的第一下降到2014年的第三,2015年又降为第八,盈利能力和营运能力一直较强,成长因子较前两年有所退步,偿债能力一直低于平均水平。基于其综合得分不断下降的趋势,投资者将其作为长期投资对象时需要谨慎。

中天科技虽然仅排名第九位,但是各项因子得分均为正,发展均衡,2014年该公司排名第二十六位,2013年排名第六十位,进步很快,值得投资者关注。

老板电器综合排名第十二,2014年排名第四,2013年排名第十,虽然排名有所下降,但保持着较好的盈利能力,仍属行业佼佼者,具有较大投资价值。

排名后十名的公司分别为万里股份、＊ST中发、哈空调、智度投资、圣莱达、龙源技术、春兰股份、天成控股、佳电股份、＊ST合金。上述公司的各项因子得分几乎都为负,综合能力较弱,暂不建议对其投资。

七、系统聚类分析

上述因子分析能够满足投资者对各家上市公司投资价值分析的基本需要,但是由于投资者的投资理念往往各不相同,关注的侧重点也有所不同。为了更深入细致地分析行业板块的情况,将利用系统聚类分析法进一步对188家公司的4个因子值和综合值进行Q型聚类(即个案分群);聚类方法为ward联结法,即离差平方和法,根据同类变量间的离差平方和较小、不同类别间的离差平方和较大来进行分类,形成树状图(略)。其测量尺度选用平方Euclidean距离,即两样本之间的距离是各样本每个变量值之差的平方和。通过聚类分析把业绩相似的公司归类,可以对不同类别的上市公司进行对比分析,为投资者选择投资组合提供参考。

根据树状图(略)对188家电气机械及器材制造业上市公司进行进一步分类,本书选择将其分为4类,如表6-17-5所示。

表6-17-5 聚类分析

类别	电气机械及器材制造业公司	数目
1	奥特佳、国轩高科、珈伟股份	3
2	蓝海华腾、飞科电器、美的集团、中天科技、老板电器、正泰电器、鹏辉能源、良信电器、奥马电器、地尔汉宇、杉杉股份、全信股份、天际股份、德宏股份、格力电器、红相电力、通合科技、汇川技术、宏发股份、亿纬锂能、骆驼股份、聚隆科技、横店东磁、通达股份、高澜股份、平高电气、凯发电气、万和电气、许继电气、中利科技、金冠电气、天银机电、科士达、科华恒盛、华自科技、思源电气、新联电子、四方股份、金智科技、盛洋科技、浙江美大、白云电器、弘讯科技、中元股份、中电电机、永大集团、深圳惠程	47

类别	电气机械及器材制造业公司	数目
3	中国西电、拓邦股份、惠而浦	3
4	德赛电池、小天鹅 A、易事特、盈峰环境、莱克电气、恒顺众昇、九阳股份、立霸股份、金龙机电、合纵科技、万马股份、鲁亿通、飞乐音响、荣信股份、新宝股份、理工环科、雪莱特、杭电股份、宝胜股份、雄韬股份、青岛海尔、华帝股份、宏磊股份、九洲电气、欣旺达、双杰电气、精达股份、光一科技、阳光电源、阳光照明、北京科锐、置信电气、麦迪电气、亿晶光电、智光电气、海信科龙、太阳电缆、蓉胜超微、远程电缆、亨通光电、鑫茂科技、爱康科技、永鼎股份、乐金健康、天顺风能、南都电源、特锐德、中国动力、科大智能、华仪电气、万家乐、中电鑫龙、金杯电工、首航节能、海得控制、金莱特、金信诺、特发信息、智慧能源、通光线缆、特变电工、卧龙电气、积成电子、圣阳股份、中恒电气、江特电机、长青集团、开能环保、东方电缆、中能电气、新时达、南洋股份、汉缆股份、中环股份、露笑科技、日出东方、经纬电材、和晶科技、科力远、大洋电机、泰豪科技、合康变频、柘中股份、美菱电器、英威腾、银河生物、东方电热、科远股份、泰胜风能、佛山照明、宝光股份、森源电气、通鼎互联、科泰电源、拓日新能、东方电子、华声股份、海洋王、澳柯玛、中超控股、禾盛新材、长高集团、猛狮科技、大连电瓷、通达动力、欣泰电气、三变科技、国电南自、和顺电气、保变电气、德豪润达、长城电工、勤上光电、百利电气、陕鼓动力、科融环境、温州宏丰、金利华电、摩恩电气、德奥通航、明星电缆、东北电气、启源装备、奥特迅、广电电气、万里股份、*ST 中发、哈空调、智度投资、圣莱达、龙源技术、春兰股份、天成控股、佳电股份、*ST 合金	135

　　表 6-17-5 中，类别 1 中包括 3 家公司，奥特佳、国轩高科、珈伟股份，均是综合排名前十的公司，3 家公司的共同特点是有极强的成长能力，成长因子得分在行业内排名前三位。奥特佳是一家集研发、生产、销售为一体的专业汽车空调压缩机厂商。公司对所研发生产的产品拥有独立的知识产权，拥有专利 115 项，得到国家科技部技术创新基金支持，先后荣获"国家级重点火炬项目""国家高新技术企业""中国驰名商标"及"江苏省名牌产品"称号，成立江苏省汽车空调工程技术研发中心，获得省部级科技进步一等奖。该公司得益于优秀的成长能力，综合排名第一，但其余 3 个因子的排名靠后，暂时不投资或进行适量投资。

　　国轩高科是高新技术企业，主要从事铁锂动力电池新材料、电池芯、电池组及电动自行车、风光锂电绿色照明系统、电动汽车等相关产品的研发、生产、销售，并延伸开发电动高尔夫车、锂电光伏电源、锂电备用电源等多领域系列产品，是安徽省"861 行动计划"重点项目单位和安徽省环境保护创新试点单位，同时被列入国家"火炬计划"，并于 2009 年承担了有关新能源汽车的国家"863 计划"课题。其综合排名第三，但盈利因子排名靠后，投资需谨慎。国轩高科凭借排名第二的成长因子跃居第三位，盈利能力和营运能力表现一般，偿债能力不理想，再加上前两年综合排名都在 100 名以后，各项因子得分不佳。所以，投资者应结合其他情况分析该公司在 2015 年的杰出表现的持续性，谨慎投资。

　　珈伟股份是国家高新技术企业，公司潜心于太阳能应用前沿科学的探索，专注于太阳能消费类产品、光伏照明产品的研发、生产与销售，备受海内外客户推崇的太阳能草坪灯、太阳能庭院灯广泛应用于庭院、公共绿地、道路和广场的照明、亮化、景观装饰。其综合排名第十，得益于其较强的成长能力，但其他因子排名靠后，所以投资需谨慎。

　　类别 2 中有蓝海华腾、飞科电器、美的集团、中天科技、老板电器等 47 家公司，前五位为蓝海华腾、飞科电器、美的集团、中天科技、老板电器，它们的综合得分较高，均排在前十五名，可作为重点投资对象。

　　蓝海华腾是一家专业致力于工业自动化控制产品的研发、生产和销售的高新技术企业和双软企业，曾荣获"电气节能领域高速发展企业奖"、深圳市中小企业发展促进会颁发的"2011 年度深圳市自主创新百强中小企业"称号、"2012 电动车辆技术卓越奖"等奖项。蓝海华腾综合排名第二，其盈利、营运能力极佳，虽然偿债因子有所欠缺，但该公司各方面实力均衡，综合能力很强，值得长期投资。

　　飞科电器是一家专业从事剃须刀及小家电的研发、制造、销售于一体的企业集团，是目前中国剃须刀行业品牌名气最大、美誉度和产品技术含量最高的企业，拥有 100 多项自主创新专利，是剃须刀国家行业标准制修订单位。"FLYCO飞科"是剃须刀行业首枚"中国驰名商标",是中国剃须刀行业公认的竞争力品牌。飞科电器综合排名第五,有较强的盈利能力和营运能力,但成长能力、偿债能力较弱,比较适宜进行短期投资。

美的集团创立于1968年,是一家以家电制造业为主的大型综合性企业集团。美的集团3年稳居前十,一直保持着较强的盈利能力和营运能力,虽然其成长因子排名靠后,但整体不失为一个稳健的投资对象。

老板电器是中国厨房电器行业的领导者,也是迄今为止历史最悠久的专业厨房电器品牌,现已成为中国厨房电器行业发展历史最长、生产规模最大、产品类别最齐全、销售区域最广的龙头企业之一。老板电器综合排名由前两年的前十下降到第十二,虽然排名有所下降,但保持着较好的盈利能力,仍属行业佼佼者,具有较大投资价值。

中天科技起步于1992年,起家于光纤通信,随着国家信息产业高速发展,现已形成电信、电网两轮并驱的产业规模,并涉足新能源领域。先后被授予金牌上市公司、国家创新型试点企业,跻身中国电子信息100强、中国民营企业500强。中天科技发展均衡,由2013年排名第六十位提升到2015年的第九位,进步很快,值得投资者关注。

类别3中有中国西电、拓邦股份、惠而浦3家公司,这三家公司的共同特点是偿债因子得分排名行业前三,总体排名也在前十五名以内。其中,中国西电的盈利能力、营运能力和成长能力3年来一直不佳,虽然排名靠前,但投资价值不大,暂不建议投资。拓邦股份是一家从事电子智能控制行业的企业,公司核心产品涵盖家用电器智能控制器、高效照明控制器、智能电源产品等各个产品领域,2008年被深圳市政府评为"自主创新行业龙头企业""工业500强企业"。该公司2013年以来营运能力良好且稳定,但盈利能力一直没有改善,前两年综合排名均在前七十名以内,具有一定的投资价值。

类别4中有德赛电池、小天鹅A、易事特等135家企业,综合排名比较分散,其中德赛电池、小天鹅A、易事特、盈峰环境、莱克电气、恒顺众昇6家公司排名前二十,投资价值相对较高,而天成控股、春兰股份、天成控股、佳电股份、*ST合金排名后五位,大部分公司的指标因子均为负值,综合能力弱,暂不建议投资。

德赛电池作为全球锂电池电源领域的领导厂商之一,其小型移动电源管理系统居国内同行之首,服务于全球顶级消费电子厂商;电动汽车电源管理系统多项技术获得国家专利,产品环保电动大巴车成功应用于北京奥运会、上海世博会、广州亚运会、天津达沃斯论坛。德赛电池由2013年的第一逐渐下降到2015年的第八,盈利能力和营运能力一直较强,成长因子较前两年有所退步,偿债能力一直低于平均水平,投资者需结合其未来发展状况谨慎投资。

小天鹅A的营运能力较强,3年来保持着较高的营运因子得分,但考虑到其偿债能力和成长能力不强,可适当作短期投资。

易事特是国家火炬计划重点高新技术企业、能源网系统集成解决方案优秀上市公司,历经20多年的艰苦创业和经营,致力于IDC数据中心(含UPS、高压直流)、光伏发电站(含逆变器)和智能微网(含电力轨道交通、新能源车及充电桩)等产业,现已发展成为行业领域的龙头企业,拥有全资或控股子公司近五十家,在全球设立268个客户中心,产业覆盖全球100多个国家和地区。其综合排名第十六,相比2014年,提升了7位,除偿债因子外,其余因子得分均为正,说明公司各项能力均衡,总体发展良好,可作为长期投资对象。

总的来看,与2014年相比,在运用SPSS进行聚类分析时,企业的类别发生了很大的变化。所以对上市公司进行投资价值分析时,应密切关注其时效性。

八、结语

比较其他许多行业,电气机械与器材制造行业发展时间较短,但是具有广阔的发展前景,对中国基础工业的发展起着举足轻重的作用。随着"十三五"规划的不断推进,电气机械与器材制造行业逐步走向高端产业之列,对中国经济的发展乃至整个实力的提高具有非常重要的作用。由上述分析可知,在整个行业中有几家公司的发展状况不错,具有良好的投资前景。但是也有一些公司不尽如人意,对此投资者应谨慎对待。同时,考量一家公司的投资价值时,也要全面进行分析,仅从打分聚类得出的结果判断,有时也不一定准确,还需要结合投资时的市价予以深入比较分析。

参考文献

［1］电气机械及器材制造业发展情况及发展趋势分析(图). 中国产业信息网,http://www. chyxx. com/industry/201511/362172. html,2015-11-26.

［2］2015 年 12 月电气机械及器材制造业工业增加值分析. 前瞻网,http://www. qianzhan. com/qzdata/detail/149/160216-08de34bf. html,2016-02-16.

［3］数说 2015 年全国税收新变化. 新华社,http://news. xinhuanet. com/fortune/2016-01/26/c_1117904031. htm,2016-01-26.

(参著:徐淑怡 郝福新)

第十八节　计算机、通信和其他电子设备制造业上市公司投资价值动态比较分析研究

一、行业发展与投资价值状况

计算机是一种能够按照事先存储的程序,自动、高速地进行大量数值计算和各种信息处理的现代化智能电子设备。如今,我们已经生活在一个网络时代,而计算机是这个时代的重要支撑,计算机与我们的生活密切相关。通信即数据通信,通过实现远程计算机、终端间的相互通信,以达到硬件、软件资源及数据处理、信息资源的共享。它是计算机技术与通信技术结合的产物,是各种计算机网赖以生存的基础,是一种新的通信业务。电子设备基本解释为由微电子器件组成的电器设备。电子设备是指由集成电路、晶体管、电子管等电子元器件组成,应用电子技术(包括)软件发挥作用的设备,包括电子计算机以及由电子计算机控制的机器人、数控或程控系统等。广义上的计算机、通信和其他电子设备制造业主要是指从事电信设备、雷达及配套设备、广播电视设备、电子计算机、电子元器件、家用视听设备和其他电子设备的生产制造活动。计算机、通信及其他电子设备制造业是朝阳产业,是一个组织密集、资金密集、技术密集,更新换代频率极快的产业。

改革开放以来,我国计算机、通信及其他电子设备制造业,历经坎坷,在改革改制中探索前进,经过优势资源的重整,特别是引进全球最先进电子技术和专业服务,逐步形成了以三资企业、民营企业、国有及国有控股企业三足鼎立的发展态势,焕发出生机与活力,生产成倍增长,经济效益显著提高。截至 2014 年年底,我国计算机、通信和其他电子设备制造业企业数量达 13 218 家[1]。中商产业研究院数据显示:2014 年全国规模以上通信设备、计算机及其他电子设备制造业行业总资产为 58 168. 5 亿元,同比增长14. 58%。国家统计局资料:2015 年,在 41 个工业大类行业中,29 个行业利润总额比上年增长,12 个行业

下降。计算机、通信和其他电子设备制造业增长 5.9％,电力、热力生产和供应业增长 13.8％,全年实现主营业务收入 90 482 亿元,同比增长 6.9％;实现利润 4 268.9 亿元,同比增长 5.9％。[2]

随着经济的不断发展和科学技术水平的不断提高,全社会已经越来越认识到自主创新对科技进步、经济发展和增强综合竞争力的重要性。20 世纪 90 年代以来,我国计算机、通信及其他电子设备制造业担当着国民经济的支柱产业和先导产业的重要角色,并且已经成为我国经济发展的第一支柱产业。到 2015 年,我国已经成为计算机、通信及其他电子设备制造业大国,但是由于起步不一样,外部环境也存在差异,所以在不同地区的相同资源投入带来的效益仍存在差异,各地的发展也参差不齐。因此,要确保该行业长期稳定的发展,还需要制订合理的技术创新政策,调整和提升产业结构,合理配置有限经济资源以创造最大的边际效用;进而构建更为科学、合理的区域创新体系、创新政策,加大研发投入力度,不断扩大投资规模。为此,本书以该行业上市公司为例分析研究其投资价值,以为投资者进行有效的投资决策提供参考。

二、样本选取和数据处理

沪、深证券交易所的计算机、通信和其他电子设备制造业 244 家上市公司财务数据,主要来源于其 2015 年度财务报告。其中,＊ST 山水和厦华电子由于数据不全,故将其剔除,实际分析的公司有 242 家,具体初始数据扫描二维码获取。

在指标性质、单位不同的情况下,先要对指标进行同趋势化处理。然后利用 SPSS 中的 Z-score 方法将 13 个指标的原始数据进行标准化处理。同趋化数据与标准化数据略。

三、因子分析法适应性检验

为了检验所选用的指标是否使用因子分析法,本书利用 SPSS 软件中 KMO 和 Bartlett 的方法来对样本进行检验。检验结果如表 6-18-1 所示。

表 6-18-1　KMO 和 Bartlett 的检验

取样足够度的 Kaiser-Meyer-Olkin 度量		0.580
Bartlett 的球形度检验	近似卡方	791.433
	自由度(df)	78
	显著性(Sig)	0.000

由表 6-18-1 可知,巴特利球形检验计量为 791.433,相应的概率 Sig 为 0.000,在 5％的显著水平之下,拒绝原假设,因此可认可相关系数矩阵与单位阵有显著差异,说明本书样本适合做因子分析。同时,KMO 值为 0.58,大于 0.5,可知各变量之间的相关程度无较大差异,原有变量适合作因子分析。

四、确定主因子

本书应用因子分析法中的主成分分析法来计算原始公因子的特征值、方差贡献率以及累计方差贡献率,并由此确定公因子。结果如表 6-18-2 所示。

表 6-18-2　解释的总方差

成　分	初始特征值			提取平方和载入			旋转平方和载入		
	合计	方差的%	累积%	合计	方差的%	累积%	合计	方差的%	累积%
1	2.761	21.236	21.236	2.761	21.236	21.236	2.552	19.631	19.631
2	1.797	13.82	35.056	1.797	13.82	35.056	1.807	13.899	33.531

成 分	初始特征值			提取平方和载入			旋转平方和载入		
	合计	方差的%	累积%	合计	方差的%	累积%	合计	方差的%	累积%
3	1.535	11.805	46.861	1.535	11.805	46.861	1.686	12.967	46.498
4	1.109	8.533	55.394	1.109	8.533	55.394	1.143	8.791	55.289
5	1.014	7.797	63.191	1.014	7.797	63.191	1.027	7.902	63.191
6	0.977	7.512	70.703						
7	0.895	6.885	77.588						
8	0.82	6.306	83.894						
9	0.757	5.823	89.717						
10	0.484	3.724	93.441						
11	0.427	3.282	96.723						
12	0.308	2.368	99.091						
13	0.118	0.909	100						

提取方法：主成分分析。

根据表6-18-2中的数据可知，前五个主因子的方差贡献率已经达到了累计方差贡献率的63.191%，即表明这五个主因子已包含原始数据信息量的63.191%，所以只须选择前五个主因子就可以较好的代表原始指标，对计算机、通信和其他电子设备制造业的业绩进行描述。

特征值是能够被看作表示因子影响力度大小的指标之一，如果特征值小于1，说明该因子的解释力度还不如直接引入一个原变量的平均解释力度大，因此一般用特征值大于1作为纳入标准。特征值可用碎石图列示，如图6-18-1所示。从图6-18-1可以看出，从第六个因子开始，特征值的值都小于1，且折线的陡度变得比较平缓，这说明提取5个主因子是合适有效的。

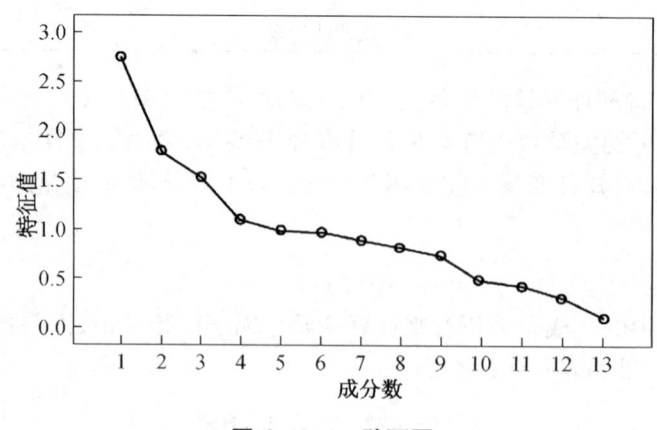

图6-18-1　碎石图

五、旋转载荷矩阵分析

本书对原因子载荷矩阵进行最大方差旋转，以期得到主因子更明确的含义。结果如表6-18-3所示。

表 6-18-3　旋转成分矩阵ª

	成　分				
	F_1	F_2	F_3	F_4	F_5
基本每股收益	0.854	0.137	0.016	0.195	0
销售净利率	0.856	−0.134	0.148	−0.071	0.011
每股净资产	0.258	0.197	0.106	0.672	−0.037
总资产报酬率	0.931	0.079	0.105	−0.012	−0.001
流动比率	−0.165	−0.18	−0.091	0.601	0.122
速动比率	0.091	−0.065	−0.025	−0.002	0.918
资产负债率	0.276	−0.041	−0.085	−0.125	−0.305
存货周转率	−0.102	0.664	0.01	−0.221	0.012
总资产周转率	0.114	0.855	−0.075	−0.035	−0.035
固定资产周转率	0.042	0.688	0.029	0.301	−0.009
总资产增长率	0.115	−0.02	0.839	0	0.043
营业收入增长率	0.078	0.163	0.663	−0.312	0.224
股东权益增长率	0.016	−0.124	0.689	0.182	−0.145

提取方法：主成分分析。

旋转方法：Kaiser 标准化最大方差法。

a. 旋转在 5 次迭代后收敛。

由表 6-18-3 中的数据可以看到，基本每股收益、销售净利率、总资产报酬率在主因子 F_1 上的载荷量分别为 0.854、0.856 和 0.931，它主要反映了公司的盈利能力，所以将 F_1 命名为盈利因子；主因子 F_2 在存货周转率（0.664）、总资产周转率（0.855）、固定资产周转率（0.688）上有较大载荷量，代表了公司的运营能力，故而将其命名为营运因子；总资产增长率、营业收入增长率、股东权益增长率在主因子 F_3 上的载荷分别为 0.839、0.663、0.689，体现了公司的成长能力，为成长因子；每股净资产（0.672）、流动比率（0.601）在 F_4 上的载荷量较大，主要反映了公司的偿债能力，因而将它定义为偿债因子 1；同样的，在速动比率（0.918）上载荷量较大的主因子 F_5 代表了偿债能力，故称其为偿债因子 2。

六、计算机、通信和其他电子设备制造业公司综合得分与排名

要得到因子的综合得分，需先对因子数据进行标准化处理，使其期望为 0，方差为 1。然后对各因子的方差贡献率占因子方差贡献率的比重作权重加权汇总，使用计算综合得分的公式 $F = (\lambda_1 F_1 + \lambda_2 F_2 + \lambda_3 F_3 + \lambda_4 F_4 + \lambda_5 F_5)/\Sigma\lambda i = (0.196\ 31 \times F_1 + 0.138\ 99 \times F_2 + 0.129\ 67 \times F_3 + 0.087\ 91 \times F_4 + 0.079\ 02 \times F_5)/0.631\ 91$ 来计算各样本的综合得分。得分结果按名次排列如表 6-18-4 所示。

表 6-18-4　计算机、通信和其他电子设备制造业上市公司综合得分排名

股票代码	名称	F_1（盈利）	F_2（营运）	F_3（成长）	F_4（偿债1）	F_5（偿债2）	F（综合）	排序
000938.SZ	紫光股份	−0.253 98	8.918 07	0.308 12	4.608 9	−0.086 7	2.58	1
600271.SH	航天信息	1.375 76	3.899 22	−0.362 01	0.372 09	−0.149 05	1.24	2

股票代码	名称	F_1（盈利）	F_2（营运）	F_3（成长）	F_4（偿债1）	F_5（偿债2）	F（综合）	排序
300502. SZ	新易盛	1.826 66	0.414 31	−0.629 95	1.340 12	3.529 1	1.16	3
002465. SZ	海格通信	0.952 93	−0.940 99	−0.993 55	−0.240 3	10.186 81	1.13	4
300433. SZ	蓝思科技	1.550 8	1.034 17	−0.243 84	2.643 29	−0.278 07	0.99	5
000413. SZ	东旭光电	0.871 94	−0.788 63	1.946 63	−1.092 5	4.612 75	0.92	6
002415. SZ	海康威视	2.039 74	0.838 18	−0.106 17	−0.132 34	0.745 33	0.87	7
002801. SZ	微光股份	1.888 73	1.195 07	−0.485 28	0.886 12	−0.219 34	0.85	8
300319. SZ	麦捷科技	0.013	−0.074 92	4.187 03	−0.515 25	0.512 63	0.84	9
002180. SZ	艾派克	0.625 65	0.577 2	2.717 37	0.034 86	−0.357 27	0.84	10
300394. SZ	天孚通信	2.335 76	−0.536 06	0.514 97	1.024 31	−0.326 31	0.82	11
002506. SZ	协鑫集成	−0.511 57	0.014 96	5.080 45	−0.620 17	−0.256 31	0.77	12
002188. SZ	巴士在线	−0.713 36	−0.920 47	5.022 61	0.822 61	−0.018 56	0.72	13
600060. SH	海信电器	0.637 8	2.072 62	−0.630 88	1.190 43	0.029 66	0.69	14
300292. SZ	吴通控股	0.220 81	0.961 25	1.610 74	0.319 11	0.108 25	0.67	15
002792. SZ	通宇通讯	1.839 46	0.150 19	−0.632 39	1.532 1	−0.309 18	0.65	16
300131. SZ	英唐智控	−0.607 54	1.384 51	3.157 69	−1.602 35	0.862 74	0.65	17
000810. SZ	创维数字	0.071 47	2.301 74	0.150 18	0.709 02	−0.159 84	0.64	18
603996. SH	中新科技	0.198 31	2.061 04	0.297 85	0.389 97	−0.045 55	0.62	19
600485. SH	信威集团	1.322 28	−1.761 68	2.996 9	1.266 09	−1.520 97	0.62	20
002236. SZ	大华股份	1.165 3	0.898 26	−0.043 22	0.282 89	0.101 14	0.6	21
002635. SZ	安洁科技	0.887 02	0.401 82	1.057 3	−0.526 93	0.730 15	0.6	22
603528. SH	多伦科技	2.785 05	−0.684 1	−0.589 1	0.098 33	−0.190 42	0.58	23
603118. SH	共进股份	0.319 76	2.098 8	−0.172 35	0.522 55	−0.186 77	0.57	24
300250. SZ	初灵信息	0.696 86	0.270 03	0.834 45	0.889 34	−0.087 46	0.56	25
300256. SZ	星星科技	−0.330 37	0.859 4	1.700 57	0.608 49	0.218 03	0.55	26
300367. SZ	东方网力	0.968 59	−0.538 59	1.507 26	0.482 48	−0.129 53	0.54	27
300449. SZ	汉邦高科	0.357 09	1.057 06	−0.221 64	2.065 74	−0.370 29	0.54	28
600563. SH	法拉电子	1.796 82	−0.049 89	−0.597 97	1.029 88	−0.310 77	0.53	29
002281. SZ	光迅科技	0.833 37	0.375 29	−0.127 9	1.931 54	−0.444 96	0.53	30
000727. SZ	华东科技	−1.517 43	−1.823 89	6.567 54	2.530 38	−2.390 45	0.53	31
000977. SZ	浪潮信息	0.112 13	2.148 19	0.056 3	0.162 9	−0.127 77	0.53	32
600074. SH	保千里	1.008 58	0.014 81	1.820 38	−1.078 33	−0.170 6	0.52	33
603678. SH	火炬电子	1.014 01	0.288 92	0.134 39	0.632 09	0.076 18	0.5	34
002312. SZ	三泰控股	−0.551 58	−0.344 54	0.836 18	0.212 77	4.391 46	0.5	35
603023. SH	威帝股份	1.873 62	−0.552 85	0.389 43	−0.073 06	−0.318 24	0.49	36
600776. SH	东方通信	0.084 3	0.563 63	−1.075 68	−0.317 9	4.722 51	0.48	37
002681. SZ	奋达科技	0.675 36	0.365 13	0.941 77	−0.382 49	0.335 25	0.47	38
603989. SH	艾华集团	1.135 23	0.084 15	0.108 84	0.299 03	0.044 11	0.44	39
300458. SZ	全志科技	0.575 89	0.590 56	−0.130 77	1.476 54	−0.377 29	0.44	40
300474. SZ	景嘉微	1.833 03	−0.354 05	−0.241 55	0.121 66	−0.208 06	0.43	41
300408. SZ	三环集团	1.844 77	−0.275 27	−0.301 6	−0.098 35	−0.257 1	0.4	42

股票代码	名称	F_1（盈利）	F_2（营运）	F_3（成长）	F_4（偿债1）	F_5（偿债2）	F（综合）	排序
300476. SZ	胜宏科技	0.715 93	0.585 15	0.066 91	0.673 1	−0.447 22	0.4	43
300393. SZ	中来股份	0.731 62	−0.089 54	0.513 24	0.482 33	0.041 67	0.39	44
600990. SH	四创电子	0.251 45	0.936 37	0.017 99	0.673 07	−0.043 35	0.38	45
300115. SZ	长盈精密	0.782 32	0.310 54	0.230 8	0.033 81	0.014 04	0.37	46
603328. SH	依顿电子	0.717 15	0.491 79	−0.278 95	0.812 34	−0.277 66	0.35	47
300136. SZ	信维通信	0.731 23	0.655 56	0.586 08	−1.113 95	0.094 2	0.35	48
300390. SZ	天华超净	0.163 52	0.016 95	0.973 75	0.558 16	−0.052 11	0.33	49
300296. SZ	利亚德	0.491 83	−0.410 87	1.520 92	−0.396 03	0.006 43	0.32	50
300088. SZ	长信科技	−0.203 94	1.470 52	1.013 84	−1.561 85	0.470 02	0.31	51
300269. SZ	联建光电	0.364 78	0.134 23	0.782 97	−0.002	0.040 81	0.31	52
002600. SZ	江粉磁材	−0.590 8	1.286 43	1.613 72	−1.225 99	0.342 86	0.3	53
002104. SZ	恒宝股份	1.307 75	0.399 04	−0.458 69	−0.761 85	0.005 56	0.29	54
002130. SZ	沃尔核材	1.885 2	−0.482 85	−0.430 68	−0.499 02	−0.231 21	0.29	55
600666. SH	奥瑞德	0.584 92	−1.012 22	1.996 28	−0.530 73	−0.028 55	0.29	56
002389. SZ	南洋科技	0.198 21	−0.747 36	−0.164 94	−0.053 16	3.465 38	0.29	57
002446. SZ	盛路通信	0.116 19	−0.382 71	1.033 95	0.168 79	0.797 91	0.29	58
002475. SZ	立讯精密	0.729 38	0.627 22	−0.151 32	−0.265 5	−0.085 24	0.29	59
000547. SZ	航天发展	0.056 89	−0.636 54	2.261 33	−1.066 76	0.555 83	0.26	60
300053. SZ	欧比特	0.126 13	−0.568 39	1.365 33	−0.026 45	0.474 73	0.25	61
601231. SH	环旭电子	−0.098 51	2.055 21	−0.351 05	−0.681 53	−0.056 63	0.25	62
002179. SZ	中航光电	0.803 11	−0.018 57	−0.202 84	0.225 86	0.047 88	0.24	63
000063. SZ	中兴通讯	0.194 86	0.592 03	−0.208 05	0.818 5	−0.180 03	0.24	64
000050. SZ	深天马 A	0.000 16	0.135 21	0.282 3	1.207 93	−0.255 23	0.22	65
002036. SZ	联创电子	0.347 83	−0.190 94	1.126 28	−0.277 94	−0.302 89	0.22	66
002426. SZ	胜利精密	−0.294 78	0.414 66	1.347 12	−0.392 54	−0.010 05	0.22	67
300353. SZ	东土科技	0.154 02	−0.440 75	1.342 66	−0.753 79	0.734 43	0.21	68
002185. SZ	华天科技	0.123 42	0.250 29	0.251 23	0.387 54	0.088 44	0.21	69
300456. SZ	耐威科技	0.964 81	−0.811 86	0.175 69	0.740 07	−0.405 98	0.21	70
603019. SH	中科曙光	0.098 29	0.755 28	0.149 14	−0.177 7	−0.121 95	0.19	71
300118. SZ	东方日升	0.162 95	0.341 42	0.435 82	−0.420 11	0.116 11	0.17	72
300077. SZ	国民技术	0.152 99	−0.323 43	0.007 41	1.494 21	−0.149 9	0.17	73
300414. SZ	中光防雷	0.930 13	−0.302 91	−0.091 72	0.139 02	−0.467 29	0.16	74
002241. SZ	歌尔股份	0.552 84	0.252 33	−0.477 71	0.363 64	−0.154 01	0.16	75
600562. SH	国睿科技	0.920 59	−0.250 22	−0.330 16	0.051 96	−0.148 85	0.15	76
300232. SZ	洲明科技	0.544 48	0.128 3	−0.117 86	−0.069 47	−0.101 72	0.15	77
300389. SZ	艾比森	0.639 36	0.143 45	−0.531 37	0.346 45	−0.177 03	0.15	78
300038. SZ	梅泰诺	0.069 52	−0.578 31	0.328 07	1.458 34	−0.193 1	0.14	79
600130. SH	波导股份	−0.431 72	2.368 6	−0.463 04	−1.155 26	0.073 79	0.14	80
000733. SZ	振华科技	−0.011 39	0.392 85	−0.123 06	0.699 83	−0.161 35	0.13	81
600703. SH	三安光电	1.218 64	−1.001 53	−0.212 28	0.419 27	−0.317 03	0.13	82

股票代码	名称	F_1（盈利）	F_2（营运）	F_3（成长）	F_4（偿债1）	F_5（偿债2）	F（综合）	排序
000068.SZ	华控赛格	−1.100 27	2.010 3	1.739 72	−2.847 64	0.516 56	0.13	83
002654.SZ	万润科技	−0.071 65	−0.109 54	0.978 07	−0.081 91	−0.138 95	0.13	84
002383.SZ	合众思壮	0.043 16	−0.406 01	0.321 78	1.024 8	−0.058 54	0.13	85
002782.SZ	可立克	0.289 21	0.521 67	−0.226 4	−0.005 87	−0.255 35	0.13	86
603005.SH	晶方科技	0.438 69	−0.321 21	−0.506 18	0.691 11	0.531 14	0.12	87
600498.SH	烽火通信	0.170 22	0.162 33	−0.184	0.657 12	−0.175 04	0.12	88
002456.SZ	欧菲光	0.018 71	0.944 93	−0.523 5	0.375 84	−0.318 71	0.12	89
002151.SZ	北斗星通	−0.239 08	−0.492 51	0.743 36	1.281 78	−0.270 01	0.11	90
002273.SZ	水晶光电	0.258 11	−0.256 96	0.330 28	0.314 8	−0.177 66	0.11	91
000801.SZ	四川九洲	0.136 96	0.472 24	−0.107 15	0.061 99	−0.168 43	0.11	92
300373.SZ	扬杰科技	0.630 59	0.118 2	−0.000 89	−0.877 72	0.058 68	0.11	93
000748.SZ	长城信息	−0.195 91	−0.238 93	0.342 47	0.373 96	0.779 16	0.11	94
300042.SZ	朗科科技	−0.394 25	0.870 04	0.361 55	−0.423 34	0.125 25	0.1	95
300078.SZ	思创医惠	0.337 21	−0.344 31	0.717 91	−0.693 13	0.120 12	0.09	96
300516.SZ	久之洋	3.867 2	−0.841 06	−1.046 55	−1.72	−3.828 36	0.08	97
600525.SH	长园集团	0.454 8	−0.313 05	0.077 99	0.101 72	−0.152 15	0.08	98
600654.SH	中安消	−0.207 3	1.324 88	0.149 01	−1.406 02	0.104 26	0.08	99
600345.SH	长江通信	−0.295 73	−0.632 37	−0.902 31	3.249 19	0.303 21	0.07	100
300114.SZ	中航电测	0.349 3	−0.398 65	−0.487 64	0.208 22	0.951 19	0.07	101
600366.SH	宁波韵升	0.808 48	−0.852 25	−0.400 11	0.778 5	−0.198 16	0.07	102
600980.SH	北矿磁材	0.111 4	0.068 42	0.367 43	−0.218 74	−0.236 59	0.07	103
603025.SH	大豪科技	1.116 85	−0.713 83	−0.223 09	−0.287 53	−0.344 38	0.06	104
600584.SH	长电科技	−0.694 69	0.402 09	1.255 83	−0.535 98	−0.002 24	0.06	105
300219.SZ	鸿利光电	0.224 76	0.600 37	0.036 85	−1.222 83	0.063 71	0.05	106
300455.SZ	康拓红外	0.817 33	−0.773 81	−0.056 24	−0.005 57	−0.243 02	0.04	107
600083.SH	博信股份	0.517 98	0.525 39	−0.637 57	−0.691 14	−0.101 18	0.04	108
002025.SZ	航天电器	0.496 8	−0.175 22	−0.389 7	0.065 44	−0.140 32	0.03	109
000066.SZ	长城电脑	−0.585 24	2.238 91	−0.836 44	−0.597 92	−0.244 92	0.03	110
603936.SH	博敏电子	0.080 35	0.201 41	−0.199 17	0.155 62	−0.253 42	0.02	111
002049.SZ	紫光国芯	0.846 86	−0.874 99	−0.333 5	0.183 33	−0.077 16	0.02	112
002745.SZ	木林森	0.133 36	−0.077 98	−0.101 96	0.396 94	−0.333 04	0.02	113
002618.SZ	丹邦科技	0.208 92	−0.141 07	−0.510 21	0.852 39	−0.278 87	0.01	114
002528.SZ	英飞拓	−0.377 23	0.182 6	0.214 77	−0.219 11	0.586 95	0.01	115
002519.SZ	银河电子	0.470 98	−0.452 77	0.068 15	−0.309 61	−0.121 23	0	116
002436.SZ	兴森科技	−0.070 94	0.376 66	0.010 53	−0.373 33	−0.120 74	0	117
000021.SZ	深科技	−0.657 49	2.154 61	−0.676 92	−0.882 66	−0.150 31	−0.01	118
002161.SZ	远望谷	−1.612 47	−2.231 78	−1.013 88	7.143 6	1.499	−0.02	119
002766.SZ	索菱股份	0.226 32	−0.311 98	−0.223 13	0.357 17	−0.226 45	−0.02	120
002512.SZ	达华智能	−0.089 44	−0.523 45	1.064 43	−0.813 63	0.102 41	−0.02	121
600100.SH	同方股份	0.184 51	−0.283 68	−0.312 72	0.478 65	−0.259 33	−0.04	122

股票代码	名称	F_1（盈利）	F_2（营运）	F_3（成长）	F_4（偿债1）	F_5（偿债2）	F（综合）	排序
300213.SZ	佳讯飞鸿	0.123 52	0.134 97	−0.291 74	−0.369 37	−0.070 47	−0.05	123
300327.SZ	中颖电子	0.170 8	−0.079 31	−0.431 13	−0.139 05	0.149 68	−0.05	124
600363.SH	联创光电	−0.012 1	0.224 05	−0.294 91	−0.195 84	−0.106 79	−0.06	125
000670.SZ	＊ST盈方	−0.423 26	0.089 84	0.471 24	−0.900 55	0.626 09	−0.06	126
600118.SH	中国卫星	−0.048 32	0.318 13	−0.377 54	−0.285	−0.013 64	−0.06	127
002402.SZ	和而泰	−0.012 66	0.288 9	−0.338 65	−0.467	0.073 69	−0.07	128
600183.SH	生益科技	0.201 23	0.298 21	−0.639 21	−0.367 94	−0.183 16	−0.08	129
300282.SZ	汇冠股份	−1.219 79	0.758 46	0.869 91	−0.328 08	0.015 44	−0.08	130
600888.SH	新疆众和	−0.420 22	0.590 79	−0.218 87	−0.268 58	−0.039 22	−0.09	131
002449.SZ	国星光电	0.099 15	−0.450 55	−0.230 45	0.323 43	−0.152 67	−0.09	132
300351.SZ	永贵电器	0.601 36	−0.700 2	−0.253 95	−0.434 06	−0.087 29	−0.09	133
002156.SZ	通富微电	−0.176 73	−0.190 75	0.106 18	0.027 88	−0.171 58	−0.09	134
002138.SZ	顺络电子	0.539 93	−0.544 33	−0.314 19	−0.412 49	−0.159 21	−0.09	135
300301.SZ	长方集团	−0.025 46	−0.340 72	0.514 53	−0.792 61	−0.055 04	−0.09	136
002729.SZ	好利来	0.484 83	−0.833 5	−0.470 32	0.486 44	−0.273 87	−0.1	137
000100.SZ	TCL集团	−0.283 19	0.942 55	−0.421 15	−0.818 41	−0.224 56	−0.11	138
002351.SZ	漫步者	0.328 74	−0.563 84	−0.543 39	0.340 06	−0.184 43	−0.11	139
300460.SZ	惠伦晶体	0.130 28	−0.271 95	−0.210 35	−0.124 46	−0.237 49	−0.11	140
300223.SZ	北京君正	0.790 85	−1.484 16	−0.270 86	0.324 14	−0.156 03	−0.11	141
002484.SZ	江海股份	0.330 56	−0.363 97	−0.611 62	0.193 3	−0.304 43	−0.11	142
002396.SZ	星网锐捷	1.678 48	0.062 2	−0.819 43	−1.086 47	−2.658 21	−0.12	143
300128.SZ	锦富新材	−0.531 26	0.947 39	−0.463 59	−0.356 05	−0.141 05	−0.12	144
002089.SZ	新海宜	−0.038 85	−0.267 3	0.202 95	−0.739 16	−0.024 89	−0.14	145
002660.SZ	茂硕电源	−0.419 48	0.080 03	0.311 59	−0.617 89	−0.020 82	−0.14	146
002429.SZ	兆驰股份	−0.109 19	0.287 89	−0.467 96	−0.250 61	−0.294 76	−0.14	147
000823.SZ	超声电子	−0.190 15	0.243 44	−0.662 23	0.192 27	−0.195 93	−0.14	148
002636.SZ	金安国纪	−0.528 01	1.275 87	−0.454 34	−1.103 42	−0.088 53	−0.14	149
002055.SZ	得润电子	−0.288 11	−0.055 45	−0.002 64	−0.119 22	−0.186 7	−0.14	150
002189.SZ	利达光电	−0.444 97	0.860 41	−0.472 32	−0.746 11	0.037 19	−0.15	151
600775.SH	南京熊猫	−0.175 41	0.322 1	−0.566 81	−0.307 67	−0.026 88	−0.15	152
300079.SZ	数码视讯	0.202 19	−0.920 65	0.370 84	−0.788 43	0.210 63	−0.15	153
300303.SZ	聚飞光电	−0.057 99	−0.121 1	−0.157 16	−0.480 61	−0.101 49	−0.16	154
002376.SZ	新北洋	0.344 65	−0.662 25	−0.328 83	−0.399 55	−0.015 87	−0.16	155
300346.SZ	南大光电	0.658 96	−1.425 97	−0.606 23	0.825 66	−0.419 86	−0.17	156
300065.SZ	海兰信	−0.088 08	−0.916 39	0.207 98	0.450 9	−0.389 99	−0.17	157
300101.SZ	振芯科技	0.386 56	−0.827 91	−0.293 89	−0.702 18	0.244 4	−0.19	158
600353.SH	旭光股份	−0.140 44	−0.196 19	−0.032 88	−0.756 28	0.061 68	−0.19	159
000970.SZ	中科三环	0.218 97	−0.265	−0.744 07	−0.083 02	−0.322 03	−0.19	160
000536.SZ	华映科技	−0.307 79	0.941 01	−0.911 92	−0.649 39	−0.235 98	−0.2	161
002017.SZ	东信和平	−0.098 05	0.151 22	−0.607 81	−0.435 66	−0.164 85	−0.2	162

股票代码	名称	F_1（盈利）	F_2（营运）	F_3（成长）	F_4（偿债1）	F_5（偿债2）	F（综合）	排序
600198.SH	大唐电信	−0.391 19	0.044 75	−0.419 48	0.166 88	−0.245 91	−0.21	163
002045.SZ	国光电器	−0.348 47	0.332 79	−0.461 27	−0.426 57	−0.171 07	−0.21	164
600330.SH	天通股份	−0.343 16	−0.752 04	0.178 82	0.270 55	−0.129 09	−0.21	165
300127.SZ	银河磁体	0.552 45	−0.844 03	−0.593 2	−0.340 29	−0.272 78	−0.22	166
300083.SZ	劲胜精密	−2.256 98	−0.082 47	1.192 85	2.284 82	−0.570 95	−0.23	167
002583.SZ	海能达	0.111 54	−0.436 41	−0.245 96	−0.783 01	−0.091 27	−0.23	168
300241.SZ	瑞丰光电	−0.305 96	0.450 35	−0.661 58	−0.563 74	−0.198 8	−0.24	169
002313.SZ	日海通讯	−0.555 73	−0.166	−0.376 91	0.503 11	−0.207 95	−0.24	170
002369.SZ	卓翼科技	−0.794 5	1.172 58	−0.631 52	−0.712 3	−0.200 43	−0.24	171
002414.SZ	高德红外	−0.160 42	−1.022 07	0.214 49	−0.196 82	0.093 24	−0.25	172
600667.SH	太极实业	−0.436 42	0.905 51	−0.637 05	−1.260 87	−0.102 75	−0.26	173
002194.SZ	武汉凡谷	−0.215 43	−0.172 72	−0.656 71	−0.044 28	−0.122 22	−0.26	174
002296.SZ	辉煌科技	0.102 46	−0.855 93	−0.432 91	0.047 91	−0.216 29	−0.27	175
002137.SZ	麦达数字	−0.569 96	0.145 16	0.065 66	−0.728 27	−0.319 17	−0.27	176
000988.SZ	华工科技	−0.105 07	−0.426 48	−0.475 57	−0.237 38	−0.166 09	−0.28	177
300270.SZ	中威电子	0.102 23	−0.804 75	−0.275 48	−0.475 62	−0.097 52	−0.28	178
000636.SZ	风华高科	−0.384 11	−0.626 69	−0.299 15	0.415 66	−0.191 9	−0.28	179
300134.SZ	大富科技	−0.221 44	−0.304 93	−0.532 51	−0.036 34	−0.336 39	−0.29	180
600151.SH	航天机电	−0.266 24	−0.305 72	−0.359 39	−0.358 61	−0.191 97	−0.3	181
600288.SH	大恒科技	−0.342 15	0.112 83	−0.852 61	−0.014 78	−0.333 39	−0.3	182
000045.SZ	深纺织 A	−0.541 58	−0.459 48	−0.555 68	0.312 24	0.279 58	−0.3	183
000561.SZ	烽火电子	−0.072 9	−0.567 5	−0.365 48	−0.495 49	−0.109 79	−0.31	184
002417.SZ	三元达	−0.112 81	−0.306 99	−0.813 17	−0.166	−0.160 72	−0.31	185
300205.SZ	天喻信息	−0.465 93	0.037 55	−0.716 16	−0.266 69	0.020 68	−0.32	186
002308.SZ	威创股份	−0.023 55	−0.802 52	−0.284 94	−0.438 54	−0.144 08	−0.32	187
000586.SZ	汇源通信	−0.385 51	0.246 65	−0.764 77	−0.585 28	−0.189 18	−0.33	188
000725.SZ	京东方 A	−0.498 14	−0.284 61	−0.103 27	−0.760 02	0.097 48	−0.33	189
600405.SH	动力源	−0.252 46	−0.437 02	−0.269 61	−0.607 18	−0.143 7	−0.33	190
300331.SZ	苏大维格	−0.447 43	−0.420 89	−0.643 36	−0.245 43	0.433 67	−0.34	191
002579.SZ	中京电子	−0.297 52	−0.272 68	−0.312 74	−0.788 55	−0.143 14	−0.34	192
600839.SH	四川长虹	−0.993 08	0.802 17	−0.615 57	−0.468 91	−0.205 69	−0.35	193
300046.SZ	台基股份	0.093 72	−1.107 24	−0.781 76	0.475 02	−0.448 83	−0.36	194
002371.SZ	七星电子	−0.099 71	−1.096 8	−0.560 07	0.445 86	−0.320 43	−0.37	195
002388.SZ	新亚制程	−0.482 09	0.080 97	−0.535 85	−0.741 17	−0.171 28	−0.37	196
600435.SH	北方导航	−0.240 94	−0.617 27	−0.429 98	−0.393 55	−0.157 37	−0.37	197
002655.SZ	共达电声	−0.372 79	−0.244 4	−0.479 33	−0.628 12	−0.205 42	−0.38	198
300211.SZ	亿通科技	−0.372 74	−0.440 76	−0.501 79	−0.315 57	−0.187 62	−0.38	199
600171.SH	上海贝岭	−0.285 46	−0.501 2	−0.429 36	−0.481 02	−0.255 4	−0.39	200
300155.SZ	安居宝	−0.389 73	−0.365 18	−0.419 8	−0.576 59	−0.164 87	−0.39	201
600601.SH	方正科技	−0.402 77	0.059 67	−0.713 84	−0.722 75	−0.235 07	−0.39	202

股票代码	名称	F_1（盈利）	F_2（营运）	F_3（成长）	F_4（偿债1）	F_5（偿债2）	F（综合）	排序
300162. SZ	雷曼股份	−0. 346 46	−0. 757 06	−0. 321 2	−0. 149 18	−0. 225 06	−0. 39	203
300111. SZ	向日葵	−0. 189 68	−0. 306 69	−0. 600 62	−0. 870 78	−0. 179 55	−0. 39	204
002222. SZ	福晶科技	0. 177 81	−1. 104 26	−0. 561 65	−0. 474 02	−0. 222 46	−0. 4	205
600360. SH	华微电子	−0. 416 08	−0. 341 33	−0. 551 25	−0. 522 55	−0. 101 65	−0. 4	206
300227. SZ	光韵达	0. 214 96	−0. 668 58	−0. 793 35	−0. 578 1	−0. 648 37	−0. 4	207
002362. SZ	汉王科技	−0. 428 92	−0. 619 17	−0. 573 53	−0. 116 46	−0. 053 93	−0. 41	208
300177. SZ	中海达	−0. 600 34	−0. 669 96	−0. 198 54	0. 064 06	−0. 355 8	−0. 41	209
300102. SZ	乾照光电	−1. 329 79	−0. 847 49	0. 311 32	0. 535 26	0. 374 95	−0. 41	210
300139. SZ	晓程科技	−0. 091 43	−1. 243 47	−0. 561 19	0. 313 64	−0. 339 04	−0. 42	211
600707. SH	彩虹股份	−0. 039 41	−1. 204 45	−0. 116 97	−0. 813 3	−0. 029 88	−0. 42	212
600401. SH	海润光伏	−0. 589 3	−0. 021 95	−0. 294 85	−1. 130 68	−0. 123 06	−0. 42	213
000020. SZ	深华发 A	−0. 653 94	0. 476 07	−0. 859 26	−0. 875 24	−0. 225 36	−0. 42	214
002463. SZ	沪电股份	−0. 588 78	−0. 029 74	−0. 628 29	−0. 685 69	−0. 203 22	−0. 44	215
002214. SZ	大立科技	−0. 134 31	−1. 216 69	−0. 517 01	−0. 107 01	−0. 188 56	−0. 45	216
002115. SZ	三维通信	−0. 381 56	−0. 708 28	−0. 649 3	−0. 232 39	−0. 205 21	−0. 47	217
002079. SZ	苏州固锝	−0. 477 07	−0. 296 58	−0. 746 32	−0. 569 81	−0. 242 82	−0. 48	218
600460. SH	士兰微	−0. 426 19	−0. 662 6	−0. 542 33	−0. 460 8	−0. 231 2	−0. 48	219
002288. SZ	超华科技	−0. 380 02	−0. 771 3	−0. 621 75	−0. 359 2	−0. 286 07	−0. 5	220
002052. SZ	同洲电子	−0. 151 65	−0. 868 31	−0. 902 67	−0. 227 2	−0. 372 49	−0. 5	221
002231. SZ	奥维通信	−0. 476 54	−0. 626 4	−0. 733 93	−0. 299 35	−0. 286 86	−0. 51	222
300076. SZ	GQY 视讯	−0. 504 76	−0. 977 64	−0. 736 86	0. 394 49	−0. 441 41	−0. 52	223
600237. SH	铜峰电子	−0. 440 88	−0. 974 27	−0. 570 03	−0. 218 59	−0. 202 33	−0. 52	224
002587. SZ	奥拓电子	−0. 254 46	−0. 926 48	−0. 879 23	−0. 387 72	−0. 312 18	−0. 56	225
300397. SZ	天和防务	−2. 855 36	−1. 352 22	−0. 796 56	5. 470 83	0. 232 38	−0. 56	226
002119. SZ	康强电子	−0. 913 49	−0. 174 54	−0. 864 53	−0. 123 89	−0. 369 49	−0. 56	227
300323. SZ	华灿光电	−0. 914 24	−0. 825 71	−0. 161 65	−0. 453 02	−0. 097 04	−0. 57	228
000016. SZ	深康佳 A	−1. 493 92	0. 818 21	−0. 835 91	−0. 689 9	−0. 257 89	−0. 58	229
600680. SH	上海普天	−0. 949 7	−0. 505 78	−0. 803 18	0. 188 43	−0. 401 56	−0. 6	230
300340. SZ	科恒股份	−1. 879 19	−0. 247 32	−0. 380 43	0. 974 02	−0. 332 19	−0. 62	231
300220. SZ	金运激光	−0. 948 72	−0. 777 81	−0. 531 04	−0. 189 83	−0. 265 92	−0. 63	232
300028. SZ	金亚科技	−0. 219 72	−0. 993 71	−1. 376 37	−0. 424 15	−0. 419 87	−0. 68	233
300322. SZ	硕贝德	−1. 580 02	−0. 004 83	−0. 563 05	−0. 620 05	−0. 272 23	−0. 73	234
002134. SZ	天津普林	−1. 265 63	−0. 464 58	−0. 916 83	−0. 199 79	−0. 320 79	−0. 75	235
002106. SZ	莱宝高科	−2. 296 52	0. 074 14	−0. 511 78	0. 120 78	−0. 272 96	−0. 82	236
600355. SH	精伦电子	−1. 984 18	−0. 159 37	−0. 513 39	−0. 481 92	−0. 189 25	−0. 85	237
000687. SZ	华讯方舟	−2. 027 1	−0. 234 29	−0. 344 32	−0. 630 59	−0. 138 7	−0. 86	238
600800. SH	天津磁卡	−1. 191 2	−0. 884 08	−0. 857 67	−0. 656 07	−0. 291 85	−0. 87	239
002199. SZ	*ST 东晶	−4. 033 66	−0. 353 29	−0. 504 03	−0. 049 63	−0. 258 09	−1. 47	240
002577. SZ	雷柏科技	−4. 958 15	−0. 135 5	−0. 531 2	0. 413 64	−0. 016 3	−1. 62	241
002289. SZ	*ST 宇顺	−5. 860 04	0. 490 39	0. 082 86	−1. 246 23	−0. 231 87	−1. 9	242

表 6-18-4 中,计算机、通信和其他电子设备制造业公司综合得分与其投资价值呈正相关关系。由于先对因子进行了标准化处理,因此,可以 0 为参考标准线,认为:综合得分大于 0 的公司,综合业绩相对较好,且数值越大,投资价值越大;综合得分小于 0 的则相对较差,且数值越小投资价值越小。以此可对上市公司的综合业绩和投资价值有一个基本的评价。

具体而言,表 6-18-4 中,各家公司各项能力得分与相应实力也呈正相关关系。

排名前十位的公司分别为紫光股份、航天信息、新易盛、海格通信、蓝思科技、东旭光电、海康威视、微光股份、麦捷科技、艾派克。2014 年排名前十位的公司分别为信威集团、天华超净、火炬电子、航天信息、紫光股份、*ST 集成、创维数字、艾比森、恒宝股份、海康威视。2013 年排名前十位的公司分别为紫光股份、江海股份、博信股份、欧菲光、航天信息、东方网力、大华股份、扬杰科技、旭光股份、宇顺电子。3 年比较差距较大,只有紫光股份和航天信息 2 家公司保持在前十位,说明这两家公司发展稳定,综合实力强,投资价值大。同时也说明该行业发展速度快,波动较大,竞争激烈。这一点从庞大且不断增加的公司数量也可以看出,参加分析的公司 2013 年有 209 家,2014 年有 224 家,2015 年有 242 家,连续三年都是所有参加分析行业中上市公司最多的一个行业。

综合排名第一的紫光股份在 2013 年和 2014 年分别排名第一和第五,主要归功于其杰出的营运能力,其营运因子得分 3 年来一直排名第一,盈利因子得分较前两年有所下降,成长因子得分比 2013 年有所提升,偿债能力一直有所欠缺,看好其营运能力的投资者可以选择对其投资。

航天信息综合排名第二位,2013 年排名第五,2014 年排名第四,逐年稳步上升,可见公司发展稳定,实力强劲。该公司除了成长因子、偿债因子 2 得分为负外,其余 3 个因子均为正,说明其除了成长能力、偿债能力较弱以外,其余能力均较强,是投资者理想的投资选择。

新易盛的盈利因子和偿债因子 2 均排名第五,显示了该公司杰出的盈利能力和偿债能力,营运能力也不错,成长能力稍有欠缺,整体具备很高的投资价值。

海格通信凭借排名第一位的偿债因子 2 得分而跃居第四位,盈利因子表现也不错,但是营运能力和成长能力不佳,结合其前两年的排名来看,分别是第六十三位和第九十一位,总体投资价值较低。

蓝思科技在 2014 年排名第二十一位,和 2014 年相似的是该公司盈利能力和营运能力不错,成长能力和偿债能力欠佳,说明该公司的资本结构不够稳健,但是整体得分良好,具备一定的投资价值。

海康威视的盈利因子得分排名第四,营运因子得分较好,但偿债因子 1 和成长因子得分较低,3 年来综合排名均位于前十五名以内,一直保持着优秀的营运能力和盈利能力,是一个稳健的投资对象。

麦捷科技进步也比较大,2013 年其排名为第三十位,2014 年下降为第一百二十八位,但 2015 年上升到第八位,其成长因子得分很高,排名第四,说明其有较强的成长能力,即该公司有较好的前景,具有较大投资价值。

艾派克除了偿债因子 2 得分为负外,其余因子均为正,说明其各方面能力均很强,是一家综合实力强劲的企业,且在 2014 年各项因子得分均为正,综合排名第十二位,是理想的投资对象。

此外,2014 年的行业龙头信威集团的排名在 2015 年有所下降,为第二十位。该公司 2015 年除了成长能力不错外,其营运因子和偿债因子 2 得分均为负,说明其营运能力较差,财务状况可能出现了问题。在 2014 年综合排名第二和第三的天华超净和火炬电子,在 2015 年的排名中分别下降到第四十九和第三十四,这两家公司因子分析的情况十分相似,综合排名的降低是由于偿债因子得分大幅下降,而 2015 年各项能力各项得分虽然不高,但是各项能力均衡,尤其是火炬电子,各项得分均为正,仍具备一定的投资价值。

排名后十位的公司分别为金亚科技、硕贝德、天津普林、莱宝高科、精伦电子、华讯方舟、天津磁卡、*ST 东晶、雷柏科技、*ST 宇顺。由这十家公司的各项因子得分基本为负可以看出,该类公司各项能力均较弱,综合实力不足,暂不推荐对其投资。

七、系统聚类分析

上述因子分析能够满足投资者对上市公司投资价值分析的需要,但是由于投资者的投资理念往往各不相同,关注的侧重点也有所不同。为了更深入细致地分析行业板块的情况,将利用系统聚类分析法进一步对 242 家科学研究和技术服务业公司的 5 个因子值和综合值进行 Q 型聚类(即个案分群);聚类方法为 ward 联结法,即离差平方和法,根据同类变量间的离差平方和较小、不同类别间的离差平方和较大来进行分类;测量尺度选用平方 Euclidean 距离,即两样本之间的距离是各样本每个变量值之差的平方和。通过聚类分析把业绩相似的公司归类,可以对不同类别的上市公司进行对比分析,为投资者选择投资组合提供参考。本书对 242 家计算机、通信及其他电子设备制造公司进行分类,选择将其分为 4 类,如表 6-18-5 所示。

表 6-18-5　聚类分析

类别	计算机、通信和其他电子设备制造业公司	数目
1	紫光股份、远望谷、*ST 东晶、雷柏科技、*ST 宇顺、天和防务	6
2	航天信息、蓝思科技、海康威视、微光股份、天孚通信、海信电器、创维数字、通宇通讯、中新科技、大华股份、共进股份、多伦科技、汉邦高科、光迅科技、浪潮信息、法拉电子、火炬电子、威帝股份、全志科技、艾华集团、景嘉微、胜宏科技、三环集团、四创电子、长盈精密、依顿电子、信维通信、恒宝股份、立讯精密、沃尔核材、环旭电子、中兴通讯、中航光电、深天马 A、华天科技、耐威科技、中科曙光、东方日升、国民技术、中光防雷、歌尔股份、洲明科技、国睿科技、艾比森、波导股份、梅泰诺、振华科技、合众思壮、三安光电、晶方科技、可立克、烽火通信、欧菲光、北斗星通、久之洋、水晶光电、长城信息、四川九洲、扬杰科技、朗科科技、长江通信、长园集团、中安消、中航电测、北矿磁材、宁波韵升、大豪科技、鸿利光电、康拓红外、博信股份、长城电脑、航天电器、博敏电子、木林森、英飞拓、紫光国芯、丹邦科技、银河电子、兴森科技、深科技、索菱股份、同方股份、佳讯飞鸿、中颖电子、联创光电、*ST 盈方、中国卫星、和而泰、生益科技、新疆众和、国星光电、通富微电、永贵电器、顺络电子、好利来、TCL 集团、惠伦晶体、漫步者、北京君正、锦富新材、江海股份、茂硕电源、新海宜、超声电子、兆驰股份、金安国纪、得润电子、利达光电、南京熊猫、数码视讯、聚飞光电、新北洋、海兰信、南大光电、旭光股份、振芯科技、华映科技、中科三环、大唐电信、东信和平、国光电器、天通股份、劲胜精密、银河磁体、星网锐捷、海能达、瑞丰光电、卓翼科技、日海通讯、高德红外、太极实业、武汉凡谷、辉煌科技、麦达数字、华工科技、中威电子、风华高科、大富科技、航天机电、深纺织 A、大恒科技、烽火电子、三元达、天喻信息、威创股份、汇源通信、京东方 A、动力源、苏大维格、中京电子、四川长虹、新亚制程、七星电子、台基股份、北方导航、共达电声、亿通科技、上海贝岭、安居宝、方正科技、雷曼股份、向日葵、福晶科技、华微电子、乾照光电、光韵达、中海达、汉王科技、晓程科技、海润光伏、彩虹股份、深华发 A、沪电股份、大立科技、三维通信、苏州固锝、士兰微、超华科技、同洲电子、奥维通信、GQY 视讯、铜峰电子、奥拓电子、康强电子、华灿光电、深康佳 A、上海普天、科恒股份、金运激光、金亚科技、硕贝德、天津普林、莱宝高科、精伦电子、华讯方舟、天津磁卡、胜利精密、思创医惠、长电科技、达华智能、汇冠股份、长方集团	202
3	新易盛、海格通信、东旭光电、三泰控股、东方通信、南洋科技	6
4	麦捷科技、艾派克、吴通控股、英唐智控、协鑫集成、巴士在线、信威集团、安洁科技、初灵信息、华东科技、星星科技、东方网力、保千里、奋达科技、中来股份、天华超净、利亚德、长信科技、联建光电、江粉磁材、盛路通信、奥瑞德、联创电子、东土科技、航天发展、欧比特、华控赛格、万润科技	28

表 6-18-5 中,类别 1 包括了紫光股份、远望谷等 6 家公司,这六家公司排名从第一名到倒数第一名,其中,紫光股份、远望谷、雷柏科技和天和防务的偿债因子 1 得分很高,*ST 东晶的偿债因子 1 得分也在其各项得分中居于最高位。

紫光股份 2015 年财务报表的数据显示,2015 年紫光共实现营业收入 133.5 亿元,同比增长 19.78%;净利润 1.52 亿元,同比增长 20.93%,盈利能力良好。同时,紫光股份表示,公司将尽快完成对华三通信技术有限公司(新华三)的收购;在接下来的一年,将全面布局 IT 服务产业。综合排名第一的紫光股份在 2013 年和 2014 年分别排名第一和第五,营运能力十分突出,可见,紫光股份是一家很有发展前景的公司。

远望谷、雷柏科技、天和防务除了偿债能力尚可,营运、盈利、成长能力都低于行业平均水平,且 3 年来排名一直靠后,暂不建议对其投资。至于 *ST 东晶和 *ST 宇顺,排在倒数五位且面临退市风险,也不建议对其投资。

类别 2 包括了航天信息、蓝思科技、海康威视、微光股份等 202 家公司,这些公司的综合排名很分散。航天信息在 2015 年全年共实现营业收入 223.83 亿元,比上年增长 12.15%;实现利润总额 25.69 亿元,比上年增长 24.58%;归属于母公司股东净利润 15.55 亿元,比上年增长 35.47%;每股收益 1.68 元,比上年增长 35.48%,盈利能力良好。此外,2015 年 12 月 4 日,航天信息荣获"2015 中国信息产业年度影响力企业"大奖,行业知名度较高。航天信息综合排名第二位,3 年来发展稳定,实力强劲。除了成长能力、偿债能力有所欠缺以外,其余能力均较强,是理想的投资选择。

蓝思科技是一家集研发、生产、销售显示屏功能玻璃面板于一体的外商独资企业,在 2014 年排名第二十一位,2015 年上升到第五名,盈利能力和营运能力不错,成长能力和偿债能力欠佳,但是整体得分良好,具备一定的投资价值。

海康威视是一家专业从事安防视频监控产品研发、生产和销售的高科技企业,是国内视频监控行业的龙头企业,销售规模连续数年居于国内全行业第一位,是全球主流的 DVR 和板卡生产厂家之一。另外,该公司分别于 2007 年度、2008 年度和 2009 年度被认定为国家规划布局内重点软件企业。从各项因子得分来看,海康威视 3 年来一直保持着优秀的营运能力和盈利能力,虽然偿债和成长能力有所欠缺,但仍可以是较为稳健的投资对象。

综合排名第十一位的天孚通信是一家专业研发、生产、销售陶瓷套筒、光收发组件等光无源器件的中外合资高新技术企业,拥有排名第三的盈利因子,成长因子得分也在平均值以上,营运因子和偿债因子 2 表现不佳,在 2014 年综合排名第十四,成长性较 2014 年有所提升,总体投资价值较高。

类别 3 包括了新易盛、海格通信、东旭光电等 6 家公司,这六家公司的共同特点是偿债因子 2 得分排名前六位,在一定程度上反映了其极佳的偿债能力和稳健的资本结构。其中,新易盛是一家专注于光通信领域传输和接入技术的高新技术企业,专业从事光模块的研发及制造,具有杰出的盈利能力和偿债能力,营运能力也不错,成长能力稍有欠缺,整体具备很高的投资价值。

海格通信是一家无线通信产品制造公司,主要产品为军用通信设备、导航设备,是我国军用无线通信行业重要的技术装备研发基地,技术水平处于国内领先地位,部分产品达到甚至超过国际先进水平。该公司综合得分位居第四,盈利因子表现尚可,但是营运能力和成长能力不佳,结合其前两年的排名来看总体投资价值较低。

类别 4 包括了麦捷科技、艾派克、英唐智控、协鑫集成等 28 家公司。其中,麦捷科技于 2012 年在深圳创业板挂牌上市,是一家由博士、硕士人才群体组成的民营高科技企业。公司主要研发和制造各类射频贴片电感、贴片磁珠、磁珠排、LC 滤波器、介质天线等系列产品,被国家发展和改革委员会确立为中国电感制造行业"示范化工程"企业,被广东省政府确立为"十大重点高新科技项目"企业。2015 年度,其综合排名第八,该公司的成长因子得分很高,说明其成长能力很强,是一家很有前景的公司。

协鑫集成是一家以环保能源和再生能源为主营业务的专业性能源投资控股公司,致力于环保和再生能源的开发与生产,已成为中国领先的大型综合高效环保能源企业,也是中国大型的外资热电营运企业之一。2015 年,公司营业收入较上年同期增长 200.80%;公司利润总额、归属于上市公司股东的净利润和基本每股收益较上年同期分别上升 73.94%、76.77%、88.79%,均由于公司 2014 年破产重组时取得了大额重组收益所致;公司总资产较上年同期增长 421.22%,主要由于公司重大资产重组完成所致;公司归属于上市公司股东的所有者权益、每股净资产较上年同期分别增长 1 000.67%、446.15%,主要由于公司重大资产重组及主营业务盈利所致。不难看出,协鑫集成是一家值得投资的公司。协鑫集成综合排名为第十二,其成长因子得分很高,但除了营运因子为正外,其余因子均为负,说明其是一家具有巨大潜力,但各种能力发展不均衡,仍需进一步完善,具有投资潜力的公司。

八、结语

以上分析为投资者提供了一个较为全面、系统、客观的全要素投资价值评价体系和综合分析平台。

然而,资本市场的嗅觉是灵敏的,大到整个宏观经济环境,小到公司生产决策,都会影响其资本运作和投资价值。为此,投资者在进行投资决策时应充分挖掘相关信息,运用科学合理的定量分析模型来评估股市的投资价值;同时,结合投资时的市价采用价值投资操作方法(详见本书第二十二章)进行投资决策,以规避风险,获得理想投资收益。

参考文献

[1] 统计数据服务,http://data.acmr.com.cn/member/hygk/hygkmshow.asp? code=39.
[2] 2015 年全国规模以上工业企业利润同比降 2.3%. http://finance.sina.com.cn/china/hgjj/2016-01-27/doc-ifxnuvxc2051260.shtml,2016-01-27.

(参著:朱 军 郝福新)

第十九节　仪器仪表制造业上市公司投资价值动态比较分析研究

一、行业发展与投资价值状况

仪器仪表(instrumentation)是用以检出、测量、观察、计算各种物理量、物质成分、物性参数等的器具或设备。在实际工作中,通常将仪器仪表分为两个大类:自动化仪表和便携式仪器仪表。自动化仪表指需要固定安装在现场的仪表,也称现场安装仪器仪表或者表盘安装仪器仪表,这类仪表需要和其他设备配套使用,以完成某一项或几项功能;便携式仪器仪表多是单独使用,有时也叫检测仪器仪表,一般分台式和手持两种。

仪器仪表制造业是传统技术性产业。衡量仪器仪表性能的主要技术指标有精确度、灵敏度、响应时间等。随着经济的不断发展和科学技术水平的不断提高,仪器仪表生产技术不断提高,性能不断加强。改革开放以来,我国仪器仪表业得到了前所未有的巨大发展,在国民经济中的作业越来越大,进入21世纪以来,经过"十五"期间国家大力政策支持,产业规模迅速扩张,成为中国装备制造业中发展最快的行业之一,取得了举世瞩目的成绩。但由于2008年金融危机加之近几年经济转型压力的影响,仪器仪表制造业一度进入低迷时期。进入2015年其发展趋势开始向良好发展,在制造业持续低迷的状态下,仪器仪表企业收入利润呈小幅增长,发展缓慢回升。

OFweek 仪器仪表网讯:2015 年 11 月 27 日,国家统计局发布数据显示,在 2015 年 1～10 月间,全国规模以上工业企业实现利润总额 48 666 亿元,同比下降 2%,相比 1～9 月份的相关数据,降幅有所扩大。其中,30 个行业实现利润总额同比增长,11 个行业有所下降。其中,仪器仪表制造业实现利润总额 537.6 亿元,继续呈现增长态势,同比增长 6.4%;1～10 月份,仪器仪表制造业实现主营业务收入 6 920.0 亿元,同比增长 6.9%。2015 年前三季度全国工业、机械工业、仪器仪表经济运行质量都呈增长状态。其中,销售收入增长率以仪器仪表最高为 6.86%,全国工业为 1.20%,机械工业为 2.92%。这显示我国的仪器仪表的市场发展一直处于稳速增长。但我国仪器仪表企业平均销售收入规模最低,仅有 15 171 万元,全国工业为 21 410 万元,机械工业为 19 244 万元。[1]

我国作为仪器仪表制造业在发展中国家里规模最大、品种最全、综合实力最强的国家,也存在许多问题和困难,如仪器仪表制造产业企业较多,但总体规模较小,产业集中度低,研发动能不足,生产技术水平较低,产品主要以中、抵挡为主。因此,在当前我国制造业处于经济下行压力大的形势下,仪器仪表企业作为制造业的一部分,须积极改变、转变发展思路,时刻跟随时代的脚步,抓住机遇,拓展技术改造与产品创新的新途径,推动仪器仪表行制造业的现代化健康发展。

总体来看,仪器仪表制造业在国家政策支持的背景下有良好的发展前景和广阔的投资空间。广大投资者应抓住机遇,在仪器仪表制造业改革、提升、转型的拐点上,加大投入,开创一片仪器仪表"新天地",为我国仪器仪表制造业迅速加入世界先进行列作出贡献。

二、样本选取与数据处理

沪、深证券交易所的 35 家仪器仪表上市公司的资料来源主要为其 2015 年度的财务报告,具体初始数据扫描二维码获取。

在指标性质、单位不同的情况下,先要对指标进行同趋势化处理。然后利用 SPSS 中的 Z-score 方法将 13 个指标的原始数据进行标准化处理,同趋势化数据和同趋化数据略。

三、因子分析法适应性检验

为了检验所选用的指标是否适合使用因子分析法,本书利用 SPSS 软件中 KMO 和 Bartlett 的方法来对样本进行检验。检验结果如表 6-19-1 所示。

表 6-19-1　KMO 和 Bartlett 的检验

取样足够度的 Kaiser-Meyer-Olkin 度量		0.505
Bartlett 的球形度检验	近似卡方	265.084
	自由度(df)	78
	显著性(Sig)	0.000

由表 6-19-1 可知,巴特利球形检验统计量为 265.084,相应的概率 Sig 为 0.000,在 5% 的显著性水平之下,拒绝原假设,因此可认为相关系数矩阵与单位阵有显著差异,说明样本适合做因子分析。同时,KMO 值为 0.505,大于 0.5,说明样本适合作因子分析。

四、确定主因子

本书应用因子分析法中的主成分分析法来计算原始公因子的特征值、方差贡献率以及累计方差贡献率,并由此确定公因子。结果如表 6-19-2 所示。

表 6-19-2　解释的总方差

成　分	初始特征值			提取平方和载入			旋转平方和载入		
	合计	方差的%	累积%	合计	方差的%	累积%	合计	方差的%	累积%
1	3.762	28.936	28.936	3.762	28.936	28.936	2.225	17.119	17.119
2	1.952	15.019	43.955	1.952	15.019	43.955	2.118	16.289	33.408
3	1.703	13.096	57.051	1.703	13.096	57.051	1.979	15.224	48.631
4	1.527	11.748	68.799	1.527	11.748	68.799	1.957	15.056	63.687
5	1.146	8.816	77.615	1.146	8.816	77.615	1.811	13.928	77.615

成 分	初始特征值			提取平方和载入			旋转平方和载入		
	合计	方差的％	累积％	合计	方差的％	累积％	合计	方差的％	累积％
6	0.823	6.334	83.950						
7	0.809	6.219	90.169						
8	0.591	4.543	94.712						
9	0.284	2.188	96.900						
10	0.202	1.555	98.454						
11	0.100	0.766	99.221						
12	0.073	0.562	99.783						
13	0.028	0.217	100.000						

提取方法：主成分分析。

根据表 6-19-2 中数据可知，前五个主因子的方差贡献率已经达到了累计方差贡献率的 77.615％，即表明这五个主因子已包含原始数据信息量的 77.615％，所以只须选择前五个主因子就可以较好地代表原始指标，对仪器仪表公司的绩效进行描述。

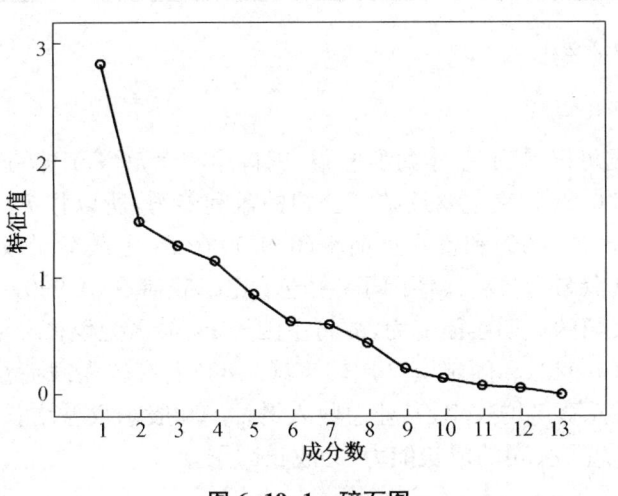

图 6-19-1　碎石图

特征值可用碎石图列示，如图 6-19-1 所示。从图 6-19-1 可以看出，从第六个因子开始，特征值的值都小于 1，且折线的陡度变得比较平缓，这说明提取 5 个主因子是合适有效的。

五、旋转载荷矩阵分析

本书对原因子载荷矩阵进行最大方差旋转，以期得到主因子更明确的含义。结果如表 6-19-3 所示。

表 6-19-3　旋转成分矩阵[a]

	成 分				
	F_1	F_2	F_3	F_4	F_5
基本每股收益	0.578	0.649	−0.145	0.315	0.234
销售净利率	0.904	0.096	0.021	−0.265	0.014
每股净资产	0.218	0.835	−0.186	−0.048	0.225
总资产报酬率	0.865	0.077	0.009	0.362	0.186

	成　分				
	F_1	F_2	F_3	F_4	F_5
流动比率	−0.067	−0.069	0.960	−0.021	0.004
速动比率	0.041	−0.057	0.953	0.010	−0.135
资产负债率	−0.063	0.921	0.056	0.082	−0.024
存货周转率	−0.114	0.189	0.139	0.708	−0.256
总资产周转率	0.086	−0.007	−0.069	0.928	0.031
固定资产周转率	0.362	−0.048	−0.133	0.488	0.320
总资产增长率	−0.024	0.241	−0.121	−0.004	0.753
营业总收入增长率	0.061	−0.071	0.074	−0.139	0.691
股东权益增长率	0.335	0.163	−0.168	0.165	0.662

提取方法：主成分分析。

旋转方法：Kaiser 标准化最大方差法。

a. 旋转在 6 次迭代后收敛。

由表 6-19-3 中的数据可以看到，基本每股收益、销售净利率、总资产收报酬率在主因子 F_1 上的载荷量分别为 0.578、0.904 和 0.865，它主要反映了公司的盈利能力，所以将 F_1 命名为盈利因子；而基本每股收益（0.649）、每股净资产（0.835）和资产负债率（0.921）在 F_2 上载荷量较大，它们主要反映了公司的盈利和长期偿债能力，将其命名为盈利偿债因子；在流动比率载荷量（0.960）、速动比率（0.953）上载荷量较大的主因子 F_3 代表了公司的短期偿债能力，故将主因子 F_3 命名为偿债因子；主因子 F_4 则在存货周转率（0.708）、总资产周转率（0.928）和固定资产周转率（0.488）上有较大载荷量，代表了公司的营运能力，故而将其命名为营运因子；总资产增长率、营业总收入增长率和股东权益增长率在主因子 F_5 上的载荷为 0.753、0.691 和 0.662，体现了公司的成长能力，为成长因子。

六、仪器仪表制造业公司综合得分与排名

要得到因子的综合得分，需先对因子数据进行标准化处理，使其期望为 0，方差为 1，然后，对各因子的方差贡献率占因子总方差贡献率的比重作权重加权汇总，使用计算综合得分的公式 $F = (\lambda_1 F_1 + \lambda_2 F_2 + \lambda_3 F_3 + \lambda_4 F_4 + \lambda_5 F_5)/(\lambda_1 + \lambda_2 + \lambda_3 + \lambda_4 + \lambda_5)$（$0.171\ 19 \times F_1 + 0.162\ 89 \times F_2 + 0.152\ 24 \times F_3 + 0.150\ 56 \times F_4 + 0.139\ 28 \times F_5$）$/0.776\ 15$ 来计算各样本的综合得分。得到结果按名次排列如表 6-19-4 所示。

表 6-19-4　仪器仪表制造业上市公司综合得分排名

股票代码	名称	F_1（盈利）	F_2（盈利偿债）	F_3（偿债）	F_4（营运）	F_5（成长）	F	排序
601222.SH	林洋能源	−0.081 47	4.850 34	0.211 92	0.016 31	0.053 59	1.05	1
300259.SZ	新天科技	0.455 86	−0.349 75	4.372 29	0.119 62	−0.811 66	0.76	2
300137.SZ	先河环保	−0.188 93	−0.334 11	3.178 38	−0.467 74	1.164 77	0.63	3
300417.SZ	南华仪器	0.925 24	0.284 07	−0.649 66	0.847 91	1.542 61	0.58	4
300360.SZ	炬华科技	1.862	−0.180 19	−0.312 53	1.316 82	0.027 32	0.57	5

股票代码	名称	F_1（盈利）	F_2（盈利偿债）	F_3（偿债）	F_4（营运）	F_5（成长）	F	排序
002767.SZ	先锋电子	0.466 46	0.142 55	0.081 06	1.189 99	1.071 12	0.57	6
300416.SZ	苏试试验	0.486 21	1.144 49	−0.152 7	0.104 43	0.318 23	0.39	7
300466.SZ	赛摩电气	−0.400 95	1.598 8	0.261 42	−0.010 77	−0.113 73	0.28	8
002658.SZ	雪迪龙	1.762 51	−1.162 94	0.157 5	0.376 43	−0.089	0.23	9
300445.SZ	康斯特	1.223 92	−0.287 09	−0.393 08	−0.286 08	0.713 93	0.21	10
002747.SZ	埃斯顿	−0.436 09	0.055 28	−0.362 68	1.460 51	0.169 1	0.16	11
300515.SZ	三德科技	0.978 11	−0.358 28	−0.212 56	0.908 68	−0.935 79	0.11	12
601567.SH	三星医疗	0.020 61	−0.663 63	−0.233 89	1.578 76	−0.126 72	0.10	13
300371.SZ	汇中股份	1.898 71	−0.352 28	−0.372 95	−0.709 19	−0.239 96	0.09	14
300203.SZ	聚光科技	0.127 62	−0.252 66	−0.255 68	0.123 02	0.787 12	0.09	15
300370.SZ	安控科技	−0.087 55	−0.713 88	−0.316 61	−0.154 68	1.928 38	0.08	16
300410.SZ	正业科技	−0.681 33	−0.028 62	−0.229 37	0.583 5	0.846 8	0.06	17
300286.SZ	安科瑞	0.707 57	−0.050 03	0.577 06	−0.151 04	−0.942 1	0.06	18
300349.SZ	金卡股份	−0.136 03	0.587 74	−0.147 21	1.146 58	−1.383 87	0.04	19
300430.SZ	诚益通	0.257 37	0.527 64	−0.418 12	−0.573 65	0.194 17	0.01	20
300007.SZ	汉威电子	−0.640 12	−0.563 71	0.013 8	−0.808 43	2.162 73	−0.03	21
603100.SH	川仪股份	−0.749 25	−0.288 6	−0.547 95	1.853 2	−0.634 46	−0.09	22
002356.SZ	赫美集团	−0.372 84	−0.528 54	−0.282 06	−0.160 63	1.025 69	−0.10	23
002121.SZ	科陆电子	−1.172 37	0.185 16	−0.355 19	−0.628 29	1.541 88	−0.13	24
300066.SZ	三川智慧	0.749 21	−0.416 05	−0.424 83	−0.113 31	−1.274 44	−0.26	25
300480.SZ	光力科技	0.251 49	−0.114 61	−0.667 06	−1.058 63	−0.294 6	−0.36	26
300112.SZ	万讯自控	−1.596 19	−0.297 89	−0.261 56	0.198 87	0.346 36	−0.37	27
002338.SZ	奥普光电	0.095 6	0.302 07	−0.225 73	−0.991 87	−1.283 3	−0.38	28
300309.SZ	吉艾科技	0.323 47	−0.469 32	−0.341 95	−2.024 69	0.088 88	−0.47	29
600071.SH	凤凰光学	−1.378 33	−0.646 19	−0.455 84	1.677 65	−1.492 69	−0.47	30
300165.SZ	天瑞仪器	−0.489 28	0.225 66	−0.308 4	−1.714	−0.525 88	−0.55	31
300306.SZ	远方光电	0.824 27	−0.128 92	−0.638 43	−1.876 75	−1.639 17	−0.63	32
002058.SZ	威尔泰	−2.595 93	−0.578 44	0.571 75	0.015 56	−0.903 88	−0.74	33
300338.SZ	开元仪器	−1.479 08	−0.303 67	−0.277 61	−0.783	−0.881 27	−0.75	34
300354.SZ	东华测试	−0.930 47	−0.834 4	−0.581 53	−1.005 1	−0.410 2	−0.76	35

表 6-19-4 中,仪器仪表公司综合得分与其投资价值呈正相关关系。由于先对因子数据进行了标准

化处理,因此,可以 0 为参考标准线,认为:综合得分大于 0 的仪器仪表公司,综合业绩相对较好,且数值越大,投资价值越大;综合得分小于 0 的则相对较差,且数值越小,投资价值越小。依此可对上市公司的综合业绩和投资价值有一个基本的评价。

具体而言,排名前十位的公司分别为林洋能源、新天科技、先河环保、南华仪器、炬华科技、先锋电子、苏试实验、赛摩电气、雪迪龙和康斯特。2014 年排名前十的公司为汇中股份、炬华科技、雪迪龙、南华仪器、正业科技、红相电力、埃斯顿、安控科技、三星电气和川仪股份。2013 年排名前十的公司分别为汇中股份、炬华科技、金卡股份、奥普光电、安控科技、雪迪龙、华智控股、广陆数测、新天科技、三川股份。其中,连续三年均在前十的只有炬华科技、雪迪龙两家公司,说明这两家公司发展稳定,综合实力强劲,属行业龙头,应是投资者关注的焦点;两年在前十的有新天科技、南华仪器两家公司,这两家公司也是实力较强的公司,值得投资者关注。总体看,行业发展不很稳定,竞争压力大。同时,行业新上市公司较多,由此可窥见在仪器仪表制造这个行业中呈现出一派生气勃勃的气息。

其中林洋能源排名第一,其主因子 F_2 盈利偿债因子得分排名第一,说明其盈利偿债能力较强,并且综合得分为 1.054 31,高出第二名很多,在所有因子中,只有主因子 F_1 盈利因子略微小于 0,推荐持有。新天科技排名第二,其由 2014 年的第二十名一跃居第二名,进步巨大,成长能力领先,偿债能力大幅度提升,前景广阔,投资价值较大。先河环保排名第三,其偿债因子得分远远大于其他公司,可见其财务状况稳定,偿债能力强,并且其成长因子在行业间居领先地位,成长空间充足,所以可考虑长期持有。南华仪器在 2014 和 2015 年两年的综合排名没有发生变化,保持第四。各项因子得分均不错,尤其是成长因子排名靠前,可见公司发展稳健,成长空间充足,投资价值较大。炬华科技的综合排名由 2013 年和 2014 年的第二名下滑至 2015 年的第五名,主要是由于其盈利偿债因子和偿债因子的下跌为负导致的,所以该公司的财务状况不太稳定;但其成长因子得分为正,综合实力强,连续三年排名在前五名,是较为理想的投资对象,但需关注公司的财务状况。先锋电子排名第六,是所有公司中唯一一家所有因子得分全部为正的公司,可见其各方面发展均衡,可以考虑长期投资。苏试试验综合得分排名第七,只有偿债因子略微小于 0,可以考虑长期投资,但是需要注意其负债比例和偿债情况。赛摩电气排名第八,其盈利因子、营运因子、成长因子得分均为负,但是盈利偿债因子行业领先,可以考虑短期投资。雪迪龙由 2013 年排名第六,升至 2014 年的第三,又降至 2015 年的第九,波动较大,但仍在前十名,说明其发展较稳定,综合实力较强,是较为理想的投资对象。2015 年盈利因子行业排名领先,但是其盈利偿债因子和成长因子为负,不尽均衡,较适宜对其短期投资。康斯特的盈利因子和成长因子得分不错,但是其他 3 个因子得分靠后,可以考虑短期投资。

排名后十名的公司分别为光力科技、万讯自控、奥普光电、吉艾科技、凤凰光学、天瑞仪器、远方光电、威尔泰、开元仪器和东华测试。由这十家仪器仪表公司的综合得分均为负,且其盈利因子得分基本为负可以看出,盈利能力对公司的投资价值最为关键,不建议投资者对其进行投资。2014 年排名后十的公司为先河环保、*ST 光学、万讯自控、开元仪器、远方光电、威尔泰、吉艾科技、自仪股份、东华测试、天瑞仪器。其中有不少公司连续居于后十,使其因子得分低,实力较差的缘故,暂不建议对其投资。

七、系统聚类分析

上述因子分析能够满足投资者对上市公司投资价值分析的需要,但是由于投资者的投资理念往往各不相同,关注的侧重点也有所不同。为了更深入细致地分析行业板块的情况,将利用系统聚类分析法进一步对 35 家仪器仪表公司的 5 个因子值和综合值进行 Q 型聚类（即个案分群）形成树状图;聚类方法为 ward 联结法,即离差平方和法,根据同类变量间的离差平方和较小、不同类别间的离差平方和较大来进行分类;测量尺度选用平方 Euclidean 距离,即两样本之间的距离是各样本每个变量值之差的平方和。通过聚类分析把业绩相似的公司归类,可以对不同类别的上市公司进行对比分析,为投资者选择投资组合提供参考。

根据树状图(略)对 35 家仪器仪表公司进行分类,本书选择将其分为 4 类,如表 6-19-5 所示。

表 6-19-5　聚类分析

类别	仪器仪表制造业公司	数目
1	林洋能源	1
2	新天科技　先河环保	2
3	南华仪器　炬华科技　先锋电子　苏试试验　赛摩电气　雪迪龙　康斯特　埃斯顿　三德科技　三星医疗　汇中股份　聚光科技　安控科技　正业科技　安科瑞　金卡股份　汉威电子　川仪股份　赫美集团　科陆电子　三川智慧　万讯自控　凤凰光学	23
4	诚益通　光力科技　奥普光电　吉艾科技　天瑞仪器　远方光电　威尔泰　开元仪器　东华测试	9

表 6-19-5 中,类别 1 只有一家公司林洋能源,其综合排名第一名,盈利偿债因子得分遥遥领先,其他因子得分一般,投资价值较大,较适宜对其进行短期投资。

类别 2 包括 2 家公司,新天科技和先河环保,综合排名分别是第二和第三。这两家公司比较相似,偿债因子 F_3 在行业居于遥遥领先地位,2 家公司短期偿债能力强,适宜对其进行短期投资。

类别 3 包括 23 家公司。该类公司各项能力发展较为均衡,是值得关注的投资类型。这些公司综合排名比较集中,其中,南华仪器、炬华科技、先锋电子、苏试试验、赛摩电气、雪迪龙、康斯特,7 家公司的综合排名位居行业前十,它们盈利因子、营运因子、成长因子的得分都还不错,投资者可以选择对其进行长期投资。类别 3 的埃斯顿、安控科技、正业科技、金卡股份的盈利因子得分均为负值,成长因子也不高,盈利情况和成长空间不是很乐观,可以进行短期投资,但需要注意这些公司的盈利及财务状况。至于三德科技、三星医疗、汇中股份、聚光科技、安科瑞,虽然其盈利因子均表现为正,但其他因子情况表现不佳,投资时需警惕。剩下的 7 家公司汉威电子、川仪股份、赫美集团、科陆电子、三川智慧、万讯自控、凤凰光学,综合排名比较靠后,综合得分都小于 0,其各项因子基本都接近于 0,或者小于 0,投资价值不大,建议投资者谨慎对待。

类别 4 包括 9 家公司。总体来看,该类公司只有诚益通的综合得分大于 0,其盈利因子,盈利偿债和成长因子大于零,偿债因子和营运因子小于 0,投资者进行投资时需要注意该公司的负债情况和营运情况。其他 8 家公司的综合得分均小于 0,大部分盈利因子得分为负,盈利能力较差,且总排名均靠后,所以对这八家公司一般可不考虑投资。

八、结语

以上关于深沪两市 35 家仪器仪表制造业上市公司的投资价值分析,主要是以 2015 年财务报表数据为基础进行的实证分析,并与 2013 年、2014 年的相关分析研究成果进行动态比较分析,投资分析的结果存在间断性和偶然性,若能推演至更多个年度,连续反映公司的发展趋势,更有利于帮助投资者作出正确合理的投资决策。从智能化仪器仪表长期的投资逻辑看,城镇化建设会拉动行业需求,智能化的进程将使整个智能化仪器仪表的市场占有率提升,值得长期看好。

参考文献

［1］仪器仪表制造业持续增长态势. 中国仪表网,http://instrument. ofweek. com/2015-12/ART-8320088-12004-29034406. html,2015-12-02.

(参著:江　娟)

第二十节　其他制造业和废弃资源利用业上市公司投资价值动态比较分析研究

一、行业发展与投资价值状况

其他制造业是除了一般可列名制造业以外的制造行业,本书的其他制造业包括以下几个分行业:珠宝首饰业、集成吊顶业。废弃资源利用业主要是指对生产过程中产生的废渣、废水(液)、废气、余热余压等进行回收和合理利用,对社会生产和消费过程中产生的各种废物进行回收和再生利用。

珠宝首饰,泛指珠宝玉石和贵金属的原料、半成品,以及用珠宝玉石和贵金属的原料、半成品制成的佩戴饰品、工艺装饰品和艺术收藏品。我国珠宝首饰消费市场巨大。中华全国工商业联合会金银珠宝业商会会长钟永森 2012 年 8 月 19 日透露,中国珠宝首饰饰品市场迅猛发展,目前已成为仅次于美国的世界第二大珠宝市场,[1]在未来 15 年内将成为全球最大的珠宝消费市场。其中以黄金首饰为例,据中国黄金协会统计,2015 年我国黄金消费需求约 986 吨,其中首饰业黄金消费占据整个黄金消费市场的 73%,以目前金价简单计算(不考虑黄金首饰相对于黄金的加价),整个黄金首饰市场规模超过 1 800 亿。从增速上来看,2014 年金价大幅下滑导致黄金消费需求同比下滑 25%,其中黄金首饰用金同比仅下滑 7%;随着金价的逐步企稳,2015 年黄金消费量同比增长 11%,黄金首饰用金量同比增长 8%。[2]近年来,得益于国民经济的飞速发展和居民可支配收入的提高,我国珠宝首饰行业呈现了高速发展的态势。我国大陆已经成为世界第二大珠宝制造基地,并有望在未来 10 年内跃升为第一大制造基地。

集成吊顶是指将照明、换气、取暖等功能的电器与吊顶结合在一起,是装修中的重要环节之一,具有安装简单、维修方便、布置灵活等特点,成为卫生间、厨房吊顶的主流。为改变天花板色彩单调的不足,集成艺术天花板正成为市场的新潮。集成吊顶因为涉及电器,不少装修业主为确保质量往往会选择品质更高的材料和技术。近年来,中国经济增速减缓,集成吊顶行业的市场环境也由此受到影响,但这只是影响行业发展的外部因素。纵观全国市场,80 后、90 后消费者崛起,国民的消费水平逐步提高,集成吊顶行业又呈现出蓬勃发展的态势。随着 2015 年下半年房地产业再次崛起,其发展势头越加凶猛,尤其一线城市的发展呈现出前所未有的态势。已于 2015 年 11 月 24 日在嘉兴圆满落幕的"2015 年度天花吊顶行业年会"、同期举行的第五届顶天艺术奖颁奖盛典会议、2015 中国(嘉兴)集成吊顶产业博览会等活动,更加有效地促进和保障了该行业的不断发展和完善。

2015 年其他制造业和废弃资源利用业呈现出良好的发展态势。据国家统计局资料,其他制造业全国规模以上工业企业实现主营业务收入 2 387.4 亿元,同比增长 8%,实现利润 150.1 亿元,同比增长 19.9%。废弃资源利用业全国规模以上工业企业实现主营业务收入 3 705.9 亿元,同比增长 1.5%,实现利润 203.3 亿元,同比增长 2.6%。

总之,其他制造业和废弃资源利用业发展前景乐观,投资价值巨大,是广大投资者竞相争夺的获利宝地。但在我国,由于其他制造业,尤其集成吊顶业和废弃资源利用业都属于新兴行业,许多技术和装备都有待进一步提高和完善,加之市场需求波动较大,行业内部竞争激烈,涉及的企业大多经营范围和领域不是完全一致,投资者在投资时需要结合与特定企业的具体情况和相关的宏观环境情况选择优势企业进行投资决策。

二、样本选取与数据处理

沪、深证券交易所的 17 家其他制造业和废弃资源利用业上市公司的资料来源主要为其 2015 年度的财务报告,具体初始数据扫描二维码获取。

在指标性质、单位不同的情况下,先要对其进行同趋势化处理。然后利用 SPSS 中的 Z-score 方法将 13 个指标的原始数据进行标准化处理,同趋化数据和标准化数据略。

三、因子分析法适应性检验

为了检验所选用的指标是否适合使用因子分析法,本书利用 SPSS 软件中 KMO 和 Bartlett 的方法来对样本进行检验。检验结果如表 6-20-1 所示。

表 6-20-1 KMO 和 Bartlett 的检验

取样足够度的 Kaiser-Meyer-Olkin 度量		0.404
Bartlett 的球形度检验	上次读取的卡方	187.887
	自由度(df)	78
	显著性(Sig)	0.000

由表 6-20-1 可知,巴特利球形检验统计量为 187.887,相应的概率 Sig 为 0.000,在 5% 的显著性水平之下,拒绝原假设,因此可认为相关系数矩阵与单位阵有显著差异,说明本书样本适合做因子分析。KMO 值为 0.404,小于 0.5,这主要是由于样本容量太小造成的,不会影响分析,因此原有变量适合作因子分析。

四、确定主因子

本书应用因子分析法中的主成分分析法来计算原始公因子的特征值、方差贡献率以及累计方差贡献率,并由此确定公因子。结果如表 6-20-2 所示

表 6-20-2 解释的总方差

成 分	初始特征值			提取平方和载入			旋转平方和载入		
	合计	方差的%	累积%	合计	方差的%	累积%	合计	方差的%	累积%
1	4.286	32.969	32.969	4.286	32.969	32.969	2.978	22.909	22.909
2	2.844	21.880	54.849	2.844	21.880	54.849	2.959	22.764	45.673
3	2.048	15.757	70.605	2.048	15.757	70.605	2.673	20.560	66.233
4	1.488	11.444	82.049	1.488	11.444	82.049	2.056	15.816	82.049
5	0.904	6.954	89.003						
6	0.671	5.159	94.162						
7	0.278	2.140	96.303						
8	0.242	1.861	98.163						
9	0.101	0.780	98.943						
10	0.093	0.713	99.657						
11	0.027	0.204	99.860						

成　分	初始特征值			提取平方和载入			旋转平方和载入		
	合计	方差的%	累积%	合计	方差的%	累积%	合计	方差的%	累积%
12	0.011	0.086	99.947						
13	0.007	0.053	100.000						

提取方法:主成分分析。

　　根据表6-20-2中数据可知,前四个主因子的方差贡献率已经达到了累计方差贡献率的82.049%,即表明这四个主因子已包含原始数据信息量的82.049%,所以只须选择前四个主因子就可以较好地代表原始指标,对其他制造业公司的绩效进行描述。

　　特征值是能够被看作表示因子影响力度大小的指标之一,如果特征值小于1,说明该因子的解释力度还不如直接引入一个原变量的平均解释力度大,因此一般用特征值大于1作为纳入标准。特征值可用碎石图列示,如图6-20-1所示。从图6-20-1可以看出,从第五个因子开始,特征值的值都小于1,且折线的陡度变得比较平缓,这说明提取4个主因子是合适有效的。

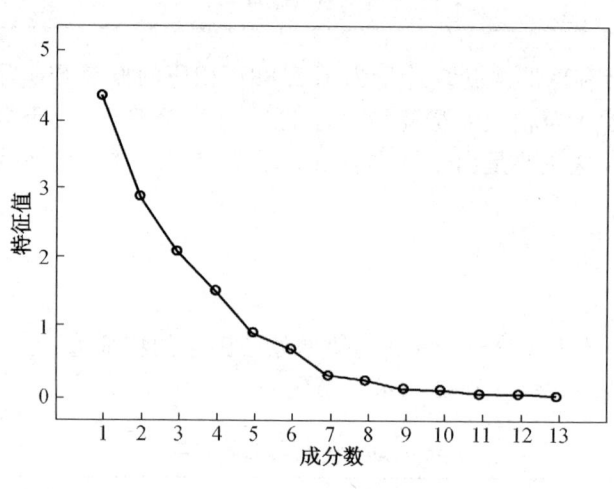

图6-20-1　碎石图

五、旋转载荷矩阵分析

　　本书对原因子载荷矩阵进行最大方差旋转,以期得到主因子更明确的含义。结果如表6-20-3所示。

表6-20-3　旋转成分矩阵[a]

	成　分			
	F_1	F_2	F_3	F_4
基本每股收益	0.047	0.542	0.785	−0.073
销售净利率	0.040	0.785	0.178	0.157
每股净资产	0.345	0.349	0.645	−0.447
总资产报酬率	−0.103	0.780	0.549	0.142
流动比率	0.053	−0.174	0.161	0.761
速动比率	−0.081	−0.255	0.090	−0.528
资产负债率	−0.156	0.903	−0.156	−0.220

	成 分			
	F_1	F_2	F_3	F_4
存货周转率	0.559	0.607	0.331	0.041
总资产周转率	0.078	−0.036	0.964	0.127
固定资产周转率	0.794	−0.189	0.452	−0.202
总资产增长率	0.988	−0.038	−0.056	0.040
营业总收入增长率	0.010	0.016	−0.058	0.886
股东权益增长率	0.941	0.041	0.007	0.235

提取方法：主成分分析。

旋转方法：Kaiser 标准化最大方差法。

a. 旋转在 6 次迭代后已收敛。

由表 6-20-3 中的数据可以看到，总资产增长率、股东权益增长率在主因子 F_1 上的载荷量分别为 0.988 和 0.941，它主要反映了公司的成长能力，所以将 F_1 命名为成长因子；主因子 F_2 则在基本每股收益 (0.542)、销售净利率(0.785)、总资产报酬率(0.780)上有较大载荷量，代表了公司的盈利能力，故而将其命名为盈利因子；存货周转率、总资产周转率、固定资产周转率，在主因子 F_3 上的载荷分别为 0.331、0.946、0.452，体现了公司的营运能力，为营运因子；流动比率(0.761)、速动比率(−0.528)在 F_4 上的载荷量较大，主要反映了公司的偿债能力，因而将它定义为偿债因子。

六、其他制造业和废弃资源利用业公司综合得分与排名

要得到因子的综合得分，需先对因子数据进行标准化处理，使其期望为 0，方差为 1，然后，对各因子的方差贡献率占因子总方差贡献率的比重作权重加权汇总，使用计算综合得分的公式 $F = (\lambda_1 F_1 + \lambda_2 F_2 + \lambda_3 F_3 + \lambda_4 F_4)/(\lambda_1 + \lambda_2 + \lambda_3 + \lambda_4) = (0.229\,09 \times F_1 + 0.227\,64 \times F_2 + 0.205\,60 \times F_3 + 0.158\,16 \times F_4)/0.820\,49$ 来计算各样本的综合得分。得到结果按名次排列如表 6-20-4 所示。

表 6-20-4　其他制造业和废弃资源利用业上市公司综合得分排名

股票代码	名称	F_1（成长）	F_2（盈利）	F_3（营运）	F_4（偿债）	F（综合）	排序
000587.SZ	金洲慈航	3.605 85	−0.098 13	−0.301 71	−0.707 44	0.77	1
600687.SH	刚泰控股	0.660 59	−0.145 37	0.446 24	2.519 21	0.74	2
600612.SH	老凤祥	−0.338 12	−0.108 89	3.415 60	−0.102 31	0.71	3
002718.SZ	友邦吊顶	−0.110 51	3.162 95	−0.208 81	−0.696 43	0.66	4
002721.SZ	金一文化	0.524 68	−0.291 96	0.015 51	0.356 77	0.14	5
600086.SH	东方金钰	0.111 74	−0.497 46	−0.048 66	1.159 21	0.10	6
002120.SZ	新海股份	−0.352 24	0.514 88	0.055 63	−0.023 23	0.05	7
300483.SZ	沃施股份	−0.173 57	0.221 11	−0.049 30	−0.219 63	−0.04	8
002247.SZ	帝龙新材	−0.296 35	0.874 16	−0.626 00	−0.502 84	−0.09	9
002731.SZ	萃华珠宝	−0.148 14	−0.496 88	0.670 85	−0.434 66	−0.09	10
002098.SZ	浔兴股份	−0.439 38	0.166 32	−0.429 75	0.003 99	−0.18	11

股票代码	名称	F_1（成长）	F_2（盈利）	F_3（营运）	F_4（偿债）	F（综合）	排序
300116.SZ	坚瑞消防	−0.370 47	−0.180 40	−0.854 66	0.854 65	−0.20	12
300061.SZ	康耐特	−0.695 53	−0.025 11	−0.320 76	0.170 01	−0.25	13
300163.SZ	先锋新材	−0.561 31	−0.256 87	−0.690 92	0.738 17	−0.26	14
002345.SZ	潮宏基	−0.645 84	−0.061 48	−0.357 55	−0.048 42	−0.30	15
002574.SZ	明牌珠宝	−0.245 28	−0.995 20	0.439 17	−2.119 21	−0.64	16
002173.SZ	＊ST 创疗	−0.526 10	−1.781 67	−1.154 88	−0.947 84	−1.11	17

表 6-20-4 中，其他制造业和废弃资源利用业上市公司综合得分与其投资价值呈正相关关系。由于先对因子进行了标准化处理，因此，可以以 0 为参考标准线，认为：综合得分大于 0 的公司，综合业绩相对较好，且数值越大，投资价值越大；综合得分小于 0 的则相对较差，且数值越小投资价值越小。以此可对上市公司的综合业绩和投资价值有一个基本的评价。

具体而言，表 6-20-4 中，其他制造业和废弃资源利用业上市公司各项能力得分与相应实力也呈正相关关系，排名前五位的公司分别为金州慈航、刚泰控股、老凤祥、友邦吊顶和金一文化。2014 年排名前五位的公司分别为中来股份、友邦吊顶、金叶珠宝、老凤祥和刚泰控股。2013 年排名前五位的公司分别为金叶珠宝、友邦吊顶、老凤祥、富奥股份和潮宏基。连续三年都在前五位的公司有老凤祥、友邦吊顶和金洲慈航（原名金叶珠宝）3 家，说明行业发展迅速，内部竞争较为激烈；也说明老凤祥、友邦吊顶和金洲慈航实力强劲，发展稳定，是行业龙头企业。其中，排名第一的金洲慈航，为金叶珠宝更名而来，它由 2013 年综合得分排名第一，降至 2014 年第三，2015 上升到第一，从得分看，成长能力突出，但是盈利因子和偿债因子得分为负值，各项发展不是很均衡，建议谨慎投资。刚泰控股 2014 年综合得分排名第五，2015 年跃升至第二，进步巨大，其偿债因子得分行业第一，说明其偿债能力强，但盈利因子得分为负值，各项能力发展不尽均衡，建议谨慎投资。老凤祥由 2013 年的总分排名第三略降至 2014 年的第四，转升至 2015 年的第三，主要依靠营运因子分数较高，得居综分排名第三，总体来看，该公司的营运能力突出，财务状况较稳定，但偿债和成长能力一般，有不稳定因素，因此建议审慎投资，可以短期投资为主。排名第四的友邦吊顶，盈利能力较好，营运成长和偿债能力较弱，成长较差，建议谨慎投资。排名第五的金一文化，成长因子、运营因子和偿债因子的得分都比较靠前，总体来看该公司发展能力较强；但其盈利能力稍有欠缺，可以考虑长期投资。

排名后五名的公司分别为康耐特、先锋新材、潮宏基、明牌珠宝、＊ST 创疗。由这五家公司的盈利因子得分均为负值可以看出，其投资价值有限；其他因子得分也远远低于行业平均值，而且基本都为负值，是排名靠后的主要原因。暂不建议对其投资。

七、系统聚类分析

上述因子分析能够满足投资者对上市公司投资价值分析的需要，但是由于投资者的投资理念往往各不相同，关注的侧重点也有所不同。为了更深入细致地分析行业板块的情况，将利用系统聚类分析法进一步对 17 家其他制造业和废弃资源利用业公司的 4 个因子值和综合值进行 Q 型聚类（即个案分群），聚类方法为 ward 联结法，即离差平方和法，根据同类变量间的离差平方和较小、不同类别间的离差平方和较大来进行分类；测量尺度选用平方 Euclidean 距离，即两样本之间的距离是各样本每个变量值之差的平方和。通过聚类分析把业绩相似的公司归类，可以对不同类别的上市公司进行对比分析，为投资者选择投资组合提供参考。

对17家其他制造业和废弃资源利用业公司进行分类,本书选择将其分为4类,如表6-20-5所示。

表6-20-5　聚类分析

类别	其他制造业和废弃资源利用业公司	数目
1	金州慈航	1
2	刚泰控股、友邦吊顶、金一文化、东方金钰、新海股份、沃施股份、帝龙新材、萃华珠宝、浔兴股份、坚瑞消防、康耐特、先锋新材、潮宏基	13
3	老凤祥	1
4	明牌珠宝、*ST创疗	2

表6-20-5中,类别1仅包括金州慈航一家公司,其成长能力最为突出。金洲慈航为金叶珠宝更名而来,是集黄金首饰开发设计、生产加工、批发零售于一体的国内著名珠宝企业,其产品覆盖全国90％以上的区域,客户遍布国内及东南亚地区,拥有多家自有专卖店和品牌加盟店,向全国1 000多家珠宝商供货,形成了纵横交错的营销网络。2015年其营运状况良好,成长能力较强,但其他3个因子得分为负值,总体来看,需谨慎考虑投资。

类别2包括了刚泰控股等13家公司,其中,刚泰股份,即厦门国泰前身是厦门国贸仓储运输公司,1992年改制为股份制公司,公司主营IT、仓储运输、国内外贸易、房地产开发、粮油食品等,在未来发展中,公司将以仓储运输业务为基础,房地产业为主导,开拓进出口贸易和内贸业务,进军国际货运市场。刚泰股份虽然盈利和营运能力较弱,但成长空间很大,适宜对其长期投资。友邦吊顶盈利能力很强但是其他因子很弱,且名次浮动大,不建议投资。金一文化除了成长空间其他都是短板,暂不建议投资。东方金钰偿债能力和成长空间较大,但盈利不好,需谨慎投资。萃华珠宝是新上市的公司,成长空间较大,盈利能力也较好,适合长期投资。沃施股份、新海股份、康耐特等表现平平,需要谨慎投资。

类别3仅包括老凤祥1家公司,老凤祥主要生产经营金银制品、珠宝、钻石等相关产品及设备,工艺美术品、旅游工艺品等相关产品及原料,文教用品与相关原料及设备。"老凤祥"集科工贸于一体、产供销于一身,已发展成为中国珠宝首饰业的"最有价值品牌"和龙头企业,近四年老凤祥银楼销售收入和利润水平每年保持两位数以上的增长;同时,老凤祥品牌被评为"中国500最具价值品牌""亚洲品牌500强"以及"全球珠宝100强""全国珠宝饰品诚信经营服务十佳单位"。2015年归属于上市公司股东的净利润达到3.98亿元,营运能力非常好。同时,根据因子分析结果,其营运因子得分较高,说明其经营状况较佳,适宜作为短期投资对象。

类别4中包括了明牌珠宝、*ST创疗2家公司。明牌珠宝主营黄金饰品、铂金饰品、钻石、珠宝饰品、银饰品生产、加工和销售,是首饰行业的骨干龙头企业,中国成长企业百强、中国制造业民营企业品牌竞争力50强中唯一的珠宝首饰企业,同时,是全球最大铂金首饰生产商与第一零售商。该公司经营能力较强;但是在近年黄金市场起伏波动的市场环境下,公司盈利状况不佳,偿债能力较弱,成长能力欠缺。因此,暂不建议对其投资。根据表中的数据显示,*ST创疗的综合排名靠后,成长因子得分均为负值,成长能力差,发展空间较小。暂不建议对其投资。

八、结语

本书为投资者提供了一个全面、系统、客观的全要素投资价值评价体系和综合分析平台。但是以上分析是根据深沪两市17家其他制造业和废弃资源利用业上市公司的投资价值分析,主要是以2015年财务报表数据为基础结合2013年、2014年的分析结果进行的分析,主要反映了2015年度各公司投资价值,投资者运用时,还需要考虑未来对公司发展有重大影响的宏观环境变化包括政策以及法律环境等的变化,充分考虑投资时的市价,按照价值投资操作方法(详见本书第二十二章)确定投资顺序,进行投资决策。

参考文献

［1］中国成世界第二大珠宝市场. http：//www. 51fashion. com. cn/.

［2］2016 年中国珠宝行业市场现状及发展前景分析. http：//www. chinaidr. com/tradenews/2016-04/95237. html.

（参著：周玉兰　金娟霞）

第七章 电力、热力、燃气及水生产和供应业上市公司投资价值动态比较分析研究

第一节 电力、热力、燃气生产和供应业上市公司投资价值动态比较分析研究

一、行业发展与投资价值状况

电力工业包括电力生产和电力供应,是国民经济的基础产业和公用事业,亦是典型的资金密集型产业之一。其中包括水电、火电、核电,并网风电和并网太阳能发电。截至 2015 年年底我国发电装机容量达到 15.1 亿千瓦,同比增长 10.4%,增速比去年快 1.9 个百分点,是 2009 年以来增速最高的一年,发电量达到 5.6 万亿千瓦时,同比增长 0.6%,增速比 2014 年回落 3 个百分点。[1]具体如图 7-1-1 所示。

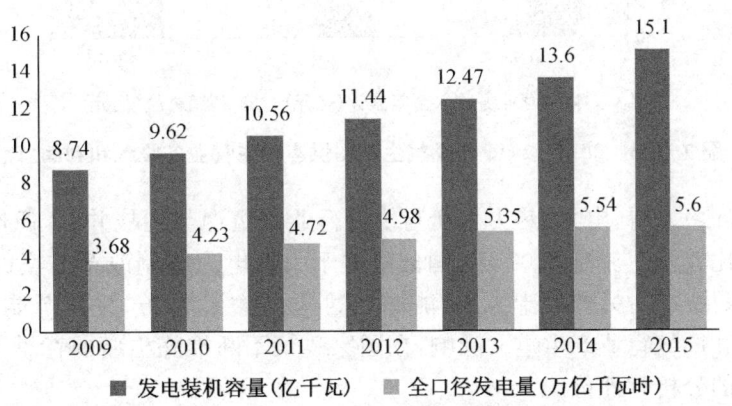

图 7-1-1 2009—2015 年装机量和发电量柱形图

热力工业包括热力生产和热力供应,与电力工业有紧密联系。它是指利用煤炭、油、燃气等能源,通过锅炉等装置生产蒸汽和热水,或外购蒸汽、热水进行供应销售、供热设施的维护和管理的活动。其产品主要包括蒸汽和热水,业务包括蒸汽和热水的供应销售和供热设施的维护和管理。近年来,中国热力生产和供应业迅速成长,行业开放性逐渐提高,市场化程度也正在不断加深。根据国家统计局数据[2]:2015年,在 41 个工业大类行业中,29 个行业利润总额比上年增长,12 个行业下降,电力、热力生产和供应业全国规模以上企业主营业务收入全年累计 555 500.2 亿元,比上年下降 1.4%;利润总额 4 744.6 亿元,比上年增长 13.8%。具体如图 7-1-2 所示。燃气是气体燃料的总称,包括人工燃气(俗称煤气)、液化石油气(LPG)、天然气等。进入 21 世纪以来,城市用气人口保持了快速的增长态势,相应的,中国燃气业的普及率也得到了快速提升。"十一五"期间,西气东输工程进展顺利、大型 LNG 项目纷纷开建、液化石油气产

量持续增长、民用燃气市场规模不断扩张,中国燃气行业发展势头良好。另外,建设资源节约型与环境友好型社会的提出,国家对城市燃气领域的开放,以及管道建设的延伸,为中国城市燃气的发展提供了难得的机遇。根据统计局资料,2015年燃气生产和供应业全国规模以上企业主营业务收入全年累计5 639.1亿元,比上年增长7.9%;利润总额421.2亿元,比上年增长1.5%。具体如图7-1-3所示。

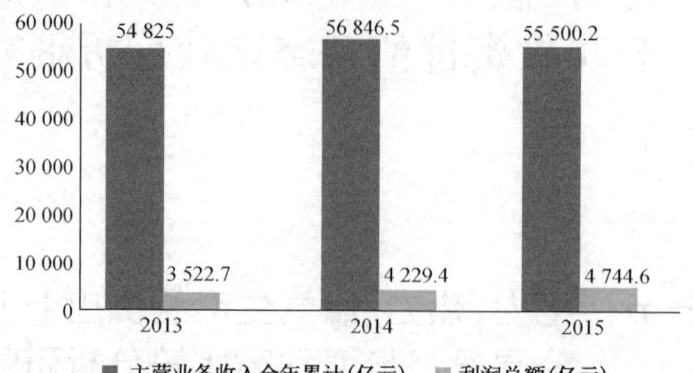

图7-1-2　2013—2015年电力、热力生产和供应业主营业务收入和利润总额

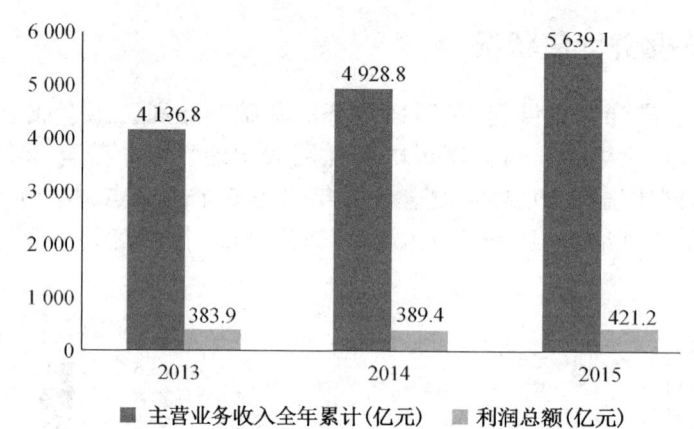

图7-1-3　2013—2015年燃气生产和供应业主营业务收入和利润总额

从目前整体宏观环境来看,电力、热力生产与供应行业是机遇与挑战并存,但作为传统国民经济基础行业其发展前景还是比较乐观。自2002年《国务院关于引发电力体制改革方案的通知》文件出台,电力改革已在逐步推进,深化改革;另外《"十二五"能源规划》以及《"十二五"建筑节能专项规划》等多个政策出台,都对电力、热力和燃气行业产生重大影响,在国家政策不断推陈出新的背景下,投资者需对电力、热力和燃气行业有重新的分析和评价。

二、样本选取与数据处理

沪、深证券交易所的77家电力、热力、燃气生产和供应业上市公司的资料来源主要为其2015年度的财务报告。具体初始数据扫描二维码获取。

在指标性质、单位不同的情况下,先要对其进行同趋势化处理。然后利用SPSS中的Z-score方法将13个指标的原始数据进行标准化处理,同趋势化和标准化数据略。

三、因子分析法适应性检验

为了检验所选用的指标是否适合使用因子分析法,本书利用SPSS软件中KMO和Bartlett的方法来对样本进行检验。检验结果如表7-1-1所示。

表 7-1-1　KMO 和 Bartlett 的检验

取样足够度的 Kaiser-Meyer-Olkin 度量		0.502
Bartlett 的球形度检验	近似卡方	353.243
	自由度(df)	78
	显著性(Sig)	0.000

由表 7-1-1 可知,KMO 值为 0.502,大于 0.5,可知各变量之间的相关程度无较大差异,原有变量适合作因子分析。同时,巴特利球形检验统计量为 353.243,相应的概率 Sig 为 0.000,在 5% 的显著性水平之下,拒绝原假设,因此可认为相关系数矩阵与单位阵有显著差异,说明样本适合作因子分析。

四、确定主因子

本书应用因子分析法中的主成分分析法来计算原始公因子的特征值、方差贡献率以及累计方差贡献率,并由此确定公因子。结果如表 7-1-2 所示。

表 7-1-2　解释的总方差

成　分	初始特征值			提取平方和载入			旋转平方和载入		
	合计	方差的%	累积%	合计	方差的%	累积%	合计	方差的%	累积%
1	3.002	23.092	23.092	3.002	23.092	23.092	2.431	18.698	18.698
2	1.866	14.357	37.450	1.866	14.357	37.450	2.057	15.820	34.517
3	1.326	10.197	47.647	1.326	10.197	47.647	1.394	10.726	45.243
4	1.248	9.603	57.250	1.248	9.603	57.250	1.321	10.163	55.406
5	1.118	8.598	65.848	1.118	8.598	65.848	1.302	10.019	65.425
6	1.074	8.260	74.108	1.074	8.260	74.108	1.129	8.683	74.108
7	0.904	6.953	81.062						
8	0.835	6.420	87.481						
9	0.651	5.010	92.491						
10	0.477	3.667	96.158						
11	0.316	2.428	98.586						
12	0.104	0.801	99.387						
13	0.080	0.613	100.00						

提取方法:主成分分析。

根据表 7-1-2 中数据可知,前六个主因子的方差贡献率已经达到了累计方差贡献率的 74.108%,即表明这六个主因子已包含原始数据信息量的 74.108%,所以只须选择前六个主因子就可以较好地代表原始指标,对公司的绩效进行描述。

特征值是能够被看作表示因子影响力度大小的指标之一,如果特征值小于 1,说明该因子的解释力度还不如直接引入一个原变量的平均解释力度大,因此一般用特征值大于 1 作为纳入标准。特征值可用碎石图列示,如图 7-1-4 所示。从图 7-1-4 可以看出,从第七个因子开始,特征值的值都小于 1,且折线的陡度变得比较平缓,这说明提取 6 个主因子是合适有效的。

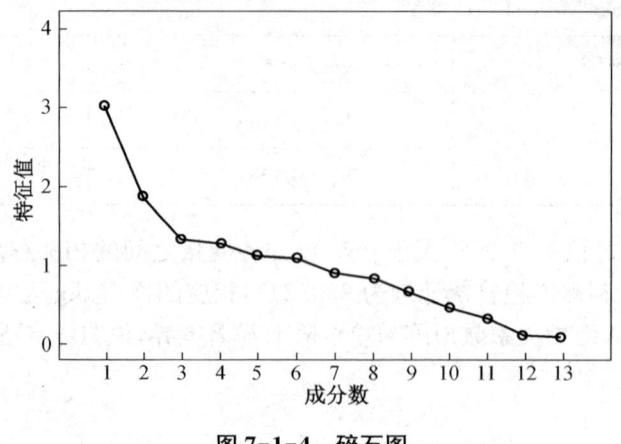

图 7-1-4　碎石图

五、旋转载荷矩阵分析

本书对原因子载荷矩阵进行最大方差旋转,以期得到主因子更明确的含义。结果如表 7-1-3 所示。

表 7-1-3　旋转成分矩阵[a]

	成　分					
	F_1	F_2	F_3	F_4	F_5	F_6
基本每股收益	0.922	0.076	0.035	0.039	0.153	0.052
每股净资产	0.561	0.041	0.178	−0.122	−0.080	0.564
销售净利率	0.597	−0.033	0.123	0.031	−0.559	−0.194
总资产报酬率	0.819	0.187	0.117	0.315	0.125	−0.177
流动比率	−0.132	−0.015	−0.039	0.159	0.017	0.804
速动比率	−0.007	0.015	0.089	0.662	−0.051	0.128
资产负债率	0.234	−0.004	−0.103	0.704	0.187	−0.011
存货周转率	0.352	−0.155	0.047	−0.383	0.523	0.172
总资产周转率	0.098	0.164	0.140	0.246	0.769	−0.159
固定资产周转率	−0.099	0.095	−0.883	−0.116	0.033	−0.093
总资产增长率	0.053	0.953	0.046	0.052	0.053	0.006
营业总收入增长率	0.101	0.358	0.711	−0.145	0.194	−0.110
股东权益增长率	0.107	0.957	0.061	0.002	0.029	−0.005

提取方法:主成分分析。

旋转方法:Kaiser 标准化最大方差法。

a. 旋转在 8 次迭代后收敛。

由表 7-1-3 中的数据可以看到,基本每股收益、每股净资产、销售净利率、总资产报酬率在主因子 F_1 上的载荷量分别为 0.922、0.561、0.597、0.819,它主要反映了公司的盈利能力,所以将 F_1 命名为盈利因子；主因子F_2在总资产增长率(0.953)和股东权益增长率(0.957)上载荷量较大，代表了公司的成长能力，故将主因子F_2命名为成长因子1；而主因子F_3在营业总收入增长率(0.711)上载荷量较大，也代表了公司的成长能力，故将其命名为成长因子2；速动比率与资产负债率在主因子F_4上的载荷分别为0.662与0.704，体现了公司的偿债能力，F_4为偿债因子；主因子F_5在存货周转率(0.523)和总资产周转率(0.769)上有较大载荷量，代表了公司的营运能力，故而将其命名为营运因子；每股净资产在主因子F_6上载荷量为0.564，而流动比率在F_6的载荷量为0.804，所以将F_6命名为盈利偿债因子。

六、电力、热力、燃气生产和供应业公司综合得分与排名

要得到因子的综合得分，需先对因子数据进行标准化处理，使其期望为0，方差为1，然后，对各因子的方差贡献率占因子总方差贡献率的比重作为权重加权汇总，使用计算综合得分的公式$F=(\lambda_1 F_1+\lambda_2 F_2+\lambda_3 F_3+\lambda_4 F_4+\lambda_5 F_5+\lambda_6 F_6)/(\lambda_1+\lambda_2+\lambda_3+\lambda_4+\lambda_5+\lambda_6)=(F_1\times0.186\,98+F_2\times0.158\,20+F_3\times0.107\,26+F_4\times0.101\,63+F_5\times0.100\,19+F_6\times0.086\,83)/0.741\,08$来计算各样本的综合得分，得到结果按名次排列如表7-1-4所示。

表 7-1-4　电力、热力、燃气生产和供应业上市公司综合得分排名

股票代码	名称	F_1(盈利)	F_2(成长1)	F_3(成长2)	F_4(偿债)	F_5(营运)	F_6(盈利偿债)	F(综合)	排名
600856.SH	中天能源	0.065 38	7.099 32	0.709 94	−0.255 73	0.753 53	−0.351 59	1.66	1
000958.SZ	东方能源	1.540 73	0.307 64	−0.875 07	4.615 48	1.626 72	−0.525 03	1.12	2
600452.SH	涪陵电力	2.067 69	−0.446 34	−0.322	−0.470 03	4.080 5	0.568 39	0.93	3
000591.SZ	太阳能	0.261 26	3.965 43	−0.250 21	−0.254 32	−0.838 8	1.058 65	0.85	4
002039.SZ	黔源电力	2.502 77	−1.011 91	0.361 09	−3.089 72	2.400 07	1.689 16	0.57	5
600483.SH	福能股份	0.866 41	1.400 92	0.424 5	−0.306 14	0.248	−0.058 81	0.56	6
000027.SZ	深圳能源	−0.154 08	−0.285 59	0.337 96	4.298 37	−0.961 91	1.247 4	0.55	7
000966.SZ	长源电力	2.239 27	−0.309 29	−0.382 84	−0.040 85	0.791 57	−0.069 6	0.54	8
000899.SZ	赣能股份	1.377 39	−0.450 29	−0.528 34	2.199 5	0.608 29	−0.540 78	0.5	9
600236.SH	桂冠电力	0.517 47	0.405 44	0.594 03	2.248 31	−0.601 51	−0.621 74	0.46	10
000421.SZ	南京公用	0.068 07	0.796 14	0.004 8	0.271 49	1.308 2	−0.388 64	0.36	11
000600.SZ	建投能源	1.653 69	−0.098 88	−0.349 32	−0.047 86	−0.149 12	0.158 33	0.34	12
000993.SZ	闽东电力	−1.175 69	−0.177 9	−0.492 06	1.041 6	−0.317 16	5.486 43	0.34	13
002267.SZ	陕天然气	0.162 16	−0.081 93	0.870 41	−0.029 4	1.038 07	−0.331	0.25	14
600969.SH	郴电国际	0.686 76	0.036 56	0.355 85	−1.084 51	−0.569	2.029 01	0.24	15
600864.SH	哈投股份	−0.577 68	−0.140 2	0.247 08	0.196 2	−0.861 05	3.964 61	0.24	16
600098.SH	广州发展	0.185 91	−0.211 22	0.431 71	0.068 49	0.621 8	0.315 33	0.19	17
600116.SH	三峡水利	0.504 51	−0.021 12	0.225 22	−0.196 7	−0.334 26	0.887 13	0.19	18
600011.SH	华能国际	0.993 72	−0.262 6	−0.164 31	−0.212 34	0.190 3	0.012 28	0.17	19
600642.SH	申能股份	0.121 95	−0.147 01	0.510 09	−0.103 66	0.649 82	0.053 86	0.15	20
000669.SZ	金鸿能源	0.647 26	−0.234 61	0.007 33	−0.347 57	−0.281 12	0.988 01	0.14	21

股票代码	名称	F_1（盈利）	F_2（成长1）	F_3（成长2）	F_4（偿债）	F_5（营运）	F_6（盈利偿债）	F（综合）	排名
002479. SZ	富春环保	−0.444 26	−0.178 6	−0.288 1	0.988 32	0.584 02	0.945 84	0.13	22
000543. SZ	皖能电力	0.802 15	−0.315 67	−0.172 71	−0.059 65	0.230 82	−0.104 98	0.12	23
600310. SH	桂东电力	−0.206 18	−0.001 09	1.842 16	−0.487 72	0.363 81	−0.745 2	0.11	24
001896. SZ	豫能控股	0.393 27	0.294 48	0.271 57	−0.398 29	−0.330 08	−0.004 41	0.1	25
600167. SH	联美控股	0.696 66	−0.134 55	0.400 27	−0.600 04	−0.434 15	0.194 98	0.09	26
600780. SH	通宝能源	−0.195 29	−0.291 66	−0.050 33	0.235 19	0.806 18	0.441 24	0.07	27
000539. SZ	粤电力 A	0.593 66	−0.356 36	−0.235 54	0.365 37	−0.060 05	−0.081 13	0.07	28
600617. SH	国新能源	−0.103 54	0.122 65	0.649 07	−0.308 13	0.376 36	−0.353 23	0.06	29
600021. SH	上海电力	0.386 78	−0.181 01	0.281 01	−0.228 62	−0.102 27	0.049 81	0.06	30
600027. SH	华电国际	0.704 83	−0.191 6	−0.142 03	−0.244 22	−0.064 69	−0.136 04	0.06	31
600674. SH	川投能源	3.555 3	−0.330 06	0.415 82	−0.040 13	−4.691 22	−1.771 73	0.04	32
600900. SH	长江电力	1.121 78	−0.347 58	−0.101 3	−0.351 31	−1.025 6	0.075 45	0.02	33
600644. SH	乐山电力	−0.481 15	0.151 48	0.275 98	0.346 66	0.873 65	−0.968 33	0	34
600023. SH	浙能电力	0.492 09	−0.263 09	−0.114 04	−0.039 79	−0.138 71	−0.231 77	0	35
000690. SZ	宝新能源	0.061 84	−0.357 34	−0.451 29	0.469 73	−0.141 33	0.472 13	−0.03	36
600131. SH	岷江水电	0.125 97	−0.529 34	0.330 73	−1.075 69	1.476 43	−0.508 83	−0.04	37
600886. SH	国投电力	0.717 02	−0.231 25	−0.073 54	−0.362 62	−0.749 22	−0.201 4	−0.05	38
600917. SH	重庆燃气	−0.568 86	−0.232 8	0.230 06	0.205 48	1.273 68	−0.839 33	−0.06	39
600101. SH	明星电力	−0.225 41	−0.247 35	0.370 39	−0.436 56	0.097 97	0.361 62	−0.06	40
600207. SH	安彩高科	−1.300 73	−0.522 47	0.394 33	2.111 66	0.648 16	−0.485 28	−0.06	41
600995. SH	文山电力	−0.290 42	−0.430 74	0.145 24	−0.262 28	1.272 98	−0.472 89	−0.06	42
000531. SZ	穗恒运 A	0.772 17	−0.421 15	−1.123 89	0.167 87	−0.622 89	0.398 39	−0.07	43
002700. SZ	新疆浩源	−0.076 55	−0.091 13	0.694 27	−0.126 38	0.108 97	−1.162 84	−0.08	44
600578. SH	京能电力	0.519 1	−0.378 59	−0.265 99	0.089 27	−0.497 88	−0.350 82	−0.08	45
601139. SH	深圳燃气	−0.220 92	−0.257 7	−0.224 92	0.170 87	0.453 08	−0.382 01	−0.1	46
000939. SZ	凯迪生态	−0.220 08	0.472 29	−0.172 69	−0.499 69	−0.883 14	0.432 2	−0.12	47
000601. SZ	韶能股份	−0.239 33	−0.283 16	0.228 55	−0.076 78	−0.106 2	−0.197 99	−0.14	48
600509. SH	天富能源	−0.133 75	−0.203 6	0.170 75	−0.507 63	−0.555 75	0.312 25	−0.16	49
600396. SH	金山股份	−0.356 65	−0.020 83	−0.000 55	−0.086 05	0.089 5	−0.601 48	−0.16	50
000883. SZ	湖北能源	−0.169 47	−0.088 08	0.162 02	−0.069 34	−0.745 46	−0.189 69	−0.17	51
601985. SH	中国核电	−0.549 08	0.073 43	1.150 07	−0.532 7	−0.792 72	−0.361 71	−0.18	52
600744. SH	华银电力	−0.529 64	−0.041 21	0.001 02	0.026 35	0.107 32	−0.541 21	−0.19	53
600505. SH	西昌电力	−0.628 12	−0.175 62	0.451 99	−0.287 38	0.254 16	−0.489 23	−0.19	54
600635. SH	大众公用	−0.597 99	−0.119 11	0.399 55	−0.020 04	−0.065 82	−0.561 06	−0.2	55
300335. SZ	迪森股份	−0.528 59	0.214 27	−0.100 94	−0.481 75	−0.293 6	0.054 41	−0.2	56

股票代码	名称	F_1（盈利）	F_2（成长1）	F_3（成长2）	F_4（偿债）	F_5（营运）	F_6（盈利偿债）	F（综合）	排名
000722.SZ	湖南发展	0.234 17	−0.271 79	0.336 31	−0.724 09	−1.320 84	0.182 86	−0.21	57
000720.SZ	新能泰山	−0.841	−0.241 85	0.370 35	0.110 47	0.749 7	−1.119 82	−0.22	58
601016.SH	节能风电	−0.619 42	0.106 79	0.568 46	−0.374 55	−0.906 11	−0.160 33	−0.24	59
600979.SH	广安爱众	−0.628 63	−0.214 46	0.515 41	−0.281 14	−0.211 93	−0.604 34	−0.27	60
000692.SZ	惠天热电	−0.709 87	−0.234 2	0.233 27	−0.177 16	0.043 29	−0.483 93	−0.27	61
000791.SZ	甘肃电投	−0.257 31	−0.471 25	0.024 63	−0.960 8	−0.335 98	0.581 97	−0.27	62
600982.SH	宁波热电	−0.563 27	−0.024 68	−0.084 36	−0.439 42	−0.269 89	0.276 12	−0.29	63
000767.SZ	漳泽电力	−0.510 83	−0.272 13	−0.206 51	−0.135 75	−0.311 47	0.376 46	−0.32	64
601991.SH	大唐发电	−0.455 17	−0.356 29	−0.053 06	−0.346 16	−0.522 63	−0.117 66	−0.33	65
600795.SH	国电电力	−0.393 87	−0.326 18	−0.077 76	−0.237 56	−0.503 35	0.432 49	−0.33	66
600719.SH	大连热电	−1.174 47	−0.275 83	0.249 3	0.029 13	0.377 94	−0.586 36	−0.33	67
000695.SZ	滨海能源	−1.143 84	−0.354 81	0.132 4	0.098 89	0.511 38	−0.734 79	−0.35	68
000862.SZ	银星能源	−1.218 78	0.445 4	−0.138 24	−0.283 25	−0.767 08	0.213 29	−0.35	69
000301.SZ	东方市场	−0.378 17	−0.272 64	−0.186 57	−0.227 56	−0.823 47	0.458 3	−0.38	70
000875.SZ	吉电股份	−0.734 25	−0.287 89	0.018 86	−0.354 17	−0.459 98	−0.280 43	−0.39	71
600726.SH	华电能源	−1.018 01	−0.313 78	0.123 17	−0.143 73	0.078 14	−0.683 37	−0.4	72
600863.SH	内蒙华电	−0.570 49	−0.427 44	−0.288 23	−0.015 83	−0.314 14	−0.651 85	−0.4	73
600163.SH	中闽能源	−0.754 6	−0.170 48	−1.096 64	0.157 47	−0.514 25	−0.482 34	−0.49	74
600868.SH	梅雁吉祥	−1.080 14	−0.520 8	−0.666 36	−0.162 51	−0.892 84	−0.337 17	−0.66	75
000037.SZ	＊ST南电A	−3.774 53	−0.365 02	0.844 23	−0.566 4	0.244 99	−0.007 26	−0.95	76
600681.SH	百川能源	−0.839 1	0.610 94	−7.681 5	−1.060 48	0.028 54	−0.752 28	−1.42	77

表7-1-4中,电力、热力、燃气生产和供应业上市公司综合得分与其投资价值呈正相关关系。由于先对因子数据进行了标准化处理,因此,可以0为参考标准线,认为:综合得分大于0的公司,综合业绩相对较好,且数值越大,投资价值越大;综合得分小于0的则相对较差,且数值越小,投资价值越小。依此可对上市公司的综合业绩和投资价值有一个基本的评价。

具体而言,表7-1-4中,公司各项能力得分与相应实力也呈正相关关系。

排名前十位的公司分别为中天能源、东方能源、涪陵电力、太阳能、黔源电力、福能股份、深圳能源、长源电力、赣能股份、桂冠电力。

其中中天能源,综合得分排名第一,其成长因子1的得分排名也是第一,说明其成长能力非常强,但其偿债因子和盈利偿债因子得分为负,说明其短期偿债能力较差,盈利状况处于中等水平,选择其作为投资对象时还需要考虑到其财务稳定性以及金融市场利率变动等方面的因素。另外其营运因子得分排名第十二,说明其营运能力还不错,综合各个因子得分及综合得分,中天能源适合作为长期投资的对象。

东方能源,综合得分从2014年的第四十八上升到2015年的第二,主要由于其偿债能力有较大的提升,偿债因子排名第一。另外营运因子得分排名第三,其盈利因子得分排名第六,说明其营运和盈利能力都较好,但其成长因子2得分较低。综合各个因子得分及综合得分,考虑其稳健的偿债能力和较好的营运盈利能力,比较适宜进行长期投资。

涪陵电力，综合得分排名第三，较 2013 年和 2014 年上升 4 位，主要是其盈利能力得到了很大的提升。盈利因子得分由 2013 年的第四十七名，2014 年的第三十三名上升至 2015 年的第四名。另外，其营运因子得分一直保持第一，说明其营运能力非常强。但其偿债因子得分为负，说明其偿债能力欠佳。考虑其优秀的营运能力和有较大提升的盈利能力，其比较适合进行短期投资。

太阳能，综合排名第四。其成长因子 1 得分排名第二，说明其成长能力很好。其盈利因子得分排名第二十六，表现一般，而其偿债因子和营运因子得分都为负。综合各个因子的得分排名，可以看出公司整体经营状况欠佳，投资者应继续观察公司扩张后的经营管理绩效，暂时不投资或进行适量投资。

黔源电力，综合排名第五。与 2013 年的综合排名比较，上升了 21 名，但较 2014 年的综合排名，下降了 4 名。其上升的主要原因是在 2014 年其偿债能力和营运能力有较大的提升，而到 2015 年时，其盈利因子得分从 2014 年的第二十名上升到第二名，营运因子得分排名也从 2014 年的第六十七名上升至第二名，但其偿债因子得分倒数第一，说明该公司盈利能力和营运能力比较好，但偿债能力非常不理想，适合对其进行短期投资。

福能股份，综合得分从 2014 年的第一下降到 2015 年的第六。其盈利因子得分排名第十，较 2014 年上升 7 名，成长因子 1 排名第三，虽然较 2014 年下降 2 名，但排名得分还是靠前，从这两个因子看，其盈利能力和成长能力都较好。但其偿债因子得分排名第五十三，与 2014 年排名相同，营运因子得分排名第二十五，较 2014 年下降了 9 名，说明该公司偿债能力较差，营运能力一般。综合来看，对该公司比较适宜进行短期投资。

深圳能源，综合得分排名第七。其 2013 年和 2014 年的综合排名得分分别为第二和第十二。其偿债因子得分排名第二，较 2014 年上升 4 名，说明其偿债能力很好。但其营运因子得分排名为第七十四，该因子在 2014 年得分排名也靠后，与 2013 年比较下降较多，说明该公司营运能力逐年下降。另外其盈利因子和成长因子 1 得分排名都比较靠后。考虑其稳健的偿债能力，可以适当进行长期投资。

长源电力，综合排名第八。其 2014 年排名第二十一，2013 年排名第四十三。从综合得分排名看，该公司的排名逐年上升。盈利因子排名第三，较 2014 年上升 2 位，营运因子排名第十一，较 2014 年上升 7 位，说明其盈利能力和营运能力较好并有逐渐提升的趋势。而其他因子得分都为负，其中成长因子 1 得分排名第五十六，偿债因子得分排名第二十九，说明该公司成长能力较差，偿债能力一般。考虑其较好的盈利和营运能力，对其比较适合进行短期投资。

赣能股份，综合排名第九。其 2014 年排名第三十六，2013 年排名第四十一。可以看出，该公司综合排名得分逐年上升。其盈利因子得分排名第七，偿债因子得分排名第四，营运因子得分排名第十七。较 2014 年的综合排名提升了 27 位，主要是由于其偿债能力的大幅提升，从 2014 年的第五十五提升至第四，另外盈利因子和营运因子得分也分别提升了 9 名和 13 名。说明该公司偿债能力强，盈利和营运状况良好，虽然成长因子得分排名靠后，但总体来看，适合对其进行长期投资。

桂冠电力，综合排名第十。其 2014 年排名第三十，2013 年排名第六十四。其盈利因子得分排名第二十，偿债因子排名第三，营运因子得分排名第六十二，成长因子 1 得分排名第九，成长因子 2 得分排名第八。说明其偿债能力很好，成长状况不错，但盈利能力表现一般，营运能力较差。其中，与 2014 年相比，盈利因子得分上升了 26 名，偿债因子得分上升了 7 名，营运因子得分下降了 11 名，成长因子得分大幅度上升。盈利因子和成长因子上升也较大，说明该公司有足够的成长潜力，但营运能力欠佳，另外，考虑其有稳健的偿债能力，适宜对该公司进行长期投资。

上述排名前十的公司中，涪陵电力连续三年排名前十，但其有 3 个因子得分为负，且偿债能力差，盈利能力不稳定；福能股份连续两年排名前十，其盈利能力和成长能力都值得肯定，但偿债能力欠佳；深圳能源的综合排名在 2013 年较高，在 2014 年有所下降，但总体来看还比较稳定，其偿债能力较好，但营运能力较差，还需要有很大的提升；中天能源和太阳能这两家是 2015 年新增的公司，具有一定的发展潜力，但还不够稳定；东方能源、黔源电力、长源电力、赣能股份、桂冠电力这五家公司较 2014 和 2013 年相比都有较大的提升，但还需继续关注其发展的稳定性。

排名后十位的公司分别为滨海能源、银星能源、东方市场、吉电股份、华电能源、内蒙华电、中闽能源、梅雁吉祥、＊ST 南电 A、百川能源。

其中滨海能源，在 2013 年的排名也在后十位之内，其 2014 年的排名在后十位的边缘。主要是由于该公司的盈利因子、成长因子 1 和盈利偿债因子得分为负，排名不高，尤其是盈利偿债因子得分排名在第七十。因此，暂不推荐对其投资。

银星能源，综合排名从 2014 年的第十八名跌至 2015 年的第六十九。主要是由于其营运因子和盈利因子得分为负，且排名分别为第六十六和第七十六，其他因子表现也较为一般。所以暂不适宜对其投资。

东方市场，综合排名逐年下降，其 2013 年的排名为第十八，2014 年降至第四十五，2015 年则降至第七十。且该公司所有的因子得分都为负数，说明该公司的发展状况越来越差，暂不具有投资价值。

吉电股份和华电能源，这两家公司的综合排名连续三年都在后十位之内。它们的大多数因子得分都为负数，且排名都不高。因此，暂不具有投资价值。

内蒙华电，在 2013 年的综合排名为第五十名，在 2014 年升至第十三名，而 2015 年又降至第七十三名。说明该公司状况非常不稳定，且其所有的因子得分都为负数。其中，盈利因子排名第五十九，较 2014 年下降了 12 名，营运因子排名第四十九，较 2014 年下降了 46 名。虽然其偿债能力与 2014 年比较提高了很多，但总体来看，该公司还是暂不具有投资价值。

中闽能源，综合排名第七十四。除了偿债因子得分为正，其他因子得分都为负数。其中盈利因子排名第六十七，营运因子排名第五十八，盈利偿债因子排名第五十五，成长因子 1 排名第三十，成长因子 2 排名第七十五。从中可以看出该公司偿债能力一般，盈利能力、营运能力和成长能力都较差，所以其暂不具有投资价值。

梅雁吉祥，综合排名连续三年在后十位之内，且其所有因子得分都为负数，所以该公司不具有投资价值。

＊ST 南电 A，综合排名为第七十六名。虽然其成长因子 2 得分排名为第四，但盈利因子、成长因子 1 和偿债因子得分都为负数，尤其是盈利因子得分排名为倒数第一，而偿债因子得分排名也只在第七十名。说明其盈利能力非常不理想，偿债能力也较差。结合各个因子和综合因子得分排名来看，该公司暂不具有投资价值。

百川能源，综合排名为倒数第一。主要是由于其成长因子 2 的得分排名排在最后，说明该公司的成长能力差。另外，盈利因子得分排名第六十八，偿债因子得分排名第七十四，说明其盈利能力和偿债能力也较差。而营运因子得分排名只有第三十五，表现一般。结合各个因子和综合因子得分排名来看，该公司暂不具有投资价值。

总结上述 10 家公司暂不具有投资价值的原因就是大多数因子得分都为负，排名也不高，低于总体平均水平。即使有一项因子得分排名靠前，但也不能成为具有投资价值的理由，是否具有投资价值，既需要从每个因子角度分析，也需要从总体宏观角度分析。所以，综合来看，上述 10 家公司基本都暂不具有投资价值。

七、系统聚类分析

上述因子分析能够满足投资者对各家上市公司投资价值分析的基本需要，但是由于投资者的投资理念往往各不相同，关注的侧重点也有所不同。为了更深入细致地分析行业板块的情况，将利用系统聚类分析法进一步对 77 家公司的 6 个因子值和综合值进行 Q 型聚类（即个案分群）；聚类方法为 ward 联结法，即离差平方和法，根据同类变量间的离差平方和较小、不同类别间的离差平方和较大来进行分类，形成树状图（略）。其测量尺度选用平方 Euclidean 距离，即两样本之间的距离是各样本每个变量值之差的平方和。通过聚类分析把业绩相似的公司归类，可以对不同类别的上市公司进行对比分析，为投资者选择投资组合提供参考。

根据树状图（略）对 77 家电力、热力、燃气生产和供应业上市公司进行进一步分类，本书选择将其分为 4 类，如表 7-1-5 所示。

表 7-1-5　聚类分析

类别	电力、热力、燃气生产和供应业公司	数目
1	中天能源、太阳能	2
2	东方能源、深圳能源、赣能股份、桂冠电力、闽东电力、哈投股份、安彩高科	7
3	涪陵电力、黔源电力、福能股份、长源电力、南京公用、建投能源、陕天然气、郴电国际、广州发展、三峡水利、华能国际、申能股份、金鸿能源、富春环保、皖能电力、桂东电力、豫能控股、联美控股、通宝能源、粤电力 A、国新能源、上海电力、华电国际、川投能源、长江电力、乐山电力、浙能电力、宝新能源、岷江水电、国投电力、重庆燃气、明星电力、文山电力、穗恒运 A、新疆浩源、京能电力、深圳燃气、凯迪生态、韶能股份、天富能源、金山股份、湖北能源、中国核电、华银电力、西昌电力、大众公用、迪森股份、湖南发展、新疆泰山、节能风电、广安爱众、惠天热电、甘肃电投、宁波热电、漳泽电力、大唐发电、国电电力、大连热电、滨海能源、银星能源、东方市场、吉电股份、华电能源、内蒙华电、中闽能源、梅雁吉祥、∗ST 南电 A	67
4	百川能源	1

在表 7-1-5 的类别 1 中，包含中天能源和太阳能 2 家公司。中天能源是一家在清洁能源领域专注打造天然气全产业链的专业运营公司。公司目前已建成以武汉为核心的 CNG 生产和销售网络，以青岛为核心的天然气及新能源设备制造产业基地，以浙江、湖北、江苏、山东、安徽等地为基地的天然气分销网络，并由天然气中下游利用端向上游资源端延伸，投资运营境内液化工厂、LNG 接收站及并购海外油气资产，天然气全产业链已经形成。太阳能公司是中国节能环保集团公司的控股子公司。从因子得分来看，中天能源综合排名第一，太阳能综合排名第四。这两家公司的共同点是成长因子 1 得分排名分别为第一和第二，且远远大于其他公司，说明它们的成长能力都非常强，具有很大的潜力。但是它们的偿债因子得分都为负数，盈利因子表现一般，说明这两家公司的偿债能力和盈利能力欠佳。而中天能源的营运能力较好，太阳能的营运能力较差，综合各个方面来看，中天能源较适合短期投资，而对太阳能的投资还需谨慎考虑。

类别 2 中，包含东方能源、深圳能源、赣能股份、桂冠电力和闽东电力等 7 家公司。其中，除了安彩高科，其他公司的综合排名都较靠前。

东方能源，是由石家庄东方热电燃气集团有限公司为主发起人，联合石家庄医药药材股份有限公司、石家庄天同拖拉机有限公司、河北鸣鹿服装集团有限公司、石家庄金刚内燃机零部件集团有限公司共同发起设立的股份有限公司。其综合得分从 2014 年的第四十八上升到 2015 年的第二。主要是由于其偿债能力有较大的提升，偿债因子排名第一。另外，营运因子得分排名第三，其盈利因子得分排名第六，说明其营运和盈利能力都较好，比较适宜进行长期投资。

深圳能源，是一家未来发展方向明确，致力于垃圾发电、风电、核电、LNG 清洁能源、超超临界高效火电等新兴能源项目的公司。它的综合得分排名第七。其 2013 年和 2014 年的综合排名得分分别为第二和第十二。偿债因子得分排名第二，说明其偿债能力很好。但其营运因子得分排名为七十四，从 2013 年和 2014 年的情况来看，其营运能力逐年下降。另外其盈利和成长能力一般。考虑其稳健的偿债能力，可以适当进行长期投资。

赣能股份，是由江西省投资集团公司和江西省电力公司共同发起设立的，其综合排名第九。其 2014 年排名第三十六，2013 年排名第四十一。可以看出，该公司综合排名得分逐年上升。主要是由于其偿债能力的大幅提升，说明该公司偿债能力强，另外，其盈利和营运状况良好，成长能力，较适宜对其进行长期投资。

桂冠电力，创立于 1992 年 9 月，当时负责开发建设经营广西红水河百龙滩水电站，是全国第一家以股份制形式筹集资金进行大中型水电站建设的企业。其综合排名第十。2014 年排名第三十，2013 年排名第六十四。连续三年成长态势明显，其偿债因子排名第三，说明偿债能力很好。较 2014 年和 2013 年相比盈利因子 1 和成长因子上升较多，说明该公司有足够的成长潜力，但营运能力欠佳，考虑其有稳健的偿债能力，适宜对其进行长期投资。

闽东电力，是由福建省闽东老区水电开发总公司、闽东电力电器厂、福建省闽东水电综合服务公司、闽东电力勘察设计所和宁德地区输变电工程公司 5 家单位，以发起设立方式共同设立的股份有限公司，综合排名第十三。其 2014 年综合排名第六十，2013 年综合排名第四。其排名变化幅度较大，说明该公司发展状况不很稳定，所以对该公司的投资需谨慎考虑，可以适当进行长期投资。

类别 3 中，共有涪陵电力等 67 家公司。综合排名高中低档均有，其中涪陵电力、黔源电力、福能股份、长源电力排名前十，有一半的公司排名靠后。

涪陵电力，主要经营火力、水力发供电、电力调度及电力资源开发，输变电工程设计、安装、调度，电力测试、设计、架线、调校及维修、热力设备安装、铁合金冶炼、机械设备维修、建筑材料制造等业务。其综合得分排名第三。其营运因子得分一直保持第一，说明其营运能力非常强。但其偿债因子得分为负，考虑其优秀的营运能力和有较大提升的盈利能力，比较适合进行短期投资。

黔源电力，是贵州省目前唯一的电力上市公司，也是中国华电集团公司控股的 7 家上市公司之一，截至 2015 年 6 月月底，公司已经建成投产 9 座大中型水电站，装机容量 3 230.5 千瓦，资产规模 181 亿元。该公司综合排名第五，其盈利因子得分从 2014 年的第二十名上升到第二名，营运因子得分排名也从 2014 年的第六十七名上升至第二名，但其偿债因子得分倒数第一，说明该公司盈利能力和营运能力比较好，但偿债能力非常不理想，适合对其进行短期投资。

福能股份，是福建省能源集团的部分优质资产借壳福建南纺而来，旗下包括福能股份、福建水泥等上市公司在内的全资、控股企业近四十家。从因子得分看其盈利能力和成长能力都较好。但其偿债因子得分排名第五十三，与 2014 年排名相同，营运因子得分排名第二十五，说明该公司偿债能力较差，营运能力一般。综合来看，对该公司比较适宜进行短期投资。

长源电力，综合排名第八。从各年综合得分排名看，该公司的排名逐年上升。从因子得分来看，其盈利能力和营运能力都较好并有逐渐提升的趋势，但其他因子得分都为负，综合考虑来看，对其比较适合进行短期投资。

南京公用，综合排名第十一。从因子得分来看，除了盈利偿债因子得分为负，其他因子得分都为正，说明该公司总体状况良好。其中，成长因子 1 排名第四，营运因子得分排名第五，说明其成长能力和营运能力都较不错。因此，该公司比较具有投资价值。

其他公司，如滨海能源、银星能源、东方市场、吉电股份、华电能源、内蒙华电、中闽能源、梅雁吉祥、*ST 南电 A 等，大多数的因子得分都是负值，排名靠后，暂不建议对其投资。

类别 4 中，只有百川能源这一家公司。其综合排名为倒数第一。主要是由于其成长因子 2 的得分排名排在最后，说明该公司的成长能力差。另外，从盈利因子和偿债因子得分来看，其盈利能力和偿债能力也较差。而营运因子得分排名只有第三十五，表现一般。结合各个因子和综合因子得分排名来看，该公司暂不具有投资价值。

八、结语

深沪两市 77 家电力、热力、燃气生产和供应业上市公司的投资价值分析为投资者提供了一个全面系统的投资价值评价体系和综合分析模型。考虑到本次分析主要以 2015 年一年的财务报告数据为基础，并只与 2013 年和 2014 年的相关成果进行比较分析，存在间断性和偶然性，难以完全反映出真实情况，若将分析方法推进到多个年度进行连续的趋势分析，并充分考虑各行业政策和体制改革及市价变动情况进行综合分析，更加有利于作出有效投资决策。因此，未来电力、热力、燃气生产与供应行业发展仍会有较大的变动，需要投资者结合宏观环境的变化和理论分析结果作出有效投资决策。

参考文献

[1] 2015 年中国电力行业发展现状分析及 2016 年展望. 中国投资咨询网,www. ocn. com. cn,2016-5-3.

[2] 国家统计局. http://www. stats. gov. cn/tjsj/zxfb/201601/t20160127_1310925. html♯.

（参著：虞依琳）

第二节　水的生产和供应业上市公司投资价值动态比较分析研究

一、行业发展和投资价值状况

水是生命之源。水中含有钠、钙、镁、钾等无机盐类,尤其是我们平时饮用的水,对人体的健康有着重要的作用,人类及其他万事万物都离不开水。随着社会的进步和发展,人类社会对水资源的需求在不断扩大,而可利用的水资源却在不断减少。在这一背景下,水的生产和供应业正在逐步成为关系到经济发展和社会进步的重要产业。水的生产和供应是第二产业。水的生产和供应业可以分为三类:一是自来水的生产和供应。它是指将天然水(地下水、地表水)经过蓄积、净化达到生活饮用水或其他用水标准,并向居民家庭、企业和其他用户供应的活动,包括:取水、输水、净水及配水。二是污水处理及其再生利用。它是指对污水的收集、处理及净化后的再利用活动,包括:对污水的收集、处理及深度净化。三是其他水的处理、利用与分配。它是指将海水淡化处理,达到可以使用标准的生产活动,以及对雨水、微咸水等类似水进行收集、处理和利用活动,包括:海水淡化处理;雨水的收集、处理、利用;微咸水及其他类似水的收集、处理和再利用。

据行业报告网报道:2014 年,全国水的生产和供应业主营业务收入为 1 638.0 亿元,同比增长 9.4%;利润总额达到 118.3 亿元,同比减少 2.2%。2015 年,我国将推进重大节水供水工程建设,在国家部署的 172 项重大水利工程中,东北三江治理等 40 项在建工程加快实施;西江大藤峡等 17 项工程全面开工;"十三五"拟开工的 88 项工程前期工作加快推进。[1] 2015 年中国水的生产和供应业主营业务收入 1 841.9 亿元,同比增长 9.3%;全年利润总额为 174.8 亿元,同比增长 42%。[2]

近几年,本行业发展总体呈现上升趋势,业务量增加的同时,水的价格也稍有提升,实现了营业收入的稳定增长。同时,外界对该行业的投资开始加大,尤其以污水行业为主,具有良好的发展势头。但目前也存在着区域垄断性强、市场集中度低、盈利水平稳中偏低的现象。随着我国各项节水措施的推进,单位 GDP 用水量、人均用水量将逐渐减少。但是,由于人口的增加、城市化的深入以及工业生产的增长,预计城市供水行业的总体需求仍将保持平稳增长状态。2015 年 4 月,国务院发布的《水污染防治行动计划》中,明确提出理顺价格税费,加快水价改革,各地也纷纷调高水价,加大水的生产和供应业投资额,基本确保了水的生产和供应与消费均衡的良性循环,确保了国民经济的持续有效的健康稳定发展。

二、样本选取和数据处理

沪、深证券交易所的 14 家水的生产和供给业上市公司的资料来源主要为其 2015 年度的财务报告。具体初始数据扫描二维码获取。

在指标性质、单位不同的情况下,先要对其进行同趋势化处理。然后利用 SPSS 中的 Z-score 方法将 13 个指标的原始数据进行标准化处理,同趋化数据和标准化数据略。

三、因子分析法适应性检验

为了检验所选用的指标是否适合使用因子分析法,本书利用 SPSS 软件中 KMO 和 Bartlett 的方法来对样本进行检验。检验结果如表 7-2-1 所示。

表 7-2-1　KMO 和 Bartlett 的检验

取样足够度的 Kaiser-Meyer-Olkin 度量		0.234
Bartlett 的球形度检验	近似卡方	148.611
	自由度(df)	78
	显著性(Sig)	0.000

由表 7-2-1 可知,KMO 值为 0.234,小于 0.5,可知各变量之间的相关程度有较大差异,原有变量不适合作因子分析,这主要是样本较少造成的。但巴特利球形检验统计量为 148.611,相应的概率 Sig 为 0.000,在 5% 的显著性水平之下,拒绝原假设,因此可认为相关系数矩阵与单位阵有显著差异,说明样本适合作因子分析。

四、确定主因子

本书应用因子分析法中的主成分分析法来计算原始公因子的特征值、方差贡献率以及累计方差贡献率,并由此确定公因子。结果如表 7-2-2 所示。

表 7-2-2　解释的总方差

成　分	初始特征值			提取平方和载入			旋转平方和载入		
	合计	方差的%	累积%	合计	方差的%	累积%	合计	方差的%	累积%
1	3.875	29.811	29.811	3.875	29.811	29.811	3.619	27.838	27.838
2	2.389	18.379	48.190	2.389	18.379	48.190	2.399	18.453	46.291
3	2.083	16.026	64.217	2.083	16.026	64.217	2.119	16.297	62.588
4	1.773	13.642	77.858	1.773	13.642	77.858	1.692	13.019	75.607
5	1.107	8.512	86.371	1.107	8.512	86.371	1.399	10.764	86.371
6	0.837	6.438	92.809						
7	0.419	3.224	96.033						
8	0.350	2.694	98.727						
9	0.092	0.707	99.434						
10	0.031	0.236	99.670						
11	0.027	0.207	99.877						
12	0.015	0.115	99.992						
13	0.001	0.008	100.000						

提取方法:主成分分析。

由表 7-2-2 中数据可知,前五个主因子的方差贡献率已经达到了累计方差贡献率的 86.371%,即表明这五个主因子已包含原始数据信息量的86.371%,所以只须选择前五个主因子就可以较好地代表原始指标,对水的生产和供应业上市公司的绩效进行描述。

特征值是能够被看作表示因子影响力度大小的指标之一,如果特征值小于1,说明该因子的解释力度还不如直接引入一个原变量的平均解释力度大,因此一般用特征值大于1作为纳入标准。特征值可用碎石图列示,如图7-2-1所示。从图7-2-1可以看出,从第六个因子开始,特征值的值都小于1,且折线的陡度变得比较平缓,这说明提取5个主因子是合适有效的。

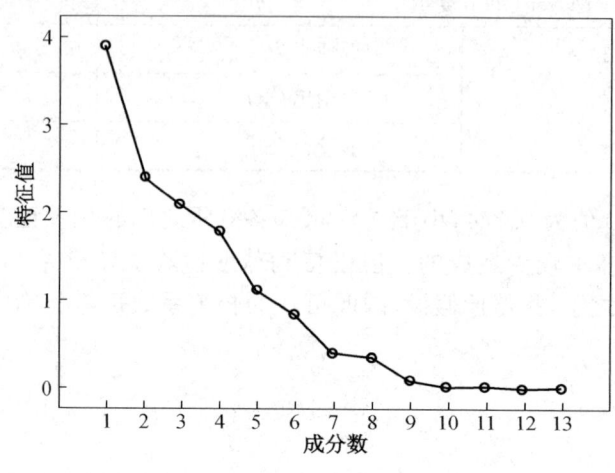

图 7-2-1　碎石图

五、旋转载荷矩阵分析

本书对原因子载荷矩阵进行最大方差旋转,以期得到主因子更明确的含义。结果如表7-2-3所示。

表 7-2-3　旋转成分矩阵[a]

	成　分				
	F_1	F_2	F_3	F_4	F_5
基本每股收益	0.968	−0.121	0.063	0.023	0.076
每股净资产	0.667	−0.271	0.338	0.112	0.432
销售净利率	0.914	−0.059	−0.176	0.046	0.069
总资产报酬率	0.945	0.090	−0.058	−0.048	−0.121
流动比率	−0.188	0.264	−0.014	0.896	−0.093
速动比率	−0.026	0.944	−0.091	−0.144	0.130
资产负债率	−0.244	0.492	0.495	−0.314	0.497
存货周转率	0.074	0.057	−0.158	−0.099	0.882
总资产周转率	−0.068	0.104	0.845	−0.046	−0.266
固定资产周转率	−0.030	0.930	0.008	0.164	−0.075
总资产增长率	0.309	−0.340	−0.065	0.838	−0.061
营业总收入增长率	0.552	0.136	0.618	0.102	−0.158
股东权益增长率	−0.047	−0.284	0.766	−0.051	0.179

提取方法:主成分分析。

旋转方法:Kaiser 标准化最大方差法。

a. 旋转在 6 次迭代后收敛。

由表 7-2-3 中的数据可以看到,基本每股收益、每股净资产、销售净利率、总资产报酬率在主因子 F_1 上的载荷量分别为 0.968、0.667、0.914、0.945,它主要反映了公司的盈利能力,所以将 F_1 命名为盈利因子;主因子 F_2 在速动比率(0.944)和资产负债率(0.492)上有较大载荷量,代表了公司的偿债能力,故而将其命名为偿债因子 1;主因子 F_3 在营业总收入增长率(0.618)、股东权益增长率(0.766)上有较大载荷量,代表了公司的成长能力,为成长因子;主因子 F_4 在流动比率(0.896)上占的比重较大,代表了公司的偿债能力,故将主因子 F_4 命名为偿债因子 2;主因子 F_5 在存货周转率(0.882)上占的比重较大,代表了公司的营运能力,故将主因子 F_5 命名为营运因子。

六、水的生产和供应业公司综合得分与排名

要得到因子的综合得分,需先对因子数据进行标准化处理,使其期望为 0,方差为 1,然后,对各因子的方差贡献率占因子总方差贡献率的比重作为权重加权汇总,使用计算综合得分的公式 $F = (\lambda_1 F_1 + \lambda_2 F_2 + \lambda_3 F_3 + \lambda_4 F_4 + \lambda_5 F_5)/(\lambda_1 + \lambda_2 + \lambda_3 + \lambda_4 + \lambda_5) = (0.278\,38 \times F_1 + 0.184\,53 \times F_2 + 0.162\,97 \times F_3 + 0.130\,19 \times F_4 + 0.107\,64 \times F_5)/0.863\,71$ 来计算各样本的综合得分。得到结果按名次排列如表 7-2-4 所示。

表 7-2-4　水的生产和供应业上市公司综合得分排名

股票代码	名称	F_1(盈利)	F_2(偿债 1)	F_3(成长)	F_4(偿债 2)	F_5(营运)	F(综合)	排名
000685.SZ	中山公用	2.513 1	−0.674 1	−0.921 5	0.503 6	0.275 8	0.60	1
600874.SH	创业环保	−0.113 1	3.230 5	−0.316 2	−0.460 0	0.349 2	0.57	2
600323.SH	瀚蓝环境	0.533 0	−0.156 7	1.464 9	−0.055 0	−0.440 1	0.35	3
600008.SH	首创股份	−0.624 6	0.407 3	−0.013 2	3.195 9	−0.358 4	0.32	4
600168.SH	武汉控股	0.173 9	−0.281 5	−0.610 7	−0.142 9	3.008 7	0.23	5
600461.SH	洪城水业	0.421 4	0.065 0	0.637 9	−0.098 3	−0.450 4	0.20	6
000605.SZ	渤海股份	−0.890 4	−0.391 9	2.396 3	−0.491 2	0.869 5	0.12	7
601199.SH	江南水务	0.648 2	0.056 9	0.139 6	−0.366 5	−0.679 1	0.11	8
000598.SZ	兴蓉环境	0.027 9	0.202 7	−0.013 6	−0.147 0	−0.593 9	−0.05	9
601368.SH	绿城水务	−0.000 3	−0.573 1	0.042 4	−0.109 2	−0.346 4	−0.17	10
000544.SZ	中原环保	−0.052 1	−0.153 6	−0.517 0	−0.647 6	−0.322 0	−0.28	11
601158.SH	重庆水务	0.128 2	−0.159 3	−0.515 5	−1.053 0	−1.171 0	−0.39	12
600283.SH	钱江水利	−0.777 3	−0.896 8	0.094 2	0.349 4	0.087 3	−0.40	13
600187.SH	国中水务	−1.988 0	−0.675 5	−1.679 0	−0.478 4	−0.229 3	−1.20	14

表 7-2-4 中,水的生产和供应业公司综合得分与其投资价值呈正相关关系。由于先对因子数据进行了标准化处理,因此,可以 0 为参考标准线,认为:综合得分大于 0 的公司,综合业绩相对较好,且数值越大,投资价值越大;综合得分小于 0 的则相对较差,且数值越小,投资价值越小。依此可对上市公司的综合业绩和投资价值有一个基本的评价。

具体而言,表 7-2-4 中,公司各项能力得分与相应实力也呈正相关关系。排名从第一到第十四分别是中山公用、创业环保、瀚蓝环境、首创股份、武汉控股、洪城水业、渤海股份、江南水务、兴蓉投资、绿城水务、中原环保、重庆水务、钱江水利、国中水务。与 2014 年相比,排名有所不同,这说明行业内部竞争激烈,发展不尽稳定。

中山公用、创业环保、瀚蓝环境分别为第一、第二、第三名,它们分别依靠其强大的盈利能力、偿债能力和成长能力取得了突出的成绩。2013—2015 年,中山公用排名分别为第二、第三、第一,虽然在偿债、成长能力方面稍显薄弱,甚至略低于行业平均水平,但其还是能夺得 2015 年度行业的桂冠,要归功于其极其出色的盈利能力,将同行业的其他公司远远的甩在后面,这也表明该公司具有巨大的发展潜力和较大

投资价值,值得投资者关注。创业环保由 2013 年的第十二名到 2014 年的第十一名到 2015 年的第二名,2015 年上升幅度大,归功于其极其出色的偿债能力。其成长、盈利因子为负,但偿债、营运能力不错。总体投资价值大幅提高。瀚蓝环境 2013—2015 年的排名分别为第九、第五、第三,成长、盈利能力较好,但是对其投资还需要谨慎,因为偿债、营运能力稍薄弱。不过总体投资价值提高。

首创股份具有较强的偿债能力,其因子得分综合排名第四,较为靠前,但是对其投资还需要谨慎,因为营运、盈利、成长能力较为薄弱。其 2013 年总分排名第十一位,2014 年第六位,综合能力提升,总体投资价值不断提高,值得投资者关注。武汉控股营运能力较强,成长、偿债能力较差。其连续三年排名由第十到第十二到第五,总体上升趋势显著,投资价值不断提高。洪城水业连续三年排名由第八到第四到第六,基本处于中游水平。其盈利、成长能力尚可,但偿债、营运能力较差,总体投资价值较低。

渤海股份、江南水务、兴蓉投资较 2014 年均有不同程度下降。渤海股份由 2014 年的第一下降至 2015 年第七,成长营运能力虽然较强,但盈利能力、偿债能力较为薄弱,投资价值有所下降。江南水务连续三年排名由第五到第二到第八,其盈利能力尚可,偿债、营运能力较为薄弱,投资价值有所降低。兴蓉环境连续三年排名由第六到第七到第九,呈较小幅度下降趋势,成长、偿债、营运能力薄弱,投资价值逐渐降低。

绿城水务属新上市公司,仅成长因子为正,其余因子为负,处于中游偏下行列,值得观察。中原环保连续三年排名由第七到第八到第十一,排名逐步下降,2015 年各项因子皆为负数,投资价值有所降低。

重庆水务、钱江水利、国中水务排名较低。重庆水务连续三年排名由第四到第十到第十二,除了盈利因子其余因子均为负值,投资价值大大降低。钱江水利 2013—2015 皆为第十三,最为稳定,但由于各项能力较弱,投资价值较小且维稳趋势明显。国中水务连续三年排名由第三到第九到第十四,各项因子得分均为负值,综合能力较低,投资价值较小。

绿城水务、中原环保、重庆水务、钱江水利、国中水务上市公司的综合得分都低于 0 值,且排名相对靠后,短期内不建议进行投资。

七、系统聚类分析

上述因子分析能够满足投资者对各家上市公司投资价值分析的基本需要,但是由于投资者的投资理念往往各不相同,关注的侧重点也有所不同。为了更深入细致地分析行业板块的情况,将利用系统聚类分析法进一步对 14 家公司的 5 个因子值和综合值进行 Q 型聚类(即个案分群);聚类方法为 ward 联结法,即离差平方和法,根据同类变量间的离差平方和较小、不同类别间的离差平方和较大来进行分类,形成树状图(略)。其测量尺度选用平方 Euclidean 距离,即两样本之间的距离是各样本每个变量值之差的平方和。通过聚类分析把业绩相似的公司归类,可以对不同类别的上市公司进行对比分析,为投资者选择投资组合提供参考。

根据树状图(略)对 14 家水的生产和供应业上市公司进行进一步分类,本书选择将其分为 4 类,如表 7-2-5 所示。

表 7-2-5　聚类分析

类别	水的生产和供应业公司	数目
1	中山公用、武汉控股	2
2	创业环保	1
3	瀚蓝环境、洪城水业、渤海股份、江南水务、兴蓉环境、绿城水务、中原环保、重庆水务、钱江水利、国中水务	10
4	首创股份	1

在表 7-2-5 中,类别 1 包含中山公用、武汉控股共 2 家公司。中山公用是一家公用事业类大型上市

公司,主要业务包括供水和污水处理两项,拥有9家参、控股供水子公司及6家供水分公司,供水覆盖面积约1500平方公里,管网长度达3800公里,日供水能力达175万立方米;其旗下的污水处理公司,污水日处理能力达30万立方米,规划日处理能力达65万立方米。公司充分利用自身优势和现有资源,改善了中山市水体水质和人居环境,为中山市环保事业的发展作出了很多的贡献。数据方面,其主要的亮点在于优良的盈利能力,是本行业中最好的一家。而其成长能力较差,营运能力尚可。该公司具有巨大的发展潜力,投资价值较高,值得投资者关注。武汉控股是武汉市城建系统进行股份制改造的第一家上市公司,是由武汉市水务集团有限公司(原名武汉三镇基建发展有限责任公司)独家发起,以其下属的宗关水厂和后湖泵站之全部经营性资产投入,以募集方式设立的股份有限公司,主营业务为城市给排水、污水综合治理、道路、桥梁、供气、供电、通讯等基础设施的投资、建设和经营管理。武汉控股营运能力较强,成长、偿债能力较差。连续三年排名由第十到第十二到第五,有明显进步,值得投资者关注。

类别2包含创业环保1家公司。创业环保主要从事污水处理设施的建设、设计、管理、经营、技术咨询及配套服务,环保科技及环保产品的开发经营。创业环保2015年上升幅度较大,偿债因子1尤为突出。其成长、盈利能力为负,但营运能力不错。总体投资价值大幅提高,是较为理想的投资对象。

类别3包含瀚蓝环境、洪城水业、渤海股份、江南水务、兴蓉环境、绿城水务、中原环保、重庆水务、钱江水利、国中水务共10家公司,是各项能力发展较为均衡的一类公司。它们综合排名高中低档位置均有,瀚蓝环境排名第三,最靠前,国中水务排名第十四,排名最后。瀚蓝环境股份有限公司(原名:南海发展股份有限公司,2013年底改用现名)是一家专注于环境服务产业的上市公司,业务领域涵盖固废处理、自来水供应、污水处理、燃气供应,秉持"城市好管家、行业好典范、社区好邻居"的责任理念,致力为各大城市提供系统化环境服务与解决方案。瀚蓝环境连续三年排名由第九到第五到第三,总体实力不断攀升,成长、盈利能力较为突出,比较适宜对其进行长期投资。洪城水业是由南昌水业集团有限责任公司为主发起人,以其主业突出、效益稳定的青云水厂、朝阳水厂、下正街水厂、长堎水厂全部生产经营性资产作为投入,联合北京市自来水集团有限责任公司、泰豪信息技术股份有限公司、南昌市煤气公司、南昌市公用信息技术有限公司共同发起设立的股份公司,主营业务包括自来水、纯净水、水质净化剂、水表、给排水设备、节水设备、仪器仪表、环保设备的生产、销售,给排水工程设计、安装、技术咨询及培训等。洪城水业综合实力处于行业中游,较为稳定,具有较大投资价值。渤海股份,2013年实施了重大资产重组,引滦入港工程管理处成为公司控股股东,公司名称变更为渤海水业股份有限公司,证券简称:渤海股份。重组完成后,公司总股本将变更为194 991 066股,主营业务由生物制药变更为水务相关业务,经营范围包括:工程设计;施工总承包、专业承包、劳务分包;城乡公用基础设施、水土环境治理及环保项目、供水、污水处理及再生水利用的投资;投资咨询;投资管理;技术开发;技术咨询;技术服务;技术推广;企业管理。渤海股份由2014年总分排名第一下降至2015年的第七,成长、营运能力虽然较强,但盈利能力、偿债能力薄弱,较适宜对其进行长期投资。江南水务成立于2003年,主要经营自来水制售、给水工程设计、供水工程建设、水质检测、水表计量检测及对公用基础设施行业进行投资等业务。公司先后荣获了"全国优秀县镇供水企业""全国城建规范化服务先进单位""中国供水企业文化建设先进单位"江阴市"百强明星企业""社会求助服务工作先进集体""维权达标行业投诉站""十佳服务品牌""十佳诚信服务窗口"等称号。江南水务各项因子得分排名有所下降,但其盈利能力尚可,值得投资者关注。成都市兴蓉集团有限公司是国有大型水务环保综合服务商和价值集成商,主要从事水务、环保、水利等基础设施的投资、建设与运营。集团建立了涵盖原水供应、自来水生产与供应、污水处理、中水利用、污泥处置、垃圾渗滤液处理、垃圾焚烧发电、危险废弃物处置等领域的整合产业链,形成了多元化经营的业务格局。为保障民生,维护环境,集团以可持续发展理念,致力为客户提供先进水务、环保、废弃物处置、资源循环利用等综合解决方案。兴蓉环境综合实力在整个行业中稳中有降,成长、偿债、营运能力较为薄弱,投资者应谨慎对待。绿城水务、中原环保、重庆水务、钱江水利、国中水务上市公司的综合得分都低于0值,且排名相对靠后,暂不建议对其进行投资。

类别4包含首创股份1家公司,首创股份自成立以来一直致力于推动公用基础设施产业市场化进程,将发展方向定于中国水务市场,专注于城市供水和污水处理的投资及运营管理。首创股份具有高偿债能力,排名第四,较为靠前,公司综合实力逐年递增,说明公司正处于稳定或稳步上升阶段,值得投资者关注。

八、结语

综上所述,投资者在进行投资时,要综合考虑宏观、微观等各方面反映的财务信息,加以谨慎地分析,作出合理的选择。同时,还要结合投资时的市价运用价值投资的操作方法(详见本书第二十二章)计算确定投资顺序,作出正确决策。

参考文献

[1] 2016—2020 年中国城市供水行业发展分析及投资前景预测报告. 行业报告网, http://www.51baogao. cn/huanbao/201005212702. shtml.
[2] 中商情报网, http://www. askci. com/.

(参著:孙丹青)

第八章　建筑业上市公司投资价值动态比较分析研究

一、行业发展和投资价值状况

建筑业是专门从事土木工程、房屋建设和设备安装以及工程勘察设计工作的生产部门。其产品是各种工厂、矿井、铁路、桥梁、港口、道路、管线、住宅以及公共设施的建筑物、构筑物和设施。按照建筑业生产方式、提供形式以及最终产品内容的区别,可将建筑业细分为房屋建筑业、土木工程建筑业、建筑装饰和其他建筑业4个细分行业。建筑业受宏观周期影响较大,外部因素如政治、经济、技术等,都会给建筑业带来不小的影响。

改革开放以来,我国建筑业得到了前所未有的快速发展,建筑产品价格如日剧增,相应地,其中的泡沫也越来越大,带来的问题也越来越多。为此,政府相继出台了一系列抑制政策,采取了一系列措施。近几年,我国建筑业势峰逆转,整体呈现出经营效率低、收益差、市场竞争激烈的状况。2015年建筑业总体上依然保持了这一趋势。从总体上看,经济下行的压力加大,房地产投资持续下滑,房地产的新开工面积增速下滑,直接影响到建筑业工程减少,建筑企业减少,利润降低等一系列指标的下滑。

据住房和城乡建设部(简称住建部)统计数据显示[1],2015年,全国建筑业企业(指具有资质等级的总承包和专业承包建筑业企业,不含劳务分包建筑业企业,下同)完成建筑业总产值180 757.47亿元,增长2.29%;完成竣工产值110 115.93亿元,增长9.33%;房屋施工面积达到124.26亿平方米,下降0.58%;房屋竣工面积达到42.08亿平方米,下降0.60%;签订合同额338 001.42亿元,增长4.48%;实现利润6 508亿元,增长1.57%。截至2015年年底,全国有施工活动的建筑业企业80 911个,减少0.28%;从业人数5 003.40万人,增长10.28%;按建筑业总产值计算的劳动生产率为323 733元/人,增长1.92%。2015年全社会建筑业实现增加值46 456亿元,比上年增长6.8%,增速低于国内生产总值增速,自2009年以来首次低于国内生产总值增速。2015年建筑业固定资产投资4 895亿元,比上年增长10.20%,占全社会固定资产投资的0.89%。建筑业固定资产投资增速出现较大幅度的下降,2015年比上年下降了15.60个百分点。2015年,全国建筑业企业实现利润6 508亿元,比上年增加101亿元,增幅为1.57%,比上年减少13.35个百分点。

我国建筑业固定资产投资,总产值,建筑业企业数量、利润总额及它们的增速情况如图8-1、图8-2、图8-3、图8-4所示。

2006年以来,随着我国建筑业企业生产和经营规模的不断扩大,建筑业总产值持续增长,2015年达到180 757.47亿元。但建筑业总产值在经过2006年至2011年连续六年超过20%的高速增长后,增速持续下降。

截至2015年年底,全国共有建筑业企业80 911个,比上年减少230个,降幅为0.28%。国有及国有控股建筑业企业6 789个,比上年减少68个,占建筑业企业总数的8.39%,比上年下降了0.06个百分点。

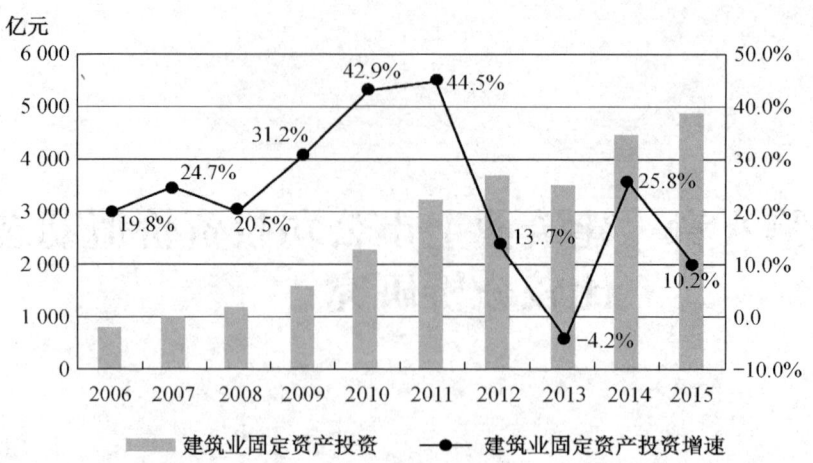

图 8-1　2006—2015 年建筑业固定资产投资及增速

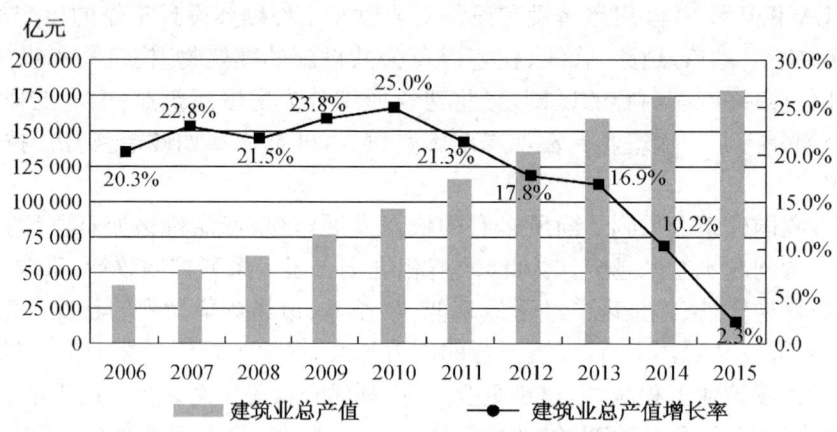

图 8-2　2006—2015 年全国建筑业总产值及增速

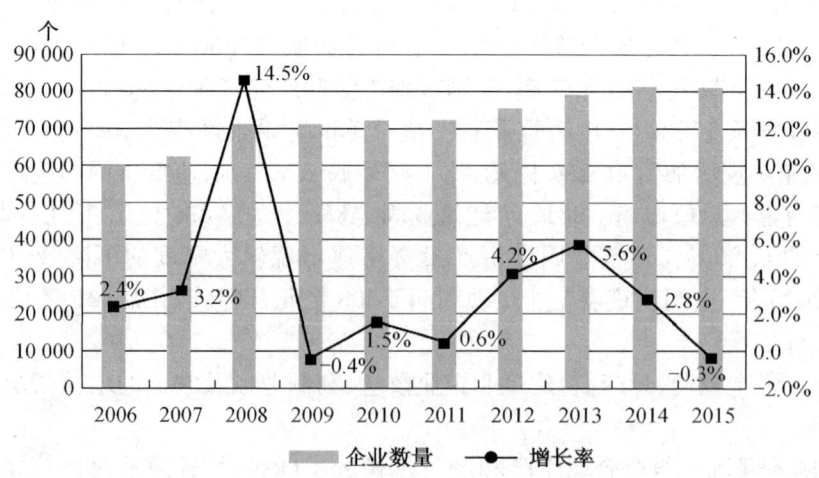

图 8-3　2006—2015 年建筑业企业数量及增速

　　近十年来,建筑业产值利润率(利润总额与总产值之比)一直曲折徘徊在 3.5% 左右。2015 年,建筑业产值利润率在上年出现较大幅度上升的基础上小幅下降,达到 3.60%,比上年降低了 0.03 个百分点。

　　2015 年是中国全面深化改革元年,也是建筑业的转型升级之年。受宏观环境及国际经济缓慢复苏的影响,房地产企业库存高筑,新开工面积增速一路下滑,建筑业总产值增速创近 10 多年以来新低。但是相关的政策、投资规划、战略行动、发展热点也为建筑业提供了更多的机遇,例如,新一届政府所提出"京

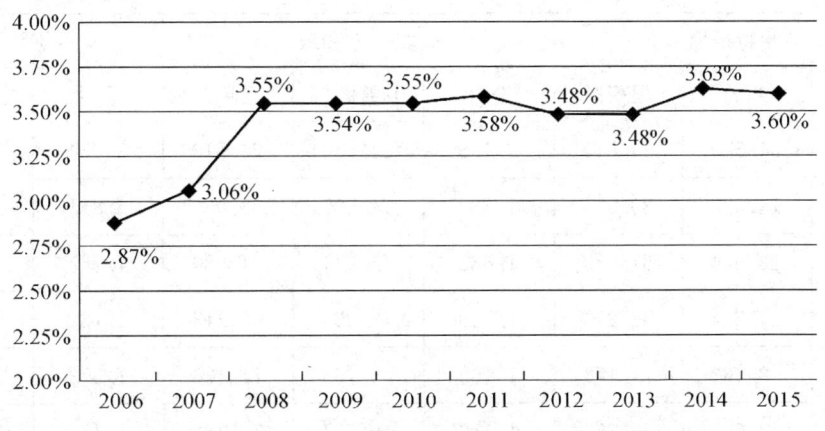

图 8-4　2006—2015 年全国建筑业企业利润总额及增速

津冀一体化""一带一路""长江经济带"三大战略部署,都为建筑业的稳定增长注入长期的活力。

总之,建筑业在未来依然具有较大的发展潜力,对于投资者而言,当前相对低迷的经营状态反而给建筑行业赐予了一个很好的投资机会,此时,相应地对其上市公司进行价值投资分析就显得格外重要。

二、样本选取与数据处理

沪、深证券交易所的 81 家建筑业上市公司的资料来源主要为其 2015 年度的财务报告。具体初始数据扫描二维码获取。

在指标性质、单位不同的情况下,先要对其进行同趋势化处理。然后利用 SPSS 中的 Z-score 方法将 13 个指标的原始数据进行标准化处理。同趋势化数据与标准化数据略。

三、因子分析法适应性检验

为了检验所选用的指标是否适合使用因子分析法,本书利用 SPSS 软件中 KMO 和 Bartlett 的方法来对样本进行检验。检验结果如表 8-1 所示。

表 8-1　KMO 和 Bartlett 的检验

取样足够度的 Kaiser-Meyer-Olkin 度量		0.481
Bartlett 的球形度检验	近似卡方	472.401
	自由度(df)	78
	显著性(Sig)	0.000

由表 8-1 可知,KMO 值为 0.481,小于 0.5,但接近于 0.5,同时,巴特利球形检验统计量为 472.401,相应的概率 Sig 为 0.000,在 5% 的显著性水平之下,拒绝原假设,因此可认为相关系数矩阵与单位阵有显著差异,说明样本适合作因子分析。

四、确定主因子

本书应用因子分析法中的主成分分析法来计算原始公因子的特征值、方差贡献率以及累计方差贡献率,并由此确定公因子。结果如表 8-2 所示。

表 8-2　解释的总方差

成 分	初始特征值			提取平方和载入			旋转平方和载入		
	合计	方差的%	累积%	合计	方差的%	累积%	合计	方差的%	累积%
1	3.186	24.510	24.510	3.186	24.510	24.510	2.034	15.648	15.648
2	1.888	14.525	39.035	1.888	14.525	39.035	1.811	13.929	29.577
3	1.683	12.944	51.980	1.683	12.944	51.980	1.763	13.560	43.137
4	1.330	10.234	62.213	1.330	10.234	62.213	1.762	13.557	56.694
5	1.165	8.963	71.176	1.165	8.963	71.176	1.573	12.103	68.797
6	1.112	8.557	79.733	1.112	8.557	79.733	1.422	10.936	79.733
7	0.696	5.356	85.089						
8	0.660	5.079	90.167						
9	0.584	4.490	94.657						
10	0.317	2.441	97.098						
11	0.230	1.770	98.868						
12	0.084	0.648	99.516						
13	0.063	0.484	100.000						

提取方法:主成分分析。

　　根据表 8-2 中数据可知,前六个主因子的方差贡献率已经达到了累计方差贡献率的 79.733%,即表明这六个主因子已包含原始数据信息量的 79.733%,所以只须选择前六个主因子就可以较好地代表原始指标,对公司的绩效进行描述。

　　特征值是能够被看作表示因子影响力度大小的指标之一,如果特征值小于 1,说明该因子的解释力度还不如直接引入一个原变量的平均解释力度大,因此一般用特征值大于 1 作为纳入标准。特征值可用碎石图列示,如图 8-5 所示。从图 8-5 可以看出,从第七个因子开始,特征值的值都小于 1,且折线的陡度变得比较平缓,这说明提取 6 个主因子是合适有效的。

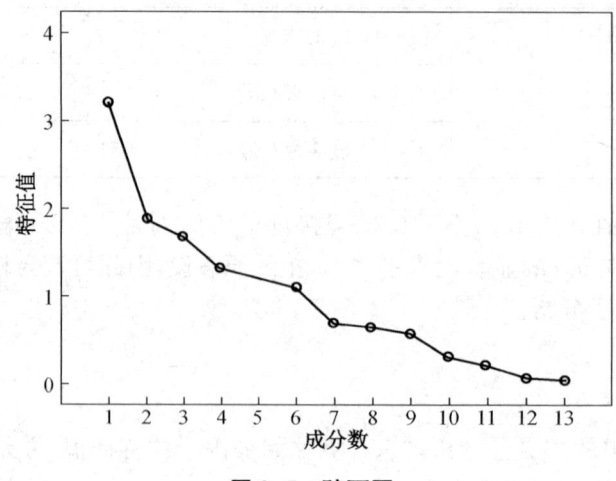

图 8-5　碎石图

五、旋转载荷矩阵分析

本书对原因子载荷矩阵进行最大方差旋转，以期得到主因子更明确的含义。结果如表8-3所示。

表 8-3　旋转成分矩阵[a]

	成 分					
	F_1	F_2	F_3	F_4	F_5	F_6
基本每股收益	0.428	0.356	0.101	0.769	−0.125	0.049
每股净资产	0.830	0.035	−0.143	0.370	−0.109	0.142
销售净利率	0.009	−0.083	−0.021	0.935	0.105	0.009
总资产报酬率	0.799	0.429	0.121	0.183	−0.049	0.086
流动比率	0.058	−0.410	0.208	0.107	−0.132	0.731
速动比率	−0.080	−0.199	0.108	0.030	0.856	−0.138
资产负债率	−0.021	0.153	−0.129	0.008	0.860	0.278
存货周转率	0.041	0.246	−0.099	−0.026	0.203	0.860
总资产周转率	0.104	0.829	0.129	0.020	−0.038	0.022
固定资产周转率	0.017	0.611	0.443	0.103	−0.026	−0.024
总资产增长率	0.240	0.299	0.756	−0.043	0.002	0.035
营业总收入增长率	0.663	−0.215	0.304	−0.314	0.026	−0.136
股东权益增长率	−0.050	0.062	0.871	0.027	−0.007	0.017

提取方法：主成分分析。

旋转方法：Kaiser 标准化最大方差法。

a. 旋转在 12 次迭代后收敛。

由表8-3中的数据可以看到，每股净资产、总资产报酬率在主因子F_1上的载荷量分别为0.830、0.799，基本每股收益和销售净利率在主因子F_4上的载荷量分别为0.769和0.935，这两个因子主要反映了公司的盈利能力，所以将F_1命名为盈利因子1，F_4命名为盈利因子2；主因子F_2在固定资产周转率（0.611）和总资产周转率（0.829）上有较大载荷量，主因子F_6在存货周转率（0.860）上有较大载荷量，这两个主因子代表了公司的营运能力，分别定义为营运因子1和营运因子2；总资产增长率和股东权益增长率在主因子F_3上的载荷分别为0.756与0.871，体现了公司的成长能力，为成长因子；主因子F_5则在资产负债率（0.860）和速动比率（0.856）上有较大载荷量，代表了公司的偿债能力，故而将其命名为偿债因子。

六、建筑业公司综合得分与排名

要得到因子的综合得分，需先对因子数据进行标准化处理，使其期望为0，方差为1，然后，对各因子的方差贡献率占因子总方差贡献率的比重作权重加权汇总，使用计算综合得分的公式 $F = (\lambda_1 F_1 + \lambda_2 F_2 + \lambda_3 F_3 + \lambda_4 F_4 + \lambda_5 F_5 + \lambda_6 F_6)/(\lambda_1 + \lambda_2 + \lambda_3 + \lambda_4 + \lambda_5 + \lambda_6) = (0.156\,48 \times F_1 + 0.139\,29 \times F_2 + 0.135\,60 \times F_3 + 0.135\,57 \times F_4 + 0.121\,03 \times F_5 + 0.109\,36 \times F_6)/0.797\,33$ 来计算各样本的综合得分。得到结果按名次排列如表8-4所示。

表 8-4　建筑业上市公司综合得分排名

证券代码	证券名称	F_1(盈利1)	F_2(营运1)	F_3(成长)	F_4(盈利2)	F_5(偿债)	F_6(营运2)	F	排名
000018.SZ	神州长城	1.472 7	3.815 6	5.715 4	−0.070 1	0.027 6	0.309 0	1.96	1
002081.SZ	金螳螂	0.504 2	2.306 9	−1.706 2	−0.197 0	4.026 3	3.815 4	1.31	2
300495.SZ	美尚生态	1.001 2	−0.784 1	0.357 5	4.568 2	−0.213 8	−0.186 6	0.84	3
002323.SZ	雅百特	5.109 4	1.062 3	−1.455 5	−0.136 6	−0.009 2	−0.645 0	0.83	4
002431.SZ	棕榈股份	−0.974 8	−1.322 1	0.624 2	0.466 2	7.648 8	−1.354 5	0.74	5
002325.SZ	洪涛股份	0.261 6	0.014 2	−0.521 7	−0.654 4	−0.333 9	5.440 4	0.55	6
603778.SH	乾景园林	0.792 5	0.062 0	−0.006 9	2.795 9	−0.159 5	−0.675 1	0.52	7
002504.SZ	弘高创意	0.029 7	3.086 8	0.550 4	−0.263 4	−0.303 2	−0.197 9	0.52	8
002789.SZ	建艺集团	−0.080 3	1.252 4	−0.355 1	1.799 2	−0.050 1	0.221 6	0.47	9
000928.SZ	中钢国际	−0.931 1	1.200 3	2.072 5	0.717 4	0.022 3	−0.348 2	0.46	10
603030.SH	全筑股份	−0.350 9	1.853 3	0.411 5	0.137 0	0.339 7	0.010 3	0.4	11
603828.SH	柯利达	−0.875 6	−1.319 1	0.986 0	1.110 8	−0.841 1	4.020 5	0.38	12
002775.SZ	文科园林	0.381 8	0.321 6	0.043 3	1.613 9	−0.106 8	−0.670 5	0.3	13
002781.SZ	奇信股份	−0.155 8	1.149 6	−0.032 4	0.641 0	−0.206 3	0.429 6	0.3	14
600708.SH	光明地产	−0.432 0	−0.926 0	2.332 9	0.635 6	−0.370 6	0.613 6	0.29	15
002542.SZ	中化岩土	1.379 9	−1.960 4	1.057 3	−0.524 2	0.596 9	1.043 5	0.25	16
002051.SZ	中工国际	0.397 1	−0.310 1	−0.578 0	1.897 7	−0.179 4	−0.355 5	0.17	17
000065.SZ	北方国际	0.132 9	0.073 7	0.103 6	0.773 0	0.037 4	−0.289 9	0.15	18
300506.SZ	名家汇	1.841 4	−0.229 1	−0.709 0	−0.009 9	−0.264 2	−0.097 3	0.15	19
002047.SZ	宝鹰股份	0.464 6	1.320 5	−0.144 6	−1.073 0	−0.084 3	0.283 7	0.14	20
000010.SZ	美丽生态	2.952 8	−2.516 5	2.397 2	−2.456 4	0.440 1	−0.546 6	0.12	21
000090.SZ	天健集团	0.052 9	−0.829 9	0.336 0	1.036 4	−0.246 5	0.371 2	0.11	22
002620.SZ	瑞和股份	−0.289 4	−0.101 4	−0.107 6	1.045 4	−0.243 6	0.407 6	0.1	23
002717.SZ	岭南园林	1.196 9	0.168 6	0.148 3	−0.619 2	−0.080 8	−0.582 6	0.09	24
002310.SZ	东方园林	0.655 6	−0.752 5	−0.348 8	0.690 1	0.130 5	−0.047 7	0.07	25
002713.SZ	东易日盛	0.249 4	1.015 6	−0.251 4	−0.441 9	−0.110 5	−0.190 5	0.07	26
601668.SH	中国建筑	−0.084 1	0.588 3	−0.228 9	0.581 1	−0.244 7	−0.370 3	0.06	27
601186.SH	中国铁建	−0.553 7	0.426 9	−0.236 0	1.349 8	−0.195 8	−0.522 7	0.05	28
300355.SZ	蒙草生态	0.437 1	−1.441 8	0.457 9	0.239 7	−0.641 7	1.413 1	0.05	29
601800.SH	中国交建	−0.270 0	−0.234 5	−0.184 7	1.565 2	−0.113 4	−0.580 2	0.04	30
002482.SZ	广田集团	−0.659 7	−0.009 9	−0.250 3	1.320 5	−0.131 7	−0.191 4	0	31
300055.SZ	万邦达	1.892 2	−0.834 7	−0.297 6	−0.515 3	0.001 3	−0.661 3	0	32
600629.SH	华建集团	−0.000 9	1.817 1	−0.654 9	−0.836 6	−0.283 5	−0.250 8	−0.01	33
600986.SH	科达股份	0.732 6	−1.217 9	1.346 1	−0.599 6	0.084 4	−0.673 8	−0.02	34

证券代码	证券名称	F_1（盈利1）	F_2（营运1）	F_3（成长）	F_4（盈利2）	F_5（偿债）	F_6（营运2）	F	排名
300197.SZ	铁汉生态	1.013 2	−0.622 9	−0.248 7	−0.129 6	−0.194 7	−0.162 5	−0.03	35
600326.SH	西藏天路	0.931 5	−1.037 5	0.152 4	−0.490 2	−0.372 8	0.614 4	−0.03	36
601117.SH	中国化学	−0.203 0	0.253 4	−0.500 5	0.384 8	−0.025 5	−0.142 0	−0.04	37
600284.SH	浦东建设	0.504 1	−0.775 6	−0.695 0	1.145 7	−0.201 1	−0.361 4	−0.04	38
300262.SZ	巴安水务	1.773 5	−0.490 7	−0.416 3	−1.336 6	0.061 0	−0.265 2	−0.06	39
002375.SZ	亚厦股份	−0.399 9	−0.491 8	−0.151 8	0.535 7	−0.419 9	0.708 0	−0.07	40
002314.SZ	南山控股	0.037 1	0.058 4	0.393 8	−0.598 8	0.005 0	−0.413 6	−0.07	41
600820.SH	隧道股份	0.075 0	−0.413 2	−0.306 7	0.339 1	0.327 7	−0.534 4	−0.08	42
002586.SZ	围海股份	−0.188 7	0.253 3	−0.560 8	−1.078 1	0.129 0	1.121 5	−0.1	43
600068.SH	葛洲坝	0.051 4	0.132 5	−0.335 8	0.042 0	−0.197 3	−0.428 3	−0.11	44
601789.SH	宁波建工	−0.566 5	1.081 5	−0.485 5	−0.109 7	−0.231 1	−0.389 2	−0.11	45
600846.SH	同济科技	−0.140 8	−1.014 4	0.057 8	−0.108 6	−0.510 4	1.266 9	−0.12	46
002140.SZ	东华科技	−0.101 0	−0.116 4	−0.475 4	−0.009 1	0.198 3	−0.197 3	−0.12	47
601390.SH	中国中铁	−0.529 7	0.422 8	−0.334 1	0.333 2	−0.212 2	−0.424 9	−0.12	48
600502.SH	安徽水利	−0.291 5	0.045 8	−0.311 6	0.133 5	−0.190 1	−0.386 6	−0.16	49
000498.SZ	山东路桥	0.159 0	0.300 1	−0.480 1	−0.539 0	−0.205 8	−0.311 5	−0.16	50
600170.SH	上海建工	−0.482 6	0.622 6	−0.260 2	−0.402 2	−0.226 1	−0.389 1	−0.19	51
601886.SH	江河集团	−0.524 8	0.188 6	−0.327 2	−0.009 0	−0.155 2	−0.293 6	−0.19	52
600248.SH	延长化建	−0.638 5	0.359 7	−0.537 0	−0.160 0	0.028 5	−0.128 0	−0.19	53
601669.SH	中国电建	−0.190 4	−0.092 2	−0.231 5	−0.188 7	−0.197 8	−0.402 1	−0.21	54
601611.SH	中国核建	−0.438 1	0.499 3	−0.374 0	−0.404 3	−0.275 6	−0.364 5	−0.22	55
600610.SH	中毅达	−2.234 4	−1.181 8	3.548 4	−0.661 1	−0.168 0	−0.419 4	−0.24	56
002755.SZ	东方新星	−0.503 2	−0.156 3	−0.524 5	0.272 5	−0.251 6	−0.287 2	−0.25	57
600491.SH	龙元建设	−0.694 4	0.459 5	−0.236 8	−0.334 1	−0.243 1	−0.416 7	−0.25	58
600039.SH	四川路桥	0.018 9	0.012 2	−0.426 6	−0.524 5	−0.207 4	−0.436 3	−0.25	59
300117.SZ	嘉寓股份	−0.097 9	−0.295 8	−0.396 6	−0.312 4	−0.117 0	−0.316 0	−0.25	60
600496.SH	精工钢构	−0.244 3	0.133 2	−0.380 7	−0.803 6	−0.082 3	−0.161 7	−0.26	61
000961.SZ	中南建设	−0.737 8	−0.992 2	−0.115 2	0.857 7	−0.186 8	−0.328 8	−0.27	62
600528.SH	中铁二局	−1.085 2	0.861 0	−0.490 8	−0.332 7	−0.269 4	−0.303 0	−0.29	63
600477.SH	杭萧钢构	−0.129 5	0.016 7	−0.429 9	−0.746 3	−0.217 8	−0.288 5	−0.3	64
600463.SH	空港股份	−0.433 5	−0.892 6	−0.112 3	0.031 5	−0.196 0	−0.085 0	−0.3	65
601618.SH	中国中冶	−0.364 0	0.068 5	−0.438 5	−0.477 7	−0.229 9	−0.364 5	−0.3	66
002663.SZ	普邦园林	−0.068 6	−0.203 8	−0.475 2	−0.464 6	−0.271 4	−0.375 8	−0.3	67
002060.SZ	粤水电	−0.263 4	−0.294 0	−0.422 8	−0.321 9	−0.135 8	−0.413 2	−0.31	68
000628.SZ	高新发展	−0.689 8	−0.294 8	0.237 0	−0.530 5	−0.176 5	−0.326 3	−0.31	69

证券代码	证券名称	F_1（盈利1）	F_2（营运1）	F_3（成长）	F_4（盈利2）	F_5（偿债）	F_6（营运2）	F	排名
002062.SZ	宏润建设	−0.266 6	−0.049 2	−0.456 6	−0.502 4	−0.240 2	−0.396 0	−0.31	70
002628.SZ	成都路桥	−0.656 8	−1.423 1	0.174 4	−0.273 4	−0.500 3	0.971 7	−0.34	71
600853.SH	龙建股份	−0.381 6	0.635 1	−0.435 0	−1.277 9	−0.230 8	−0.396 6	−0.34	72
600133.SH	东湖高新	−0.424 7	−0.216 9	−0.383 0	−0.432 4	−0.282 1	−0.305 6	−0.34	73
600545.SH	新疆城建	−0.686 7	−0.308 2	−0.389 0	−0.442 3	0.139 2	−0.370 0	−0.36	74
002135.SZ	东南网架	−0.329 1	−0.114 5	−0.310 1	−0.887 6	−0.150 1	−0.417 2	−0.37	75
600512.SH	腾达建设	−0.826 9	−0.026 7	−0.181 6	−0.997 0	−0.011 0	−0.223 8	−0.4	76
002307.SZ	北新路桥	−0.786 5	−0.276 5	−0.146 0	−0.620 6	−0.194 2	−0.290 0	−0.4	77
002659.SZ	中泰桥梁	−0.566 8	−0.340 5	−0.378 4	−0.888 6	−0.067 1	−0.345 9	−0.44	78
002524.SZ	光正集团	−0.174 1	−0.466 4	−0.644 8	−0.902 4	−0.221 4	−0.270 0	−0.45	79
600209.SH	罗顿发展	−1.500 7	−0.661 3	−0.320 8	−0.705 0	−0.320 8	−0.136 4	−0.65	80
002163.SZ	中航三鑫	−2.002 2	0.099 6	−0.307 6	−1.659 1	−0.243 1	−0.355 4	−0.8	81

表8-4中，建筑业上市公司综合得分与其投资价值呈正相关关系。由于先对因子数据进行了标准化处理，因此，可以0为参考标准线，认为：综合得分大于0的公司，综合业绩相对较好，且数值越大，投资价值越大；综合得分小于0的则相对较差，且数值越小，投资价值越小。依此可对上市公司的综合业绩和投资价值有一个基本的评价。

具体而言，表8-4中，建筑业各公司各项能力得分与相应实力也呈正相关关系。

2015年综合排名前十的公司分别是神州长城、金螳螂、美尚生态、雅百特、棕榈股份、洪涛股份、乾景园林、弘高创意、建艺集团、中钢国际。其中只有美尚生态、乾景园林和建艺集团这三家企业是2015年度新纳入建筑业行业的上市企业，可见其强劲的势头。

神州长城，曾用名为中冠A，其经营范围为工程设计与施工、基础设施投资、新能源建设与投资、医疗投资、生命技术研究开发、装备制造、防务装备、金融投资、房地产开发。其综合得分排名为第一，在于其极强的成长能力，成长因子得分排名第一，远远大于第二名。其余几个因子的得分排名也还不错，其盈利因子得分排名为第六，营运因子得分排名为第一，偿债因子得分排名为第十五，可见其盈利、营运、偿债能力都还不错，综合各因子得分及综合得分，神州长城非常值得长期投资。

金螳螂，综合得分排名从2013年的总分排名第二到2014年的第三又回到2015年的第二，主要是由于其营运能力和偿债能力得到了较大的提升，营运因子得分排名为第三，偿债因子得分排名为第二且远远大于第三名；盈利能力也还不错，其盈利因子得分排名为第十五且为正；但成长能力欠佳，成长因子得分排名为第八十一即为最后一名，说明公司的成长状况欠佳，投资者应继续观察公司之后的经营管理绩效。其连续三年的行业龙头的稳定态势，说明其内含价值巨大，实力雄厚，适宜作为重点投资对象。

美尚生态，是2015年新上市公司，其综合排名为第三位，主要得益于其盈利因子得分排名第一，说明其盈利能力非常强；成长能力得分排名第十四且为正值，说明其成长能力也还不错；但其偿债能力和营运能力不容乐观，其偿债因子得分排名第五十二且为负值，营运因子得分均为负值，说明公司经营中利用较多的负债，这一点在公司2015年上市后会有所改观，综合各因子得分情况，公司是值得长期投资的。

雅百特，曾用名为中联电气，其主营业务为防爆电气及电力变压器制造、维修、技术咨询，综合得分排名为第四，原因在于其优秀的盈利能力和营运能力，其盈利因子得分排名为第二，营运因子得分排名为第十一且为正值；偿债能力表现一般，偿债因子得分排名为第十九且为负值；成长能力较差，成长因子得分排名为第八十且为负值。考虑到其优秀的盈利能力和营运能力但成长能力较差，比较适合进行短期投资。

棕榈股份，曾用简称为棕榈园林，综合得分排名为第五位，较2013年排名第十六位，2014年第十八位,上升幅度较大,但盈利能力较 2014 年下降很多,由 2014 年的第十位下降为第七十七位且为负值;营运能力与 2014 年所差无几,营运因子得分排名为第七十七且为负值;成长能力有所提高,由 2014 年的第三十九上升至第九且为正值;偿债能力也得到提高,由 2014 年的第七上升至第一且远远大于第二位,从而使得综合得分排名有所上升。考虑到该公司的盈利能力和营运能力太差,暂时不适合进行投资或进行适量投资。

洪涛股份,综合得分排名由 2013 年的综合得分排名第六到 2014 年的第二十一又回到 2015 年的第六,充分体现了其强大实力。较 2014 年,盈利能力、营运能力基本不变,盈利因子排名为第二十一,营运因子得分排名为第三十七;成长能力有所下降,成长因子得分排名由第十九变为第七十一且为负值,但偿债能力大大提高,偿债因子得分排名由 2014 年的第六十五变为第五,所以,考虑其综合能力和稳健的偿债能力,可以适当进行短期投资。

乾景园林,上市日期为 2015 年 12 月 31 日,主要从事园林工程施工、园林景观设计、苗木种植和园林绿化养护等业务,其综合排名为第七,主要是由于其优秀的盈利能力,其盈利因子得分排名为第五且为正值;其余 3 个能力表现一般,营运因子得分排名为第三十三且为正值,成长因子得分排名为第二十三且为负值,偿债因子得分排名为第三十五且为负值。考虑其优秀的盈利能力,比较适合进行长期投资。

弘高创意,曾用简称东光微电,其综合排名比 2014 年下降了 3 位,成为第八位,主要原因为其盈利能力、成长能力、偿债能力有所下降,其盈利因子得分排名由第十五下降为第二十九,成长因子得分排名由第二下降为第十,偿债因子得分排名由第三十八下降为第七十二;营运能力有所加强,营运因子得分排名由第三十六上升为第二。虽然其偿债能力较弱,但是其他 3 项能力表现还可,所以还是值得长期投资的。

建艺集团,其综合排名为第九,也是一家新上市的公司,主营业务为写字楼、政府机关、星级酒店、文教体卫建筑、交通基建建筑等公共建筑及住宅(面向地产商)提供室内建筑装饰的施工和设计服务。其主要凭借优秀的盈利能力和营运能力进入前十。其盈利因子得分排名为第四且为正值,营运因子得分排名为第七;成长能力较差,成长因子得分排名为第五十一且为负值;偿债能力一般,偿债因子得分排名为第二十二且为负值。考虑其优秀的盈利能力和营运能力,比较适宜进行长期投资。

中钢国际,原中钢吉炭,在 2014 年度完成资产重组后,强势闯入建筑行业,凭借其超高的成长因子得分远超其他公司,夺得 2014 年综合得分第一名。2015 年的排名略有下降,其综合得分排名从 2014 年的第一降为 2015 年的第十,主要原因为其成长能力的下降,其成长得分排名由第一下降为第五,仍为正值;盈利能力、偿债能力、盈利能力基本不变,盈利因子得分排名为第十五且为正,偿债因子得分排名为第十六且为正值,营运因子得分排名为第八且为正值,说明公司在各个方面保持稳定或稳步上升阶段,值得长期投资。

2015 年位于后十位的是龙建股份、东湖高新、新疆城建、东南网架、腾达建设、北新路桥、中泰桥梁、光正集团、罗顿发展、中航三鑫,他们的各项指标基本均为负值,低于行业平均水平,投资者对待这些企业应更加谨慎。与 2014 年相比,排名较后的企业名单并没有太大的变化,其中有 7 家企业(东南网架、腾达建设、北新路桥、中泰桥梁、光正集团、罗顿发展、中航三鑫)连续两年出现在了的后十位排名中,而其他 3 家企业(龙建股份、东湖高新、新疆城建)在 2014 年虽然勉强没有排在后十位,却也没有理想的排位,并在 2015 年排在后十位。2014 年排名倒数第七的科达股份,因为其盈利、成长和偿债能力表现不错,即便其营运能力很差,也使它的综合排名于 2015 年上升至第三十四位,但投资者在对其进行投资时,依然要保持适度的谨慎性。

七、系统聚类分析

上述因子分析能够满足投资者对各家上市公司投资价值分析的基本需要,但是由于投资者的投资理念往往各不相同,关注的侧重点也有所不同。为了更深入细致地分析行业板块的情况,将利用系统聚类分析法进一步对 81 家公司的 6 个因子值和综合值进行 Q 型聚类(即个案分群);聚类方法为 ward 联结法,即离差平方和法,根据同类变量间的离差平方和较小、不同类别间的离差平方和较大来进行分类,形成树状图(略)。其测量尺度选用平方 Euclidean 距离,即两样本之间的距离是各样本每个变量值之差的平方和。通过聚类分析把业绩相似的公司归类,可以对不同类别的上市公司进行对比分析,为投资者选择投资组合提供参考。

根据树状图(略)对 81 家建筑业公司进行进一步分类,本书选择将其分为 4 类,如表 8-5 所示。

表 8-5 聚类分析

类别	建筑业公司	数目
1	神州长城	1
2	金螳螂、洪涛股份、柯利达	3
3	美尚生态、雅百特、乾景园林、弘高创意、建艺集团、中钢国际、全筑股份、文科园林、奇信股份、光明地产、中化岩石、中工国际、北方国际、各家汇、宝鹰股份、美丽生态、天健集团、瑞和股份、岭南园林、东方园林、东易日盛、中国建筑、中国铁建、蒙草生态、中国交建、广田集团、万邦达、华建集团、科达股份、铁汉生态、西藏铁路、中国化学、浦东建设、巴安水务、亚厦股份、南山控股、隧道股份、围海股份、葛洲坝、宁波建工、同济科技、东华科技、中国中铁、安徽水利、山东路桥、上海建工、江河集团、延长化建、中国电建、中国核建、中毅达、东方新星、龙元建设、四川路桥、嘉寓股份、精工钢构、中南建设、中铁二局、杭萧钢构、空港股份、中国中冶、普邦园林、粤水电、高新发展、宏润建设、成都路桥、龙建股份、东湖高新、新疆城建、东南网架、腾达建设、北新路桥、中泰桥梁、光正集团、罗顿发展、中航三鑫	76
4	棕榈股份	1

表 8-5 中,类别 1 仅有神州长城 1 家企业,且其排名也是第一,曾用名为中冠 A,其经营范围为工程设计与施工、基础设施投资、新能源建设与投资、医疗投资、生命技术研究开发、装备制造、防务装备、金融投资、房地产开发。其综合得分排名为第一,原因在于其极强的成长能力,其成长因子得分排名第一,远远大于第二名。其余几个因子的得分排名也还不错,总体实力强劲,前景广阔,非常值得长期投资。

类别 2 包括金螳螂、洪涛股份和柯利达 3 家企业,它们的排名也均名列前茅。它们的突出特点是营运因子 2 得分遥遥领先,说明它们的存货周转速度快,管理效率高,产销顺畅,市场接受度高。其中金螳螂成立于 1993 年 1 月,是一家以室内装饰为主体,融幕墙、家具、景观、艺术品、机电设备安装、智能、广告等为一体的专业化装饰集团。公司连续入围中国民营企业 500 强、中国服务业 500 强。综合得分排名从 2014 年的第三上升为 2015 年的第二,主要是其营运能力和偿债能力得到了较大的提升,综合实力较强;但成长能力欠佳,成长因子得分排名为第八十一即为最后一名,说明公司的成长状况欠佳,投资者应继续观察公司之后的经营管理绩效,进行适量投资或进行短期投资。洪涛股份,是国内最早从事建筑装饰业务的企业之一,国内公共建筑装饰行业龙头企业,于 1985 年 1 月成立。其主营业务为承接酒店、剧院会场、写字楼、图书馆、医院、体育场馆等公共装饰工程的设计及施工。公司目前主要为政府机构、大型国有企业、跨国公司、高档酒店等提供建筑装饰设计、施工服务,具有《建筑装修装饰工程专业承包壹级》等 6 个施工一级资质证书、《建筑装饰专项设计甲级》资质证书,公司资质为建筑装饰企业的最高级别。其综合得分排名由 2014 年的第二十一上升至 2015 年的第六,综合实力较强,尤其偿债能力突出,但成长因子得分排名由 2014 年的第十九变为第七十一且为负值,较适宜对其进行短期投资。柯利达,于 2015 年 2 月上市,为中国装饰行业主板上市第一股,是建筑行业率先采取"内外兼修"业务模式的企业,内外兼修包括两个方面:建筑幕墙(外装业务)和公共建筑装饰(内装业务)平行推进。综合得分排名为第十二,主要是凭借其优秀的成长能力,但偿债能力很差,其偿债因子得分排名为倒数第一。公司各项能力发展不均衡,应谨慎投资。

类别 3 囊括了 76 家公司,分布较广,类别特点是各项能力较为均衡,但投资价值也差距较大,应逐个进行分析。其中中钢国际即原中钢吉炭,是中钢集团为进一步推进国际化经营战略、提高中钢集团全球运营能力而成立的全资子公司。注册地在香港,所属企业包括中钢国际有限公司(BVI)、胜融兴业有限公司、东悦投资有限公司、中钢国际澳门离岸商业服务有限公司、中钢新加坡有限公司和中钢(中国)国际贸易有限公司,并拥有一批内地和香港的物业和生产企业的股权。随着中钢集团国际化经营战略的不断推进,中钢国际控股将逐渐吸收中钢集团其他海外机构业务和资产,逐步成为中钢集团实施国际化经营和全球化运作的重要战略平台。在2014年度完成资产重组后,它强势闯入建筑行业,凭借其超高的成长因子得分远超其他公司,夺得2014综合得分第一名。2015年的排名下降至第十,主要原因为其成长能力的下降,其成长得分排名由第一下降为第五,仍为正值,其余各项因子得分均为正值,说明公司在各个方面保持稳定或稳步上升阶段,值得长期投资。中航三鑫是2015年排名最后的公司,其也属于建筑装饰和其他建筑业的范畴,主要经营业务为玻璃深加工产品技术开发(不含限制项目);生产、销售建筑安全玻璃、光学玻璃、光控玻璃、电子平板玻璃和建筑幕墙,建筑门窗、钢结构、玻璃深加工机械设备;承担建筑幕墙工程设计、施工等。尽管其在营运能力上表现良好,但其较差的盈利能力、成长能力和偿债能力最终导致不佳的综合分数。因此,投资者在面对这样的公司时,应高度谨慎。

类别4仅棕榈股份1家企业,棕榈股份曾用简称为棕榈园林,经营范围:承接园林绿化、园林建筑、喷泉、雕塑、市政工程;园林规划设计、园林工程监理;种植、销售;花卉苗木、阴生植物;销售园林工程材料及园艺用品;经营本企业自产产品及技术的出口业务和本企业所需的机械设备、零配件等。其综合得分排名为第五,较2014年上升13位,盈利能力较去年下降很多,由去年的第十位下降为第七十七位且为负值;其余各项能力较强,较适宜对其适量长期投资。

八、结语

综上所述,2015年的建筑行业是充满机遇和挑战的一年。一方面建筑业受到外部环境的冲击,发展受到阻滞;另一方面,政府新政策出台又给建筑行业带来了巨大的商机,把握住机会的公司必然将在未来的市场获得丰厚的回报。因此,投资者在进行投资时,要综合考虑宏观、微观等各方面反应的财务信息,加以谨慎地分析,作出合理的选择。

参考文献

[1] 2015年我国建筑业总产值18.08万亿元从业人数超5 000万人.中国市场调查网,http://www.cncmrn.com/cms/20160530/C21145F6.shtml,2016-05-30.

(参著:俞佳黎)

第九章 批发和零售业上市公司投资价值动态比较分析研究

一、行业发展与投资价值状况

批发业是指批发商向批发、零售单位及其他企业、事业、机关批量销售生活用品和生产资料的活动，以及从事进出口贸易和贸易经纪与代理的活动。零售业指从工农业生产者、批发贸易业或居民购进商品，转卖给城乡居民作为生活消费和销售给社会集团作为公共消费的商品流通企业。批发零售业在我国国民经济中占有相当重要的地位。由于批发零售业是连接生产者和使用者的桥梁和纽带，处于市场经济中最活跃的环节，对各种影响因素的反映敏感度要高于其他行业，因而其发展变化轨迹可以作为观察我国国民经济和社会发展的晴雨表。

2015 年是我国经济改革进入转型期的关键一年，经济滑坡是大部分行业的普遍表现，受此影响，批发零售业各项指标也有不同程度的波动。目前，中国的客户中，从事批发零售行业的客户占 45%，包括从事服装、图书、建材等产品销售的客户，均属于此类行业。[1]国家统计局数据显示，2015 年全年社会消费品零售总额 300 931 亿元，比上年增长 10.7%，增速较上年放缓 1.3 个百分点。[2]2013—2015 年社会消费品零售额及其增减变动幅度如表 9-1 所示。

表 9-1 社会消费品零售总额

年份	零售总额（亿元）	增速
2013	237810	+13.1%
2014	262394	+12.0%
2015	300931	+10.7%

据前瞻网数据显示[3]，2015 年第四季度我国批发和零售产值占 GDP 比重为 9.78%，同比下降 0.34%。批发业方面，大宗商品批发，特别是钢贸、煤炭行业风险加剧。零售行业面临消费复苏缓慢、渠道竞争激烈等困难，行业景气度仍在低位运行，总体来看，行业复苏进程缓慢，竞争日趋激烈，并购重组提速。2013—2015 年我国批发和零售产值占 GDP 比重如图 9-1 所示。

预计 2016 年批发零售行业还不会有大幅改善，一方面，是因为经济低迷拖累居民消费倾向，另一方面，电商、高租金对于实体批发、零售业的冲击效应较强。因此，对未来批发零售业我们应适度支持，择优介入，相应地对其上市公司进行价值投资就显得格外重要。

二、样本选取与数据处理

沪、深证券交易所的 153 家公司的资料来源主要为其 2015 年度的财务报告所披露的相关信息。其中，*ST金源、创兴资源、山东金泰、东方银星等 4 家公司由于数据不全，在处理数据时应当剔除，但是由于不剔除时其旋转所得的因子分类比较清晰，故实际操作时在部分步骤中未予剔除。具体初始数据扫描二维码获取。

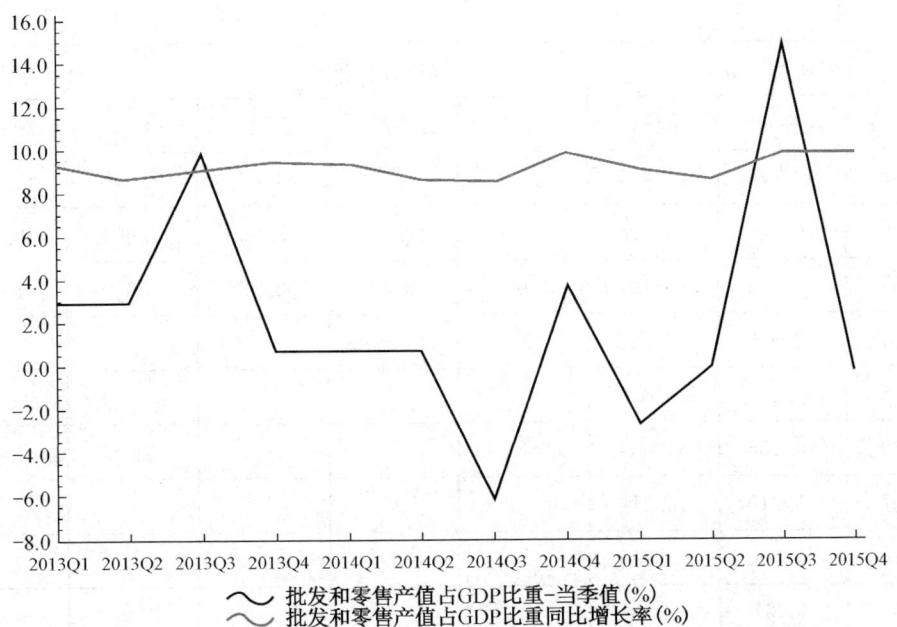

图 9-1　2013—2015 年我国批发和零售产值占 GDP 比重统计表

批发和零售产值占GDP比重-当季值(%)
批发和零售产值占GDP比重同比增长率(%)

在指标性质、单位不同的情况下,先要对其进行同趋势化处理。然后利用 SPSS 中的 Z-score 方法将 13 个指标的原始数据进行标准化处理。同趋势化数据与标准化数据略。

三、因子分析法适应性检验

为了检验所选用的指标是否适合使用因子分析法,本书利用 SPSS 软件中 KMO 和 Bartlett 的方法来对样本进行检验。检验结果如表 9-2 所示。

表 9-2　KMO 和 Bartlett 的检验

取样足够度的 Kaiser-Meyer-Olkin 度量		0.457
Bartlett 的球形度检验	近似卡方	626.398
	自由度(df)	78
	显著性(Sig)	0.000

由表 9-2 可知,KMO 值为 0.457,小于 0.5,可知各变量之间的相关程度有较大差异,原有变量不适合作因子分析。但是,巴特利球形检验统计量为 626.398,相应的概率 Sig 为 0.000,在 5% 的显著性水平之下,拒绝原假设,因此可认为相关系数矩阵与单位阵有显著差异,说明样本适合作因子分析。

四、确定主因子

本书应用因子分析法中的主成分分析法来计算原始公因子的特征值、方差贡献率以及累计方差贡献率,并由此确定公因子。结果如表 9-3 所示。

表 9-3　解释的总方差

成　分	初始特征值			提取平方和载入			旋转平方和载入		
	合计	方差的%	累积%	合计	方差的%	累积%	合计	方差的%	累积%
1	2.207	16.976	16.976	2.207	16.976	16.976	1.973	15.174	15.174
2	1.926	14.818	31.794	1.926	14.818	31.794	1.924	14.798	29.973

成 分	初始特征值			提取平方和载入			旋转平方和载入		
	合计	方差的%	累积%	合计	方差的%	累积%	合计	方差的%	累积%
3	1.648	12.676	44.470	1.648	12.676	44.470	1.643	12.642	42.615
4	1.370	10.536	55.006	1.370	10.536	55.006	1.604	12.337	54.951
5	1.063	8.178	63.184	1.063	8.178	63.184	1.070	8.233	63.184
6	0.981	7.549	70.733						
7	0.958	7.367	78.099						
8	0.898	6.905	85.004						
9	0.807	6.210	91.214						
10	0.558	4.296	95.510						
11	0.367	2.820	98.331						
12	0.152	1.171	99.501						
13	0.065	0.499	100.000						

提取方法：主成分分析。

根据表 9-3 中数据可知，前五个主因子的方差贡献率已经达到了累计方差贡献率的 63.184%，即表明这五个主因子已包含原始数据信息量的63.184%，所以只须选择前五个主因子就可以较好地代表原始指标，对公司的绩效进行描述。

特征值是能够被看作表示因子影响力度大小的指标之一，如果特征值小于1，说明该因子的解释力度还不如直接引入一个原变量的平均解释力度大，因此一般用特征值大于1作为纳入标准。特征值可用碎石图列示，如图 9-2 所示。从图 9-2 可以看出，从第六个因子开始，特征值的值都小于1，且折线的陡度变得比较平缓，这说明提取 5 个主因子是合适有效的。

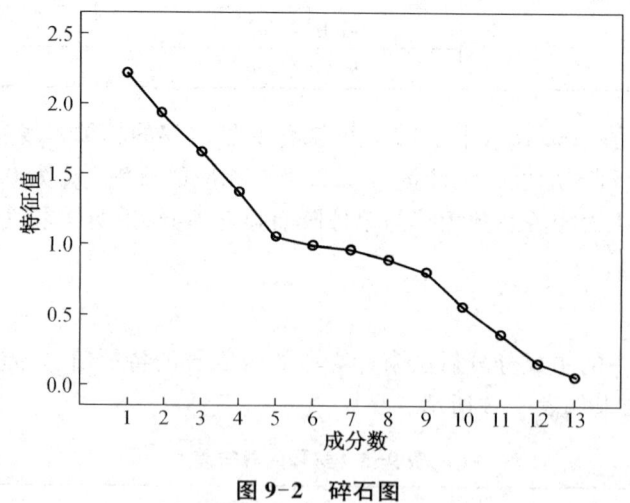

图 9-2　碎石图

五、旋转载荷矩阵分析

本书对原因子载荷矩阵进行最大方差旋转，以期得到主因子更明确的含义。结果如表 9-4 所示。

表 9-4 旋转成分矩阵[a]

	成 分				
	F_1	F_2	F_3	F_4	F_5
基本每股收益	0.067	0.868	0.317	0.095	−0.072
销售净利率	−0.024	−0.088	0.710	−0.022	−0.043
每股净资产	−0.011	0.832	−0.188	−0.079	−0.047
总资产报酬率	0.162	0.522	0.715	0.122	−0.033
流动比率	−0.025	0.127	−0.128	0.030	−0.461
速动比率	−0.075	0.126	0.014	0.602	−0.001
资产负债率	−0.073	0.367	−0.243	−0.056	0.467
存货周转率	0.009	−0.001	−0.076	0.057	0.714
总资产周转率	0.154	0.001	−0.573	0.544	−0.185
固定资产周转率	0.060	−0.052	−0.150	0.758	−0.101
总资产增长率	0.972	−0.023	−0.010	−0.028	0.042
营业总收入增长率	−0.047	−0.149	0.244	0.576	0.269
股东权益增长率	0.978	0.074	0.007	−0.002	−0.031

提取方法：主成分分析。

旋转方法：Kaiser 标准化最大方差法。

a. 旋转在 6 次迭代后已收敛。

由表 9-4 中的数据可以看到，主因子 F_1 在总资产增长率(0.972)、股东权益增长率(0.978)上有较大载荷量，代表了公司的成长能力，为成长因子；主因子 F_2 在基本每股收益(0.868)，每股净资产(0.832)，资产负债率(0.367)上有较大载荷量，代表了公司的盈利与偿债能力，故将其命名为盈利偿债因子；基本每股收益、销售净利率、总资产报酬率在主因子 F_3 上的载荷量分别为 0.317、0.710、0.715，它主要反映了公司的盈利能力，所以将 F_3 命名为盈利因子；总资产周转率和固定资产周转率在主因子 F_4 上的载荷分别为 0.544 与 0.758，体现了公司的营运能力，为营运因子 1；主因子 F_5 在存货周转率(0.714)上有较大载荷量，代表了公司的营运能力，故而将其命名为营运因子 2。

六、批发和零售业公司综合得分与排名

要得到因子的综合得分，需先对因子数据进行标准化处理，使其期望为 0，方差为 1，然后，对各因子的方差贡献率占因子总方差贡献率的比重作为权重加权汇总，使用计算综合得分的公式 $F = (\lambda_1 F_1 + \lambda_2 F_2 + \lambda_3 F_3 + \lambda_4 F_4 + \lambda_5 F_5)/(\lambda_1 + \lambda_2 + \lambda_3 + \lambda_4 + \lambda_5) = (15.174 \times F_1 + 14.798 \times F_2 + 12.642 \times F_3 + 12.337 \times F_4 + 8.233 \times F_5)/63.184$ 来计算各样本的综合得分。得到结果按名次排列如表 9-5 所示。由于 *ST 金源、创兴资源、山东金泰、东方银星 4 家公司数据不全，这里予以剔除。

表 9-5 批发和零售行业上市公司综合得分排名

证券代码	证券名称	F_1（成长）	F_2（盈利偿债）	F_3（盈利）	F_4（营运1）	F_5（营运2）	F（综合）	排名
600297.SH	广汇汽车	11.639 93	−0.479 96	−0.106 35	−0.441 94	0.543 60	2.65	1
600247.SH	ST 成城	−0.628 94	−1.924 41	2.996 48	7.017 00	3.345 83	1.80	2
000963.SZ	华东医药	−0.246 58	2.333 42	0.971 55	2.037 89	−0.454 34	1.02	3

证券代码	证券名称	F_1（成长）	F_2（盈利偿债）	F_3（盈利）	F_4（营运1）	F_5（营运2）	F（综合）	排名
000626. SZ	如意集团	0.348 78	1.214 65	−1.135 09	5.392 00	−1.348 51	1.02	4
600605. SH	汇通能源	0.161 36	0.099 33	−1.118 90	0.245 33	8.482 08	0.99	5
002091. SZ	江苏国泰	−0.465 52	1.035 48	0.403 15	3.505 45	−0.240 60	0.86	6
601607. SH	上海医药	−0.592 53	3.850 87	−2.231 38	−0.393 35	4.047 00	0.76	7
600981. SH	汇鸿集团	2.480 66	−0.044 75	0.113 85	0.162 66	−0.166 03	0.62	8
600694. SH	大商股份	−0.303 06	3.781 79	−0.905 29	−0.071 83	−0.329 67	0.57	9
603368. SH	柳州医药	0.210 54	2.049 87	−0.143 95	0.126 82	−0.431 93	0.47	10
002416. SZ	爱施德	0.153 37	−0.226 95	−1.863 47	5.111 13	−1.153 40	0.46	11
600826. SH	兰生股份	−0.099 40	1.119 42	1.044 40	−0.046 76	−0.057 30	0.43	12
002419. SZ	天虹商场	−0.048 17	1.330 78	0.628 40	0.009 72	−0.145 72	0.41	13
603108. SH	润达医疗	0.185 68	1.435 98	0.335 04	−0.136 37	−0.257 89	0.39	14
600697. SH	欧亚集团	−0.061 80	2.060 95	0.109 93	−0.389 23	−0.201 84	0.39	15
600647. SH	同达创业	−0.123 68	−0.078 35	2.174 01	0.030 60	−0.085 48	0.38	16
000028. SZ	国药一致	0.017 00	3.000 15	−0.658 08	−0.003 29	−1.483 04	0.38	17
002727. SZ	一心堂	0.141 31	1.470 74	0.294 27	0.059 43	−0.523 47	0.38	18
600891. SH	秋林集团	0.809 39	0.301 64	0.507 58	0.187 62	−0.196 74	0.38	19
603883. SH	老百姓	0.221 59	1.214 23	0.255 85	0.132 26	−0.674 79	0.33	20
600865. SH	百大集团	−0.082 78	0.066 40	0.685 75	−0.053 34	1.552 93	0.32	21
600734. SH	实达集团	−0.062 97	−0.248 42	2.081 10	−0.107 54	−0.003 04	0.32	22
603939. SH	益丰药房	0.459 65	0.360 92	0.572 11	0.138 68	−0.204 44	0.31	23
600511. SH	国药股份	0.076 18	0.937 33	0.288 61	0.119 55	−0.259 06	0.29	24
002561. SZ	徐家汇	−0.062 99	0.435 96	1.041 75	−0.200 87	0.085 53	0.27	25
600859. SH	王府井	−0.267 69	2.319 01	−0.511 09	−0.456 08	−0.165 98	0.27	26
600120. SH	浙江东方	−0.216 33	1.445 86	0.311 77	−0.389 63	−0.134 60	0.26	27
002788. SZ	鹭燕医药	−0.133 70	1.076 61	−0.087 75	0.444 97	−0.281 15	0.25	28
002780. SZ	三夫户外	0.214 96	0.430 88	0.737 18	−0.186 66	−0.086 90	0.25	29
000501. SZ	鄂武商A	−0.118 64	1.223 83	0.252 45	−0.290 78	−0.123 91	0.24	30
002640. SZ	跨境通	0.376 83	−0.289 12	0.463 67	0.547 77	0.069 71	0.23	31
600180. SH	瑞茂通	0.255 01	0.009 90	0.242 67	0.765 94	−0.361 81	0.21	32
600113. SH	浙江东日	−0.128 31	−0.116 06	1.286 23	−0.009 66	0.005 91	0.20	33
600704. SH	物产中大	0.812 88	0.752 88	−0.933 40	0.380 54	−0.479 04	0.20	34
002758. SZ	华通医药	0.094 05	1.123 85	−0.094 10	−0.237 50	−0.220 81	0.19	35

证券代码	证券名称	F_1（成长）	F_2（盈利偿债）	F_3（盈利）	F_4（营运1）	F_5（营运2）	F（综合）	排名
002462.SZ	嘉事堂	0.038 55	0.586 44	0.212 17	0.133 02	−0.186 39	0.19	36
600827.SH	百联股份	−0.347 80	1.610 93	−1.005 44	−0.571 53	1.546 97	0.18	37
600814.SH	杭州解百	0.456 84	−0.126 54	0.520 21	−0.103 88	0.066 01	0.17	38
600122.SH	宏图高科	−0.300 67	1.045 01	−0.739 73	−0.196 14	1.354 86	0.16	39
600382.SH	广东明珠	−0.096 00	0.224 27	1.157 61	−0.533 96	0.041 23	0.16	40
000078.SZ	海王生物	−0.167 66	−0.024 44	0.548 29	0.458 23	−0.050 60	0.15	41
600838.SH	上海九百	−0.040 55	−0.599 76	1.867 98	−0.397 55	−0.050 58	0.14	42
600211.SH	西藏药业	−0.062 91	0.183 21	0.578 12	−0.029 67	−0.180 67	0.11	43
600739.SH	辽宁成大	−0.255 07	0.937 67	−0.216 27	−0.015 82	−0.037 80	0.11	44
600993.SH	马应龙	−0.079 86	0.130 86	0.769 64	−0.297 22	−0.032 37	0.10	45
000987.SZ	广州友谊	−0.192 66	0.471 48	0.413 71	−0.212 29	−0.045 04	0.10	46
000701.SZ	厦门信达	0.295 93	0.997 96	−0.929 93	0.026 09	−0.345 63	0.08	47
600153.SH	建发股份	−0.041 80	0.651 78	−0.105 16	0.098 09	−0.492 14	0.08	48
600828.SH	茂业商业	−0.295 28	0.505 88	−0.627 42	−0.596 26	2.053 32	0.07	49
000889.SZ	茂业通信	0.111 44	−0.123 28	0.655 52	−0.348 99	0.024 70	0.06	50
600723.SH	首商股份	−0.079 23	0.304 99	0.201 96	−0.060 23	−0.163 37	0.06	51
600713.SH	南京医药	0.049 10	−0.336 02	−0.175 48	0.942 47	−0.174 57	0.06	52
600203.SH	福日电子	0.505 89	−0.118 48	−0.069 83	−0.163 43	0.025 95	0.05	53
000096.SZ	广聚能源	−0.129 27	−0.149 91	0.717 33	−0.408 77	0.373 08	0.05	54
600729.SH	重庆百货	−0.192 76	1.370 86	−0.933 28	−0.046 32	−0.264 95	0.04	55
600272.SH	开开实业	−0.364 36	−0.379 03	0.015 08	1.148 21	−0.050 47	0.04	56
600655.SH	豫园商城	−0.112 73	0.376 46	0.168 21	−0.294 82	0.011 91	0.04	57
002187.SZ	广百股份	−0.170 36	0.769 31	−0.124 59	−0.139 26	−0.431 10	0.03	58
000516.SZ	国际医学	0.263 55	0.018 64	0.260 88	−0.348 69	−0.268 13	0.02	59
000025.SZ	特力 A	0.653 08	−0.456 37	0.456 34	−0.571 64	−0.098 58	0.02	60
603101.SH	汇嘉时代	−0.061 03	0.020 43	0.299 50	−0.190 82	0.009 86	0.01	61
002589.SZ	瑞康医药	0.128 31	0.233 17	−0.096 74	−0.196 63	−0.149 35	0.01	62
600976.SH	健民集团	−0.169 87	0.382 38	−0.010 91	−0.144 82	−0.102 09	0.00	63
600998.SH	九州通	0.061 01	0.206 19	−0.207 77	0.039 79	−0.214 12	0.00	64
600335.SH	国机汽车	−0.081 79	0.805 32	−0.549 00	−0.090 98	−0.330 59	0.00	65
600386.SH	北巴传媒	−0.090 01	0.019 93	0.355 63	−0.321 83	0.017 96	−0.01	66
600785.SH	新华百货	−0.177 74	0.730 89	−0.456 20	−0.235 39	−0.002 52	−0.01	67
002441.SZ	众业达	−0.090 76	0.145 00	0.028 36	−0.067 60	−0.169 73	−0.02	68
002221.SZ	东华能源	0.009 29	0.082 04	0.014 45	−0.179 64	−0.052 09	−0.02	69
600327.SH	大东方	−0.042 67	0.149 55	−0.272 47	−0.181 89	0.291 67	−0.03	70

证券代码	证券名称	F_1（成长）	F_2（盈利偿债）	F_3（盈利）	F_4（营运1）	F_5（营运2）	F（综合）	排名
603123. SH	翠微股份	−0.052 01	0.079 40	−0.086 62	−0.132 28	0.043 53	−0.03	71
002277. SZ	友阿股份	−0.138 01	0.212 62	0.158 92	−0.477 79	0.010 54	−0.04	72
600682. SH	南京新百	−0.016 39	−0.285 38	0.291 51	−0.204 06	0.027 54	−0.05	73
600648. SH	外高桥	−0.125 33	0.415 49	0.054 00	−0.669 76	0.017 02	−0.05	74
000417. SZ	合肥百货	−0.184 54	0.116 95	−0.106 90	−0.276 96	0.308 15	−0.05	75
600287. SH	江苏舜天	−0.255 73	0.145 22	−0.480 29	−0.235 67	0.892 07	−0.05	76
000411. SZ	英特集团	−0.012 04	−0.162 02	−0.319 47	0.464 47	−0.320 84	−0.06	77
000026. SZ	飞亚达 A	−0.077 89	0.038 46	0.135 40	−0.382 16	0.006 85	−0.06	78
000851. SZ	高鸿股份	−0.195 79	0.163 16	−0.413 94	−0.257 32	0.625 11	−0.06	79
600515. SH	海航基础	−0.183 43	−0.507 19	0.546 00	−0.281 63	0.296 92	−0.07	80
600811. SH	东方集团	−0.218 36	0.172 51	0.175 48	−0.585 47	0.142 76	−0.07	81
600755. SH	厦门国贸	−0.039 72	−0.000 46	−0.174 75	−0.006 26	−0.214 73	−0.07	82
600830. SH	香溢融通	−0.212 70	−0.004 75	0.331 99	−0.281 55	−0.306 11	−0.08	83
002556. SZ	辉隆股份	−0.131 05	0.010 44	−0.100 44	−0.132 77	−0.097 19	−0.09	84
600857. SH	宁波中百	−0.110 00	−0.349 91	0.220 11	−0.101 88	−0.043 01	−0.09	85
000715. SZ	中兴商业	−0.228 98	−0.090 87	0.027 13	−0.133 25	−0.016 52	−0.10	86
600861. SH	北京城乡	−0.268 85	0.294 14	−0.054 36	−0.522 58	0.071 51	−0.10	87
600824. SH	益民集团	−0.100 36	−0.219 07	0.527 63	−0.102 48	−0.875 28	−0.10	88
300184. SZ	力源信息	−0.012 84	−0.603 08	0.322 61	−0.129 40	0.002 23	−0.10	89
002251. SZ	步步高	−0.043 98	0.126 33	−0.381 22	−0.330 25	0.039 80	−0.12	90
600626. SH	申达股份	−0.070 38	−0.241 07	−0.055 30	−0.082 70	−0.135 06	−0.12	91
600829. SH	人民同泰	−0.174 95	−0.267 86	−0.147 88	0.309 75	−0.347 84	−0.12	92
300413. SZ	快乐购	0.126 08	−0.304 67	−0.173 96	−0.221 93	−0.048 61	−0.13	93
600051. SH	宁波联合	−0.232 29	0.153 39	0.121 74	−0.586 66	−0.125 98	−0.13	94
600833. SH	第一医药	−0.066 16	−0.329 61	−0.016 60	−0.108 12	−0.087 86	−0.13	95
600738. SH	兰州民百	−0.170 52	−0.293 98	0.375 04	−0.422 16	−0.128 61	−0.13	96
000032. SZ	深桑达 A	0.009 15	−0.289 96	0.032 50	−0.345 21	−0.058 76	−0.13	97
600241. SH	时代万恒	−0.252 63	−0.433 68	0.067 26	−0.016 94	0.064 60	−0.14	98
002697. SZ	红旗连锁	−0.062 41	−0.561 50	0.146 08	−0.080 68	−0.113 09	−0.15	99
000996. SZ	中国中期	−0.399 85	−0.565 83	0.282 01	0.232 53	−0.164 01	−0.15	100
600278. SH	东方创业	−0.151 51	0.148 66	−0.586 95	0.051 13	−0.346 60	−0.15	101
601010. SH	文峰股份	−0.138 22	−0.494 93	0.283 87	−0.322 66	−0.006 88	−0.16	102
600090. SH	啤酒花	−0.162 80	−0.678 25	0.479 41	−0.334 24	0.051 20	−0.16	103
600858. SH	银座股份	−0.212 23	−0.033 38	−0.190 05	−0.397 46	−0.034 30	−0.18	104
600677. SH	航天通信	−0.129 34	−0.059 47	−0.235 78	−0.540 96	0.140 38	−0.18	105

证券代码	证券名称	F_1（成长）	F_2（盈利偿债）	F_3（盈利）	F_4（营运1）	F_5（营运2）	F（综合）	排名
000906. SZ	物产中拓	0.015 29	−0.158 61	−0.908 27	0.479 12	−0.449 25	−0.18	106
000151. SZ	中成股份	−0.282 49	−0.070 42	0.172 65	−0.481 89	−0.297 33	−0.18	107
600628. SH	新世界	−0.226 16	−0.215 90	0.058 21	−0.539 20	0.102 84	−0.19	108
000419. SZ	通程控股	−0.180 35	−0.331 98	−0.021 56	−0.344 77	0.032 32	−0.19	109
000560. SZ	昆百大 A	0.296 90	−0.629 85	0.015 89	−0.689 33	0.101 86	−0.19	110
000159. SZ	国际实业	−0.239 63	−0.316 87	0.252 67	−0.679 59	0.051 21	−0.21	111
600778. SH	友好集团	−0.236 57	−0.207 93	−0.061 53	−0.503 80	−0.028 40	−0.22	112
000652. SZ	泰达股份	−0.142 27	−0.681 80	0.228 22	−0.413 07	0.038 97	−0.22	113
600128. SH	弘业股份	−0.379 08	0.344 45	−0.461 79	0.124 65	−1.196 43	−0.23	114
000564. SZ	西安民生	−0.105 61	−0.571 18	−0.025 37	−0.468 31	0.114 33	−0.24	115
600774. SH	汉商集团	−0.227 06	−0.485 26	−0.070 61	−0.569 13	0.379 72	−0.24	116
000705. SZ	浙江震元	−0.196 79	−0.412 34	−0.188 55	−0.287 23	−0.090 49	−0.25	117
600280. SH	中央商场	−0.121 88	−0.767 73	0.278 21	−0.530 70	0.043 51	−0.25	118
601116. SH	三江购物	−0.200 70	−0.335 57	−0.321 69	−0.238 25	−0.157 81	−0.26	119
600361. SH	华联综超	−0.233 90	−0.343 58	−0.321 94	−0.282 95	−0.046 63	−0.26	120
000632. SZ	三木集团	−0.204 15	−0.633 41	0.077 22	−0.432 87	0.011 51	−0.26	121
002607. SZ	亚夏汽车	−0.165 10	−0.651 24	−0.146 76	−0.260 95	−0.051 69	−0.28	122
600387. SH	海越股份	−0.239 93	−0.584 89	−0.088 30	−0.445 36	0.148 65	−0.28	123
002024. SZ	苏宁云商	−0.181 30	−0.385 65	−0.475 87	−0.208 26	−0.078 67	−0.28	124
600821. SH	津劝业	−0.220 23	−0.822 27	0.239 99	−0.603 84	0.258 10	−0.28	125
600653. SH	申华控股	−0.200 73	−0.858 20	0.148 25	−0.379 94	0.060 94	−0.29	126
601258. SH	庞大集团	−0.124 34	−0.760 19	−0.026 39	−0.424 16	0.015 00	−0.29	127
600712. SH	南宁百货	−0.186 67	−0.687 94	−0.161 47	−0.415 56	0.154 97	−0.30	128
000593. SZ	大通燃气	−0.227 23	−0.727 21	0.107 47	−0.570 78	0.073 25	−0.31	129
300022. SZ	吉峰农机	−0.236 87	−0.888 21	−0.005 76	−0.166 67	−0.082 67	−0.31	130
000759. SZ	中百集团	−0.180 38	−0.406 43	−0.561 35	−0.254 80	−0.082 74	−0.31	131
600693. SH	东百集团	−0.121 64	−0.349 38	−0.158 22	−0.659 34	−0.475 27	−0.33	132
300081. SZ	恒信移动	−0.268 72	−0.277 46	−0.375 66	−0.717 45	0.055 40	−0.34	133
000785. SZ	武汉中商	−0.191 81	−0.704 34	−0.394 34	−0.289 20	−0.002 97	−0.35	134
000554. SZ	泰山石油	−0.099 35	−0.757 15	−0.682 53	0.030 39	−0.156 32	−0.35	135
600898. SH	三联商社	−0.180 41	−0.450 33	−0.128 27	−0.202 85	−1.142 24	−0.36	136
000638. SZ	万方发展	−0.274 20	−1.168 91	−0.179 28	−0.123 49	0.132 59	−0.38	137
000829. SZ	天音控股	−0.104 10	−0.935 33	−1.258 03	0.720 84	−0.407 21	−0.41	138
000753. SZ	漳州发展	−0.131 13	−0.895 94	−0.265 47	−0.498 42	−0.141 75	−0.41	139
600250. SH	南纺股份	−0.279 57	−1.026 23	−0.149 85	−0.549 24	0.120 87	−0.43	140

证券代码	证券名称	F_1（成长）	F_2（盈利偿债）	F_3（盈利）	F_4（营运1）	F_5（营运2）	F（综合）	排名
603003.SH	龙宇燃油	−0.065 77	−1.228 08	−2.011 24	1.197 09	−0.088 37	−0.48	141
000679.SZ	大连友谊	−0.319 22	−0.966 11	−0.393 37	−0.786 69	0.057 13	−0.53	142
600546.SH	*ST山煤	−0.314 45	−1.635 16	−0.535 66	−0.672 06	0.147 53	−0.68	143
600306.SH	*ST商城	−0.559 06	−1.828 82	−0.452 35	−0.705 19	0.209 76	−0.76	144
002336.SZ	*ST人乐	−0.375 88	−1.250 04	−1.470 85	−0.578 57	0.024 88	−0.79	145
002264.SZ	新华都	−0.341 51	−1.663 69	−1.259 10	−0.435 69	0.005 43	−0.81	146
601933.SH	永辉超市	−0.138 48	0.417 55	−1.295 97	0.113 87	−4.925 89	−0.81	147
600058.SH	五矿发展	−0.569 19	−3.064 53	−2.252 03	−0.418 34	0.183 43	−1.36	148
600822.SH	上海物贸	−0.185 66	−3.577 17	−4.514 92	1.195 55	−0.677 52	−1.64	149

表9-5中，批发零售业公司综合得分与其投资价值呈正相关关系。由于先对因子数据进行了标准化处理，因此，可以0为参考标准线，认为：综合得分大于0的公司，综合业绩相对较好，且数值越大，投资价值越大；综合得分小于0的则相对较差，且数值越小，投资价值越小。依此可对上市公司的综合业绩和投资价值有一个基本的评价。

具体而言，表9-5中，公司各项能力得分与相应实力也呈正相关关系。

排名前十位的公司分别为广汇汽车、ST成城、华东医药、如意集团、汇通能源、江苏国泰、上海医药、汇鸿集团、大商股份、柳州医药。

其中，广汇汽车综合排名第一，作为新增的上市公司，其成长因子得分也排第一且遥遥领先，说明其具有很强的成长能力；其营运因子2得分排名第十，说明营运能力也不错；但是其盈利因子和偿债因子为负值，比较靠后，说明公司各项能力发展不均衡，较适宜对其适量长期谨慎投资。

ST成城不在2013年上市公司范围内，排名由2014年的最后一名跃居2015年的第二名，主要原因在于其极强的盈利能力和营运能力。其盈利因子排名第一，营运因子1等分排名第一，营运因子2排名第三，但由于其盈利偿债因子得分和成长因子得分比较靠后，所以综合来说其适合适量投资。

华东医药由2013年的排名第十三、2014年的排名第十五上升到2015年的第三，其营运因子1得分上升，2015年排名第五，较2014年上升19位；盈利偿债因子排名第四，较2014年上升16位；盈利因子得分较2014年有所下降，但是仍然比较靠前，排名第九；成长因子得分为负，考虑其优秀的营运能力和偿债能力，华东医药还是适合长期投资的。

如意集团综合排名第四，与2014年排名一致，2013年排在第十四位，主要是由于其较强的成长能力、盈利偿债能力和营运能力。其盈利偿债因子得分较2014年上升很大，排名第十五，说明其具有较好的盈利偿债能力；成长因子得分也不错，排名第十，较2014年的第十七位上升了7位；营运因子1得分排名与2014年相差不多，都非常靠前，具有很强大的营运能力。但是由于盈利因子为负数，所以不太适合长期投资。

汇通能源由2014年的第二下降到2015年的第五，较2013年排名下降一位，其2015年排名下降主要是因为盈利因子得分由原来的第九十六名下降到第一百三十九名，非常靠后；但是其营运因子得分很高，和2014年一样，排名第一；成长因子和盈利偿债因子也处于比较靠后的位置；所以综合以上，汇通能源暂不适合投资。

江苏国泰2014年排名第三十，较2013年上升8位，2015年第六，较2014年上升24位。其总体实力连年攀升，具有非常好的营运能力，排名第四；盈利能力和偿债能力同样比较靠前，和2014年排名差不多；但是其成长能力欠佳，所以更适合对其短期投资。

上海医药综合得分上升幅度也比较大，2013年排名第二十四，2014年排名第三十七，2015年跻身前十，位于第七，排名有个先下降后上升的过程。2015年上升幅度较大，这主要得益于其优秀的盈利偿债和营运能力,分别位于第一和第二;但是其成长因子和盈利因子得分均为负数,发展不均衡,说明公司整体经营状况欠佳,适合短期投资或暂不投资。

汇鸿集团排名第八,是一家新上市的公司。其具有优秀的成长能力,成长因子得分排名第二,非常靠前;盈利因子和营运因子得分都比较靠后,盈利偿债因子得分为负,发展潜力不显著,比较适宜对其短期投资。

大商股份2014年排名第三,2013年排名第一,而2015年排在第九,较2014年下降6位,较2013年下降8位。其盈利偿债因子有所下降,由2014年第一降到第二,其他因子得分均为负数,其整体经营状况不够理想,所以应谨慎投资。

柳州医药2014年排名第十三,2015年排名第十,较2014年上升3位。其盈利偿债因子排名第七,盈利偿债能力极强,但盈利因子和营运因子为负,整体经营状况不够理想,所以投资者应谨慎投资。

其中,汇通能源、大商股份这两家公司连续三年综合排名都保持在前十,较为稳定,实力强劲,是较为理想的投资对象。

排名后十位的公司分别为南纺股份、龙宇燃油、大连友谊、*ST山煤、*ST商城、*ST人乐、新华都、永辉超市、五矿发展、上海物贸。这些公司的盈利因子都在行业平均值以下,甚至远远低于平均值,是导致排名靠后的最主要原因,此外,5个因子中只有个别因子为正值,故这些公司不建议对其投资。

七、系统聚类分析

上述因子分析能够满足投资者对各家上市公司投资价值分析的基本需要,但是由于投资者的投资理念往往各不相同,关注的侧重点也有所不同。为了更深入细致地分析行业板块的情况,将利用系统聚类分析法进一步对149家公司的5个因子值和综合值进行Q型聚类(即个案分群);聚类方法为ward联结法,即离差平方和法。其测量尺度选用平方Euclidean距离,即两样本之间的距离是各样本每个变量值之差的平方和。通过聚类分析把业绩相似的公司归类,可以对不同类别的上市公司进行对比分析,为投资者选择投资组合提供参考。

根据树状图(略)对149家批发和零售业上市公司进行进一步分类,本书选择将其分为4类,如表9-6所示。

表9-6 聚类分析

类别	批发和零售业公司	数目
1	广汇汽车	1
2	ST成城,华东医药,如意集团,江苏国泰,爱施德	5
3	汇通能源,上海医药	2
4	汇鸿集团、大商股份、柳州医药、兰生股份、天虹商场、润达医疗、欧亚集团、同达创业、国药一致、一心堂、秋林集团、老百姓、百大集团、实达集团、益丰药房、国药股份、徐家汇、王府井、浙江东方、鹭燕医药、三夫户外、鄂武商A、跨境通、瑞茂通、浙江东日、物产中大、华通医药、嘉事堂、百联股份、杭州解百、宏图高科、广东明珠、海王生物、上海九百、西藏药业、辽宁成大、马应龙、广州友谊、厦门信达、建发股份、茂业商业、茂业通信、首商股份、南京医药、福日电子、广聚能源、重庆百货、开开实业、豫园商城、广百股份、国际医学、特力A、汇嘉时代、瑞康医药、健民集团、九州通、国机汽车、北巴传媒、新华百货、众业达、东华能源、大东方、翠微股份、友阿股份、南京新百、外高桥、合肥百货、江苏舜天、英特集团、飞亚达A、高鸿股份、海航基础、东方集团、厦门国贸、香溢融通、辉隆股份、宁波中百、中兴商业、北京城乡、益民集团、力源信息、步步高、申达股份、人民同泰、快乐购、宁波联合、第一医药、兰州民百、深桑达A、时代万恒、红旗连锁、中国中期、东方创业、文峰股份、啤酒花、银座股份、航天通信、物产中拓、中成股份、新世界、通程控股、昆百大A、国际实业、友好集团、泰达股份、弘业股份、西安民生、汉商集团、浙江震元、中央商场、三江购物、华联综超、三木集团、亚夏汽车、海越股份、苏宁云商、津劝业、申华控股、庞大集团、南宁百货、大通燃气、吉峰农机、中百集团、东百集团、恒信移动、武汉中商、泰山石油、三联商社、万方发展、天音控股、漳州发展、南纺股份、龙宇燃油、大连友谊、*ST山煤、*ST商城、*ST人乐、新华都、永辉超市、五矿发展、上海物贸	141

在表9-6中，类别1中，只包含广汇汽车1家公司，广汇汽车综合排名第一，最靠前。广汇汽车服务股份公司已连续三年成为中国最大的乘用车经销商集团。其成长因子得分遥遥领先，但是其盈利因子和偿债因子为负值，比较靠后，公司发展不均衡，较适宜长期谨慎适量投资。

类别2中，包含了ST成城、华东医药、如意集团、江苏国泰、爱施德5家公司。该类公司综合排名较为靠前，都在前十一名之内，综合实力较强，突出优势是营运因子1得分很高，说明其固定资产和总资产周转良好，具有较强的资产管理能力，但各项能力发展不均衡，投资价值需要具体分析。其中ST成城综合排名第二，公司形成以商业地产开发、租赁及管理为主的主营业务框架。其具有极强的盈利能力和营运能力。其盈利因子排名第四，营运因子1等分排名第一，营运因子2排名第三，但由于其盈利偿债因子得分和成长因子得分比较靠后，所以说各项能力发展的均衡应谨慎投资。华东医药在"不求规模最大，但求效益最好""不求品种很多，但求品种最大""要么唯一，要么第一"的经营理念的指导下，公司在科研开发方面也取得了显著成效。公司排名第三，较适合长期投资。如意集团是多元持股的大型中外合资企业、国家级高新技术企业、纺织产业突出贡献企业、全国纺织十佳经济效益支柱企业、中国毛纺织最具竞争力十强企业、山东省百家重点企业集团。集团资产总额131亿元，拥有国内A股和日本东京主板2个上市公司。旗下拥有20个全资和控股子公司。如意集团综合排名第四，较2014年上升一位，主要是由于其较强的成长能力、偿债能力和营运能力。但是由于盈利因子为负数，所以较适合长期投资。江苏国泰主要从事纺织、服装、机电、轻工、化工等商品进出口贸易和外派劳务业务，自营和代理除国家组织统一联合经营的出口商品和国家实行核定公司经营的进口商品以外的其他商品及技术的进出口业务，经营进料加工和"三来一补"业务、对销贸易和转口贸易，并对外派遣工程、生产及服务行业所需的劳务人员（不含海员）。该公司综合排名第六，适合短期适量投资。爱施德是一家致力于全球最新移动通信产品、数码电子产品的引进和推广的上市公司。卓越的运营能力、完善的客户服务确立了公司作为国内外著名品牌在中国核心代理商的地位和渠道服务领域的领先地位。其综合排名第十一，具有良好的营运能力，其他因子都比较靠后，盈利因子为负，不适合短期投资。

类别3中，包含了汇通能源、上海医药2家公司。该类公司营运因子1得分远远超过其他公司，说明它们存货管理好，去库存得力，成绩卓著。其中汇通能源公司具有风电概念，前身为"轻工机械"，在大股东扶持下积极推进资产重组，主营业务从以贸易、机械制造为主转型为以风力发电为主业，为凸显公司转型新能源更名为"汇通能源"，风电业务是公司未来发展的重要方向。该公司排名第五，具有很好的营运能力，但是其他因子得分靠后，所以应谨慎投资。上海医药公司综合排名位居全国医药行业第二，是中国为数不多的在医药产品和分销市场方面均居领先地位的医药上市公司。批发零售业中综合排名第七，存货周转能力强，适合短期投资或暂不投资。

类别4中，包含了汇鸿集团、大商股份、柳州医药、兰生股份、天虹商场等141家公司，其中大商股份、汇鸿集团两家排名前十。该类公司的特点是各项能力得分差距不很大，各项实力比较均衡，其投资价值需要具体分析。其中汇鸿集团始终坚持立足主业，适度多元发展，逐步形成了贸易、房地产、投资三大主要业务板块，积极构建大贸易格局，与全球200多个国家和地区建立了广泛的经贸关系，实施"走出去"战略，多渠道参与国际经济合作，有力推进了集团的国际化进程。综合排名第八，其具有优秀的成长能力，但盈利因子和营运因子得分都比较靠后，偿债因子得分为负，所以此公司适合短期投资或暂不投资。大商股份是中国最大的百货商业集团，在2009年中国500强企业排名第八十六位。目前，拥有大型店铺150家，分布在11省50多个城市，总建筑面积超过400万平方米，员工总人数18万人，2008年销售实现625亿元。该公司排名第九，偿债能力较强，但其他因子得分均为负数，公司整体经营状况较差，暂不适合投资。

八、结语

综上所述，投资者在进行投资时，要综合考虑宏观、微观等各方面反映的财务信息，加以谨慎地分析，作出合理的选择。在此，本书运用SPSS软件，利用13个指标综合分析了2015年度批发零售行业153家上市公司各方面表现情况,并对比 2013 年和 2014 年的排名得分情况,得出理论与实践有机结合的投资价值结论,对投资者进行投资决策有一定的参考意义。但数据主要运用了 2015 年一个年度的财务报表资料,某些项目还可能会由于会计政策变更等的影响存在一定程度的偶然性,分析指标的选择也具有主观性。因此,分析结果难以完全反映出真实状况,若后续能连续多个年度进行跟踪分析,并适当增加分析指标,则可较大程度地消除偶然性,帮助投资者作出更加准确的投资决策,以更加有效地配置投资资源,促进批发零售业的进一步健康和谐发展。

参考文献

[1] 百度文库,http://baike. baidu. com/item/.
[2] [数说零售]十大数据带你读懂 2015 年零售行业.
[3] 2015 年第四季度我国批发和零售产值占 GDP 比重统计.

（参著:李杭丹）

第十章　交通运输、仓储和邮政业上市公司投资价值动态比较分析研究

第一节　交通运输业上市公司投资价值动态比较分析研究

一、行业发展与投资价值状况

"发展经济，交通先行"。交通运输业是指使用运输工具或人力、畜力将货物或旅客送达目的地，使其空间位置得到转移的业务活动。现代交通运输业主要包括铁路运输业、道路运输业、水上运输业、航空运输业。这四个行业的运输方式不同，但都是运输行业，都从事与运输相关的业务，具有一定的相似性。因此，将它们合并在一起进行分析，以综合反映交通运输业的情况。交通运输业是国民经济的基础性行业，是国民经济结构中的先行和重点战略产业，几乎被用于每一个生产过程和生活过程。现代社会的交通运输是国家的经济命脉，也是国民经济发展的重要支柱，是经济发展的大动脉，特别是进入全流通时代后，交通运输业在国民经济运行中的作用更加突出。自改革开放以来，各地政府和人民都认识到交通运输业发展的重要性，抓住国家加快基础性设施建设的历史机遇，加大了对交通运输业的投资力度，使整个交通运输业与整个国民经济发展实现了全面"提速"，极大地促进了国民经济的发展和人们生活水平的提高。

2016年5月6日，交通部发布《2015年交通运输行业发展统计公报》，2015年全国完成铁路、公路、水路固定资产投资 26 659.00 亿元，比上年增长 5.5%，占全社会固定资产投资的 4.7%。全年完成铁路固定资产投资 8 238 亿元，投产新线 9 531 公里，其中高速铁路 3 306 公里。全年完成公路建设投资 16 513.30 亿元，比上年增长 6.8%。其中，高速公路建设完成投资 7 949.97 亿元，增长 1.7%。[1]2015年全年货物运输总量 417 亿吨，比上年增长 0.2%。货物运输周转量 177 401 亿吨公里，下降 1.9%。全年全国规模以上港口完成货物吞吐量 114.3 亿吨，比上年年增长 1.6%，其中外贸货物吞吐量 35.9 亿吨，增长1.1%。全国规模以上港口集装箱吞吐量 20 959 万标准箱，增长 4.1%。全年旅客运输总量 194 亿人次，比上年下降 4.4%。旅客运输周转量 30 047 亿人公里，增长 4.9%。年末全国民用汽车保有量达到 17 228 万辆（包括三轮汽车和低速货车 955 万辆），比上年年末增长 11.5%，其中私人汽车保有量 14 399 万辆，增长 14.4%。民用轿车保有量 9 508 万辆，增长 14.6%，其中私人轿车 8 793 万辆，增长 15.8%。[2]

随着现代城市化进程的加快以及社会经济的飞速发展，现代交通运输经济作为流通经济范畴之内的重要组成部分，逐渐成为国民经济发展中不可或缺的支柱性产业之一，国内交通运输的需求巨大，需求市场无可限量。但就交通运输的发展来看，其与经济发展还存在诸多不协调的部分如许多大城市道路长期拥堵，甚至在某种程度上还对国内的经济发展产生了制约；加之行业本身存在着前期投入较大、回报期较长、固定成本高、变动成本低、提供的产品是"服务"且不可储存于"存货"加以交易而只能永久盘存于"腹地"等特点，使其市场和效用范围相对狭小，因此，常会成为制约经济发展的"瓶颈"。因此，如何加大投资力度，加速交通运输业的发展，使其领先于经济的发展和速度，为经济发展打下坚实基础，并引导和促进经济更快更好的发展，

是未来相当长时期该行业的坚持不懈的工作。这就为广大投资者提供了广阔的空间。

二、样本选取与数据处理

沪、深证券交易所的 78 家交通运输业上市公司的资料来源主要为其 2015 年度财务报告。其中,由于盐田港、东莞控股、申通地铁、东方时尚数据不全,故实际参入分析的有 74 家公司,具体初始数据扫描二维码获取。

在指标性质、单位不同的情况下,先要对其进行同趋势化处理。然后利用 SPSS 中的 Z-score 方法将 13 个指标的原始数据进行标准化处理。同趋化数据与标准化数据略。

三、因子分析法适应性检验

为了检验所选用的指标是否适合使用因子分析法,本书利用 SPSS 软件中 KMO 和 Bartlett 的方法来对样本进行检验。检验结果如表 10-1-1 所示。

表 10-1-1　KMO 和 Bartlett 的检验

取样足够度的 Kaiser-Meyer-Olkin 度量		0.541
Bartlett 的球形度检验	近似卡方	245.455
	自由度(df)	78
	显著性(sig)	0.000

由表 10-1-1 可知,KMO 值为 0.541,大于 0.5,可知各变量之间的相关程度无较大差异,原有变量适合作因子分析。同时,巴特利球形检验统计量为 245.455,相应的概率 Sig 为 0.000,在 5% 的显著性水平之下,拒绝原假设,因此可认为相关系数矩阵与单位阵有显著差异,说明本书样本适合作因子分析。

四、确定主因子

本书应用因子分析法中的主成分分析法来计算原始公因子的特征值、方差贡献率以及累计方差贡献率,并由此确定公因子。结果如表 10-1-2 所示。

表 10-1-2　解释的总方差

成 分	初始特征值			提取平方和载入			旋转平方和载入		
	合计	方差的%	累积%	合计	方差的%	累积%	合计	方差的%	累积%
1	2.888	22.212	22.212	2.888	22.212	22.212	2.581	19.857	19.857
2	1.872	14.396	36.608	1.872	14.396	36.608	1.901	14.62	34.478
3	1.385	10.654	47.262	1.385	10.654	47.262	1.384	10.644	45.121
4	1.171	9.008	56.27	1.171	9.008	56.27	1.315	10.117	55.239
5	1.126	8.66	64.93	1.126	8.66	64.93	1.26	9.692	64.93
6	0.929	7.148	72.078						
7	0.88	6.769	78.847						
8	0.707	5.441	84.288						

成 分	初始特征值			提取平方和载入			旋转平方和载入		
	合计	方差的%	累积%	合计	方差的%	累积%	合计	方差的%	累积%
9	0.624	4.799	89.087						
10	0.599	4.608	93.695						
11	0.442	3.401	97.096						
12	0.274	2.104	99.2						
13	0.104	0.8	100						

提取方法：主成分分析。

根据表 10-1-2 中数据可知，前五个主因子的方差贡献率已经达到了累计方差贡献率的 75.604%，即表明这五个主因子已包含原始数据信息量的 64.93%，所以只须选择前五个主因子就可以较好地代表原始指标，对公司的绩效进行描述。

特征值可用碎石图列示，如图 10-1-1 所示。从图 10-1-1 可以看出，从第六个因子开始，特征值的值都小于 1，且折线的陡度变得比较平缓，这说明提取 5 个主因子是合适有效的。

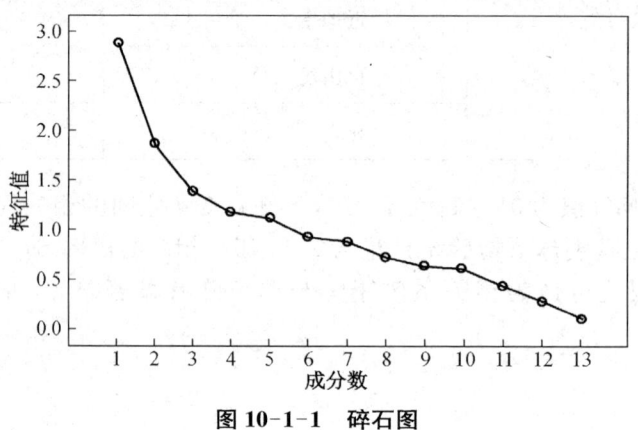

图 10-1-1 碎石图

五、旋转载荷矩阵分析

本书对原因子载荷矩阵进行最大方差旋转，以期得到主因子更明确的含义。结果如表 10-1-3 所示。

表 10-1-3 旋转成分矩阵[a]

	成 分				
	F_1	F_2	F_3	F_4	F_5
基本每股收益	0.869	0.159	0.242	−0.046	0.059
销售净利率	0.447	−0.382	0.281	0.081	0.537
每股净资产	0.825	0.029	−0.057	−0.012	0.036
总资产报酬率	0.664	0.198	0.401	−0.164	0.315
流动比率	−0.074	0.602	−0.274	0.021	−0.179
速动比率	0.139	0.229	−0.541	−0.195	0.214
资产负债率	−0.051	0.07	−0.231	−0.042	0.713
存货周转率	0.651	−0.175	−0.269	0.063	−0.303

	成　分				
	F_1	F_2	F_3	F_4	F_5
总资产周转率	0.144	0.819	0.109	−0.126	0
固定资产周转率	0.05	0.716	0.175	0.239	0.225
总资产增长率	0.17	0.151	0.729	−0.07	−0.051
营业总收入增长率	−0.039	0.167	0.111	0.642	−0.33
股东权益增长率	−0.014	−0.071	−0.055	0.863	0.167

提取方法：主成分分析。

旋转方法：Kaiser 标准化最大方差法。

a. 旋转在 11 次迭代后收敛。

由表 10-1-3 中的数据可以看到,基本每股收益、每股净资产、总资产报酬率和存货周转率在主因子 F_1 上的载荷量分别为 0.869、0.825、0.664 和 0.651,它主要反映了公司的盈利能力和营运能力,故将 F_1 命名为盈利营运因子;流动比率、总资产周转率、固定资产周转率在主因子 F_2 上的载荷分别为 0.602、0.819、0.716,代表了公司的短期偿债能力和营运能力,故将 F_2 命名为偿债营运因子;总资产增长率在主因子 F_3 上的载荷分别为 0.729,体现了公司的成长能力,故称其为成长因子 1;主因子 F_4 则在营业收入增长率(0.642)和股东权益增长率(0.863)上有较大载荷量,代表了公司的成长能力,故将其命名为成长因子 2;同样地,在销售净利率(0.537)和资产负债率(0.713)上载荷量较大的主因子 F_5 代表了盈利和长期偿债能力,故称其为盈利偿债因子。

六、交通运输业公司综合得分与排名

要得到因子的综合得分,需先对因子数据进行标准化处理,使其期望为 0,方差为 1,然后,对各因子的方差贡献率占因子总方差贡献率的比重作权重加权汇总,使用计算综合得分的公式 $F = (\lambda_1 F_1 + \lambda_2 F_2 + \lambda_3 F_3 + \lambda_4 F_4 + \lambda_5 F_5)/(\lambda_1 + \lambda_2 + \lambda_3 + \lambda_4 + \lambda_5) = (0.198\ 57 \times F_1 + 0.146\ 20 \times F_2 + 0.106\ 44 \times F_3 + 0.101\ 17 \times F_4 + 0.096\ 92 \times F_5)/0.649\ 3$ 来计算各样本的综合得分。得到结果按名次排列如表 10-1-4 所示。

表 10-1-4　交通运输业上市公司综合得分排名

股票代码	名称	F_1(盈利营运)	F_2(偿债营运)	F_3(成长 1)	F_4(成长 2)	F_5(盈利偿债)	F(综合)	排名
600751.SH	天海投资	−0.135 38	−0.620 52	−0.498 28	7.327 03	1.411 38	1.09	1
002791.SZ	坚朗五金	1.542 64	1.836 87	0.936	0.075 6	0.062 03	1.06	2
002800.SZ	天顺股份	−0.016 3	2.579 66	0.073 84	0.277 21	1.925 29	0.92	3
603223.SH	恒通股份	0.307 9	3.034 3	0.844 75	0.429 98	−0.781 34	0.87	4
601021.SH	春秋航空	2.092 42	0.352 94	1.333 09	−0.244 51	−0.369 14	0.84	5
600270.SH	外运发展	2.155 28	0.287 95	0.081 37	0.241 61	−0.392 08	0.72	6
000905.SZ	厦门港务	0.130 43	4.426 77	−1.562 94	0.072 38	−0.567 01	0.71	7
600009.SH	上海机场	2.354	−0.628 92	0.466 26	0.056 1	0.128 77	0.68	8
601107.SH	四川成渝	−0.411 38	1.702 48	0.794 96	0.989 12	0.606 49	0.63	9
000520.SZ	长航凤凰	−0.299 55	1.854 87	1.185 1	−0.832 52	1.410 32	0.6	10

股票代码	名称	F_1（盈利营运）	F_2（偿债营运）	F_3（成长1）	F_4（成长2）	F_5（盈利偿债）	F（综合）	排名
600897．SH	厦门空港	4.965 11	−1.021 49	−2.367 39	0.406 95	−2.471 57	0.59	11
002357．SZ	富临运业	0.006 6	0.533 15	3.903 05	−0.495 24	−0.625 41	0.59	12
603885．SH	吉祥航空	0.570 7	0.596 62	2.401 12	−0.299 53	−0.454 88	0.59	13
600004．SH	白云机场	1.647 49	−0.084 23	0.505 65	−0.306 43	0.027 11	0.52	14
600350．SH	山东高速	−0.131 71	−0.359 22	−1.166 3	0.209 54	4.942 05	0.46	15
600377．SH	宁沪高速	0.101 43	0.211 45	1.278 72	0.000 96	0.963 9	0.43	16
601006．SH	大秦铁路	1.042 31	−0.132 03	0.570 2	−0.405 57	0.217 9	0.35	17
600548．SH	深高速	0.550 43	−0.501 26	0.947 42	−0.038 83	0.597 18	0.29	18
600119．SH	长江投资	−0.566 11	1.373 6	0.513 13	0.736 57	−0.395 96	0.28	19
000022．SZ	深赤湾 A	1.114 98	−0.589 65	0.189 71	−0.088 22	0.246 15	0.26	20
600012．SH	皖通高速	0.702 74	−0.435 52	0.208 55	0.036 84	0.481 46	0.23	21
601872．SH	招商轮船	−0.268 57	−0.316 13	0.71	1.995 4	−0.451 45	0.21	22
000900．SZ	现代投资	0.545 32	0.041 02	0.139 7	0.660 4	−0.701 53	0.2	23
600650．SH	锦江投资	0.299 83	0.473 19	0.498 5	−0.383 13	−0.311 98	0.17	24
600676．SH	交运股份	0.512 51	2.033 63	−3.433 49	−1.148 6	2.008 11	0.17	25
600717．SH	天津港	1.104 85	0.157 39	−1.622 45	−1.017 67	0.982 07	0.1	26
002627．SZ	宜昌交运	0.120 69	0.403 46	−0.382 27	0.049 75	0.113 54	0.09	27
601000．SH	唐山港	0.382 53	−0.391 84	0.415 5	−0.276 74	0.191 89	0.08	28
000582．SZ	北部湾港	0.117 61	−0.353 63	0.588 8	−0.780 43	0.788 94	0.05	29
600692．SH	亚通股份	−0.958 32	0.394 36	0.952 46	0.284 06	0.041 46	0	30
002682．SZ	龙洲股份	−0.389 86	0.430 86	0.643 72	−0.120 97	−0.561 7	−0.02	31
600125．SH	铁龙物流	−0.441 29	0.566 23	0.337 59	−0.186 36	−0.262 13	−0.02	32
600106．SH	重庆路桥	−0.071 49	−1.331 38	0.825 77	0.026 89	1.081 09	−0.02	33
600561．SH	江西长运	0.064 01	−0.042 55	0.584 81	−0.402 36	−0.547 05	−0.04	34
600018．SH	上港集团	−0.201 67	−0.456 36	0.493 11	−0.230 03	0.330 99	−0.07	35
600611．SH	大众交通	0.006 25	−0.576 69	0.595 68	−0.458 67	0.202 22	−0.07	36
600035．SH	楚天高速	−0.053 81	−0.707 84	0.119 39	0.179 52	0.297 85	−0.08	37
600020．SH	中原高速	−0.014 43	−0.744 13	0.659 22	0.078 63	−0.225 12	−0.09	38
000429．SZ	粤高速 A	0.842 32	−1.115 67	−0.625 14	0.167 03	−0.130 26	−0.09	39
603167．SH	渤海轮渡	0.277 75	−0.313 96	−0.270 61	−0.196 57	−0.204 88	−0.09	40
601188．SH	龙江交通	−0.264 53	−0.918 52	0.626 34	−0.02	0.555 19	−0.11	41
601111．SH	中国国航	0.081 36	−0.142 24	−0.036 48	−0.201 45	−0.486 04	−0.12	42
600662．SH	强生控股	−0.667 46	0.314 42	0.170 58	−0.212 05	0.079 05	−0.13	43
002320．SZ	海峡股份	−0.012 31	−0.513 81	0.129 98	0.029 71	−0.293 68	−0.14	44
000099．SZ	中信海直	−0.228 47	−0.300 62	−0.234 59	−0.307 14	0.532 71	−0.14	45

股票代码	名称	F_1（盈利营运）	F_2（偿债营运）	F_3（成长1）	F_4（成长2）	F_5（盈利偿债）	F（综合）	排名
601018.SH	宁波港	−0.429 27	−0.326 74	0.381 09	0.096 5	−0.201 1	−0.16	46
600033.SH	福建高速	−0.418 61	−0.774 38	−0.346 3	−0.142 56	1.429 4	−0.17	47
600269.SH	赣粤高速	−0.015 29	−0.527 08	−0.177 09	0.379 51	−0.503 5	−0.17	48
600279.SH	重庆港九	−0.065 35	−0.370 03	−0.633 21	0.010 15	−0.045 48	−0.21	49
600115.SH	东方航空	−0.510 65	−0.107 13	0.496 32	−0.270 18	−0.558 32	−0.22	50
600029.SH	南方航空	−0.218 53	−0.085 14	−0.165 96	−0.214 07	−0.522 34	−0.22	51
000089.SZ	深圳机场	0.572 04	−0.330 19	−1.742 37	−0.373 96	−0.001	−0.24	52
601333.SH	广深铁路	−0.115 92	0.315 46	−1.580 66	−0.534 46	0.053 48	−0.3	53
601880.SH	大连港	−0.716 37	−0.253 39	−0.325 1	−0.045 12	0.247 21	−0.3	54
000916.SZ	华北高速	−0.222 71	−0.653 42	−0.362 51	0.388 36	−0.612 45	−0.31	55
600221.SH	海南航空	−0.147 42	−0.560 67	−0.255 27	−0.202 24	−0.588 18	−0.33	56
601518.SH	吉林高速	−0.212 52	−1.071 7	0.155 76	−0.198 67	−0.375 94	−0.37	57
000507.SZ	珠海港	−0.729 03	−0.273 74	−0.260 45	−0.299 91	−0.015 63	−0.38	58
600026.SH	中海发展	−0.221 89	−0.602 77	−0.410 02	−0.100 48	−0.614 05	−0.38	59
002040.SZ	南京港	−0.711 46	−0.722 67	−0.051 93	−0.070 03	−0.168 73	−0.42	60
600017.SH	日照港	−0.667 74	−0.566 15	−0.153 76	−0.436 61	−0.068 53	−0.44	61
600317.SH	营口港	−0.816 63	−0.583 2	−0.130 85	−0.266 29	−0.045 61	−0.47	62
601919.SH	中国远洋	−0.895 91	0.618 46	−0.981 33	−0.363	−0.757 09	−0.47	63
600428.SH	中远航运	−0.643 53	−0.403 28	−0.338 91	−0.386 48	−0.459 49	−0.47	64
600190.SH	锦州港	−0.817 82	−0.724 26	−0.347 21	−0.416 76	−0.001 36	−0.54	65
600798.SH	宁波海运	−0.919 21	−0.603 79	−0.334 05	−0.253 72	−0.204 34	−0.54	66
600242.SH	中昌海运	−1.142 6	−0.530 02	−0.401 5	0.407 28	−0.580 72	−0.56	67
601008.SH	连云港	−0.816 04	−0.666 86	−0.341 79	−0.468 2	−0.198 61	−0.56	68
600896.SH	中海海盛	−0.777 99	−0.742 02	−0.492 68	−0.305 96	−0.183 14	−0.56	69
000548.SZ	湖南投资	−0.929 3	−0.704 48	−0.193 84	−0.319 12	−0.422 98	−0.59	70
600575.SH	皖江物流	−1.056 81	−0.369 08	−0.521 69	−1.493 53	0.514 87	−0.65	71
600368.SH	五洲交通	−1.023 02	−0.644 15	−0.834 05	−0.792 69	−0.480 56	−0.79	72
601866.SH	中海集运	−1.632 6	−0.145 12	−0.530 76	−0.417 58	−0.844 09	−0.81	73
000557.SZ	西部创业	−2.204 63	1.400 54	−1.644 01	1.411 56	−3.783 64	−0.97	74

　　表 10-1-4 中，交通运输业上市公司综合得分与其投资价值呈正相关关系。由于先对因子数据进行了标准化处理，因此，可以 0 为参考标准线，认为：综合得分大于 0 的公司，综合业绩相对较好，且数值越大，投资价值越大；综合得分小于 0 的则相对较差，且数值越小，投资价值越小。依此可对上市公司的综合业绩和投资价值有一个基本的评价。

　　具体而言，表 10-1-4 中，公司各项能力得分与相应实力也呈正相关关系。

　　排名前十位的公司分别为天海投资、坚朗五金、天顺股份、恒通股份、春秋航空、外运发展、厦门港务、上海机场、四川成渝、长航凤凰。连续三年都在前十五的只有厦门空港、厦门港务、上海机场、四川成渝和外运发展 5 家公司，说明这五家公司实力雄厚，发展稳定，投资价值大。而排名前十的公司与前两年差距较大，一方面说明新上市公司多，与 2013 年（67 家）、2014 年（66 家）比较，上市公司总数量变化较大，增加较多；另一方面说明行业发展速度快，竞争激烈，投资和获利机会大。

　　其中，坚朗五金、天顺股份、恒通股份、春秋航空 4 家公司都是 2015 年新参入分析的公司，故没有可比数据。坚朗五金综合排名第二，营运能力较为突出，各项因子得分均为正值，投资价值高；天顺股份的偿债营运因子排名第三，除了盈利营运因子稍稍落后，其他因子得分良好，总体投资价值高；恒通股份的盈利偿债因子为负值，其他各项因子得分良好，尤其是偿债营运因子得分排名第二，偿债能力和营运能力很强，总体实力强；春秋航空的盈利营运因子排名第四，但成长因子2和盈利偿债因子得分为负，说明其盈利能力和长期偿债能力存在问题，营运能力不错，总体实力较强。天海投资凭借极高的成长因子2而位居第一，2013年该公司排名第五十八位，2014年跃升至第二位，也都得益于极高的成长因子2得分，但是偿债盈利营运因子、偿债营运因子、成长因子1都为负值各项能力发展不均衡，整体实力不佳，投资价值不高。外运发展除了盈利偿债能力有所欠缺以外，营运能力、偿债能力、成长能力良好，且在2013年排名第三，2014年排名第七，综合实力强且稳定，有很大的投资价值。厦门港务的偿债营运因子得分排名第一，偿债能力和营运能力很强，成长能力和盈利偿债能力有所欠缺，该公司在2013年排名第五，2014年排名第六，三年来发展稳定，投资价值很高。上海机场三年来也保持了稳定的发展态势，前两年综合排名都在第十一位，三年来偿债因子得分一直为负值，资本结构不够稳健，但其他因子表现良好，具有较大的投资价值。四川成渝连续两年排名第九，相比2013年排名有所下滑，但是仍在前十名以内，且偿债能力、成长能力一直较强，是一个稳健的投资对象。排名第十的长航凤凰在2014年凭借极高的盈利偿债因子得分而位居第一，2013年排名最后一位，波动性较大，暂不建议对其投资。

对比3年数据可以发现，在2013年和2014年排名前十的交运股份、厦门空港在2015年排名均落在前十名以外，一方面是源于新参入分析的公司的竞争，一方面是这些公司本身盈利偿债能力或营运能力等的波动引起的，但总体而言，这些公司排名仍靠前，可以作为稳健的投资对象。

排名后十位的公司分别为锦州港、宁波海运、中昌海运、连云港、中海海盛、湖南投资、皖江物流、五洲交通、中海集运、西部创业。这十家公司的综合得分都小于−0.50。这十家公司中有8家公司各项因子得分全部小于0，综合实力不强，故暂不建议对其进行投资。

七、系统聚类分析

上述因子分析能够满足投资者对各家上市公司投资价值分析的基本需要，但是由于投资者的投资理念往往各不相同，关注的侧重点也有所不同。为了更深入细致地分析行业板块的情况，将利用系统聚类分析法进一步对74家公司的5个因子值和综合值进行Q型聚类（即个案分群）；聚类方法为ward联结法，即离差平方和法，根据同类变量间的离差平方和较小、不同类别间的离差平方和较大来进行分类，形成树状图（略）。其测量尺度选用平方Euclidean距离，即两样本之间的距离是各样本每个变量值之差的平方和。通过聚类分析把业绩相似的公司归类，可以对不同类别的上市公司进行对比分析，为投资者选择投资组合提供参考。

根据树状图（略）对74家交通运输业公司进行进一步分类，本书选择将其分为4类，如表10-1-5所示。

表10-1-5　聚类分析

类别	交通运输业公司	数目
1	天海投资	1
2	坚朗五金、天顺股份、恒通股份、厦门港务、长航凤凰、山东高速、交运股份、天津港、深圳机场、广深铁路	10
3	春秋航空、外运发展、上海机场、厦门空港、富临运业、吉祥航空、白云机场、大秦铁路、深赤湾A、皖通高速	10
4	四川成渝、宁沪高速、深高速、长江投资、招商轮船、现代投资、锦江投资、宜昌交运、唐山港、北部湾港、亚通股份、龙洲股份、铁龙物流、重庆路桥、江西长运、上港集团、大众交通、楚天高速、中原高速、粤高速A、渤海轮渡、龙江交通、中国国航、强生控股、海峡股份、信海直、宁波港、福建高速、赣粤高速、重庆港九、东方航空、南方航空、大连港、华北高速、海南航空、吉林高速、珠海港、中海发展、南京港、日照港、营口港、中国远洋、中远航运、锦州港、宁波海运、中昌海运、连云港、中海海盛、湖南投资、皖江物流、五洲交通、中海集运、西部创业	53

由表 10-1-5 可以看到,类别 1 只有天海投资 1 家公司,该公司主营业务为国际近洋集装箱班轮运输、国内沿海集装箱班轮运输及船务代理和货运代理业务等,综合排名第一,除了成长因子 2 得分极高,其余因子得分不佳,该公司 2013 年排名倒数第十,2014 年凭借杰出的成长性升至第二位,有较大波动,投资价值有待检验。

类别 2 中有 10 家公司,其中排名前二十的公司有 6 家,剩下的 4 家公司分别是交运股份、天津港、深圳机场、广深铁路,他们的综合排名分别是第二十五、第二十六、第五十一和第五十二,它们是综合实力较强的一类公司,投资价值也较大,应是投资者关注的重点。排名前十的企业中坚朗五金所有因子得分均为正,另外的 4 家公司分别有一到两个主因子小于 0,但是他们大于 0 的因子在行业内遥遥领先,投资者可以对这六家公司投资,但是需要注意其运营状况。

其中,坚朗五金主要从事中高端建筑门窗幕墙五金系统及金属构配件等相关产品的研发、生产和销售,是国内建筑五金行业的大型企业,系国内规模最大的门窗幕墙五金生产企业之一。坚朗五金综合排名第二,营运能力较为突出,各项因子得分均为正值,投资价值高。天顺股份主营业务为第三方物流业务、供应链管理业务、物流园区经营业务和物流金融监管业务,其偿债营运因子排名第三,除了盈利营运因子稍稍落后,其他因子得分良好,总体投资价值高。恒通股份主营业务为道路货物运输和 LNG 清洁能源业务,该公司除了盈利偿债因子为负值,其他各项因子得分良好,尤其是偿债能力和营运能力很强,总体实力强,值得投资者关注。厦门港务是福建省港口龙头企业,厦门市十大国有企业集团之一。厦门港务的偿债能力和营运能力很强,成长能力和盈利能力有所欠缺,该公司 3 年来发展稳定,投资价值很高。长航凤凰是我国内河经营干散货专业化运输规模最大,江、海、洋全程物流实力最强的企业,母公司为中央直管企业中国长航(集团)总公司。该公司除盈利营运因子和成长因子 2 为负以外,其他因子得分良好,但是由于其三年来波动性较大,投资价值并不理想。

类别 3 中有春秋航空、外运发展、上海机场、厦门空港等 10 家公司,综合排名从第五位到第二十一位,整体排名靠前。排名第五的春秋航空是中国首批民营航空公司之一,基地位于上海,定位于廉价航空公司,该公司盈利能力存在问题,但营运能力不错,总体实力较强,有一定的投资价值,但由于 2013 年、2014 年未参入分析,数据可比性较差,投资者应结合其未来发展谨慎投资。

外运发展的核心业务包括航空货运代理、国际快件及综合物流,在全国拥有 35 家分公司,80 个市级物流站及近两百个物流网点,运营网络辐射全国。外运发展除了盈利能力有所欠缺以外,营运能力、偿债能力、成长能力良好,3 年来保持前十名的综合排名,综合实力强且稳定,有很大的投资价值。

上海机场 3 年来保持着稳定的发展态势,2013 年、2014 年综合排名都在第十一位,3 年来除资本结构不够稳健外,但其他因子表现良好,具有较大的投资价值。

厦门空港主营国内外航空运输及旅客地面保障等服务,2010 年荣获"全国实施用户满意工程"服务类先进单位,是民航业内为数不多获此殊荣的企业。2015 年厦门空港的偿债营运因子、成长因子 1、盈利偿债因子得分为负,2013 年和 2014 年保持第四位的排名,但是仍然有两到三个因子为负,虽然排名靠前,但各项能力发展不均衡,投资价值不高。

富临运业是一家从事道路运输的企业,主要提供站务服务、运输服务、客运服务等,自 2007 年以来在资产规模、营业收入、客运站数量、客运车辆、线路资源以及客运量和旅客周转量等方面居四川省道路运输行业第一位,该公司成长因子 1 排名第一,但成长因子 2、盈利偿债因子得分不理想,其他因子表现一般,投资价值有待检验。

类别 4 中包含四川成渝、宁沪高速、深高速等 53 家公司。

四川成渝主要从事高等级公路、桥梁、隧道等基础设施的投资、设计、建设、收费、养护、管理、技术咨询及配套服务与高等级公路配套的加油站、广告位及仓储设施的建设及租赁,汽车拯救及清洗。四川成渝连续两年排名第九,3 年来综合排名都在前十名以内,且偿债能力、成长能力一直较强,是一个稳健的投资对象。

宁沪高速虽然排名仅为第十六名,但各项因子得分为正,发展均衡,在 2013 年排名第十二位,2014 年排名第十九位,总体实力稳定,值得投资者关注。

类别 4 中还包含综合排名在最后十位的企业,分别是锦州港、宁波海运、中昌海运、连云港、中海海盛、湖南投资、皖江物流、五洲交通、中海集运、西部创业。这些企业各项得分基本全部为负值,投资价值不高,暂不建议投资。

八、结语

综上所述,投资者在进行投资时,要综合考虑宏观、微观等各方面反映的财务信息,加以谨慎地分析,作出合理的选择。在此,本书运用 SPSS 软件,利用 13 个指标综合分析交通运输行业 77 家上市公司各方面表现情况,对投资者进行投资决策有一定的参考意义。但由于分析主要运用了 2015 年一个年度的财务报表资料,并联系实际结合 2013 年、2014 年度相关分析研究结果进行,某些项目还可能会由于会计政策变更等的影响存在一定程度的偶然性,分析指标的选择也具有主观性。因此,分析结果难以完全反映出真实状况,若后续能连续多个年度进行跟踪分析,并适当增加分析指标,则可较大程度地消除偶然性,帮助投资者作出更加准确的投资决策,以更加有效地配置投资资源,促进交通运输业的更加健康和谐发展。

参考文献

[1] 交通部. 2015 年交通运输行业发展统计公报,http://www.nbd.com.cn/articles/2016-05-06/1003181.html,2016-05-06.
[2] 国家统计局. 2015 年国民经济和社会发展统计公报. 2016-03-08.

（参著：江　娟　郝福新）

第二节　仓储和邮政业上市公司投资价值动态比较分析研究

一、行业发展与投资价值状况

此处所说的仓储和邮政业包括,仓储业、装卸搬运和运输代理业与邮政业。

仓储业是一个传统产业,是现代物流业的重要组成部分,是发展潜力较大的朝阳产业。仓储物流,就是利用自建或租赁库房、场地,储存、保管、装卸搬运、配送货物。传统的仓储定义是从物资储备的角度给出的。现代"仓储"不是传统意义上的"仓库""仓库管理",而是在经济全球化与供应链一体化背景下的仓储,是现代物流系统中的仓储。本书将仓储业、装卸搬运和运输代理业及邮政业一起分析比较,因为它们都是供应链的不同阶段,所以本质上是相通的,具有可比性。

据国家统计局数据显示[1],仓储业 2014 年新增固定资产 3 325.14 亿元,同比增长 29.5%;2013 年新增固定资产 2 567.92 亿元,同比增长 38.6%(2015 年数据暂未公布,下同)。2014 年仓储业投资额为 5 158.7 亿元,同比增长 22.8%;2013 年,仓储业投资额约为 4 200.7 亿元,同比增长 32.7%。近十年行业固定资产投资年均增速超过 40%。2015 年仓储业保持平稳发展态势。据中经未来产业研究院发布的《2016—2020 年中国仓储业发展前景与投资预测分析报告》[2]显示,仓储业固定投资额为 6 619.97 亿元,同比增长 28.4%。从横向比较看,仓储业固定资产投资额的增幅高于物流行业的整体增幅,也高于全社会的投资增幅,这反映了仓储业的历史情况与现实市场需求。从纵向比较,2008年之前仓储业投资增幅平均达30%多,最高达50%,2008年之后增幅普遍下降,但2015年的增幅较2014年增加5.6个百分点,说明仓储业的发展呈现出比较强劲的势头。2015年,国家"一路一带""京津冀一体化""长江经济带"三大战略的实施对物流业发展提出了更高的要求与挑战。在我国经济总体形势影响下,以电商仓库为热点的仓库设施建设、绿色仓储与共同配送、担保存货管理、跨境电商海外仓布局、中药材仓储、低温及危险品仓储安全管理等成为行业关注的焦点;广大仓储企业围绕仓储业转型升级、培育行业核心竞争力做了大量工作、取得了新的成绩。仓储业发展前景广阔。

装卸搬运和运输代理业是指对交通运输业提供相关辅助服务的装卸搬运、代理运输业。它是交通运输业的重要组成部分,是连接客流、物流、信息流的重要枢纽,是经济发展的基础和先导,对国民经济的健康发展起着重要作用。2016年4月30日,装卸搬运和运输代理业上市公司披露了其年报,全国共有两家,资产总额5 550 962 340.61元,全年营业收入9 629 257 471.27元,净利润433 318 297.38元。该行业虽然上市公司不多,但较小规模的公司居多,且有较好发展势头,前景广阔。

2016年5月10日,国家邮政局网站公布了《2015年邮政行业发展统计公报》[3],2015年全年邮政行业业务总量完成5 078.7亿元,同比增长37.4%。全年邮政行业业务收入(不包括邮政储蓄银行直接营业收入)完成4 039.3亿元,同比增长26.1%。其中,快递业务快速增长。全年快递业务量完成206.7亿件,同比增长48%;快递业务收入完成2 769.6亿元,同比增长35.4%。其机构设备、寄递网络和服务能力都有较大发展和提升,业务范围涉及城市乡村、千家万户。

由此可见,仓储和邮政业已发展成为涉及各行各业、城市乡村、千家万户的国民经济支柱性产业和直接影响国计民生的先导性行业。因此,对其上市公司进行投资就显得格外重要。

二、样本选取与数据处理

沪、深证券交易所的11家仓储和运输代理业上市公司的资料来源主要为其2015年度的财务报告。具体初始数据扫描二维码获取。

在指标性质、单位不同的情况下,先要对其进行同趋势化处理。然后利用SPSS中的Z-score方法将13个指标的原始数据进行标准化处理。同趋势化数据与标准化数据略。

三、因子分析法适应性检验

为了检验所选用的指标是否适合使用因子分析法,本书利用SPSS软件中KMO和Bartlett的方法来对样本进行检验。但由于此组数据中样本数量小于变量个数,所以KMO和Bartlett检验结果不能正常显示。所以用多重共线性检验来验证变量间的共线性,结果如表10-2-1与10-2-2所示。

表 10-2-1 共线性检验

	基本每股收益	每股净资产	销售净利率	总资产报酬率	流动比率	速动比率
基本每股收益	1	0.657*	0.483	0.854**	−0.258	−0.726*
每股净资产	0.657*	1	0.117	0.682*	−0.299	−0.834**
销售净利率	0.483	0.117	1	0.073	−0.308	−0.072
总资产报酬率	0.854**	0.682*	0.073	1	−0.291	−0.791**
流动比率	−0.258	−0.299	−0.308	−0.291	1	0.313
速动比率	−0.726*	−0.834**	−0.072	−0.791**	0.313	1

	基本每股收益	每股净资产	销售净利率	总资产报酬率	流动比率	速动比率
资产负债率	−0.376	−0.332	−0.403	−0.387	0.923**	0.417
存货周转率	−0.101	0.247	−0.188	−0.101	−0.142	−0.397
总资产周转率	0.106	−0.325	−0.216	0.226	−0.096	−0.047
固定资产周率	0.135	−0.262	−0.170	0.203	−0.172	−0.026
总资产增长率	−0.155	−0.399	0.595	−0.336	−0.130	0.516
营业总收入增长率	−0.504	−0.582	0.148	−0.455	−0.292	0.645*
股东权益合计增长率	−0.134	−0.282	0.421	−0.226	−0.008	0.481

表 10-2-2　共线性检验

	资产负债率	存货周转率	总资产周转率	固定资产周转率	总资产增长率	营业总收入增长率	股东权益合计增长率
基本每股收益	−0.376	−0.101	0.106	0.135	−0.155	−0.504	−0.134
销售净利率	−0.332	0.247	−0.325	−0.262	−0.399	−0.582	−0.282
每股净资产	−0.403	−0.188	−0.216	−0.170	0.595	0.148	0.421
总资产报酬率	−0.387	−0.101	0.226	0.203	−0.336	−0.455	−0.226
流动比率	0.923**	−0.142	−0.096	−0.172	−0.130	−0.292	−0.008
速动比率	0.417	−0.397	−0.047	−0.026	0.516	0.645*	0.481
资产负债率	1	−0.281	−0.222	−0.251	−0.147	−0.149	−0.012
存货周转率	−0.281	1	0.206	0.194	−0.482	−0.423*	−0.573*
总资产周转率	−0.222	0.206	1	0.945**	−0.230	−0.074	−0.352
固定资产周转率	−0.251	0.194	0.945**	1	−0.137	0.012	−0.233
总资产增长率	−0.147	−0.482	−0.230	−0.137	1	0.779**	0.932**
营业总收入增长率	−0.149	−0.423	−0.074	0.012	0.779**	1	0.731*
股东权益合计增长率	−0.012	−0.573	−0.352	−0.233	0.932**	0.731*	1

　　*. 在 0.05 水平（双侧）上显著相关。

　　**. 在 0.01 水平（双侧）上显著相关。

　　由表 10-2-1 和表 10-2-2 可以看到，基本每股收益和总资产报酬率、每股净资产和速动比率、流动比率和资产负债率、固定资产周转率与总资产周转率、总资产增长率与营业收入增长率、股东权益合计增长率和总资产增长率，这几组主要指标各自变量指标之间存在着多重共线性，可以用因子分析法进行分析。

四、确定主因子

　　本书应用因子分析法中的主成分分析法来计算原始公因子的特征值、方差贡献率以及累计方差贡献率，并由此确定公因子。结果如表 10-2-3 所示。

表 10-2-3　解释的总方差

成　分	初始特征值			提取平方和载入			旋转平方和载入		
	合计	方差的%	累积%	合计	方差的%	累积%	合计	方差的%	累积%
1	4.726	36.355	36.355	4.726	36.355	36.355	3.663	28.177	28.177
2	3.067	23.595	59.950	3.067	23.595	59.950	3.311	25.469	53.647
3	2.334	17.955	77.905	2.334	17.955	77.905	2.369	18.220	71.867
4	1.418	10.907	88.812	1.418	10.907	88.812	2.203	16.945	88.812
5	0.774	5.955	94.767						
6	0.381	2.934	97.701						
7	0.141	1.082	98.783						
8	0.098	0.754	99.537						
9	0.036	0.273	99.810						
10	0.025	0.190	100.000						
11	2.367 E-16	1.821 E-15	100.000						
12	1.089 E-16	8.373 E-16	100.000						
13	−1.177 E-16	−9.057 E-16	100.000						

提取方法：主成分分析。

　　根据表 10-2-3 中数据可知,前四个主因子的方差贡献率已经达到了累计方差贡献率的88.812%,即表明这四个主因子已包含原始数据信息量的 88.812%,所以只须选择前四个主因子就可以较好地代表原始指标,对上市公司的绩效进行描述。

　　特征值是能够被看作表示因子影响力度大小的指标之一,如果特征值小于1,说明该因子的解释力度还不如直接引入一个原变量的平均解释力度大,因此一般用特征值大于 1 作为纳入标准。特征值可用碎石图列示,如图 10-2-1 所示。从图 10-2-1 可以看出,从第五个因子开始,特征值的值都小于1,且折线的陡度变得比较平缓,这说明提取 4 个主因子是合适有效的。

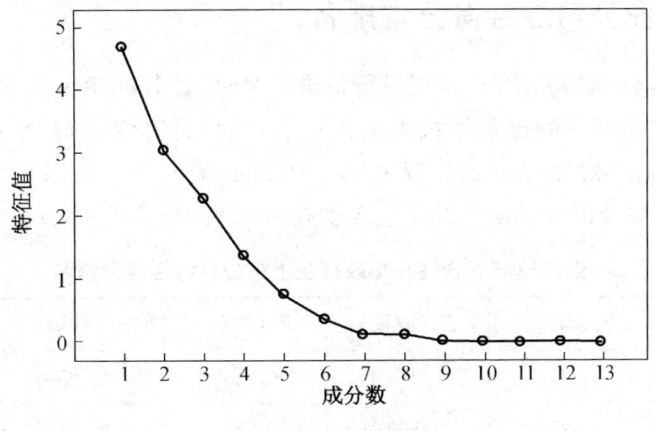

图 10-2-1　碎石图

五、旋转载荷矩阵分析

　　本书对原因子载荷矩阵进行最大方差旋转,以期得到主因子更明确的含义。结果如表 10-2-4 所示。

表 10-2-4　旋转成分矩阵^a

	成 分			
	F_1	F_2	F_3	F_4
基本每股收益	0.957	0.124	−0.141	0.091
每股净资产	0.758	−0.303	−0.256	−0.414
销售净利率	0.288	0.595	−0.383	−0.200
总资产报酬率	0.919	−0.034	−0.114	0.203
流动比率	−0.140	−0.075	0.922	−0.079
速动比率	−0.800	0.422	0.294	0.082
资产负债率	−0.245	−0.057	0.938	−0.157
存货周转率	−0.109	−0.785	−0.400	0.006
总资产周转率	0.030	−0.179	−0.070	0.970
固定资产周转率	0.026	−0.101	−0.138	0.954
总资产增长率	−0.305	0.889	−0.208	−0.100
营业总收入增长率	−0.610	0.656	−0.278	0.071
股东权益增长率	−0.221	0.885	−0.047	−0.193

提取方法：主成分分析。

旋转方法：Kaiser 标准化最大方差法。

a. 旋转在 6 次迭代后收敛。

由表 10-2-4 中的数据可以看到，基本每股收益、总资产报酬率在主因子 F_1 上的载荷量分别为 0.957、0.919，主要反映了公司的盈利能力，所以将 F_1 命名为盈利因子；主因子 F_2 在总资产增长率 (0.889)、营业总收入增长率 (0.656) 和股东权益增长率 (0.885) 上有较大载荷量，代表了公司的成长能力，故而将其命名为成长因子；主因子 F_3 在流动比率 (0.922)、资产负债率 (0.938) 上有较大载荷量，代表了公司的偿债能力，为偿债因子；总资产周转率与固定资产周转率在主因子 F_4 上的载荷分别为 0.970 与 0.954，体现了公司的营运能力，为营运因子。

六、仓储和邮政业公司综合得分与排名

要得到因子的综合得分，需先对因子数据进行标准化处理，使其期望为 0，方差为 1，然后，对各因子的方差贡献率占因子总方差贡献率的比重作权重加权汇总，使用计算综合得分的公式 $F = (\lambda_1 F_1 + \lambda_2 F_2 + \lambda_3 F_3 + \lambda_4 F_4)/(\lambda_1 + \lambda_2 + \lambda_3 + \lambda_4) = (0.281\,77 \times F_1 + 0.254\,69 \times F_2 + 0.182\,2 \times F_3 + 0.169\,45 \times F_4)/0.888\,12$ 来计算各样本的综合得分。得到结果按名次排列如表 10-2-5 所示。

表 10-2-5　仓储和邮政行业上市公司综合得分排名

股票代码	名称	F_1（盈利）	F_2（成长）	F_3（偿债）	F_4（营运）	F（综合）	排名
603066.SH	音飞储存	1.351 4	1.078 4	−0.305 2	−0.070 2	0.66	1
300350.SZ	华鹏飞	0.382 2	1.769 1	−0.349 5	−0.223 7	0.51	2
600787.SH	中储股份	0.351 8	0.091 4	0.604 4	0.667 8	0.39	3
600794.SH	保税科技	−0.184 0	−0.281 4	2.740 7	−0.592 4	0.31	4
002711.SZ	欧浦智网	0.699 0	0.379 8	−0.311 1	0.141 1	0.29	5

股票代码	名称	F_1（盈利）	F_2（成长）	F_3（偿债）	F_4（营运）	F（综合）	排名
002245.SZ	澳洋顺昌	0.658 6	−0.175 1	−0.115 3	−0.181 6	0.10	6
603128.SH	华贸物流	−0.313 4	−0.814 2	−0.400 7	2.482 4	0.06	7
300240.SZ	飞力达	−0.050 2	−1.009 4	0.160 8	0.278 3	−0.22	8
300013.SZ	新宁物流	−2.608 6	1.147 7	−0.291 4	−0.118 3	−0.58	9
002492.SZ	恒基达鑫	−0.122 0	−0.926 0	−0.754 0	−1.219 3	−0.69	10
603117.SH	万林股份	−0.164 8	−1.260 3	−0.978 8	−1.164 1	−0.84	11

表 10-2-5 中,仓储和邮政业上市公司综合得分与其投资价值呈正相关关系。由于先对因子数据进行了标准化处理,因此,可以 0 为参考标准线,认为:综合得分大于 0 的公司,综合业绩相对较好,且数值越大,投资价值越大;综合得分小于 0 的则相对较差,且数值越小,投资价值越小。依此可对上市公司的综合业绩和投资价值有一个基本的评价。具体而言,表 10-2-7 中,公司各项能力得分与相应实力也呈正相关关系。

上市公司排名分别为音飞储存、华鹏飞、中储股份、保税科技、欧浦智网、澳洋顺昌、华贸物流、飞力达、新宁物流、恒基达鑫和万林股份。

其中,音飞储存和万林股份是 2015 年新上市的公司。音飞储存综合排名第一,万林股份却是倒数第一。南京音飞储存设备股份有限公司成立于 2002 年,公司专业从事仓储货架的生产和销售,是国内最大的仓储货架供应商之一,公司的主要产品包括自动化立体库系统集成、立体库高位货架、阁楼式货架、密集仓储货架和一般货架。它的盈利能力和成长能力都处于行业领先,由于公司注重技术研发和产品质量管理及控制,拥有 17 项发明及实用新型专利、6 项软件专利、2 项国标、16 项行业标准,6 种产品被认定为江苏省高新技术产品,所以公司发展空间很大,适合长期投资。万林股份专注于木材进口领域的综合物流服务,为国内众多木材行业企业提供包括代理采购、船货代理、港口装卸、仓储配送、货物配载、木材加工、物流信息等业务在内的最为专业的供应链综合物流服务。它的盈利、成长、偿债和营运能力都是行业垫底,综合得分小于 0,公司综合实力较弱,投资价值较小,暂不建议对其投资。

华鹏飞 2015 年和 2014 年一样都是排名第二,而 2013 年只是排名第五,总体呈稳定发展态势。公司成长能力和盈利能力较强,相比 2013 年成长能力提高很多;偿债和营运能力依然保持较弱的状态。总体来说公司发展较好,并稳中求进,依然有较大投资价值,适合稳健的投资者投资。中储股份各方面的能力都不错,从 2013 年的行业倒数第二上升到 2015 年的行业第三,偿债能力和盈利能力都得到显著提高,公司总体投资价值也大大提高了,应是投资者关注的对象。保税科技从 2013 年的倒数第一,2014 年的第七,上升到第四,呈现出不断稳步上升态势。2014 年它提高了营运能力和偿债能力,从 2015 年看公司偿债能力很好,不存在债务问题,但是盈利能力和发展能力有待提高,相比前两年投资价值逐年提高,较适宜短线投资,长期有待观望。欧浦智网,原名欧浦钢网,2014 年达到行业顶峰,2015 年所有能力均有大幅下降,但是由于其公司底子好,下降不是很明显,投资价值有所降低,可持谨慎或观望态度。澳洋顺昌近几年都是处于行业居中的地位,投资价值变化不大。华贸物流投资价值逐年降低,从 2013 年行业第二到 2015 年的中等偏下,盈利、成长和偿债因子得分都较低,均为负值,唯有营运能力突出,属行业第一,总体发展不均衡,需谨慎投资。飞力达综合得分一直不高,投资价值不大。新宁物流 2013 年处于行业第一,2014 年突然变成倒数第一,2015 年依然也是倒数,各方面能力不均衡,公司波动大风险高,投资价值不稳定,暂不建议投资。恒基达鑫从 2013 年到现在都是行业倒数,各项因子得分均为负值,实力较弱,暂不建议投资。

七、系统聚类分析

上述因子分析能够满足投资者对各家上市公司投资价值分析的基本需要,但是由于投资者的投资理念往往各不相同,关注的侧重点也有所不同。为了更深入细致地分析行业板块的情况,将利用系统聚类分析法进一步对 11 家公司的 4 个因子值和综合值进行 Q 型聚类(即个案分群);聚类方法为 ward 联结法,即离差平方和法,根据同类变量间的离差平方和较小、不同类别间的离差平方和较大来进行分类,形成树状图(略)。其测量尺度选用平方 Euclidean 距离,即两样本之间的距离是各样本每个变量值之差的平方和。通过聚类分析把业绩相似的公司归类,可以对不同类别的上市公司进行对比分析,为投资者选择投资组合提供参考。

根据树状图(略)对 11 家仓储和邮政业上市公司进行进一步分类,本书选择将其分为 4 类,如表 10-2-6 所示。

表 10-2-6　聚类分析

类别	仓储和邮政业公司	数目
1	音飞储存、华鹏飞、中储股份、欧浦智网、澳洋顺昌、飞力达、华贸物流	7
2	保税科技	1
3	新宁物流	1
4	恒基达鑫、万林股份	2

在表 10-2-6 中,类别 1 中,包含音飞储存、华鹏飞、中储股份、欧浦智网、澳洋顺昌、飞力达和华贸物流 7 家公司,综合排名均靠前。这一类别公司的盈利因子、成长因子排名普遍靠前,其各项指标中都至少有一项属于本行业领先,且各项能力没有特别低的排名,综合能力较强,是投资时的重点关注对象,同时投资者还要结合具体的行业环境、政策影响以及企业战略等多方面因素进行分析,谨慎投资。其中,音飞储存已做详细分析,在此不再赘述。华鹏飞主营普通货运、货物专用运输、大型物件运输(一级),仓储服务、航空货运代理、信息咨询(不含人才中介及限制项目)、兴办实业(具体项目另行申报)、国内贸易(不含专营、专控、专卖商品)。公司成长能力和盈利能力较强,相比 2013 年成长能力提高很多;偿债和营运能力依然保持较弱的状态,有待提高。总体来说公司发展较好。中储股份现代化的物流中心,形成了全国范围内集仓储、运输配送、国内国际外贸易、国际货运代理、质押监管融资、现货交易市场等多功能的综合物流节点网络,可承接国家重点建设工程物流、大型生产企业产品仓储运输分销、工业与民用商品交易等业务。虽然相比 2013 年和 2014 年公司偿债能力和盈利能力提高很多,但是公司营业收入在逐年下降,从 2013 年的 2 783 910 万元到 2015 年的 1 773 680 万元,整整下降了 36.3%。欧浦钢网是欧浦智网股份有限公司旗下的钢材物料采购平台。其创办于 2005 年,公司拥有 77 座五星级钢铁仓库、年产能达 200 万吨的加工生产线,以及国内领先的智能化钢铁供应链管理系统。欧浦钢网是国内最早从事钢铁现货交易的网站,经过多年的耕耘和不断地创新,其已成为国内最具知名度的钢铁交易平台之一。欧浦智网 2013 年到 2014 年之间发展迅猛,2014 年综合能力是行业第一,2015 年盈利成长能力有较大幅度下降。澳洋顺昌从事冷轧钢板的涂层生产及涂层板、镀锌板、铝合金板等金属材料的加工;电子元器件专用材料开发、生产;提供原材料供给方案的技术服务;货物仓储服务,供应链管理技术开发、技术转让和与之相关的技术咨询、技术服务;供应链管理软件开发;销售、仓储、配送自产产品等。2014 年,公司在合并报表范围内实现营业总收入 151 739.95 万元,同比增加 8.5%;2015 年,营业总收入为 166 109 万元,同比增长 9.5%。飞力达专注于 IT、通讯、汽车、精密仪器产业的进出口报关报检、海陆空货运代理;原材料入厂物流、生产物流、成品出厂物流及售后备件备品物流、各类特色物流及一体化物流解决方案。华贸物流承办海运、陆运、空运进出口货物、过境货物、国际展品和私人物品的国际运输代理业务,包括:揽货、订舱、仓储、包装、中转、集装箱拼装拆箱、结算运杂费、报关、报检、保险、相关的短途运输服务及运输咨询业务;国内航空货运销售代理业务;无船承运业务;道路普通货运、道路货物专用运输(集装箱货运、冷藏保鲜货运)。2014 年度,华贸物流每股收益同比增长 45%;2015 年度,其每股收益同比下降 8.2%。

类别 2 中,保税科技主要经营范围为生物高新技术应用、开发;高新技术及电子商务、网络应用开发;

港口码头、保税物流项目的投资;其他实业投资。它的偿债能力特别突出,行业领先。从2013年到2015年偿债能力一年比一年好,但由于其他能力不拔尖,使它的排名只能第四。

类别3中,只有新宁物流一家公司。公司主要经营进出口货物的仓储、集装箱堆存及有关配套业务;保税仓库内货物的代理报关、报检、运输代理业务;库内货物的分级、分装、挑选、贴商标、制标签、整理等;供应链管理技术转让、技术开发和与之相关的技术咨询、技术服务业务等(涉及许可证的凭许可证生产经营)。2013年度新宁物流总体表现良好,最突出的特点就是排名第一,其成长能力远远高于第二名;2014年综合排名下降8位,为行业最末;2015年还是行业靠后,暂不建议投资。

类别4中,万林股份前文有详细介绍。恒基达鑫公司主要为国内石化产品生产商、贸易商的进出口货物提供码头装卸、仓储、管道输送服务,为境外客户提供码头驳运中转、保税仓储服务。一直处于行业倒数,不是投资关注重点。

八、结语

本书为仓储和邮政业上市公司进行价值投资提供了一个有效决策平台。但由于分析运用了2015年一个年度的财务报表资料,结合2013年和2014年分析研究结果,并联系实际进行,某些项目还可能会由于会计政策变更等的影响存在一定程度的偶然性,分析指标的选择也具有主观性。因此,分析结果难以完全反映出真实状况,若后续能对更多个连续年度进行跟踪分析,并适当增加分析指标,则可较大程度地消除偶然性,帮助投资者作出更加准确的价值投资决策,以更加有效地配置投资资源,促进仓储和邮政业的发展。

参考文献

[1] 国家统计局. http://data.stats.gov.cn/easyquery.htm? cn=C01.
[2] 中经未来产业研究院. 2015年我国仓储业发展回顾与2016年展望. 新东方搜狐平台,http://mt.sohu.com,2016-7-11.
[3] 国家邮政局. 2015年邮政业发展统计公报. 中商情报网,http://www.askci.com.

(参著:王 禹)

第十一章　住宿和餐饮业上市公司投资价值动态比较分析研究

一、行业发展和投资价值状况

住宿和餐饮业是指为顾客提供住宿、餐饮及多种综合服务的行业。它包括具有联动关系的住宿和餐饮两个子行业。其中，住宿业即住宿服务，是指提供住宿场所及配套服务等的活动。它包括宾馆、旅馆、旅社、度假村和其他经营性住宿场所提供的住宿服务。餐饮业即指餐饮服务，是指通过同时提供饮食和饮食场所的方式为消费者提供饮食消费服务的业务活动。

住宿和餐饮业是传统服务行业，与其他行业相比，具有以下主要特征：(1)有形和无形要素的组合产品。住宿业的有形要素包括周围环境、设备设施、装修、地理位置以及为客人提供的餐饮产品。对住宿业的有形要素管理很复杂，因为顾客会将一家酒店的外观和环境与他们的预先期望值做比较，再对产品的质量进行判断。同样，虽然食物能够满足人们的基本需要，就餐体验却常常是顾客住宿体验的一个很重要的组成部分。(2)无形要素比有形要素更为复杂。它包括酒店所营造的氛围和顾客在酒店住宿过程中所享受到的服务。大多数住宿产品是有形物品与无形经历的结合。例如，一位顾客在酒店餐厅的体验就牵涉很多无形组合效应，包括从餐厅人员采购、烹调到把菜肴端上桌来的整个过程。其背后的有形要素如建筑、内部装修、厨房设备、餐桌餐椅和餐具、做出来的菜品显然也都是餐厅所必需的。有观点认为，无形的服务是住宿产品的核心，但我们认为住宿产品是由有形与无形的多种因素组合而成的。

改革开放以来，住宿和餐饮业伴随着经济的发展和社会的进步走过了具有历史性、跨越性和巨变性的40年，已经从一个传统服务行业转变为具有高度现代化因素的民生服务业，成为扩大消费、改善民生、促进就业和发展经济的重要行业，成为中国对外开放重要的窗口行业，成为国民经济的重要组成部分。根据国家统计局资料，2014年行业固定资产投资额6 237亿元，同比增长4.2%，餐饮收入额27 860亿元，同比增长9.7%[1]；2015年行业固定资产投资额6 504亿元，同比增长5.1%，餐饮收入额32 310亿元，同比增长11.7%[2]。

随着服务业的蓬勃发展，住宿和餐饮业总体表现良好，已成为中国第三产业中的支柱性行业，在扩大内需、繁荣市场、吸纳就业和改善群众生活质量等方面正发挥越来越重要的作用，是广大投资者关注的对象。

二、样本选取和数据处理

深、沪证券交易所的9家住宿和餐饮业上市公司的资料来源主要为其2015年度的财务报告。具体初始数据表扫描二维码获取。

在指标性质、单位不同的情况下，先要对指标进行同趋势化处理。然后利用SPSS中的Z-score方法将12个指标的原始数据进行标准化处理。初始数据、同趋化数据和标准化数据略。

三、因子分析法适应性检验

为了检验所选用的指标是否适合使用因子分析法，本书利用SPSS软件中KMO和Bartlett的方法来对样本进行检验。但由于此组数据中样本数量小于变量个数，所以KMO和Bartlett检验结果不能正常显示。我们用多重共线性检验来验证变量间的关系，结果如表11-1所示。

表 11-1 共线性检验

模型	非标准化系数		标准系数	共线性统计量	
	B	标准误差	试用版	容差	VIF
（常量）	−0.114	0.000			
销售净利率	0.000	0.000	−0.095	0.047	21.367
每股净资产 BPS	0.052	0.000	0.274	0.027	36.840
流动比率	−0.043	0.000	−0.301	0.058	17.301
速动比率	−0.003	0.000	−0.167	0.073	13.659
资产负债率	0.021	0.000	0.017	0.203	4.927
存货周转率	0.004	0.000	0.087	0.342	2.927
总资产周转率	0.993	0.000	0.456	0.027	37.592
总资产同比增长率	−0.009	0.000	−0.339	0.029	34.011
营业总收入同比增长率	0.001	0.000	0.024	0.086	11.565
归属母公司股东的权益相对年初增长率	0.011	0.000	1.217	0.016	63.151

假设因变量是基本每股收益，其余变量作为自变量进行线性回归分析，同时计算共线性统计量。共线性检验中，如果容差（tolerance）≤0.1，或方差膨胀因子 VIF（是容差的倒数）≥10，则说明自变量间存在严重共线性情况。如表 11-1 所示，有 8 项容差小于 0.1，说明变量间具有多重共线性，适宜用因子分析。

四、确定主因子

本书应用因子分析法中的主成分分析法来计算原始公因子的特征值、方差贡献率以及累计方差贡献率，并由此确定公因子。结果如表 11-2 所示。

根据表 11-2 中数据可知，前三个主因子的方差贡献率已经达到了累计方差贡献率的 79.771%，即表明这三个主因子已包含原始数据信息量的 79.771%，所以只须选择前三个主因子就可以较好地代表原始指标，对住宿与餐饮公司的绩效进行描述。

表 11-2 解释的总方差

成 分	初始特征值			提取平方和载入			旋转平方和载入		
	合计	方差的%	累积%	合计	方差的%	累积%	合计	方差的%	累积%
1	4.490	34.538	34.538	4.490	34.538	34.538	4.371	33.623	33.623
2	3.602	27.711	62.249	3.602	27.711	62.249	3.430	26.381	60.004
3	2.278	17.522	79.771	2.278	17.522	79.771	2.570	19.768	79.771
4	0.881	6.778	86.549						
5	0.842	6.480	93.029						
6	0.572	4.404	97.433						
7	0.238	1.828	99.261						
8	0.096	0.739	100.000						
9	2.906 E−16	2.236 E−15	100.000						

成 分	初始特征值			提取平方和载入			旋转平方和载入		
	合计	方差的%	累积%	合计	方差的%	累积%	合计	方差的%	累积%
10	−7.727 E−18	−5.944 E−17	100.000						
11	−6.391 E−17	−4.916 E−16	100.000						
12	−2.684 E−16	−2.065 E−15	100.000						

提取方法：主成分分析。

特征值是能够被看作表示因子影响力度大小的指标之一，如果特征值小于1，说明该因子的解释力度还不如直接引入一个原变量的平均解释力度大，因此一般用特征值大于1作为纳入标准。特征值可用碎石图列示，如图11-1所示。从图11-1可以看出，从第四个因子开始，特征值的值都小于1，且折线的陡度变得比较平缓，这说明提取3个主因子是合适有效的。

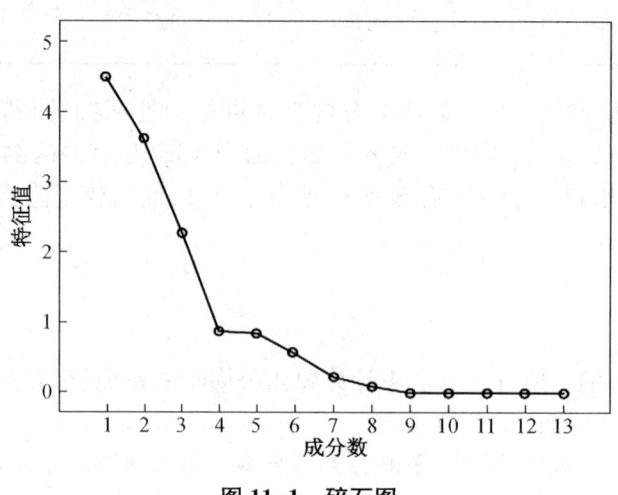

图 11-1　碎石图

五、旋转载荷矩阵分析

本书对原因子载荷矩阵进行最大方差旋转，以期得到主因子更明确的含义。结果如表11-3所示。

表 11-3　旋转成分矩阵[a]

	成 分		
	F_1	F_2	F_3
基本每股收益	0.858	0.423	−0.049
销售净利率	0.215	0.739	0.148
每股净资产	0.960	0.160	0.169
总资产报酬率	0.070	0.928	−0.022
流动比率	−0.004	0.056	0.985
速动比率	0.039	−0.021	0.977
资产负债率	0.206	−0.479	0.592
存货周转率	0.338	0.359	−0.396

	成　分		
	F_1	F_2	F_3
总资产周转率	-0.065	0.831	-0.123
固定资产周转率	-0.094	0.829	-0.184
总资产增长率	0.979	-0.141	-0.076
营业总收入增长率	0.938	0.058	0.154
股东权益增长率	0.808	-0.238	-0.082

　　提取方法：主成分分析。
　　旋转方法：Kaiser 标准化最大方差法。
　　a. 旋转在 5 次迭代后收敛。

　　由表 11-3 中的数据可以看到，基本每股收益、每股净资产、总资产增长率、营业总收入增长率、股东权益增长率在主因子 F_1 上的载荷量分别为 0.858、0.960、0.979、0.938、0.808，它主要反映了公司的成长能力和盈利能力，所以将 F_1 命名为成长盈利因子；销售净利率与总资产报酬率、总资产周转率、固定资产周转率在主因子 F_2 上的载荷分别为 0.739、0.928、0.831、0.829，体现了公司的盈利能力和营运能力，为盈利营运因子；主因子 F_3 则在流动比率（0.985）、速动比率（0.977）、资产负债率（0.592）上有较大载荷量，代表了公司的偿债能力，故而将其命名为偿债因子。

六、住宿和餐饮业公司综合得分与排名

　　要得到因子的综合得分，需先对因子数据进行标准化处理，使其期望为 0，方差为 1，然后，对各因子的方差贡献率占因子总方差贡献率的比重作权重加权汇总，使用计算综合得分的公式 $F=(\lambda_1 F_1 + \lambda_2 F_2 + \lambda_3 F_3)/(\lambda_1 + \lambda_2 + \lambda_3) = (0.336\,23 \times F_1 + 0.263\,81 \times F_2 + 0.197\,68 \times F_3)/79.771$ 来计算各样本的综合得分。得到结果按名次排列如表 11-4 所示。

表 11-4　住宿和餐饮行业上市公司综合得分排名

证券代码	证券名称	F_1（成长盈利）	F_2（盈利营运）	F_3（偿债）	F（综合）	排名
600754.SH	锦江股份	2.301 75	0.104 17	$-0.392\,7$	1	1
002186.SZ	全聚德	0.247 64	1.584 91	$-0.212\,33$	0.62	2
000524.SZ	岭南控股	0.116 38	0.300 43	$-0.758\,73$	0.13	3
601007.SH	金陵饭店	0.122 94	$-0.160\,57$	2.584 83	0.06	4
002306.SZ	中科云网	$-1.332\,17$	1.265 31	$-0.179\,46$	-0.15	5
000721.SZ	西安饮食	$-0.326\,55$	$-0.449\,08$	0.023 11	-0.29	6
000007.SZ	全新好	$-0.629\,75$	$-0.057\,52$	$-0.215\,52$	-0.29	7
000428.SZ	华天酒店	0.073 08	$-0.971\,98$	$-0.196\,65$	-0.29	8
000613.SZ	大东海 A	$-0.573\,32$	$-1.615\,68$	$-0.652\,56$	-0.79	9

　　表 11-4 中，住宿与餐饮公司综合得分与其投资价值呈正相关关系。由于先对因子数据进行了标准化处理，因此，可以 0 为参考标准线，认为：综合得分大于 0 的住宿与餐饮公司，综合业绩相对较好，且数值越大，投资价值越大；综合得分小于 0 的则相对较差，且数值越小，投资价值越小。依此可对上市公司的综合业绩和投资价值有一个基本的评价。

　　具体而言，表 11-4 中，住宿与餐饮公司各项能力得分与相应实力也呈正相关关系，排名前五位的公

司分别是锦江股份、全聚德、岭南控股、金陵饭店、中科云网。2014 年排名前五位的公司分别为东方宾馆、锦江股份、全聚德、易食股份、西安饮食。2013 年排名前五位的公司分别为西安饮食、锦江股份、全聚德、易食股份、金陵饭店。连续三年排名比较差距较大。首先,在行业上市公司总数发生了巨大变化,由 2013 年参评的 12 家,减少到 2014 年的 9 家,又增加至 2015 年的 10 家。总的看呈现出下降趋势,这是在 39 个行业中少见的。其次,前五名变化较大,连续三年均在前五名的只有锦江股份和全聚德两家公司,而且排名基本稳定,说明这两家公司实力雄厚,发展稳定。

2015 年排名前五的公司中,2014 年和 2013 年都是排名第二,发展稳定,是名副其实的行业龙头。锦江股份排名第一主要因为其成长盈利因子得分高,排名第一,但偿债因子为负值,拉低了综合得分。但公司成长能力强劲,综合实雄厚,具有较大投资价值。综合排名第二的全聚德 2 项因子得分均为正值,且盈利营运因子得分排名第一,由过去两年的排名第三增至第二,各种能力发展均衡,相对其他公司来说,是最具投资价值的。岭南控股排名第三,属后来居上,但发展不尽稳定,投资时需要谨慎。金陵饭店排名第四,2014 年排名第七,2013 年排名第五,其偿债能力尤为突出,行业排名第一,但盈利、营运能力为负值,说明发展不尽稳定,但考虑其综合得分和排名,公司仍具有较大投资价值。排名第五的中科云网偿债和成长盈利因子均为负值,投资时需谨慎考虑。

排名后四位的公司分别是西安饮食、全新好、华天酒店和大东海 A。其中西安饮食和大东海 A 3 项排名都是负值,大大拉低了综合得分。相比之下,我们可以看出盈利和成长能力对公司的投资价值最为关键。

七、系统聚类分析

上述因子分析能够满足投资者对上市公司投资价值分析的需要,但是由于投资者的投资理念往往各不相同,关注的侧重点也有所不同。为了更深入细致地分析行业板块的情况,将利用系统聚类分析法进一步对 9 家住宿与餐饮公司的 3 个因子值和综合值进行 Q 型聚类(即个案分群);聚类方法为 ward 联结法,即离差平方和法,根据同类变量间的离差平方和较小、不同类别间的离差平方和较大来进行分类;测量尺度选用平方 Euclidean 距离,即两样本之间的距离是各样本每个变量值之差的平方和。通过聚类分析把业绩相似的公司归类,可以对不同类别的上市公司进行对比分析,为投资者选择投资组合提供参考。根据树状图(略)对 9 家住宿与餐饮业公司进行分类,本书选择将其分为 4 类,如表 11-5 所示。

表 11-5　聚类分析

类别	住宿和餐营业公司	数目
1	锦江股份	1
2	全聚德	1
3	金陵饭店	1
4	岭南控股、中科云网、西安饮食、全新好、华天酒店、大东海 A	6

表 11-5 中,类别 1 中只包含锦江股份 1 家公司,公司的综合排名第一。

锦江股份是中国最大的酒店、餐饮业上市公司,连续三年平均销售增长率为−4.04%;连续三年平均盈利能力增长率为 12.59%,盈利能力合理;过去 EPS 增长率为 12.63%,公司成长性合理,与 2014 年相比,其排名又上升,盈利能力位居今年的第一,所以综合来看,是有较高的投资价值。

类别 2 中仅有全聚德 1 家公司,其综合排名为第二,盈利营运因子得分是最靠前的。它是我国第一例服务类中国驰名商标,其菜品经过不断创新发展,形成了以独具特色的全聚德烤鸭为龙头,集"全鸭席"和 400 多道特色菜品于一体的全聚德菜系,备受各国元首、政府官员、社会各界人士及国内外游客喜爱,被誉为"中华第一吃"。其综合排名也是保持着 2014 年的第二,其营运能力是很不错的。全聚德品牌效应非常好,现金流充足,值得投资。

类别 3 中也只包含 1 家公司,金陵饭店。其综合排名第三。金陵饭店,先后荣获"全国最佳五星级饭店""全球酒店集团 50 强""中国旅游集团十强""中国本土酒店集团前三强企业""全国质量管理先进企业""中国饭店业民族品牌先锋""中国最佳商务酒店""中国十大最受欢迎酒店"等称号。较去年的综合排名有所上升,其偿债能力和成长能力是不错的,所以是具有较大的投资价值。

类别 4 中包含岭南控股等 6 家公司,其综合排名靠中、靠前、靠后均有。全新好、华天酒店和大东海 A 综合排名均靠后,各项能力均不是很理想,所以,暂不建议对其投资。

八、结语

综上所述,随着服务业的蓬勃发展,住宿业和餐饮业总体表现良好,已成为中国第三产业中的支柱性行业,在扩大内需、繁荣市场、吸纳就业和改善群众生活质量等方面正发挥越来越重要的作用。但是在中央厉行节俭的政策引导下,目前市场行情纷纷走低,预计未来仍然会保持低调平稳发展,不会出现过快的增长,所以基本上不宜进行短期投资,但可以考虑长期持有。与此同时,住宿业和餐饮业也应该积极进行转型升级,拓展新的市场机遇,寻求长远的发展。

参考文献

［1］国家统计局.
［2］国家统计局. 中华人民共和国 2015 年国民经济和社会发展统计公报. 2016-3-8.

(参著:兰丽红)

第十二章　信息传输、软件和信息技术服务业上市公司投资价值动态比较分析研究

第一节　信息传输行业上市公司投资价值动态比较分析研究

一、行业发展与投资价值状况

信息传输业是一个新兴行业，包括电信、广播电视、卫星传播服务业与互联网和相关服务业两个子行业。

随着经济的不断发展和科技水平的不断提高，电信服务业发展迅速。进入 21 世纪来，我国电信服务业发展增速明显高于其他服务行业，在国民经济中的比重迅速上升，其行业地位和作用日益明显。随着改革的不断深入，我国电信服务业的原有垄断格局逐渐被打破，多种服务形式相继涌现，目前已经形成了打破垄断、不同规模、不同业务、不同所有制形式之间互相竞争的市场格局，整个行业增长势头平稳，已经逐步发展成为世界上最大的电信市场。电信服务业的技术进步对于物价总水平的变动也具有一定的影响。这主要表现在两个方面，一是直接影响，即由于电信技术进步而导致电信服务的价格下降，直接影响了物价总水平；二是间接影响，即由于其他经济部门广泛应用电信技术和产品而产生的间接效应。我国电信服务业的 TFP 增长率长期高位运行，一方面说明技术进步对于推动电信服务业的增长起到了重要的作用，而另一方面说明电信服务业对促进中国整体技术进步和技术创新的作用不断加强。但也要看到，金融危机以来，我国电信服务业的技术进步及增长速度出现了缓和下降的趋势。我国电信服务业与发达国家相比，水平和质量仍有较大发展空间。

经过 20 多年的建设和发展，我国有线电视网络作为国家重要的信息化基础设施，已成为世界上用户规模最大的有线电视网络。在深化广播电视体制机制改革、加速数字化和三网融合进程的大好形势下，全国广播电视事业产业继续保持良好发展态势。广播电视广告收入一直以来都是广电行业的主要收入来源。据《中国广播电影电视发展报告》显示，2015 年上半年，全国广播广告收入 74.87 亿元，同比减少 0.39％，电视广告收入535.59亿元，同比减少 2.06％，电视广告刊例广告花费同比减少 3.4％，电视时段广告资源量同比减少 10.2％。其中，省级卫视在广告时长同比缩减 3.5％的情况下仍然实现广告收入一成的增长。在综艺节目的时段广告收入中，省级卫视广告同比增长 11％。省级卫视与省级电视地面台广告收入略有增长，为 4％。[1]

卫星通信商用化始于 20 世纪 60 年代，经过几十年的飞速发展，现已成为重要的现代通信手段之一。基于卫星通信发展起来的卫星传输服务业，成为近年来信息服务业的重要组成部分。卫星传输服务包括 GPS 导航、广播电视、互联网宽带、气象预报等多个方面，而作为支持各类服务应用的卫星通信，有着巨大的市场潜力和发展空间，是卫星传输服务业重要的发展动力。我国在 1973 年建立了国际通信卫星组织

A 型地面站,并租用国际通信卫星开展卫星通信业务,1984 年 4 月起,我国又相继发射了多颗地球同步卫星,逐步建立起基于 VAST 系统的卫星通信网络。[2]

互联网始于 1969 年的美国,美军在 ARPA(阿帕网,美国国防部研究计划署)制定的协定下将美国西南部的 4 所大学的 4 台主要的计算机连接起来。之后得到了迅速广泛深入的发展。它有硬件、软件和应用三层含义,广泛应用于搜集、存储、检索、分析、应用、评估等方面,目前的互联网技术已经广泛应用于各行各业各个领域,乃至千家万户,已经成为人们工作、生活的组成部分。互联网使各种信息传输便捷,有效促进了信息化社会的尽早来临。但信息化本身不是目标,它只是在当前时代背景下实现目标的一种较好的手段,对信息的有效利用才是信息化的最终目的。

截至 2015 年年底,中国网民规模达到 6.88 亿,互联网普及率达到 50.3%,半数中国人已接入互联网。手机网民规模高达 6.20 亿,有 90.1% 的网民通过手机上网,WiFi 无线网络成为网民在固定场所下的首选接入方式。移动互联网塑造了全新的社会生活形态,成为中国互联网近年来持续夺目的景观。[3]

中国政府在国际上高举"网络主权"大旗,在国内出台"互联网+"行动计划,成为对 2015 年中国互联网产生重大和长远影响的事件。

2015 年是"十二五"规划收官之年,中共中央在 10 月召开的十八届五中全会上,已对"十三五"规划做出全盘规划,其中明确了实施国家安全战略、网络强国战略、国家大数据战略、军民融合发展战略,加强网上思想文化阵地建设,推动传统媒体和新兴媒体融合发展、加强国际传播能力建设等重大任务。这些在"十二五"期间已确立的战略,势必在"十三五"期间得到进一步长足发展。

总体而言,我国的电信、广播电视、卫星传播服务业在这几年得到了快速的发展,不论从技术上还是体制上都得到了显著的提高;互联网和相关服务业是进入 21 世纪才得到巨大发展并旋即兴盛起来的产业,正日益普及并广泛应用于各行各业,具有较大的使用价值和强大的生命力。随着现代化技术和信息化程度的不断提高,信息传输业具有广阔发展前景和巨大投资价值。

二、样本选取与数据处理

沪、深证券交易所的 39 家信息传输业上市公司的资料来源主要为其 2015 年度财务报告。由于星美联合、游族网络、天神娱乐、金利科技、恺英网络、东方财富、腾信股份、昆仑万维等 8 家公司部分数据不可获取,因此将这八家公司剔除,参与分析的公司有 31 家。具体初始数据扫描二维码获取。

在指标性质、单位不同的情况下,先要对指标进行同趋势化处理。然后利用 SPSS 中的 Z-score 方法将 13 个指标的原始数据进行标准化处理。同趋化数据和标准化数据略。

三、因子分析法适应性检验

为了检验所选用的指标是否适合使用因子分析法,本书利用 SPSS 软件中 KMO 和 Bartlett 的方法来对样本进行检验。检验结果如表 12-1-1 所示。

表 12-1-1　KMO 和 Bartlett 的检验

取样足够度的 Kaiser-Meyer-Olkin 度量		0.443
Bartlett 的球形度检验	近似卡方	322.584
	自由度(df)	78
	显著性(Sig)	0.000

由表 12-1-1 可知,KMO 值为 0.443,小于 0.5,主要由于样本较少造成。巴特利球形检验统计量为

322.584,相应的概率 Sig 为 0.000,在 5%的显著性水平之下,拒绝原假设,因此可认为相关系数矩阵与单位阵有显著差异,说明样本适合作因子分析。

四、确定主因子

本书应用因子分析法中的主成分分析法来计算原始公因子的特征值、方差贡献率以及累计方差贡献率,并由此确定公因子。结果如表 12-1-2 所示。

表 12-1-2　解释的总方差

成　分	初始特征值			提取平方和载入			旋转平方和载入		
	合计	方差的%	累积%	合计	方差的%	累积%	合计	方差的%	累积%
1	3.544	27.259	27.259	3.544	27.259	27.259	3.164	24.335	24.335
2	3.219	24.765	52.024	3.219	24.765	52.024	3.079	23.682	48.017
3	1.543	11.867	63.891	1.543	11.867	63.891	1.689	12.993	61.010
4	1.198	9.218	73.108	1.198	9.218	73.108	1.422	10.938	71.948
5	1.158	8.904	82.013	1.158	8.904	82.013	1.308	10.064	82.013
6	0.870	6.693	88.705						
7	0.660	5.074	93.779						
8	0.311	2.392	96.172						
9	0.263	2.021	98.192						
10	0.115	0.883	99.075						
11	0.078	0.602	99.677						
12	0.036	0.275	99.952						
13	0.006	0.048	100.000						

提取方法:主成分分析。

根据表 12-1-2 中数据可知,前五个主因子的方差贡献率已经达到了累计方差贡献率的82.013%,即表明这五个主因子已包含原始数据信息量的82.013%,所以只须选择前五个主因子就可以较好地代表原始指标,对公司的绩效进行描述。

特征值是能够被看作表示因子影响力度大小的指标之一,如果特征值小于1,说明该因子的解释力度还不如直接引入一个原变量的平均解释力度大,因此一般用特征值大于1作为纳入标准。特征值可用碎石图列示,如图 12-1-1 所示。从图 12-1-1 可以看出,从第六个因子开始,特征值的值都小于1,且折线的陡度变得比较平缓,这说明提取 5 个主因子是合适有效的。

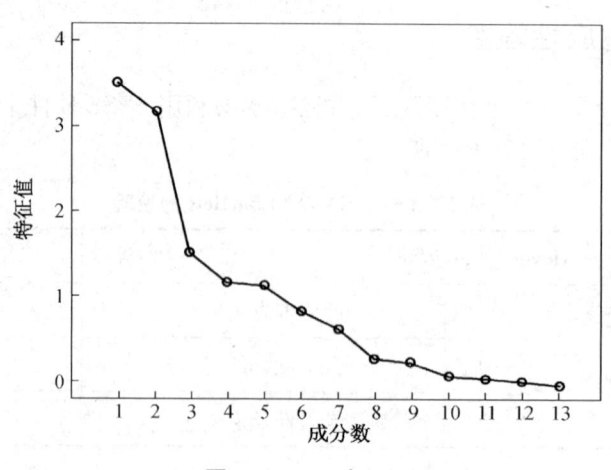

图 12-1-1　碎石图

五、旋转载荷矩阵分析

本书对原因子载荷矩阵进行最大方差旋转,以期得到主因子更明确的含义。结果如表 12-1-3 所示。

表 12-1-3　旋转成分矩阵[a]

	成　分				
	F_1	F_2	F_3	F_4	F_5
基本每股收益	0.762	−0.049	0.543	0.109	−0.101
销售净利率	0.358	−0.359	0.568	0.133	0.425
每股净资产	0.286	0.436	0.418	−0.188	−0.379
总资产报酬率	0.743	−0.103	0.437	0.271	0.312
流动比率	−0.081	−0.030	0.779	−0.048	0.023
速动比率	0.132	0.020	−0.080	0.885	0.050
资产负债率	0.025	0.923	−0.101	−0.147	−0.033
存货周转率	0.045	0.043	0.055	−0.068	0.922
总资产周转率	−0.937	−0.067	−0.021	0.021	0.008
固定资产周转率	−0.843	−0.093	0.254	0.230	−0.011
总资产增长率	0.010	0.959	−0.002	0.174	0.000
营业总收入增长率	−0.452	−0.079	0.112	0.622	−0.149
股东权益增长率	0.017	0.976	−0.054	−0.049	0.020

提取方法:主成分分析。
旋转方法:Kaiser 标准化最大方差法。
a. 旋转在 10 次迭代后收敛。

由表 12-1-3 中的数据可以看到,基本每股收益、总资产报酬率在主因子 F_1 上的载荷分别为 0.762、0.743,体现了公司的盈利能力,为盈利因子;总资产增长率、股东权益增长率在主因子 F_2 上的载荷量分别为 0.959、0.976,体现了公司的成长能力,为成长因子;主因子 F_3 在流动比率上有较大载荷量,为 0.779,代表了公司的偿债能力,为偿债因子 1;主因子 F_4 在速动比率上有较大载荷量,为 0.855,代表了公司的偿债能力,为偿债因子 2;主因子 F_5 在存货周转率上有较大载荷量,为 0.922,它主要反映了公司的营运能力,为营运因子。

六、信息传输行业公司综合得分与排名

要得到因子的综合得分,需先对因子数据进行标准化处理,使其期望为 0,方差为 1,然后,对各因子的方差贡献率占因子总方差贡献率的比重作权重加权汇总,使用计算综合得分的公式来计算各样本的综合得分。公式如下:$F = (\lambda_1 F_1 + \lambda_2 F_2 + \lambda_3 F_3 + \lambda_4 F_4 + \lambda_4 F_5)/\Sigma\lambda i = (0.243\,35 \times F_1 + 0.236\,82 \times F_2 + 0.129\,93 \times F_3 + 0.109\,38 \times F_4 + 0.100\,64 \times F_5)/0.820\,13$ 得到结果按名次排列如表 12-1-4 所示。

表 12-1-4　信息传输行业上市公司综合得分排名

股票代码	股票名称	F_1(盈利)	F_2(成长)	F_3(偿债1)	F_4(偿债2)	F_5(营运)	F(综合)	排名
600892.SH	宝诚股份	−0.018 79	5.126 35	−0.418 75	−0.639 52	0.014 61	1.32	1
300467.SZ	迅游科技	0.253 31	0.259 6	0.299 29	−0.360 09	4.947 21	0.76	2

股票代码	股票名称	F_1（盈利）	F_2（成长）	F_3（偿债1）	F_4（偿债2）	F_5（营运）	F（综合）	排名
300431. SZ	暴风集团	0.676 49	−0.002 7	−0.185 67	3.835 08	0.413 06	0.73	3
600637. SH	东方明珠	0.784 61	0.442 88	1.181	0.347 31	−0.610 75	0.52	4
300113. SZ	顺网科技	−0.437 6	−0.155 81	4.214 12	−0.284 63	0.142 99	0.47	5
300242. SZ	明家联合	−0.605 24	0.807 66	0.085 72	2.823 66	−0.879 35	0.34	6
002315. SZ	焦点科技	0.692 31	−0.028 56	1.926 99	−0.644 75	−1.071 04	0.29	7
002439. SZ	启明星辰	0.441 39	−0.316 18	−0.596 38	1.413 38	0.217 68	0.16	8
300479. SZ	神思电子	0.470 09	−0.218 51	0.182 85	−0.050 04	−0.188 84	0.08	9
600037. SH	歌华有线	0.518 62	−0.260 79	0.417 24	−0.574 65	−0.281 68	0.03	10
000917. SZ	电广传媒	0.283 96	0.443 65	−0.289 77	−0.697 39	−0.479 14	0.01	11
300383. SZ	光环新网	0.319 95	−0.320 21	−0.376 98	0.032 74	0.425 11	0	12
300288. SZ	朗玛信息	−0.292 33	−0.449 02	0.553 81	0.560 06	0.311 92	−0.02	13
002238. SZ	天威视讯	0.467 04	−0.322 07	−0.130 65	−0.330 53	−0.141 51	−0.04	14
603000. SH	人民网	0.273 65	−0.484 84	−0.025 75	−0.248 36	0.453 43	−0.04	15
300295. SZ	三六五网	−0.332 87	−0.317 59	0.821 52	0.061 64	−0.075 71	−0.06	16
300343. SZ	联创互联	0.236 02	0.275 94	0.103 94	−0.677 47	−1.190 47	−0.07	17
600959. SH	江苏有线	0.334 18	−0.360 08	−0.313 33	−0.380 82	−0.022 5	−0.11	18
002131. SZ	利欧股份	0.004 2	−0.102 96	−0.591 23	0.266 19	−0.301 85	−0.12	19
601929. SH	吉视传媒	0.255 38	−0.417 85	−0.565 42	−0.295 94	0.202 82	−0.15	20
600804. SH	鹏博士	0.347 23	−0.333 99	−0.419 81	−0.404 56	−0.335 34	−0.16	21
300031. SZ	宝通科技	0.311 34	−0.421 54	−0.451 1	−0.463 38	0.060 33	−0.16	22
000839. SZ	中信国安	0.149 11	−0.327 5	−0.348 21	−0.444 1	−0.162 74	−0.18	23
300310. SZ	宜通世纪	−0.125 57	−0.296 39	−0.349 21	−0.202 33	−0.255 23	−0.24	24
600831. SH	广电网络	0.210 78	−0.343 15	−0.733 83	−0.517 16	0.297	−0.26	25
002467. SZ	二六三	0.029 49	−0.304 53	−0.703 24	−0.478 92	−0.108 06	−0.27	26
600050. SH	中国联通	0.166 29	−0.312 92	−0.809 82	−0.597 67	−0.341 14	−0.29	27
300104. SZ	乐视网	−0.494 68	−0.218 52	−0.410 44	0.151 76	−0.387 74	−0.3	28
002095. SZ	生意宝	0.066 47	−0.428 72	−0.814 17	−0.506 49	−0.044 06	−0.31	29
000503. SZ	海虹控股	0.079 88	−0.407 95	−1.033 65	−0.574 71	−0.087 27	−0.35	30
300226. SZ	上海钢联	−5.064 73	−0.203 98	−0.219 05	−0.118 33	0.072 27	−1.6	31

表 12-1-4 中，信息传输业上市公司综合得分与其投资价值呈正相关关系。由于先对因子数据进行了标准化处理，因此，可以 0 为参考标准线，认为：综合得分大于 0 的公司，综合业绩相对较好，且数值越大，投资价值越大；综合得分小于 0 的则相对较差，且数值越小，投资价值越小。依此可对上市公司的综合业绩和投资价值有一个基本的评价。

具体而言，表 12-1-4 中，排名前十位的宝诚股份、迅游科技、暴风集团、东方明珠、顺网科技、明家联合、焦点科技、启明星辰、神思电子、歌华有线。其中，顺网科技和焦点科技两家公司连续三年综合排名都在前十名，且都是互联网公司。这说明互联网行业发展迅速，实力强劲。这两家公司偿债能力突出，说明公司财务状况好，排名稳中有升，非常值得长期投资。宝诚股份总分排名第一，表现突出的是其遥遥领先的成长能力，营运能力也不错，但其余 3 项得分为负值，发展不尽均衡，2015 年公司非公开发行募集资金用于收购两家标的公司，深圳淘乐网络科技有限公司及无锡中联传动文化传播有限公(原名称：北京中联传动影视文化有限公司)100％的股权。说明公司整体经营状况欠佳，投资者应继续观察公司扩张后的经营管理绩效,暂时进行适量投资。迅游科技总分排名第二,于 2008 年在成都高新区注册成立,2015 年 5 月 27 日在深圳证券交易所进行上市仪式,正式挂牌创业板交易。该公司营运能力得分排名第一,其余各项得分均为正值,说明公司发展迅猛且在各个方面保持均衡,值得长期投资。暴风集团排名第三,2014 年排名十二,上升了 9 位,进步较大。该公司偿债能力得分遥遥领先,盈利能力也不错,但成长因子得分为负值,但各类数据都比 2014 年更好,说明该公司各方面都有所改善,不断发展,值得投资。东方明珠总分排名第四,2015 年原百视通与东方明珠资产重组,百事通 2013 年排名第二,2014 年排名第一。购并后综合实力有所下降,除营运因子外,其他因子均为正值,且偿债因子得分突出,从目前数据看可以进行适量投资。明家联合总分排名第五,2015 年 1 月,公司完成对金源互动 100%股权的收购。有突出的偿债能力,成长因子也不错,但其他因子为负值,较适合对其投资。启明星辰综合排名第八,2013 年排名第六,2014 年排名第十三。偿债因子比前两年都有所提升,盈利因子逐年上升,成长因子连续三年均为负值,较 2014 年有所提高但仍比 2013 年的差一些。适合短期投资。神思电子、歌华有线两家公司的盈利因子和偿债因子 1 较好,但其他因子为负值,综合实力不错,可以进行适量投资。

排名后十位的公司包括宝通科技、中信国安、宜通世纪、广电网络、二六三、中国联通、乐视网、生意宝、海虹控股、上海钢联。这些公司成长因子、偿债因子得分基本都为负值,相对而言能力较差,总的来看,暂不建议投资,但上海钢联例外。上海钢联和乐视网在 2014 年发展非常好,属于一类别的公司。2015 年上海钢联亏损约为 2.4 亿元,较 2014 年同期,下降约 2.6 亿元。公告显示,2015 年上海钢联亏损原因主要有三点:第一,旗下钢铁 B2B 平台钢银电商现货交易服务业务规模持续扩大,并形成了一定数量的库存;第二,平台生态链建设、钢银电商高端 IT 人才引进导致成本上升;第三,预计非经常性损益对母公司净利润的营销额约为 500 万～700 万元。[4]上海钢联 2016 年一季度实现收入 59.7 亿元,同比增长 81.05%。同时,公司经过两年投入和执行,高投入阶段已经过去,2016 年第一季度开始迎来扭亏为盈,实现净利润 209.8 万元,释放积极信号,宣告公司最艰难时刻已经过去,平台属性越发牢固,盈利属性开始凸显。虽然 2015 年该公司各项数据排名垫底,但仍具有较大的投资价值。

七、系统聚类分析

上述因子分析能够满足投资者对上市公司投资价值分析的需要,但是由于投资者的投资理念往往各不相同,关注的侧重点也有所不同。为了更深入细致地分析行业板块的情况,将利用系统聚类分析法进一步对 31 家电信、广播电视、卫星传输服务行业上市公司的 5 个因子值和综合值进行 Q 型聚类(即个案分群);聚类方法为 ward 联结法,即离差平方和法,根据同类变量间的离差平方和较小、不同类别间的离差平方和较大来进行分类形成树状图(略)。测量尺度选用平方 Euclidean 距离,即两样本之间的距离是各样本每个变量值之差的平方和。通过聚类分析把业绩相似的公司归类,可以对不同类别的上市公司进行对比分析,为投资者选择投资组合提供参考。

根据树状图(略)对 31 家信息传输业上市公司进行分类,本书选择将其分为 4 类,如表 12-1-5 所示。

表 12-1-5　聚类分析

类别	信息传输业公司	数目
1	宝诚股份、迅游科技	2
2	暴风集团、明家联合	2
3	东方明珠、顺网科技、焦点科技、启明星辰、神思电子、歌华有线、电广传媒、光环新网、朗玛信息、天威视讯、人民网、三六五网、联创互联、江苏有线、利欧股份、吉视传媒、鹏博士、宝通科技、中信国安、宜通世纪、广电网络、二六三、中国联通、乐视网、生意宝、海虹控股	26
4	上海钢联	1

表 12-1-5 中,类别 1 中,有宝诚股份、迅游科技 2 家公司,综合排名前两名,突出优势是成长或营运

能力得分遥遥领先,比较适宜对其长期投资。宝诚股份的突出优势是其成长能力,营运能力也不错,说明公司潜力大,适合投资。2015 年公司非公开发行募集资金用于收购两家标的公司,深圳淘乐网络科技有限公司及无锡中联传动文化传播有限公(原名称:北京中联传动影视文化有限公司)100%的股权。公司于 2015 年 12 月 17 日完成了无锡中联传动文化传播有限公司的工商变更手续,取得了无锡市滨湖区市场监督管理局换发的营业执照,完成了股权过户。2016 年 6 月 21 日,宝诚股份(600892)发布公告称,经公司向上海证券交易所申请,公司股票简称自 2016 年 6 月 27 日起变更为大晟文化,证券代码保持不变。迅游科技的营运能力突出,成长能力也不错。说明它的发展潜力大,远景乐观,适宜对其长期投资。2015 年度报告期内,公司业务保持平稳增长,成本费用控制良好。报告期实现营业收入为 17 186.79 万元,同比下降 3.48%,其原因主要是 2014 年 8 月 28 日本公司经四川省成都高新技术产业开发区国家税务局认定为增值税一般纳税人,自 2014 年 9 月 1 日起缴纳 6%的增值税;2015 年 8 月 1 日起公司缴纳 17%的增值税,同时享受软件企业增值税实际税负超过 3%的部分即征即退政策。综上所述,公司 2015 年收入数为不含税收入,上年同期数为部分含税收入。2015 年度报告期内,公司实现营业利润为 5 260.66 万元,同比下降 20.39%;归属于母公司净利润为 5 822.97 万元,同比下降 3.23%。其主要原因是该报告期内公司实施限制性股票激励,由此产生的股份支付费用为 1 466.28 万元,对当期营业利润及净利润产生了一定影响。如果扣除股份支付费用,公司营业利润同比增长 1.80%,净利润同比增长 17.48%,整体业绩良好,[5]可以考虑投资。

类别 2 中,包含暴风集团、明家联合 2 家公司,这两家公司的偿债能力最为突出,比较适宜对其短期投资。其中,2015 年 3 月 24 日,暴风科技在国内 A 股上市,推出暴风魔镜和暴风超体电视,上线暴风秀场,并购稻草熊影业、立动科技和甘普科技,建立 DT 大数据中心,联手海洋音乐构建流量联邦,联手天象互动打造手游发行平台,以及孵化暴风云视频、暴风加油站、暴风私影、云朵 TV 助手、暴风文化等项目。首先,通过 14 个项目的布局,在内容、服务、商业三条线上完成了全球 DT 大娱乐战略的基本轮廓,布局完成 60%。另一方面,虽然时间不长,暴风仍然在一些重要模块上初见成效。2015 年暴风科技归属于上市公司股东的净利润同比上涨 313.23%;VR 方面,暴风魔镜市场规模在中国乃至世界已经达到绝对领先,魔镜用户规模突破 100 万台。暴风 TV,自 2015 年 12 月超体电视正式上线销售,获得了用户口碑第一的成绩。同时,在京东平台 4 000~5 000 元价位电视中,暴风 TV 也获得了销量与好评率第一。[6]明家联合成长因子好,具有长期投资价值。2015 年,公司的资产质量、财务指标、盈利能力均得到了明显改善,公司的可持续发展能力得到提升。2015 年度报告期内,公司实现营业收入 900 825 281.28 元,较 2014 同期增长 433.04%;归属于上市公司股东的净利润 55 337 575.68 元,较 2014 年同期增长 1 250.15%。

类别 3 中,包含东方明珠等 27 家公司,总体实力差距较大,既有排名前十的东方明珠、顺网科技等,也有排名垫底的生意宝、海虹控股等。该类公司各项能力发展不均衡,需进行个别分析。东方明珠营运因子得分为负,其他各项因子提分均为正,其中偿债因子和盈利因子相对较好,适合投资。经过原百视通与东方明珠的资产重组,以及 4 家公司的注入,上海东方明珠新媒体股份有限公司于 2015 年 6 月 19 日正式揭牌。本次重组完成后,该公司拥有尚世影业、五岸传播两大核心资产,兼具内容制作与版权经营能力,打通了从内容研发到内容生产再到内容销售的产业环节后,公司已经拥有完整的"内容产业链",强力支持公司云平台的内容库建设,为公司在新媒体行业的竞争中建立内容方面的领先优势。2015 年度报告期内,公司实现营业收入 211.26 亿元,同比增长 35.53%;实现归属于上市公司股东的净利润 29.07 亿元,同比增长 26.10%,基本每股收益 1.53 元。从 2013 年年底开始,上海文广和旗下的上市公司就进入了媒体改革期。2014 年开始,百视通和东方明珠的重大资产重组及整合工作已经加速度推进。这也引发了市场对重组后的东方明珠打造"互联网+"概念的遐想。资料显示,重组后的东方明珠拥有中国规模最大、门类最齐、特色鲜明的内容版权库;拥有互联网电视、ITV 交互式电视、有线电视、移动等多种传播渠道,已成为中国最大的多渠道视频集成与分发平台;旗下数字营销、主机游戏、电视购物、文化娱乐旅游等传媒相关服务在行业中领先。在此基础上,该公司正以强大的媒体业务为根基,以互联网电视业务为切入点,建设覆盖线上线下的泛娱乐产业平台,推进受众向用户的转变以及流量变现,加快构筑互联网媒体生态系统、商业模式与体制架构,打造中国最具市场价值和传播力、公信力、影响力的生态型互联网媒体集团。2015年里,东方明珠最引人关注的焦点是整合改革进程。公司对治理结构、业务架构及激励机制做了梳理调整,确立了"内容、渠道与平台、传媒娱乐相关服务"三大业务板块及渠道产品运营、云平台与大数据、数字营销与广告、游戏业务、视频购物及电子商务、文化娱乐旅游等12个事业群,实现纵横交错的矩阵式业务运营格局,最大限度提升公司互联网媒体生态系统价值。生意宝的偿债因子、成长因子、营运因子均为负值,综合能力较弱。2013年基本每股收益0.2元,2014年基本每股收益为0.16元,2015年下降为0.07元每股,同比下降56.25%。营业收入2015年为1.76亿元,2014年为1.6亿元有所提升,而与2013年的1.99亿元相比,仍然增长力度不够,发展不容乐观。投资时需谨慎选择。

类别4中,只有上海钢联1家公司,在表12-1-6中,综合排名倒数第一,主要由盈利因子得分过低造成,但考虑到其实际情况,仍具有较大投资价值,具体前已详述。

八、结语

综上所述,投资者在进行信息传输业的投资价值分析时,需要具备理性的态度,结合信息传输业的宏观情况和上市公司财务状况等各类信息,利用定量分析模型的分析结果作为决策辅助工具,就能更快、更好地判断挖掘公司的内在价值,作出有价值的投资决策,获得相应的最大收益。但由于分析将电信、广播电视、卫星传播服务业与互联网和相关服务业合并在一起进行,而它们有各自特点,因此,决策时还应考虑小类别行业的实际情况,并结合投资时的市价按照价值投资操作方法(详见本书第二十二章)予以决策,以便更有效地预估未来,作出更加准确的价值投资决策。

参考文献

[1] 百度文库.中国广播电影电视发展报告.
[2] 百度文库.卫星传输服务业研究阅读报告.
[3] 12月16日,习近平出席在浙江乌镇举行的第二届世界互联网大会,并在开幕式上发表主旨演讲,强调了互联网治理的"网络主权"原则。
[4] 同花顺财经,http://stock.10jqka.com.cn/20160202/c587749883.shtml.
[5] 东方财富证券.四川迅游网络科技股份有限公司2015年度业绩快报.
[6] 暴风科技.2015年年度报告.

(参著:廖丰羽)

第二节　软件和信息技术服务业上市公司
投资价值动态比较分析研究

一、行业发展和投资价值状况

软件产业是国民经济和社会发展的基础性、先导性、战略性和支柱性产业,对经济社会发展具有重要的支撑和引领作用。信息技术服务业是利用计算机和通信网络等现代科学技术对信息进行生产、收集、处理、加工、存储、传输、检索和利用,并以信息产品为社会提供服务的专门行业的综合体,指服务者以独特的策略和内容帮助信息用户解决问题的社会经济行为。软件产业和信息服务业都是新兴高科技产业,二者密切相关。发展和提升软件和信息技术服务业,对于推动信息化和工业化深度融合,培育和发展战略性新兴产业,加快经济发展方式转变和产业结构调整,提高国家信息安全保障能力和国际竞争力具有重要意义。2000年以来,国务院先后发布了《鼓励软件产业和集成电路产业发展的若干政策》和《进一步鼓励软件产业和集成电路产业发展的若干政策》,从财税、投融资、研究开发、进出口、人才、知识产权、市场等方面给予了较为全面的政策支持。经过全行业的共同努力,我国软件和信息技术服务业步入新的快速发展阶段,到2015年,已经形成了较为完整的技术和产业体系,取得了骄人的成绩。

2015年全国规模以上软件和信息技术服务业企业4.09万家,实现业务收入4.3万亿元,同比增长16.6%,同比增速下降4.5个百分点;软件业实现出口545亿美元,同比增长5.3%,增速比2014年提高1.6个百分点。[1]考虑经济增速减缓、下行压力巨大等背景,这一增速已然不易。

近几年来,软件和信息技术服务业企业业务主要围绕大数据、云计算、物联网等新兴技术以及金融、医疗、数字内容等需求大、普及率高的领域展开,海外战略投资与合作也异常活跃,涌现出一大批具有世界先进水平的超一流企业。根据国家统计局批准、工业和信息化部统计的2015年全国软件和信息技术服务业年报数据,经各地工业和信息化主管部门初步审核、工业和信息化部最终核定,2016年(第十五届)中国软件业务收入前百家企业名单揭晓。其中,华为技术有限公司以软件业务年收入1786亿元,连续十五年蝉联软件前百家企业之首,中兴通讯股份有限公司、海尔集团公司分别列第二和第三名。前百家企业主动适应国内经济发展新常态,2015全年实现了稳中向好的发展局面。据统计,2015年仅占行业企业0.26%的软件前百家企业共完成软件业务收入6005亿元,比上届增长13.1%,占软件和信息技术服务全行业收入的14%。其中软件业务收入过100亿元的企业达7家,比上届增加1家;过千亿元的企业1家。软件前百家企业共实现利润总额1524亿元,比上届增长48.2%;主营业务收入利润率为11.9%,比上届提高3.2个百分点,高出全行业2个百分点;利润率超过20%的企业达15家;全年共投入研发经费1233亿元,比上届增长47.3%,增速超过收入增长34.2个百分点;研发强度(研发经费占主营业务收入比例)达9.6%,比上届提高2.6个百分点,高于全行业2.9个百分点;参与研发人员数接近36万人,占总从业人员数的43%,与上届相比增长12%;实现软件出口229亿美元,比上届增长9.6%;实现电子商务平台信息技术服务收入36亿元,物流等在线平台信息技术服务收入60亿元,均比上届有较快增长,大力支撑了我国传统服务业发展;对工业的促进作用也持续加强,使产品和生产线智能化发展加快,软件前百家企业实现嵌入式系统软件收入占总收入的24%;在智慧城市建设中发挥着关键作用,形成了智能水网、智能电网、智能交通、智能安防等一系列城市智能应用,提高了服务效率。[2]

总之,我国软件和信息技术服务业的作业和战略地位已经提升到前所未有的高度,逐渐成为推动我国经济增长的主要因素。与此同时,行业的国际地位逐步提升,许多先进技术已经达到世界领先水平。随着信息化向纵深发展,信息技术服务日益综合化、集成化,市场将从单一企业竞争发展到以聚合生态系统的协同效应参与全产业链竞争,多元化并购合作活动的增长趋势将继续延续,前景广阔,潜力巨大,投资价值必将如日剧增。

二、样本选取与数据处理

沪、深证券交易所的123家软件和信息技术服务业上市公司的资料来源主要为其2015年度的财务报告相关信息资料整理计算获得。另有高升控股、博彦科技、同花顺、中青宝、富春通信、掌趣科技、赢时胜、盛迅达部分数据有缺失,故将其剔除。具体初始数据扫描二维码获取。

在指标性质、单位不同的情况下,先要对指标进行同趋势化处理。然后利用SPSS中的Z-score方法将13个指标的原始数据进行标准化处理。同趋化数据与标准化数据略。

三、因子分析法适应性检验

为了检验选用的指标是否适合使用因子分析法，本书利用 SPSS 软件中 KMO 和 Bartlett 的方法来对样本进行检验。检验结果如表 12-2-1 所示。

表 12-2-1　KMO 和 Bartlett 的检验

取样足够度的 Kaiser-Meyer-Olkin 度量		0.616
Bartlett 的球形度检验	上次读取的卡方	674.305
	自由度(df)	78
	显著性(Sig)	0.000

由表 12-2-1 可知，KMO 值为 0.616，大于 0.5，各变量之间的相关程度无较大差异，原有变量适合作因子分析。同时，巴特利球形检验统计量为 674.305，相应的概率 Sig 为 0.000，在 5% 的显著性水平之下，拒绝原假设，因此可认为相关系数矩阵与单位阵有显著差异，说明样本适合作因子分析。

四、确定主因子

本书应用因子分析法中的主成分分析法来计算原始公因子的特征值、方差贡献率以及累计方差贡献率，并由此确定公因子。结果如表 12-2-2 所示。

表 12-2-2　解释的总方差

成　分	初始特征值			提取平方和载入			旋转平方和载入		
	合计	方差的 %	累积 %	合计	方差的 %	累积 %	合计	方差的 %	累积 %
1	3.605	27.730	27.730	3.605	27.730	27.730	2.751	21.162	21.162
2	1.813	13.949	41.680	1.813	13.949	41.680	1.733	13.327	34.490
3	1.480	11.385	53.064	1.480	11.385	53.064	1.688	12.986	47.476
4	1.256	9.663	62.728	1.256	9.663	62.728	1.644	12.649	60.125
5	1.129	8.685	71.412	1.129	8.685	71.412	1.381	10.626	70.751
6	1.011	7.779	79.191	1.011	7.779	79.191	1.097	8.440	79.191
7	0.882	6.788	85.980						
8	0.511	3.929	89.909						
9	0.442	3.400	93.309						
10	0.378	2.910	96.219						
11	0.262	2.012	98.231						
12	0.158	1.214	99.445						
13	0.072	0.555	100.000						

提取方法：主成分分析。

根据表 12-2-2 中数据可知，前六个主因子的方差贡献率已经达到了累计方差贡献率的 79.191%，即表明这六个主因子已包含原始数据信息量的 79.191%，所以只须选择前六个主因子就可以较好地代表原始指标，对公司的绩效进行描述。

特征值是能够被看作表示因子影响力度大小的指标之一，如果特征值小于 1，说明该因子的解释力度还不如直接引入一个原变量的平均解释力度大,因此一般用特征值大于1作为纳入标准。特征值可用碎石图列示,如图12-2-1所示。从图12-2-1可以看出,从第七个因子开始,特征值的值都小于1,且折线的陡度变得比较平缓,这说明提取6个主因子是合适有效的。

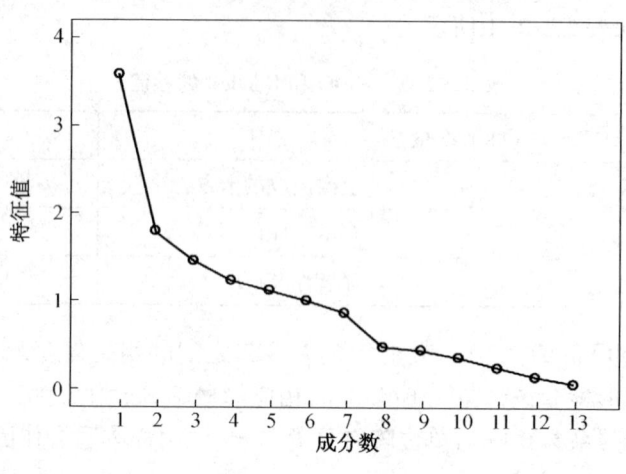

图 12-2-1　碎石图

五、旋转载荷矩阵分析

本书对原因子载荷矩阵进行最大方差旋转,以期得到主因子更明确的含义。结果如表12-2-3所示。

表 12-2-3　旋转成分矩阵[a]

	成　分					
	F_1	F_2	F_3	F_4	F_5	F_6
基本每股收益	0.799	0.262	0.009	−0.108	0.326	−0.215
销售净利率	0.362	0.111	0.434	−0.359	0.584	−0.203
每股净资产	0.891	−0.077	−0.196	−0.065	−0.061	−0.013
总资产报酬率	0.374	0.394	0.378	−0.175	0.560	−0.265
流动比率	−0.116	−0.137	−0.116	0.095	0.776	0.191
速动比率	−0.021	−0.047	−0.094	0.844	0.032	−0.046
资产负债率	0.037	0.053	0.001	−0.055	0.070	0.904
存货周转率	−0.050	0.035	0.057	0.855	−0.055	−0.003
总资产周转率	−0.010	0.873	−0.139	−0.081	−0.028	−0.079
固定资产周转率	−0.023	0.830	0.117	0.073	−0.008	0.131
总资产增长率	0.733	−0.066	0.444	0.004	−0.051	0.223
营业总收入增长率	0.032	0.000	0.909	−0.023	0.016	−0.016
股东权益增长率	0.701	−0.101	0.486	0.037	−0.041	0.102

提取方法:主成分分析。

旋转方法:Kaiser标准化最大方差法。

a. 旋转在10次迭代后已收敛。

由表12-2-3中的数据可以看到,基本每股收益、每股净资产、总资产增长率、股东权益增长率在主因子 F_1 上的载荷量分别为0.799、0.891、0.733、0.701,它主要反映了公司的盈利能力与成长能力,所以将 F_1 命名为盈利成长因子;主因子 F_2 在总资产周转率(0.873)、固定资产周转率(0.830)上有较大载荷量,代表了公司的营运能力,故而将其命名为营运因子;主因子 F_3 在总资产增长率(0.444)、营业总收入增长率(0.909)、股东权益增长率(0.486)上有较大载荷量,代表了公司的成长能力,为成长因子;速动比率在主因子 F_4 上的载荷分别为0.844,体现了公司的短期偿债能力,命名为偿债因子1;基本每股收益和销售净利率在主因子 F_5 上的载荷量分别为0.326与0.584,体现了公司的盈利能力,为盈利因子;资产负债率在主因子 F_6 上的载荷分别为0.904,体现了公司的长期偿债能力,命名为偿债因子2。

六、软件和信息技术服务业公司综合得分与排名

要得到因子的综合得分,需先对因子数据进行标准化处理,使其期望为0,方差为1,然后,对各因子的方差贡献率占因子总方差贡献率的比重作权重加权汇总,使用计算综合得分的公式 $F=(\lambda_1 F_1+\lambda_2 F_2+\lambda_3 F_3+\lambda_4 F_4+\lambda_5 F_5+\lambda_6 F_6)/\Sigma\lambda i=(0.211\,62\times F_1+0.133\,27\times F_2+0.129\,86\times F_3+0.126\,49\times F_4+0.106\,26\times F_5+0.084\,40\times F_6)/0.791\,91$ 来计算各样本的综合得分。得到结果按名次排列如表12-2-4所示。

表 12-2-4　软件和信息技术服务行业上市公司综合得分排名

股票代码	股票名称	F_1(盈利成长)	F_2(营运)	F_3(成长)	F_4(偿债1)	F_5(盈利)	F_6(偿债2)	F	排名
300493.SZ	润欣科技	−0.380 09	7.675 13	−0.302 01	0.515 79	−0.538 49	2.177 21	1.38	1
002280.SZ	联络互动	−0.465 97	3.025 30	3.243 34	1.260 27	1.191 43	−0.087 61	1.27	2
300359.SZ	全通教育	2.739 15	−1.084 50	3.926 45	0.496 24	−1.271 19	1.353 67	1.25	3
300311.SZ	任子行	0.546 70	0.121 12	0.206 48	−0.694 11	0.966 45	9.352 36	1.22	4
300419.SZ	浩丰科技	5.921 63	−0.991 35	−1.505 43	0.526 37	−1.109 04	0.452 64	1.15	5
603508.SH	思维列控	3.633 82	0.086 44	−0.741 80	−0.167 60	0.903 18	−0.929 55	0.86	6
300366.SZ	创意信息	1.889 86	−0.159 89	2.221 85	0.242 76	−0.756 12	0.404 64	0.82	7
300017.SZ	网宿科技	0.485 63	1.407 55	0.419 30	0.165 55	3.055 54	−0.571 35	0.81	8
601519.SH	大智慧	−0.550 67	−0.662 72	−1.232 03	9.103 78	−1.710 43	0.236 57	0.79	9
300496.SZ	中科创达	2.374 11	0.630 91	−0.034 60	0.229 53	0.284 03	−0.439 78	0.76	10
002609.SZ	捷顺科技	−0.237 19	0.002 88	−0.166 47	4.184 62	2.090 94	−0.951 38	0.76	11
002195.SZ	二三四五	0.824 12	−0.757 11	2.989 17	0.815 24	−0.322 70	−0.235 60	0.64	12
300170.SZ	汉得信息	−0.461 18	0.472 09	0.594 19	3.329 62	0.692 26	−0.571 62	0.62	13
300494.SZ	盛天网络	1.526 01	−0.231 08	0.300 20	0.158 34	0.406 99	−0.357 96	0.46	14
300440.SZ	运达科技	1.671 72	−0.441 56	−0.574 76	−0.081 67	1.515 86	−0.194 45	0.45	15
002279.SZ	久其软件	1.113 88	−0.491 57	1.627 61	−0.050 32	−0.420 71	0.045 30	0.42	16
300 229.SZ	拓尔思	−1.193 98	−1.873 33	−0.747 37	0.635 02	6.730 91	1.489 68	0.41	17
002373.SZ	千方科技	1.191 70	−0.367 29	0.547 12	−0.026 31	0.155 24	0.350 55	0.40	18
300348.SZ	长亮科技	−0.213 54	0.041 49	0.761 42	0.554 04	0.006 36	1.793 01	0.36	19
600850.SH	华东电脑	0.389 37	2.904 64	−1.024 56	−0.111 00	−0.324 64	−0.266 35	0.34	20
300508.SZ	维宏股份	0.711 23	0.925 08	−0.286 67	−0.517 62	2.037 01	−1.517 21	0.33	21
300182.SZ	捷成股份	0.188 94	−0.016 12	1.720 82	−0.187 71	0.180 78	0.030 54	0.33	22

股票代码	股票名称	F_1（盈利成长）	F_2（营运）	F_3（成长）	F_4（偿债1）	F_5（盈利）	F_6（偿债2）	F	排名
300369.SZ	绿盟科技	0.346 21	−0.325 98	0.107 13	0.078 37	1.760 10	0.171 84	0.32	23
300448.SZ	浩云科技	1.095 81	0.765 99	−0.299 29	−0.201 37	0.099 32	−0.543 92	0.30	24
002261.SZ	拓维信息	1.263 91	−0.845 90	0.653 19	−0.137 80	−0.089 26	0.215 83	0.29	25
002153.SZ	石基信息	2.192 48	−0.090 40	−1.303 62	−0.209 50	0.062 70	−0.461 23	0.28	26
300339.SZ	润和软件	1.281 86	−0.759 95	0.622 87	−0.055 65	−0.444 45	0.047 64	0.25	27
300324.SZ	旋极信息	−0.618 89	−0.047 02	2.887 73	−0.097 19	−0.591 47	−0.024 07	0.20	28
002771.SZ	真视通	0.685 11	0.991 77	−0.508 06	−0.116 63	−0.269 80	−0.237 84	0.19	29
300287.SZ	飞利信	0.022 87	−0.788 81	2.251 69	−0.000 25	−0.776 55	0.228 34	0.16	30
300468.SZ	四方精创	1.101 44	−0.010 84	−0.508 19	−0.020 72	−0.221 70	−0.137 33	0.16	31
300469.SZ	信息发展	0.477 99	0.754 89	−0.204 71	−0.132 20	−0.241 19	−0.202 69	0.15	32
600571.SH	信雅达	0.264 65	0.699 37	−0.714 79	−0.351 80	0.335 69	0.736 62	0.14	33
300451.SZ	创业软件	1.057 12	0.073 18	−0.891 14	−0.182 29	0.065 48	−0.041 94	0.12	34
002065.SZ	东华软件	0.483 45	0.143 40	−0.396 54	−0.229 56	0.848 46	−0.437 65	0.12	35
300085.SZ	银之杰	−1.534 80	0.272 33	3.513 58	−0.072 02	−0.504 82	−0.168 99	0.11	36
300098.SZ	高新兴	0.238 14	−0.634 43	1.124 25	−0.031 75	−0.465 39	0.369 09	0.11	37
300365.SZ	恒华科技	−0.154 36	0.211 24	1.142 42	−0.307 37	0.389 34	−0.699 99	0.11	38
300386.SZ	飞天诚信	0.926 79	0.376 34	−0.886 56	−0.248 91	0.295 91	−0.562 63	0.11	39
300379.SZ	东方通	0.695 40	−0.515 19	0.149 02	−0.184 20	0.307 17	−0.485 87	0.08	40
600570.SH	恒生电子	−0.025 92	0.386 72	0.461 39	−0.326 61	0.521 66	−0.684 25	0.08	41
300231.SZ	银信科技	−0.653 96	1.302 58	0.323 13	−0.137 91	0.314 20	−0.511 24	0.06	42
300271.SZ	华宇软件	0.133 50	0.254 93	0.251 79	−0.257 66	0.151 27	−0.487 01	0.05	43
300513.SZ	恒泰实达	0.117 66	1.014 33	−0.689 59	−0.228 02	0.208 08	−0.356 32	0.04	44
600845.SH	宝信软件	1.142 14	0.213 04	−1.327 05	−0.206 12	−0.175 79	−0.356 38	0.03	45
300166.SZ	东方国信	−0.223 58	−0.085 63	0.807 57	−0.283 64	0.319 03	−0.288 67	0.03	46
002777.SZ	久远银海	0.504 86	0.111 85	−0.392 89	−0.249 18	0.226 05	−0.575 15	0.02	47
300183.SZ	东软载波	0.039 61	0.130 81	0.195 27	−0.403 88	0.687 33	−0.710 31	0.02	48
002368.SZ	太极股份	0.029 41	1.311 84	−0.660 17	−0.120 66	−0.570 55	−0.107 15	0.01	49
300465.SZ	高伟达	0.272 52	1.204 03	−0.914 85	−0.167 58	−0.609 83	−0.194 32	0.00	50
002642.SZ	荣之联	0.681 47	−0.512 05	−0.778 20	−0.176 64	0.302 42	−0.118 87	−0.03	51
600446.SH	金证股份	−0.331 36	1.071 80	−0.131 06	−0.256 73	−0.367 80	−0.157 68	−0.04	52
002421.SZ	达实智能	0.100 22	−0.364 64	0.488 64	−0.120 27	−0.551 85	0.070 37	−0.04	53
603636.SH	南威软件	0.700 34	−0.639 29	−0.767 67	−0.286 37	0.266 93	0.096 44	−0.05	54
300253.SZ	卫宁健康	−0.594 36	0.081 46	0.885 04	−0.274 23	0.220 70	−0.366 90	−0.05	55
603918.SH	金桥信息	0.176 15	0.683 44	−0.679 67	−0.213 83	−0.322 18	−0.250 71	−0.05	56
300290.SZ	荣科科技	−0.371 27	−0.049 75	0.315 30	−0.131 22	0.140 11	0.000 79	−0.06	57

股票代码	股票名称	F_1（盈利成长）	F_2（营运）	F_3（成长）	F_4（偿债1）	F_5（盈利）	F_6（偿债2）	F	排名
300297. SZ	蓝盾股份	−0.796 50	−0.102 38	1.543 54	−0.187 69	−0.233 79	−0.211 39	−0.06	58
300188. SZ	美亚柏科	−0.075 28	−0.337 10	0.310 35	−0.293 65	0.233 23	−0.232 58	−0.07	59
300248. SZ	新开普	−0.347 85	−0.243 98	0.937 24	−0.222 99	−0.355 19	−0.033 45	−0.07	60
002230. SZ	科大讯飞	−0.036 41	−0.567 16	0.312 72	−0.202 23	0.148 82	−0.129 62	−0.08	61
600602. SH	云赛智联	−0.651 67	0.092 63	−0.545 63	−0.020 66	1.010 80	0.324 64	−0.08	62
002657. SZ	中科金财	0.135 51	−0.018 07	−0.240 65	−0.244 34	−0.031 64	−0.308 10	−0.08	63
002268. SZ	卫士通	−0.198 94	0.213 57	0.138 77	−0.223 46	−0.209 35	−0.287 21	−0.09	64
000997. SZ	新大陆	−0.475 46	0.455 86	0.238 47	−0.293 29	0.073 20	−0.447 64	−0.10	65
000555. SZ	神州信息	−0.189 39	1.015 19	−0.641 69	−0.221 52	−0.367 09	−0.254 81	−0.10	66
300302. SZ	同有科技	−0.416 83	−0.181 60	0.522 82	−0.301 37	0.257 46	−0.337 07	−0.11	67
300212. SZ	易华录	0.468 22	−0.444 55	−0.467 60	−0.190 67	−0.309 92	−0.106 03	−0.11	68
300096. SZ	易联众	−1.252 04	−1.141 49	−1.273 42	0.326 70	3.368 12	1.106 70	−0.11	69
300352. SZ	北信源	−0.686 28	−0.078 58	0.947 55	−0.194 67	−0.025 14	−0.409 34	−0.12	70
600728. SH	佳都科技	−0.372 65	0.767 81	−0.262 52	−0.247 16	−0.319 43	−0.241 40	−0.12	71
300036. SZ	超图软件	−0.418 47	−0.158 17	0.009 87	−0.008 76	0.046 16	−0.023 46	−0.13	72
300025. SZ	华星创业	−0.135 20	0.245 11	−0.313 78	−0.211 58	−0.093 17	−0.423 63	−0.14	73
600406. SH	国电南瑞	−0.185 88	0.295 48	−0.398 88	−0.305 44	0.240 71	−0.526 68	−0.14	74
300075. SZ	数字政通	−0.344 24	−0.263 30	0.003 36	−0.323 73	0.303 37	0.000 31	−0.15	75
300050. SZ	世纪鼎利	0.141 07	−0.702 82	−0.013 77	−0.269 25	0.009 11	−0.375 33	−0.16	76
600797. SH	浙大网新	−0.621 04	1.420 86	−0.684 39	−0.290 64	−0.291 70	−0.380 47	−0.17	77
002253. SZ	川大智胜	0.296 68	−1.108 73	−0.505 69	−0.173 95	0.283 54	0.099 89	−0.17	78
300010. SZ	立思辰	−0.391 90	−0.306 47	0.208 97	−0.261 41	−0.071 65	−0.104 40	−0.18	79
600260. SH	凯乐科技	−0.540 46	−0.352 01	0.860 74	−0.190 26	−0.639 48	−0.162 30	−0.20	80
002331. SZ	皖通科技	−0.286 55	−0.174 47	−0.382 37	−0.266 58	−0.068 89	0.217 87	−0.20	81
300044. SZ	赛为智能	−0.289 53	0.078 66	−0.348 09	−0.321 68	0.099 09	−0.362 66	−0.20	82
300047. SZ	天源迪科	−0.476 43	0.291 94	−0.035 42	−0.250 81	−0.563 22	−0.173 64	−0.22	83
002405. SZ	四维图新	−0.628 58	−0.398 57	0.129 22	−0.164 64	0.227 97	−0.084 40	−0.22	84
600588. SH	用友网络	−0.215 12	−0.326 85	−0.362 82	0.057 26	−0.269 97	−0.191 64	−0.22	85
300168. SZ	万达信息	−0.557 86	−0.260 80	0.167 39	−0.296 06	−0.001 86	−0.323 76	−0.25	86
300380. SZ	安硕信息	−0.555 53	−0.111 96	0.168 43	−0.222 26	−0.440 57	−0.127 15	−0.25	87
300399. SZ	京天利	−0.533 85	−0.323 15	0.146 17	−0.243 88	0.116 68	−0.522 23	−0.25	88
600756. SH	浪潮软件	−0.392 46	0.208 32	−0.462 77	−0.301 65	−0.119 52	−0.424 16	−0.26	89
600718. SH	东软集团	−0.105 94	0.168 94	−0.833 28	−0.262 55	−0.421 89	−0.211 59	−0.26	90
300020. SZ	银江股份	−0.073 65	−0.346 05	−0.651 32	−0.192 09	−0.442 17	0.014 31	−0.27	91
002544. SZ	杰赛科技	−0.602 91	0.198 12	−0.248 16	−0.267 74	−0.349 65	−0.261 16	−0.29	92

股票代码	股票名称	F_1（盈利成长）	F_2（营运）	F_3（成长）	F_4（偿债1）	F_5（盈利）	F_6（偿债2）	F	排名
300378.SZ	鼎捷软件	−0.201 52	−0.024 63	−0.864 19	−0.112 32	−0.695 31	0.164 85	−0.29	93
300002.SZ	神州泰岳	−0.602 91	−0.243 86	−0.297 52	−0.248 89	0.116 06	−0.218 76	−0.30	94
300300.SZ	汉鼎宇佑	−0.498 73	−0.153 88	−0.363 72	−0.313 57	−0.020 17	−0.263 77	−0.30	95
600536.SH	中国软件	−0.429 97	0.144 73	−0.496 91	−0.253 25	−0.609 67	−0.083 81	−0.30	96
300150.SZ	世纪瑞尔	−0.605 06	−0.601 10	0.195 39	−0.465 31	0.410 09	−0.512 36	−0.30	97
002401.SZ	中海科技	−0.579 78	−0.017 73	−0.462 73	−0.283 70	−0.163 51	−0.172 56	−0.32	98
002410.SZ	广联达	−0.542 13	−0.136 27	−0.531 74	−0.362 78	0.307 33	−0.471 42	−0.32	99
300074.SZ	华平股份	−1.020 57	−0.862 74	0.385 81	−0.146 06	0.366 80	0.050 39	−0.32	100
002063.SZ	远光软件	−0.599 08	−0.280 48	−0.255 97	−0.261 60	−0.004 96	−0.304 87	−0.32	101
000948.SZ	南天信息	−0.378 39	0.270 92	−0.732 68	−0.271 47	−0.745 99	−0.114 66	−0.33	102
600289.SH	亿阳信通	−0.470 48	−0.397 47	−0.515 00	−0.316 10	−0.086 43	−0.034 34	−0.34	103
600410.SH	华胜天成	−0.593 79	0.165 68	−0.512 75	−0.250 49	−0.580 94	−0.146 70	−0.35	104
300235.SZ	方直科技	−0.750 12	−0.595 87	0.212 24	−0.409 87	0.199 17	−0.474 05	−0.36	105
300245.SZ	天玑科技	−0.596 43	−0.233 45	−0.492 67	−0.300 21	−0.032 33	−0.268 09	−0.36	106
300333.SZ	兆日科技	−0.681 82	−0.695 95	0.133 78	−0.492 79	0.378 58	−0.523 16	−0.36	107
002316.SZ	键桥通讯	−1.026 18	−0.417 39	0.571 68	−0.222 62	−0.569 53	−0.177 79	−0.38	108
002232.SZ	启明信息	−0.782 88	0.288 62	−0.721 63	−0.251 29	−0.652 23	0.040 63	−0.40	109
300167.SZ	迪威视讯	−0.939 06	−0.670 94	0.339 73	−0.249 16	−0.404 95	−0.072 84	−0.41	110
002474.SZ	榕基软件	−0.809 35	−0.575 05	−0.411 54	−0.218 28	−0.246 02	0.242 31	−0.42	111
300312.SZ	邦讯技术	−0.424 33	−0.544 50	−0.624 46	−0.234 23	−0.559 63	−0.028 43	−0.42	112
300277.SZ	海联讯	−0.690 91	−0.156 82	−0.774 19	−0.249 00	−0.429 72	0.061 53	−0.43	113
300209.SZ	天泽信息	−0.884 31	−0.802 81	0.548 93	−0.183 66	−0.929 62	−0.025 84	−0.44	114
002093.SZ	国脉科技	−0.837 52	−0.913 92	−0.099 61	−0.279 83	−0.147 81	−0.107 41	−0.47	115
300051.SZ	三五互联	−0.574 73	−1.094 15	−0.772 68	0.269 25	−2.019 16	1.343 26	−0.55	116
002148.SZ	北纬通信	−0.500 34	−1.111 58	−0.853 72	0.038 08	−0.894 71	0.228 85	−0.55	117
300264.SZ	佳创视讯	−0.740 87	−0.845 73	−0.530 64	−0.254 68	−0.656 67	−0.045 17	−0.56	118
300330.SZ	华虹计通	−0.945 72	−0.768 92	−0.864 34	−0.111 57	−0.403 20	0.310 48	−0.56	119
002558.SZ	世纪游轮	−0.392 79	−0.288 07	−1.385 05	−0.260 53	−1.502 81	0.299 21	−0.59	120
600476.SH	湘邮科技	−1.359 30	−0.481 05	−0.433 62	−0.106 48	−1.673 56	0.458 68	−0.71	121
300275.SZ	梅安森	−0.798 16	−1.174 75	−1.957 34	0.102 07	−2.018 56	1.908 43	−0.78	122
600764.SH	中电广通	−1.157 18	−0.886 63	−1.474 41	−0.054 41	−1.606 51	0.519 85	−0.87	123

表 12-2-4 中,软件和信息技术服务业公司综合得分与其投资价值呈正相关关系。由于先对因子数据进行了标准化处理,因此,可以 0 为参考标准线,认为:综合得分大于 0 的公司,综合业绩相对较好,且数值越大,投资价值越大;综合得分小于 0 的则相对较差,且数值越小,投资价值越小。依此可对上市公司的综合业绩和投资价值有一个基本的评价。

具体而言,表 12-2-4 中,公司各项能力得分与相应实力也呈正相关关系。

排名前十位的公司分别为润欣科技、联络互动、全通教育、任子行、浩丰科技、思维列控、创意信息、网宿科技、大智慧、中科创达。2014 年排名前十位的公司分别为飞天诚信、神州泰岳、二三四五、博彦科技、东方通、网宿科技、四维图新、绿盟科技、浩丰科技、数字政通。2013 年排名前十位的公司分别是安硕信息、恒华科技、网宿科技、科大讯飞、北纬通信、石基信息、绿盟科技、数字政通、神州信息、东华软件。3 年相比变化较大,一是公司数量增加较快,由 2013 年 101 家,增加到 2014 年 114 家,又增加到 2015 年 123 家,说明该行业规模发展较快。二是前十位的公司变化较大,只有网宿科技一家,说明行业发展迅速、竞争激烈。其中浩丰科技连续两年综合排名前十,说明它发展较为稳健。三是新上市公司较多,说明行业发展潜力巨大,"年轻有为"。

其中,润欣科技综合排名第一,其偿债因子 2、营运因子也排名第一,说明其长期偿债能力强,营运性能良好,发展潜力巨大,盈利成长因子、偿债因子 1 排名也较为靠前,说明其盈利能力、成长能力、偿债能力也较强。由于该股 2015 年 12 月才上市,发展势头强劲,潜力巨大,应是投资者关注的焦点。

联络互动综合排名第二,盈利成长因子、成长因子均排名前五,说明其盈利能力、成长能力很强。2014 年联络互动综合排名第十一,其中盈利因子排名第一,表现突出,其余因子表现平平。综合来看联络互动 2014 年至 2015 年投资价值较高、较为稳定且略有上升。

全通教育综合排名第三,且其盈利成长因子、成长因子分别排名第三、第一,表现突出,偿债能力与营运能力也较不错。2014 年其综合排名第三十七。2013 年综合排名第十五。综合来看全通教育投资价值有较大的上升。

任子行综合排名第四,2014 年排名第六十一,2013 年排名第七十一,进步明显,主要在于其极强的偿债能力,排名第一,同时盈利成长因子和盈利因子分别排名第二十四位和第十位,说明同时具有良好的盈利能力和成长能力,综合来看任子行的投资价值在上升。

浩丰科技综合排名第五,盈利成长因子排名第一,说明其盈利能力很强,偿债因子得分为正,说明其偿债能力较强。2014 年其综合排名第九,且盈利因子、成长因子、营运因子表现突出,均为前十。作为新上市公司,浩丰科技进步较快,投资价值较大。

思维列控综合排名第六,其盈利成长因子排名第二,说明其有着极强的盈利能力、成长能力。由于思维列控 2015 年 12 月才上市,故没有 2014 年的数据。综合来看思维列控投资价值较大。

创意信息综合排名第七,其盈利成长因子、成长因子、分别排名第六、第七,两个偿债因子得分也较高。2014 年其综合排名第二十六,且其各因子表现较为均衡,都较不错,2013 年综合排名第二十五。综合来看创意信息进步较大,投资价值较大且有所上升。

网宿科技综合排名第八,盈利因子、营运因子分别排名第三、第五,说明其有着优秀的盈利能力和营运能力。2014 年其综合排名第六,盈利、营运、成长因子表现较佳。2013 年综合排名第三。其总体来看呈下降趋势,但连续三年都位列前十名,较为稳定,综合投资价值较大。

大智慧综合排名第九,2014 年排名第一百零八位,进步非常明显,主要在于偿债因子 1 排名第一,但是其他因子均为负值,整体发展不够均衡,投资者在选择投资时应该谨慎。

中科创达综合排名第十,其盈利成长因子、偿债因子 1 分别排名第四、第十四,盈利因子和盈利成长因子表现也较为不错。由于其 2015 年 12 月才上市,故没有 2014 年的数据,综合来说,中科创达有较大投资价值。

排名后十位的公司分别为天泽信息、国脉科技、三五互联、北纬通信、佳创视讯、华虹计通、世纪游轮、湘邮科技、梅安森、中电广通。这些公司中各因子得分基本均为负值,投资价值较低。其中中电广通、大智慧、佳创视讯、湘邮科技、三五互联连续两年排名后十位,故对于这些公司,暂不建议对其投资。

七、系统聚类分析

上述因子分析能够满足投资者对各家上市公司投资价值分析的基本需要,但是由于投资者的投资理念往往各不相同,关注的侧重点也有所不同。为了更深入细致地分析行业板块的情况,将利用系统聚类分析法进一步对 123 家公司的 6 个因子值和综合值进行 Q 型聚类(即个案分群);聚类方法为 ward 联结法,即离差平方和法,根据同类变量间的离差平方和较小、不同类别间的离差平方和较大来进行分类,形成树状图(略)。其测量尺度选用平方 Euclidean 距离,即两样本之间的距离是各样本每个变量值之差的平方和。通过聚类分析把业绩相似的公司归类,可以对不同类别的上市公司进行对比分析,为投资者选择投资组合提供参考。

根据树状图(略)对 123 家软件和信息技术服务业上市公司进行进一步分类,本书选择将其分为 4 类,如表 12-2-5 所示。

表 12-2-5　聚类分析

类别	软件和信息技术服务业公司	数目
1	润欣科技、任子行	2
2	联络互动、网宿科技、捷顺科技、汉得信息、拓尔思、维宏股份、易联众	7
3	全通教育、浩丰科技、思维列控、创意信息、中科创达、二三四五、盛天网络、运达科技、久其软件、千方科技、长亮科技、华东电脑、捷成股份、绿盟科技、浩云科技、拓维信息、石基信息、润和软件、旋极信息、真视通、飞利信、四方精创、信息发展、信雅达、创业软件、东华软件、银之杰、高新兴、恒华科技、飞天诚信、东方通、恒生电子、银信科技、华宇软件、恒泰实达、宝信软件、东方国信、久远银海、东软载波、太极股份、高伟达、荣之联、金证股份、达实智能、南威软件、卫宁健康、金桥信息、荣科科技、蓝盾股份、美亚柏科、新开普、科大讯飞、云赛智联、中科金财、卫士通、新大陆、神州信息、同有科技、易华录、北信源、佳都科技、超图软件、华星创业、国电南瑞、数字政通、世纪鼎利、浙大网新、川大智胜、立思辰、凯乐科技、皖通科技、赛为智能、天源迪科、四维图新、用友网络、万达信息、安硕信息、京天利、浪潮软件、东软集团、银江股份、杰赛科技、鼎捷软件、神州泰岳、汉鼎宇佑、中国软件、世纪瑞尔、中海科技、广联达、华平股份、远光软件、南天信息、亿阳信通、华胜天成、方直科技、天玑科技、兆日科技、键桥通讯、启明信息、迪威视讯、榕基软件、邦讯技术、海联讯、天泽信息、国脉科技、三五互联、北纬通信、佳创视讯、华虹计通、世纪游轮、湘邮科技、梅安森、中电广通	113
4	大智慧	1

在表 12-2-5,类别 1 中包括润欣科技和任子行 2 家公司。润欣科技核心管理和技术团队均具备全球大型 IC 设计公司、海外分销商和通信设备厂 10 年以上的工作经验,公司拥有细分行业完整的应用软件和参考设计方案库,能够以 IC 产品为载体,快速提供针对客户需求的技术解决方案,有效缩短客户产品的研发和生产周期,是 IC 产业链中连接上游半导体设计公司和下游客户的重要纽带,侧重于技术转移和实施。近年来业务增长迅速,客户基础雄厚,发展前景广阔。2015 年 12 月上市以来,综合排名、营运因子得分均为第一,非常值得投资,但各项能力发展不均衡,应着重关注其未来发展趋势。

类别 2 中包括联络互动、网宿科技、捷顺科技、汉得信息、拓尔思、维宏股份和易联众 7 家公司,总体排名比较靠前。其中,联络互动现有三大产业事业部,分别是数字天域事业部、游戏事业部及智能硬件事业部。数字天域事业部秉承公司原有业务在行业内的领先地位,致力于软件解决方案的综合平台推广。游戏事业部将打造综合游戏发行平台,涉列各种游戏渠道分销,打造多元化游戏产业链条。智能硬件事业部将是未来发展的重心,致力发展成为国内顶尖的智能硬件企业。其综合排名由 2014 年的第十一上升至 2015 年的第二,值得投资。

网宿科技主要向客户提供全球范围内的内容分发与加速、服务器托管与租用、以及面向运营商的网络优化解决方案等服务,是中国专业的 CDN 及 IDC 综合服务提供商,在厦门及美国硅谷建有研发中心,公司员工 60％以上为技术及研发人员。其客户群覆盖各大门户网站、流媒体、游戏、电子商务等众多类型的互联网网站、政府、中大型企业以及运营商等。目前,网宿科技已经在中国建设 500 多个 CDN 加速节点,服务覆盖中国所有省市及地区;同时,网宿科技在北美、欧洲、非洲、中东以及亚太地区部署了 70 多个海外加速节点,帮助中国企业拓展海外市场。此外,网宿科技还在中国运营着 150 多个数据中心,在美国运营着 4 个数据中心。其综合排名第八,值得长期投资。

维宏股份是一家专业提供运动控制系统解决方案的高科技企业,公司拥有雄厚的研发力量和高素质的服务队伍,以快捷的速度、专业的视角、严谨的态度为客户提供优质、便捷、高效的产品和服务。企业专心致力于开发运动控制产品,立足于传统雕刻机与雕铣机控制系统的基础之上,不断开拓产品应用领域,开发了软硬件合一的一体机运动控制系统,并广泛应用于加工中心、激光加工、水射流加工、铣床、模具制造、广告制作、机械加工、玻璃石材加工等众多行业。其 2015 年综合排名第二十一,各方面能力较为均衡,值得投资。

类别 3 中包括全通教育、浩丰科技、思维列控、创意信息和中科创达等 113 家公司,从因子分析的结果来看,该类别总体表现较为悬殊,综合排名从第三名到倒数第一名均有。其中,全通教育一直专注于教育信息化领域的研发与服务,从应试教育、德育教育、素质教育、安全教育、健康教育着手,结合软件、互联网、电子产品终端等技术,承接、整合、以及自主创造各类品牌教育服务产品的推广运营,形成了涵盖家校互动、课堂教育、课外教育、校园安全等全过程多媒介的教育信息化产品。经过近十年努力,目前全通教育已成为中国 K12 基础教育领域最大的服务运营机构。其综合排名由 2013 年的第十五降至 2014 年的第三十七转而上升至 2015 年的第三,上升幅度较大,值得投资。

浩丰科技专业致力于精密金属零部件产品的开发、生产、销售,设备齐全,有非常完善的生产配套能力,产品广泛用于电子电器、通信设备、大型建筑、高端装备、新能源汽车、无人飞机等行业,是国家级高新技术企业,商务部备案 AAA 级信用企业。其综合排名由 2014 年的第九上升至 2015 年的第五,盈利因子、成长因子连续两年均为前十,值得长期投资。

思维列控作为我国列车控制领域首家 A 股上市企业,秉承人才为本的企业宗旨,凝聚了一支掌握列控领域专利、核心技术的科研队伍,参与研发的 LKJ 系统填补了国内铁路列车运行控制技术的多项空白。公司先后研制了具有我国自主知识产权的民族列车运行控制系统,并在全国铁路 2 万余台机车和动车组上普及应用,为保障铁路行车安全和支撑相关技术的发展做出了重要贡献。其 2015 年 12 月上市以来,综合排名第六,值得投资。

创意信息是我国专业的电信级数据网络系统技术服务商。公司主营业务为电信级数据网络系统解决方案及技术服务。具体分为数据网络系统集成开发和数据网络系统技术服务两类。公司已成为思科金牌合作伙伴、赛门铁克白金级合作伙伴、Oracle 金牌合作伙伴、VMware 核心级合作伙伴、EMC 白金合作伙伴。公司是四川省科技厅认定的"高新技术企业",并被评为"四川省建设创新型企业-培育企业""四川省银企合作诚实守信先进单位"。综合排名由 2013 年的第二十五微升至 2014 年的第二十六继而猛升至 2015 年第七,上升幅度较大,并且盈利因子、营运因子排名都有较大上升,值得投资。

中科创达是全球领先的智能终端操作系统及平台技术提供商。通过在 Android、Linux、Windows 和 HTML5 等移动终端操作系统技术方面多年来的研发投入,中科创达形成了从硬件驱动、操作系统内核、中间件到上层应用全面的技术体系,积累了丰富的经验和众多自有知识产权,具备强有力的技术开发和服务能力。2015 年 12 月上市以来,综合排名第十,值得投资。

类别 4 中仅包括大智慧 1 家公司。大智慧是我国的证券信息平台,每天为亿万金融投资者提供高速的证券行情及金融数据分析。公司于 2011 年 1 月 28 日在上海证券交易所挂牌上市。大智慧 365、大智慧策略投资终端、大智慧手机版也是投资者耳熟能详的产品。目前,众多中国投资者正在使用大智慧旗下软件产品,大智慧是中国优质金融信息提供商之一。2015 年,大智慧综合排名第九,2014 年排名第一百零八位,进步非常明显,主要原因在于偿债因子 1 排名第一,但是其他因子均为负值,整体发展不够均衡,投资者在选择投资时应该要谨慎,先观察再投资,或者进行短期投资。

八、结语

综上所述，投资者在进行投资时，要综合考虑宏观、微观等各方面反映的财务信息，加以谨慎地分析，作出合理的选择。在此，本书运用 SPSS 软件，利用 13 个指标综合分析了 2015 年度软件和信息技术服务业行业 123 家上市公司各方面表现情况，并对比 2013 年和 2014 年的排名情况，得出理论与实践有机结合的投资价值结论，对投资者进行投资决策有一定的参考意义。但数据主要运用了 2015 年度的财务报表资料，某些项目还可能会由于会计政策变更等的影响存在一定程度的偶然性，分析指标的选择也具有主观性。因此，分析结果难以完全反映出真实状况，若后续能连续多个年度进行跟踪分析，并适当增加分析指标，则可较大程度地消除偶然性，帮助投资者作出更加准确的投资决策，以更加有效地配置投资资源，促进软件和信息技术服务业的进一步健康和谐发展。

参考文献

［1］http://tech. sina. com. cn/it/2016-01-27/doc-ifxnuvxc2058756. shtml,2016-1-27.
［2］http://news. e-works. net. cn/category6/news67982. htm,2016-8-9.

（参著：归镓妍　金娟霞）

第十三章 金融业上市公司投资价值动态比较分析研究

一、行业发展与投资价值状况

金融业是指经营金融商品的特殊行业,它包括银行业、保险业、信托业、证券业和租赁业。在现代金融业中,银行业占有主导地位,其中,中央银行居于银行业主导地位,它是货币发行银行、政府的银行和银行的银行,负责制定和执行国家的金融政策,调节货币流通和信用活动,一般也是金融活动的管理与监督机关。但在p2p网络借贷快速发展形式下,传统金融体系面临着前所未有的冲击,根据央行公布的数据显示,截至2015年10月月底,工农中建四大行各项存款为54.74万亿元,30天时间存款流失4 474亿元,四大行的盈利水平全部跌入零增长时代。

除银行外,现代金融业中还包括各种互助合作性金融组织(如合作银行、互助银行、信用合作社或信用组合等)、财务公司(或称商人银行)、贴现公司、保险公司、证券公司、金融咨询公司、专门的储蓄汇兑机构(储金局、邮政储汇局等)、典当业、金银业、金融交易所(证券交易所、黄金交易所、外汇调剂市场等)和资信评估公司等等。现代金融业的经营手段已十分现代化,电子计算机和自动化服务已相当普及。

据数据显示[1],受益于2015年阶段性牛市,各类基金全年赚取利润达到6 799.4亿元,相比2014年的5 209.23亿元增长30%。2015年基金电子商务交易规模达7.8万亿元,同比增长25.4%;2014年基金电子商务交易规模达6.2万亿元,同比增长175.4%。2015年互联网保险规模保费呈高速增长,同比增长169.5%;2014年同比增长203.8%。2015年中国P2P借贷交易规模达8 000亿元,同比增长230.2%;2014年同比增长157.8%。2015年权益众筹交易规模呈爆发式增长,同比增长548.9%;2014年同比增长123.5%。2015年第三方互联网支付交易规模达11.9万亿元,同比增长46.9%;2014年同比增长50.3%。中国2015年金融业GDP同比增长15.9%,是所有产业中增长最快的。

由此可见,金融业的前景非常明朗,对其上市公司进行投资就显得格外重要。"在对其上市公司的投资价值进行分析时,简单的定性分析不但过程繁琐而且缺乏准确性,使用综合性的定量分析方法或许能对此有所改善。"[2]为此,本书以深沪两市51家金融业上市公司为例,以2015年度财务报告为依据,选取9个能够综合反映财务能力的财务指标,作为评估各公司投资价值的指标体系,建立指标模型,运用SPSS软件,采用因子分析法与聚类分析法进行投资价值实证分析,确定公司的投资价值总量及其排名,并合理划分层级,联系实际,结合2013年和2014年的相关分析研究结果进行深入动态比较分析研究,得出量与质有机结合的投资结论,为投资者提供参考,以降低其投资风险,提高投资收益。

二、样本选取与数据处理

沪、深证券交易所的51家金融业上市公司的资料来源主要为其2015度的财务报告。考虑到金融行业的特点,本书选择9个指标进行分析研究。具体初始数据扫描二维码获取。

指标性质、单位不同的情况下，先要对指标进行同趋势化处理。然后利用 SPSS 中的 Z-score 方法将 9 个指标的原始数据进行标准化处理。同趋化数据和标准化数据略。

三、因子分析法适应性检验

为了检验选用的指标是否适合使用因子分析法，本书利用 SPSS 软件中 KMO 和 Bartlett 的方法来对样本进行检验。检验结果如表 13-1 所示。

表 13-1　KMO 和 Bartlett 的检验

取样足够度的 Kaiser-Meyer-Olkin 度量		0.369
Bartlett 的球形度检验	上次读取的卡方	430.780
	自由度(df)	36
	显著性(Sig)	0.000

由表 13-1 可知，KMO 值为 0.369，小于 0.5，不适宜做因子分析，这主要是由于样本量较少造成的。但巴特利球形检验统计量为 430.780，相应的概率 Sig 为 0.000，在 5% 的显著性水平之下，拒绝原假设，因此可认为相关系数矩阵与单位阵有显著差异，说明样本适合作因子分析。

四、确定主因子

本书应用因子分析法中的主成分分析法来计算原始公因子的特征值、方差贡献率以及累计方差贡献率，并由此确定公因子。结果如表 13-2 所示。

表 13-2　解释的总方差

成　分	初始特征值			提取平方和载入			旋转平方和载入		
	合计	方差的%	累积%	合计	方差的%	累积%	合计	方差的%	累积%
1	2.148	23.867	23.867	2.148	23.867	23.867	2.050	22.779	22.779
2	1.984	22.049	45.916	1.984	22.049	45.916	1.930	21.447	44.226
3	1.835	20.387	66.303	1.835	20.387	66.303	1.856	20.620	64.846
4	1.252	13.910	80.213	1.252	13.910	80.213	1.383	15.367	80.213
5	0.988	10.974	91.187						
6	0.539	5.990	97.177						
7	0.218	2.424	99.602						
8	0.034	0.373	99.974						
9	0.002	0.026	100.000						

提取方法：主成分分析。

根据表 13-2 中数据可知，前四个主因子的方差贡献率已经达到了累计方差贡献率的 80.213%，即表明这四个主因子已包含原始数据信息量的 80.213%，所以只须选择前四个主因子就可以较好地代表原始指标，对公司的绩效进行描述。

"特征值是能够被看作表示因子影响力度大小的指标之一，如果特征值小于 1，说明该因子的解释力度还不如直接引入一个原变量的平均解释力度大,因此一般用特征值大于 1 作为纳入标准。"[3]特征值可用碎石图列示,如图 13-1 所示。从图 13-1 可以看出,从第五个因子开始,特征值的值都小于 1,且折线的陡度变得比较平缓,这说明提取 4 个主因子是合适有效的。

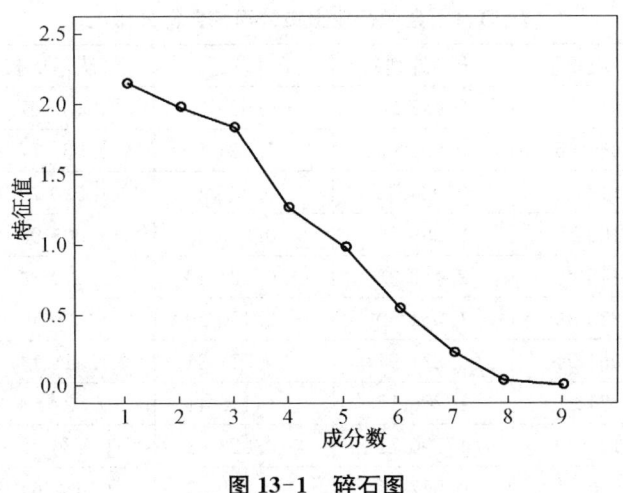

图 13-1　碎石图

五、旋转载荷矩阵分析

本书对原因子载荷矩阵进行最大方差旋转,以期得到主因子更明确的含义。结果如表 13-3 所示。

表 13-3　旋转成分矩阵[a]

	成　分			
	F_1	F_2	F_3	F_4
基本每股收益	0.006	0.987	0.022	0.020
销售净利率	−0.086	−0.083	−0.271	0.541
每股净资产	−0.026	0.971	−0.046	−0.180
资产负债率	0.290	−0.033	0.039	0.578
总资产周转率	−0.051	0.021	0.937	−0.017
固定资产周转率	0.027	−0.051	0.923	0.041
总资产增长率	0.988	−0.006	−0.059	0.034
营业总收入增长率	−0.057	−0.043	0.207	0.847
股东权益增长率	0.987	−0.009	0.038	0.042

提取方法:主成分分析。

旋转方法:Kaiser 标准化最大方差法。

a. 旋转在 4 次迭代后已收敛。

由表 13-3 中的数据可以看到,总资产增长率、股东权益增长率在主因子 F_1 上的载荷量分别为 0.988 和 0.987,它主要反映了公司的成长能力,所以将 F_1 命名为成长因子;主因子 F_2 在基本每股收益(0.987)和每股净资产(0.971)上有较大载荷量,代表了公司的盈利能力,故而将其命名为盈利因子;主因子 F_3 在总资产周转率(0.937)和固定资产周转率(0.923)上有较大载荷量,代表了公司的营运能力,为营运因子;资产负债率和营业总收入增长率在主因子 F_4 上的载荷分别为 0.578 与 0.847,体现了公司的偿债能力和成长能力,为偿债成长因子。

六、金融业公司综合得分与排名

要得到因子的综合得分,需先对因子数据进行标准化处理,使其期望为 0,方差为 1,然后,对各因子的方差贡献率占因子总方差贡献率的比重作权重加权汇总,使用计算综合得分的公式 $F = (\lambda_1 F_1 + \lambda_2 F_2 + \lambda_3 F_3 + \lambda_4 F_4)/(\lambda_1 + \lambda_2 + \lambda_3 + \lambda_4) = (0.227\,79 \times F_1 + 0.214\,47 \times F_2 + 0.206\,20 \times F_3 + 0.153\,67 \times F_4)/0.802\,13$ 来计算各样本的综合得分。得到结果按名次排列如表 13-4 所示。

表 13-4　金融行业上市公司综合得分排名

股票代码	名称	F_1(成长)	F_2(盈利)	F_3(营运)	F_4(偿债成长)	F(综合)	排名
600061.SH	国投安信	6.910 28	0.047 34	−0.585 22	0.150 67	1.85	1
600816.SH	安信信托	0.360 55	−0.698 92	5.734 78	−0.562 77	1.28	2
000776.SZ	广发证券	0.118 13	0.924 32	0.337 48	1.994 73	0.75	3
601336.SH	新华保险	−0.169 55	2.299 19	0.986 35	−0.809 91	0.66	4
601318.SH	中国平安	−0.155 80	2.443 33	0.231 43	−0.470 14	0.58	5
601788.SH	光大证券	−0.208 83	1.051 50	0.150 29	1.029 40	0.46	6
002736.SZ	国信证券	−0.064 94	0.271 94	0.511 84	1.313 14	0.44	7
601601.SH	中国太保	−0.174 07	1.286 18	1.118 41	−0.827 63	0.42	8
601211.SH	国泰君安	−0.105 29	1.300 71	−0.023 43	0.486 68	0.41	9
600999.SH	招商证券	−0.200 25	0.577 25	0.595 52	0.675 64	0.38	10
600837.SH	海通证券	−0.018 21	0.446 82	0.125 12	1.011 35	0.34	11
002797.SZ	第一创业	0.447 28	−0.859 84	0.085 77	2.045 77	0.31	12
600958.SH	东方证券	−0.211 47	0.138 49	0.329 98	1.219 37	0.30	13
601688.SH	华泰证券	−0.101 49	0.764 35	−0.169 18	0.698 62	0.27	14
600030.SH	中信证券	−0.202 12	0.785 46	0.113 09	0.174 01	0.22	15
601166.SH	兴业银行	−0.140 43	1.787 29	−0.539 59	−0.557 76	0.19	16
600000.SH	浦发银行	−0.139 41	1.832 21	−0.598 94	−0.601 12	0.18	17
002673.SZ	西部证券	−0.150 55	−0.635 51	0.487 93	1.398 35	0.18	18
600109.SH	国金证券	−0.197 04	−0.537 41	1.045 62	0.541 29	0.17	19
601009.SH	南京银行	−0.131 19	1.375 58	−0.608 67	−0.405 88	0.10	20
600036.SH	招商银行	−0.162 51	1.446 48	−0.584 95	−0.629 16	0.07	21
601628.SH	中国人寿	−0.166 25	0.345 38	0.718 39	−0.890 60	0.06	22
000686.SZ	东北证券	−0.212 68	−0.101 92	0.107 60	0.441 90	0.02	23
601198.SH	东兴证券	−0.023 03	−0.490 99	0.029 90	0.726 08	0.01	24
601555.SH	东吴证券	−0.104 01	−0.300 19	−0.073 45	0.626 38	−0.01	25
000728.SZ	国元证券	−0.225 47	0.385 55	−0.245 63	−0.232 42	−0.07	26
000166.SZ	申万宏源	−0.200 16	−0.781 62	0.409 82	0.324 37	−0.10	27
000001.SZ	平安银行	−0.165 57	0.563 42	−0.397 14	−0.620 88	−0.12	28
000712.SZ	锦龙股份	−0.843 03	−0.508 09	−1.869 89	3.766 90	−0.13	29
600369.SH	西南证券	−0.273 79	−0.910 91	0.363 52	0.394 21	−0.15	30
601377.SH	兴业证券	−0.214 77	−0.770 43	0.147 48	0.307 79	−0.17	31
000750.SZ	国海证券	−0.162 61	−0.735 17	0.277 17	0.006 61	−0.17	32
002142.SZ	宁波银行	−0.132 89	0.538 41	−0.648 06	−0.625 63	−0.18	33
601901.SH	方正证券	−0.169 27	−0.920 73	0.119 23	0.383 35	−0.19	34
600015.SH	华夏银行	−0.147 72	0.665 09	−0.680 61	−0.834 44	−0.20	35
000783.SZ	长江证券	−0.189 35	−0.844 85	0.119 99	0.116 97	−0.23	36

股票代码	名称	F_1（成长）	F_2（盈利）	F_3（营运）	F_4（偿债成长）	F（综合）	排名
002500. SZ	山西证券	−0.206 93	−0.804 95	−0.064 30	−0.003 29	−0.29	37
601099. SH	太平洋	−0.016 58	−1.308 39	0.095 87	0.114 69	−0.31	38
601169. SH	北京银行	−0.149 78	0.098 40	−0.683 00	−0.743 96	−0.33	39
000563. SZ	陕国投 A	−0.123 05	−1.018 21	0.374 68	−0.775 65	−0.36	40
600016. SH	民生银行	−0.146 07	0.009 77	−0.652 63	−0.811 47	−0.36	41
601998. SH	中信银行	−0.154 04	−0.505 50	−0.627 77	−0.837 63	−0.50	42
601328. SH	交通银行	−0.159 39	−0.437 03	−0.729 30	−0.905 42	−0.52	43
601939. SH	建设银行	−0.152 11	−0.577 37	−0.684 44	−0.927 11	−0.55	44
600705. SH	中航资本	−0.062 71	−0.885 77	−0.757 43	−0.540 21	−0.55	45
601398. SH	工商银行	−0.147 65	−0.789 69	−0.698 25	−0.940 39	−0.61	46
601818. SH	光大银行	−0.155 34	−0.932 25	−0.647 20	−0.829 27	−0.62	47
600643. SH	爱建集团	−0.191 75	−1.156 09	−0.587 61	−0.816 95	−0.67	48
601988. SH	中国银行	−0.144 47	−1.029 13	−0.734 91	−0.988 35	−0.69	49
601288. SH	农业银行	−0.141 89	−1.108 35	−0.711 61	−1.004 82	−0.71	50
000416. SZ	民生控股	−0.120 72	−1.735 13	−0.014 08	−1.755 44	−0.84	51

　　表 13-4 中，金融业上市公司综合得分与其投资价值呈正相关关系。由于先对因子数据进行了标准化处理，因此，可以 0 为参考标准线，认为：综合得分大于 0 的公司，综合业绩相对较好，且数值越大，投资价值越大；综合得分小于 0 的则相对较差，且数值越小，投资价值越小。依此可对上市公司的综合业绩和投资价值有一个基本的评价。

　　具体而言，表 13-4 中，公司各项能力得分与相应实力也呈正相关关系。相比 2014 年，金融业增加了 7 家公司，分别是国投安信、第一创业、东方证券、东兴证券、国泰君安、国信证券和民生控股，除民生控股外，其他公司都较为优秀，国投安信名列榜首，大有后来居上的情势。2015 年渤海租赁更名为渤海金控，且划分为租赁和商务服务业，本书不归为金融业。2015 年排名前十位的公司分别为国投安信、安信信托、广发证券、新华保险、中国平安、光大证券、国信证券、中国太保、国泰君安、招商证券。2014 排名前十位的公司分别为安信信托、中国平安、锦龙股份、海通证券、新华保险、太平洋、招商证券、中信证券、长江证券、浦发银行。2013 年排名前十位的公司分别为安信信托、中国平安、新华保险、平安银行、国海证券、中国太保、兴业银行、招商银行、浦发银行和西南证券。

　　其中，国投安信综合排名行业第一，它的成长能力是第二名的 19 倍多，可见公司前景很大，适合长期投资。安信信托实力雄厚，除了 2015 年国投安信对它的冲击之外，它连续三年都是行业老大，特别是营运能力远远高出其他公司，说明营运能力好，前景广阔，具有较大投资价值。中国平安和新华保险连续三年都是行业前五，盈利能力处于行业前二，实力很强，有较大投资价值。广发证券排名第三，其各项能力都处于行业领先且为正数，综合实力较强，2013 年排名 43 家金融业上市公司中的第三十八，位处倒数；2014 年位于 45 家中的第二十，居中。说明广发证券实力提升，投资价值提高了。光大证券和广发证券类似，从倒数进步到第六，投资价值也是明显提高了。国信证券排名第七，经过 20 多年的发展，国信证券已成长为全国性大型综合类证券公司。2014 年 12 月 29 日，公司首次向社会公开发行股票并在深圳证券交易所上市交易。截至 2015 年年末，公司总资产 2 443.53 亿元，净资产 498.88 亿元，净资本（母公司）478.39 亿元。根据中国证券业协会公布的全国证券公司经营业绩排名，国信证券连续三年（2012—2014年）的总资产、净资产、净资本、营业收入、净利润 5 项指标均进入行业前十。国信证券盈利能力、营运能力都不错，综合能力为正，有较大的投资价值。中国太保从 2014 年的第十二名进步到第八名，盈利能力和营运能力较强，值得投资。国泰君安排名第九，该股于 2015 年 6 月 18 日进行网上、网下申购，是国内知名大型券商,从去年单项业务排名来看,国泰君安在经纪和投行业务方面遥遥领先,其在业内代理买卖证券业务净收入高居榜首,资产管理、融资融券均位列榜眼。2015 年实现营业收入 376 亿元,同比增长 110.29%;截至 2015 年 12 月月底,公司总资产 4 543 亿元,同比增长 42.28%。公司盈利能力较好,综合得分正数,投资者可以关注。招商证券 2013 排名第二十六,2014 年上升到第七,现在在趋于稳定在第十名,他的营运能力和成长能力连续三年都是为正数,在行业内的发展还是可观的。

排名后十位的公司分别为中信银行、交通银行、建设银行、中航资本、工商银行、光大银行、爱建集团、中国银行、农业银行、民生控股。2014 年排名后十位的公司是申万宏源、渤海租赁、山西证券、交通银行、建设银行、陕国投 A、工商银行、光大银行、中国银行和农业银行。2013 年排名后十位的公司分别为建设银行、宏源证券、中航投资、工商银行、广发证券、东吴证券、中国银行、农业银行、光大证券、太平洋。可以看到 2015 年和 2014 年五大商业银行都位于最后十名,2013 年除了交通银行,也位于最后十名。说明商业银行的发展潜力不大,投资价值较小。中信银行连续三年都是处于偏下的位置,投资意义不大。总体来说,该类别的 4 项因子几乎都是负数,财务状况不很乐观,难以成为理想的投资对象。

七、系统聚类分析

上述因子分析能够满足投资者对各家上市公司投资价值分析的基本需要,但是由于投资者的投资理念往往各不相同,关注的侧重点也有所不同。为了更深入细致地分析行业板块的情况,将利用系统聚类分析法进一步对 51 家上市公司的 4 个因子值和综合值进行 Q 型聚类(即个案分群);聚类方法为 ward 联结法,即离差平方和法,根据同类变量间的离差平方和较小、不同类别间的离差平方和较大来进行分类,形成树状图(略),其测量尺度选用平方 Euclidean 距离,即两样本之间的距离是各样本每个变量值之差的平方和。通过聚类分析把业绩相似的公司归类,可以对不同类别的上市公司进行对比分析,为投资者选择投资组合提供参考。

根据树状图(略)对 51 家金融业上市公司进一步分类,本书选择将其分为 4 类,如表 13-5 所示。

表 13-5　聚类分析

类别	金融业公司	数目
1	国投安信	1
2	安信信托	1
3	广发证券、光大证券、国信证券、国泰君安、招商证券、海通证券、第一创业、东方证券、华泰证券、中信证券、西部证券、国金证券、东北证券、东兴证券、东吴证券、国元证券、申万宏源、锦龙股份、西南证券、兴业证券、国海证券、方正证券、长江证券、山西证券、太平洋	25
4	新华保险、中国平安、中国太保、兴业银行、浦发银行、南京银行、招商银行、中国人寿、平安银行、宁波银行、华夏银行、北京银行、陕国投 A、民生银行、中信银行、交通银行、建设银行、中航资本、工商银行、光大银行、爱建集团、中国银行、农业银行、民生控股	24

在表 13-5 中,类别 1 中,只有国投安信 1 家公司,突出特点是成长能力超强。国投安信股份有限公司于 2015 年 6 月 30 日经上海市工商行政管理局核准营业执照,由中纺投资发展股份有限公司更名而来。公司于 1997 年 5 月在上海证券交易所挂牌上市,注册于上海市浦东新区,注册资金 36.94 亿元人民币。此次系列重大资产重组,前后经历不到一年时间,实现安信证券的整体上市,募集配套资金超过 60 亿元,形成一家市值千亿元以上的上市公司。由于其成长能力特别突出,所以单独归为一类,适合长期投资。

类别 2 中,也只有安信信托 1 家公司,综合得分排名第二,突出特点是营运能力超强。安信信托即安信信托投资股份有限公司,是全国第一批股份制金融企业之一,成立于 1987 年,1992 年转制为股份制有限公司,1994 年在上海证券交易所上市,是国内最早一批金融业上市公司,也是目前我国仅有的两家上市信托公司之一,接受中国证券监督管理委员会和中国银行业监督管理委员会监管。安信信托作为信托类金融投资机构,经历了艰难的创业和发展历程。在历次嬗变历程中,安信信托始终坚持规范运作、稳健发展的经营方针,不仅保存自己,而且充分利用政策转型的时机,不断完善自己,发展自己,壮大自己。公司上市以来,通过 4 次送股和 2 次配股,总股本已经达到 45 410.98 万股,扩大了 29 倍。其突出营运能力,说明公司经营管理很好,2013 年和 2014 年都是行业第一,发展稳定,是名副其实的行业龙头,具有很大的投资价值。

类别 3 中,包含广发证券、光大证券、国信证券、国泰君安国等 25 家公司,基本都是证券公司,综合排名高中档位置均有,共同特点是偿债成长能力强,排名靠前的公司的盈利能力较强,与银行类公司相比,投资价值较大。

其中,海通证券,2013 年排名第二十四,2014 年第四,2015 年第十一,起伏较大。海通证券成立于 1988 年,是国内最早成立的证券公司中唯一未被更名、注资的大型证券公司。公司前身是上海海通证券公司,于 1994 年改制并发展成全国性的证券公司。2001 年年底,公司整体改制为股份有限公司。2002 年,公司完成增资扩股,注册资本增至 87.34 亿元,成为当时国内证券行业中资本规模最大的综合性证券公司。2005 年,公司成功托管甘肃证券和兴安证券,实现低成本快速扩张,同年公司成为创新试点券商。海通证券 A 股于 2007 年在上海证券交易所挂牌上市并完成定向增发,H 股于 2012 年在香港联合交易所挂牌上市,2015 年完成 H 股定向增发,公司注册资本金增至 115.02 亿元。自 2007 年以来,公司总资产和净资产一直位居国内证券行业第二位。它的盈利能力,营运能力较好,投资价值较大。

第一创业具备创新试点类证券公司资格,拥有种类齐全的证券业务牌照,包括主承销资格、保荐人资格、投资咨询资格、受托资产管理资格、B 股经营资格、网上交易资格、证券自营资格、全国银行间同业拆借资格和基金代销资格等。公司还取得了全国统一纳税资格。第一创业证券股份有限公司 A 股股票于 2016 年 5 月 11 日在深交所中小板上市交易。该公司 A 股股本为 21.89 亿股,本次上市数量为 2.19 亿股。其营运和成长能力为正数,有一定的发展空间,长期投资价值较大。

东方证券是一家经中国证券监督管理委员会批准设立的综合类证券公司,其前身是于 1998 年 3 月 9 日开业的东方证券有限责任公司,总部设在上海,现有注册资本 52.82 亿元,公司于 2015 年 3 月 23 日成功登陆上交所。其盈利能力和营运能力不错,在行业中排第十三位,比较靠前,是较为理想的投资对象。

东兴证券是 2008 年经财政部和中国证监会批准,由中国东方资产管理公司作为主要发起人发起设立的全国性综合类证券公司,2015 年 2 月 26 日在上海证券交易所上市,是境内首家资产管理公司转上市证券公司。由于其业务相比其他金融公司比较狭隘,导致其综合实力居中,建议持观望态度。

太平洋保险 2015 年实现营业收入达 2 472.02 亿元,其中保险业务收入 2 033.05 亿元;净利润达 177.28 亿元。2015 年年末,总资产达 9 238.43 亿元,净资产达 1 333.36 亿元,客户数 9 435.6 万个。截至 2015 年年末,公司拥有近 10 万名员工和近 60 万名保险营销员。公司连续五年入选财富世界 500 强榜单,排名第三百二十八位。在全球最大的品牌咨询公司 Interbrand 发布的"最佳中国品牌价值排行榜"中,公司品牌价值为 241.39 亿元,位列行业前三。由于公司发展了很长一段时间,基本没什么进步空间,暂不建议长期投资。

其他公司像国海证券、西南证券、兴业证券、方正证券、长江证券、山西证券综合得分都是负值,排名靠后,投资者需谨慎对待。

类别 4 中,包括新华保险、中国平安、中国太保、兴业银行等 24 家公司,排名主要在中低位置,且后十位都在这个类别。其共同特点是排名靠前的部分公司的盈利能力较强,但大部分总体实力较差。

其中新华保险和中国平安是我国比较大型、出名的保险公司。新华保险股份有限公司于 1996 年 9 月 28 日成立,经营范围包括人民币、外币的人身保险(包括各类人寿保险、健康保险、意外伤害保险)等。中国平安保险于 1988 年诞生于深圳蛇口,是中国第一家股份制保险企业,至今已发展成为融保险、银行、投资三大主营业务为一体、核心金融与互联网金融业务并行发展的个人金融生活服务集团之一。两家公司连续三年的排名不相上下,且都是前五名,具有很大的投资价值,可以考虑长期投资。

兴业银行和浦发银行是银行中的老大,排名连续三年来也是此消彼长,都在第十名左右。他们的盈利能力都很高,投资得到的回报也相应会高点,喜欢银行股的可以考虑持有。

民生控股原名为青岛国货集团股份有限公司，是 1992 年 12 月 30 日经青岛市经济体制改革委员会青体改发(1992)60 号文件批准，在对青岛国货集团股份有限公司整体改组基础上，由青岛国货公司、中国工商银行青岛市信托投资股份有限公司、青岛市益青房地产开发公司共同发起，采取定向募集方式于 1993 年 6 月 12 日设立的股份有限公司。经工商行政管理部门核准，公司名称由"青岛华馨实业股份有限公司"变更为"民生投资管理股份有限公司"。2014 年 4 月 10 日，经青岛市工商行政管理局核准，公司全称由"民生投资管理股份有限公司"变更为"民生控股股份有限公司"。民生控股所有指标都为负数，盈利能力差，投资价值较低，需谨慎对待。

八、结语

虽然过去我国金融业发展既缓慢又不规范，但是随着经济的稳步增长和经济、金融体制改革的深入，金融业有着美好的发展前景。投资者在进行投资时，要综合考虑宏观、微观等各方面反映的相关信息，结合价值投资操作方法(详见本书第 22 章)，加以谨慎地分析，作出合理的选择。

参考文献

［1］中商情报网，http://www.askci.com/news/finance/list/jinrong.shtml.

［2］韩兆洲，谢明杰.公司投资价值评价模型及其实证分析[J].中央财经大学学报，2004(11).

［3］唐菲，韩华，龙伟.新能源行业公司投资价值分析[J].武汉理工大学学报：信息与管理工程版，2012(10).

（参著：王 禹）

第十四章　房地产业上市公司投资价值动态比较分析研究

一、行业发展和投资价值状况

　　房地产几乎是改革开放以来最后纳入市场交易的特殊商品,由于房产是关系国计民生的长期资产,地产是不可再生资源,加上可利用地产资源日益递减及房产的长期性、固定性等特点,房地产一进入市场立即成为最热门行业,价格一路飙升,进入21世纪以来的连续十三年,平均每年增幅超过10%,远远超出绝大多数人心理和经济承受能力。尽管政府出台了一系列的宏观调控政策来抑制房价过快增长,但消费者的感觉依然是越调越涨,相应的"水分"也越积累越多。

　　2013年2月20日,为抑制房价过快上涨,国务院出台了5项房地产市场调控政策措施及相关细则,即新"国五条"。①对执行住房限购政策措施不到位、房价上涨过快的,要进行约谈和问责。②对仿造证明材料、骗取购房资格的,要严肃处理相关责任人;情节严重的,要追究法律责任。③对出售自有住房的,按转让所得征收20%个人所得税。④对房价上涨过快的城市,提高第二套住房贷款利率。⑤规范住房租赁市场,抑制租金过快上涨。新"国五条"采取了强硬的行政手段、法律手段、经济手段(货币政策)、经济手段(财政政策)等抑制房价,取得了明显效果,导致了楼市走向两个极端,从过热迅速走向过冷,全国房地产价格急剧下跌,并威胁到经济稳定发展。2014年,中国房地产市场政策走势趋向于平稳基调,局部出现微调与收紧现象,楼市表现形式多变、综合复杂,在政府的强力维稳下,楼市出现了短期的小幅调整。但总体保持平稳微调,市场分化背离延续,房价稳中有升。根据国家统计局公布的数据,2014年房地产开发和销售主要指标完成情况及其增长速度[1]如表14-1所示。

表 14-1　2014 年房地产开发和销售主要指标完成情况及其增长速度

指　标	单　位	绝对数	比上年增长(%)
投资额	亿元	95 036	10.5
其中:住宅	亿元	64 352	9.2
其中:90 平方米及以下	亿元	20 335	4.6
房屋施工面积	万平方米	726 482	9.2
其中:住宅	万平方米	515 096	5.9
房屋新开工面积	万平方米	179 592	−10.7
其中:住宅	万平方米	124 877	−14.4
房屋竣工面积	万平方米	107 459	5.9
其中:住宅	万平方米	80 868	2.7
商品房销售面积	万平方米	120 649	−7.6
其中:住宅	万平方米	105 182	−9.1
本年到位资金	亿元	121 991	−0.1
其中:国内贷款	亿元	21 243	8.0
其中:个人按揭贷款	亿元	13 665	−2.6

　　在这一大环境下,2015年房地产公司纷纷开始转变战略,由规模扩张转向质量问题,从而使利润、产品品质、成本控制、内部管控等方面都得到了不同程度的优化。同时,可以看到越来越多的房地产公司开

始向多元化发展,以适应市场的调整。全年全国各地房价表现不尽相同,一、二线城市稳中有升,但三、四线城市依然低迷。根据国家统计局公布的数据,2015年房地产开发和销售主要指标完成情况及其增长速度[2]如表14-2所示。

表14-2　2015年房地产开发和销售主要指标完成情况及其增长速度

指　标	单　位	绝对数	比上年增长(%)
投资额	亿元	95 979	1.0
其中:住宅	亿元	64 595	0.4
其中:90平方米及以下	亿元	24 646	21.2
房屋施工面积	万平方米	735 693	1.3
其中:住宅	万平方米	511 570	−0.7
房屋新开工面积	万平方米	154 454	−14.0
其中:住宅	万平方米	106 651	−14.6
房屋竣工面积	万平方米	100 039	−6.9
其中:住宅	万平方米	73 777	−8.8
商品房销售面积	万平方米	128 495	6.5
其中:住宅	万平方米	112 406	6.9
本年到位资金	亿元	125 203	2.6
其中:国内贷款	亿元	20 214	−4.8
其中:个人按揭贷款	亿元	16 662	21.9

近二十几年来,房地产业一直是投资的热门行业,房地产公司林立,甚至许多非房地产公司也转行或兼营房地产业务,取得了巨大投资效益,其中的万科股份成为行业乃至全国上市公司的佼佼者,令人刮目相看。虽然近几年宏观调控幅度较大,其中也含有不少"水分",但从长远看,仍然具有较大投资价值。此次也是第一次房地产价格巨大起伏给房地产业提供了重新洗牌的机会,后起之秀将异军突起,成为"优质高产"行业新龙头。

二、样本选取和数据处理

沪、深证券交易所的133家房地产上市公司的资料来源主要为各家房地产上市公司2015年度的财务报告。由于银润投资、华联股份、天润控股、招商蛇口、世联行的部分数据不可获取,因此将这几家公司剔除,参与分析的公司只128有家。具体初始数据扫描二维码获取。

在指标性质、单位不同的情况下,先要对指标进行同趋势化处理。然后利用SPSS中的Z-score方法将13个指标的原始数据进行标准化处理。同趋势化数据和标准化数据略。

三、因子分析法适应性检验

为了检验所选用的指标是否适合使用因子分析法,本书利用SPSS软件中KMO和Bartlett的方法来对样本进行检验。检验结果如表14-3所示。

表14-3　KMO和Bartlett的检验

取样足够度的Kaiser-Meyer-Olkin度量		0.587
Bartlett的球形度检验	近似卡方	577.098
	自由度(df)	78
	显著性(Sig)	0.000

由表 14-3 可知,巴特利球形检验统计量为 577.098,相应的概率 Sig 为 0.000,在 5% 的显著性水平之下,拒绝原假设,因此可认为相关系数矩阵与单位阵有显著差异,说明样本适合做因子分析。同时,KMO值为 0.587,大于 0.5,说明样本适合作因子分析。

四、确定主因子

本书应用因子分析法中的主成分分析法来计算原始公因子的特征值、方差贡献率以及累计方差贡献率,并由此确定公因子。结果如表 14-4 所示。

表 14-4　解释的总方差

成 分	初始特征值			提取平方和载入			旋转平方和载入		
	合计	方差的%	累积%	合计	方差的%	累积%	合计	方差的%	累积%
1	2.778	21.368	21.368	2.778	21.368	21.368	2.533	19.481	19.481
2	2.027	15.589	36.957	2.027	15.589	36.957	2.229	17.144	36.625
3	1.292	9.942	46.9	1.292	9.942	46.9	1.253	9.636	46.261
4	1.136	8.737	55.637	1.136	8.737	55.637	1.213	9.328	55.589
5	1.039	7.993	63.63	1.039	7.993	63.63	1.045	8.041	63.63
6	0.985	7.576	71.206						
7	0.937	7.211	78.417						
8	0.879	6.759	85.176						
9	0.781	6.009	91.185						
10	0.555	4.27	95.455						
11	0.37	2.844	98.299						
12	0.177	1.359	99.658						
13	0.044	0.342	100						

提取方法:主成分分析。

根据表 14-4 中数据可知,前五个主因子的方差贡献率已经达到了累计方差贡献率的 63.63%,即表明这五个主因子已包含原始数据信息量的 63.63%,所以只须选择前五个主因子就可以较好地代表原始指标,对房地产公司的绩效进行描述。

特征值可用碎石图列示,如图 14-1 所示。从图 14-1 可以看出,从第六个因子开始,特征值的值都小于 1,且折线的陡度变得比较平缓,这说明提取 5 个主因子是合适有效的。

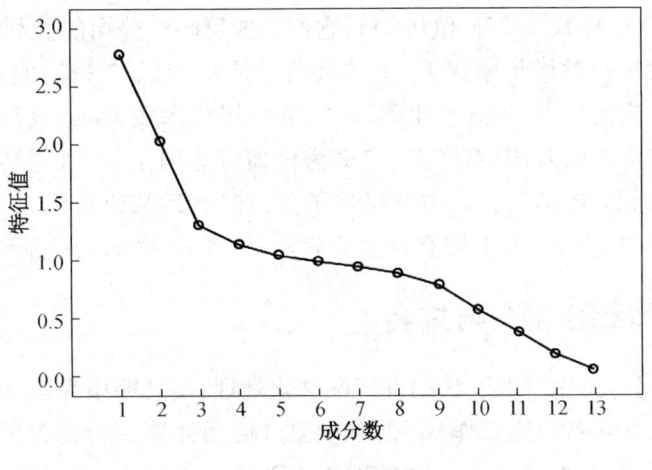

图 14-1　碎石图

五、旋转载荷矩阵分析

本书对原因子载荷矩阵进行最大方差旋转,以期得到主因子更明确的含义。结果如表14-5所示。

表14-5 旋转成分矩阵^a

	成 分				
	F_1	F_2	F_3	F_4	F_5
基本每股收益	0.875	0.066	−0.073	−0.073	−0.014
每股净资产	0.621	0.044	0.197	0.291	0.096
销售净利率	0.778	−0.021	−0.161	−0.299	−0.124
总资产报酬率	0.844	0.103	0.153	0.244	0.083
流动比率	0.081	−0.036	0.541	−0.097	0.228
速动比率	0.005	−0.012	−0.111	−0.016	0.86
资产负债率	0.033	−0.044	0.443	−0.122	−0.148
存货周转率	0.019	−0.027	−0.295	0.722	−0.241
总资产周转率	0.211	0.596	0.311	0.362	−0.094
固定资产周转率	−0.071	0.037	0.672	0.145	−0.101
总资产增长率	0.001	0.962	−0.084	−0.074	0.012
营业总收入增长率	0.044	−0.029	0.075	0.515	0.351
股东权益增长率	0.055	0.961	−0.097	−0.078	0.01

提取方法:主成分分析。

旋转方法:Kaiser标准化最大方差法。

a. 旋转在5次迭代后收敛。

由表14-5中的数据可以看到,基本每股收益、每股净资产、销售净利率和总资产报酬率在主因子 F_1 上的载荷量分别为0.875、0.621、0.778和0.844,它们主要反映了公司的盈利能力,所以将 F_1 命名为盈利因子;总资产增长率、股东权益增长率在 F_2 上的载荷量是0.962、0.961,它们主要反映了公司的成长能力,故将主因子 F_2 命名为成长因子;流动比率、固定资产周转率在 F_3 上载荷量为0.541、0.672,代表了公司的短期偿债能力和营运能力,因而将 F_3 定义为偿债营运因子;存货周转率、营业收入增长率在主因子 F_4 上的载荷量为0.722、0.515,它们主要反映了公司的营运和成长能力,因而将 F_4 定义为营运成长因子;同样地, F_5 在速动比率(0.86)上拥有较大载荷量,故将 F_5 命名为偿债因子。

六、房地产业公司综合得分与排名

要得到因子的综合得分,需先对因子数据进行标准化处理,使其期望为0,方差为1,然后,对各因子的方差贡献率占因子总方差贡献率的比重作权重加权汇总,使用计算综合得分的公式 $F = (\lambda_1 F_1 + \lambda_2 F_2 + \lambda_3 F_3 + \lambda_4 F_4 + \lambda_5 F_5)/\Sigma\lambda i = (0.194\,81 \times F_1 + 0.171\,44 \times F_2 + 0.096\,36 \times F_3 + 0.093\,28 \times F_4 + 0.080\,41 \times F_5)/0.636\,3$ 来计算各样本的综合得分。得到结果按名次排列如表14-6所示。

表 14-6　房地产行业上市公司综合得分排名

股票代码	名称	F_1（盈利）	F_2（成长）	F_3（偿债营运）	F_4（营运成长）	F_5（偿债）	F（综合）	排名
600606.SH	绿地控股	−0.129 41	8.620 95	−0.823 59	−0.813 27	0.025 99	2.04	1
600466.SH	蓝光发展	−0.007 95	6.480 15	−0.480 76	−0.312 4	0.078 72	1.63	2
000046.SZ	泛海控股	0.067 4	−0.127 55	−1.257 34	−0.184 2	9.635 54	0.99	3
600658.SH	电子城	1.740 75	0.000 93	2.037 22	−0.153 6	0.874 31	0.93	4
000038.SZ	深大通	−1.094 31	0.391 56	6.058 65	1.714 18	−1.144 19	0.79	5
600641.SH	万业企业	0.305 24	0.060 33	3.452 35	−0.133 09	0.740 19	0.71	6
000691.SZ	ST 亚太	−0.346 57	−0.048 35	0.838 89	3.027 28	1.965 35	0.7	7
000615.SZ	京汉股份	0.808 75	0.878 02	0.253 93	0.702 38	−0.220 99	0.6	8
000668.SZ	荣丰控股	0.068 92	−0.633 78	0.338 38	2.514 09	2.588 43	0.6	9
000006.SZ	深振业 A	0.242 27	−0.107 29	3.805 69	−0.115 95	−0.484 94	0.54	10
000029.SZ	深深房 A	0.521 87	0.399 36	0.812 09	0.837 62	0.067 36	0.52	11
600177.SH	雅戈尔	2.547 81	−0.193 28	−0.546	−0.604 53	−0.388 27	0.51	12
600747.SH	大连控股	−0.928 38	0.865 63	−0.500 48	4.799 59	−0.661 73	0.49	13
600185.SH	格力地产	2.457 58	−0.436 87	−0.574 34	−0.459 53	0.079 36	0.49	14
600649.SH	城投控股	1.816 46	−0.293 87	−0.246 65	−0.079 8	0.073 35	0.44	15
600238.SH	海南椰岛	−0.329 42	−0.034 3	2.945 08	−0.539 09	1.296 71	0.42	16
000002.SZ	万科 A	1.947 39	−0.030 46	−0.380 84	−0.411 9	−0.398 21	0.42	17
601155.SH	新城控股	1.575 57	0.107 77	−0.258 85	−0.168 43	−0.390 43	0.4	18
600604.SH	市北高新	0.021 78	−0.040 05	−0.064 73	1.446 15	1.312 73	0.36	19
600053.SH	九鼎投资	0.741 38	0.105 61	0.113 76	0.542 14	0.057 94	0.36	20
600340.SH	华夏幸福	1.439 11	0.080 99	−0.424 43	−0.246 57	−0.130 15	0.35	21
600684.SH	珠江实业	0.336 97	0.256 91	0.454 59	0.461 02	0.036 33	0.31	22
600048.SH	保利地产	1.322 81	−0.007 66	−0.192 82	−0.198 36	−0.271 12	0.31	23
000671.SZ	阳光城	0.137 29	0.463 48	0.322 61	0.518 49	−0.049 09	0.29	24
000540.SZ	中天城投	0.420 06	0.359 56	−0.029 7	0.323 85	0.024 39	0.27	25
600007.SH	中国国贸	0.971 37	−0.484 02	−2.578 27	5.235 86	−2.171 3	0.27	26
600823.SH	世茂股份	1.801 38	−0.209 7	−0.462 81	−0.707 88	−0.411 67	0.27	27
600240.SH	华业资本	0.659 9	−0.071 21	−0.059 05	0.431 85	0.124 82	0.25	28
000732.SZ	泰禾集团	1.583 62	−0.041 41	−0.498 11	−0.938 5	−0.138 63	0.24	29
000718.SZ	苏宁环球	0.271 84	0.189 45	0.178 47	0.361 01	−0.020 74	0.21	30
600730.SH	中国高科	−0.041 35	0.323 94	0.072 07	1.186 98	−0.389 88	0.21	31
600533.SH	栖霞建设	−0.051 09	0.178 16	0.473 52	0.665 89	−0.047 63	0.2	32
600064.SH	南京高科	1.886 17	−0.311 28	−0.728 64	−0.968 85	−0.415 31	0.19	33
600743.SH	华远地产	0.172 2	0.141 79	0.298 1	0.407 91	−0.072 94	0.19	34
000042.SZ	中洲控股	1.136 44	−0.091 77	−0.457 41	−0.413 67	−0.174 06	0.17	35

股票代码	名称	F_1（盈利）	F_2（成长）	F_3（偿债营运）	F_4（营运成长）	F_5（偿债）	F（综合）	排名
600748. SH	上实发展	0.458 73	−0.063 64	0.258 07	0.100 01	−0.163 81	0.16	36
000537. SZ	广宇发展	0.128 18	−0.069 34	1.027 01	0.098 52	−0.295 14	0.15	37
600067. SH	冠城大通	0.274 36	0.157 46	0.160 69	0.160 28	−0.190 63	0.15	38
600683. SH	京投发展	−0.112 11	0.009 63	0.247 11	0.736 31	0.246 4	0.14	39
002244. SZ	滨江集团	0.281 48	0.056 55	0.071 55	0.248 5	−0.110 55	0.13	40
600638. SH	新黄浦	0.577 69	−0.429 92	0.886 94	−0.806 73	0.435 73	0.13	41
000667. SZ	美好集团	−0.106 03	−0.049 76	0.511 13	0.512 28	0.180 16	0.13	42
600383. SH	金地集团	1.008 13	−0.159 09	−0.041 63	−0.567 6	−0.453 85	0.12	43
600773. SH	西藏城投	−0.169 9	−0.349 09	1.941 63	−1.155 79	1.090 06	0.12	44
600663. SH	陆家嘴	1.340 75	−0.434 28	−0.530 23	−0.543 92	−0.155 85	0.11	45
600622. SH	嘉宝集团	0.702 85	−0.194 32	−0.020 52	−0.266 72	−0.131 33	0.1	46
002016. SZ	世荣兆业	−0.335 34	−0.068 33	0.215 95	0.933 21	0.436 49	0.1	47
600807. SH	天业股份	−0.122 28	0.200 97	0.061 77	0.396 16	0.070 33	0.09	48
000926. SZ	福星股份	1.515 32	−0.270 58	−0.521 02	−1.099 13	−0.470 75	0.09	49
600376. SH	首开股份	1.344	−0.236 83	−0.598 87	−0.831 87	−0.349 77	0.09	50
600565. SH	迪马股份	−0.117 77	0.338 59	0.084 97	0.191 58	−0.078 91	0.09	51
002146. SZ	荣盛发展	0.516 09	0.005 43	−0.210 39	−0.162 55	−0.182 58	0.08	52
600266. SH	北京城建	1.657 37	−0.282 13	−0.683 03	−1.296	−0.509 72	0.07	53
000014. SZ	沙河股份	0.172 69	−0.425 75	3.615 13	−1.479 83	−1.566 77	0.07	54
000402. SZ	金融街	1.288 96	−0.337 84	−0.530 63	−0.781 11	−0.337 23	0.07	55
000043. SZ	中航地产	0.688 46	−0.115 89	−0.262 92	−0.276 22	−0.289 84	0.06	56
000031. SZ	中粮地产	0.143 39	−0.040 44	−0.040 89	0.204 38	0.023 42	0.06	57
600162. SH	香江控股	0.105 48	0.130 13	−0.049 39	0.045 27	−0.137 36	0.05	58
000040. SZ	宝安地产	−0.169 01	0.038 29	0.070 15	0.382 03	0.149 34	0.04	59
600862. SH	中航高科	−0.195 07	0.085 23	0.373 99	0.193 31	−0.034 97	0.04	60
002208. SZ	合肥城建	0.242 02	0.003 18	−0.025 4	−0.030 05	−0.197 27	0.04	61
600173. SH	卧龙地产	−0.253 91	0.105 02	0.518 14	0.229 35	−0.189 79	0.04	62
000981. SZ	银亿股份	−0.213 45	0.097 4	0.105 27	0.430 2	−0.017 22	0.04	63
000011. SZ	深物业 A	0.214 24	−0.054 07	−0.029 38	0.042 74	−0.122 76	0.04	64
000631. SZ	顺发恒业	−0.085 07	0.039 34	0.416 32	0.154 81	−0.263 22	0.04	65
600657. SH	信达地产	0.463 36	−0.244 5	−0.202 94	−0.180 6	−0.000 83	0.02	66
000797. SZ	中国武夷	0.069 46	−0.075 89	−0.080 1	0.127 75	−0.085 2	0	67
600510. SH	黑牡丹	0.385 23	−0.085 64	−0.184 37	−0.439 46	−0.208 45	−0.02	68
000838. SZ	财信发展	0.162 75	0.187 78	−0.364 85	−0.450 47	−0.090 65	−0.03	69
600325. SH	华发股份	1.120 52	−0.377 96	−0.497 94	−1.215 99	−0.160 16	−0.03	70

股票代码	名称	F_1（盈利）	F_2（成长）	F_3（偿债营运）	F_4（营运成长）	F_5（偿债）	F（综合）	排名
600555. SH	海航创新	−0.485 77	−0.483 59	−0.214 26	0.936 25	1.093 11	−0.04	71
000609. SZ	绵世股份	−0.050 23	−0.129 91	0.330 75	−0.316 7	0.033 66	−0.04	72
600639. SH	浦东金桥	0.946 74	−0.336 9	−0.643 84	−0.789 34	−0.261 25	−0.05	73
000567. SZ	海德股份	0.114 08	−0.462 28	−0.166 98	0.258 56	0.232 15	−0.05	74
000965. SZ	天保基建	0.149 41	−0.053 36	−0.244 89	−0.153 2	−0.186 81	−0.05	75
600094. SH	大名城	−0.071 32	−0.016 46	−0.138 87	−0.063	0.003 29	−0.06	76
600393. SH	粤泰股份	0.098 98	−0.168 86	−0.163 12	−0.083 85	−0.048 7	−0.06	77
600077. SH	宋都股份	−0.351 38	−0.019 47	0.052 86	0.194 15	0.018 36	−0.07	78
000656. SZ	金科股份	−0.099 72	−0.064 87	−0.181 13	−0.011 92	−0.058 06	−0.08	79
601588. SH	北辰实业	−0.056 7	−0.220 2	−0.102 16	−0.127 66	0.046 9	−0.1	80
000558. SZ	莱茵体育	−1.533 88	0.781 47	0.743 01	0.620 07	−0.428 7	−0.11	81
000056. SZ	皇庭国际	0.520 03	−0.578 12	−0.939 47	0.116 69	0.055 37	−0.11	82
600665. SH	天地源	−0.127 04	−0.170 35	−0.055 03	−0.187 31	−0.031 92	−0.12	83
000534. SZ	万泽股份	−0.192 51	−0.240 97	0.071 85	−0.208 51	0.135 26	−0.13	84
600736. SH	苏州高新	0.075 36	−0.224 06	−0.263 46	−0.269 37	−0.096 82	−0.13	85
600208. SH	新湖中宝	−0.192 35	−0.152 21	−0.104 33	−0.115 03	0.027 38	−0.13	86
000620. SZ	新华联	−0.192 32	−0.117 09	−0.268 71	−0.084 38	0.044 03	−0.14	87
000616. SZ	海航投资	0.039 54	−0.282 92	−0.231 14	−0.202 97	−0.083 95	−0.14	88
600621. SH	华鑫股份	0.161 55	−0.353 41	−0.249 61	−0.364 89	−0.038 04	−0.14	89
600159. SH	大龙地产	−0.235 97	−0.100 58	−0.112 36	−0.070 03	−0.173 36	−0.15	90
000711. SZ	京蓝科技	−0.153 44	−0.610 12	−1.838 12	3.408 59	−1.271 56	−0.15	91
002305. SZ	南国置业	−0.495 52	−0.069 3	0.002 68	0.102 29	−0.014 57	−0.16	92
600791. SH	京能置业	−0.008 27	−0.267 48	−0.080 03	−0.358 14	−0.165 28	−0.16	93
600158. SH	中体产业	−0.403 46	−0.098 81	−0.018 3	0.005 58	−0.087 34	−0.16	94
600322. SH	天房发展	−0.154 35	−0.221 26	−0.205 85	−0.135 57	−0.055 59	−0.16	95
000736. SZ	中房地产	0.023 4	−0.299 95	−0.151 01	−0.363 35	−0.148 96	−0.17	96
000036. SZ	华联控股	−0.366 24	−0.374 26	−0.227 35	0.196 86	0.367 18	−0.17	97
000517. SZ	荣安地产	−0.493 7	−0.160 04	0.131 79	−0.106 33	−0.166 09	−0.21	98
002077. SZ	大港股份	−0.257 5	−0.099 73	−0.134 48	−0.332 13	−0.310 28	−0.21	99
600223. SH	鲁商置业	−0.425 96	−0.160 06	−0.205 76	−0.040 05	−0.037 79	−0.22	100
600239. SH	云南城投	−0.022 1	−0.339 35	−0.377 08	−0.409 78	−0.038 86	−0.22	101
002133. SZ	广宇集团	−0.483 62	−0.144 57	0.126 62	−0.241 12	−0.233 38	−0.23	102
600890. SH	中房股份	−0.478 12	−0.544 22	−1.097 33	2.017 9	−0.549 58	−0.23	103
000608. SZ	阳光股份	0.113 61	−0.425 33	−0.357 41	−0.558 78	−0.151 36	−0.23	104
600503. SH	华丽家族	−0.492 85	−0.234 8	−0.063 83	−0.259 28	0.116 61	−0.25	105

股票代码	名称	F_1（盈利）	F_2（成长）	F_3（偿债营运）	F_4（营运成长）	F_5（偿债）	F（综合）	排名
000979.SZ	中弘股份	−0.394 99	−0.201 07	−0.281 29	−0.270 4	−0.001 24	−0.26	106
600716.SH	凤凰股份	−0.382 86	−0.281 09	−0.105 74	−0.252 52	−0.128 7	−0.26	107
000514.SZ	渝开发	−0.384 41	−0.244 4	−0.261 07	−0.394 67	−0.178 63	−0.3	108
000863.SZ	三湘股份	−0.164 17	−0.373 64	−0.384 15	−0.583 22	−0.087 59	−0.31	109
600215.SH	长春经开	−0.076 37	−0.392 83	−0.445 34	−0.740 87	−0.255 03	−0.34	110
600246.SH	万通地产	−1.133 86	−0.191 42	0.070 42	0.001 21	0.027 13	−0.38	111
600052.SH	浙江广厦	−1.578 17	0.034 7	0.060 72	0.304 18	−0.099 26	−0.43	112
600745.SH	中茵股份	−0.355 54	−0.121 58	−0.681 64	−1.022 93	−0.349 98	−0.44	113
000897.SZ	津滨发展	−0.980 74	−0.302 88	−0.138 55	−0.313 11	−0.152 79	−0.47	114
000005.SZ	世纪星源	−1.137 87	−0.241 07	−0.525 61	−0.225 28	0.147 83	−0.51	115
000505.SZ	*ST珠江	−1.261 12	−0.534 87	−0.111 58	0.241 08	0.025 69	−0.51	116
000573.SZ	粤宏远A	−0.863 79	−0.326 01	−0.407 35	−0.590 47	−0.231 81	−0.53	117
600724.SH	宁波富达	−1.601 67	−0.223 31	−0.229 22	−0.318 11	−0.211 37	−0.66	118
600675.SH	*ST中企	−2.005 44	−0.282 02	−0.149 1	−0.075 57	−0.018 89	−0.73	119
600225.SH	天津松江	−1.528 85	−0.230 8	−0.505 07	−0.763 74	−0.231 04	−0.75	120
000886.SZ	海南高速	−1.462 4	−0.361 49	−0.661 92	−0.846 29	−0.257 56	−0.8	121
000502.SZ	绿景控股	−1.683 16	−0.323 18	−0.575 3	−0.936 87	−0.268 11	−0.86	122
000918.SZ	嘉凯城	−2.214 57	−0.268 97	−0.228 48	−0.350 51	−0.193 53	−0.86	123
600732.SH	*ST新梅	−1.955 44	−0.249 86	−0.501 42	−0.624 57	−0.311 83	−0.87	124
600767.SH	运盛医疗	−2.048 98	−0.260 41	−0.623 12	−1.034 57	−0.372 99	−0.99	125
600275.SH	武昌鱼	−2.157 24	−0.361 42	−0.974 33	−0.922 48	−0.332 89	−1.08	126
600733.SH	S前锋	−2.276 41	−0.375 38	−0.996 38	−1.500 75	−0.439 82	−1.22	127
600696.SH	匹凸匹	−3.825 74	−0.275 04	−1.550 02	−2.113 13	−0.450 27	−1.85	128

　　表14-6中，房地产公司综合得分与其投资价值呈正相关关系。由于先对因子数据进行了标准化处理，因此，可以0为参考标准线，认为：综合得分大于0的房地产公司，综合业绩相对较好，且数值越大，投资价值越大；综合得分小于0的则相对较差，且数值越小，投资价值越小。依此可对上市公司的综合业绩和投资价值有一个基本的评价。

　　具体而言，表14-6中，排名前十的是绿地控股、蓝光发展、泛海控股、电子城、深大通、万业企业、ST亚太、京汉股份、荣丰控股、深振业A。连续三年排在前十的公司差异非常大，说明行业竞争激烈，稳定性较差。对于房地产企业的投资应该谨慎。

　　其中，绿地排名第一，其成长因子表现非常突出，除偿债因子外，其他因子均为负数。2015年该公司财务状况大幅恶化，房地产开发业务和其他业务部门借款显著增加，对于该公司的投资应持观望态度，不建议大量投资。

　　蓝光发展综合排名第二，2015年为蓝光发展重要的一年，完成重组上市，成为房地产再融资开闸后第一家借壳上市的房地产公司，其成长因子突出，发展前景好，有长期投资价值。

泛海控股凭借其杰出的偿债能力跃居第三位，其他指标不佳，2013年和2014年综合排名分别第八十二位和第六十一位，投资价值不高。

电子城综合排名第四位，2013年排名第四十八名，其盈利和偿债营运因子都不错，其他因子为负数，2014年排名第十一名，盈利因子大幅提升，2015年除了盈利因子稳步增长外，偿债能力迅猛发展，说明该公司偿债能力强，综合实力提升迅速，具有很大的投资价值。

深大通综合排名第五位，2013年排名第三十六位，其偿债营运因子非常突出，2014年排名跌落至第六十位，其营运能力仍然是遥遥领先，到2015年，排名上升到前五位，营运因子依旧是行业领先，证明该公司一直以来营运能力都非常强，但其成长能力和偿债能力不太突出，具有一定的短期投资价值。

万业企业综合排名第六位，得益于良好的偿债营运因子得分，除营运成长因子得分为负，其余因子得分均为正，整体水平较好。而2013年排名第五十位，2014年排名上升至第三十八位，其上升态势显著，发展势头良好，具有较大投资价值。

京汉股份各项因子均衡，除了偿债因子为负，其他因子得分均为正值，说明公司较为稳定，适合短期投资。

ST亚太凭借其较高的营运成长因子得分及偿债因子得分，由2013年排名第一百二十三位和2014年排名第一百二十四位上升到前十位，营运能力、偿债能力都有较大改善，盈利能力、成长能力还有提升空间，投资者需谨慎对其投资。与之类似的排名第九位的荣丰控股，在2013年和2014年排名也十分靠后，由于各项指标得以改善，2015年跻身前十，由于其财务能力波动性较大，投资者需认真分析再进行投资。

深振业A综合排名第十，主要是因为偿债营运因子突出，盈利因子得分为正。2013年排名第十二，营运因子突出，盈利因子也较好，2014年排名跌落至第四十二位，其营运因子还是排名靠前。说明该公司营运能力强，管理效率高。总的来看，深振业A三年发展有所起伏，但都居行业前列，具有较大投资价值。

值得一提的是上实发展，综合得分排名第三十六位，2014年排名第五十四位，2013年排名第六十四位。其连续三年一直在攀升，且增长幅度稳中有升，各项能力得分基本均衡，综合实力较强，是一家被看好的房地产上市公司，2013年笔者在论述"价值投资的操作方法"[3]时曾将其作为公司发展优势股，对其做过特别推荐。上实发展是一家具有行业、地区、政策扶植和内部管理等多项优势的潜力公司，但前两年并未见其有较大发展，尤其股价没有明显上升，但经过连续两年的积淀和准备，可以说是具备了天时、地利、人和各项条件，2016年是伴随万科股份"权力之争"渐趋消停后崛起的房地产新秀，未来相当长时间内，都是值得广大投资者密切关注和重点投资的对象。

排名后十位是＊ST中企、天津松江、海南高速、绿景控股、嘉凯城、＊ST新梅、运盛医疗、武昌鱼、S前锋、匹凸匹。与2013年、2014年排名比较可见，武昌鱼连续几年都位于最后十位，说明其财务状况没有明显改善，特别是盈利因子非常不理想，排名最后三位，其他因子均为负数，如果不调整，有退市风险，暂不建议投资。匹凸匹盈利因子为负数，且排名垫底，说明公司盈利情况非常不理想，其他因子也均为负数，不建议投资。排名后十位的综合因子都为负值，说明公司情况不理想，投资者需谨慎选择。

七、系统聚类分析

上述因子分析能够满足投资者对上市公司投资价值分析的需要，但是由于投资者的投资理念往往各不相同，关注的侧重点也有所不同。为了更深入细致地分析行业板块的情况，将利用系统聚类分析法进一步对128家房地产公司的5个因子值和综合值进行Q型聚类（即个案分群）；聚类方法为ward联结法，即离差平方和法，根据同类变量间的离差平方和较小、不同类别间的离差平方和较大来进行分类，形成树状图（略）。其测量尺度选用平方Euclidean距离，即两样本之间的距离是各样本每个变量值之差的平方和。通过聚类分析把业绩相似的公司归类，可以对不同类别的上市公司进行对比分析，为投资者选择投资组合提供参考。

根据树状图（略），本书选择对128家房地产业公司分为4类，如表14-7所示。

表 14-7 聚类分析

类别	房地产业公司	数目
1	绿地控股、蓝光发展	2
2	泛海控股	1
3	电子城、深大通、万业企业、ST 亚太、京汉股份、荣丰控股、深振业 A、深深房 A、雅戈尔、大连控股、格力地产、城投控股、海南椰岛、万科 A、新城控股、市北高新、九鼎投资、华夏幸福、珠江实业、保利地产、阳光城、中天城投、中国国贸、世茂股份、华业资本、泰禾集团、苏宁环球、中国高科、栖霞建设、南京高科、华远地产、中洲控股、上实发展、广宇发展、冠城大通、京投发展、滨江集团、新黄浦、美好集团、金地集团、西藏城、陆家嘴、嘉宝集团、世荣兆业、天业股份、福星股份、首开股份、迪马股份、荣盛发展、北京城建、沙河股份、金融街、中航地产、中粮地产、香江控股、宝安地产、中航高科、合肥城建、卧龙地产、银亿股份、深物业 A、顺发恒业、信达地产、中国武夷、黑牡丹、财信发展、华发股份、海航创新、绵世股份、浦东金桥、海德股份、天保基建、大名城、粤泰股份、宋都股份、金科股份、北辰实业、皇庭国际、天地源、万泽股份、苏州高新、新湖中宝、新华联、海航投资、华鑫股份、大龙地产、京蓝科技、南国置业、京能置业、中体产业、天房发展、中房地产、华联控股、荣安地产、大港股份、鲁商置业、云南城投、广宇集团、中房股份、阳光股份、华丽家族、中弘股份、凤凰股份、渝开发、三湘股份、长春经开、中茵股份	107
4	莱茵体育、万通地产、浙江广厦、津滨发展、世纪星源、＊ST 珠江、粤宏远 A、宁波富达、＊ST 中企、天津松江、海南高速、绿景控股、嘉凯城、＊ST 新梅、运盛医疗、武昌鱼、S 前锋、匹凸匹	18

表 14-7 中，类别 1 包括了绿地控股、蓝光发展 2 家公司，分别排名第一位和第二位。绿地控股的突出优势是成长能力和短期偿债能力得分遥遥领先，是迅速发展起来的行业龙头公司，适宜对其长期投资，但其他因子得分均为负值，说明发展不均衡，可能存在潜在投资风险，投资者应谨慎。该公司在 2015 年立足"公众化、资本化、国际化"的企业格局，"房地产主业，大基建、大金融、大消费"的业务布局，积极切换成长动力、优化商业模式，转型升级成效显著。绿地控股发布 2015 年业绩预盈公告，经财务部门初步测算，实现归属于上市公司股东的净利润 676 908 万元左右，较 2014 年度归属于上市公司股东的备考净利润为 556 979.36 万元增幅超两成。[4] 在房地产行业整体利润水平呈下滑趋势的背景下，绿地控股率先创新转型升级，房地产主业提质增效的同时，积极培育业绩新增长点，提升集团整体盈利能力成效显著。从 2015 年的数据来看，该公司成长因子，位于 128 家公司之首，说明该公司成长能力强。投资者在进行投资时可以考虑进行长期投资。

蓝光发展的房地产业务在 2015 年实现签约金额 183 亿元，同比增长 7.65％；实现签约面积 216 万平方米，同比减少 1.37％。把握市场周期，加大土地储备，优化区域布局。报告期内，公司多元化投资模式取得突破，通过招拍挂、股权收购、项目合作开发等方式获地 15 宗，合计净用地面积 1 644.35 亩，较上年同期增长 126％，为 2016 年业绩增长奠定了基础；同时，公司策略性地加大了苏州、合肥、武汉、南昌等中东部高增长潜力城市的投资，通过布局优化，提升公司投资回报率。从市场背景来看，一、二线城市人均GDP 的快速提高促使改善性住房需求的上升，同时，国家限购、限贷、限价政策的放开，也为积压的改善性需求释放创造了良好的条件。基于此，公司从战略上果断进行了产品结构调整，2015 年度报告期内，公司新增储备住宅资源 80％以上为改善产品。2015 年 5 月至 2016 年 2 月期间，公司共计储备了 13 个改善性住宅项目，其中合肥"雍锦半岛"、苏州"雍锦园"、南昌"雍锦王府"等改善型代表产品将在 2016 年陆续上市。[5] 可见，该公司成长性十分可观。

类别 2 仅包括泛海控股 1 家公司，该公司是房地产综合开发企业，主要经营项目投资、资产管理、房地产及旅游项目开发、物业管理、建筑设备、建筑装饰材料销售，连续十年被深圳市工商局评为"重合同守信用企业"。优势是短期偿债能力强，偿债因子得分排名第一，综合得分很高，而实际上主要是其资产负债率高达 87％，财务杠杆效应显著所致。但过多举债也存在风险。虽然泛海控股相比 2013 年和 2014 年有很大的提升，但是各项能力发展还有很大进步空间，投资者最好谨慎对其投资。

类别 3 包括电子城、深大通、万业企业等 107 家公司，排名比较分散，其中电子城、深大通排名第四和第五，两家公司偿债和营运能力都比较突出，其他因子也不错，适合短期投资。电子城是一家从事科技产

中国上市公司投资价值动态比较分析研究（一）

业地产开发运营的上市公司,公司主要从事投资及投资管理、房地产开发及商品房销售、物业管理、高新技术成果的孵化等业务,其综合排名由 2013 年的第四十八位上升到 2015 年的第四位,各项指标显著提升,偿债能力迅猛发展,说明该公司偿债能力强,综合实力提升迅速,具有很大的投资价值。而深大通凭借其持续的良好的营运能力可以作为短期投资选择。

万业企业是上海一家房地产企业,主要从事实业投资、资产经营、房地产开发经营、国内贸易、钢材、木材、建筑材料、建筑五金。其综合排名由 2013 年的第五十位上升到第六位,2015 年除营运成长因子得分为负,其余因子得分均为正,整体水平较好,适合短期投资。

大连控股由 2013 年的第八十一位上升到 2015 年的第十三位,营运成长因子排名第二,营运能力和成长能力比较好,但盈利因子、偿债营运因子、偿债因子得分为负,可以考虑短期投资。

ST 亚太、荣丰控股营运成长因子突出,证明该类公司发展潜力大,综合排名分别为第七名和第九名,适合长期投资。排名第十一位的深深房 A2015 年度实现营业收入 21.63 亿元,同比涨 1.46%;净利润 3.01 亿元,同比涨 1.04%,可以考虑投资。格力地产、万科 A、新城控股 3 家公司盈利因子比较好,且综合排名在前二十,投资者可以选择性投资。

类别 4 有莱茵体育、万通地产、浙江广厦等 18 家公司,这些公司普遍排在最后二十位。其中,排名最靠前的莱茵体育只排在第八十一位,2013 年排在第七十二位,2014 年排在第九位,该公司主要从事实业投资、体育活动的组织、策划等业务,房地产是其多元化投资领域。由于其盈利因子和偿债因子得分为负,其他因子得分一般,总体投资价值不高。而嘉凯城、*ST 新梅、*ST 中企、天津松江等公司排名后十位,且各类因子均为负值,证明该类公司不稳定,且营运、偿债能力均不好,暂不建议对这类公司投资。武昌鱼连续三年排名靠后,说明该公司在过去几年都没有改善自身的财务状况。投资者在对这一类别进行投资选择时需要谨慎,不应盲目。

八、结语

2015 年我国宏观经济环境仍然保持稳定增长态势,这决定了中国楼市不可能大涨大跌,之后 5 年内还会出现一定程度的阶段性调整,前几年累积的房地产泡沫在这个过程中将被稀释,中国楼市越走越健康的基础和预期将被逐步放大,尤其一线城市前景乐观。这对于股票市场来说,房地产业的投机机会将会减少,投资价值将会逐步显现。投资者应把握机遇,结合投资价值状况以理性的态度去分析上市公司的财务状况,挖掘其内在价值,选择适合自己的投资方向和目标,回避风险。由于本书分析仅运用了 2015 年的财务报表及相关资料,联系实际结合 2014 年、2013 年的相关分析结果进行,仍可能存在间断性,且指标的选择具有主观性与偶然性,得出的结论难免具有片面性,如能对更多个年度进行连续动态比较分析,可以作出更加准确的分析。本书只是提供了一个投资价值评价的方法,如果扩展到其他上市公司以及多个年度,并与价值投资操作方法相结合,可以更全面地把握投资方向。

参考文献

[1] 国家统计局.中华人民共和国 2014 年国民经济和社会发展统计公报.2015-2-26.
[2] 国家统计局.中华人民共和国 2015 年国民经济和社会发展统计公报.2016-3-8.
[3] 赵惠芳,等.中国上市公司投资价值分析研究[M].北京:中国财富出版社,2015:588-590.
[4] 同花顺财经,http://stock.10jqka.com.cn/20160215/c587836567.shtml.
[5] 新浪财经,http://finance.sina.com.cn/stock/t/2016-03-31/doc-ifxqxcn.r5021842.shtml.

(参著:廖丰羽、郝福新)

第十五章 租赁和商务服务业上市公司投资价值动态比较分析研究

一、行业发展与投资价值状况

租赁和商务服务业是 2002 年国民经济行业分类的新增门类，是我国国家统计局 2002 年大范围修订国民经济行业分类标准后提出的一个行业名称，在我国《国民经济行业分类》(GB/T 4754—2002)中，属于第 L 门类，归属于第三产业。

租赁业是指按照达成的契约协定，出租人把拥有的特定财产（包括动产和不动产）在特定时期内的使用权转让给承租人，承租人按照协定支付租金的交易行为。租赁在社会上的产生与发展渊远流长。中国的租赁历史悠久，起源可追溯到原始社会约 4 000 年前。当时的租赁仅仅是物品使用权的交换，是最原始形态的租赁。1952 年，世界上第一家专业租赁公司——美国租赁公司正式成立。其后租赁范围逐步扩展到以企业生产、加工、包装、运输、管理所需的机器设备等动产领域。现代租赁业是指在约定的时间内将场地、房屋、物品、设备或设施等转让给他人使用的业务。在全世界范围内，租赁业已经成为一个充满生机和活力的产业。"现代租赁是融贸易、金融、租借为一体的一项综合性金融业务。它以融物方式来实现融资，以融资方式来实现融物，既是融资方式的创新，又是融物方式的创新。"[1]

商务服务业是指为企业提供服务的行业。其分类涵盖了诸多行业，包括：法律服务、商旅服务、信息咨询、广告服务、公关服务、教育培训、特许经营、金融服务、保险理财等二十几个行业。商务服务业中大部分行业成长性较好，其外延范围在不断拓展和延伸。综合发达国家、地区和我国商务服务业发展的实践，商务服务业有四个基本特性：高成长性，高人力资本含量、高技术含量、高附加值三高特征，顾客导向型的价值增值效应和强集聚性与辐射力。

随着我国国际化程度的提高和工农业产业化的快速发展，对各类专业化的租赁和商务服务需求也快速增长，其作用日益突出。据国家统计局数据显示，2014 年租赁和商务服务业城镇就业人数 449.1 万人，比 2013 年增加 27.2 万人，2014 年租赁和商务服务业法人单位数 1 161 947 个，比 2013 年增加 244 994 个，2014 年租赁和商务服务业投资总额 2 628 亿美元，共有企业数 44 381 户，外商直接投资 1 248 588 万美元，对外直接投资 32 244 391 万美元，与 2013 年相比，投资总额增加 531 亿美元，企业数增加 3 788 户，外商直接投资 212 430 万美元，对外直接投资增加 12 671 037 万美元，说明这个行业蒸蒸日上，正逐渐成为影响国民经济的行业，侧面也反映出在国内外都认为此行业有良好的投资价值。[2] 2015 年统计公报披露，租赁和商务服务业营业收入 1 067.8 万元，同比增长 25.01%。[3] 国家统计局资料：租赁和商务服务业对外经济有较大发展，2015 年吸收外商直接投资企业数 4 465 家，同比增长 12.7%；实际使用资金 623.3 亿元，同比下降 18.8%；对外直接投资 416.7 亿美元，同比增长 11.9%。[4]

近几年，政府对第三产业的主导发展也为服务业的发展提供了良好的先机。越来越多的投资者瞄准服务行业，大量投资者投资于租赁与商业服务业。在股票市场上，由于 2015 年该行业诸多优质企业进入新三板挂牌上市，因此该行业全年走势较为良好，稳步上升趋势得到延续，租赁和商务服务业板块较之年初整体涨幅为 66%，名列各行业前茅。迄今，租赁与商务服务业仍属于朝阳产业，前景广阔，投资价值稳步提升。

二、样本选取和数据处理

沪、深证券交易所的 23 家租赁和商务服务业上市公司(共 30 家,其中思美传媒、腾邦国际、轻纺城、引力传媒、龙韵股份、分众传媒、华谊嘉信因数据不全将其剔除)的资料来源主要为其 2015 年度的财务报告。具体初始数据扫描二维码获取。

在指标性质、单位不同的情况下,先要对指标进行同趋势化处理。然后利用 SPSS 中的 Z-score 方法将 13 个指标的原始数据进行标准化处理。同趋化数据与标准化数据略。

三、因子分析法适应性检验

为了检验所选用的指标是否适合使用因子分析法,本书利用 SPSS 软件中 KMO 和 Bartlett 的方法来对样本进行检验。检验结果如表 15-1 所示。

表 15-1　KMO 和 Bartlett 的检验

取样足够度的 Kaiser-Meyer-Olkin 度量		0.392
Bartlett 的球形度检验	近似卡方	221.58
	自由度(df)	78
	显著性(Sig)	0.000

由表 15-1 可知,虽然 KMO 值为 0.392,小于 0.5,但这是由于样本数量太少造成。Bartlett 球形检验统计量为 221.58,相应的概率 Sig 为 0.000,在 5% 的显著性水平之下,拒绝原假设,因此可认为相关系数矩阵与单位阵有显著差异,说明样本适合作因子分析。

四、确定主因子

本书应用因子分析法中的主成分分析法来计算原始公因子的特征值、方差贡献率以及累计方差贡献率,并由此确定公因子。结果如表 15-2 所示。

表 15-2　解释的总方差

成　分	初始特征值			提取平方和载入			旋转平方和载入		
	合计	方差的%	累积%	合计	方差的%	累积%	合计	方差的%	累积%
1	3.624	27.878	27.878	3.624	27.878	27.878	3.232	24.859	24.859
2	2.737	21.051	48.929	2.737	21.051	48.929	2.785	21.420	46.279
3	2.018	15.525	64.454	2.018	15.525	64.454	2.050	15.772	62.050
4	1.494	11.495	75.949	1.494	11.495	75.949	1.747	13.441	75.492
5	1.191	9.158	85.107	1.191	9.158	85.107	1.250	9.615	85.107
6	0.787	6.056	91.163						
7	0.465	3.576	94.739						
8	0.315	2.421	97.160						
9	0.149	1.144	98.304						

成 分	初始特征值			提取平方和载入			旋转平方和载入		
	合计	方差的%	累积%	合计	方差的%	累积%	合计	方差的%	累积%
10	0.097	0.750	99.053						
11	0.076	0.583	99.636						
12	0.035	0.271	99.907						
13	0.012	0.093	100.000						

提取方法：主成分分析。

根据表 15-2 中数据可知，前五个主因子的方差贡献率已经达到了累计方差贡献率的 85.107%，即表明这五个主因子已包含原始数据信息量的 85.107%，所以只须选择前五个主因子就可以较好地代表原始指标，对公司的绩效进行描述。

特征值可用碎石图列示，如图 15-1 所示。从图 15-1 可以看出，从第六个因子开始，特征值的值都小于 1，且折线的陡度变得比较平缓，这说明提取 5 个主因子是合适有效的。

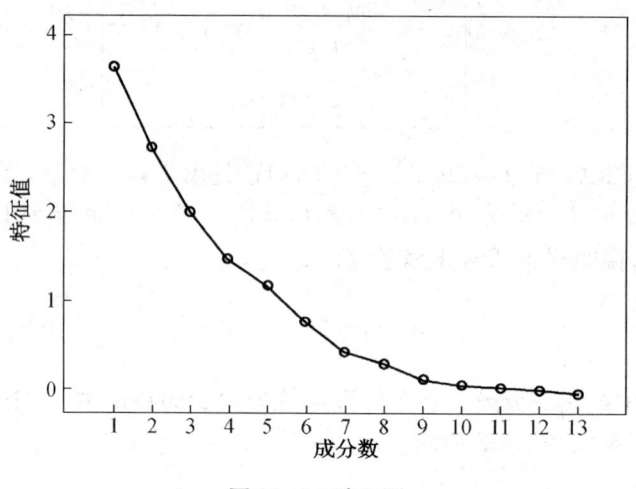

图 15-1　碎石图

五、旋转载荷矩阵分析

本书对原因子载荷矩阵进行最大方差旋转，以期得到主因子更明确的含义。结果如表 15-3 所示。

表 15-3　旋转成分矩阵[a]

	成 分				
	F_1	F_2	F_3	F_4	F_5
基本每股收益	0.119	0.076	0.595	0.748	−0.039
销售净利率	−0.037	−0.015	−0.098	0.978	0.007
每股净资产	−0.214	0.227	0.875	−0.100	0.093
总资产报酬率	0.115	0.013	0.936	0.098	−0.003
流动比率	0.003	−0.043	0.063	−0.247	0.760

	成　分				
	F_1	F_2	F_3	F_4	F_5
速动比率	−0.074	0.001	−0.005	0.222	0.787
资产负债率	−0.093	0.969	0.055	−0.012	−0.059
存货周转率	0.896	0.140	0.055	−0.016	0.085
总资产周转率	0.873	−0.014	−0.074	0.291	−0.080
固定资产周转率	0.934	0.071	0.028	−0.048	0.030
总资产增长率	0.304	0.907	0.139	0.035	0.052
营业总收入增长率	0.777	0.063	−0.050	−0.112	−0.146
股东权益增长率	0.096	0.968	0.073	0.010	−0.038

提取方法：主成分分析。

旋转方法：具有 Kaiser 标准化最大方差法。

a. 旋转在 5 次迭代后收敛。

由表 15-3 中的数据可以看到，存货周转率（0.896）、固定资产周转率（0.934）、总资产周转率（0.873）在主因子 F_1 上有较大载荷量，代表了公司的营运能力，故而将其命名为营运因子；主因子 F_2 在资产负债率（0.969）、总资产增长率（0.907）、股东权益增长率（0.968）上有较大载荷量，代表了公司的长期偿债能力和成长能力，为偿债成长因子；主因子 F_3 在总资产报酬率（0.936）、每股净资产（0.875）上有较大载荷量，代表了公司的盈利能力，为盈利因 1；主因子 F_4 在销售净利率上的载荷量为 0.978，它主要反映了公司的盈利能力，为盈利因子 2；流动比率与速动比率在主因子 F_5 上的载荷分别为 0.760 与 0.787，体现了公司的短期偿债能力，为偿债因子。

六、租赁和商务服务业公司综合得分与排名

要得到因子的综合得分，需先对因子数据进行标准化处理，使其期望为 0，方差为 1，然后，对各因子的方差贡献率占因子总方差贡献率的比重作权重加权汇总，使用计算综合得分的公式 $F=(\lambda_1 F_1+\lambda_2 F_2+\lambda_3 F_3+\lambda_4 F_4+\lambda_5 F_5)/(\lambda_1+\lambda_2+\lambda_3+\lambda_4+\lambda_5)=(0.248\,59\times F_1+0.214\,20\times F_2+0.157\,72\times F_3+0.134\,41\times F_4+0.096\,15\times F_5)/0.851\,07$ 来计算各样本的综合得分。得到结果按名次排列如表 15-4 所示。

表 15-4　租赁和商务服务业上市公司综合得分排名

股票代码	名称	F_1（营运）	F_2（偿债成长）	F_3（盈利 1）	F_4（盈利 2）	F_5（偿债）	F（综合）	排名
002707.SZ	众信旅游	3.836 92	0.788 18	0.082 91	−0.002 56	0.450 24	1.38	1
600848.SH	上海临港	−0.791 98	4.390 49	0.074 29	−0.042 71	−0.314 42	0.85	2
601888.SH	中国国旅	−0.171 58	−0.561 97	0.655 38	3.411 5	−0.484 45	0.41	3
603300.SH	华铁科技	−0.527 51	−0.006 06	−0.000 75	0.945 25	3.515 38	0.39	4
002400.SZ	省广股份	1.241 51	−0.346 78	0.557 62	−0.140 14	−0.081 14	0.35	5
002143.SZ	印纪传媒	−0.121 49	−0.461 28	2.462 17	−0.654 14	−0.343 59	0.16	6
002210.SZ	飞马国际	1.315 56	−0.257 01	−0.778 33	−0.103 51	−0.231 54	0.13	7
000062.SZ	深圳华强	−0.580 58	−0.131 84	0.485 72	0.410 83	0.742 48	0.04	8
000415.SZ	渤海金控	−0.077 63	0.290 61	−0.006 45	−0.046 19	−0.059 78	0.04	9

股票代码	名称	F_1（营运）	F_2（偿债成长）	F_3（盈利1）	F_4（盈利2）	F_5（偿债）	F（综合）	排名
002127.SZ	南极电商	−0.165 83	−0.246 9	1.955 21	−0.699 71	−0.958 97	0.03	10
600057.SH	象屿股份	0.322 87	−0.073 6	−0.690 42	0.626 68	−0.382 66	0	11
002183.SZ	怡亚通	0.073 61	−0.159 12	−0.461 43	0.605 33	−0.305 61	−0.04	12
600138.SH	中青旅	−0.273 69	−0.381 59	−0.300 1	0.919 9	−0.292 76	−0.12	13
002344.SZ	海宁皮城	−0.835 49	0.039 37	0.688 76	0.173 55	−0.400 07	−0.12	14
000861.SZ	海印股份	−0.399 3	−0.347 61	0.089 46	−1.497 26	2.301 24	−0.16	15
600258.SH	首旅酒店	−0.791 14	−0.070 01	−0.006 43	0.647 28	−0.360 99	−0.19	16
300058.SZ	蓝色光标	0.094 17	−0.199 25	−0.653 1	−0.716 73	−0.227 54	−0.28	17
000058.SZ	深赛格	−0.347 25	−0.428 37	0.036 62	−0.953 65	0.099 59	−0.34	18
600640.SH	号百控股	−0.044 27	−0.430 37	−0.825 68	0.077 96	−0.707 74	−0.34	19
600415.SH	商品城	−0.154 17	−0.414 34	−0.098 67	−0.908 04	−0.588 58	−0.38	20
600358.SH	国旅联合	−0.517 02	−0.422 25	0.160 24	−1.182 58	−0.491 25	−0.47	21
000061.SZ	农产品	−0.488 5	−0.285 57	−0.655 01	−0.534 8	−0.493 11	−0.48	22
002181.SZ	粤传媒	−0.597 21	−0.284 71	−2.772 02	−0.336 26	−0.384 72	−0.86	23

表 15-4 中，租赁和商务服务业公司综合得分与其投资价值呈正相关关系。由于先对因子数据进行了标准化处理，因此，可以 0 为参考标准线，认为：综合得分大于 0 的公司，综合业绩相对较好，且数值越大，投资价值越大；综合得分小于 0 的则相对较差，且数值越小，投资价值越小。依此可对上市公司的综合业绩和投资价值有一个基本的评价。

具体而言，表 15-4 中，公司各项能力得分与相应实力也呈正相关关系。

排名前十位的公司分别为众信旅游、上海临港、中国国旅、华铁科技、省广股份、印纪传媒、飞马国际、深圳华强、渤海金控、南极电商。

其中，众信旅游是 2015 年新参入分析的公司，综合得分排名第一，其营运因子得分排名也是第一，营运能力非常强，是比较理想的投资对象。

上海临港与众信旅游情况类似，无法与 2014 年及 2013 年对比分析。其综合得分排名第二，偿债成长因子得分排名第一，营运因子得分排名居中且得分为负值，说明营运能力不太好，投资者应谨慎投资。

中国国旅综合得分排名与 2013 年相比下降 2 位，虽然略有下降但已连续三年保持在行业前十名，主要因为其盈利因子排名连续三年都是第一，说明其盈利能力非常强，营运因子得分排名居中且得分为负值，说明其营运能力一般，其偿债因子排名靠后，但考虑其优秀的盈利能力，值得持续关注。

排名第四的华铁科技与众信旅游情况类似，也是 2015 年新参入分析的公司。其综合得分排名第四，主要是因为其偿债因子得分排名第一，短期偿债能力非常强，营运因子与偿债成长因子得分为负值，说明营运能力与长期偿债能力及成长能力都不太好，投资者应谨慎投资。

省广股份综合得分排名第五，与 2013 年排名一致，较 2014 年下降 4 位，主要是其营运能力、盈利能力以及偿债能力都有所下降，考虑其营运能力较佳及较为突出的综合实力，可以适当进行短期投资。

印纪传媒综合得分排名第六，得益于其盈利因子 2 得分排名第一，盈利能力较强。其他几项因子得分均为负值，说明发展不够均衡，但其盈利能力较强，值得投资者关注。

飞马国际连续三年综合得分排名都是前十，说明公司的发展一直较稳健。其营运因子得分排名从

2014年的第十三上升为第二,说明其营运能力很强,其偿债因子得分为负,说明其偿债能力欠佳,综合各个因子得分及综合得分,飞马国际可以考虑持续关注。

深圳华强连续两年综合排名第八,连续三年综合排名位于前十,比较稳健。其偿债因子与盈利因子得分靠前,具有良好的偿债与盈利能力,值得长期投资。

排名第九的渤海金控在2014年排名为第十三,在2013年排名为第十六,一直在保持进步。且其偿债成长因子比较突出,具有良好的偿债和成长能力,值得持续关注。

南极电商是2015年新参入分析的公司,盈利因子1排名靠前,具有较强的盈利能力,值得投资者关注。

排名后十位的公司分别为海宁皮城、海印股份、首旅酒店、蓝色光标、深赛格、号百控股、商品城、国旅联合、农产品、粤传媒,这些公司的5个因子中只有个别因子为正值,大部分公司没有正值,其中号百控股、首旅酒店、农产品、国旅联合、粤传媒这五家公司连续三年都在后十之列,故这些公司不建议对其投资。

七、系统聚类分析

上述因子分析能够满足投资者对各家上市公司投资价值分析的基本需要,但是由于投资者的投资理念往往各不相同,关注的侧重点也有所不同。为了更深入细致地分析行业板块的情况,将利用系统聚类分析法进一步对23家公司的5个因子值和综合值进行Q型聚类(即个案分群);聚类方法为ward联结法,即离差平方和法,根据同类变量间的离差平方和较小、不同类别间的离差平方和较大来进行分类,形成树状图(略)。其测量尺度选用平方Euclidean距离,即两样本之间的距离是各样本每个变量值之差的平方和。通过聚类分析把业绩相似的公司归类,可以对不同类别的上市公司进行对比分析,为投资者选择投资组合提供参考。

根据树状图(略)对23家租赁和商务服务业上市公司进行进一步分类,本书选择将其分为4类,如表15-5所示。

表15-5 聚类分析

类别	租赁和商务服务业公司	数目
1	众信旅游	1
2	上海临港	1
3	中国国旅、省广股份、印纪传媒、飞马国际、深圳华强、渤海金控、南极电商、象屿股份、怡亚通、中青旅、海宁皮城、首旅酒店、蓝色光标、深赛格、号百控股、小商品城、国旅联合、农产品、粤传媒	19
4	华铁科技、海印股份	2

在表15-5中,类别1只有众信旅游1家公司,综合得分排名第一,其营运能力尤为突出。众信旅游于2014年1月23日成功在深交所挂牌上市。作为中国出境游运营商,众信旅游坚持以服务品质为前提,以产品为核心,整合机票、酒店、签证、邮轮、境外交通、境外接待服务等出境游产业链各要素资源,是出境旅游产品的制造者和服务的提供者,目的地覆盖欧洲、大洋洲、非洲、美洲、亚洲等全球主要的目的地国家和地区,产品类型涵盖团队旅游、自由行、定制旅游、目的地服务等。众信旅游在因子综合得分排名中位居第一,其营运因子得分排名第一,营运能力非常强,其他各项能力表现良好,发展较为均衡,具有较大投资价值。

类别2包括上海临港1家公司。上海临港经济发展(集团)有限公司成立于2003年9月,注册资本68.72亿元,是上海市政府市管企业中唯一以园区开发经营和园区配套服务设施建设运营为主业的企业集团,承担了上海临港产业区、漕河泾开发区等10多个本地和外地园区开发建设任务以及10多个城市更新转型项目。临港集团始终定位于产业发展推动者和城市更新建设者的角色,推动园区产业转型升级和城市物业更新改造。上海临港是 2015 年新参入行业分析的公司，综合得分排名第二，其偿债成长能力较为突出，但营运能力较弱，投资者可对其进行持续关注。

类别 3 包括中国国旅、省广股份、印纪传媒、飞马国际等 19 家公司。这类公司的共同点在于各项能力较为均衡，是比较稳健的一类公司。

中国国旅是目前国内规模最大、实力最强的旅行社企业集团，荣列国家统计局公布的"中国企业 500 强"，是 500 强中唯一的旅游公司。中国国旅是中国最早获得特许经营出境旅游的旅行社。连续多年蝉联旅游业最具价值品牌第一位。中国国旅与 100 多个国家的 1 400 多家旅行商建立了长期稳定的合作关系，形成立足国内、放眼全球的现代化经营网络。中国国旅是众多国内外知名公司旅游服务的指定供应商，并与国内 20 多家主要旅游目的地省市政府部门建立起长期而紧密的战略合作伙伴关系。由表 15-6 可知，中国国旅综合得分排名第三，虽然其偿债因子得分为负且排名靠后，说明其偿债能力欠佳，但是其盈利因子 2 得分表现突出，排名第一，且排名连续两年都是第一，说明其盈利能力好，可以考虑短期投资。

省广股份是我国最早一批成立的广告公司，也是目前我国最大的整合营销传播集团，被业内誉为"中国广告业的扛旗者"，打造多方共赢的平台生态系统是省广股份的使命。在不断的发展过程中，省广股份一直坚持以"国际化 IMC 平台运营商"为发展愿景，为客户提供一站式的全方位整合营销服务。由表 15-6 可知，省广股份的综合得分排名第五，与 2014 年综合排名第一相比下降 4 位，与 2013 年综合排名相同，相对比较稳健，且表明营运能力表现较佳，其他各项能力发展较为均衡，可以适当进行长期投资。

飞马国际是致力于现代物流服务的专业供应链服务商。多年来一直致力于国内、国外客户采购与销售方案和运作的建设，为世界五百强企业及大型制造业和流通领域的企业提供国际国内采购执行、国际订单执行、塑化市场与供应链服务、大型特种设备国际采购与物流、贸易执行、全国口岸进出口通关、保税物流、集团采购与标案执行、国际国内物流服务、集货与分拨、精益化仓储管理等"一体化"供应链服务，并处于国内领先地位。飞马国际连续两年综合得分排名都位于前十名，其营运因子得分排名较前，营运能力较强，其他各项能力发展较为均衡，内含价值较大，值得投资者关注。

类别 4 包括华铁科技、海印股份 2 家公司。这两家公司的短期偿债能力得分遥遥领先，是较适宜对其进行短期投资的一个类别。华铁科技是一家旨在维护建筑体在施工过程中的稳定及施工人员安全，为各类城市轨道建设、高架桥梁建设、民用建设等提供专业的建筑安全支护设备租赁、成套方案优化以及深基坑维护和支持的高科技跟踪技术服务的安全科技型企业。公司以其科学的管理、先进的技术、完善的制度和严谨的质量管理保证体系创造了监理行业的突出业绩，以良好的信誉、精湛的技术、优良的质量竭诚为业主服务，为各行业的工程建设监理和咨询作出贡献。华铁科技是 2015 年新参入分析的公司。其综合得分排名第四，偿债能力很强，盈利能力和成长能力也不错，营运因子得分为负值，说明营运能力不太好，投资者应谨慎投资。

海印股份即广东海印永业（集团）股份有限公司于 1998 年在深交所挂牌上市，公司总股本 4.9 亿股。公司主营业务包括主题商场及综合性商业物业开发租赁、高岭土、炭黑三大领域。公司已经明确以"家庭生活休闲娱乐中心运营商"为未来发展定位，坚定的执行"互联网＋商业＋文娱＋金融"的发展战略，实现"海印生态圈"闭环，在夯实商业主业基础上积极实现文娱和金融等产业的融合，最终成为一个生态型的平台运营商——借助移动互联、智能支付、大数据、物联网等技术和手段，建立亿万商户和会员数据库，实现大数据、大系统、大平台。海印股份偿债因子排名第二，得分远远大于其他公司，可见其财务状况稳定，偿债能力强，但其他因子如营运、盈利因子 2 得分较低，营运能力和盈利能力都不足，所以可考虑短期持有。

八、结语

综上所述，租赁和商务服务业作为国民经济新增门类，在当前市场具有较大投资价值。服务类行业的兴起，使该行业的大多数公司都拥有很大的发展空间，但也存在着管理不当等原因而在短期内不适合投资的公司。因此投资者必须透过现象看到本质,以理性的态度,结合宏观、行业、区位和上市公司财务状况等各类信息,能够利用定量分析模型的分析结果作为决策辅助工具,就能更快、更好地判断挖掘公司的内在价值,作出有价值的投资决策,获得相应的最大收益。但由于分析仅仅依据财务报表资料并联系实际结合 2013 年、2014 年的相关分析研究结果进行,所得出的结论属于"历史",因此,投资者投资时应结合当时的市价并采用价值投资具体操作方法(详见本书第二十二章)进行,以作出更加适时的合理的投资决策。

参考文献

[1] 现代租赁的特征与优势. 现代租赁网,www. chinaleasing. org.
[2] 国家统计局. http://www. stats. gov. cn/tjsj/ndsj/2015/indexch. htm.
[3] 2015 年统计公报. http://ylnxtj. yulong. gov. cn/Item/357. aspx,2016-2-19.
[4] 国家统计局. 中华人民共和国 2015 年国民经济和社会发展统计公报,2016-3-8.

(参著:戴雨彤 杜赛赛)

第十六章　科学研究和技术服务业上市公司投资价值动态比较分析研究

一、行业发展与投资价值状况

科学研究和技术服务业简称科技服务业，是指运用现代科技知识、现代技术和分析研究方法，以及经验、信息等要素向社会提供智力服务的新兴产业，主要包括科学研究、专业技术服务、技术推广、科技信息交流、科技培训、技术咨询、技术孵化、技术市场、知识产权服务、科技评估和科技鉴证等活动。科技服务业是现代服务业的重要组成部分，是推动产业结构升级优化的关键产业。

2015 年中国研究与试验发展（R&D）经费支出 14 220 亿元，比上年增长 9.2%，与国内生产总值之比为 2.10%，其中基础研究经费 671 亿元。全年国家安排了 3 574 项科技支撑计划课题，2 561 项"863"计划课题。截至 2015 年年底，累计建设国家工程研究中心 132 个，国家工程实验室 158 个，国家认定企业技术中心 1 187 家。国家新兴产业创投计划累计支持设立 206 家创业投资企业，资金总规模 557 亿元，投资创业企业 1 233 家。全年受理境内外专利申请 279.9 万件，授予专利权 171.8 万件。截至 2015 年年底，有效专利 547.8 万件，其中境内有效发明专利 87.2 万件，每万人口发明专利拥有量 6.3 件；全年共签订技术合同 30.7 万项，技术合同成交金额 9 835 亿元，比上年增长 14.7%。[1]

目前，无论是政府还是企业，在观念上对科技服务已经有了很大改变，政府支持力度和企业资金预算不断提高。由于经济的发展和政府的支持，一批科技服务机构正在快速地发展。2014 年 10 月 28 日，国务院发布了《关于加快科技服务业发展的若干意见》，提出到 2020 年科技服务业产业规模达到 8 万亿元，成为促进科技经济结合的关键环节和经济提质增效升级的重要引擎。截至 2014 年年底，我国科学研究与开发机构数已达 3 677 个；全国共有产品检测实验室 31 768 个，其中国家检测中心 641 个；全国现有产品质量、体系认证机构 221 个，已累计完成对 136 780 个企业的产品认证；全国共有法定计量技术机构 3 830 个，全年强制检定计量器具 7 354 万台（件）。

投资科学研究和技术服务业的一个有效途径便是证券市场。证券市场是资金供需双方融通资金的市场。在我国证券市场逐步成熟的发展阶段，制约证券市场的因素较多，且变化莫测；不同行业，不同发展阶段的公司，侧重点也不尽相同；加上投资价值本身的不确定性，致使投资价值的确定尤为困难。"在对上市公司的投资价值进行分析时，简单的定性分析不但过程繁琐而且缺乏准确性，使用综合性的定量分析方法或许能对此有所改善。"[2]

为此，本书以深沪两市的 23 家专业技术服务及研发和试验发展上市公司为例，以 2015 年度财务报告为依据，选取 13 个能够综合反映财务能力的财务指标，作为评估该行业各家公司投资价值的指标体系，建立指标模型，运用 SPSS 软件，采用因子分析法与聚类分析法进行投资价值实证分析，确定公司的投资价值总量及其排名，并合理划分层级，结合 2013 年、2014 年度相关分析研究结果，联系实际进行深入分析研究，得出量与质有机结合的投资结论，为投资者提供参考，以降低其投资风险，提高投资收益。

二、样本选取与数据处理

沪、深证券交易所的 23 家科学研究和技术服务业上市公司的资料主要来源于其 2015 年度的财务报告信息。其中,山鼎设计、苏州设计和中衡设计由于不存在存货周转率这一指标数据,可比性降低,故将其剔除,实际参入分析的公司有 20 家。初始数据扫描二维码获取。

在指标性质、单位不同的情况下,先要对其进行同趋势化处理。然后利用 SPSS 中的 Z-score 方法将 13 个指标的原始数据进行标准化处理。同趋势化数据与标准化数据略。

三、因子分析法适应性检验

为了检验所选用的指标是否适合使用因子分析法,本书利用 SPSS 软件中 KMO 和 Bartlett 的方法来对样本进行检验,结果如表 16-1 所示。

表 16-1 KMO 和 Bartlett 的检验

取样充足度的 Kaiser-Meyer-Olkin 度量		0.360
Bartlett 的球形度检验	上次读取的卡方	114.631
	自由度(df)	78
	显著性(Sig)	0.004

由表 16-1 可知,KMO 值为 0.360,小于 0.5,但这主要由于样本量较少造成。同时,巴特利球形检验统计量为 114.631,相应的概率 Sig 为 0.004,在 5% 的显著性水平之下,拒绝原假设,因此可认为相关系数矩阵与单位阵有显著差异,说明样本适合作因子分析。

四、确定主因子

本书应用因子分析法中的主成分分析法来计算原始公因子的特征值、方差贡献率以及累计方差贡献率,并由此确定公因子。结果如表 16-2 所示。

表 16-2 解释的总方差

成 分	初始特征值			提取平方和载入			旋转平方和载入		
	合计	方差的%	累积%	合计	方差的%	累积%	合计	方差的%	累积%
1	2.745	21.115	21.115	2.745	21.115	21.115	2.382	18.327	18.327
2	2.268	17.447	38.563	2.268	17.447	38.563	2.045	15.732	34.059
3	1.688	12.985	51.547	1.688	12.985	51.547	1.843	14.180	48.239
4	1.572	12.094	63.642	1.572	12.094	63.642	1.746	13.433	61.672
5	1.253	9.641	73.282	1.253	9.641	73.282	1.343	10.331	72.003
6	1.140	8.771	82.053	1.140	8.771	82.053	1.306	10.050	82.053
7	0.797	6.127	88.180						
8	0.628	4.834	93.014						
9	0.388	2.987	96.001						
10	0.255	1.961	97.962						
11	0.198	1.522	99.484						
12	0.040	0.304	99.789						
13	0.027	0.211	100.000						

提取方法:主成分分析。

由表16-2中数据可知,前六个主因子的方差贡献率已经达到了累计方差贡献率的82.053%,表明这六个主因子已包含原始数据信息量的82.053%,所以只须选择前六个主因子就可以较好地代表原始指标,对科学研究和技术服务业上市公司的绩效进行描述。

特征值是能够被看作表示因子影响力度大小的指标之一,如果特征值小于1,说明该因子的解释力度还不如直接引入一个原变量的平均解释力度大,因此一般用特征值大于1作为纳入标准。特征值可用碎石图列示,如图16-1所示。从图16-1可以看出,从第七个因子开始,特征值都小于1,且折线的陡度变得比较平缓,这说明提取6个主因子是合适有效的。

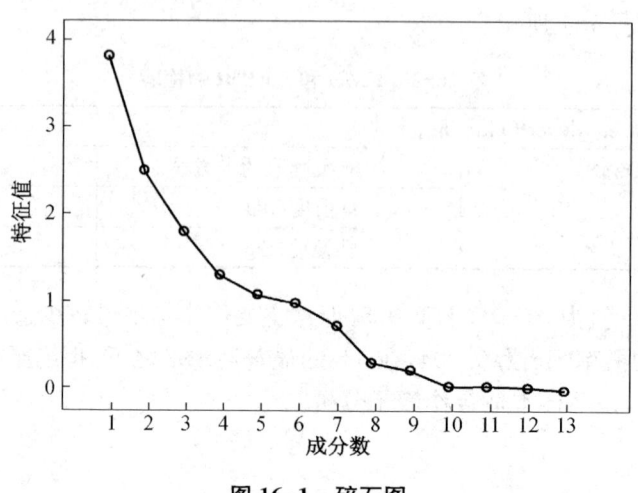

图16-1 碎石图

五、旋转载荷矩阵分析

本书对原因子载荷矩阵进行最大方差旋转,以期得到主因子更明确的含义。结果如表16-3所示。

表16-3 旋转成分矩阵[a]

	成 分					
	F_1	F_2	F_3	F_4	F_5	F_6
基本每股收益	0.923	0.133	0.007	−0.063	0.033	0.295
销售净利率	0.114	0.917	−0.077	0.030	−0.288	−0.124
每股净资产	0.548	−0.084	−0.186	0.051	−0.096	0.663
总资产报酬率	0.025	0.890	0.334	−0.054	0.218	−0.012
流动比率	−0.082	0.188	0.853	−0.096	0.082	0.071
速动比率	−0.102	−0.034	0.105	−0.025	−0.019	0.771
资产负债率	−0.143	−0.240	−0.239	0.479	0.526	−0.017
存货周转率	−0.037	−0.035	0.906	0.103	−0.016	−0.024
固定资产周转率	0.691	−0.493	0.126	0.012	−0.235	−0.265
总资产周转率	−0.081	0.042	0.137	−0.130	0.919	−0.060
总资产增长率	0.126	0.095	−0.002	0.797	−0.010	−0.153
营业总收入增长率	0.002	−0.074	0.060	0.893	−0.079	0.155
股东权益增长率	0.823	0.179	−0.194	0.191	−0.112	−0.207

提取方法:主成分分析。

旋转方法:Kaiser标准化最大方差法。

a. 旋转在7次迭代后已收敛。

由表16-3中的数据可以看到，基本每股收益和每股净资产在主因子 F_1 上的载荷量分别为0.923、0.548，它主要反映了公司的盈利能力，所以将 F_1 命名为盈利因子1。主因子 F_2 则在销售净利率（0.917）、总资产报酬率（0.890）上有较大载荷量，代表了公司的盈利能力，故而将其命名为盈利因子2。流动比率、存货周转率在主因子 F_3 上的载荷分别为0.853和0.906，体现了公司的短期偿债能力和营运能力，为偿债营运因子1。总资产增长率（0.797）、营业收入增长率（0.893）在 F_4 上的载荷量较大，主要反映了公司的成长能力，因而将它定义为成长因子。F_5 在资产负债率（0.526）、总资产周转率（0.919）上占的比重较大，代表了公司的长期偿债能力和营运能力，故将主因子 F_5 命名为偿债营运因子2。F_6 在速动比率（0.771）上占的比重较大，代表了公司的短期偿债能力，故将主因子 F_6 命名为偿债因子。

六、科学研究和技术服务业公司综合得分与排名

要得到因子的综合得分，需先对因子数据进行标准化处理，使其期望为0，方差为1，然后，对各因子的方差贡献率占因子总方差贡献率的比重作权重加权汇总，使用计算综合得分的公式 $F=(\lambda_1 F_1 + \lambda_2 F_2 + \lambda_3 F_3 + \lambda_4 F_4 + \lambda_5 F_5 + \lambda_6 F_6)/\Sigma\lambda i = (0.183\,27\times F_1 + 0.157\,32\times F_2 + 0.141\,80\times F_3 + 0.134\,33\times F_4 + 0.103\,31\times F_5 + 0.100\,50\times F_6)/0.820\,53$ 来计算各样本的综合得分。得到结果按名次排列如表16-4所示。

表16-4 科学研究和技术服务业上市公司综合得分排名

代码	名称	F_1（盈利1）	F_2（盈利2）	F_3（偿债营运1）	F_4（成长）	F_5（偿债营运2）	F_6（偿债）	F	排序
300012.SZ	华测检测	−0.035 54	0.510 52	3.753 84	0.491 07	0.544 85	−0.016 47	0.89	1
603018.SH	设计股份	1.999 29	0.044 54	−0.571 08	−0.171 29	0.266 85	2.334 36	0.65	2
603698.SH	航天工程	0.608 37	0.998 17	−0.409 27	0.996 46	0.368 55	−0.220 98	0.44	3
300284.SZ	苏交科	−0.341 01	0.272 01	0.198 30	0.186 57	0.005 14	2.411 94	0.34	4
300332.SZ	天壕环境	−0.296 47	0.089 81	−0.227 82	2.612 18	−0.678 51	0.104 65	0.27	5
600645.SH	中源协和	0.221 22	1.604 64	−0.488 91	0.634 48	−0.791 30	−0.393 38	0.23	6
300384.SZ	三联虹普	0.946 77	1.693 79	−0.698 07	−0.787 63	−0.463 93	−0.521 95	0.16	7
002769.SZ	普路通	2.929 66	−2.095 30	0.533 73	0.065 48	−1.042 65	−1.126 53	0.09	8
300008.SZ	天海防务	−0.453 98	−1.027 66	−0.777 56	1.538 43	2.422 30	−0.352 71	0.08	9
603959.SH	百利科技	−0.436 67	0.635 88	1.181 13	−1.108 23	−0.148 66	0.363 44	0.07	10
002116.SZ	中国海诚	0.185 52	−0.339 38	−0.097 45	−1.092 87	2.508 15	−0.467 79	0.04	11
002178.SZ	延华智能	−0.556 55	0.047 51	−0.119 34	0.875 81	0.278 81	−0.675 95	−0.04	12
002398.SZ	建研集团	−0.071 78	0.529 79	−0.262 34	−1.094 97	0.328 43	−0.031 25	−0.10	13
300404.SZ	博济医药	−0.302 98	0.565 09	−0.515 08	0.482 76	−0.758 17	−0.974 63	−0.18	14
002469.SZ	三维工程	−0.466 22	0.782 66	−0.403 13	−0.899 25	−0.316 64	−0.514 83	−0.27	15
002738.SZ	中矿资源	−0.520 16	−0.103 69	−0.286 03	−0.561 64	−0.269 87	0.070 85	−0.30	16
601226.SH	华电重工	−0.239 12	−0.782 76	−0.397 63	−1.019 01	0.259 03	−0.560 35	−0.48	17
603126.SH	中材节能	−0.740 40	−0.591 69	−0.392 23	−0.797 83	−0.145 33	−0.492 82	−0.56	18
300125.SZ	易世达	−1.126 93	−1.567 65	−0.456 96	−0.141 41	−0.955 92	1.694 20	−0.57	19
300215.SZ	电科院	−1.303 03	−1.266 25	0.435 92	−0.209 10	−1.411 10	−0.629 81	−0.75	20

表 16-4 中,科学研究和技术服务业上市公司综合得分与其投资价值呈正相关关系。由于先对因子数据进行了标准化处理,因此,可以 0 为参考标准线,认为:综合得分大于 0 的房地产公司,综合业绩相对较好,且数值越大,投资价值越大;综合得分小于 0 的则相对较差,且数值越小,投资价值越小。依此可对上市公司的综合业绩和投资价值有一个基本评价。

具体而言,表 16-4 中,科学研究和技术服务业公司各项能力得分与相应实力也呈正相关关系。排名前十的公司分别为:华测检测、设计股份、航天工程、苏交科、天壕环境、中源协和、三联虹普、普路通、天海防务、百利科技,这十家公司的综合得分均为正,总体表现良好。

其中,排名第一位的华测检测具有强大的综合实力,其偿债营运因子 1 得分高达 3.75,可见其突出的短期偿债能力和营运能力。然而,在 2014 年参与分析的 11 家公司中,华测检测排名倒数第三,其盈利能力、营运能力、偿债能力较差综合得分为负数。两年相比,进步巨大,值得投资者关注。

排名第四位的苏交科偿债因子得分突出,其他能力得分较好。综合 2013 年和 2014 年分析结果,苏交科是表现最稳定的公司,2013 年排名第四位,2014 年排名第二位,适合长期投资。

中源协和凭借其突出的盈利能力,由 2013 年的倒数第二和 2014 年的倒数第四,在 2015 年一跃上升为第六名,进步较大。但是,其成长能力仍不理想,投资仍需谨慎。

此外,设计股份、航天工程、天壕环境、百利科技、三联虹普、天海防务这六家公司在 2013 年和 2014 年没有参与分析。因此,在参考此排名的基础上,投资者需结合其他因素综合考虑其投资价值。

值得注意的是,在 2013 年排名第一、2014 年排名第四的建研集团,在 2015 年却没能保持良好表现,排名下降到第十三位,各项能力得分一般,综合得分为负,下降趋势明显,建设投资者谨慎对待。

排名最后五位的公司分别为:中矿资源、华电重工、中材节能、易世达和电科院,其中,易世达、电科院 2 家公司在 2013 年和 2014 年表现业不理想,短期内不建议进行投资。其他 3 家是 2015 年新参与分析的公司,其各项得分不太乐观,暂不建议投资。

七、系统聚类分析

上述因子分析能够满足投资者对上市公司投资价值分析的需要,但是由于投资者的投资理念往往各不相同,关注的侧重点也有所不同。为了更深入细致地分析行业板块的情况,将利用系统聚类分析法进一步对 20 家科学研究和技术服务业公司的 6 个因子值和综合值进行 Q 型聚类(即个案分群)。聚类方法为 ward 联结法,即离差平方和法,根据同类变量间的离差平方和较小、不同类别间的离差平方和较大来进行分类。测量尺度选用平方 Euclidean 距离,即两样本之间的距离是各样本每个变量值之差的平方和。通过聚类分析把业绩相似的公司归类,可以对不同类别的上市公司进行对比分析,为投资者选择投资组合提供参考。

根据树状图(略),本书对 20 家科学研究和技术服务业公司进行分类,将其分为 4 类,如表 16-5 所示。

表 16-5 聚类分析

类别	科学研究和技术服务业公司	数目
1	华测检测、普路通	2
2	设计股份、航天工程、苏交科、天壕环境、中源协和、三联虹普、延华智能、博济医药	8
3	天海防务、中国海诚	2
4	百利科技、建研集团、三维工程、中矿资源、华电重工、中材节能、易世达、电科院	8

表 16-5 中,类别 1 包括华测检测和普路通 2 家公司,突出优势是偿债营运能力超强。其中,华测检测为一家全国性、综合性的独立第三方检测服务机构,主要从事工业品、消费品、生命科学以及贸易保障领域的技术检测服务,目前在国内拥有近三十家分支机构,拥有化学、生物、物理、机械、电磁等领域的 30 个实验室,取得了 CMA 计量认证与 CNAS 国家合格评定委员会实验室认可资格和检查机构认可资格。近

年来,随着国民经济的发展,中国的制造业、零售业、进出口贸易持续增长,市场对于检测服务需求旺盛,检测市场规模随之呈现高速增长。因此,整体经济环境对于华测检测的发展是十分有利的。虽然2015年华测检测的各项得分良好,偿债能力和营运能力尤为突出,且综合排名第一,但是,考虑到其2014年排名倒数第三,投资者仍需慎重考虑对其投资。普路通是一家定位于零时间竞争的以IT行业为主的供应链管理服务商的企业。公司从事的业务主要是采购代理、分销执行、通关配送、库存管理等一系列企业客户所需的供应链与物流配套服务,为企业节省资源、优化流程,将企业的非核心生产力转为竞争力,并不断地为客户创造卓越价值,同时为企业客户有效规避在物流、进出口、电子信息等方面所面临的高成本和多行业竞争。公司供应链管理服务主要集中于电子信息行业,是目前境内供应链管理服务行业的领先企业之一。在综合得分排名中,该公司排在第八位,偿债因子得分尤其低,但是,其盈利因子1得分十分显著,可见,在一定程度上具有较好的盈利能力,如果该公司能够改善偿债能力,可以考虑对其投资。

类别2包括了设计股份、航天工程、苏交科等8家公司,普遍排名靠前,突出优势是盈利能力较强。

其中,设计股份即江苏省交通规划设计院股份有限公司,始建于1966年,是一家综合性全国工程设计咨询公司,自2008年起进入全国勘察设计行业"五十强设计院"。公司致力于提供道路、桥梁、隧道、轨道、铁路、港口、航道、船闸、工业与民用建筑等相关领域的工程咨询服务。设计股份在2015年因子分析排名中位居第二,整体实力强,盈利能力和偿债能力尤为突出,投资者可结合具体情况进行短期投资。

航天工程成立于2007年,公司以航天粉煤加压气化技术为核心,是专业从事煤气化技术及关键设备的研发、工程设计、技术服务、设备成套供应及工程总承包的工程公司。该公司是全国石油和化工行业粉煤气化技术工程研究中心,拥有航天粉煤加压气化技术发明专利、气化炉燃烧器发明专利等42项专利技术。其总分排名第三,盈利能力、成长能力较强,偿债能力欠佳。该公司应进一步优化资本结构,改善偿债能力。总体而言,投资者可以考虑对其投资。

苏交科是全国交通行业省属科研设计院所中第一个由事业单位改制为员工持股的科技型民营企业,主营业务有公路、市政、水工、城市轨道、铁路、航空和建筑、环境等。公司坚持"一切从人开始",坚持自主科技创新,先后申请并获准成立16个国家级、部省级科研平台。鉴于其自2013年来一贯良好的得分和排名,其投资价值很高,是一家值得考虑投资的企业。

天壕环境是一家综合节能服务提供商,是目前国内以合同能源管理模式投资余热发电项目最多的公司之一。其主营业务为以合同能源管理模式从事余热发电项目的连锁投资、研发设计、工程建设和运营管理。从各因子得分可以看出,其盈利能力、营运能力和偿债能力都不理想,排名靠前是凭借其杰出的成长能力。因此,投资者应谨慎投资。

中源协和是中国最早投资生物资源储存项目的企业,是目前国内沪深两市中唯一一家以细胞工程和基因工程为主营业务、双核驱动发展的上市公司,同时也是国家干细胞与再生医学产业技术创新战略联盟副理事长单位,目前是世界范围内规模最大、技术最先进、质控标准最高的干细胞库之一。凭借其突出的盈利能力,位居第五名。但是,其偿债能力、成长能力仍不理想,需结合其所处的市场环境以及行业动态,及相关行业政策谨慎投资。

此外,三联虹普盈利能力较好,其他能力不佳,需谨慎投资。延华智能和博济医药综合得分为负,暂不建议投资。

类别3包括了天海防务、中国海诚2家公司。两家公司的共同特点是偿债营运因子2得分很高,分别为第一、第二位,且远远超过其他公司,说明两家公司的长期偿债能力和营运能力强,适宜对其进行长期投资。

其中,天海防务从事防务装备、船舶产品、新能源科技领域内的技术开发、技术转让、技术咨询、技术服务,船舶工程设计,港口与海洋工程、机电安装工程承包,船舶、机电工程监理领域内的咨询服务,船舶产品的开发研制及四技服务,商务信息咨询,企业形象策划,机电设备的批发与零售,从事货物及技术的进出口业务,自有设备租赁,合同能源管理。其成长能力较强,有长期投资优势,但各项能力发展不均衡,投资时需谨慎。

中国海诚是隶属国务院国有资产监督管理委员会管理的中国海诚国际工程投资总院联合其他战略投资者，以其下属中国轻工业上海设计院整体改制设立的股份公司，总部设在上海。公司在北京、广州、长沙、武汉等地拥有10家子公司，是我国最大的提供有关咨询、设计、监理、施工等工程总承包服务的综合性股份制工程科技公司之一。公司一直致力于优质设计、精品设计，上海本部共获得各种奖励300余项，其中国家优秀工程设计奖、国家科技进步奖、国家创造发明奖等40余项。2009年被中国建筑施工企业联合会、全球领先的管理杂志《世界经济学人周刊》和中国资信评估中心联合评为"中国建筑500强"以及"中国工程设计咨询50强"荣誉称号。2013年在11家公司中排名第五位，2014年在11家公司中升至第三位，2015年在20家公司中居第十一位，各项能力发展不均衡，且有减缓趋势，需审慎投资。

类别4涵盖了百利科技、建研集团、三维工程等8家公司，排名不尽稳定，突出优势是营运能力较强。

其中，百利科技是一家专业从事工程咨询、设计和工程总承包业务的科技型工程公司，主要服务于石油化工、现代煤化工行业、合成橡胶等五大业务领域。公司在合成纤维的聚酰胺产品链工程设计领域居龙头地位，在合成橡胶工程设计的细分领域具有行业领先的技术和竞争优势，是国家高新技术企业。百利科技在综合得分排名中位居第十，虽然成长能力不太理想，但其偿债能力、盈利能力、营运能力尚可，可以考虑投资。

建研集团是一家集建设综合技术服务和新型材料研发、生产、销售为一体的科技型集团企业，是国内最早从事建设综合技术服务的机构之一，是我国海峡西岸经济区建设综合技术服务的龙头企业，也是国内外加剂新材料行业的龙头企业。建研集团以建设科技为核心，集新技术、新产品、新装备和新工艺的研发、制造、推广和服务为一体。从因子分析结果上看，建研集团偿债因子和偿债营运因子1得分为负，综合得分也为负，排名仅为第十三名，且与2013年和2014年的表现差距较大，投资者需谨慎考虑对其进行投资。

三维工程是一家以服务石化、化工、油品储运和煤化工行业为主的国家高新技术企业，主要从事工程设计、工程咨询、工程总承包、技术开发、机电设备自动化仪表销售及维修，化工产品、建筑及装饰材料销售，货物、技术进出口等业务。公司凭借无在线炉硫磺回收工艺技术优势，在硫磺回收业务市场上取得了较好业绩，形成较强的市场竞争优势。由表16-6可知，只有盈利因子2得分为正其他因子得分均为负，导致其综合排名第十五位，总体上暂不建议投资。

中矿资源是一家主营地质工程技术服务的公司，主要为国有大型矿业公司境外找矿和生产性探矿项目提供地质勘查工程技术服务，业务领域以海外市场为主，国内市场为辅，成为我国首家成规模走出国门的固体矿产勘查工程技术服务公司。其排名为第十六位，除了偿债因子得分为正，其余因子得分均为负，财务状况不佳，暂不建议投资。

此外，华电重工、中材节能、易世达、电科院分别排在最后四位，各项因子得分普遍较差，不建议对其投资。

八、结语

综上所述，科学研究和技术服务业在是指运用现代科技知识、现代技术和分析研究方法，以及经验、信息等要素向社会提供智力服务的新兴产业，在重视科技创新的当下，未来将有非常巨大的发展前景，值得投资者关注。行业中一些企业具有不错的成长能力，适合进行长期投资，但也有公司各方面能力较差，短期内不适合介入。投资者必须以理性的态度来分析各公司的财务数据，学会利用定量分析模型，挖掘公司的内在价值，从而选择适合自己的投资方向。本次分析运用了2015年的财务报表及相关资料，并结合2013年和2014年分析结果进行了动态比较分析，具有较大可信性和参考价值。但股票市场千变万化，投资者投资时，还需联系当时市价并借助于价值投资具体操作方法（详见本书第二十二章）进行计算确定。

参考文献

［1］国家统计局.2015 年国民经济和社会发展统计公报［DB/OL］. http://www.stats.gov.cn/tjsj/zxfb/201602/t20160229_1323991.html,2016-02-29.

［2］韩兆洲,谢明杰.上市公司投资价值评价模型及其实证分析［J］.中央财经大学学报.2004(11).

（参著:郝福新　金娟霞）

第十七章　水利、环境和公共设施管理业上市公司投资价值动态比较分析研究

一、行业发展与投资价值状况

水利管理业主要包括对河流、湖泊、行蓄洪区及沿海的防洪、防涝设施的管理、水库管理、调水、引水管理和其他水利管理等。环境管理业主要包括自然保护区管理，野生动植物保护管理，城市市容管理，城市环境卫生管理、江河湖泊、水库、地表地下的水污染治理和对制造、维护、医疗等活动产生的危险废物的治理。公共设施管理业主要包括对城市污水排放、雨水排放、路灯、道路、桥梁、隧道、广场、涵洞、防空等市政设施的维护、抢险、紧急处理、管理等活动，城市园林绿化的管理活动、风景名胜区的管理和城市公园管理。这三个行业均属于国民经济基础设施。基础设施是国民经济各项事业发展的基础，在现代社会中，经济越发展，对基础设施的要求越高；完善的基础设施对加速社会经济活动、促进其空间分布形态演变起着巨大的推动作用。

水利、环境和公共设施管理业发展前景良好。[1] 国家"十三五"规划纲要中"构建现代基础设施网络、推进新型城镇化和加快改善生态环境"等目标的提出都为该行业的长足发展提供了助力。[2] 国家统计局公布的 2011—2015 年国民经济与社会发展公报显示：近五年行业固定资产投资额逐年上升，如图 17-1 所示。

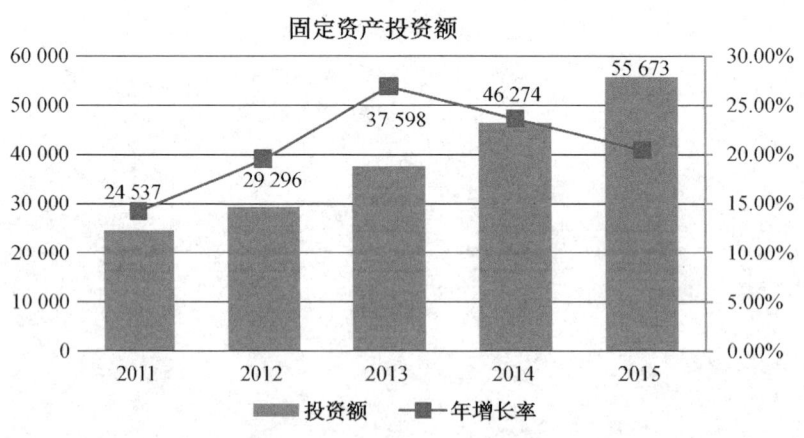

图 17-1　固定资产投资额

2015 年，水利、环境和公共设施管理业投资、交通运输仓储和邮政业投资增速分别比全部固定资产投资快 10.6 和 4.0 个百分点，占全部固定资产投资的比重分别比上年提高 0.9 和 0.4 个百分点。与此同时，经济向服务业主导加快转变，服务业作为国民经济第一大产业的地位得到巩固。[3] 2016 年随着供给侧改革的推进，"主动减 积极补 促转型——'三去一降一补'初见成效"[4]。在补短板方面，重点加大了对基础设施和公共服务领域的投资力度，弥补民生短板。主要是对农业、环境治理、高技术产业加大投资，解决了一些瓶颈制约问题。1～6 月份，基础设施投资加快，占比提升。上半年，基础设施投资增长 23.2%，高出全部投资增速 14.2 个百分点，占全部投资的比重达到 19%，同比提高 1.9 个百分点。其中涉及这些

短板领域的投资增长速度更高。比如,信息传输业、水利管理业、生态保护和环境治理业、公共设施管理业投资增速均超过 26%。

　　未来,基础设施建设行业发展空间仍然巨大,行业运行的整体市场化程度将有所提高,行业经营成本持续上升的趋势明显,投资额度将有更大提升。在证券市场上,水利、环境和公共设施管理业一直是投资者关注的对象。然而,要从众多上市公司中选取具有良好前景的投资对象绝非易事。本书选取了 13 个能够综合反映财务能力的指标,作为评估上市公司投资价值的指标体系,以 2015 年度深沪两市 30 家水利、环境和公共设施管理业上市公司财务报告所提供的信息为依据,运用 SPSS 软件,以因子分析法和聚类分析法确定了分析对象的投资价值总量及排名,划分了层级,并与 2014 年、2013 年度的相关分析研究结果进行动态比较分析,得出量与质有机结合的投资价值结论,为投资者提供价值投资参考。

二、样本选取与数据处理

　　沪、深证券交易所的 30 家水利、环境和公共设施管理业上市公司的资料来源主要为其 2015 年度的财务报告。具体初始数据扫描二维码获取。

　　在指标性质、单位不同的情况下,先要对指标进行同趋势化处理。然后利用 SPSS 中的 Z-score 方法将 13 个指标的原始数据进行标准化处理。同趋势化和标准化处理后的数据略。

三、因子分析法适应性检验

　　为了检验所选用的指标是否适合使用因子分析法,本书利用 SPSS 软件中 KMO 和 Bartlett 的方法来对样本进行检验。检验结果如表 17-1 所示。

表 17-1　KMO 和 Bartlett 的检验

取样足够度的 Kaiser-Meyer-Olkin 度量		0.492
Bartlett 的球形度检验	近似卡方	144.821
	自由度(df)	78
	显著性(Sig)	0.000

　　由表 17-1 可知,KMO 为 0.492,小于 0.5,不适宜做因子分析,这是由于样本量过少,只有 30 个引起的。但巴特利球形检验统计量为 144.821,相应的概率 Sig 为 0.000,在 5% 的显著性水平之下,拒绝原假设,因此可认为相关系数矩阵与单位阵有显著差异,说明本书样本适合作因子分析。

四、确定主因子

　　本书应用因子分析法中的主成分分析法来计算原始公因子的特征值、方差贡献率以及累计方差贡献率,并由此确定公因子。结果如表 17-2 所示。

表 17-2　解释的总方差

成　分	初始特征值			提取平方和载入			旋转平方和载入		
	合计	方差的%	累积%	合计	方差的%	累积%	合计	方差的%	累积%
1	3.441	26.471	26.471	3.441	26.471	26.471	2.568	19.756	19.756
2	2.053	15.789	42.260	2.053	15.789	42.260	2.383	18.327	38.083

成　分	初始特征值			提取平方和载入			旋转平方和载入		
	合计	方差的%	累积%	合计	方差的%	累积%	合计	方差的%	累积%
3	1.519	11.687	53.948	1.519	11.687	53.948	1.632	12.557	50.640
4	1.355	10.426	64.373	1.355	10.426	64.373	1.545	11.881	62.522
5	1.079	8.302	72.676	1.079	8.302	72.676	1.320	10.154	72.676
6	0.970	7.458	80.134						
7	0.778	5.985	86.119						
8	0.533	4.096	90.215						
9	0.478	3.679	93.894						
10	0.345	2.655	96.549						
11	0.198	1.520	98.068						
12	0.193	1.488	99.556						
13	0.058	0.444	100.000						

提取方法：主成分分析。

　　根据表 17-2 中数据可知，前五个主因子的方差贡献率已经达到了累计方差贡献率的 72.676%，即表明这五个主因子已包含原始数据信息量的 72.676%，所以只须选择前五个主因子就可以较好地代表原始指标，对公司的绩效进行描述。

　　特征值是能够被看作表示因子影响力度大小的指标之一，如果特征值小于 1，说明该因子的解释力度还不如直接引入一个原变量的平均解释力度大，因此一般用特征值大于 1 作为纳入标准。特征值可用碎石图列示，如图 17-2 所示。从图 17-2 可以看出，从第六个因子开始，特征值的值都小于 1，且折线的陡度变得比较平缓，这说明提取 5 个主因子是合适有效的。

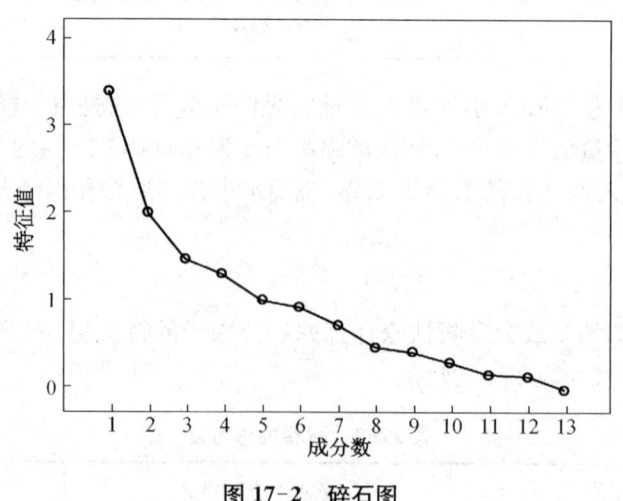

图 17-2　碎石图

五、旋转载荷矩阵分析

　　本书对原因子载荷矩阵进行最大方差旋转，以期得到主因子更明确的含义，结果如表 17-3 所示。

表 17-3　旋转成分矩阵^a

	成　分				
	F_1	F_2	F_3	F_4	F_5
基本每股收益	0.385	0.843	0.061	0.019	0.130
每股净资产	−0.066	0.838	0.001	−0.242	−0.119
销售净利率	0.551	0.287	0.218	0.030	0.437
总资产报酬率	0.843	0.215	−0.059	0.033	0.162
流动比率	−0.117	0.081	0.830	0.024	−0.042
速动比率	0.081	−0.029	0.817	−0.032	−0.060
资产负债率	−0.049	0.186	0.238	−0.590	0.047
存货周转率	0.790	−0.235	−0.214	−0.095	−0.230
总资产周转率	0.721	0.003	0.173	0.416	−0.111
固定资产周转率	−0.058	0.725	0.050	0.357	−0.040
总资产增长率	0.085	0.235	0.241	0.810	0.122
营业总收入增长率	0.465	0.373	−0.114	0.411	0.505
股东权益增长率	−0.089	−0.156	−0.121	−0.014	0.853

提取方法:主成分分析。

旋转方法:Kaiser 标准化最大方差法。

a. 旋转在 7 次迭代后收敛。

由表 17-3 中的数据可以看到,存货周转率和总资产周转率在主因子 F_1 上的载荷量分别为 0.790 和 0.721,它主要反映了公司的营运能力,所以将 F_1 命名为营运因子;主因子 F_2 在基本每股收益(0.843)和每股净资产(0.838)上有较大载荷量,代表公司的盈利能力,故命名为盈利因子;F_3 在流动比率(0.830)和速动比率(0.817)上占的比重较大,展现公司的偿债能力,为偿债因子;主因子 F_4 在总资产增长率(0.810)和营业总收入增长率(0.411)载荷量大,反映成长能力,为成长因子 1。营业收入增长率和股东权益增长率在主因子 F_5 上的载荷分别为 0.505 和 0.853,也体现了公司的成长能力,是成长因子 2。

六、水利、环境和公共设施管理业公司综合得分与排名

要得到因子的综合得分,需先对因子数据进行标准化处理,使其期望为 0,方差为 1,然后,对各因子的方差贡献率占因子总方差贡献率的比重作权重加权汇总,使用计算综合得分的公式 $F=(\lambda_1 F_1+\lambda_2 F_2+\lambda_3 F_3+\lambda_4 F_4+\lambda_5 F_5)/(\lambda_1+\lambda_2+\lambda_3+\lambda_4+\lambda_5)=(0.197\,56\times F_1+0.183\,27\times F_2+0.125\,57\times F_3+0.118\,81\times F_4+0.101\,54\times F_5)/0.726\,76$ 来计算各样本的综合得分。得到结果按名次排列如表 17-4 所示。

表 17-4　水利、环境和公共设施管理业上市公司综合得分排名

股票代码	名称	F_1(营运)	F_2(盈利)	F_3(偿债)	F_4(成长 1)	F_5(成长 2)	F(综合)	排名
300070.SZ	碧水源	−0.044 5	3.077 3	−0.539 4	0.940 1	−0.200 7	0.80	1
300187.SZ	永清环保	−0.235 8	0.376 8	3.788 6	−0.388 6	−0.168 7	0.60	2
000826.SZ	启迪桑德	0.393 1	1.681 9	−0.571 1	0.951 2	−0.136 9	0.57	3
300422.SZ	博世科	0.091 9	0.217 1	−0.201 7	2.247 1	0.257 9	0.45	4

股票代码	名称	F_1（营运）	F_2（盈利）	F_3（偿债）	F_4（成长1）	F_5（成长2）	F（综合）	排名
603869.SH	北部湾旅	0.769 4	−0.785 2	2.052 2	0.376 3	−0.049 1	0.42	5
000430.SZ	张家界	3.216 7	−1.214 9	−0.635 1	0.234 9	−0.780 1	0.39	6
600054.SH	黄山旅游	0.235 8	0.318 1	1.007 2	−0.315 3	0.067 2	0.28	7
603568.SH	伟明环保	−0.139 4	1.125 8	0.186 2	−0.174 2	−0.048 3	0.24	8
000610.SZ	西安旅游	−0.073 0	−0.833 2	0.748 6	2.531 3	−0.603 6	0.23	9
002573.SZ	清新环境	0.385 5	−0.150 9	−0.417 1	0.666 7	0.749 6	0.21	10
000035.SZ	中国天楹	−0.487 3	−0.877 9	−0.644 4	−0.088 7	4.506 4	0.15	11
300190.SZ	维尔利	−0.142 9	0.335 9	0.154 2	−0.031 8	0.469 2	0.13	12
000069.SZ	华侨城A	−0.315 6	0.226 9	0.916 2	−0.111 3	0.126 7	0.13	13
603199.SH	九华旅游	0.740 4	0.475 3	0.085 5	−0.876 1	−0.521 0	0.12	14
603588.SH	高能环境	−0.747 0	2.144 0	−0.653 7	−0.651 8	−0.233 1	0.09	15
300172.SZ	中电环保	−0.297 9	0.203 1	0.217 6	0.517 3	−0.283 7	0.05	16
002672.SZ	东江环保	0.075 0	−0.266 5	−0.350 8	0.428 5	0.105 4	−0.02	17
000888.SZ	峨眉山A	0.304 5	−0.399 0	−0.127 2	−0.103 9	−0.012 8	−0.06	18
600593.SH	大连圣亚	1.911 7	−0.639 0	−0.757 0	−1.166 2	−0.870 8	−0.08	19
603099.SH	长白山	0.820 8	−0.397 6	−0.907 0	−0.358 8	−0.006 7	−0.09	20
300388.SZ	国祯环保	−0.362 9	−0.243 7	−0.447 5	0.990 5	−0.177 5	−0.10	21
002033.SZ	丽江旅游	0.344 0	−0.010 7	−0.882 7	−0.634 3	0.031 4	−0.16	22
600292.SH	远达环保	0.032 5	0.565 1	0.506 5	−2.835 1	0.364 9	−0.17	23
002059.SZ	云南旅游	−0.338 4	−0.645 6	−0.158 5	0.252 0	0.470 8	−0.18	24
600706.SH	曲江文旅	0.229 1	−0.478 5	−0.324 8	−0.302 1	−0.487 3	−0.23	25
002159.SZ	三特索道	−0.422 5	0.275 9	−0.686 0	−0.772 3	0.116 2	−0.27	26
600749.SH	西藏旅游	−1.023 2	−0.738 2	−0.421 1	0.303 4	0.097 5	−0.47	27
000978.SZ	桂林旅游	−0.815 2	−0.626 3	−0.392 8	−1.127 4	−0.295 3	−0.67	28
002549.SZ	凯美特气	−1.382 0	−1.438 5	0.721 9	−0.310 7	−0.307 6	−0.71	29
000809.SZ	铁岭新城	−2.722 9	−1.277 5	−1.266 8	−0.190 6	−2.180 0	−1.62	30

表17-4中，这三个行业作为典型的基础设施服务业，综合得分与其投资价值呈正相关关系。由于先对因子数据进行了标准化处理，因此，可以0为参考标准线，认为：综合得分大于0的公司，综合业绩相对较好，且数值越大，投资价值越大；综合得分小于0的则相对较差，且数值越小，投资价值越小。依此可对上市公司的综合业绩和投资价值有一个基本的评价。

具体而言，表17-4中，公司各项能力得分与相应实力也呈正相关关系，排名前五位的公司分别是碧水源、永清环保、启迪桑德、博世科和北部湾旅。2014年排名前五位的公司分别为中国天楹、碧水源、桑德环境、西安旅游、张家界。2013年排名前五位的公司分别为碧水源、铁岭新城、国电清新、桑德环境、峨眉山A。3年比较变化较大，只有碧水源和启迪桑德（原名：桑德环境）两家公司保住了前五位，说明这两家公司实力雄厚，发展稳健，是名副其实的行业龙头，具有较大投资价值；同时也说明行业内部竞争较为激烈。

其中，连续三年排名前五的是碧水源和启迪桑德，说明这两家公司是行业内的佼佼者。碧水源排名蝉联榜首，2013 年盈利因子排名第三，成长因子排名第二；2014 年偿债因子排名第一，2015 年盈利因子排名第一。作为行业的龙头老大，它的盈利能力、成长能力 1 表现卓越，虽然其他三项得分为负，但这没有撼动它在行业中的地位。2015 年 11 月 11 日，桑德环境正式更名为启迪桑德，加快战略部署生态环境产业链。启迪桑德 2015 年的排名和 2014 年一样，均列第三，2013 年第四，较为稳定，居行业前列。前两年它的盈利因子稳居第一，2015 年被碧水源赶超。此外，它的成长因子 1 排名第三，营运因子排名第六，但也有得分多值的因子，说明发展不均衡。总的来看，这两家公司发展稳定，前景乐观，具有较大的投资价值。永清环保排名第二，2014 年总分第八，2013 年第十，进步突出，主要由于其偿债因子得分排名第一，说明其偿债能力强，对债权人的权益保障程度高。不过公司的营运因子和成长因子得分为负数，盈利能力得分也不高，选择其作为投资对象还须考虑其市场地位和发展前景等方面的因素。博世科和北部湾旅分别排名第四、第五，它们是本年度新上市的公司。博世科的成长因子 1 排名第二，其他能力表现一般，说明其未来发展空间大，值得投资。北部湾旅的偿债能力排名第二，营运能力排名第四，说明其偿债能力和经营能力好，但其盈利能力和成长能力欠佳，投资时需要全面考虑。

排名后五位的公司分别是三特索道、西藏旅游、桂林旅游、凯美特气和铁岭新城。这五家公司各项因子得分几乎都是负数，除了凯美特气，其他 4 家 2014 年排名也在倒数五位，桂林旅游和西藏旅游 2013 年垫底。由此可见，它们的各项能力都较为薄弱，投资价值较低，暂不推荐对其投资。

七、系统聚类分析

上述因子分析能够满足投资者对各家上市公司投资价值分析的基本需要，但是由于投资者的投资理念往往各不相同，关注的侧重点也有所不同。为了更深入细致地分析行业板块的情况，将利用系统聚类分析法进一步对 30 家公司的 5 个因子值和综合值进行 Q 型聚类（即个案分群）；聚类方法为 ward 联结法，即离差平方和法，根据同类变量间的离差平方和较小、不同类别间的离差平方和较大来进行分类，形成树状图（略）。其测量尺度选用平方 Euclidean 距离，即两样本之间的距离是各样本每个变量值之差的平方和。通过聚类分析把业绩相似的公司归类，可以对不同类别的上市公司进行对比分析，为投资者选择投资组合提供参考。

根据树状图（略）对 30 家水利、环境和公共设施管理业上市公司进行进一步分类，本书选择将其分为 4 类，如表 17-5 所示。

表 17-5　聚类分析

类别	水利、环境和公共设施管理业公司	数目
1	碧水源、启迪桑德、高能环境	3
2	永清环保、博世科、北部湾旅、西安旅游	4
3	张家界、黄山旅游、伟明环保、清新环境、维利尔、华侨城 A、九华旅游、中电环保、东江环保、峨眉山 A、大连圣亚、长白山、国祯环保、丽江旅游、远达环保、云南旅游、曲江文旅、三特索道、西藏旅游、桂林旅游、凯美特气、铁岭新城	22
4	中国天楹	1

表 17-5 中，类别 1 有碧水源、启迪桑德和高能环境 3 家环保公司，它们是盈利能力排名的前三甲。碧水源是由归国学者于 2001 年在中关村国家自主创新示范区创办的高科技企业。截至目前，碧水源拥有超过 350 项专利技术，建有全球规模最大的膜研发制造基地以及净水产品研制基地，拥有市政公用工程施工总承包一级资质，建成数千项膜法水处理工程，总规模每天近 1 500 万吨，每年可为国家新增高品质再生水近 50 亿吨，占全国膜法水处理市场份额的 70% 以上。启迪桑德长期致力于废物资源化和环境资

源的可持续发展,目前A股市场唯一一家主营业务为固废处置的上市公司,连续两年获得"上市公司中国成长百强"等荣誉。公司拥有一流技术研发团队,具有几十项专利和专有技术,掌握了城市生活垃圾、城市污泥、工业废弃物、医疗垃圾和电子垃圾处置的最前沿技术。这两家无疑是环保行业最具投资价值的公司。高能环境的前身是中科院高能物理研究所垫衬工程处,它与国内外知名的科研院所及环保企业建立有长期战略合作关系。目前公司已形成以城市环境、工业环境和环境修复为主的三大经营体系,完成了近600项国内外大型环保工程。2014年12月29日高能环境登陆A股主板。上市以来高能环境展现了良好的盈利能力,不过其他指标欠佳,所以建议暂时持观望态度。

类别2中有永清环保、博世科、北部湾旅、西安旅游4家公司。这四家公司的共同优势是偿债能力强,其中永清环保和北部湾旅偿债能力尤为显著。作为湖南省环保行业的龙头企业,永清环保承担了湖南省内60%以上的SO_2减排任务。它是国内少数具有钢铁烧结机烟气脱硫项目的企业,也是在全国率先拥有大型钢厂脱硫设备运营业绩的专业公司之一。不过公司除了卓越的偿债能力外并无其他优势,投资时需要分析其偿债能力激增的原因和可持续性。2015年3月26日,北部湾旅在上交所挂牌上市。公司主要从事北部湾区域海洋旅游运输及旅游服务业务,现已发展成为集组织招徕、接待服务、游览观光、海上旅游运输、旅游项目开发建设运营为一体的复合型旅游服务企业。总体来说,北部湾旅的表现尚可。博世科是2015年2月17日新上市的公司,主要从事工程咨询、设计、环保及清洁化生产技术的研究开发、设备制造、销售和工程建设,并为客户提供整体解决方案。公司成长因子得分表现突出,在行业内排名第二,发展前景良好。值得一提的是,博世科在上市前一直面对资金高度紧绷,资产负债率过高的问题。[5]2015年偿债能力排名居中,说明问题得到了缓解。西安旅游股份有限公司成立于1956年,是一家具有以旅游业为主,多元化经营的国有控股旅游企业。2014年它凭借突出的营运能力上升至行业第三的位置,2014年营运能力回落排名下降至第九,但是成长因子1跃升第一位。笔者认为它的发展不够稳定,投资需谨慎。

类别3包括张家界、黄山旅游、伟明环保等22家公司。其中7家排名前十五名,剩余15家包揽了后十五名。本段根据排名的前、中、后重点分析张家界(公共设施管理业,排名第六)、伟明环保(废弃资源综合利用业,排名第八)、九华旅游(公共设施管理业,排名第十四)、中电环保(水利、环境管理业,排名第十六)、桂林旅游(公共设施管理业,排名第二十八),凯美特气(水利、环境管理业,排名二十九)这六家公司。张家界前身张家界万众旅游开发股份有限公司,由张家界旅游经济开发总公司、张家界市土地房产开发公司等7家法人共同发起,以定向募集方式设立。公司主要从事旅游资源开发、旅游基础设施建设和旅游配套服务等业务。这三年数据显示,它营运能力强,其他能力(尤其是盈利能力)较弱,2008—2012年多次面临退市风险警告,可见盈利能力弱是一个长期存在的问题。如果不提高盈利能力,公司未来发展堪忧。伟明环保是以垃圾焚烧发电、垃圾处理为主业的大型股份制上市企业。公司相继投资、建设、运营浙江、江苏、河北和海南等省份近20座垃圾焚烧发电项目,截至2014年12月月末,获得垃圾焚烧处理领域专利共48项,其中有5项发明专利、3项计算机软件著作权。作为2015年5月新上市的公司,它盈利能力排名第四,在行业中有明显优势。由于上市时间短,其余因子表现一般,建议投资者继续观察再作决定。九华旅游是九华山风景区国有资产经营主体。注册资本1亿元,主要从事资本运营、旅游服务、旅游商品开发与经营、新旅游项目和新景点开发、旅游信息咨询等相关业务,发展前景广阔。2015是公司上市第一年,营运能力排名第五,盈利能力排名第六,偿债能力排名第十一,成长因子得分为负,排名倒数。如果未来成长能力提升,公司综合素质将显著提高。中电环保是南京市首家创业板上市公司,主要为火电、核电、石化、煤化工、冶金等行业的大型工业项目提供工业水处理系统解决方案、水处理设备系统集成及工程承包业务。前两年中电环保排名第八,2015年排名下降至第十六位。数据显示公司的盈利能力逐年下降,其他因子也没有突出优势,投资价值下降。2000年世纪之交,桂林旅游在上交所上市。作为行业内老牌上市公司,桂林旅游这三年表现欠佳,除了前两年成长因子指标为正数外,剩余因子都是负数,连续三年排名倒数前五。不过2016年7月总公司以所持本公司16%的股份出资参股桂林航空旅游集团有限公司[6],海航入股整改完成,资本运作获奖提速。此外,公司于2015年年底与宋城演艺签署合作协议,共同出资建设"漓江千古情"项目,目前项目处于加紧征地阶段。希望公司能够摆脱困境,扭亏为盈。凯美特气位于湖南岳阳市,是一家从事气体开发、应用、科研生产、经营于一体的专业性公司,主营业务是干冰、液体二氧化碳、食品添加剂液体二氧化碳及其他工业气体的生产和销售。这三年来公司排名中下游,大多数指标为负,营运能力和盈利能力的恶化导致 2015 年得分垫底。不过,2015 年报显示,公司当期亏损具有特殊性,2016 年各个项目进展顺利,预计排名会回升。

类别 4 中只有中国天楹 1 家公司。公司主营业务是以 BOO 与 BOT 方式投资、建设和运营城市生活垃圾焚烧发电项目,研发、生产、销售垃圾焚烧发电及环保成套设备。2014 年中国天楹综合得分排名第一,其中成长因子得分非常高。2015 年成长因子 2 得分依然很高,成长因子 1 和其他因子都为负数,排名跌落至第十一。这家公司在行业内处于中等偏上的位置,尽管其他因子表现欠佳,但成长性很好。未来它应该会有不错的发展,可以考虑投资。

八、结语

2015 年该行业上市公司的组成:水利与环境管理业 12 家、公共设施管理业 15 家、废弃资源综合利用 2 家、房地产业 1 家。排名前十的公司里有水利、环境管理业 5 家,其中 4 家排名前五;排名后十位的公共设施管理业有 6 家。通过排名分析和系统聚类分析我们可以得出结论:未来行业中的水利、环境管理业发展态势良好,竞争激烈;公共设施管理业呈现颓靡之势,面临整体转型的问题。

综上所述,投资者在进行水利、环境和公共设施管理业上市公司投资价值评价时要综合考虑宏观、微观等各方面反应的财务信息,加以谨慎地分析,作出合理的选择。同时,还要结合投资时的股票市价,运用价值投资操作方法(详见本书第二十二章)作出更加准确的投资决策。

参考文献

[1] 国家十三五规划纲要(全文). http://www. yjbys. com/news/424555. html,2016-03-23.
[2] 2015 年国民经济和社会发展统计公报. http://www. stats. gov. cn/tjsj/zxfb/201602/t20160229_1323991. html,2016-02-29.
[3] 郭同欣:经济常态发展转型正在持续. http://www. stats. gov. cn/tjsj/sjjd/201605/t20160531_1362661. html,2016-05-31.
[4] 主动减 积极补 促转型——上半年"三去一降一补"初见成效. http://www. stats. gov. cn/tjsj/sjjd/201607/t20160728_1382480. html,2016-07-28.
[5] 博世科资金高度紧绷 承接大工程能力严重不足. http://finance. ifeng. com/a/20150225/13513078_0. shtml,2015-02-25.
[6] 新浪财经,http://finance. sina. com. cn/.

(参著:黄 晶)

第十八章　教育和卫生业上市公司投资价值动态比较分析研究

一、行业发展与投资价值状况

教育和卫生业是关系国计民生的基础性行业,在国民经济体系中占有重要地位。近几年,随着经济改革的不断深入和人民生活水平的不断提高,教育和卫生行业需求越来越旺盛。

各级、各类教育都在不断发展,高等教育发展尤为迅速,根据国家统计局公布的数据,截至 2014 年年底,全年研究生招生 62.1 万人,在学研究生 184.8 万人,毕业生 53.6 万人。普通本专科招生 721.4 万人,在校生 2 547.7 万人,毕业生 659.4 万人。中等职业教育招生 628.9 万人,在校生 1 802.9 万人,毕业生 633.0 万人。普通高中招生 796.6 万人,在校生 2 400.5 万人,毕业生 799.6 万人。初中招生 1 447.8 万人,在校生 4 384.6 万人,毕业生 1 413.5 万人。普通小学招生 1 658.4 万人,在校生 9 451.1 万人,毕业生 1 476.6 万人。特殊教育招生 7.1 万人,在校生 39.5 万人,毕业生 4.9 万人。幼儿园在园幼儿 4 050.7 万人。[1]截至 2015 年年底,全年研究生教育招生 64.5 万人,在学研究生 191.1 万人,毕业生 55.2 万人。普通本专科招生 737.8 万人,在校生 2 625.3 万人,毕业生 680.9 万人。中等职业教育招生 601.2 万人,在校生 1 656.7 万人,毕业生 567.9 万人。普通高中招生 796.6 万人,在校生 2 374.4 万人,毕业生 797.6 万人。初中招生 1 411.0 万人,在校生 4 312.0 万人,毕业生 1 417.6 万人。普通小学招生 1 729.0 万人,在校生 9 692.2 万人,毕业生 1 437.2 万人。特殊教育招生 8.3 万人,在校生 44.2 万人,毕业生 5.3 万人。学前教育在园幼儿 4 264.8 万人。九年义务教育巩固率为 93.0%,高中阶段毛入学率为 87.0%。[2]

2015 年医疗卫生事业得到了迅猛发展,年末全国共有医疗卫生机构 990 248 个,其中医院 27 215 个,乡镇卫生院 36 869 个,社区卫生服务中心（站）34 588 个,诊所（卫生所、医务室）195 866 个,村卫生室 644 751 个,疾病预防控制中心 3 492 个,卫生监督所（中心）3 097 个。卫生技术人员 803 万人,其中执业医师和执业助理医师 300 万人,注册护士 328 万人。医疗卫生机构床位 708 万张,其中医院 534 万张,乡镇卫生院 121 万张。年末全国各类提供住宿的社会服务机构 3.2 万个,其中养老服务机构 2.8 万个。社会服务床位 676.3 万张,其中养老床位 669.8 万张。年末共有社区服务中心 2.4 万个,社区服务站 12.5 万个。[3]

教育和卫生业以公立事业单位为主体,是具有国家垄断性质的行业,民营企业和上市公司数量相对较少。但随着改革的不断深入和国家乃至每个家庭及个人对教育、卫生的日益重视,教育卫生行业发展有了新变化。2015 年 1 月 7 日,国务院常务会议讨论通过部分教育法律修正草案,明确"对民办学校实行分类管理,允许兴办营利性民办学校"。教育部 2015 年工作要点指出:鼓励社会力量兴办教育,并出台政策文件予以鼓励。因此,民办教育有望为教育行业的发展注入新的活力。目前,以教育培训为主的教育行业得到了迅猛发展,一大批教育培训机构应运而生,包括针对中小学生的教学教辅、针对大学生或成人的职业技能培训以及出国考试、考研培训等。同时,国家还强调把医疗卫生领域作为大众创业万众创新的重点领域之一。可见,该行业将有更加广阔的发展前景和较大的投资价值。

二、样本选取与数据处理

沪、深证券交易所的 6 家教育、卫生业上市公司的资料来源主要为其 2015 年度财务报告。具体初始数据扫描二维码获取。

在指标性质、单位不同的情况下，先要对其进行同趋势化处理。然后利用 SPSS 中的 Z-score 方法将 13 个指标的原始数据进行标准化处理。同趋势化数据与标准化数据略。

三、因子分析法适应性检验

为了检验所选用的指标是否适合使用因子分析法，本书利用 SPSS 软件中 KMO 和 Bartlett 的方法来对样本进行检验。但由于此组数据中样本数量小于变量个数，所以 KMO 和 Bartlett 检验结果不能正常显示。所以我们用多重共线性检验来验证变量间的共线性，结果如表 18-1 与表 18-2 所示。

表 18-1　共线性检验 1

	基本每股收益	销售净利率	每股净资产	总资产报酬率	流动比率	速动比率
基本每股收益	1	0.453	0.225	0.595	−0.492	−0.211
销售净利率	0.453	1	−0.687	0.906*	0.005	0.277
每股净资产	0.225	−0.687	1	−0.610	−0.259	−0.492
总资产报酬率	0.595	0.906*	−0.610	1	0.001	0.048
流动比率	−0.492	0.005	−0.259	0.001	1	−0.077
速动比率	−0.211	0.277	−0.492	0.048	−0.077	1
资产负债率	0.068	0.732	−0.621	0.419	−0.131	0.767
存货周转率	−0.175	0.282	−0.467	0.046	−0.144	0.997**
固定资产周转率	0.395	−0.346	0.557	−0.137	−0.018	−0.006
总资产周转率	0.511	−0.126	0.240	0.293	−0.071	−0.441
总资产增长率	−0.331	0.033	−0.158	0.066	0.981**	−0.187
主营业务收入增长率	0.220	0.580	−0.527	0.598	0.379	0.557
股东权益增长率	−0.505	−0.088	−0.148	−0.087	0.991**	−0.177

表 18-2　共线性检验 2

	资产负债率	存货周转率	固定资产周转率	总资产周转率	总资产增长率	营业收入增长率	股东权益增长率
基本每股收益	0.068	−0.175	0.394	0.511	−0.331	0.220	−0.505
销售净利率	0.732	0.282	−0.346	−0.126	0.033	0.580	−0.088
每股净资产	−0.621	−0.467	0.557	0.240	−0.158	−0.527	−0.148
总资产报酬率	0.419	0.046	−0.137	0.293	0.066	0.598	−0.087
流动比率	−0.131	−0.144	−0.018	−0.071	0.981**	0.379	0.991**
速动比率	0.767	0.997**	−0.006	−0.441	−0.187	0.557	−0.177
资产负债率	1	0.781	−0.395	−0.624	−0.196	0.470	−0.226
存货周转率	0.781	1	−0.016	−0.452	−0.252	0.521	−0.242

	资产负债率	存货周转率	固定资产 周转率	总资产 周转率	总资产 增长率	营业收入 增长率	股东权益 增长率
固定资产周转率	−0.395	−0.016	1	0.643	0.089	0.339	−0.010
总资产周转率	−0.624	−0.452	0.643	1	0.045	0.182	−0.069
总资产增长率	−0.196	−0.252	0.089	0.045	1	0.397	0.980**
营业总收入增长率	0.470	0.521	0.339	0.182	0.397	1	0.266
股东权益增长率	−0.226	−0.242	−0.010	−0.069	0.980**	0.266	1

*. 在 0.05 水平（双侧）上显著相关。
**. 在.01 水平（双侧）上显著相关。

由上表可知，销售净利率和总资产报酬率、存货周转率和速动比率、总资产增长率与流动比率、股东权益增长率与流动比率、总资产增长率与股东权益增长率，这几组主要指标各自变量指标之间存在着多重共线性，可以用因子分析法进行分析。

四、确定主因子

本书应用因子分析法中的主成分分析法来计算原始公因子的特征值、方差贡献率以及累计方差贡献率，并由此确定公因子。结果如表 18-3 所示。

表 18-3 解释的总方差

成　分	初始特征值			提取平方和载入			旋转平方和载入		
	合计	方差的%	累积%	合计	方差的%	累积%	合计	方差的%	累积%
1	4.496	34.586	34.586	4.496	34.586	34.586	3.442	26.474	26.474
2	3.462	26.633	61.219	3.462	26.633	61.219	3.287	25.284	51.759
3	2.717	20.9	82.119	2.717	20.9	82.119	3.266	25.122	76.881
4	1.742	13.4	95.518	1.742	13.4	95.518	2.423	18.638	95.518
5	0.583	4.482	100						
6	4.10 E−16	3.15 E−15	100						
7	2.33 E−16	1.79 E−15	100						
8	2.27 E−16	1.74 E−15	100						
9	9.20 E−17	7.07 E−16	100						
10	−1.26 E−16	−9.72 E−16	100						
11	−1.70 E−16	−1.31 E−15	100						
12	−2.76 E−16	−2.12 E−15	100						
13	−3.26 E−16	−2.51 E−15	100						

提取方法：主成分分析。

根据表 18-3 中数据可知，前四个主因子的方差贡献率已经达到了累计方差贡献率的 95.518%，即表明这四个主因子已包含原始数据信息量的 95.518%，所以只须选择前四个主因子就可以较好地代表原始指标，对教育、卫生行业公司的绩效进行描述。

特征值可用碎石图列示，如图 18-1 所示。从图 18-1 可以看出，从第五个因子开始，特征值的值都小于 1，这说明提取 4 个主因子是合适有效的。

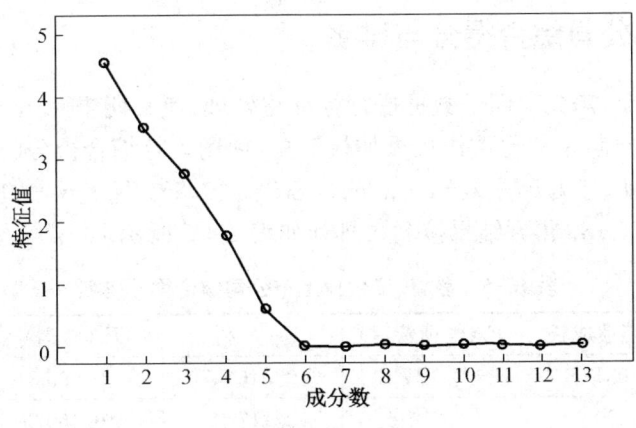

图 18-1　碎石图

五、旋转载荷矩阵分析

本书对原因子载荷矩阵进行最大方差旋转，以期得到主因子更明确的含义。结果如表 18-4 所示。

表 18-4　旋转成分矩阵[a]

	成　分			
	F_1	F_2	F_3	F_4
基本每股收益	-0.499	-0.218	0.545	0.559
销售净利率	-0.031	0.216	0.951	-0.149
每股净资产	-0.252	-0.409	-0.645	0.415
总资产报酬率	-0.013	-0.014	0.989	0.126
流动比率	0.997	-0.013	0.025	-0.047
速动比率	-0.065	0.990	0.065	-0.073
资产负债率	-0.166	0.722	0.499	-0.371
存货周转率	-0.134	0.984	0.065	-0.082
总资产周转率	-0.021	-0.428	0.157	0.794
固定资产周转率	0.03	0.09	-0.251	0.958
总资产增长率	0.977	-0.113	0.08	0.079
营业总收入增长率	0.395	0.582	0.562	0.435
股东权益增长率	0.986	-0.107	-0.061	-0.057

提取方法：主成分分析。

旋转方法：Kaiser 标准化最大方差法。

a. 旋转在 6 次迭代后收敛。

由表 18-4 中的数据可以看到，流动比率、总资产增长率、股东权益增长率在主因子 F_1 上的载荷量分别为 0.997、0.977、0.986，它们主要反映了公司的短期偿债能力和成长能力，所以将 F_1 命名为偿债成长因子。主因子 F_2 则在速动比率(0.990)、存货周转率(0.984)上有较大载荷量,代表了公司的偿债能力和营运能力,故而将其命名为偿债营运因子。主因子 F_3 在销售净利率(0.951)、总资产报酬率(0.989)上有较大载荷量,代表了公司的盈利能力,故将其命名为盈利因子。而总资产周转率(0.794)和固定资产周转率(0.958)在主因子 F_4 上的载荷量较大,故将 F_4 命名为营运因子。

六、教育、卫生业公司综合得分与排名

要得到因子的综合得分,需先对因子数据进行标准化处理,使其期望为0,方差为1,然后,对各因子的方差贡献率占因子总方差贡献率的比重作权重加权汇总,使用计算综合得分的公式来计算各样本的综合得分。公式如下:$F = (\lambda_1 F_1 + \lambda_2 F_2 + \lambda_3 F_3 + \lambda_4 F_4)/\sum i = (0.264\ 74 \times F_1 + 0.252\ 84 \times F_2 + 0.251\ 22 \times F_3 + 0.186\ 38 \times F_4)/0.955\ 18$。得到结果按名次排列如表 18-5 所示。

表 18-5　教育、卫生业上市公司综合得分排名

股票代码	名称	F_1(偿债成长)	F_2(偿债营运)	F_3(盈利)	F_4(营运)	F(综合)	排名
002044.SZ	美年健康	2.031 66	−0.125 31	0.046 87	−0.095 31	0.52	1
300347.SZ	泰格医药	−0.290 24	2.007 4	0.117 42	−0.159 28	0.45	2
300244.SZ	迪安诊断	−0.371	−0.263 07	−0.331 29	1.830 68	0.1	3
300015.SZ	爱尔眼科	−0.348 29	−0.586 06	0.478 3	0.191 62	−0.09	4
600763.SH	通策医疗	−0.569 3	−0.581 6	1.360 44	−0.797 16	−0.11	5
600661.SH	新南洋	−0.452 84	−0.451 36	−1.671 74	−0.970 55	−0.87	6

表 18-5 中,教育、卫生业上市公司综合得分与其投资价值呈正相关关系。由于先对因子数据进行了标准化处理,因此,可以 0 为参考标准线,认为:综合得分大于 0 的公司,综合业绩相对较好,且数值越大,投资价值越大;综合得分小于 0 的则相对较差,且数值越小,投资价值越小。依此可对上市公司的综合业绩和投资价值有一个基本的评价。

具体而言,表 18-5 中,教育、卫生业各项能力得分与相应实力也呈正相关关系,排名从前到后分别为美年健康、泰格医药、迪安诊断、爱尔眼科、通策医疗、新南洋。除去 2013 年停牌未进行分析的泰格医药以及新加入体检行业的美年健康,其 4 家公司的相对顺序从 2013 年到 2015 年没有发生变化。这说明该行业发展较稳定,竞争形势不显著。

排名第一的美年健康具有杰出的偿债成长能力,而且是六家公司中唯一一家拥有正的偿债成长因子得分的公司,虽然其营运因子得分为负,但是其偿债成长能力和盈利能力使其具有一定的投资价值。泰格医药主要依靠其突出的偿债营运能力而排名第二,2014 年其凭借良好的偿债能力位居第一,财务状况稳定,可以考虑对其投资。迪安诊断连续三年一直保持着营运能力排名第一,虽然其盈利能力、偿债能力、成长能力一直表现不佳,但综合得分为正值,营运能力突出,具有较大发展潜力,可以考虑长期投资。爱尔眼科,盈利能力和营运能力尚可,但是其他因子得分均为负,综合得分也为负,同时,其 2014 年综合得分也为负值,2013 年表现一般,需谨慎投资。通策医疗,盈利能力尚可,其他因子得分为负值,综合得分为负值,盈利能力的表现与 2013 年和 2014 年相似,但是综合得分下降幅度很大,考虑到其优秀的盈利能力,可以结合市场环境和政策信息进行短期投资。新南洋,综合得分为负值,各项因子得分也都为负值,排名末尾,与 2013 年和 2014 年情况一致,暂不建议投资。

七、系统聚类分析

上述因子分析能够满足投资者对上市公司投资价值分析的需要,但是由于投资者的投资理念往往各不相同,关注的侧重点也有所不同。为了更深入细致地分析行业板块的情况,将利用系统聚类分析法进一步对 6 家教育和卫生业上市公司的 4 个因子值和综合值进行 Q 型聚类(即个案分群);聚类方法为

ward联结法,即离差平方和法,根据同类变量间的离差平方和较小、不同类别间的离差平方和较大来进行分类;测量尺度选用平方 Euclidean 距离,即两样本之间的距离是各样本每个变量值之差的平方和。通过聚类分析把业绩相似的公司归类,可以对不同类别的上市公司进行对比分析,为投资者选择投资组合提供参考。

根据树状图(略)对 6 家教育和卫生业公司进行分类,本书选择将其分为 4 类,如表 18-6 所示。

表 18-6　聚类分析

类别	教育和卫生业公司	数目
1	美年健康	1
2	泰格医药	1
3	迪安诊断、爱尔眼科、通策医疗	3
4	新南洋	1

表 18-6 中,类别 1 只有美年健康 1 家公司,突出优势是短期偿债和成长能力强。它是一家主要从事设计、生产、销售各式服装、服饰及原辅材料、纺织服装类产品的科技开发公司,拥有 192 条从德国、日本进口的电脑控制流水线、4 套进口的 CAD 电脑辅助设计系统,所有设备均达国际先进水平。公司拥有年产各式高档服装 2 000 万件(套)的强大生产能力,是全国最大的 500 家合资企业之一。2015 年 8 月 28 号,公司发行股份购买资产完成,公司主营业务变更为健康体检服务。从综合得分情况来看,美年健康的偿债成长能力杰出,盈利能力也较好,是卫生行业一个良好的投资对象,但是,值得注意的是其转型是从服装到体检服务新领域,相关的投资风险还是要考虑的,对其投资需谨慎。

类别 2 中也是只有泰格医药 1 家公司,突出优势在于存货管理。2013 年度公司被证监会分在科学研究和技术服务业,2014 年变更为卫生行业。泰格医药是一家为国内外医药及健康相关产品的研究开发提供专业临床研究服务的高新技术企业,经营范围包括 I 至 IV 期临床试验技术服务、数据管理、统计分析、注册申报、临床试验现场服务以及 I 期临床分析测试服务、SMO 服务等,属于临床试验合同研究组织范畴,主要为国内外制药企业及医疗器械企业提供临床研究服务。泰格医药一直有着较好的盈利能力,虽然 2015 年表现与 2013 年和 2014 年比有所欠缺,但考虑到其优秀的盈利能力,可以结合市场环境和政策信息进行短期投资。

类别 3 包括了迪安诊断、爱尔眼科、通策医疗。它们共同的优势是营运能力强。其中,迪安诊断是以提供诊断服务外包为核心业务的独立第三方医学诊断服务机构,凭借具有迪安特色的"服务加产品"一体化商业模式成为行业领先者,拥有专家团队,与世界一流企业及机构,复星医药等国内知名企业、院校、研究院等形成战略合作,是"国家科技支撑计划"多项课题承担单位,发展潜能比较大。从 2013 年以来,迪安诊断一直保持着营运因子得分排名第一,显示了其杰出的营运能力,可以考虑长期投资。

爱尔眼科是中国首家 IPO 上市医疗机构,首家医疗驰名商标,旗下 100 家连锁眼科医院,为目前中国规模最大的眼科医疗机构,是中国目前矫治近视人群最多的眼科医院。2013 年爱尔眼科医院集团与中南大学联合建立了中南大学爱尔眼科学院,中南大学爱尔眼科学院是中国第一所专门培养眼科精英人才的学院。

通策医疗是国内一家以医疗投资、医院管理为主营业务的主板上市公司,主要经营投资管理,医疗器材的经营、进出口业务,技术开发、技术咨询、技术培训和技术服务等。与 2013 年相似,通策医疗的盈利能力较好,但是偿债能力和营运能力仍不理想,因此需谨慎投资。虽然其盈利能力的表现与 2013 年和 2014 年相似,但是综合得分下降幅度很大,由正值下降为负值,考虑到其优秀的盈利能力,可以结合市场环境和政策信息进行短期投资。

类别 4 中仅有新南洋 1 家公司,其各项指标都低于行业水平,自 2013 年以来一直表现不佳,暂不建议投资。但是由于它是中国教育行业唯一的一家上市公司,是教育行业的龙头企业,较为特殊,建议对其多加关注。

八、结语

综上所述,投资者在进行教育和卫生业的投资价值分析时,需要具备理性的态度,结合教育和卫生业的宏观、区位情况和上市公司财务状况等各类信息,利用定量分析模型的分析结果作为决策辅助工具,就能更快、更好地判断挖掘公司的内在价值,作出有价值的投资决策,获得相应的最大收益。但由于分析仅涉及了三个年度的财务报表资料,某些项目还可能会由于会计政策变更等的影响存在一定程度的偶然性,分析指标的选择也具有主观性。因此,分析结果难以反映出完全的真实状况,若能对更多年度进行跟踪分析,并适当增加分析指标,则可较大程度地消除偶然性,并反映出各分析对象的更加全面的动态状况,能更有效地据以预估未来,作出更加准确的投资决策。

参考文献

[1] 国家统计局. 中华人民共和国 2014 年国民经济和社会发展统计公报. 2015-2-26.
[2] [3] 国家统计局. 中华人民共和国 2015 年国民经济和社会发展统计公报. 2016-3-8.

(参著:郝福新)

第十九章　文化、体育和娱乐业上市公司投资价值动态比较分析研究

一、行业发展与投资价值状况

文化产业是指以满足人们的文化需要为目标、从事文化产品生产和提供文化服务的经营性行业，是指文化意义本身的创作与销售。文化产业基本上可以划分为三类：一是生产与销售以相对独立的物态形式呈现的文化产品的行业（如生产与销售图书、报刊、影视、音像制品等）；二是以劳务形式出现的文化服务行业（如戏剧舞蹈的演出、体育、娱乐、策划、经纪业等）；三是向其他商品和行业提供文化附加值的行业（如装潢、装饰、形象设计、文化旅游等）。目前，中国文化产业的发展和投入以政府宏观调控为主导。

体育产业是指生产体育物质产品和精神产品、提供体育服务的各行业的总和。体育产业作为国民经济的一个重要产业，具有与其他产业相同的共性，即注重市场效益、讲求经济效益，同时又具有不同于其他产业部门的特性。其产品的重要功能还在于提高国民身体素质、发展社会生产、振奋民族精神、实现个人的全面发展和社会文明的全面进步。与文化产业类似，目前的中国体育产业的发展和投入也以政府宏观调控为主导。

娱乐产业是指为娱乐活动提供场所和服务的行业，包括经营歌厅、舞厅、卡拉 OK 歌舞厅、音乐茶座、台球、高尔夫球、保龄球场、网吧、游艺场等娱乐场所，以及娱乐场所为顾客进行娱乐活动提供服务的业务，此外，电影、音乐、电视、广播等大众媒体也可以列为娱乐业。

中国文化、体育和娱乐业发展至今，已初具规模，并且前景可观。2015 年年底全国文化系统共有艺术表演团体 2 052 个，博物馆 2 956 个，公共图书馆 3 136 个，总流通 58 339 万人次；文化馆 3 315 个。有线电视用户 2.39 亿户，其中有线数字电视用户 2.02 亿户。[1] 随着科技和人们生活水平的不断提高，其发展潜力越来越大，在证券市场上也越来越受到投资者的关注。由于文化、体育和娱乐业的上市公司较少，且三个行业具有一定相似性特点，其发展也具有一定的相关性，受宏观经济状况影响较大，相互依赖，因此，我们将其合并进行分析。

二、样本选取与数据处理

沪、深证券交易所 40 家文化、体育和娱乐业上市公司的资料来源主要为其 2015 年度的财务报告。具体初始数据扫描二维码获取。

在指标性质、单位不同的情况下，先要对其进行同趋势化处理。然后利用 SPSS 中的 Z-score 方法将 13 个指标的原始数据进行标准化处理。同趋势化数据与标准化数据略。

三、因子分析法适应性检验

为了检验所选用的指标是否适合使用因子分析法，本书利用 SPSS 软件中 KMO 和 Bartlett 的方法来对样本进行检验。检验结果如表 19-1 所示。

表 19-1　KMO 和 Bartlett 的检验

取样足够度的 Kaiser-Meyer-Olkin 度量		0.373
Bartlett 的球形度检验	近似卡方	374.421
	自由度(df)	78
	显著性(Sig)	0.000

由表 19-1 可知，KMO 值为 0.373，小于 0.5，但这主要由于样本量较少造成。同时，巴特利球形检验统计量为 374.421，相应的概率 Sig 为 0.000，在 5% 的显著性水平之下，拒绝原假设，因此可认为相关系数矩阵与单位阵有显著差异，说明样本适合作因子分析。

四、确定主因子

本书应用因子分析法中的主成分分析法来计算原始公因子的特征值、方差贡献率以及累计方差贡献率，并由此确定公因子。结果如表 19-2 所示。

表 19-2　解释的总方差

成　分	初始特征值			提取平方和载入			旋转平方和载入		
	合计	方差的%	累积%	合计	方差的%	累积%	合计	方差的%	累积%
1	3.058	23.523	23.523	3.058	23.523	23.523	2.976	22.895	22.895
2	2.958	22.757	46.280	2.958	22.757	46.280	2.202	16.935	39.830
3	1.546	11.896	58.176	1.546	11.896	58.176	1.964	15.106	54.936
4	1.512	11.633	69.809	1.512	11.633	69.809	1.647	12.672	67.608
5	1.060	8.154	77.963	1.060	8.154	77.963	1.346	10.354	77.963
6	0.932	7.173	85.136						
7	0.637	4.902	90.038						
8	0.505	3.882	93.919						
9	0.442	3.401	97.321						
10	0.188	1.446	98.767						
11	0.099	0.760	99.527						
12	0.057	0.435	99.962						
13	0.005	0.038	100.000						

提取方法：主成分分析。

根据表 19-2 中数据可知，前五个主因子的方差贡献率已经达到了累计方差贡献率的 77.963%，即表明这五个主因子已包含原始数据信息量的 77.963%，所以只须选择前五个主因子就可以较好地代表原始指标，对公司的绩效进行描述。

特征值是能够被看作表示因子影响力度大小的指标之一，如果特征值小于 1，说明该因子的解释力度还不如直接引入一个原变量的平均解释力度大，因此一般用特征值大于 1 作为纳入标准。特征值可用碎石图列示，如图 19-1 所示。从图 19-1 可以看出，从第六个因子开始，特征值的值都小于 1，且折线的陡度变得比较平缓，这说明提取 5 个主因子是合适有效的。

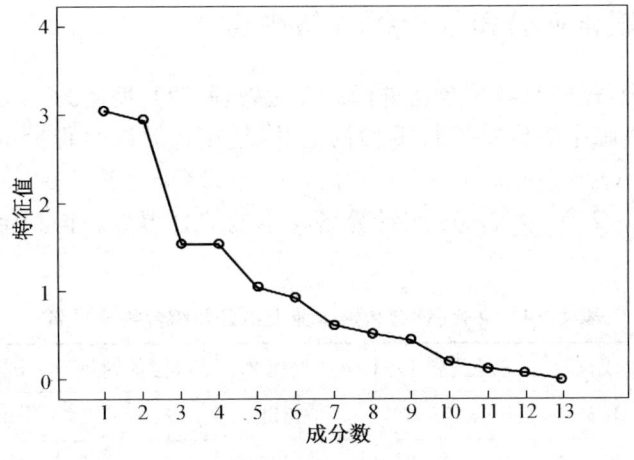

图 19-1 碎石图

五、旋转载荷矩阵分析

本书对原因子载荷矩阵进行最大方差旋转,以期得到主因子更明确的含义。结果如表 19-3 所示。

表 19-3 旋转成分矩阵[a]

	成 分				
	F_1	F_2	F_3	F_4	F_5
基本每股收益	−0.152	0.422	0.716	−0.025	0.233
销售净利率	0.029	0.886	0.184	−0.057	−0.022
每股净资产	−0.007	0.278	0.779	−0.133	−0.041
总资产报酬率	0.009	0.883	0.158	0.040	0.198
流动比率	−0.076	0.175	−0.082	0.898	0.036
速动比率	−0.014	0.094	−0.053	0.110	0.913
资产负债率	0.248	−0.131	0.673	−0.004	0.026
存货周转率	0.009	−0.335	−0.047	0.831	−0.046
总资产周转率	−0.183	0.017	0.436	−0.222	0.630
固定资产周转率	0.162	0.449	−0.357	−0.252	−0.094
总资产增长率	0.978	0.082	0.023	−0.030	−0.036
营业收入增长率	0.952	−0.031	0.009	−0.033	−0.059
股东权益增长率	0.981	0.049	0.042	−0.028	−0.060

提取方法:主成分分析。

旋转方法:Kaiser 标准化最大方差法。

a. 旋转在 6 次迭代后收敛。

由表 19-3 中的数据可以看到,总资产增长率、营业收入增长率和股东权益增长率在主因子 F_1 上的载荷量分别为 0.978、0.952、0.981,它主要反映了公司的成长能力,所以将 F_1 命名为成长因子。主因子 F_2 在销售净利率(0.886)、总资产报酬率(0.883)上有较大载荷量,代表了公司的盈利能力,故而将其命名为盈利因子 1。主因子 F_3 在基本每股收益(0.716)、每股净资产(0.779)上有较大载荷量,代表了公司的盈利能力,为盈利因子 2。流动比率与存货周转率在主因子 F_4 上的载荷分别为 0.898 与 0.831,体现了公司的偿债能力和营运能力,为偿债营运因子。主因子 F_5 在速动比率(0.913)上具有较大载荷量,因此,F_5 为偿债因子。

六、文化、体育和娱乐业公司综合得分与排名

要得到因子的综合得分,需先对因子数据进行标准化处理,使其期望为0,方差为1,然后,对各因子的方差贡献率占因子总方差贡献率的比重作权重加权汇总,使用计算综合得分的公式 $F = (\lambda_1 F_1 + \lambda_2 F_2 + \lambda_3 F_3 + \lambda_4 F_4 + \lambda_5 F_5 + \lambda_6 F_6)/(\lambda_1 + \lambda_2 + \lambda_3 + \lambda_4 + \lambda_5 + \lambda_6) = (0.228\,95 \times F_1 + 0.169\,35 \times F_2 + 0.151\,06 \times F_3 + 0.126\,72 \times F_4 + 0.103\,54 \times F_5)/0.779\,63$ 来计算各样本的综合得分。得到结果按名次排列如表 19-4 所示。

表 19-4 文化、体育和娱乐业上市公司综合得分排名

股票代码	名称	F_1(成长)	F_2(盈利1)	F_3(盈利2)	F_4(偿债营运)	F_5(偿债)	F(综合)	排名
600715.S	文投控股	5.482 43	−0.475 66	0.811 8	0.195 32	−0.243 07	1.66	1
300144.S	宋城演艺	−0.134 06	1.141 89	−0.089	5.345 08	−0.332 36	1.02	2
000673.S	当代东方	2.414 01	1.345 84	−1.017 37	−0.702 01	−0.322 34	0.65	3
002739.S	万达院线	−0.239 02	0.424 49	1.598 45	0.621 12	0.753 75	0.53	4
601801.S	皖新传媒	−0.087 16	0.045 03	0.313 18	−0.053 19	3.613 84	0.52	5
000719.S	大地传媒	−0.072 21	−0.640 16	2.969 37	0.075 21	0.379 55	0.48	6
600136.S	当代明诚	0.299 16	0.416 3	−0.324 18	−0.200 64	1.727 2	0.31	7
600229.S	城市传媒	−0.147 84	0.158	−0.557 47	0.744 16	1.974 65	0.27	8
000607.S	华媒控股	0.053 33	0.063 66	−1.064 73	0.181 1	2.912 16	0.24	9
600633.S	浙报传媒	−0.007	−0.257 55	1.490 22	0.195 89	−0.502 13	0.2	10
601098.S	中南传媒	−0.421 69	0.290 41	1.278 54	−0.162 65	−0.142 49	0.14	11
300426.S	唐德影视	−0.275 69	1.211 6	0.000 55	0.014 43	−0.438 84	0.13	12
600551.S	时代出版	−0.405 35	−0.378 95	1.830 19	−0.471 38	0.148 26	0.1	13
300027.S	华谊兄弟	−0.353 51	0.681 86	0.870 38	−0.207 27	−0.924 54	0.06	14
600373.S	中文传媒	−0.423 02	−0.039 6	1.129 11	−0.369 36	0.086 29	0.04	15
300336.S	新文化	−0.192 35	0.498 34	0.222 8	−0.136 24	−0.441 43	0.01	16
000665.S	湖北广电	−0.314 65	−0.290 8	1.450 05	−0.051 97	−1.088 04	−0.03	17
002624.S	完美环球	−0.247 71	1.400 35	−1.130 8	−0.444 92	0.046 86	−0.05	18
002343.S	慈文传媒	−0.379 01	0.586 65	−0.078 23	−0.190 85	−0.317 74	−0.07	19
600880.S	博瑞传播	−0.280 07	−0.201 8	−0.879 99	1.819 19	−0.607 13	−0.08	20
300133.S	华策影视	−0.229 36	0.469 5	−0.053 02	−0.428 13	−0.364 69	−0.09	21
002071.S	长城影视	−0.258 94	0.910 25	−0.854 71	−0.304 83	−0.057 22	−0.1	22
000156.S	华数传媒	−0.233 64	−0.181 14	0.515 06	0.057 79	−0.879 16	−0.12	23
000793.S	华闻传媒	−0.303 79	0.033 18	−0.044 26	−0.220 36	−0.446 58	−0.19	24
300291.S	华录百纳	−0.098 7	1.050 6	−1.274 75	−0.832 06	−0.057 79	−0.19	25
601928.S	凤凰传媒	−0.289 91	−0.420 08	0.378 35	−0.406 21	−0.169 8	−0.19	26
300148.S	天舟文化	−0.363 24	0.509 13	−0.288 88	−0.243 76	−0.785 32	−0.2	27
603999.S	读者传媒	−0.412 45	−0.187 27	0.582 49	−0.484 48	−0.543 88	−0.2	28

股票代码	名称	F_1（成长）	F_2（盈利1）	F_3（盈利2）	F_4（偿债营运）	F_5（偿债）	F（综合）	排名
000681.S	视觉中国	−0.116 58	0.652 74	−1.077 09	−0.191 15	−0.665 31	−0.22	29
002699.S	美盛文化	−0.312 63	0.527 15	−0.763 96	−0.273 25	−0.415 62	−0.22	30
600757.S	长江传媒	−0.334 6	−0.915 02	0.204 79	−0.935 51	1.365 76	−0.23	31
601900.S	南方传媒	−0.405 65	−0.214 05	−0.020 23	−0.520 67	0.176 86	−0.23	32
300364.S	中文在线	−0.194 48	−0.275 43	−0.366 35	−0.304 28	−0.133 99	−0.26	33
300251.S	光线传媒	−0.245 74	0.492 84	−0.731 29	−0.483 1	−0.837 4	−0.3	34
600576.S	万家文化	0.605 55	−0.602 5	−1.047 11	−0.488 84	−0.475 99	−0.3	35
601999.S	出版传媒	−0.201 54	−0.772 93	−0.105 21	−0.243 91	−0.203 6	−0.31	36
000802.S	北京文化	−0.216 31	−0.608 55	−0.851 97	0.094 9	−0.463 69	−0.41	37
600088.S	中视传媒	−0.301 89	−0.693 9	−0.730 59	−0.471 62	−0.498 7	−0.52	38
600825.S	新华传媒	−0.264 7	−1.003 1	−0.843 65	−0.515 43	−0.543 8	−0.62	39
000504.S	＊ST生物	−0.090 01	−4.751 32	−1.450 47	0.993 86	−0.282 5	−1.22	40

　　表19-4中,文化、体育和娱乐业公司综合得分与其投资价值呈正相关关系。由于先对因子数据进行了标准化处理,因此,可以0为参考标准线,认为:综合得分大于0的公司,综合业绩相对较好,且数值越大,投资价值越大;综合得分小于0的则相对较差,且数值越小,投资价值越小。依此可对上市公司的综合业绩和投资价值有一个基本的评价。

　　具体而言,表19-4中,公司各项能力得分与相应实力也呈正相关关系。排名前十位的公司分别为文投控股、宋城演艺、当代东方、万达院线、皖新传媒、大地传媒、当代明诚、城市传媒、华媒控股、浙报传媒。

　　其中,宋城演艺、华媒控股与其在2014年表现一致,皖新传媒从2013年到2015年一直排在前十位,这三家公司表现相对稳定,值得长期投资。

　　排名第三的当代东方在2014年排名倒数第二,其排名靠前得益于成长能力和盈利能力的大幅提升,有较大的投资价值。

　　文投控股、万达院线、当代明诚、城市传媒4家公司是2015年新参入分析的公司。其中,文投控股的成长因子得分排名第一,展示了其强大的成长能力,且其综合排名第一,可以持续关注;万达院线盈利因子2得分突出,营运因子和偿债因子得分也较好,总体表现良好,值得对其投资;当代明诚和城市传媒两家公司凭借较强的偿债能力排名第七位和第八位,这两家公司也可以考虑投资。

　　排名第十的浙报传媒在2014年的排名为第二十位,其盈利能力以及偿债营运能力较2014年有大幅度提升,也具有较大的投资价值。

　　此外,对于凭借杰出的偿债能力在2014年位居第一的大地传媒,对资本结构进行调整之后,盈利能力大幅提升,虽然排名下降到第六位,但是盈利能力的提升使得其投资价值更高了。

　　排在最后十位的公司分别为:长江传媒、南方传媒、中文在线、光线传媒、万家文化、出版传媒、北京文化、中视传媒、新华传媒和＊ST生物。其中,2013年综合排名第一的南华生物,2014年下降到最后一名,2015年更是戴上了退市风险警告标志,几乎丧失了投资价值。此外,除了新参入分析的万家文化和北京文化,其他7家公司在2013年和2014年的排名同样普遍靠后,各项得分表现不佳,投资价值不大。

七、系统聚类分析

　　上述因子分析能够满足投资者对各家上市公司投资价值分析的基本需要,但是由于投资者的投资理念往往各不相同,关注的侧重点也有所不同。为了更深入细致地分析行业板块的情况,将利用系统聚类分析法进一步对 40 家公司的 5 个因子值和综合值进行 Q 型聚类(即个案分群);聚类方法为 ward 联结法,即离差平方和法,根据同类变量间的离差平方和较小、不同类别间的离差平方和较大来进行分类,形成树状图(略)。其测量尺度选用平方 Euclidean 距离,即两样本之间的距离是各样本每个变量值之差的平方和。通过聚类分析把业绩相似的公司归类,可以对不同类别的上市公司进行对比分析,为投资者选择投资组合提供参考。

根据树状图对 40 家文化、体育和娱乐业上市公司进行进一步分类,本书选择将其分为 4 类,如表 19-5 所示。

表 19-5　聚类分析

类别	文化、体育和娱乐业公司	数目
1	文投控股	1
2	宋城演艺	1
3	当代东方、万达院线、大地传媒、浙报传媒、中南传媒、唐德影视、时代出版、华谊兄弟、中文传媒、新文化、湖北广电、完美环球、慈文传媒、博瑞传播、华策影视、长城影视、华数传媒、华闻传媒、华录百纳、凤凰传媒、天舟文化、读者传媒、视觉中国、美盛文化、长江传媒、南方传媒、中文在线、光线传媒、万家文化、出版传媒、北京文化、中视传媒、新华传媒、*ST 生物	34
4	皖新传媒、当代明诚、城市传媒、华媒控股	4

在表 19-5 中,类别 1 包含文投控股 1 家公司,其综合排名在第一位。文投控股主营业务为汽车整车车身研发、生产及其他汽车生产配套服务,零部件出口到 10 多个国家。公司于 2015 年 8 月完成了股权收购,进入了影视游戏行业,主营业务新增了影城运营管理、影视投资制作及发行、文化娱乐经纪和网络游戏研发运营。文投控股的成长因子得分排名第一,展示了其强大的成长能力,可以持续关注。

类别 2 包括宋城演艺 1 家公司,其综合排名在第二位,优势主要体现在偿债营运能力上。宋城演艺是一家从事主题公园和旅游文化演艺的投资、开发和经营的公司,主要业务包括文化类主题公园宋城景区和游乐类主题公园杭州乐园,是中国最大的民营旅游企业之一。"宋城"品牌在主题公园的设计运营、旅游文化演艺作品的创作服务和大型主题文化活动的策划上奠定了行业领先地位,公司也荣获第二届全国文化企业 30 强称号。宋城演艺凭借极高的偿债营运因子得分以及良好的盈利因子 1 得分位居第二,显示了其杰出的偿债能力、营运能力和盈利能力,同样地,在 2014 年宋城演艺营运能力也很强,综合排名第四。因此,宋城演艺具有良好的发展前景和很高的投资价值。

类别 3 包括当代东方、万达院线、大地传媒、浙报传媒、中南传媒、唐德影视等 34 家公司。其中,当代东方是一家主要从事高清数字内容发行、文化艺术活动策划展览的公司,主要业务包括提供会议及展览、广告制作、系统开发、影视节目发行、代理服务等。由于成长能力和营运能力的大幅提升,当代东方由 2014 年的倒数第二一跃成为第三名,杰出的成长能力和盈利能力显示了其较大的投资价值。万达院线是国内领先的影院投资及运营商,2010 年和 2012 年,公司两次获得 CINEASIA(亚太电影博览会)颁发的"年度放映商"大奖,该奖项是院线行业在亚洲地区的最高荣誉,万达院线成为该展会历史上第一家两次荣获该项荣誉的院线公司。从数据来看,万达院线排名第四位,盈利因子 2 得分突出,偿债营运因子和偿债因子得分也较好,总体表现良好,值得对其投资。大地传媒是一家从事对新闻、出版、教育、文化、广播、电影、电视节目等进行互联网信息服务以及国内广告策划、代理、制作、发布的公司。大地传媒曾凭借杰出的偿债能力在 2014 年位居第一,对资本结构进行调整之后,盈利能力大幅提升,虽然排名下降到第六位,但是盈利能力的提升使得其投资价值更高了。浙报传媒以投资与经营现代传媒产业为核心业务,负责运营《浙江日报》《钱江晚报》《浙江在线》等超过 35 家媒体和边锋网络平台,拥有 600 万读者资源和 5 000 多万活跃用户,产业规模居全国同行业前列。浙报传媒盈利能力以及偿债营运能力较 2014 年有大幅度提升,也具有较大的投资价值。中南传媒是一家大型出版传媒骨干企业集团,拥有出版、印刷、发行、印刷物资供应等一套完整的出版业务产业链,还拥有报纸、网站、户外框架媒体等其他业务,主要产品为教

中国上市公司投资价值动态比较分析研究(一)

材教辅、一般图书、电子出版物、音像制品。公司排名为第六名,在盈利因子 2 上的得分较高,说明在一定程度上盈利能力较好。中南传媒属于较为稳定的公司,可以考虑投资。唐德影视主要从事电视剧投资、制作、发行和衍生业务,电影投资、制作、发行和衍生业务,艺人经纪及相关服务业务,影视广告制作及相关服务业务,影视剧后期制作服务业务。唐德影视凭借较好的盈利能力位居第十二,具有较高的投资价值。

类别 4 包括皖新传媒、当代明诚、城市传媒、华媒控股 4 家公司。这四家公司综合排名较前,偿债能力较强,除了偿债能力较好,其他各项因子排名居中,可以考虑。

八、结语

随着国民经济的不断发展和人们的生活水平不断提高,人们对于文化、体育和娱乐的要求也在不断提高。近几年来,文化、体育和娱乐越来越普及,已经成为许多城镇居民日常生活的有机组成部分,发展前景广阔,是投资者关注的一个焦点。投资者在进行投资时,要综合考虑宏观、微观等各方面反映的相关信息,结合价值投资操作方法(详见本书第 22 章),加以谨慎地分析,作出合理的选择。

参考文献

[1] 国家统计局. 2015 年国民经济和社会发展统计公报[DB/OL]. http://www.stats.gov.cn/tjsj/zxfb/201602/t20160229_1323991.html,2016-02-29.

(参著:郝福新 杜赛赛)

第二十章　综合上市公司投资价值动态比较分析研究

一、行业发展与投资价值状况

综合上市公司是指有多项主营业务的企业集团，旗下通常有多个从事不同业务、各自独立运作的子公司。其经营业务范围涉及较广，业务复杂度综合度较高，与宏观经济环境的关联度也较高，在国民经济中占有重要地位，是投资者关注的行业之一。

在我国证券市场逐步成熟的发展阶段，制约证券市场的因素较多，且变化莫测；不同行业，不同发展阶段的公司，侧重点也不尽相同；加上投资价值本身的不确定性，致使投资价值的确定尤为困难。"在对上市公司的投资价值进行分析时，简单的定性分析不但过程繁琐而且缺乏准确性，使用综合性的定量分析方法或许能对此有所改善"[1]。为此，本书以沪深两市的 24 家综合行业上市公司（简称综合上市公司）为例，以其 2015 年度财务报告为依据，选取 13 个能够综合反映财务能力的财务指标，作为评估各综合公司投资价值的指标体系，建立指标模型，运用 SPSS 软件，采用因子分析法与聚类分析法进行投资价值实证分析，并联系实际，结合 2014 和 2013 年相关分析研究结果，进行深入动态比较分析，得出量与质有机结合的研究结论，为投资者进行价值投资提供参考。

二、样本选取与数据处理

沪、深证券交易所 24 家综合上市公司数据来源主要为 2015 年度的财务报告的相关信息。其中，廊坊发展和 * ST 宏盛 2015 年的数据不全，故将其剔除，参入分析样本为 22 家。其具体初始数据扫描二维码获取。

在指标性质、单位不同的情况下，先要对其进行同趋势化处理。然后利用 SPSS 中的 Z-score 方法将 13 个指标的原始数据进行标准化处理。同趋化数据与标准化数据略。

三、因子分析法适应性检验

为了检验所选用的指标是否适合使用因子分析法，本书利用 SPSS 软件中 KMO 和 Bartlett 的方法来对样本进行检验。检验结果如表 20-1 所示。

表 20-1　KMO 和 Bartlett 的检验

取样足够度的 Kaiser-Meyer-Olkin 度量		0.471
Bartlett 的球形度检验	近似卡方	142.434
	自由度（df）	78
	显著性（Sig）	0.000

由表 20-1 可知，KMO 值为 0.471，小于 0.5，但这主要由于样本量较少造成。巴特利球形检验统计量为 142.434，相应的概率 Sig 为 0.000，在 5% 的显著性水平之下，拒绝原假设，因此可认为相关系数矩阵与单位阵有显著差异，说明样本适合作因子分析。

四、确定主因子

本书应用因子分析法中的主成分分析法来计算原始公因子的特征值、方差贡献率以及累计方差贡献率，并由此确定公因子。结果如表 20-2 所示。

表 20-2　解释的总方差

成　分	初始特征值			提取平方和载入			旋转平方和载入		
	合计	方差的%	累积%	合计	方差的%	累积%	合计	方差的%	累积%
1	3.755	28.886	28.886	3.755	28.886	28.886	3.176	24.432	24.432
2	2.193	16.870	45.757	2.193	16.870	45.757	2.505	19.272	43.704
3	1.573	12.103	57.860	1.573	12.103	57.860	1.776	13.661	57.366
4	1.253	9.636	67.496	1.253	9.636	67.496	1.233	9.483	66.849
5	1.040	7.998	75.494	1.040	7.998	75.494	1.124	8.645	75.494
6	0.831	6.394	81.888						
7	0.699	5.375	87.263						
8	0.652	5.015	92.278						
9	0.489	3.764	96.042						
10	0.262	2.018	98.060						
11	0.196	1.510	99.570						
12	0.032	0.243	99.813						
13	0.024	0.187	100.000						

提取方法：主成分分析。

根据表 20-2 中数据可知，前五个主因子的方差贡献率已经达到了累计方差贡献率的 75.494%，即表明这五个主因子已包含原始数据信息量的 75.494%，所以只须选择前五个主因子就可以较好地代表原始指标，对综合公司的绩效进行描述。

特征值是能够被看作表示因子影响力度大小的指标之一，如果特征值小于 1，说明该因子的解释力度还不如直接引入一个原变量的平均解释力度大，因此一般用特征值大于 1 作为纳入标准。特征值可用碎石图列示，如图 20-1 所示。从图 20-1 可以看出，从第六个因子开始，特征值的值都小于 1，且折线的陡度变得比较平缓，这说明提取 5 个主因子是合适有效的。

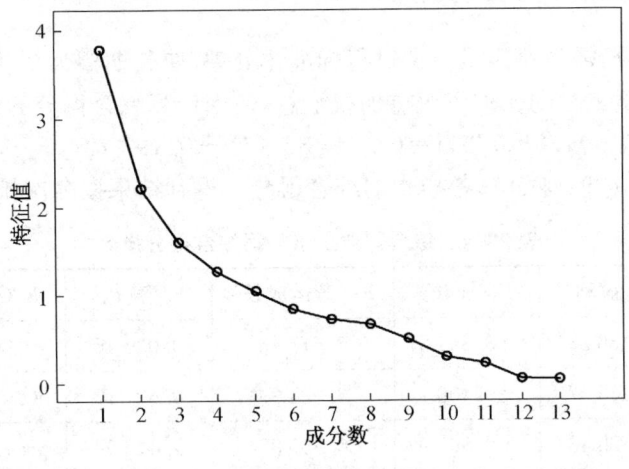

图 20-1　碎石图

五、旋转载荷矩阵分析

本书对原因子载荷矩阵进行最大方差旋转,以期得到主因子更明确的含义。结果如表 20-3 所示。

表 20-3　旋转成分矩阵[a]

	成　分				
	F_1	F_2	F_3	F_4	F_5
基本每股收益	0.725	−0.007	−0.001	0.079	0.064
销售净利率	0.882	0.237	0.103	−0.067	−0.025
每股净资产	0.390	0.802	−0.021	0.088	0.030
总资产报酬率	0.952	0.046	0.092	−0.038	−0.014
流动比率	0.157	−0.356	0.439	0.477	−0.062
速动比率	0.300	−0.244	−0.184	0.264	−0.733
资产负债率	0.348	−0.252	−0.128	0.172	0.733
存货周转率	0.080	−0.146	0.018	−0.920	0.017
总资产周转率	0.016	−0.115	0.824	0.143	0.098
固定资产周转率	0.247	−0.624	0.284	0.028	0.155
总资产增长率	0.199	0.860	0.135	0.013	0.053
营业收入增长率	0.102	0.152	0.845	−0.131	−0.059
股东权益增长率	0.680	0.606	0.143	−0.016	0.021

提取方法:主成分分析。
旋转方法:Kaiser 标准化最大方差法。
a. 旋转在 6 次迭代后收敛。

由表 20-3 中的数据可以看到,基本每股收益、销售净利率、总资产报酬率在主因子 F_1 上的载荷分别为 0.725、0.882 与 0.952,体现了公司的盈利能力,为盈利因子。总资产增长率、股东权益增长率在主因子 F_1 上的载荷量分别为 0.860、0.606,它主要反映了公司的成长能力,所以将 F_2 命名为成长因子。主因子 F_3 则在总资产周转率(0.824)和营业收入增长率(0.845)上有较大载荷量,代表了公司的营运能力和成长能力,故而将其命名为营运成长因子。主因子 F_4 在存货周转率(−0.920)上有较大载荷量,为营运因子。主因子 F_5 在资产负债率(0.733)上有较大载荷量,代表了公司的偿债能力,为偿债因子。

六、综合上市公司综合得分与排名

要得到因子的综合得分,需先对因子数据进行标准化处理,使其期望为 0,方差为 1,然后,对各因子的方差贡献率占因子总方差贡献率的比重作权重加权汇总,使用计算综合得分的公式 $F=(\lambda_1 \times F_1 + \lambda_2 \times F_2 + \lambda_3 \times F_3 + \lambda_4 \times F_4 + \lambda_5 \times F_5 + \lambda_6 \times F_6)/\Sigma\lambda i=(0.244\,32 \times F_1 + 0.192\,72 \times F_2 + 0.136\,61 \times F_3 + 0.094\,83 \times F_4 + 0.086\,45 \times F_5)/0.754\,94$ 来计算各样本的综合得分。得到结果按名次排列如表 20-4 所示。

表 20-4　综合行业上市公司综合得分排名

股票代码	名称	F_1(盈利)	F_2(成长)	F_3(营运成长)	F_4(营运)	F_5(偿债)	F(综合)	排名
600620.SH	天宸股份	0.436 26	3.864 97	0.675 73	0.033 46	0.308 72	1.25	1
000909.SZ	数源科技	−0.205 07	−0.408 93	3.584 99	0.524 17	0.066 78	0.48	2
000009.SZ	中国宝安	0.725 43	−0.561 92	0.890 88	1.412 98	−0.720 2	0.24	3
600175.SH	美都能源	0.164 95	−0.008 46	0.930 71	−0.106 53	−0.209 86	0.22	4

股票代码	名称	F_1（盈利）	F_2（成长）	F_3（营运成长）	F_4（营运）	F_5（偿债）	F（综合）	排名
600783.SH	鲁信创投	0.474 6	0.529 43	−0.649 98	−0.172 27	−0.594 52	0.17	5
600805.SH	悦达投资	0.187 2	0.812 14	−0.550 57	−0.334 4	−0.004 17	0.17	6
000532.SZ	力合股份	0.045 43	0.136 96	0.327 32	−0.444 33	−0.339 02	0.11	7
600895.SH	张江高科	0.722 07	−0.038 75	−0.878 61	1.037 28	2.801 59	0.1	8
600200.SH	江苏吴中	0.562 48	−0.778 59	0.422 22	0.510 87	0.612 86	0.06	9
600701.SH	＊ST 工新	0.287 45	−0.526 8	0.246 9	−3.887 78	0.088 8	0	10
600777.SH	新潮实业	0.184 37	0.517 59	−1.084 29	0.453 96	−0.351 48	−0.01	11
000551.SZ	创元科技	0.855 91	−0.900 43	−0.259 77	0.414 81	−1.836 52	−0.01	12
600624.SH	复旦复华	0.421 7	−0.304 07	−0.389 36	0.187 05	−0.543 33	−0.01	13
600082.SH	海泰发展	−0.034 54	0.128 62	−0.288 83	0.206 04	0.607 34	−0.03	14
600455.SH	博通股份	0.049 1	−0.038 59	−0.339 55	−0.887 77	0.061 51	−0.06	15
000034.SZ	神州数码	0.846 81	−1.426 54	0.176 43	−0.200 14	1.566 46	−0.06	16
600784.SH	鲁银投资	0.048 93	−0.101 09	−0.355 01	0.024 41	0.269 4	−0.07	17
600770.SH	综艺股份	0.257 07	−0.106 51	−0.782 68	0.510 49	−2.191 03	−0.1	18
000931.SZ	中关村	0.406 2	−0.412 45	−1.081 64	0.196 53	0.236 57	−0.17	19
000881.SZ	大连国际	−1.691 66	0.299 99	0.391 21	−0.223 6	−0.165 76	−0.4	20
600212.SH	＊ST 江泉	−1.144 51	−0.351 74	−0.579 67	0.457 94	0.114 54	−0.56	21
600603.SH	＊ST 兴业	−3.600 17	−0.324 84	−0.406 43	0.286 82	0.221 32	−1.32	22

在表 20-4 中,综合公司综合得分与其投资价值呈正相关关系。由于先对因子数据进行了标准化处理,因此,可以 0 为参考标准线,认为:综合得分大于 0 的综合公司,综合业绩相对较好,且数值越大,投资价值越大;综合得分小于 0 的则相对较差,且数值越小,投资价值越小。依此可对上市公司的综合业绩和投资价值有一个基本的评价。

具体而言,表 20-4 中,综合公司各项能力得分与相应实力也呈正相关关系。排名前九位的公司综合得分都为正,分别为天宸股份、数源科技、中国宝安、美都能源、鲁信创投、悦达投资、力合股份、张江高科和江苏吴中。

其中,天宸股份凭借极高的成长因子得分而位居第一,盈利因子和营运成长因子得分也较高,偿债能力也较好,与 2013 年和 2014 年相比,其偿债能力有了很大提升。偿债能力的改善和成长能力的提升使得天宸股份由 2013 年的第十一位、2014 年的倒数第二一跃成为第一名,综合实力增强,具有较大投资价值。

排名第二的数源科技的营运成长因子得分排名第一,显示了其杰出的营运成长能力,也正是营运能力显著提升使得数源科技的综合排名由 2013 年的倒数第三上升到 2014 年的第九位,再到 2015 年的第二位。可见,营运能力强是数源科技的一大优势,可以考虑对其长期投资。

中国宝安在盈利能力和营运能力方面表现较好,综合排名第三位。从前两年数据可以看出,2013 年各项得分都为负,说明其各项能力都不理想;2014 年由于盈利能力、营运能力、偿债能力的综合提升,排名上升到第十位。按此趋势发展,中国宝安未来会有更好表现,值得投资者关注。

美都能源是 2015 年新参入此行业分析的公司,综合排名为第四位。其营运成长因子较为突出,具有较高的投资价值。

排名第五的鲁信创投在2014年和2013年的排名分别为第十四位和第十位,具有较大进步,其盈利和成长能力都较好,可以持续关注。

相反,2013年排名第三、2014年排名第一的悦达投资表现有所退步。悦达投资的盈利能力在2013年和2014年参入分析的企业中十分突出,而在2015年表现却并不突出,使得排名降至第六。但总体而言,还是一个比较稳健的投资对象。

力合股份也具有较大进步,在2013年与2014年其排名相对靠后,但在2015年位居前十,得益于盈利能力、成长能力和营运能力的提升,值得投资者关注。

张江高科偿债因子得分突出,表明其偿债能力强,盈利能力、营运能力也高于平均水平。结合2013年和2014年数据,会发现其盈利能力表现较为稳定,因此,具有一定的投资价值。

江苏吴中由2013年的第十七位到2014年的第十三位,再到2015年的第十位,营运能力、盈利能力都有极大改善,值得投资者关注。

排名后五位的公司分别为综艺股份、中关村、大连国际、＊ST江泉、＊ST兴业,这些公司有较多因子得分为负数。这五家公司的共同点是3年来表现极不稳定,其中,江泉实业由2013年的倒数第五上升到2014年第二名,2015年再次滑落到倒数第二,投资风险大,暂不建议投资。

七、系统聚类分析

上述因子分析能够满足投资者对上市公司投资价值分析的需要,但是由于投资者的投资理念往往各不相同,关注的侧重点也有所不同。为了更深入细致地分析行业板块的情况,将利用系统聚类分析法进一步对22家综合公司的5个因子值和综合值进行Q型聚类(即个案分群)形成树状图;聚类方法为ward联结法,即离差平方和法,根据同类变量间的离差平方和较小、不同类别间的离差平方和较大来进行分类;测量尺度选用平方Euclidean距离,即两样本之间的距离是各样本每个变量值之差的平方和。通过聚类分析把业绩相似的公司归类,可以对不同类别的上市公司进行对比分析,为投资者选择投资组合提供参考。

根据树状图(略)对22家综合公司进行分类,本书选择将其分为4类,如表20-5所示。

表20-5　聚类分析

类别	综合公司	数目
1	天宸股份、数源科技	2
2	中国宝安、美都能源、鲁信创投、悦达投资、力合股份、张江高科、江苏吴中、新潮实业、创元科技、复旦复华、海泰发展、博通股份、神州数码、鲁银投资、综艺股份、中关村、	16
3	＊ST工新	1
4	大连国际、＊ST江泉、＊ST兴业	3

在表20-5中,类别1包括天宸股份、数源科技2家公司。天宸股份是一家房地产综合类上市公司,主要从事实业投资、信息网络安全产品开发、国内贸易、房地产开发经营。天宸股份凭借极高的成长因子得分而位居第一,盈利因子和营运成长因子得分也较高,偿债能力的改善和成长能力的提升使得天宸股份由2013年的第十一名、2014年的倒数第二名一跃成为第一名,进步神速,综合实力增强,具有较大投资价值。数源科技是一家集视频音频产品、房地产销售、商贸、网络集成服务等的综合企业,主要产品为高科技的数字电子信息和通信产品。该公司成功开发及上市了国内首台一体化数字电视接收机,这代表了我国目前数字电视技术领域的顶尖水平,也显示了其在数字电视领域的雄厚技术实力。数源科技综合排名第二,营运成长因子得分排名第一,营运成长能力突出,自2013年来取得了很大进步。营运能力强是数源科技的一大优势,基于这一优势,投资者可以考虑对其长期投资。

类别2包含中国宝安、美都能源、鲁信创投、悦达投资等16家公司。其中,中国宝安是一家综合类股份制集团公司,主营业务是高新技术产业、房地产业、生物医药业。在盈利能力和营运能力方面中国宝安表现较好,综合排名第三位。然而,2013年各项得分都为负,说明其各项能力都不理想;2014年由于盈利能力、营运能力、偿债能力的综合提升,排名上升到第十位。按此趋势发展,中国宝安未来会有更好表现,值得投资者关注。美都能源以能源、房地产开发经营为主业,同时涉足贸易业、酒店服务业、金融及准金融业、股权投资等领域。美都能源是2015年新参入此行业分析的公司,综合得分为正,排名第四,除营运能力和偿债能力有些欠缺外,其他指标高于平均水平,投资者可以继续关注其未来发展。鲁信创投是一家主要经营创业投资、投资管理及咨询、磨料磨具、涂附磨具、卫生洁具、百货、机电产品等的销售、机电产品安装、维修等技术开发及咨询服务的公司,悦达投资是一家主要经营汽车制造、拖拉机制造、高速公路、煤炭采掘和纺织业的公司。这两家公司的成长能力和盈利能力尚可,但营运能力、偿债能力不佳。结合2013年和2014年分析结果,二者之中悦达投资表现较好,可以考虑投资,而鲁信创投的投资价值不大。

类别3仅包括*ST工新1家公司。2014综合排名第八的工大高新,2015年戴上了退市风险警告标志,其综合排名比较居中,不建议投资。

类别4包括大连国际、*ST江泉、*ST兴业3家公司,分别排名倒数三位,各项能力得分不佳,与以往年度相比稳定性很差,不建议投资。

八、结语

综上所述,投资者在进行综合上市公司决策时,不仅要关注该行业的微观环境,同时也要关注整个市场的宏观环境;既要关注市场的正面信息,同时更要关注市场的负面信息;同时还得结合上市公司的区位和财务状况等信息,以及投资时的股票市价按照价值投资操作方法(详见本书第22章),进行全面分析,作出合理的选择。

参考文献

[1] 韩兆洲,谢明杰.上市公司投资价值评价模型及其实证分析[J].中央财经大学学报,2004(11).

(参著:郝福新 杜赛赛)

第三部分

3

第二十一章　比较价值投资决策要素

决策是指决策者为实现某种目标而在可以采取的多个方案中选择最佳或最满意的方案的过程。简单地说,决策就是选优。决策是一个严密的过程,并非仅指拍板定案的一刹那。它要经过充分预测,即广泛调查了解情况、确定目标、发现探索和制订各种方案,对方案进行科学评价论证后,作出的决定和选择。决策是行动的先导,决定行动的成败。比较价值投资决策是投资者为了实现投资目标,依据比较投资价值理论,通过估算投资对象的比较投资价值和比较市价,据以确定投资对象的投资顺序进行投资的决策过程。比较价值投资决策涉及面广,技术性和专业性强,是一种复杂的决策工作。它涉及多项决策要素以及影响决策的因素。比较价值投资决策要素很多,主要有八项。根据八项要素之间的内在(对应)关系及在比较价值投资决策中的作用,可归纳为以下四组。

一、比较投资价值与比较市价

投资价值又可称为内含价值或称内在价值,它与市价都是反映投资对象的价值的要素。二者之间的关系论述详见本书第一章,二者存在的问题及对策详见《中国上市公司投资价值比较分析研究》第三章和第二十一章。本书所述为比较投资价值与比较市价,与传统价值投资所说的投资价值与市价有所不同。

(一) 投资价值与市价及其存在的问题

1. 投资价值及其存在的问题

毫无疑问,投资对象具有投资价值,这是价值投资的前提。对投资对象的价值的判断或估算是价值投资的前提、基础和核心。每一投资对象在每时每刻都有不同的投资价值,即投资价值是动态的,这是价值投资的生命力所在。但投资对象的投资价值在某一既定时刻应该只有一个,而这一个“投资价值”由于会计政策等的种种原因,尽管有多种估算方法可以采用,但却是难以或无法准确计算出来的。价值投资,简而言之,就是在一家公司股票的市价相对于其投资价值有较大折扣时买入。但价值投资的问题在于,这个投资价值是不能被确切计算得出的。投资价值在理论上的定义就是一家公司在其余下的寿命中可以产生的现金流的折现值。但问题在于,一家公司余下的寿命到底有多长? 能产生多少现金流? 这本身就充满了悬念,以这个充满了悬念的现金流为基础而形成的判断有多大的可信度? 不得不令人生疑。再有,折现率该如何确定? 在不同的时点、不同的投资人会有不同选择,据以计算的价值必然是失之毫厘、差之千里。如果不能做到精确的价值评估,又怎能知道应该在什么价位买入或卖出股票? 如果说这是价值投资人最大的困惑所在,当不为过。

巴菲特本人对于投资价值的计算最为详细的叙述出现在 1996 年致巴克夏公司股东的信中:“投资价值是估计值,而不是精确值,而且它还是在利率变化或者对未来现金流的预测修正时必须相应改变的估计值。此外,两个人根据完全相同的事实进行估值,几乎总是不可避免地得出至少是略有不同的投资价值估计值,即使对于我和查理来说也是如此,这正是我们从不对外公布我们对投资价值估计值的一个原因。”此外,巴菲特还坦承:“我们只是对于估计一小部分股票的投资价值还有点自信,但也只限于一个价值区间,而绝非那些貌似精确实为谬误的数字。价值评估既是艺术,又是科学。”由此可见,价值投资所依据的“投资价值”,在证券市场上,仅仅是一个模糊数字或模糊概念而已。如此,以一个不能计算得出的“投资价值”作为价值投资的依据,实属匪夷所思。这是现行价值投资的致命伤。

况且,投资对象有很多,选择哪一家公司投资应是比较而言的,仅以上述所谓价值投资决策方法决策是难以作出正确决策的。

2. 市价及其存在的问题

市价是投资对象即上市公司在证券市场上的价值,是其投资价值的市场价格,应随投资价值变化而相应变化。但由于受市场等诸多因素的影响,市价客观上很可能并很大程度地偏离其投资价值,表现出波动性强的突出特点,至少在较短时期(如几个月甚至几年内)是如此。这一点在股市上的表现异常显著。几乎每一只股票的市价每时每刻甚至每分每秒都上上下下、左右摇摆。因此,很难依此为依据与投资价值比较判断是否进行投资。难怪价值投资难以推行推广。但与投资价值不同的是,市价不需要折现,它本身就是现值。

(二)解决问题的办法——比较投资价值与比较市价

由于市价往往总是依存于其投资价值并在其一定基础范围内浮动,且在短期内客观存在着很可能甚至很大程度地偏离其投资价值的情况,根据比较优势理论,采用比较投资价值与比较市价理论,比较投资价值与比较市价比较,判断投资对象的投资价值,能够在相当大程度上解决以投资价值与市价比较进行价值投资带来的问题。比较投资价值与比较市价理论是比较价值投资理论的有机组成部分。该理论在本书第二章已有论述。其意义表现在理论上,具有整体性、全面性和动态性的特点并易于操作,具体操作方法见本书第二十二章举例;表现在经济上,对于投资者、受资者、国家或社会及世界经济都具有重要、重大意义。详见本书第二章第三节。

需要说明,投资价值与市价在短期内仿佛无关,但长期而言,二者呈正相关甚至 100% 相关。那么是否说明,比较价值投资只适应于短期投资而不适用于长期投资?答案是否定的,就短期而言,它适用;就长期而言,无论几年或几十年,它也适用。因为,投资对象的投资价值是动态的,比较投资价值也是动态的;市价是动态的,比较市价也是动态的。按照比较价值投资决策,无论哪个行业或区域的投资对象的投资顺序,每时每刻也都是变化的,只是变化的幅度及至方向,凭借"比较投资价值"与"比较市价"得出"比较安全边际"与投资顺序,而大大降低了,从而大大消除了直接用投资价值与市价比较带来的不确定性。长期使用比较价值投资法决策,应根据影响因素的变化适时调整。

二、安全边际与风险区域

归根结底,比较价值投资决策还是依据投资价值和市价进行决策,即选择比较投资价值最大程度地大于比较市价的股票进行投资。这是投资获利的关键;否则,选择比较投资价值最大程度地小于比较市价的股票进行投资,则必然面临投资损失或潜在投资损失。其中,比较投资价值大于比较市价的范围称为安全边际,它是比较市价与其比较投资价值相比被低估的程度;比较投资价值小于比较市价的范围称为风险区域,它是比较市价与其比较投资价值相比被高估的程度。若市场信息公开,市价完全反映其投资价值,则安全边际与风险区域均为0;若市场信息不完全公开,市价不能完全反映其投资价值,则安全边际与风险区域一般不可能为0,而是可能为安全边际,也可能为风险区域,对于同一只股票,某一时刻,二者只居其一。按照资本市场信息不对称理论,在任何时点,对于任何股票往往都有安全边际或风险区域,这也才是比较价值投资的用武之地。安全边际与风险区域的界定方法可用图 21-1

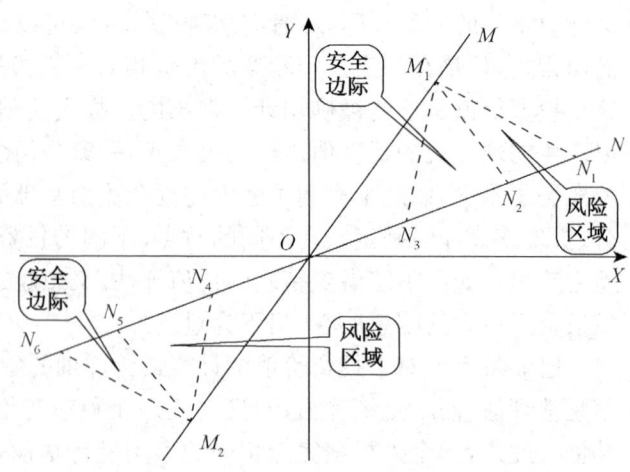

图 21-1　安全边际与风险区域图

表示。

图 21-1 中，横轴 X 表示比较市价，纵轴 Y 表示比较投资价值，M 表示某一范围上市公司比较投资价值排名顺序位数，N 表示与 M 相同范围比较市价排名顺序位数，O 为 X、Y、M、N 4 条线的交点，也即是比较投资价值（M 的中位数得分 0 点数值）与比较市价（N 的中位数得分 0 点数值）的交点，M 与 N 长度相同，其上的公司数相同，中位数点以上或以下的公司数都相同，中位数点以上为上位，即比较投资价值与比较市价排名中位以上的上市公司，均分布在第一象限；中位数点以下为下位，即比较投资价值与比较股价排名中位以下的上市公司，均分布在第三象限。但排名在中位以上或以下的公司都不能表明有（或较大）或没有（或较小）安全边际或风险区域。安全边际或风险区域的大小是比较投资价值与比较市价排名比较的结果。因此，确切地说，安全边际是比较安全边际；风险区域是比较风险区域。比较方法是，以比较投资价值排名与其比较市价排名吻合一致为标准，将二者进行比较。以投资价值排名在上中位的 M_1 只股票为例，如图 21-1 中 M_1 只股票的投资价值应与 N_2 点市价排名吻合一致，即二者排名一致，表现为线段 $OM_1 = ON_2$，然后，看其实际比较排名顺序位数，若比较投资价值排名优于比较市价排名，即比较投资价值排名靠前，如 M_1 比 N_3 的比较市价，则具有安全边际，安全边际为 $M_1 N_2 N_3$ 组成的三角形区域，优势越大，安全边际越大，优势越小，安全边际越小；否则，若比较投资价值排名弱于比较市价排名，即比较投资价值排名靠后，如 M_1 比 N_1 的比较市价，则具有风险区域，风险区域为 $M_1 N_1 N_2$ 组成的三角形区域，弱势越大，风险区域越大，弱势越小，风险区域越小。排名在下中位的 M_2 只股票也是同样道理。

安全边际的核心就在于把握收益和风险的关系。安全边际若是获利区域，风险区域就是亏损区域。安全边际的大小与获利大小呈正相关，风险区域的大小与亏损大小呈正相关。比较价值投资就是通过比较安全边际和风险区域大小，决策是否买卖股票，进行价值投资。一般情况下，具有安全边际的投资对象，是投资即买入对象，安全边际越大，投资价值越大，安全边际越小，投资价值越小；具有风险区域的投资对象，是撤资即卖出对象，风险区域越大，投资价值越小，亏损越大，风险区域越小，投资价值相对越大，亏损越小。安全边际与风险区域是市价长期偏离投资价值的积累的结果。若投资行为相反，卖出拥有安全边际的股票，实际是将积累盈利转让出去；而买入拥有风险区域的股票则如同帮人承担亏损或是以高市价抵消该股票发行公司未来一定期间所创造的价值。因此可以说，安全边际就是投资者的金库，而比较价值投资法就是金库的钥匙。

当然，这一点也不绝对，有些股票的投资价值每股就几毛钱，其市价就比投资价值高过其几十倍的股票市价还高，这在股市上也是正常的。因为，市价由竞争决定，只要投资者有足够的资金，愿意且在股票交易过程中遵纪守法，其最后的成交价就由出价最高的一方决定。毕竟不同投资者对某只股票的未来预见值是不同的。另外，安全边际与风险区域会随着市场和个股市价的波动而不断变化。投资者的心智特征也影响其变化的方向和程度。因此，投资者对于投资时间和空间的把握也至关重要。

三、股市波动与心智戒律

(一) 市场波动

按照相对论原理，宇宙间一切都是相对的，只有运动或变化是绝对的。股市从来不是一台根据股票的投资价值而客观地、精确地记录的计量器，而是汇集了无数人部分出于理性（事实）、部分出于感性（理念和观点）的选择的投票器。这就是股市波动的由来。股市正并永远处在不断发展变化的运动过程之中。而且股市波动具有不可测度的特性，本杰明·格雷厄姆在去世前几个月的时候说："如果说我在华尔街 60 多年的经验中发现过什么的话，那就是从来没有人能够成功地预测股市波动。"对于市场的价格波动，格雷厄姆还有一个著名的"市场先生"的寓言：就是设想自己在与一个叫市场先生的人进行股票交易，"市场先生"的特点是情绪很不稳定。因此，在他高兴的日子里，他会报出较高的价格，相反懊恼时，就会报出很低的价格。

股市波动是由个股波动集合而成的。个股波动与股市波动一般呈正相关关系，二者相辅相成，相得益彰或相形见绌。但个股波动幅度与股市波动幅度一般不尽相同，甚至有时相反，并形成安全边际或风险区域。这就给投资或投机带来了机会，也是股市的魅力或陷阱所在。关于股市波动的论述详见本书第一章。

（二）心智戒律

股市波动其实只是一个现象，根本在于人，在于相关人员的心智。相关人员主要包括投资人或投资者（含上市公司）、受资人即上市公司，市场及政府监管人员等。其中，主要是投资人。股市波动主要是投资人心智波动的结果。心智特指心理、情绪、知识、智慧等。股市上，约95%的投资人亏损，尤其中小投资者。责任主要在股民自己，而非技术问题，也非信息不对称问题，更非监管政策不利。例如，大多数人无法将价值投资进行到底，即使持有一只好股票，也持守不住，一有风吹草动就忐忑不安，整个人都被那只股票牵挂着、捆绑着，整日战战兢兢，甚至寝食难安。本来将有大赚的股票，看到跌了就赶快卖出，等到股价长了再后悔。关于股民价值投资存在的问题及对策的论述，详见《中国上市公司投资价值比较分析研究》第二章。以下以投资人为例，说明其应引以为戒的投资戒律。

1. 一戒：怨天尤人

价值投资人运用特定的工具和方法经过预测、估算、决策投资特定上市公司。这里面主要是知识和技术问题，也有心理问题。技术问题对于不同投资人差距不大，差距大的是投资者的心态。正确的投资心态是投资人所应拥有的最重要的资本。技术分析最大的敌人就是自己能否战胜人性或者说是人性的弱点。

作为价值投资者，可以通过信息了解市场的人性，也可以通过技术了解分析对象的投资价值，还可以通过市场及技术分析了解自己的心态。信息是投资的基石，没有信息支撑就谈不上投资。技术之于投资，是承认股票是各种人性形成市场情绪的结果。分析的本质是投资者对市场涨跌的反馈，比如，在一个支撑位，可能会有一波或大或小的反弹，因为这个阶段有人一起买入，可能最终也没能支撑起股价，但是股民已经看到了这一幕，就会想一定有方法让自己成功的概率更高一点。虽然，有的股民不一定按照技术分析结果操作，可技术分析结果更符合人性。有些很懂技术分析的人可能有另外一个想法：股市的总价值一定，赚的人赢亏的人的钱，只要比亏的人更坚决、更快地介入或交易即可。于是就出现了一致性现象，也出现了博弈双方，2015年很多股票出一个利空涨一波，就是技术分析运用到后期，出现了反向投资者。所以信息也好，技术分析也好，心态也好，往往都是资金多的一方吃掉资金少的一方，这就是股市很久以来的庄家思维。其实大多数情况下庄家可能还是散户自己，但是很多人还是把他作为假想敌。自己是自己心中的敌人，是每个投资者难以接受的，可这是事实。

也就是说，无论股市如何，上市公司如何，造成亏损的是自己，切忌怨天尤人。实际上，股市波动是客观的，在一定程度上是不以个别人的意志为转移的。每个投资者都应有对市场的敬畏之心，这是投资者应有的心态。

2. 二戒：偏听偏信

投资人有专业投资人和非专业投资人。专业投资人往往是由一些专业人员组成的团体，如投资公司，数量较少，但资金较为充足，有组合投资优势。他们投资知识丰富，技术水平高，较为理性，不容易偏听偏信。非专业投资人，按照投资态度可分为态度积极的非专业投资人和态度消极的非专业投资人。其中，态度积极的非专业投资人，他们自行处理投资机会，自信而独立，但对于如何拟定市场决策的态度很谦卑；他们倾听市场上多方面建议，但不会盲从，因为他们依然依赖本身的研究提供最终的决策答案。在当下股市，这类非专业投资人占非专业投资人的比重较小，占比重较大的是态度消极的非专业投资人。态度消极的非专业投资人，他们具有信息、知识、技术及心理等所有劣势或弱势，既没有充分、准确的信息来源，又没有丰富的甚至根本没有相关专业知识，还没有市场或股价分析技术能力，心理脆弱，急于赚钱的利益驱动致使他们最易于偏听偏信，表现在投资上常常是人云亦云、跟风炒作、心浮气躁、盲目买卖。这类人在股市上是一个广大的集群，是通常所说的广大散户股民，大约占股民总数的90%以上，甚至有些有知识、有文化的人也在其中。这是一群物理性交易的群体，也是导致市场物理性的根源所在。

偏听偏信是心智缺陷,主要由信息、知识、技术、性格等弱点造成,解决的办法是对症下药:多学习、多研究、多实践,磨练心性。(1)宏观上:①要把握社会进步尤其经济发展的总体方向,顺应大方向投资。②辨析社会变迁下的产业结构演进,顺大势而为,选择有投资前景的行业和区域进行投资,如健康医疗、节能环保、建立在移动互联网基础上的新兴产业、品牌消费(快消及精神文化消费)等是长期值得重点关注和配置的板块。(2)微观上:①一切以有依据的事实为基础,不靠小道消息来决策,投资要有符合事实的逻辑。②用动态眼光审视其价值,其核心存在价值是什么,在产业生态链上的地位如何,其业务流程和价值实现方式如何,是否有稳健的财务结构,主业成长空间是否够大,动静态的盈利水平如何。③以安全边际理念指导投资行为,切忌风险区域。如果想要的安全边际迟迟不来,那就耐心等待,由于市场交易群体的无理性,在不确定的时间段内,如3~5年的周期里,总会等到一个完美的高安全边际的时刻。从防御角度说,对安全边际的掌握更多是一种生存的艺术。投资如行军打仗,首先确保不被敌人消灭掉是作战的第一要素,否则一切都将无从谈起。这一点在牛市氛围中,在泡沫化严重的市场里,显得尤为重要。④按照本书介绍的比较价值投资决策方法投资。(3)性格方面的要件:①追求稳健的增值,不刻意求快,耐心等待有利时机的到来。②要相信世界万物自有其内在成长规律,从小树苗到参天大树需要过程,股市从不规范到规范需要时间,股票从亏损到赚钱需要等待。③关注股市情绪,总体上要逆向而为,要善用群体情绪的波动,这是风险区域到安全边际转换行为的情感基础。

3. 三戒:自以为是

自以为是与偏听偏信有相同也有不同之处,都是心智缺陷,都由人性弱点造成,但自以为是更多的是性格方面的缺陷,不一定是由于信息、知识、技术的缺乏。相反,有的人不乏股市信息与专业知识和技术分析能力,但却可能因此而自视甚高、固执己见、刚愎自用。表现在投资上常常是自以为是、狂买狂卖或抱残守缺。窃以为,这种性格缺陷的人不适宜做股市投资,而应选择其他投资渠道或专注其他工作。若非要做股票投资,最好的办法是"照章行事",即选择可信又可行的"章"为依据进行操作。本书就提供了一个可供广大股民依照行事的"章"。

4. 四戒:半途而废

知易行难。遇到投资挫折就撒手不干、退出股市的人比比皆是。这些退市者情况不同,有的可能确实不适合股市投资,有的则是适合股市投资,只是期限尚短,经验不足,又恰逢股市波动剧烈,或者犯了某项或某几项投资错误,导致投资失利。但这是暂时失利,是投资的机会成本。对于这些人,若就此退出股市,非常可惜。

价值投资者如何能坚定地坚持下去并从中获利,可采用以下措施:①了解股市习性,更好、更大地发挥个体价值,洞悉起伏,熟知历史,以有效预测未来。展现严格的情绪纪律,是价值投资的获利的基础。②投资既是科学也是艺术,即投资科学和投资艺术之间的均衡——前者如根据上市公司投资价值决定支付价格,后者如评估上市公司管理团队或辨识理想投资对象以决定支付价格。无论科学还是艺术,都不是能够一蹴而就的,必须下大工夫学习、研究、苦练。具备独立思考与创新研究的能力,是价值投资获利的条件。③世间万物都有生命,股市也不例外。努力探寻股市的生命力,把握其运行规律,顺势而行。④了解投资对象,研读财报是个不错的方法,在财报出来前先预估对于这个公司众多财务数据额预判,然后得出预计数据,当财报到手,看一下预计的偏差,是否符合你的预期,如果不符合,找出原因在哪里,这样对于投资判断,就有很好的反馈,也会对自己投资的公司越来越有自信。当然,这一点比较困难,毕竟读懂财报的非专业人士不多。

在一定程度上说,成功的投资生涯,并不需要最高的智商、充分内线消息、丰富的专业知识乃至专业技术水平,所需要的只是决策程序的健全思考架构,以及避免该架构崩溃的心智戒律。比较价值投资模型:安全边际+心智戒律=充分报酬目标。

四、时间价值与空间转移

时间和空间是影响股市的两大要素。它们都是有价值的,都是投资者的财富或资产。从纵向考虑时间,准确把握机会,从横向考虑空间,适时转换对象,是比较价值投资决策的两大时空要素。

(一) 时间价值

时间是有价值的。此处所述时间价值不同于理财学上所述的时间价值。理财学认为,时间价值是同一价值量在不同时点的价值之差。通常用一年银行存款利率近似衡量。在此,时间价值是指投资者选择不同时点进行等价值量投资而带来的价值之差。这是投资的机会成本。不能用某一存或贷款利率衡量。因为,不同投资者的投资决策能力不同,其相应的机会成本也就不同。要合理评估时间的机会成本,必须首先立足于某一特定投资人,规定好某一特定时点,还要以当时的股市整体机会成本为标准,才能加以衡量。而这一切因素,在投资时是难以确定的。因此,时间价值难以确切计算,而只能合理估计。要做到合理估计,也非易事。

那么,如何才能做到合理估计时间价值? 首先,估算投资时的股市整体机会成本。该机会成本是所有投资者投资时点进行等价值量投资带来的价值之差。所有投资者即股市全部投资者,投资时点可以确定在股市开盘的某一天,等价值量投资即是这一天的投资总额,价值之差就是这一天与另一天(如前一天或后一天或其他任意一天)之间的等投资总额之间的差额。时间价值有绝对数和相对数两种表达形式,用绝对数表示缺乏可比性,用相对数比较易于比较。相对数也较易于获得,是提倡采用的表达形式。其计算公式为:一定时期的时间价值=[投资日股价(收盘价或开盘价)−投资前某日股价(收盘价或开盘价)]÷投资前某日股价(收盘价或开盘价),即 $R = [F - P] \div P$。时间价值的主体对象可以是总体、部分和个别,此处,总体指整个股市全部股票,部分指某行业或某地区或某部分股票,个别即指某只股票,如沪市自 1990 年 12 月 19 日起交易(收盘价 96.05 元)以来到 2016 年 12 月 12 日(收盘价 3 118.43 元)的时间价值,$R = [3 118.43 - 96.05] \div 96.05 = 31.466 736$。沪市 A 股 26 年上涨了 31.466 736 倍,若当时投资一直持有,26 年上涨 3 146.673 6%。这就是沪市 A 股 26 年的时间价值。在 26 年内,某一较小期间的时间价值不同,有的期间上涨,有的期间下跌,且幅度不同。如自 1990 年 12 月 19 日到沪市最高点 2007 年 10 月 16 日的时间价值=[6 124 - 96.05] ÷ 96.05 = 62.758 459 1,沪市 A 股 16 年间的时间价值为 6 275.845 91%。这是一个相当大的数值。再如自 2015 年 6 月 12 日第八个牛市顶点到 2016 年 12 月 19 日的时间价值为−33.777 61%[(3 118.43 - 5 178.19) ÷ 5 178.19 = −0.397 776 1],这就是沪市 A 股近一年半的时间价值。以大盘时间价值为标准可适用于所有在股市上交易的股票的时间价值的估算和衡量,每只股票都可以此为标准,计算出所投资的股票的时间价值,并据以比较大小,继而判断其投资的时间价值的高低。

由于不同行业的状况不同,其时间价值也不尽相同,甚至差距较大,估算时间价值还可用行业标准,以确保估算结果更加准确。或者用投资者投资的某一个股为标准估算,结果会更加准确。如据腾讯证券讯:北京时间 2016 年 8 月 20 日凌晨消息,据市场观察报道,谷歌是在 12 年以前的 8 月 19 日 IPO(首次公开招股)上市的。谷歌自 IPO 上市以来,Alphabet 股价已经累计上涨了 1 499%,这一表现轻松超越了标普 500 指数,该指数同期仅上涨 158%。谷歌股价自 12 年前上市以来已上涨 1 499%,就是 Alphabet 12 年的时间价值。

根据此法,既可以估算出每只股票的时间价值,也可以估算出多只股票即投资组合的时间价值。其计算方法是,以投资组合中每只股票的投资比例为权数加权平均计算。

时间是公平的、不断匀速前进的。时间价值是动态的,无论股市总体时间价值是行业时间价值,还是个别时间价值,都是动态的、随着股市交易的不断进行而不断发展变化的。不同投资对象不同或相同期间的时间价值不同,相同投资对象不同或相同期间的时间价值也不相同。而这就是时间价值的神奇和魅力,也是安全边际和风险区域不断变化或随时转换的根源所在。

(二) 空间转移

市场由人的行为集合而成。人无完人,市场也会常常犯错。一个出色的价值投资者会充分利用这种错误,进行适时空间转移,规避风险,获取收益。空间转移就是投资者为实现其投资目标,利用股市波动或市场错误,当投资对象的安全边际失去优势时,适时调整投资对象的投资行为。空间转移说得通俗点就是换股。换股必须把握好拐点，了解渐进的量变，洞察量变积累到一定程度后的质变，要善用前后临界点即拐点出现前后的机会。树立节约时间机会成本意识，阶段性调控个体仓位。

空间转移是基于价值转移进行的。市场价值乃至每一投资对象的投资价值及其市值，都是动态的。用动态眼光审视其价值，密切关注其价值尤其核心价值的变化，如其在产业生态链上的地位如何、业务流程和价值实现方式是否合理，财务结构是否稳健，主业成长空间是否够大，动静态的盈利水平高低等。当确认投资对象的价值已经转移或偏离目标时，就应坚决换股，而非仅以股市波动或股价暂时升降为依据。假设某日，市场突然下挫，报出一个离谱的低价，就不应"止损离场"，即使市场有恐慌情绪，只要投资对象的价值坚实，就要坚守，甚至加码买入。相反，当投资对象的价值发生变化时，即使市场上扬，也要换股。当然，换股还要关注股价。价格对价值的体现程度，以足够低的价值折扣下的价格最好。即安全边际最大最好，风险区域最大最差。这就是价值观主导下的空间转移策略。

第二十二章　比较价值投资决策方法举例

运用比较价值投资法投资,即依据本书第二部分所计算出的各个行业的上市公司投资价值打分排名,结合投资时的市价及其排名,确定市值离散度,据以确定各个投资对象的安全边际和风险区域,继而确定投资顺序,然后进行价值投资。由于安全边际与风险区域的图像复杂(见图 21-1),一个行业的投资对象往往较多,加之跨越连续几个年度,很难用一个或几个简单图像加以说明,因此,本章根据实际需要只根据其大小列示排名顺序。列示方法是:以中位数为界,中位数以前的有安全边际,无风险区域,安全边际越大,名次越靠前,安全边际越小,名次越靠后;中位数以后没有安全边际,只有风险区域,风险区域越小排名越靠前,风险区域越大,排名越靠后。排名顺序即可作为投资顺序。

第一节　举　　例

第一步,选定投资的行业。

行业的选择由投资者自行判断决策,也可参照《中国上市公司投资价值分析研究》第二十一章所述的环境趋势分析法中的行业发展优势股,予以参考决策。以下以农、林、牧、渔业为例加以说明。

第二步,编制比较价值投资计算表,计算相关指标。

依据农、林、牧、渔业各上市公司的有关数据资料,计算相关指标并说明其投资价值大小、程度及其投资顺序,如表 22-1 所示。

表 22-1　农、林、牧、渔业上市公司比较价值投资、市值离散度与投资顺序计算表

股票代码	股票名称	内含价值排名						市值排名		市值离散度			投资顺序		
		2013		2014		2015		投资时		2013	2014	2015	2013	2014	2015
		F(综合)	排名	F(综合)	排名	F(综合)	排名	市值	排名						
		(1)	(2)	(3)	(4)	(5)	(6)	(7)	(8)	(9)=(2)-(8)	(10)=(4)-(8)	(11)=(6)-(8)	(12)	(13)	(14)
002696	百洋股份	1.33	1	0.97	1	0.92	2	24.36	10	−9	−9	−8	18	14	13
002714	牧原股份	1.03	2	0.3	10	0.45	7	23.14	11	−9	−1	−4	19	21	16
002041	登海种业	0.72	3	0.47	6	0.13	17	18.36	16	−13	−10	1	13	13	26
300094	国联水产	0.71	4	0.73	3	0.21	11	8.15	35	−31	−32	−24	1	4	5
300087	荃银高科	0.70	5	0.29	11	−0.02	23	12.86	23	−18	−12	0	10	9	22
002679	福建金森	0.54	6	0.38	9	0.19	12	40.10	3	3	6	9	27	31	32
601118	海南橡胶	0.47	7	0.72	4	−0.11	29	7.13	38	−31	−34	−9	1	2	12
600965	福成股份	0.45	8	0.27	14	0.14	16	13.01	22	−14	−8	−6	12	16	14
300106	西部牧业	0.43	9	0.03	20	−0.24	34	15.68	19	−10	1	15	17	24	38

股票代码	股票名称	内含价值排名						市值排名		市值离散度			投资顺序		
		2013		2014		2015		投资时		2013	2014	2015	2013	2014	2015
		F（综合）	排名	F（综合）	排名	F（综合）	排名	市值	排名	(9)=(2)-(8)	(10)=(4)-(8)	(11)=(6)-(8)			
		(1)	(2)	(3)	(4)	(5)	(6)	(7)	(8)				(12)	(13)	(14)
600975	新五丰	0.36	10	0.08	19	0.00	21	8.81	33	−23	−14	−12	7	8	8
002447	壹桥海参	0.33	11	0.27	13	−0.02	20	9.84	31	−20	−18	−11	5	6	11
002086	东方海洋	0.27	12	−0.33	31	−0.05	26	12.20	25	−13	6	1	14	32	27
600257	大湖股份	0.25	13	−0.06	24	−0.05	25	10.28	29	−16	−5	−4	11	18	17
600097	开创国际	0.21	14	0.28	12	−0.42	41	22.27	13	1	−1	28	24	22	42
000998	隆平高科	0.17	15	0.15	16	0.14	14	19.38	14	1	2	0	25	25	23
600108	亚盛集团	0.11	16	0.41	7	0.71	4	5.61	41	−25	−34	−37	4	2	2
002505	大康牧业	0.07	17	0.96	2	1.26	1	3.49	45	−28	−43	−44	3	1	1
300313	天山生物	0.06	18	0	22	−0.37	37	18.25	17	1	5	20	26	30	40
002321	华英农业	−0.00	19	−0.08	26	−0.15	30	10.11	30	−11	−4	0	16	20	24
002200	云投生态	−0.02	20			0.11	19	22.60	12	8		11	30		33
300189	神农基因	−0.06	21	−0.67	36	−0.39	38	5.25	42	−21	−6	−4	6	17	18
002069	∗ST獐岛	−0.08	22	−1.02	38	−0.39	39	10.70	28	−6	10	11	22	35	34
002477	雏鹰农牧	−0.16	23	−0.45	34	0.36	9	4.96	43	−20	−9	−34	8	15	4
600265	∗ST景谷	−0.18	24	−1.04	39	−1.36	45	31.15	5	19	34	40	35	39	45
600467	好当家	−0.18	25	−0.41	33	−0.04	24	4.35	44	−19	−11	−20	9	11	6
002299	圣农发展	−0.20	26	0.08	18	−0.16	31	17.59	18	8	0	13	31	23	37
000592	平潭发展	−0.24	27	0.4	8	−0.5	27	6.65	39	−12	−31	−12	15	5	9
000735	罗牛山	−0.29	28	0.01	21	−0.30	35	7.14	37	−9	−16	−2	20	7	20
600540	新赛股份	−0.31	29	−0.08	25	−0.32	36	7.96	36	−7	−11	0	21	12	25
000798	中水渔业	−0.31	30	−0.21	29	−0.77	43	12.02	26	4	3	17	29	26	39
600354	敦煌种业	−0.32	31	−0.68	37	0.13	18	8.60	34	−3	3	−16	23	27	7
600506	香梨股份	−0.50	32	−0.45	35	−0.40	40	26.32	8	24	27	32	37	38	43
000663	永安林业	−0.51	33	−0.39	32	0.42	8	14.97	20	13	12	−12	33	37	10
600598	北大荒	−0.52	34	−0.12	28	−0.08	28	12.23	24	10	4	4	32	28	29
600359	新农开发	−0.60	35	−0.12	27	−0.23	33	9.78	32	3	−5	1	28	19	28
600371	万向德农	−0.69	36	−0.24	30	−0.17	32	14.18	21	15	9	11	34	34	35
002234	民和股份	−0.75	37	−0.03	23	−0.69	42	19.09	15	22	8	27	36	33	41
300143	星河生物	−1.08	38	−1.38	40	0.14	15	27.07	7	31	43	8	38	40	30
002458	益生股份	−1.22	39	0.12	17	−1.00	44	27.70	6	33	11	38	39	36	44
002746	仙坛股份			0.59	5	0.16	13	44.35	1		4	12		29	36
000713	丰乐种业			0.25	15	−0.01	22	11.43	27		−12	−5		10	15
300498	温氏股份					0.90	3	34.88	4			−1			21
600313	农发种业					0.60	5	6.51	40			−35			3
002772	众兴菌业					0.48	6	20.31	9			−3			19
300511	雪榕生物					0.28	10	42.03	2			8			31

注：表 22-1 中，福成股份原名福成五丰，壹桥海参原名壹桥苗业，星河生物原名星河股份；云投生态原名绿大地，因涉嫌法律诉讼案件 2014 年未加入分析；自 2016 年 5 月 31 日起，大康牧业变更为大康农业。

表 22-1 中,第(1)、第(2)两栏为对 2013 年上市公司投资价值打分排名结果,数据来源于《中国上市公司投资价值分析研究》第四章,农、林、牧、渔业上市公司投资价值分析研究中的表 4.10 中的综合得分与排序两栏。第(3)、第(4)两栏为对 2014 年上市公司投资价值打分排名结果,数据来源于《中国上市公司投资价值比较分析研究》第四章,农、林、牧、渔业上市公司投资价值分析研究中的表 4.10 中的综合得分与排序两栏。第(5)、第(6)两栏为对 2015 年上市公司投资价值打分排名结果,数据来源于本书第四章,农、林、牧、渔业上市公司投资价值分析研究中的表 4-11 中的综合得分与排序两栏。为节约版面,第(1)、第(3)、第(5)行数据一律简化为保留两位小数。第(7)栏为 2017 年 1 月 13 日的各家上市公司股票的收盘价,其中,东方海洋的市价为 2017 年 1 月 6 日收盘价,其因重大事项自 2017 年 1 月 7 日起停牌。百洋股份的市价为 2017 年 1 月 9 日收盘价,其因重大事项自 2017 年 1 月 10 日起停牌。神农基因原名神农大丰,其市价为 2016 年 12 月 9 日收盘价,其因重大事项自 2016 年 12 月 12 日起停牌。第(8)栏为市价,按照从前到后或从大到小排序。第(9)、第(10)、第(11)三栏分别为 2013 年、2014 年和 2015 年综合得分排序与市价排序的差数,即市值脱离投资价值的程度,称为市值偏离度。若差数大于 0,说明市价高估,差数越大,高度程度越大;若差数小于 0,说明市价低估,差数越小,说明低估越大。第(12)、第(13)、第(14)三栏分别为第(9)、第(10)、第(11)三栏按照从小到大排序,即按照比较投资价值大于市价的程度的先后顺序排列,也即投资决策的先后顺序。

第三步,依据表 22-1 进行分析研究,作出投资决策。

首先,依据第(1)、第(2)、第(3)、第(4)、第(5)、第(6)六栏判断各家上市公司的动态比较投资价值。一般而言,综合得分与排名和其投资价值呈正相关关系,综合得分与排名靠前的,投资价值较大;综合得分与排名靠后的,投资价值较小。这个分析已经在本行业的分析研究中较为详尽的论述,详见《中国上市公司投资价值分析研究》和《中国上市公司投资价值比较分析研究》第四章及本书第四章。但这一分析不能作为投资决策的直接依据,因为,其投资价值的大小还必须结合其市价进行深入比较分析研究。通过(2)(4)(6)三栏,可以分析判断各家上市公司的投资价值的稳定程度或变化情况及变化趋势,如百洋股份,连续两年都排名第一,2015 年排名第二,充分说明其稳居行业龙头的地位;大康牧业由 2013 年的第十七位升至 2014 年的第二位,继而升至 2015 年的第一位,进步明显,且已居行业首位,充分说明其成长能力和综合实力,而且呈显著增值态势;而益生股份、香梨股份、民和股份则位居后列,毫无回升迹象;﹡ST 景谷则由 2013 年的第二十四退至 2014 年的第三十九,再退至 2015 年的第四十五,颓势显著,位居最后,甚是凄惨;开创国际 2015 年也退步较大。

其次,依据第(7)、第(8)两栏可以看出投资者投资时各家上市公司的股票市价及排名,并据以进行初步分析。通过市价,可以看出市场对上市公司投资价值的接受程度。市价越大,市场接受程度越高,如仙坛股份、雪榕生物、福建金森,都在 40 元以上;市价越小,市场接受程度越低,如大康牧业、好当家、雏鹰农牧,都在 5 元以下。一般而言,市价及排名与其投资价值呈正相关关系,市价与排名靠前的,投资价值应当较大;市价与排名靠后的,投资价值应当较小。但由于投资者投资时往往受若干因素的影响而对投资对象的投资价值不一定很清楚,也由于他们对其未来预估的结果不同,因此很可能偏离,如大康牧业,投资价值排名靠前,2014 年、2015 年分别是第二位、第一位,但市价却排在到数第一位,其他几乎所有公司也都不尽相同。因此,不能以市价作为衡量上市公司投资价值的直接依据,更不能据以进行投资决策,还需要将其与投资价值得分及排名进行比较分析,以投资价值为依据,求出市价的离散程度,方可进而得出结论。

再次,依据第(2)、第(4)、第(6)、第(8)四栏计算确定第(9)、第(10)、第(11)三栏,即 2013 年、2014 年、2015 年 3 年的市值离散度。第(9)、第(10)、第(11)三栏是投资价值排名与市价排名的差值,即(9)=(2)－(8)、(10)=(4)－(8)、(11)=(6)－(8),如百洋股份 2013 年投资价值排名第一,市价排名第十,所以,其差值:1－10＝－9。差值表明投资价值被市场接受(或认可)的程度,同时也说明市价脱离其投资价值的程度。差值(或差值的绝对值)与接受程度或脱离程度呈负相关,差值越大,接受程度越小,差值越小,接受程度越大。具体分两个方面:一方面,若差值为负值,其负值的绝对值越大,说明投资价值相对于市价越大,市场对其投资价值接受程度越小,安全边际越大;负值的绝对值越小,说明投资价值相对于市价越小,市场对其投资价值接受程度越大,安全边际越小。另一方面,若差值为正值,其越大,说明投资价值相对于市价越小,市场对其投资价值接受程度越大,风险区域越大;其越小,说明投资价值相对于市价越大,市场对其投资价值接受程度越小,风险区域越小。依据(9)(10)(11)三栏可以确定价值投资顺序,见第(12)、第(13)、第(14)三栏。第(12)、第(13)、第(14)三栏是对第(9)、第(10)、第(11)三栏按照安全边际从大到小和风险区域从小到大排序的结果,可以作为投资顺序的参考依据,排第一位的是大康牧业,其最近连续两年排名均为第一,安全边际最大,其次是亚盛集团,排名第二,再依次是农发种业、雏鹰农业、国联水产、好当家、敦煌种业等,排最后的是 ST 景谷,其次是益生股份,再依次是香梨股份、开创国际、民和股份、天山生物、中水渔业等。依据第(12)、第(13)、第(14)三栏可以判断各家上市公司按照投资价值与其市价比较确定的连续三年的投资价值顺序,并据以进行投资价值决策。需要说明,在依据投资顺序进行决策时,应重点考虑最近一年(在本书中即 2015 年)的情况。

最后,价值投资决策的具体方法是,先将第(2)、第(4)、第(6)三栏分别与第(8)栏比较,可以看出市价脱离其投资价值的程度,并判断相应投资价值大小。具体来说,分两种情况:第一种情况,(2)(4)(6)排名与(8)相同,说明市价与其投资价值一致,即市场对投资对象的认知程度与其投资价值一致,市值离散度为 0,但并不能说明其投资价值高,因为其市价的高低还需要与其他上市公司的市价比较,才能得出结论,这类公司很少,表 21-1 中一家也没有。第二种情况,(2)(4)(6)排名与(8)不同,这样又有两种情况,一是如果(2)(4)(6)排名比(8)靠前,说明市价相对低估,投资价值较大,有安全边际,如大康牧业、亚盛集团、农发种业、雏鹰农牧、国联水产、好当家、敦煌种业、新五丰、平潭发展等,说明市场对该类上市公司的认知度小于其投资价值。(2)(4)(6)排名比(8)靠前的程度(间隔)越大,其投资价值也相对越大,安全边际也越大,如大康牧业投资价值 2013 年排名第十七,之后连续两年直线上升,排名分别为第二、第一,呈上升趋势,但市价排名第四十五,倒数第一,投资价值与市价差距巨大,两年来投资顺序均排名均第一,说明投资价值巨大,安全边际第一,是重点决策对象;亚盛集团投资价值 2013 年排名第十六,之后连续两年稳步上升,排名分别为第七、第四,总体呈上升趋势,但市价排名第四十一,倒数第四,投资价值与市价差距较大,连续三年投资顺序均排名分别为第四、第二、第二,说明投资价值很大,安全边际也很大,是重点决策对象;农发种业是一家新上市公司,投资价值排名第五,比较靠前,市价排名第四十,相对落后,即市场低估程度较大,投资价值与市价差距较大,投资顺序为第三,说明,投资价值较大,安全边际也较大;雏鹰农牧三年来投资价值排名分别为第二十三、第三十四和第九,并不算高,但市价排名第四十三,相对较低,市场低估程度较大,投资价值与市价差距较大,投资顺序 3 年来分别排在第八、第十五和第四,投资价值较大,安全边际也较大。二是如果(2)(4)(6)排名比(8)靠后,说明市价相对高估,投资价值较小,如 ST 景谷、益生股份、香梨股份、民和股份、开创国际等,说明市场对该类上市公司的认知度大于其投资价值。(2)(4)(6)排名比(8)靠后的程度(间隔)越大,其投资价值相对越小,风险区域越大,如 ST 景谷投资价值连续三年分别为排名第二十四、第三十九和第四十五,都较低且呈显著下降趋势,市价排名第五,差距很大,说明投资价值很小,3 年来投资顺序分别为第三十五、第三十九和第四十五,倒数第一,风险区域也最大;益生股份投资价值连续三年分别为排名第三十九、第三十六和第四十四,市价排名第六,差距很大,说明,投资价值较很小,风险区域则很大,投资排名分别为第三十九、第三十六和第四十四,都远远落后;香梨股份投资价值连续三年排名第三十二、第三十五和第四十三,有较明显下降趋势,市价排名第八,差距较大,说明投资价值较小,风险区域较大,连续三年投资顺序排在第三十七、第三十八和第四十三。

由于市价时常变动,且投资者的投资时间也是随时变动,因此,难有固定的、即时可得的投资价值排序结论,届时,还望投资者参照该法对选定的行业自行计算分析,并结合地区优劣等情况综合考虑,作出投资决策。地区优势股和行业优势股决策参见《中国上市公司投资价值分析研究》第二十一章。

由于估算比较安全边际和比较风险区域继而打分排名的工作量较大,可以编制成软件程序,分行业随时估算出每家上市公司的安全边际和风险区域,并据以进行价值投资决策。

第二节　比较价值投资决策关注事项

比较价值投资的重点在于买进价值低估的股票,但价值低估的股票如何通过持有或持有多长时间实现其全部或部分价值,是实现预期收益的关键。由于估算上市公司的投资价值运用的是去年甚至前年年度末的财务报告数据,而上市公司的投资价值经常变动,市价也经常波动,大盘趋势在不同时段也不相同,环境变化也客观存在,因此,投资者应密切关注这一系列变化并根据变化情况适时调整投资决策。

一、关注投资价值变化

投资对象即上市公司的投资价值,是比较价值投资决策的基础。它会随着生产经营管理水平与业绩等的不断变化而变化,表 22-1 中投资价值得分仅仅是依据 3 个年度的会计报表数据计算的 13 个财务指标按照数学模型测算的综合得分,不是投资者投资时的得分,即使是最近一年的得分的计算时点,也往往与投资时有较大时差,二者的可比性已经打了折扣。最具可比性的是投资时的投资价值与其市价比较,而这是做不到的,因为,年报的报出日一般在次年的 4、5 月份,如能立刻测算出投资价值,也已经迟于市价了。实际上,随着投资时点的滞后,二者的时差会更大。因此,必须密切关注上市公司的投资价值的变化,适时适宜地加以考虑,以消减折扣,提高投资决策准确度。

上市公司投资价值的变化主要通过公司业绩体现出来,因此,要关注上市公司业绩预告、业绩承诺、业绩评价和阶段财务报告等。

(一) 业绩预告

2014 年证监会关于上市公司披露业绩预告的有关规定:主板上市公司预计全年度、半年度、前三季度出现净利润为负值、净利润较上年同期相比上升或者下降 50% 以上、实现扭亏为盈时需要披露业绩预告。并且鼓励主板上市公司在定期报告前发布业绩快报。不过,对创业板而言,均须在定期报告或临时报告中披露业绩预告,而且年报预约披露时间在 3~4 月份的创业板公司,应在 2 月月底之前披露年度业绩快报。年度报告、半年度报告和前三季度报告的业绩预告及其修正公告的披露时间,分别是不得晚于 1 月 31 日、7 月 15 日和 10 月 15 日。

业绩预告由于是预告,随着时间的推移,其预告实现情况也往往随之变化。当变化达到一定程度,就应予以修正。如根据 2015 年中国上市公司业绩评价报告资料显示,截至 2016 年 1 月 26 日,沪深两市共 1 486 家上市公司披露年报业绩预告,其中 942 家公司预喜,占比 63.39%。2015 年 1 月 28 日深中华 A 披露 2015 年业绩预告,当时预计公司归属于上市公司股东的净利润盈利约 25 万元到 50 万元,相比上年同期下降约 90% 到 95%。业绩变动原因主要是上年同期公司收到管理人拨付的重整计划所预留的 2014 年度运营资金形成营业外收入。但约 3 个月后,4 月 21 日公司披露了《2015 年度业绩预告修正公告》,将 2015 年度归属于上市公司股东的净利润由盈利 25 万元到 50 万元修正为亏损 10 万元到 30 万元。公司业绩预计由盈转亏,深中华 A 解释,公司于 2016 年 1 月 29 日进行 2015 年度业绩预告,预计归属于上市公司股东的净利润为盈利 25 万元到 50 万元,非常临近盈亏线。在后续财务决算和年度审计过程中,公司营业收入、营业成本、期间费用、资产减值准备等项目核定数与原预计数额有所差异,公司预计 2015 年度归属于上市公司股东的净利润应修正为亏损 10 万元到 30 万元。

投资者投资时一般是在上市公司"预告"的期间甚至更迟的期间内,结合预告情况作出比较价值投资决策更加符合实际,也更加符合预期。如表 22-1 中估算的投资顺序排名第一的大康牧业业绩预告:2016 年 10 月 29 日预告 2016 年报大幅上升(归属于上市公司股东的净利润 7 500 万元至 8 500 万元,净利润变动幅度 2 402.34% 至 2 735.98%)。[1]依此,大康牧业的前景更加乐观。

（二）业绩承诺

业绩承诺是上市公司对未来业绩实现状况作出的承诺。业绩承诺往往伴随并购重组等重大业务事项。近年来，上市公司业绩承诺规模逐年增加。从数量上看，2010—2015年，上市公司与重组方签订的业绩补偿协议分别有31项、36项、71项、120项、211项和349项。但近几年业绩承诺未完成率呈现抛物线状。2010年和2011年业绩承诺未完成率较低，分别为0%和2%；2012年和2013年业绩承诺未完成率有所升高，分别为16%和20%。2014年和2015年业绩承诺未兑现率有所下降，分别为14%和8.88%。业绩承诺未完成率随承诺年度增加而上升。按承诺年度来看，第一年、第二年、第三年和第四年业绩承诺未完成率分别为10%、19%、29%和44%。类似蓝色光标（300058），第三年业绩承诺无法完成的问题值得注意，业绩承诺连续无法完成的可能性较高。根据统计，"国内外宏观经济低迷"在所有业绩承诺未完成的原因解释中占比最高，合计达到51%。业绩承诺未完成的项目主要集中在传统周期性行业，如有色、化工、采掘、建材等传统周期性行业。由于这些行业受宏观经济周期影响较大，相关重组标的在经济低迷时期实现承诺业绩的难度自然较大。[2]

以ST宇顺为例，2012年豪掷14.5亿元收购雅视科技，原股东林荫等承诺标的资产2013年至2015年净利润分别不低于0.83亿元、1.18亿元和1.42亿元，然而，雅视科技2013年至2015年累积净利润数仅为1.09亿元，业绩承诺实现率仅为32%。回查公告可知，在2015年5月21日、2015年6月12日、2016年4月29日、2016年6月3日，作为补偿主体的林荫曾四次向上市公司提出变更业绩补偿方案，其中有两次申请被否，一次变更已经获得董事会和股东大会的认可，一次获得董事会通过，原计划2016年6月22日召开股东大会审议，在2016年6月17日晚间重组新规出炉后，公司则取消了股东大会。[3]

由于重大事项存在着未来不确定性，因此，业绩承诺及其实现情况是投资者的重要投资参考。投资者应根据上市公司业绩承诺和估值水平，并考虑重组标的所属行业，进行比较价值投资决策。

（三）业绩评价

业绩评价，是指运用数理统计和运筹学的方法，通过建立综合评价指标体系，对照相应的评价标准，定量分析与定性分析相结合，对评价对象一定经营期间的盈利能力、资产质量、债务风险以及经营增长等经营业绩和努力程度各方面进行的综合评判。科学地评价上市公司业绩，可以为出资人行使经营者的选择权提供重要依据；可以有效地加强对企业经营者的激励、监管和约束；还可以为投资者、债权人、政府有关部门、企业职工等利益相关方提供有效的信息支持。业绩评价的指标或模型较多，各有优缺点，其中，上市公司业绩评价课题组的评价较具有参考价值。

中国经济网北京2016年6月27日讯（记者赵登华），由国务院发展研究中心指导、中国发展出版社和中联控股集团共同主办的"国研智库论坛·2016中国资本峰会"6月25日在京举行。会上发布了由中国发展出版社联合中联控股集团、国务院国有资产监督管理委员会（简称国资委）、国务院发展研究中心相关专家组成的中国上市公司业绩评价课题组编辑出版的《中国智库专辑·2016中国上市公司业绩评价报告》。该报告立足于国内外宏观经济大势，在对我国上市公司进行深入调研和分析后，形成了深度研究成果。据悉，中联上市公司评价体系借鉴了财政部、国务院国资委颁布的有关企业绩效评价办法，并结合中国上市公司的特点，从财务效益、资产质量、偿债风险、发展能力及市场表现等五个方面进行综合评价，整个评价体系包括基本指标和修正指标两个层次，共23项评价指标。该评价体系具有关注公司成长、体现资产质量、反映债务风险、重视市场表现等特点。

中国上市公司业绩评价课题组副组长孙庆红从三个方面对"2015年度中联上市公司业绩百强榜"进行了解读。一是从评价数据来看，2015年度中联百强整体表现优异，平均综合得分77.66分，比参加排名上市公司平均得分高出24.46分；从评价指标来看，中联百强平均总资产收益率为11.56%、净资产收益率为19.46%，分别为全部上市公司平均水平的2.26倍和3.47倍。在平均总资产周转次数、平均已获利息倍数、平均营业收入增长率、资产扩张率以及平均市场回报率等指标方面，中联百强也都表现较好。二是从分布看，在上市板块分布方面，中小板、创业板公司实现大跃进，中小板同比增加18家，创业板同比增加6家，改变了往年主板上市公司在中联百强唱绝对主角的局面。在行业分布方面，制造业坐拥47个席位,同比增加12家;传播与文化产业、信息技术和社会服务业占据23席,同比倍增;金融业(包括证券、银行和保险)占据8席,同比减少18家;电力、煤气及水生产上榜公司同比减少4家。从所有制性质分布看,56家民企入驻百强,同比增加15家,民营企业家人数首次超过国企,打破了国企长期占据主导的局面。从发展战略看,中联百强通过并购重组等战略整合提升了发展实力。三是从中联业绩评价大数据中得出中联百强榜的榜中榜,包括中联百强"强中强"、业绩进步最快公司、收益最牛公司、分红最给力公司、市场表现最好公司、最具长线投资价值公司等。

投资者投资时可参考中国上市公司业绩评价课题组的有关评价结果,进行投资,作出更加准确的决策,以弥补本书所述比较价值投资法的不足。

(四)阶段财务报告

这里所指阶段财务报告是指除年度报告之外的财务报告,包括半年报、季报和月报。上市公司阶段财务报告反映各个阶段的财务状况、经营成果和现金流量等情况,是年度期间内生产经营情况在各个时段的综合反映,也是对年报的详细解析和分段说明,是对年报的有机补充文件。阶段财务报告按照其年报是否公告分为两部分,一是已公告年报阶段财务报告,如上市公司2015年度各个阶段财务报告;二是未公告年报阶段财务报告,如对于本书而言市指上市公司2016年及其以后各度各个阶段财务报告。对于投资者而言,未公告年报阶段财务报告更具有时效性,尤其最接近投资时的阶段财务报告与投资时的时点更加匹配,参考价值更大,因此是关注的重点。

阶段财务报告的分析运用方法较多,为了与本书所采用的方法一致,应采用与本书所述方法一致的分析研究方法。即对上市公司每个月的财务报告,都以比较价值理论为依据,分39个行业选择13个综合反映其财务能力的指标,采用因子分析法和系统聚类分析模型,估算上市公司的比较投资价值;使其与比较市价进行比较,确定市价离散度,确定比较安全边际和比较风险区域,并按照如表22-1所述的方法,确定每个月的投资顺序,据以进行投资。

二、关注市价变化

市价变化是绝对的,只要开盘,只要股票没停盘,就一定会变化。市价变化按照变化对象多少及范围趋势可分为个股变化和大盘变化。

(一)关注个股变化

由于方方面面的原因,股市上,每只股票市价都在不停地变化着,上上下下、起起落落,分分秒秒、永不停息。市价变化归纳起来无外乎上升(即升值)和下降(即贬值)两种情况。其升降幅度各不相同。一般而言,升值意味着股票也即其上市公司较受市场欢迎,否则相反。若不考虑或剔除随大盘变化的因素,个股变化的根本原因应取决于其投资价值,投资价值增加市价上升,否则下跌。

因此,投资者在运用比较价值投资方法投资时,要关注市价尤其密切关注所选择的投资对象的市价变化,及时、适时进行转换或调整。

个股变化也与上市公司市值管理密切相关。市值管理是上市公司基于公司市价信号,综合运用多种科学、合规的价值经营方式和手段,以达到公司价值创造最大化、价值实现最优化的一种战略管理行为。市值管理是推动上市公司实体经营与资本运营良性互动的重要手段。市值管理的核心是价值管理,是价值创造与股东价值实现的管理,同时上市公司的市值管理行为也能够为公司创造更好的融资环境,为公司的业务升级和转型提供更为便捷的资金支持。"市值管理"是伴随着我国资本市场创新发展而出现的全新概念,它的提出始于2005年上市公司股权分置改革办法的出台,该办法也使得中国资本市场开始进入全流通时代,市值成为上市公司的标志和广泛关注的核心指标。近年来二级市场的持续火爆,上市公司市值管理意愿强烈,同时越来越多VC/PE机构通过并购、定增等模式进行市值管理。截至2016年6月30日,中国共有A股上市公司2 887家,公司合计市值50.75万亿元,平均单个公司市值175.78亿元,平均市值已经略高于同属大中华地区的香港市场,但相比起美国还有较大的差距,如表22-2所示:

表 22-2　2016 年上半年中国上市公司发展趋势

国家或地区	上市公司数量	总市值(人民币亿元)	平均市值(人民币亿元)
沪深两市	2 887	707 473.26	175.78
沪市	1 103	292 639.24	264.59
深市	1 781	214 834.02	120.63
香港	1 916	291 213.53	151.99
美国	5 536	2 362 233.29	426.70

资料来源:清科研究中心《2016 年上市公司市值管理专题报告》。

　　由于各家上市公司的市值管理的目标、方针、政策、管理模式及技术水平等不尽相同,其市值由此而引起的波动也不尽相同,因此,投资者应充分考虑其市值管理带来的市价变化,剔除过度炒作等劣质因素的影响,以利于作出更加准确的决策。

(二) 关注大盘趋势

　　股市大盘总是在有规律的波动之中,自 1990 年 12 月股市开盘交易 26 年以来,经历了九牛九熊的大幅度波动,详见《中国上市公司投资价值分析研究》第一章,最近一次牛市最高达到 2015 年 6 月 12 日的 5 178.19 点,之后不断回落,到 2016 年 1 月 27 日低至 2 638.3 点,又逐渐回升,进入阶段性盘整期。

　　大盘涨跌走势以十日均线为标准,具体看综合指数的涨跌。综合指数是按各只股票占的权重来计算的,而权重是根据市价来计算的。如大盘涨了一般来说是整体上涨,大多数个股往往随着上涨,但由于各只股票在指数中占的权重比例不一样,必然会有的股票超过平均幅度有的低于平均幅度,也有占权重大的大盘股上涨而中小盘股下跌的情况,就是我们通常说的二八现象。指数的计算是很复杂的,通俗些来说,一只大盘股上涨可以抵消上百只中小盘股票的下跌对指数造成的影响。日常所说的跑赢了大盘、跑输了大盘,就是指个股的涨幅是超过大盘指数的涨幅还是低于大盘指数的涨幅。上涨时涨幅超过大盘指数的涨幅,下跌时就是低于大盘下跌的幅度就是跑赢了大盘;否则就是跑输了大盘,如大盘涨了 20%,而你赚了 15%,你也是跑输了大盘,但你是盈利的,不是亏损的。如果连牛市的时候,收益都不能超过大盘,是不是就不适合做股票了? 这个不能从一小段时间来作判断,有些人牛市里跑不过大盘但熊市里可以跑过大盘,是否跑赢,要看长期的投资情况。一般来说,一个牛熊轮回下来,可以做到盈利就是适合做股票投资的。

　　毫无疑问,投资者应关注大盘趋势,不考虑大盘趋势而仅仅死守某只股票是愚昧的做法,同理,随大盘盲目操作,一味跑输也是不可许的。按照投机观念,一般而言,起升点是投资最佳买入点,起落点则是最佳卖出点,若难以有效把握,可选择逆势而行的操作方法,即当大多数人都淡出股市,或股市低迷时买入,而当都热衷于入市买入时卖出。

三、关注环境变化

　　比较价值投资环境,本书简称投资环境。投资环境一直是投资者关注的重点。股市投资效果与投资环境状况直接相关。价值投资的环境保障详见《中国上市公司投资价值分析研究》第二十二章。

　　投资环境无时无刻不在发展变化着,未来,从国内环境看,随着科学技术水平的不断提高,投资环境大数据分析预测的发展正在催生经济新趋势。经济环境不断被治理和完善,信誉经济必将崛起,在信誉经济下,上市公司数据能够以惊人的速度和准确度被聚合并加以分析利用,对于上市公司和个体投资者,数字信誉正成为比金钱价值更高的资产,一场争夺上市公司信息价值的股市变革即将到来。资本市场进一步开放,深港通继沪港通获批开业,且"在股票范围、标的调整机制、投资额度管理等方面有所不同,将在完善投资者结构、提升流动性、平复 A、H 股估值差异、拓展金融产品和交易品种等方面起到促进作用,从全局来看,深港通的开启更是资本账户开放、人民币国际化大局中的重要一环,未来 QDII2 试点以及交易型开放式基金的互联互通在改善境内市场可期。"[4]上海在中国的金融中心地位日益凸显，在亚洲的金融中心地位指日可待，在全球的金融中心地位也将逐步形成。股市作为金融市场的核心，其地位必将日益提升，范围必将日益扩大，规范化、市场化程度也将日益提高。上市公司的经营管理、价值管理、市值管理等各方面必将日益完善，财务信息及其处理也将日益规范，各公司间的市场竞争必将日益激烈，与此同时，市场竞争也必将日益公允、规范。一个成熟至少是较为成熟的股市即将形成，价值投资，尤其比较价值投资将成为股市投资的必然趋势和现实。

从国际环境看，长期占据优势的欧美国家，正在悄悄地发生着变化。英国"脱欧"负效应初显，全球货币宽松预期进一步加强。近期，英国经济数据表现差强人意，经济增长的不确定性短期内难以消除，英央行大幅下调GDP预期，并在8月月初降息25个基点至0.25%，刷新有记录以来的最低水平，预计英国将进一步采取包括降息、量宽、增支、减税等在内的宽松政策来应对经济下行。日本经济增长疲软、日元表现强劲以及通胀预期温和都加剧了日央行进一步宽松的压力，日本央行有足够大的概率在9月宣布进一步宽松。相比而言，美国劳动力市场与通胀数据进一步改善，经济向好迹象正逐渐明确，但受总体通胀不达目标、全球经济增速低迷、英国脱欧等因素的影响，美联储加息的步伐仍然会偏谨慎。[5]与此相适应，"'走出去'，到海外攻城略地，已经成为中国企业的一种发展趋势。未来，这种趋势还将进一步增强。"[6]同时，中国股市国际化趋势锐不可当，最终实现世界股市一市化、世界投资一价化、世界经济一体化是必然结果。

从国际发展趋势看，中国占据天时、地利、人和之势。所谓天佑中华、地利神州、政通人和，乃中国当下及至未来相当长时期的状况。站在价值投资角度，自有一幅美好蓝图已经悬挂在世界东方，可谓美不胜收、妙不可言。

参考文献

[1] 大康牧业主板"基本资料".

[2] 业绩承诺还有多少雷？未来两年不达标或大量爆发（附表）. 证券时报网，http://finance.ifeng. com/a/20160623/14516634_0. shtml，2016-06-23.

[3] 佚名. ＊ST宇顺一笔收购或巨亏逾10亿谁在其中牟利. http://jiangsu. china. com. cn/html/finance/finances/5868211_1. html，2016-6-7.

[4] 股市发展环境展望SWS政策研究. http://business. sohu. com/20160901/n467205936. shtml， 2016-09-01.

[5] 龚芳，陆媛媛. 货币相对宽松开放稳步推进——2016年9月股市发展环境展望[EB/OL]. http:// business. sohu. com/20160901/n467205936. shtml.

[6] 袁海洋. 光伏企业：再出海要上两节课[EB/OL]. http://finance. sina. com. cn/manage/mroll/2017- 02-07/cloc-ijyafcyw0526666. shtml，2017-02-07.